Entscheidungen des Reichsarbeitsgerichts

Sammlung der noch wichtigen Entscheidungen
zeitlich geordnet

Herausgegeben
von
Ewald Köst
Landesarbeitsgerichtsdirektor
beim Landesarbeitsgericht Hannover

Berlin 1954
Walter de Gruyter & Co.
vormals G. J. Göschen'sche Verlagshandlung / J. Guttentag, Verlagsbuchhandlung / Georg Reimer / Karl J. Trübner / Veit & Comp.

Entscheidungen
des Reichsarbeitsgerichts

Herausgegeben
von
Ewald Köst
Landesarbeitsgerichtsdirektor
beim Landesarbeitsgericht Hannover

Band 3

Berlin 1954

Walter de Gruyter & Co.
vormals G. J. Göschen'sche Verlagshandlung / J. Guttentag, Verlagsbuchhandlung / Georg Reimer / Karl J. Trübner / Veit & Comp.

Archiv Nr. 28 18 54
Satz und Druck: Berliner Buchdruckerei Union GmbH., Berlin SW 29

Inhaltsverzeichnis

Anmerkung: RAG = Entscheidungen des Reichsarbeitsgerichts, Amtliche Sammlung, Verlag Walter de Gruyter & Co.

ARS = Arbeitsrechts-Sammlung, herausgegeben von Dersch u. a. Verlag Bensheimer-Vahlen.

Verzeichnis

der aufgenommenen Entscheidungen aus der alten Sammlung

+ Entscheidung ist gekürzt

Beilage zu: „Entscheidungen des Reichsarbeitsgerichts, Sammlung der noch wichtigen Entscheidungen zeitlich geordnet" Band 3

Teil-Fundstellenverzeichnis zu Band 3

Das Gesamt-Fundstellenverzeichnis befindet sich am Ende von Band 4.

Die abgedruckten Entscheidungen aus der amtlichen Sammlung (RAG.) entsprechen jeweils den nachstehend aufgeführten Entscheidungen aus der Bensheimer-Sammlung (ARS.).

Beispiel: Die in der Bensheimer-Sammlung Band 14 Seite 587 abgedruckte Entscheidung ist die gleiche, wie die hier aufgenommene Entscheidung RAG. 10, 350. Die Stelle des Abdrucks ergibt sich sodann aus dem Verzeichnis der aufgenommenen Entscheidungen.

ARS		RAG
14, 587—592	=	10, 350—354
15, 28—34	=	10, 291—297
15, 55—59	=	11, 29—34
15, 59—64	=	11, 5—10
15, 151—157	=	11, 61—68
15, 176—180	=	11, 17—22
15, 331—335	=	11, 125—129
15, 402—406	=	11, 96—100
15, 410—413	=	11, 163—166
15, 429—434	=	11, 187—194
15, 467—469	=	11, 185—187
15, 522—526	=	11, 137—140
15, 540—547	=	11, 37—45+
15, 568—570	=	11, 306—308
15, 582—583	=	11, 321—323
15, 626—628	=	11, 312—314
16, 3—6	=	11, 308—312
16, 26—35	=	11, 273—282
16, 62—64	=	11, 198—201
16, 116—118	=	11, 357—360
16, 146—150	=	12, 28—33
16, 190—198	=	11, 117—125
16, 233—238	=	12, 59—63
16, 284—287	=	12, 36—40
16, 297—300	=	12, 44—47
16, 312—316	=	12, 47—52
17, 62—66	=	12, 127—130
17, 113—116	=	12, 152—154
17, 121—127	=	12, 199—206
17, 199—211	=	12, 137—152
17, 237—241	=	12, 174—179
17, 295—300	=	12, 218—223
17, 382—391	=	12, 275—284
17, 396—399	=	12, 284—288
17, 429—433	=	12, 334—338
17, 445—447	=	12, 245—247
17, 452—455	=	12, 338—342
17, 523—527	=	13, 1—5
18, 3—11	=	13, 5—14
18, 13—19	=	12, 354—362
18, 28—33	=	12, 362—368
18, 67—72	=	13, 18—24
18, 103—107	=	13, 39—44
18, 146—149	=	13, 31—34
18, 164—166	=	13, 48—50
18, 257—259	=	13, 80—83
19, 210—214	=	13, 137—143
19, 227—229	=	13, 157—160
19, 272—279	=	13, 233—239

ARS		RAG
20, 8—14	=	13, 143—148
20, 72—76	=	13, 240—242
20, 94—97	=	13, 331—335
20, 99—102	=	13, 335—339
20, 145—147	=	13, 242—245
20, 158—165	=	13, 344—350
20, 188—191	=	13, 256—259
20, 225—230	=	13, 290—295
20, 304—308	=	14, 70—77
20, 308—310	=	14, 77—80
21, 208—214	=	14, 143—149
21, 214—217	=	14, 180—183
22, 5—15	=	14, 196—202
22, 31—33	=	14, 214—216
22, 183—186	=	14, 266—269
22, 193—196	=	14, 299—302
23, 103—107	=	14, 337—341
23, 116—124	=	14, 316—324
23, 129—132	=	15, 27—29
23, 168—170	=	14, 356—357
23, 170—173	=	15, 46—49
23, 200—203	=	15, 37—41
24, 84—90	=	15, 80—87
24, 142—151	=	15, 158—171
24, 175—178	=	15, 221—225
24, 261—267	=	15, 174—178
25, 59—63	=	15, 281—284
25, 107—113	=	15, 314—320
25, 124—126	=	16, 14—17
25, 185—189	=	16, 35—40
25, 190—192	=	16, 22—24
25, 247—249	=	15, 297—300
26, 7—13	=	16, 41—46
26, 22—24	=	16, 257—258
26, 34—38	=	16, 69—73
26, 52—56	=	15, 199—203
26, 123—125	=	16, 209—211
26, 146—148	=	16, 149—151
26, 185—189	=	16, 125—128
26, 197—199	=	16, 211—213
26, 217—220	=	16, 170—173
26, 256—261	=	16, 226—231

ARS		RAG
26, 272—276	=	16, 173—179
27, 7—11	=	16, 272—276
27, 79—83	=	17, 9—13
27, 249—252	=	17, 114—117
28, 44—47	=	17, 139—142
28, 92—96	=	17, 194—198
28, 97—101	=	17, 178—183
28, 177—181	=	17, 219—224
28, 202—213	=	17, 296—308
28, 269—273	=	17, 281—283
28, 273—274	=	18, 12—14
28, 295—298	=	18, 33—36
28, 350—351	=	17, 205—207
29, 25—27	=	18, 52—54
29, 65—67	=	18, 139—142
29, 73—76	=	18, 145—148
29, 104—109	=	18, 23—28
29, 237—240	=	18, 172—174
30, 117—119	=	18, 299—302
30, 138—139	=	18, 318—319
30, 140—141	=	18, 316—318
30, 157—160	=	18, 261—265
30, 263—267	=	18, 281—284
30, 276—283	=	18, 310—316
31, 83—85	=	19, 12—14
31, 181—185	=	19, 24—28
31, 198—207	=	18, 345—350
31, 207—211	=	19, 28—32
31, 221—224	=	19, 55—59
31, 371—375	=	19, 97—100
31, 393—399	=	19, 49—55
32, 3—9	=	19, 86—92
32, 84—90	=	19, 158—165
32, 153—156	=	19, 212—215
32, 174—180	=	19, 178—186
32, 180—186	=	19, 250—256
32, 297—301	=	19, 316—320
32, 366—368	=	20, 1—3
33, 27—36	=	19, 289—295
33, 81—84	=	19, 340—344
33, 172—179	=	19, 281—289
33, 195—200	=	20, 3—7

RAG. 10, 291.

Wann entsteht bei Beschäftigung eines Wohlfahrtserwerbslosen durch die fürsorgepflichtige Gemeinde ein bürgerlichrechtliches Arbeitsverhältnis?

FürsVo. v. 13. Februar 1924 § 19. AVAVG. § 75d.

Reichsarbeitsgericht. Urt. v. 5. März 1932.

I. Arbeitsgericht Gelsenkirchen. — II. Landesarbeitsgericht Essen.

Der Kläger, von Beruf Schachtmeister, als Erwerbsloser ausgesteuert, bezog eine Zeitlang Fürsorgeunterstützung. Am 25. Februar 1930 erklärte er sich zur Niederschrift des Wohlfahrtsamts der Beklagten bereit, als Fürsorgearbeiter beim Reinigungsamt zu arbeiten, bei achtstündiger täglicher Arbeitszeit und einem Stundenlohn von 81 Pf. Die Niederschrift enthielt weiter folgende Erklärung: „Ich bin damit einverstanden, daß der Lohn nur für die wirklich geleistete Arbeitszeit gezahlt wird. Ich erkenne an, daß ich keinen Lohnanspruch für Sonntage, gesetzlich oder behördlicherseits angeordnete kirchliche oder sonstige Feiertage habe, an denen in den städtischen Betrieben nicht gearbeitet wird. Das Arbeitsverhältnis ist nur vorübergehend. Irgendein Tarifvertrag findet auf ihn keine Anwendung. Es ist mir bekanntgegeben, daß die Kündigung täglich zum Schlusse des folgenden Arbeitstages erfolgen kann." Vom 3. März 1930 ab arbeitete er demzufolge bei der Straßenreinigung. Auf seine Bitte wurde er dann vom 15. Juni 1930 ab bei der vom Stadtamt für Leibesübungen ausgeführten Anlage zweier Sportplätze (Grenzstraße und Uckendorf) beschäftigt. Eine neue Erklärung entsprechend der vom 25. Februar 1930 wurde ihm nicht abgefordert. Er erhielt jetzt 93 Pf. für die Stunde. Er war zur Krankenversicherung angemeldet, auch wurden alle sonstigen Sozialversicherungsbeiträge entrichtet. Am 23. Januar 1931 kündigte ihm die Beklagte schriftlich „das Arbeitsverhältnis" zum 24. Januar 1931, weil der Sportplatz Grenzstraße fertiggestellt sei, mit der Aufforderung, seine Arbeitspapiere am 24. Januar 1931 auf dem Zentrallohnbüro in Empfang zu nehmen. An diesem Tage erhielt er einen „Entlassungsschein", in dem bescheinigt war, daß er vom 3. März 1930 bis 24. Januar 1931 als Schachtmeister gearbeitet und wegen Arbeitsmangel entlassen worden, auch Mitglied der Allgemeinen Ortskrankenkasse gewesen sei, sowie ein Zeugnis dahingehend, daß er dem Stadtamt für Leibesübungen vom Bezirksfürsorgeverband als Fürsorgearbeiter überwiesen gewesen sei und die ihm übertragenen Aufgaben zur Zufriedenheit ausgeführt habe; die Entlassung erfolge wegen Arbeitsmangels.

Der Kläger steht auf dem Standpunkt, auf sein Verhältnis zur Beklagten habe der Reichstarifvertrag für Schachtmeister und Unterschachtmeister vom 14. November 1923 Anwendung zu finden, der eine Kündigungsfrist von einem Monat vorschreibe. Die Kündigung vom 23. Januar 1931 habe deshalb erst zum 28. Februar 1931 wirken können und er habe noch für die Zeit vom 24. Januar bis 28. Februar 1931 Schachtmeisterlohn in Höhe von 412,50 RM zu fordern. Das Arbeitsgericht hat die Beklagte zur Zahlung dieses Betrags verurteilt, das Landesarbeitsgericht hat die Klage abgewiesen. Die Revision führte zur Aufhebung und Zurückverweisung.

Gründe:

Die Beklagte bestreitet, daß zwischen ihr und dem Kläger ein bürgerlichrechtlicher Arbeitsvertrag bestanden habe; der Kläger sei nur als Pflichtarbeiter zu gemeinnütziger Arbeit herangezogen worden, sein Beschäftigungsverhältnis sei deshalb ausschließlich öffentlichrechtlicher Natur gewesen. Wenn es zum Teil in die Form eines Arbeitsvertrages gekleidet worden sei, wenn insbesondere die Sozialversicherungsbeiträge für den Kläger entrichtet worden seien, er auch einen „Entlassungsschein" erhalten habe, so sei das im Einverständnis mit dem Kläger zu dem Zweck geschehen, um ihm wieder Anspruch auf Erwerbslosenunterstützung zu verschaffen. Das Arbeitsgericht hatte ein bürgerlichrechtliches Arbeitsvertragsverhältnis daraus hergeleitet, daß der Kläger täglich 8 Stunden gearbeitet, Stundenlohn, und zwar nur für wirklich geleistete Arbeit, bezogen habe, daß eine „Kündigungsfrist" ausdrücklich vereinbart gewesen sei, daß die Beklagte Kranken- und sonstige Sozialversicherungsbeiträge entrichtet habe, ferner aus dem Inhalt des Kündigungsschreibens, des Entlassungsscheins und des Zeugnisses, schließlich auch daraus, daß von beiden Seiten eine wenigstens sechsmonatige Beschäftigung gewollt gewesen sei, um dem Kläger das Recht auf Erwerbslosenunterstützung wieder zu verschaffen, was nur durch eine versicherungspflichtige Beschäftigung, also ein bürgerlichrechtliches Arbeitsverhältnis, habe geschehen können. Das Berufungsgericht hat demgegenüber angenommen, die vom Arbeitsgericht verwerteten Umstände seien im vorliegenden Fall deshalb nicht geeignet, den vom Arbeitsgericht daraus gezogenen Schluß zu rechtfertigen, weil alles in beiderseitigem Einverständnis nur zu dem Zweck geschehen sei, dem Kläger wieder Erwerbslosenunterstützung zu verschaffen. Die Beklagte habe keinen bürgerlichrechtlichen Arbeitsvertrag schließen wollen. Das ergebe sich mit voller Deutlichkeit aus dem Satz des Verpflichtungsscheines vom 25. Februar 1930: „Irgendein Tarifvertrag findet keine Anwendung". Auch der Kläger sei sich darüber durchaus im klaren gewesen, daß die von dem wirklichen Willen der Parteien abweichende Gestaltung des Arbeitsverhältnisses lediglich zum Schein gewählt worden sei.

Das Berufungsgericht geht im Einklang mit der Rechtsprechung des Reichsarbeitsgerichts davon aus, daß der Wille der Parteien darüber entscheide, ob eine auf Grund des § 19 der Fürsorgeverordnung vom 13. Februar 1924 zugewiesene Beschäftigung ein bürgerlichrechtliches Arbeitsvertragsverhältnis begründet oder nicht. Es hat die Gesamtumstände des Falles gewürdigt und danach festgestellt, daß beide Teile einen bürgerlichrechtlichen Arbeitsvertrag nicht haben eingehen wollen. Die Revision beruft sich auf Abschnitt 4 Artikel 1 Nr. 3 der Verordnung des Reichspräsidenten vom 26. Juli 1930 (RGBl. I S. 319), wodurch dem AVAVG. der § 75 d neu eingefügt worden sei. Der — der Anmerkung von Dersch Bensh. Samml. Bd. 11 S. 17, 18 entnommene — Gedankengang der Revision ist folgender. Kennzeichen der arbeitsvertraglichen Natur eines Beschäftigungsverhältnisses sei die Arbeitslosenversicherungspflicht. Durch § 75 d Abs. 1 sei ausdrücklich die Beschäftigung eines Hilfsbedürftigen, die im Rahmen der Arbeitsfürsorge für einen Träger der öffentlichen Fürsorge oder auf dessen Veranlassung für einen Dritten ausgeübt werde, für versicherungsfrei erklärt worden. Nach Absatz 2 bestehe aber diese Versicherungsfreiheit dann nicht, wenn die wöchentliche Arbeitszeit mindestens 32 Stunden betrage oder die etwa tariflich festgelegte kürzere regelmäßige Arbeitszeit erreiche und der tarifliche oder — beim Mangel eines Tarifvertrags — der ortsübliche Lohn gezahlt werde. Diese Voraussetzungen seien beim Kläger gegeben gewesen, es habe also Arbeitslosenversicherungspflicht bestanden, sein Beschäftigungsverhältnis habe damit die rechtliche Natur eines bürgerlichrechtlichen Arbeitsvertrages gehabt.

Dem kann nicht beigetreten werden.

Der neugeschaffene § 75 d erweitert den bisher vorhanden gewesenen Kreis von Fällen, die von der nach § 69 AVAVG. bestehenden Arbeitslosenversicherungspflicht ausgenommen sein sollen. § 69 stellt

3 Gruppen auf, deren Angehörige grundsätzlich — sofern nicht einer der zum Schluß genannten Ausnahmetatbestände gegeben ist — versicherungspflichtig sind. Wenn die Verordnung vom 26. Juli 1930 hinter den bisherigen § 75 c den neuen § 75 d eingefügt, aber unterlassen hat, im letzten Satzteil des § 69 auch diesen § 75 d mit aufzuführen, so ist das offenbar ein bloßes Versehen. § 75 d kommt deshalb, ebenso wie die sonstigen in § 69 aufgeführten Ausnahmetatbestände nur dann in Frage, wenn an sich — d. h. ohne die betreffende Befreiungsvorschrift — eine Versicherungspflicht bestehen würde. § 69 stellt auf die Pflicht zur Kranken- oder Angestelltenversicherung ab. Diese besteht nur dann, wenn eine Beschäftigung gegen Entgelt, d. h. wenn ein Arbeitsvertrag vorliegt (RVO. § 165 Abs. 2, AngVersG. § 1 Abs. 3). Da für Pflichtarbeit öffentlichrechtlicher Art, die gemäß § 19 FürsVo. geleistet wird, eine Krankenversicherungspflicht und somit auch eine Arbeitslosenversicherungspflicht nicht besteht, ist für solche Beschäftigungsverhältnisse, die Befreiungsvorschrift des § 75 d ohne Bedeutung. Belanglos für sie ist infolgedessen aber auch die in § 75 d Abs. 2 angeordnete Unterausnahme. Es läßt sich also nicht sagen, daß jede Beschäftigung eines Hilfsbedürftigen nach Art des § 75 d Abs. 1 dann versicherungspflichtig sei, wenn die Voraussetzungen des Abs. 2 bei ihr erfüllt seien. Denn § 75 d Abs. 2 will keine neue Versicherungspflicht schaffen, sondern nur die Befreiungsvorschrift des Abs. 1 einschränken.

Weiter glaubt die Revision dem Berufungsgericht eine Verkennung des Begriffs des Scheingeschäfts vorwerfen zu können. Sie meint, die Parteien hätten im vorliegenden Fall nichts zum Schein vereinbart, alle ihre Abmachungen seien durchaus ernst gemeint gewesen. Vereinbart hätten sie nur, daß das von ihnen nach den Einzelabmachungen gestaltete Beschäftigungsverhältnis rechtlich nicht als Arbeitsvertrag, sondern als Pflichtarbeitsverhältnis öffentlichrechtlicher Art gelten solle. Über die rechtliche Behandlung könnten sie aber nicht verfügen, die Rechtsnatur ergebe sich ohne Rücksicht auf den Parteiwillen aus der Anwendung des Gesetzes auf den von den Parteien gestalteten Tatbestand. Auch diese Rüge ist nicht begründet. Ob das Beschäftigungsverhältnis eines nach § 19 FürsVo. Beschäftigten nach den Grundsätzen des bürgerlichrechtlichen Arbeitsvertrags zu behandeln oder ob es öffentlichrechtlicher Natur sein soll, hängt — wie das Reichsarbeitsgericht ständig entschieden hat — von dem Willen der Parteien ab. Allerdings können diese dann eine Beurteilung nach öffentlichem Recht nicht durchsetzen, wenn sie dem Verhältnis eine Gestaltung gegeben haben, die eine solche rechtliche Beurteilung schlechterdings nicht zuläßt.

Eine solche Gestaltung will offenbar die Revison behaupten. Diese Behauptung trifft aber nicht zu. Alle diejenigen Momente, die die Revision als zwingende Kennzeichen eines Arbeitsvertrags betrachtet wissen will, sind wohl geeignet, einen Schluß auf einen in der Richtung eines freien Arbeitsvertrags gehenden Parteiwillen zu stützen, zwingen aber keineswegs notwendig zu diesem Schluß, sondern sind auch mit der Annahme eines öffentlichrechtlichen Beschäftigungsverhältnisses vereinbar.

Ob, wie die Revison behauptet, die Abführung der Sozialversicherungsbeiträge in der Weise geschehen ist, daß von dem Stundenlohn des Klägers die auf diesen gesetzlich entfallenden Anteile zurückbehalten worden sind, ist vom Berufungsgericht nicht ausdrücklich festgestellt. Aber auch wenn dem so war, muß die Bezahlung nicht notwendig rechtlich Arbeitsentgelt gewesen sein. Eine Wohlfahrtsunterstützung verliert ihre Rechtsnatur als solche nicht schon dann, wenn im Einverständnis mit dem Unterstützten Teile davon zu Versicherungszwecken verwendet werden.

Wenn die Revision weiter darauf hinweist, daß das öffentlichrechtliche Fürsorgeverhältnis keiner Kündigung unterliege, und wenn sie demgemäß aus der Kündigungsklausel der Verpflichtungserklärung vom 25. Februar 1930 ableiten will, daß die Parteien unmöglich ein öffentlichrechtliches Arbeitsverhältnis gewollt haben können, so übersieht sie, daß die in der Verpflichtungserklärung vorgesehne „Kündigung", wenigstens eine von seiten der Beklagten auszusprechende, auch den Sinn haben konnte, daß die besondere Gestaltung der Fürsorge, bestehend in der Zuweisung der Pflichtarbeit beim Stadtamt für Leibesübungen, ihr Ende finden solle. Die Schlußfolgerung der Revison würde aber auch an der Feststellung des Berufungsgerichts, daß die ganze äußere Gestaltung des Beschäftigungsverhältnisses, also auch die Vereinbarung einer Kündigungsfrist, nach dem Willen der Parteien nur Schein gewesen sei, scheitern, wenn diese Feststellung der rechtlichen Nachprüfung standhielte. In diesem Punkt bestehen aber rechtliche Bedenken. Zutreffend erhebt die Revision den Einwurf, daß die Parteien, wenn sie wirklich dem Kläger die Anwartschaft auf neue Arbeitslosenunterstützung hätten verschaffen wollen, notwendig ein bürgerlichrechtliches Arbeitsverhältnis hätten begründen müssen. Die Anwartschaft auf Arbeitslosenunterstützung wird grundsätzlich nur durch eine versicherungspflichtige Beschäftigung erworben (§ 95 AVAVG.). Freiwillige Versicherung ist nur in dem hier offenbar nicht in Betracht kommenden Fall des § 86 vorgesehen (§ 97). Wenn das Berufungsgericht meint, die vom Kläger als Zeichen eines freien Arbeitsvertrags hervorgehobenen Maßnahmen seien im beiderseitigen Eneverständnis nur zum Schein getroffen worden, so scheint es damit sagen zu wollen, man habe den äußeren Schein eines Arbeitsverhältnisses schaffen wollen, um das Arbeitsamt zu täuschen. In dieser Richtung hat sich aber die Beklagte nie verteidigt, und bei einer Stadtgemeinde wie der Beklagten kann ein solches Verhalten auch nicht ohne weiteres vorausgesetzt werden. Hat aber die Beklagte eine Täuschung des Arbeitsamtes nicht beabsichtigt, vielmehr dem Kläger einen rechtsbeständigen Anspruch auf Arbeitslosenunterstützung verschaffen wollen, so konnte das nur durch Begründung eines freien Arbeitsverhältnisses geschehen, wobei allerdings die Beklagte Gefahr lief, nach § 217 AVAVG. von der Reichsanstalt zum Ersatz der von dieser zur Erfüllung des Unterstützungsanspruchs gemachten Aufwendungen herangezogen zu werden. Die Feststellung des Berufungsgerichts, die Parteien hätten, ohne ein freies Arbeitsverhältnis zu wollen, dem Kläger einen Unterstützungsanspruch verschaffen wollen, enthält also eine rechtliche Unmöglichkeit; damit erweist sich seine darauf gestützte Entscheidung als unhaltbar. Diese ist aufzuheben. Etwa jetzt schon zugunsten des Klägers durchzuerkennen ist nicht angängig. Denn es bleibt die Möglichkeit, daß die Parteien sich im Rechtsirrtum darüber befunden haben, daß die Zahlung von Versicherungsbeiträgen zur Arbeitslosenversicherung auch in Verbindung mit öffentlichrechtlicher Pflichtarbeit zum Erwerb eines Unterstützungsanspruches führen könne. Zudem hat das Berufungsgericht noch nicht zu der Frage der Anwendbarkeit des Schachtmeistertarifvertrags Stellung genommen.

RAG. 10, 350.

Zum Begriffe der Betriebsstillegung im Sinne des § 96 Abs. 2 Nr. 2 BRG.

Betriebsrätegesetz § 96 Abs. 2 Nr. 2.

Reichsarbeitsgericht. Urt. v. 19. März 1932.

I. Arbeitsgericht Leipzig. — II. Landesarbeitsgericht daselbst.

Die Kläger waren in dem von der Beklagten in L. als Zweigniederlassung betriebenen Automobilwerk als Arbeiter beschäftigt; sie waren sämtlich Mitglieder der Betriebsvertretung. Am 11. Oktober/ 17. Oktober 1930 hat die Beklagte mit den Automobilwerken H. B. A.-G. in Br. einen Vertrag geschlossen, wonach die beiden Firmen eine Aktiengesellschaft unter der Firma Vereinigte Nutzkraftwagen-Aktiengesellschaft B.-NAG. mit dem Sitz in Br. gründeten; jede der Gründergesellschaften sollte 50 % des auf 4 Millionen RM festgelegten Grundkapitals übernehmen, die Gründung sollte als Sachgründung derart erfolgen, daß B. und die Beklagte jeder Rohstoffe, Halbfabrikate und Fertigfabrikate im Werte von 2 Millionen RM einbrachten. B. sollte vom 1. Januar 1931 ab seine gesamten Produktionsstätten in Br., die Beklagte von dem gleichen Zeitpunkte ab ihre gesamten Produktionsstätten in L. der neuen Gesellschaft auf die Dauer von 10 Jahren für je 200 000 RM jährlich vermieten; für die gleiche Zeitdauer sollte die Vermietung der in den Produktionsstätten befindlichen Maschinen erfolgen.

Nachdem die Beklagte am 14. November 1930 dem Sächs. Arbeits- und Wohlfahrtsministerium die Absicht angezeigt hatte, das Werk in L. am 20. Dezember 1930 stillzulegen, da dieses mit Ende des Jahres seinen Betrieb einstelle und noch nicht abzusehen sei, wieviel und welche der bisherigen Arbeitnehmer von der neuen Gesellschaft, die das Gebäude und die Einrichtung mietweise übernehmen werde, neu eingestellt würden, wurden die Kläger mit der übrigen Belegschaft des Werkes am 20. Dezember 1930 im Einklang mit den bestehenden Kündigungsbestimmungen entlassen. Die Kläger 2 und 4 wurden am 6. Januar 1931 mit dem größten Teile der früheren Belegschaft von der auf Grund des vorbezeichneten Vertrages neu gegründeten Ver. Nutzkraftwagen B.-NAG.-Aktiengesellschaft (VBN.) wieder eingestellt.

Die Kläger machen geltend, es habe eine Stillegung des Betriebes im Sinne des § 96 Abs. 2 Nr. 2 BRG. überhaupt nicht stattgefunden. Mangels Zustimmung der Betriebsvertretung sei das Arbeitsverhältnis durch die am 20. Dezember 1930 erfolgte Entlassung nicht beendet worden. Sie erhoben Klage auf Zahlung des Lohnes für die Zeit vom 22. Dezember 1930 bis zum 4. Januar 1931 in Höhe der im einzelnen bezifferten Beträge, die Kläger, 1, 3, 5 und 6 begehrten ferner Feststellung, daß ihr Arbeitsvertrag mit der Beklagten fortbestehe.

Das Arbeitsgericht wies die Klage ab. Die Berufung der Kläger wurde vom Landesarbeitsgericht zurückgewiesen. Ihre Revision war ohne Erfolg.

Gründe:

Das Landesarbeitsgericht hat angenommen, daß am 20. Dezember 1930 eine völlige Stillegung des Betriebes im Sinne des § 96 Abs. 2 Nr. 2 BGB. stattgefunden hat und infolgedessen zu der Entlassung der Kläger die Zustimmung der Betriebsvertretung nicht erforderlich gewesen ist. Es ist davon ausgegangen, daß die H. B.-A.-G. und die

Beklagte auf Grund des Vertrages vom 11. Oktober/17. Oktober 1930 eine neue, ihnen gegenüber rechtlich selbständige Aktiengesellschaft, also eine neue juristische Person geschaffen haben, in die die beiden Gründergesellschaften Rohstoffe, Halbfabrikate und Fertigfabrikate eingebracht haben, daß die neue Gesellschaft die Produktionsstätten der beiden Gründergesellschaften und ebenso die Maschinen gemietet hat, in denen und mit denen sie die Nutzfahrzeugfabrikation betreibt, daß sie auch verpflichtet worden ist, in die Verträge der Beklagten einzutreten, die die Materiallieferung für die Fabrikation, den Strom-, Gas- und Wasserbezug betreffen, soweit die Lieferung nicht vor dem 31. Dezember 1930 erfolgt sind. Das Landesarbeitsgericht ist weiter von der Feststellung ausgegangen, daß die Beklagte, soweit ihre Zweigniederlassung in L. in Betracht kommt, sich jetzt darauf beschränkt, die ihr verbliebenen Werte, insbesondere ihre Grundstücke zu verwalten und zu verwerten, und daß ihre Einkünfte aus dem Erlös der Veräußerung der nicht in die neue Aktiengesellschaft eingebrachten Gegenstände, sowie aus den Miet- und Pachtzinsen, die die neue Aktiengesellschaft ihr zu zahlen hat, bestehen.

Das Landesarbeitsgericht hat nicht verkannt, daß der Betrieb der neuen Aktiengesellschaft wirtschaftlich eine Fortsetzung des bisherigen Werkes L. der Beklagten genannt werden könne. Dieser wirtschaftliche Gesichtspunkt könne aber, so hat es ausgeführt, für die rechtliche Beurteilung nicht ausschlaggebend sein. Die Bedeutung der rechtlichen Betrachtung und ihr Unterschied von der wirtschaftlichen bestehe darin, daß die Rechtsordnung die Zuordnung der wirtschaftlichen Werte als Objekt zu den Rechtssubjekten als den Trägern der Rechte regele. Die geltende Rechtsordnung, die in weitegehendem Maße auf dem Grundsatze der Vertragsfreiheit aufgebaut sei, eröffne gerade dadurch die Möglichkeit, daß die einzelnen Rechtssubjekte durch Abmachung untereinander ihre Beziehungen zu den Gegenständen bestimmten. Die geltende Rechtsordnung kenne keinen Zwang, Unternehmer zu werden, zu sein, zu bleiben. Die Beklagte sei daher berechtigt gewesen, die Weiterverfolgung der bislang von ihr erstrebten technischen Zwecke aufzugeben, ihren bisherigen Betrieb aufzulösen und seine Bestandteile durch Veräußerung oder Verpachtung und Vermietung anderweitig zu verwerten. Das habe sie getan; sie habe die Arbeits- und Betriebsgemeinschaft, die zwischen ihr und der Arbeitnehmerschaft bestanden habe, aufgelöst.

Die Auffassung des Landesarbeitsgerichts läßt eine Verletzung des Stillegungsbegriffes im Sinne des § 96 Abs. 2 Nr. 2 BRG., wie sie von der Revision geltend gemacht wird, nicht erkennen. Sie liegt in der Richtung der Rechtsprechung, wie sie in bezug auf das Vorliegen der Voraussetzungen der Betriebsstillegung im Sinne der eben bezeichneten Gesetzesbestimmung entwickelt worden ist. Bereits in der Entscheidung des Reichsgerichts vom 16. Januar 1926 — RGZ. Bd. 113 S. 89 — ist die Betriebsstillegung als eine Auflösung der Arbeits- und Produktionsgemeinschaft, in der Unternehmer und Arbeiter zusammengeschlossen sind, bezeichnet, die ihren Grund und ihre Rechtfertigung darin findet, daß der Unternehmer für eine wirtschaftlich nicht unerhebliche Zeitspanne die Produktion einstellt und damit die Erreichung des Bertiebs- und Gemeinschaftszweckes unmöglich macht. An dieser Begriffsumschreibung hat das Reichsarbeitsgericht in ständiger Rechtsprechung (RAG. Bd. 2 S. 196, Bd. 5 S. 259 und 323, Bd. 6 S. 212, Bd. 7 S. 4, Bd. 8 S. 121) festgehalten. Aus ihr ergibt sich, daß die Entscheidung der Frage nicht lediglich davon abhängt, ob der Betrieb vom wirtschaftlichen Gesichtspunkte aus als fortgeführt anzusehen ist oder nicht, sondern daß es wesentlich darauf ankommt, ob die zwischen dem Arbeitgeber und der Arbeitnehmerschaft bestehende Arbeits- und Produktionsgemeinschaft ihr Ende gefunden hat oder ob sie beim Wechsel in der Person des Arbeitgebers als mit dem neuen Arbeitgeber fortgesetzt angesehen werden kann. Ob das eine oder das andere der Fall ist, hängt, wie in RAG. Bd. 7 S. 6 hervorgehoben ist, von den Umständen des Einzelfalles ab und ist im wesentlichen Sache der tatrichterlichen Würdigung. Im vorliegenden Falle hatte die Person des Arbeitgebers gewechselt, indem an die Stelle der Beklagten die neugegründete Aktiengesellschaft trat. Die Betriebsstätte mitsamt der Einrichtung wurde von der Beklagten an die neue Gesellschaft verpachtet und von dieser wurde der Betrieb nach kurzer Unterbrechung aufgenommen. Das alles würde die Annahme der Fortführung des Betriebes an sich noch nicht ausschließen. Ausschlaggebend ist aber, daß nach den Feststellungen des Landesarbeitsgerichts die Beklagte zum Zwecke der Aufgabe des Betriebs die bestehende Arbeits- und Produktionsgemeinschaft mit der Arbeitnehmerschaft durch die Kündigung der Arbeitsverträge und Entlassung der Belegschaft aufgelöst hat, daß sie die Produktion völlig aufgegeben hat und der Betrieb von ihr tatsächlich stillgelegt worden ist. Diese Feststellungen sind rechtlich nicht zu beanstanden. Wenn die Revision demgegenüber darauf hinweist, daß die wirtschaftliche Stellung der Beklagten im Rahmen der neuen Aktiengesellschaft nicht anders zu bewerten sei, als ob ein Gesellschaftsvertrag zwischen der Firma B. und der Bekagten abgeschlossen und der Betrieb von dieser Gesellschaft fortgeführt worden wäre, und daß aus diesem Grunde der Betrieb als fortgeführt angesehen werden müsse, so kann diese Auffassung nicht geteilt werden. Mit Recht hat das Landesarbeitsgericht hervorgehoben, daß die neue Aktiengesellschaft eine gegenüber der Beklagten völlig selbständige juristische Person darstellt. Wenn auch die Beklagte 50 % des Aktienkapitals in Händen hat und damit einen gewissen Einfluß auf die Geschäftsführung auszuüben vermag, so kann doch auch von einer mittelbaren Fortführung des Betriebes durch die Beklagte bei der völligen Selbständigkeit der neuen Aktiengesellschaft und der allein in ihren Händen liegenden Betriebsführung nicht die Rede sein. Es handelt sich nicht, wie die Revision ausführt, darum, daß der Arbeitgeber lediglich eine andere Rechtsform für seinen Betrieb gewählt hat, vielmehr kommt nach den Feststellungen des Landesarbeitsgerichts die Aufnahme des Betriebes durch einen anderen Betriebsinhaber in Frage, nachdem der bisherige Betriebsinhaber durch Auflösung der Produktionsgemeinschaft den Betrieb eingestellt hatte. Daß etwa die Aufgabe des Betriebes durch die neue Aktiengesellschaft zum Schein oder zur Umgehung irgendwelcher gesetzlicher Bestimmungen erfolgt sei, ist von den Klägern selbst nicht behauptet. Wie bereits in der Entscheidung RAG. Bd. 7 S. 4 flg. (9) ausgeführt ist, besteht ein Zwang, der es dem Inhaber eines Betriebes verbietet, seinen Betrieb aufzugeben, abgesehen von den hier nicht in Betracht kommenden Vorschriften der Stillegungsverordnung nicht und es ist nicht angängig, den Inhaber eines Betriebes über seinen Willen hinaus zur Fortsetzung von Arbeitsverträgen zu zwingen, wenn er selbst die Fortsetzung des Betriebes aufgegeben hat.

Lag eine Stillegung im Sinne des § 96 Abs. 2 Nr. 2 BRG. vor, so bedurfte es der Zustimmung der Betriebsvertretung zur Entlassung der Kläger nicht. . . .

RAG. 11, 5.

Schließt gröbliche Verletzung der Pflichten aus dem Arbeitsvertrag zugleich eine Verletzung der durch die Eigenschaft als Betriebsratsmitglied begründeten Pflichten ein und muß sie, um ein Erlöschen der Mitgliedschaft im Betriebsrat zu rechtfertigen, auf einem Verschulden beruhen?

BRV. § 43 (= BRG. § 39). ArbOrdg. für die Arbeiter der Reichsbahn § 3.

Reichsarbeitsgericht. Beschl. v. 23. März 1932.

I. Arbeitsgericht Berlin.

Den Sachverhalt und die Entscheidung ergeben nachstehende

Gründe:

Der Antragsgegner ist Vorsitzender des Betriebsrats bei einer Bahnmeisterei in Berlin-T. Nach der Behauptung der Antragstellerin soll er, und zwar insbesondere bei einer von ihm geleiteten Belegschaftsversammlung im August 1931 und einige Zeit darauf im Aufenthaltsraum des Bahnhofs R. durch eifrige Propaganda für den Eintritt in die revolutionäre Gewerkschaftsopposition (RGO.) und den Bund der Sowjetfreunde rein politische Angelegenheiten in den Betrieb hineingetragen, auch die Sammlung von Geldern für solche Zwecke veranlaßt haben. Damit habe er, so macht die Antragstellerin geltend, sowohl den ihm als Arbeiter der Reichsbahn als auch den ihm als Mitglied des Betriebsrats obliegenden Pflichten gröblich zuwidergehandelt. Sie beantragt, ihm wegen dieser Pflichtverletzung die Mitgliedschaft im Betriebsrat der oben genannten Bahnmeisterei abzuerkennen. Der Antragsgegner ist den Behauptungen der Antragstellerin entgegengetreten.

Das Arbeitsgericht hat die Beteiligten gehört, auch mehrere Zeugen vernommen und alsdann nach mündlicher Verhandlung den Antrag zurückgewiesen. Es sieht nicht als erwiesen an, daß der Antragsgegner selbst die behauptete Propagandatätigkeit ausgeübt, dazu angestiftet oder sie ausdrücklich gebilligt habe. Es erachtet ferner nicht für dargetan, daß es sich bei der fraglichen Versammlung um eine ordentliche Betriebsversammlung gehandelt habe, vielmehr sei die Versammlung in einem außerhalb des Betriebs gelegenen Lokal vom Betriebsrat und vom Einheitsverband gemeinsam veranstaltet worden. Aus den Handlungen und Äußerungen des Antragsgegners in dieser Versammlung, in der über die Entsendung eines Reichsbahnarbeiters F. nach Rußland gesprochen worden sei, könne ihm in seiner Eigenschaft als Betriebsratsmitglied kein Vorwurf gemacht werden, weil es sich nicht um eine ordentliche Betriebsversammlung gehandelt habe und er dabei nicht als Mitglied des Betriebsrats tätig geworden sei. Dagegen stellt das Arbeitsgericht fest, daß der Antragsgegner in anderer Hinsicht sich Pflichtverletzungen als Betriebsratsmitglied habe zuschuldenkommen lassen. Einmal habe er nämlich die Einladungen zu der vorerwähnten Versammlung mit der Unterschrift „Betriebsrat" versehen und in dieser amtlichen Eigenschaft eine allgemeine Eisenbahnerversammlung einberufen, in der über politische Dinge gesprochen worden sei. Das hätte er als Mitglied und Vorsitzender des Betriebsrats nicht tun dürfen, da dem §§ 50 und 52 BRV. (= §§ 46 und 48 BRG.) entgegenständen. Sodann habe er im Aufenthaltsraum des Bahnhofs R zu den dort während der Frühstückspause anwesenden Arbeitern gesagt:

„Hört mal her, der Kollege F. kann nach Rußland fahren, aber es müssen mindestens 60 % der Belegschaft Mitglieder des Bundes der Sowjetfreunde sein. Außerdem fehlt noch ein Geldbetrag von 200 bis 300 RM, damit die Frau des F. etwas zu leben hat",

und unmittelbar im Anschluß daran seien von einem anderen Arbeiter Aufnahmescheine zum Bund der Sowjetfreunde an die Anwesenden verteilt worden. Auch das sei zu beanstanden. Der Antragsgegner hätte als Vorsitzender des Betriebsrats während der Arbeitszeit und in den Arbeitsräumen eine solche Äußerung, die — wenn auch nur mittelbar — eine Aufforderung an die Arbeiter enthalten habe, sich einer politischen Vereinigung anzuschließen, unterlassen und unter allen Umständen verhindern müssen, daß Beitrittserklärungen für den Bund der Sowjetfreunde in den Diensträumen ausgelegt wurden. Sein gegenteiliges Verhalten sei geeignet, Unfrieden und politischen Streit zwischen den Arbeitern hervorzurufen, und verstoße daher gegen § 70 Ziffer 3 und 5 BRV. (= § 66 Nr. 6 und 3 BRG.). Beide Pflichtverletzungen seien indessen nicht gröblicher Art gewesen. Was die erstere betreffe, so sei dem Antragsgegner, der einen ordentlichen, aber geistig nicht sehr gewandten Eindruck mache, zugutezuhalten, daß er sich der Unzulässigkeit seiner Handlungsweise nicht bewußt gewesen sei und in gutem Glauben gehandelt habe. Bei Beurteilung der im Aufenthaltsraum des Bahnhofs R. gefallenen Äußerung des Antragsgegners aber seien die Umstände, unter denen sie getan sei, zu berücksichtigen. Es sei der gesamten Belegschaft, und zwar auch ihren nicht der RGO. angehörenden Mitgliedern bekannt gewesen, daß der Arbeiter F. an einer Delegation nach Rußland habe teilnehmen sollen und daß deshalb Verhandlungen mit den zuständigen Stellen schwebten. Von den Veranstaltern der Delegation sei nun zur Bedingung der Teilnahme des F. gemacht worden, daß 60 % der Belegschaft dem Bunde der Sowjetfreunde angehören müßten. Von dieser Bedingung, die neben den fehlenden Geldmitteln der Ausführung des Plans noch entgegengestanden habe, habe der Antragsgegner seine Kollegen unterrichten wollen. Der alleinige Zweck seiner Äußerung sei also nicht der gewesen, zum Eintritt in eine politische Organisation aufzufordern, sondern der, die Reise des F. nach Rußland zu ermöglichen. Der Wille des Antragsgegners sei mithin überwiegend nicht darauf gerichtet gewesen, seine Kollegen politisch zu beeinflussen, sondern darauf, die Bedingungen für die Rußlandreise herbeizuführen. Ferner sei ihm auch hier zuzubilligen, daß er geglaubt habe, im Interesse seiner Kollegen zu dieser Mitteilung verpflichtet zu sein. Endlich könne eine schuldhafte gröbliche Verletzung der Pflichten des Antragsgegners als Betriebsratsmitglied auch darin nicht gefunden werden, daß derselbe Arbeiter, welcher in dem Aufenthaltsraum die Aufnahmescheine zum Bund der Sowjetfreunde verteilt habe, einige Tage später nach Beendigung der Arbeitszeit außerhalb der Betriebsräume, nämlich auf dem Bahnhofsplatz in T., für die Auslandsreise des F. Geld gesammelt habe.

Die gegen diese Entscheidung zutreffend (§ 85 Abs. 1 ArbGG.) bei dem Reichsarbeitsgericht, auch in der rechten Frist und Form (§ 87 a. a. O.) erhobene Rechtsbeschwerde rügt Verletzung der §§ 43, 49 flg., 70 Nr. 3 und 5 der Verordnung über die Bildung von Betriebsvertretungen bei der Reichsbahn. Ihr kann ein Erfolg nicht versagt werden.

Die Frage, ob ein Betriebsratsmitglied sich einer gröblichen Verletzung seiner gesetzlichen Pflichten schuldig gemacht hat, ist, wie das Reichsarbeitsgericht schon wiederholt ausgesprochen hat, im wesentlichen eine Tatfrage, die durch § 43 BRV. (= § 39 BRG.) in das pflichtmäßige, auf der Würdigung der Umstände des Einzelfalls beruhende Ermessen des Arbeitsgerichts gestellt ist. Das Rechtsbeschwerdegericht hat an sich nur nachzuprüfen, ob bestimmte in Betracht kommende Handlungen oder Unterlassungen eines Betriebsratsmitglieds geeignet sind, eine gröbliche Verletzung der durch die Eigenschaft als Betriebsratsmitglied begründeten Pflichten abzugeben (vgl. Beschlüsse RAG. RB. 15/29 vom 10. Juli 1929, RAG. RB. 19/29 vom 9. August 1929 und RAG. RB. 83/31 vom 19. Dezember 1931). Das verkennt auch die Rechtsbeschwerde nicht. Sie meint jedoch, die Erwägungen, aus denen heraus das Arbeitsgericht die Gröblichkeit der Pflichtverletzung verneine, seien von Rechtsirrtum beeinflußt und rechtfertigen jedenfalls nicht die aus den getroffenen Feststellungen gezogene rechtliche Folgerung. Dem kann eine Berechtigung nicht abgesprochen werden.

Allerdings genügt eine nur objektive Pflichtverletzung nicht, um ihre Gröblichkeit im Sinne des § 43 BRV. (= § 39 BRG.) zu bejahen. vielmehr muß die Pflichtverletzung stets auf einem — sei es vorsätzlichen, sei es fahrlässigen — Verschulden des betreffenden Betriebsratsmitglieds beruhen. Andererseits wird, wenn auch der gute Glaube hierbei zu berücksichtigen ist, durch sein Vorhandensein die Fahrlässigkeit als solche nicht ausgeschlossen. Schon das übersieht das Arbeitsgericht, wenn es das Verhalten des Antragsgegners sowohl in der Versammlung wie in dem Aufenthaltsraum zu entschuldigen versucht. obwohl es feststellt, daß insoweit an sich Verstöße gegen die mit dem Amt eines Betriebsratsmitglieds verbundenen gesetzlichen Pflichten vorliegen. Das Arbeitsgericht übersieht aber, wie die Rechtsbeschwerde zutreffend betont, weiter, daß die Reise des Reichsbahnarbeiters F. nach Rußland nach ihrer Ankündigung und ihrer geldlichen Grundlage nicht etwa eine gewerkschaftliche Angelegenheit im Lohnkampf bildete oder den Betrieb der Bahnmeisterei als solchen anging, sondern nichts anderes als eine allgemeinpolitische Maßnahme darstellte, welche von derselben RGO. und den ihr nahestehenden Verbänden ausging, die — wie aus verschiedenen Entscheidungen des Reichsarbeitsgerichts hervorgeht — nicht nur keine wirtschaftliche Vereinigungen im Sinne des § 10 ArbGG. sind (vgl. RAG. Bd. 6 S. 63 und RAG. RB. 3/30 vom 30. April 1930), sondern auch gerade in die Arbeiter der Reichsbahn durch Aufforderung zu revolutionärem Kampf Unruhe und Unfrieden tragen und dadurch große Gefahren für die Ruhe und Sicherheit des Eisenbahnverkehrs heraufbeschwören (vgl. RAG. RB. 79 und 89/31 vom 9. März 1932). Das Arbeitsgericht übersieht ferner, daß es sich bei den von ihm festgestellten Verstößen nicht bloß um vereinzelte Erscheinungen, sondern, wie auch die Geldsammlung auf dem Bahnhofsplatz zeigt, um eine Kette fortgesetzter, auf einen einheitlichen Entschluß zurückzuführender, und zwar nach dem soeben Gesagten politischer Vorfälle handelt, von denen der Antragsgegner zum mindesten für zwei insofern verantwortlich ist, als er sie durch seine Unterschrift bei der Einberufung der Versammlung und durch sein Verhalten im Aufenthaltsraum des Bahnhofs ermöglicht hat. Endlich läßt das Arbeitsgericht gänzlich unbeachtet, daß die Antragstellerin dem Antragsgegner vorgeworfen hat, er habe durch seine Handlungsweise auch seine Pflichten als Arbeiter der Reichsbahn verletzt. Wenn auch die Verletzung der Pflichten aus dem Arbeitsvertrag an sich von der Verletzung der gesetzlichen Pflichten als Betriebsratsmitglied scharf zu trennen ist und eine Pflichtverletzung der ersteren Art die Aberkennung der Mitgliedschaft im Betriebsrat nicht ohne weiteres rechtfertigt, so kann doch in besonders gelagerten Fällen die Verletzung der Pflichten aus dem Arbeitsvertrag zugleich auch eine Verletzung der durch die Eigenschaft als Betriebsratsmitglied begründeten Pflichten in sich schließen (vgl. RAG. Bd. 1 S. 250 und RAG. RB. 15/29 vom 10. Juli 1929). Und das ist nach dem festgestellten Sachverhalt hier zu bejahen. Als Arbeiter der Reichsbahn durfte der Antragsgegner nach § 3 Nr. 16 der zwischen der Reichsbahn und dem Hauptbetriebsrat vereinbarten, einen Bestandteil seines Arbeitsvertrags bildenden und sowohl für ihn wie für die Reichsbahnverwaltung rechtsverbindlichen Arbeitsordnung „politische und gewerkschaftliche Gegensätze im Betriebe nicht geltend machen". Sein dem widersprechendes Verhalten bei Einberufung der Versammlung und im Aufenthaltsraum ist daher auch unter diesem Gesichtspunkt als eine — wenngleich rechtlich anders geartete — Pflichtverletzung anzusehen. Reiht man sie aber der Verletzung der Amtspflichten als Betriebsratsmitglied an, und man muß das nach dem unverkennbaren Zusammenhang tun, und beachtet man die oben dargelegten Erwägungen, so kann es keinem Zweifel unterliegen, daß die dem Antragsgegner von der Antragstellerin vorgeworfenen Verstöße, soweit sie der angefochtene Beschluß als Amtspflichtverletzungen feststellt, nicht nur geeignet sind, eine gröbliche Verletzung dieser Amtspflicht abzugeben, sondern in Wirklichkeit auch eine solche bilden. Die Verneinung dieser Eigenschaft durch das Arbeitsgericht ist mithin rechtsirrig und läßt sich nicht aufrechterhalten.

Da auch im übrigen die tatsächlichen Feststellungen genügen, um eine gröbliche Pflichtverletzung des Antragsgegners zu bejahen, war somit der angefochtene Beschluß aufzuheben und dem gestellten Antrag stattzugeben.

RAG. 11, 17.

1. Kann der Arbeitgeber ein Betriebsratsmitglied, das sich der Fälschung der Betriebsratswahl schuldig gemacht hat, fristlos entlassen?

2. Wird das Entlassungsrecht des Arbeitgebers einem Betriebsratsmitgliede gegenüber dadurch beeinträchtigt, daß er gegen dasselbe die Amtsentsetzung betreiben kann?

BGB. § 626. StGB. §§ 73, 108, 267, 268 Nr. 1, 274 Nr. 1. BRG. § 39 Abs. 2, § 96 Abs. 2 Nr. 3.

Reichsarbeitsgericht. Urt. v. 6. April 1932.

I. Arbeitsgericht Stettin. — II. Landesarbeitsgericht daselbst.

Der Kläger stand seit Jahren in Diensten der Wasserbaudirektion. Er war zuletzt als Schiffskoch auf einem Bereisungsdampfer tätig und hatte daneben andere Schiffspersonalarbeiten zu verrichten. Er war Vorsitzender des Bezirksbetriebsrats bei der Wasserbaudirektion und Mitglied des Hauptbetriebsrats im Bereich des Reichsverkehrsministeriums. Am 17. Juni 1930 fand die Neuwahl der Betriebsvertretungen statt. Der Kläger war zum Vorsitzenden des Bezirkswahlvorstandes gewählt worden. Er hat sich in dieser Eigenschaft bei der Wahl in fortgesetzter Handlung der Urkundenfälschung in Tateinheit mit Wahlfälschung schuldig gemacht und ist dieserhalb vom Schöffengericht am 30. April 1931 rechtskräftig zu 4 Monaten Gefängnis verurteilt worden. Gleichzeitig ist ihm unter Auferlegung einer Buße von 300 RM

Strafaussetzung mit dreijähriger Bewährungsfrist bewilligt worden. Dem Oberpräsidenten ist am 15. Juni 1931 eine Abschrift des Urteils zugegangen und er hat darauf die fristlose Entlassung des Klägers verfügt. Die Entlassungserklärung ist dem Kläger am 18. Juni 1931 zugegangen. Er hält die Entlassung für unberechtigt und unwirksam, ist insbesondere der Ansicht, daß sie mit Rücksicht auf die bewilligte Bewährungsfrist nicht habe Platz greifen dürfen. Mit der Klage fordert er den Lohn für die Woche nach seiner Entlassung.

Das beklagte Reich hat um Abweisung der Klage gebeten und geltend gemacht, bei der Tragweite der Verfehlungen des Klägers habe es ihn in einem Beschäftigungsverhältnis bei der Verwaltung nicht belassen können.

Das Arbeitsgericht ist dieser Auffassung beigetreten und hat die Klage abgewiesen. Das Landesarbeitsgericht hat der Berufung des Klägers stattgegeben und den Beklagten nach dem Klagantrage verurteilt. Die Revision des Deutschen Reichs führte zur Wiederherstellung des ersten Urteils.

Gründe:

Die Vorinstanzen nehmen an, daß auf das Dienstverhältnis des Klägers zum Beklagten nicht die Vorschriften der Gewerbeordnung, sondern die des BGB. über den Dienstvertrag, also auch § 626 BGB. anzuwenden waren. Diese Annahme begegnet keinem rechtlichen Bedenken; sie ist auch von keiner Seite beanstandet worden.

Um die von ihm begangene Verfälschung des Wahlergebnisses (§ 108 StGB.) durchführen zu können, hat der Kläger auf den Namen seiner Gewerkschaft lautende Stimmzettel hinzugefügt und u. a. die richtige Niederschrift eines örtlichen Wahlvorstandes vernichtet (Vergehen gegen § 274 Ziff. 1 StGB.), eine solche Niederschrift aus dem Jahre 1929 gefälscht, mehrere falsche Niederschriften angefertigt und Wählerlisten gefälscht, um so der eigenen Gewerkschaft zu nutzen und die gegnerische zu schädigen (Verbrechen gegen §§ 267, 268 Ziff. 1 StGB.). Da er bisher unbestraft war und nicht eigennützig, sondern nur im Interesse seiner Gewerkschaft gehandelt hatte, hat ihm das Schöffengericht mildernde Umstände zugebilligt und demgemäß anstatt auf Zuchthaus auf eine Gefängnisstrafe erkannt. Daß in einer solchen Straftat für den Arbeitgeber, zumal bei einem Betriebe des Reichs, ein wichtiger Grund zur fristlosen Entlassung des Dienstpflichtigen im Sinne des § 626 BGB. liegen kann, nehmen beide Vorinstanzen ohne Rechtsirrtum an. Während aber das Arbeitsgericht nach Lage der Sache die Entlassung für berechtigt erklärt hat, ist das Landesarbeitsgericht zu einem anderen Ergebnis gelangt, und zwar im wesentlichen mit der Begründung, das Reich habe nach § 39 Abs. 2 BRG. mit Erfolg das Erlöschen der Mitgliedschaft des Klägers zum Betriebsrat betreiben und sodann sein Dienstverhältnis unter Einhaltung der gesetzlichen oder vertraglichen Frist kündigen können und diesen Weg beschreiten müssen.

Die Rechtsansicht des Berufungsgerichts ist unhaltbar. Sie verstößt gegen § 96 Abs. 2 Nr. 3 BRG. in Verbindung mit § 626 BGB. Danach ist die nach § 626 oder sonstigen gesetzlichen Bestimmungen beim Vorliegen bestimmter Tatbestände dem Arbeitgeber eingeräumte Befugnis zur fristlosen Auflösung des Arbeitsvertrages auch gegenüber Betriebsratsmitgliedern ohne weiteres gegeben. Es war also lediglich zu prüfen, ob dem Beklagten nach verständigem Ermessen unter Berücksichtigung der gesamten Umstände zugemutet werden konnte, mit dem Kläger trotz seiner festgestellten strafbaren Handlungen das Dienstverhältnis fortzusetzen. War das zu verneinen, so war die Entlassung gerechtfertigt. Ob die Handlungen des Klägers mit Rücksicht auf § 23 Abs. 1 BRG. zugleich als gröbliche Verletzung der ihm als Betriebsratsmitglied nach dem Gesetz obliegenden Pflichten im Sinne des § 39 Abs. 2 a. a. O. anzusehen waren, wie dies auch die Revision annimmt, konnte dann dahingestellt bleiben. Denn für die Frage der Wirksamkeit der Entlassung kam es nur auf die dem Kläger nach dem Arbeitsvertrag obliegenden Pflichten an. In der Verletzung solcher Pflichten kann unter Umständen für das Betriebsratsmitglied auch eine Amtspflichtverletzung so schwerer Art liegen, daß deswegen die Amtsenthebung betrieben werden kann (Beschl. des RAG. vom 10. Juli 1929 — RAG. RB. 15/29 — in ArbRspr. 1929 S. 403), aber das Gesetz bietet nicht den geringsten Anhalt dafür, daß in solchem Falle zunächst das Absetzungsverfahren nach § 39 Abs. 2 betrieben werden müsse und erst nach seiner Erledigung je nach seinem Ausgang im Wege befristeter Kündigung oder fristloser Entlassung, also auf einem Umwege, das dem Arbeitgeber in § 96 Abs. 2 Nr. 3 BGB. eingeräumte Recht fristloser Entlassung verwirklicht werden könne. Reichsgericht (RGZ. Bd. 114 S. 177) und Reichsarbeitsgericht (RAG. Bd. 4 S. 153) haben denn auch bereits ausgesprochen, daß in solchen Fällen dem Ermessen des Arbeitgebers überlassen bleibt, ob er seine Rechte aus dem Dienstvertrag oder aus § 39 a. a. O. oder beide nebeneinander ausüben will. Daran ist festzuhalten.

Es kam hiernach entgegen der weiteren Annahme des Berufungsgerichts auch nicht darauf an, ob der Beklagte während der langen

Dauer des strafrechtlichen Ermittelungsverfahrens Gelegenheit hätte nehmen können, die Strafakten einzusehen und sich dadurch genügende Unterlagen zur Betreibung der Amtsentsetzung des Klägers aus § 39 Abs. 2 BGB. zu beschaffen. Dazu war der Beklagte nicht verpflichtet und daraus, daß er es nicht getan hat, kann der Kläger mitnichten herleiten, daß trotz seiner Straftat die Fortsetzung seines Dienstverhältnisses dem Beklagten zuzumuten sei und dieser dies auch für möglich gehalten habe. Der Kläger hatte geleugnet, sich strafrechtlich vergangen zu haben. Da konnte der Beklagte das Ergebnis des gegen den Kläger eingeleiteten Strafverfahrens abwarten. Erst dessen Abschluß ergab das Gesamtbild der Straftat. Vorher konnte sich der Beklagte ein abschließendes Urteil über die Verfehlungen des Klägers und darüber, ob der Kläger im Betriebe belassen werden konnte, nicht bilden. Die volle Schwere der Tat konnte der Beklagte erst aus dem Urteil des Schöffengerichts vom 30. April 1931 ersehen, von dem er am 15. Juni 1931 eine Abschrift erhielt. Darauf hat der Oberpräsident für die Wasserbaudirektion alsbald die Entlassung des Klägers erklärt und darüber am 17. Juni 1931, weil der Kläger auch dem Hauptbetriebsrat im Bereich des Reichsverkehrsministeriums angehörte, an den Reichsverkehrsminister berichtet. Dieser hat dann insoweit die fristlose Entlassung am 10. Juli 1931 ausdrücklich bestätigt. Damals war das Strafurteil noch nicht rechtskräftig, vielmehr hatten sowohl der Kläger als auch der Oberstaatsanwalt Berufung eingelegt. Die Berufungen sind erst am 21. Juli vom Kläger, am 30. Juli von der Staatsanwaltschaft zurückgenommen worden. Unter diesen Umständen kann von einer Verwirkung des Rechts der Entlassung wegen verzögerlicher Ausübung (RGZ. Bd. 122 S. 38, Bd. 123 S. 216) keine Rede sein. Daran würde es auch nichts ändern, wenn ein Vertreter der Wasserbaudirektion, wie der Kläger jetzt vorträgt, der Verhandlung vor dem Schöffengericht beigewohnt haben sollte. Im übrigen kann er mit diesem Vorbringen schon um deswillen nicht gehört werden, weil es in den Vorinstanzen nicht festgestellt worden ist.

Aus dem gleichen Grunde ist das Vorbringen des Klägers unbeachtlich, seine Entlassung sei auf einen von der gegnerischen Gewerkschaft ausgeübten Druck zurückzuführen. Übrigens wäre es durchaus verständlich und nicht zu mißbilligen, wenn der Beklagte bei Prüfung der Frage, ob der Kläger im Betriebe belassen werden konnte, auch die Wirkung seiner Tat auf die Belegschaft berücksichtigt haben sollte. Nach der Feststellung des Strafurteils hatte sich der Kläger bereits vor dem Termin zur Feststellung des Wahlergebnisses von Vertrauensleuten der einzelnen Dienststellen die Wahlergebnisse melden lassen und dabei festgestellt, daß voraussichtlich auf die Freie Gewerkschaft, der er angehörte, zwei Sitze und auf die andere Gewerkschaft gleichfalls zwei Sitze entfallen würden. Es hatte also die Gefahr bestanden, daß dieser Gewerkschaft durch das Los auch der Vorsitz zufallen würde. Um das zu verhindern, hat er das Wahlergebnis zugunsten seiner Gewerkschaft gefälscht. Er hatte also das in ihn als Vorsitzenden des Betriebsrats und des Wahlvorstandes zu setzende Vertrauen in gröblichster Weise mißbraucht, und es ist daher durchaus erklärlich, daß die Mitglieder der gegnerischen Gewerkschaft, die auch entgegen der Ordnungsvorschrift des § 23 Abs. 1 Satz 2 BRG. bei der Bildung des Wahlvorstandes nicht berücksichtigt worden waren, über die Tat des Klägers erregt waren und gegen ihn, der gleichwohl das Amt des Betriebsratsvorsitzenden ausübte, Stellung nahmen. Im übrigen ergeben die bei den Akten befindlichen Abschriften der Bescheide des Reichsverkehrsministers, daß dieser nach Einsichtnahme der Strafakten und eingehender Prüfung aus grundsätzlichen Erwägungen wie der Oberpräsident zu dem Ergebnis gelangt ist, daß wegen der Art der Straftat — Urkundenfälschung in Tateinheit mit Vergehen gegen §§ 274, 108 StGB. — und der Höhe der Strafe Kläger in seinem Beschäftigungsverhältnis bei der Verwaltung des Deutschen Reichs nicht belassen werden konnte. Dem hat das Arbeitsgericht beigepflichtet. Es erwägt, daß es sich bei der in fortgesetzter Handlung begangenen Urkundenfälschung um ein mit Zuchthaus bedrohtes Verbrechen gehandelt habe, und auch vom rein sittlichen Standpunkt die Tat, die sich aus einer ganzen Reihe wohlüberlegter Einzelhandlungen zusammensetze, nicht als leicht oder entschuldbar bezeichnet werden könne. Deshalb habe dem Beklagten, selbst wenn der Kläger bei der Fälschung des Wahlergebnisses nicht aus Eigennutz gehandelt haben sollte, nicht zugemutet werden können, ihn nach seiner rechtskräftigen Verurteilung noch weiter zu beschäftigen, dies um so weniger, als der Kläger nach der Feststellung des Strafurteils einen Teil seiner Kollegen durch seine Tat geschädigt habe. Diese Beurteilung der Tat liegt im wesentlichen auf tatsächlichem Gebiet. Sie läßt einen Rechtsirrtum nicht erkennen, ist auch vom Berufungsgericht nicht mißbilligt worden. Dieses stellt vielmehr gleichfalls fest, daß der Kläger sich einer sehr schweren Verfehlung gegen seine Amtspflichten als Wahlvorsteher und Betriebsratsmitglied und gegen die allgemeinen Strafgesetze schuldig gemacht habe. Zur Verurteilung des Beklagten ist es nur gekommen, weil nach seiner Ansicht der Beklagte auf dem bezeichneten Umwege das gleiche Ziel der Entfernung des Klägers aus dem Betriebe hatte erreichen können. Daß der Beklagte sich auf diesen Weg nicht verweisen zu lassen braucht, ist bereits dargelegt worden.

RAG. 11, 29.

Leben einzelvertragliche Abreden ohne weiteres wieder auf, wenn ein einen Arbeitskampf beendendes Friedensabkommen neben der Verpflichtung der Arbeitgeberseite, die wegen des Streiks entlassenen Arbeiter wieder einzustellen, lediglich die Bestimmung enthält, daß „hinsichtlich der Ansprüche aus dem Manteltarifvertrag der Streik nicht als Unterbrechung des Arbeitsverhältnisses angesehen" werde?

TarifVo. § 1. BGB. §§ 133, 157. ZPO. § 286.

Reichsarbeitsgericht. Urt. v. 9. April 1932.

I. Arbeitsgericht Berlin. — II. Landesarbeitsgericht daselbst.

Der Kläger war seit Jahren im Betriebe der Beklagten als Arbeiter tätig. Sein Arbeitsverhältnis bestimmte sich nach dem Tarifvertrag für das Berliner Fuhrgewerbe. Dieser Tarifvertrag lief infolge Kündigung mit dem 31. Dezember 1930 ab. Am 8. Januar 1931 fanden zwischen den Tarifvertragsparteien Verhandlungen über den Neuabschluß eines Tarifvertrags statt. Als sie erfolglos verliefen, stellte die Beklagte in Aussicht, daß sie die bisherigen Löhne bis zum 14. Januar 1931 bestehen lassen, dann aber mit Lohnkürzungen vorgehen werde. Da infolgedessen ein Streik auszubrechen drohte, richtete die Beklagte unter dem 12. Januar 1931 an ihre einzelnen Arbeiter, darunter auch an den Kläger, ein Schreiben, in welchem sie das Arbeitsverhältnis mit der alten Lohnregelung zum 14. Januar kündigte, den Wochenlohn ab 15. Januar 1931 kürzte, und zwar bei dem Kläger auf 58,75 RM, und gleichzeitig unter Wiederholung einer den Vertretern der Arbeitnehmerseite bei den Verhandlungen am 8. Januar gemachten Mitteilung sich bereit erklärte, „für den Fall, daß durch ein amtliches Schlichtungsverfahren nachträglich höhere Löhne zur Geltung gelangen sollten, diese mit Wirkung vom 15. Januar d. Js. ab nachzuzahlen". Die Arbeitnehmerseite rief nunmehr den Schlichtungsausschuß an. Die vor diesem am 20. und 26. Januar 1931 stattgefundenen Verhandlungen führten ebenfalls zu keinem Ergebnis. Als darauf die Arbeiter der Beklagten am 30. Januar 1931 in den Streik traten, wurden sie sämtlich fristlos entlassen. Der Streik dauerte bis Ende März 1931. Er wurde durch ein am 27. März vor dem Schlichter vereinbartes Abkommen der Tarifvertragsparteien beendet, wonach ein am 20. März von dem Schlichtungsausschuß erlassener, aber von der Arbeitnehmerseite abgelehnter Schiedsspruch unter Abänderung eines die Wiederaufnahme der Arbeit betreffenden Punktes zum Tarifvertrag erhoben wurde. Das Abkommen enthielt die Bestimmung, daß „hinsichtlich der Ansprüche aus dem Manteltarifvertrag der Streik nicht als Unterbrechung des Arbeitsverhältnisses angesehen" werde, und die ausdrückliche Verpflichtung der Beklagten, die wegen des Streiks entlassenen Arbeiter wieder einzustellen. Es brachte ferner für die Arbeiterkategorie, welcher der Kläger angehörte, eine Lohnerhöhung auf wöchentlich 63,50 RM.

Der Kläger glaubt, von der Beklagten, die ihn nach Beendigung des Streiks wieder eingestellt hat, für die Zeit vom 15. bis 29. Januar 1931 Nachzahlung des Unterschieds zwischen dem ihm damals gezahlten und dem durch das Abkommen vom 27. März 1931 erhöhten Lohn beanspruchen zu können, und verlangt deshalb unter dem Bestreiten der Beklagten deren Verurteilung zur Zahlung von wöchentlich 4,75 RM, d. h. insgesamt 9,50 RM. Das Arbeitsgericht hat die Klage abgewiesen. Das Landesarbeitsgericht aber hat auf die zugelassene Berufung des Klägers dem Klagebegehren entsprochen und die Revision zugelassen. Diese führte zur Aufhebung des Berufungsurteils und zur Zurückweisung der Berufung des Klägers.

Gründe:

Die Parteien streiten im wesentlichen über die rechtliche Bedeutung und Tragweite der von der Beklagten in ihrem Schreiben vom 12. Januar 1931 abgegebenen Bereitwilligkeitserklärung, ihren Arbeitern höhere Löhne mit Wirkung vom 15. Januar 1931 ab nachzuzahlen, falls diese durch ein amtliches Schlichtungsverfahren nachträglich zur Geltung gelangen sollten. Das Berufungsgericht bejaht eine dahingehende Nachzahlungsverpflichtung der Beklagten im Sinne der Klage auf Grund des vor dem Schlichter am 27. März 1931 vereinbarten Abkommens. Es geht hierbei von der Erwägung aus, daß annehmbar die Beklagte bei Abgabe der Bereitwilligkeitserklärung vom 12. Januar 1931 den Wunsch gehabt haben möge, durch die Erklärung den Streik zu vermeiden. Dieser Wunsch müsse indessen, selbst wenn er den alleinigen Beweggrund für die Angabe der Erklärung gebildet habe, unbeachtet bleiben, da er nicht zum Ausdruck gekommen sei, also einen rein innerlichen Vorgang darstelle.

Schon hiergegen wendet sich die Revision, welche insoweit Verletzung der §§ 133, 157 BGB. und des § 286 ZPO. rügt, nicht mit Unrecht. Nach dem angefochtenen Urteil hat die Beklagte die fragliche

Bereitwilligkeitserklärung gerade deshalb abgegeben, weil „der Streik auszubrechen drohte". Mit dieser tatsächlichen Feststellung ist die Erwägung des Berufungsgerichts, es handle sich um einen bloßen Wunsch der Beklagten, um einen rein innerlichen Vorgang, nicht zu vereinen. Zum mindesten hätte das Berufungsgericht, wenn es Zweifel hegte, ob ein bloßer Beweggrund oder eine Bedingung vorlag, von der die Nachzahlungsverpflichtung abhängen sollte, den in letzterer Hinsicht von der Beklagten angebotenen Beweis erheben müssen, um sich die etwa noch erforderliche Aufklärung zu beschaffen. Die Rüge aus § 286 ZPO. greift daher durch.

Nicht minder erheblich ist der Revisionsangriff, welcher die Auslegung des Abkommens vom 27. März 1931 betrifft. Daß das Abkommen als eine Gesamtvereinbarung im Sinne der Verordnung über das Schlichtungswesen vom 30. Oktober 1923 zu gelten hat, kann allerdings mit dem angefochtenen Urteil unbedenklich angenommen werden, und es steht deshalb dem Reichsarbeitsgericht gegenüber diesem Abkommen gemäß § 73 Abs. 1 ArbGG. das Recht der freien Nachprüfung zu. Diese Nachprüfung führt jedoch zu einem anderen Ergebnis als dem von dem Berufungsgericht gefundenen. Das Berufungsgericht führt aus, die Fassung des Abkommens: „Der Streik wird hinsichtlich der Ansprüche aus dem Manteltarifvertrag nicht als Unterbrechung des Arbeitsverhältnisses angesehen" enthalte, da sie über die Lohnnachzahlung nichts besage, eine der richterlichen Ergänzung bedürftige Lücke. Bei dieser ergänzenden Auslegung sei vor allem zu berücksichtigen, daß der Sinn des Abkommens gewesen sei, den Arbeitskampf zu beenden und wieder normale Verhältnisse zu schaffen, ohne daß die Arbeitnehmer einen Schaden erleiden sollten. Das gehe insbesondere daraus hervor, daß die Beklagte sich durch das Abkommen auch ausdrücklich verpflichtet habe, die wegen des Streiks entlassenen Arbeiter wieder einzustellen. Wenn aber wegen des nunmehr abgeschlossenen Streiks die Arbeiter keinen Nachteil erleiden sollten, so dürfe die Zusage der Beklagten vom 12. Januar 1931 wegen des Streiks nicht ihre Wirksamkeit verlieren. Hätte die Beklagte eine andere Regelung gewünscht, so wäre es ihre Sache gewesen, auf Klarstellung zu dringen. Das um so mehr, als sie den einzelnen Arbeitern die Zusage schriftlich gegeben habe und diese dadurch Inhalt des Einzel(arbeits)-vertrags geworden sei. Da die Beklagte es unterlassen habe, die Aufhebung der Zusage bei den Verhandlungen mit der gegnerischen Tarifpartei anzuregen, so müsse sie auch die Folgen dieser Säumnis tragen.

Dem kann nicht beigetreten werden. Das Abkommen vom 27. März 1931 hätte allerdings als ein Friedensabkommen auch das Wiederaufleben einzelvertraglicher Abreden vorsehen können. Das hätte jedoch klar zum Ausdruck gebracht werden müssen, und davon kann schon nach seinem eindeutigen Wortlaut keine Rede sein; denn es beschränkt sich hiernach, wie die Revision mit Recht betont, auf „Ansprüche aus dem Manteltarifvertrag". Ein solcher Anspruch steht indessen gar nicht in Streit, vielmehr, was auch das angefochtene Urteil hervorhebt, ein Anspruch aus der zum Inhalt des Einzelarbeitsvertrags gewordenen schriftlichen Erklärung der Beklagten vom 12. Januar 1931. Zu einer ergänzenden Auslegung ist also an sich überhaupt kein Anlaß gegeben. Sodann aber würde selbst bei Annahme einer Lücke nach ständiger Rechtsprechung des Reichsgerichts und des Reichsarbeitsgerichts (vgl. insbesondere RAG. Bd. 5 S. 134, Bd. 7 S. 62 und die dort angezogenen Entscheidungen) eine ergänzende Auslegung durch den Richter nur zulässig sein, wenn sie nicht zu einer Umänderung des Vertrages führte, sondern sich im Rahmen dessen hielte, was für einen beim Vertragsschluß nicht vorgesehenen Fall sowohl nach Treu und Glauben im Verkehr, nach dem ganzen Zusammenhang sowie nach dem in Betracht kommenden wirtschaftlichen und sozialen Zweck als auch unter Berücksichtigung der Belange beider Parteien und ihres aus dem Vertrage hervorgehenden Willens zwischen ihnen rechtens sein sollte. Das Berufungsgericht bezieht sich zwar auf die ersteren Gesichtspunkte, wendet sie aber unrichtig an und trägt jedenfalls den letzteren Gesichtspunkten nicht gebührend Rechnung. Denn es widerspricht dem wirtschaftlichen und sozialen Zweck des Abkommens und dem ganzen Zusammenhang, daß einerseits auf die Verhinderung einer Benachteiligung der Arbeitnehmer ausschlaggebendes Gewicht gelegt und andererseits allein die Beklagte für die unterlassene Klarstellung verantwortlich gemacht wird, ohne zu erwägen, daß die Arbeitnehmer ebensosehr für die etwa erforderliche Klarstellung hätten sorgen können und müssen, und daß auch die Beklagte nach dem mutmaßlichen Willen der am Abschluß des Abkommens beteiligten Parteien einen Anspruch auf Berücksichtigung ihrer Belange hatte. Daß die Beklagte durch den fast zwei Monate dauernden Streik geschädigt worden ist, hat das angefochtene Urteil zwar nicht ausdrücklich festgestellt, die Tatsache ihrer Schädigung ist aber nach der Erfahrung des täglichen Lebens für die Revisionsinstanz ohne weiteres zu unterstellen. Dann aber wäre es unverständlich und mit dem Empfinden billig und gerecht denkender Menschen unvereinbar, wenn sie, wie das Berufungsgericht ihr zumutet, bei einem lediglich „Ansprüche aus dem Manteltarifvertrag“ betreffenden Abkommen stillschweigend auch die Verpflichtung zur Nachzahlung von Löhnen aus einer mit diesem Tarifvertrag nur mittelbar zusammenhängenden Erklärung gegenüber ihren einzelnen Arbeitnehmern hätte übernehmen wollen. Auch die von dem Berufungsgericht vorgenommene ergänzende Auslegung verstößt daher gegen § 157 BGB.

RAG. 11, 37.+

Kann die Krankenkasse gegenüber dem Witwengeldanspruch der Witwe und Alleinerbin eines der Dienstordnung unterliegenden Angestellten den Betrag zur Aufrechnung stellen, um den der Erblasser sie durch vorsätzliche unerlaubte Handlung geschädigt hat?

RVO. §§ 351 flg. insbes. §§ 354, 358; ZPO. § 850 Ziff. 7; BGB. § 394.

Reichsarbeitsgericht. Urt. v. 13. April 1932.

I. Arbeitsgericht Remscheid. — II. Landesarbeitsgericht Wuppertal.

Der Ehemann — und Erblasser — der klagenden Witwe, B., war Angestellter, zuletzt Obersekretär, der beklagten Ortskrankenkasse in Remscheid. Mit ihm war am 30. Mai 1911 ein Rechte und Pflichten der Anstellung, das Ruhegehalt und die Hinterbliebenenversorgung verbriefender Vertrag vom 30. Mai 1911 . . . geschlossen worden. . . .

Die Klägerin hat Anspruch auf Witwengeld erhoben. Das nach § 358 RVO. angerufene Oberversicherungsamt hat den Anspruch für berechtigt erklärt; binnen Monatsfrist nach Zustellung dieses Bescheids ist seitens der Klägerin Zahlungsklage, seitens der Beklagten Widerklage auf Aufhebung der Entscheidung des Oberversicherungsamts anhängig gemacht worden.

Nach dem gegenüber der Klage im Betrag ermäßigten Antrag hat das Arbeitsgericht unter Abweisung der Widerklage die Beklagte verurteilt, an die Klägerin monatlich, zuerst am 1. März 1930, 158,50 RM zu zahlen, die Rückstände sofort, die künftig fällig werdenden am letzten jeden Monats. Die Beklagte hat ihre Anträge mit der Berufung verfolgt und hilfsweise ihre Verurteilung nur so anheimgestellt, daß sie an die Klägerin diejenige Witwenpension zu zahlen habe, die für die Reichsbesoldungsgruppe VII errechnet ist, und zwar nach der jeweils geltenden Dienstordnung der Beklagten, jedoch mit der Maßgabe, daß auf die ersten Monatszahlungen ein Betrag von 2897,37 RM nebst Zinsen (die Summe der nach Behauptung der Beklagten von B. unterschlagenen Beträge) zu verrechnen sei. . . . Das Landesarbeitsgericht hat die Berufung der Beklagten mit der Maßgabe zurückgewiesen, daß auf die ersten Monatszahlungen der Betrag von 2897,37 RM nebst 4 v. H. Zinsen zu verrechnen sei und hat der Klägerin von den Prozeßkosten 1/10 auferlegt.

Die Beklagte hat Revision eingelegt, um die volle Abweisung der Klage zu erreichen, die Klägerin Anschlußrevision, um die Maßgabe der Verurteilung in Wegfall zu bringen. Das Berufungsurteil wurde auf beide Rechtsmittel aufgehoben.

Gründe:

. . .

Für die Anschlußrevision handelt es sich um die Frage, ob die Klägerin im Sinn der durch das Urteil des Reichsgerichts RGZ. Bd. 85 S. 108 eingeleiteten Rechtsprechung arglistig handelt, wenn sie die Aufrechnung mit dem gegen ihren Ehemann und Erblasser aus dessen Unterschlagungen begründeten Anspruch durch die Berufung auf § 394 BGB. abwehrt. Das vorgenannte Urteil des Reichsgerichts ist von einem Fall ausgegangen, in dem der klagende Angestellte selbst seine Dienstgeber durch unerlaubte und strafbare Handlungen geschädigt hatte und trotzdem unter Berufung auf die Beschlagnahmefreiheit Lohn einforderte, dem ein weit größerer von ihm verursachter Schaden gegenüberstand. In diesem Sinn hat auch das Urteil RGZ. Bd. 123 S. 8 und das Reichsarbeitsgericht in RAG. 478/28 Urteil vom 16. März 1929 (Bensh. Bd. 5 S. 517 ArbRspr. 1929 S. 202) sowie die Entscheidung RAG. Bd. 10 S. 180 den Fortfall des Lohnschutzes gebilligt.

Der Berufungsrichter meint, diese Rechtsprechung stehe auch der Klägerin entgegen, die als Alleinerbin des der Unterschlagung schuldigen B. nach § 1967 BGB. für die Nachlaßverbindlichkeiten hafte. Zunächst ist nicht ersichtlich, ob der Berufungsrichter in Betracht gezogen hat, daß der Klägerin der besondere Pfändungsschutz des § 850 Ziff. 7 ZPO. zukommt (ohne Unterschied, ob es sich um einen öffentlichrechtlichen oder privaten Dienst handelt; Stein-Jonas § 850 II 7). Der Pfändungsschutz, auf den die Klägerin sich stützen kann, ist also nicht der gleiche, der grundsätzlich ihrem Ehemann zur Seite gestanden haben würde und der sich unmittelbar auf das Dienstverhältnis bezieht, gegen das ihr Erblasser schwer gefehlt hat. Aber auch hiervon abgesehen wird der Berufungsrichter dem Gedanken der angezogenen Rechtsprechung des Reichsgerichts und des Reichsarbeitsgerichts nicht gerecht. Seine Erwägung, zwar habe die Klägerin die unerlaubte Handlung nicht ihrerseits begangen und sei daran nicht beteiligt, aber die Gegenforderung verbleibe doch eine solche aus unerlaubter Handlung, stellt einseitig auf die Eigenschaft der Aufrechnungsforderung ab. Aber wenn § 393 BGB. gegenüber einer solchen Forderung die Aufrechnung versagt, so ist der Sinn der angezogenen Rechtsprechung nicht der einer Ergänzung des § 393 BGB. dahin, daß der Geschädigte über alle Pfändungsverbote hinweg mit seiner Forderung aus unerlaubter Handlung aufrechnen dürfe.

Vielmehr handelt es sich um eine Anwendung des Grundsatzes von § 242 BGB., auf dessen Verletzung angesichts der besonderen Sachlage es ankommt. Für den vorliegenden Fall kann nicht unbeachtet bleiben, daß die Klägerin einen Anspruch aus eigenem Recht geltend macht. Wenn sie gleichzeitig Erbin ihres Ehemanns ist und deshalb nach § 1967 BGB. für die Nachlaßverbindlichkeit haftet, so steht das in keinem notwendigen Zusammenhang mit ihrer Witwengeldberechtigung. Wäre sie nach § 2303 Abs. 2 BGB. von der Erbschaft ausgeschlossen oder hätte sie nach § 1945 BGB. die Ausschlagung erklärt, so würde die Aufrechnung ihr gegenüber von vornherein nicht in Frage kommen können, ohne daß vom Billigkeitsstandpunkt aus eine geringere Beschwerung der Beklagten vorläge. Aus der Erbenstellung der Klägerin kann sich deshalb nicht wohl ein Gesichtspunkt ergeben, der es arglistig erscheinen ließe, daß die Klägerin einen ihr zustehenden Vollstreckungs- und Aufrechnungsschutz hinsichtlich der ihr eigenen Forderung aufgibt, den sie ohne Erbenhaftung geltend machen könnte, ohne gegen Treu und Glauben zu verstoßen. Das gilt um so mehr, als nach dem Vorangestellten der Vollstreckungs- und Aufrechnungsschutz ihr gerade als Witwe, nicht wegen der Herkunft der Forderung zukommt. Eine gewisse Beschwerung der Beklagten mag, von der Erbenstellung der Klägerin abgesehen, darin liegen, daß sie belastende Nachwirkungen eines Dienstvertrags anerkennen soll, die der Dienstnehmer durch strafbare Handlung verletzt hat. Diese Erwägung richtet sich gegen die Geltendmachung des Witwengeldanspruchs überhaupt. Sie ist nicht ohne Gewicht. Ihr ist aber entgegenzuhalten, daß nach der Entwicklung des Witwengeldanspruchs im Beamtenrecht, das hier zum Muster genommen ist, der Dienstberechtigte unter entsprechender Einsparung von Gehalt von Anbeginn der Dienstzeit an die Witwenversorgung übernommen hat (vgl. Brand Beamtenrecht S. 391). Ein Gegenwert des Witwengeldes liegt also auch in früheren treuen Diensten des Arbeitnehmers. Jedenfalls steht der Geltendmachung des Witwengeldanspruchs der Witwe eines untreuen Beamten oder Angestellten der Einwand der Arglist nicht allgemein entgegen (vgl. beamtenrechtlich RGZ. Bd. 38 S. 121), und nach dem Vorangestellten auch nicht insoweit, als sie die Aufrechnung mit dem durch die Veruntreuungen entstandenen Schaden und ihre Haftung nach allgemeinen Regeln hinaus abwehrt.

Nach alledem ist der Anspruch der Klägerin vorbehaltlich des noch zu prüfenden Betrages begründet.

RAG. 11, 61.

Kann im Vergleichsverfahren die Ermächtigung zur Kündigung von Lehrverträgen erteilt werden?

Vergleichsordnung §§ 28, 29.

Reichsarbeitsgericht. Urt. v. 20. April 1932.

I. Arbeitsgericht Berlin. — II. Landesarbeitsgericht daselbst.

Die Frage wurde bejaht aus folgenden

Gründen:

Die Entscheidung des Rechtsstreits hängt in erster Linie davon ab, ob die mit Ermächtigung des Vergleichsrichters von der Beklagten ausgesprochene Kündigung der mit den Klägern geschlossenen Lehrverträge zulässig ist. Daß der Vergleichsrichter die Ermächtigung an sich erteilt hat, ist bedeutungslos, denn die Entscheidung, ob überhaupt ein Fall vorliegt, in welchem die Ermächtigung erteilt werden konnte, kann durch den Vergleichsrichter im Wege der Erteilung der Ermächtigung, dessen Entscheidung an sich unanfechtbar ist (§ 14 VerglO.), nicht entschieden werden. Er hat nur über die Zweckmäßigkeit der zugelassenen Maßnahmen zu befinden, nicht über ihre rechtliche Zulässigkeit (vgl. auch Reichsgerichtsurteil IV 518/19 vom 29. April 1920, DJZ. 1920 S. 719).

Das Landesarbeitsgericht hat im Gegensatz zum Arbeitsgericht die Anwendbarkeit des § 29 VerglO. auf Lehrlingsverträge verneint (die Entscheidung ist abgedruckt Bensh. Sammlung Bd. 14 Landesarbeitsgericht S. 17). Seiner Ansicht kann jedoch nicht beigetreten werden. Es liegt keine Veranlassung vor, die Grundsätze, welche das Reichsarbeitsgericht in seiner Entscheidung vom 13. Juni 1931 (RAG. Bd. 9 S. 32 flg., siehe ferner Reichsarbeitsgerichtsurteil RAG. 397/31 vom 17. Februar 1931) für die Lösung des Lehrlingsverhältnisses im Konkursfalle (§ 22 KO.) entwickelt hat, nicht auch sinngemäß auf die entsprechenden Bestimmungen der Vergleichsordnung anzuwenden.

Das Landesarbeitsgericht stützt seine Meinung im wesentlichen darauf, das grundsätzlich die Konkurseröffnung zur Geschäftsauflösung und Ausschüttung der Masse nach ihrer Versilberung führe, während Zweck des Vergleichsverfahrens die Aufrechterhaltung des Betriebes sei und damit die Möglichkeit zur Fortdauer des Lehrvertrages und insbesondere zur Unterweisung der Lehrlinge bestehe. Mit dieser Ansicht wird zwar ein gewisser Unterschied des Ziels beider Verfahren hervorgehoben, gleichwohl aber die Bedeutung des Vergleichsverfahrens und namentlich der Sinn und Zweck der Bestimmungen der §§ 28, 29 VerglO. verkannt. Wenngleich das Verfahren, wie schon sein Name besagt, der Abwendung des Konkurses dient, so soll dieses Ziel nicht lediglich durch die Einleitung eines gesetzlich geordneten Vergleichsverfahrens erreicht werden, vielmehr sind in dem dritten Abschnitt der Vergleichsordnung (Wirkungen der Eröffnung des Vergleichsverfahrens) eine Reihe von gesetzlichen Maßnahmen und Wirkungen der Eröffnung vorgesehen, welche der Erreichung dieses Zieles dienen sollen. Soweit diese Maßnahmen und Wirkungen die Rechte der Gläubiger beschränken, treten sie entweder unmittelbar kraft Gesetzes ein (z. B. das Verbot der Vornahme von Vollstreckungshandlungen, § 32 VerglO.) oder sie bestehen in Handlungen des Schuldners, welche er auf Grund der gesetzlichen Regelung mit Ermächtigung des zuständigen Gerichts vornehmen darf. Zu den dem Schuldner unter diesen Voraussetzungen gestatteten Maßnahmen gehören die in §§ 28, 29 VerglO. geregelten Möglichkeiten, sich von drückenden, aus beiderseitig noch nicht vollständig erfüllten Verträgen herrührenden laufenden Verbindlichkeiten zum Zwecke der Erreichung eines wirtschaftlichen Gleichgewichts zu befreien.

Wie die amtliche Begründung zum Gesetzentwurf (R. T. Drucks. III. W. P. Nr. 2340) zu §§ 23—25 des Entwurfs (S. 23) hervorhebt, bleiben an sich die Ansprüche aus derartigen gegenseitigen Verträgen von dem Vergleichsverfahren und einem abgeschlossenen Vergleiche unberührt. In sehr vielen Fällen werde jedoch, so führt die Begründung aus, das Zustandekommen eines Vergleichs und eine wirtschaftliche Gesundung des Schuldners nur möglich sein, wenn der Vertrag nicht vollständig erfüllt zu werden brauche, woran unter Umständen auch der Gläubiger ein Interesse haben könne. Es könnte insbesondere dem Gläubiger nicht ausnahmslos zugemutet werden, das Vertragsverhältnis mit einem Schuldner, dessen Unsicherheit sich herausgestellt habe, fortzusetzen. Die Notwendigkeit erweise sich besonders bei Dienstverträgen. Der Dienstverpflichtete solle nicht gehindert sein, bei einem wirtschaftlich zuverlässigen Dienstherrn eine Stellung anzunehmen, und er brauche sich nicht einem Dienstherrn zur Verfügung zu halten, von dem er nicht wisse, ob er ihn dafür entlohnen werde.

Die genannten Vorschriften bezwecken somit die Lösungsmöglichkeiten sowohl im Interesse des Gläubigers wie des Schuldners. Sie haben dabei, soweit Dienstverträge in Frage kommen, sichtlich nicht die Zeiten einer besonderen Notlage auf dem Arbeitsmarkt im Auge, wie sie zur Zeit infolge des Überangebots an Arbeitskräften herrschen. Die Vergleichsordnung hat deshalb im Gegensatz zu ihrer Vorläuferin, der Geschäftsaufsichtsverordnung vom 14. Dezember 1916 (RGBl. S. 1363) und vom 14. Juni 1924 (RGBl. S. 641), welche die Dienstverpflichteten noch ungünstiger als die Konkursordnung stellte, ebenfalls diesen die Lösungsmöglichkeit gegeben. Dieser gesetzgeberische Zweck muß aber auch für die Frage der Anwendung der Vergleichsordnung auf Lehrlingsverhältnisse Beachtung finden. Gerade der Lehrzweck, der den Arbeitsvertrag des Lehrlings — welcher nach heutiger Rechtsauffassung als Dienstverhältnis zu erachten ist (RAG. Bd. 7 S. 35, Bd. 9 S. 35 u. ö.) — von anderen Dienstverhältnissen in gewissem Sinne unterscheidet und ihm sein besonderes Gepräge gibt, kann aus den vorstehenden Gründen, wie sie in den amtlichen Erläuterungen zum Gesetz niedergelegt sind, geradezu die Auflösung des Lehrvertrages fordern, wenn die durch die Einleitung des Vergleichsverfahrens unsicher gewordenen Verhältnisse seines Lehrherrn die Durchführung des Lehrvertrages gefährden oder unsicher erscheinen lassen. Es besteht, daher auch angesichts der besonderen Natur des Lehrvertrages — ebenso wie im Konkursverfahren (RAG. Bd. 9 S. 35), so auch im Vergleichsverfahren — kein Grund, die allgemeine Anwendbarkeit des § 29 Abs. 2 VerglO. auf das Dienstverhältnis des Lehrlings zu verneinen.

Man kann auch nicht, ebensowenig wie im Konkursverfahren, einwenden, daß die Verhältnisse des Schuldners bei Einleitung des Vergleichsverfahrens schon an sich für den Lehrling einen wichtigen Grund zur Lösung des Lehrvertrages (§ 70 HGB., § 127b RGewO.) bilden können. Denn für die vorliegend zur Entscheidung stehende Frage kommt es darauf an, ob Sinn und Zweck des Vergleichsverfahrens an sich der Anwendung des § 29 Abs. 2 VerglO. auf Lehrverträge entgegensteht. Denn in erster Linie ist — wie auch zu § 22 KO. dargelegt — davon auszugehen, daß § 29 VerglO. auf alle Dienstverträge Anwendung findet.

Das Landesarbeitsgericht berücksichtigt aber vor allem nicht die tiefere Bedeutung, welche die Bestimmungen der §§ 28, 29 VerglO. für den Schuldner haben. Ihm soll eine wirtschaftliche Gesundung ermöglicht werden. Wie die Begründung (a. a. O. S. 25) zu § 29 (§ 25 des

Entwurfs) hervorhebt, wird es aber die wirtschaftliche Gesundung eines Unternehmens häufig erfordern, daß der Schuldner sein Personal verringert. Es kann daher einem Schuldner nach Sinn und Zweck des Gesetzes nicht zugemutet werden, nachdem er sein übriges Personal mit Genehmigung des Gerichts entlassen oder dem Stande seines Unternehmens angepaßt hat, seine Lehrlinge in der gleichen Anzahl wie früher beizubehalten, mit deren Ausbildung er auf der einen Seite belastet wird und von deren Hilfe er auf der anderen Seite oft nur einen geringeren Nutzen hat. Diesem Sinn und Zweck des Gesetzes gegenüber kann es daher auf die Erwägungen des Landesarbeitsgerichts, daß die Vergleichsordnung grundsätzlich der Aufrechterhaltung des Betriebes dienen will, nicht ankommen. Denn diesen Zweck will sie gegebenenfalls durch die Lösung von drückenden, langfristigen Dienstverhältnissen erreichen. Einem Mißbrauche soll aber, wie die Begründung hervorhebt (S. 23), durch die Abhängigmachung der Lösung von der gerichtlichen Ermächtigung vorgebeugt werden. Der Vergleichsrichter hat bei der ihm auferlegten Prüfung, wie die Revision mit Recht hervorhebt, alle diejenigen Erwägungen anzustellen, welche das Landesarbeitsgericht zugunsten der Aufrechterhaltung der Lehrverträge anführt. Vor allem hat der Vergleichsrichter zu prüfen, ob nicht die beabsichtigte Aufrechterhaltung des Geschäfts die Durchführung der Lehrverträge trotz der wirtschaftlichen Notlage des Schuldners ermöglicht und ob etwa der Schuldner die Möglichkeit zum Abschluß eines anderweitigen Kollektivvertrages hat, auf welche Möglichkeit das Landesarbeitsgericht den Schuldner in einer nicht völlig bedenkenfreien Betrachtungsweise verweisen will. Für die Anwendbarkeit der Vergleichsordnung überhaupt haben dagegen diese Erwägungen auszuscheiden. Denn das Gesetz gewährt die Möglichkeit zur Lösung aller Dienstverträge, ohne eine Einschränkung zu machen, obschon es sich bei dem Vergleichsverfahren nur um eine vorläufige und als vorübergehend gedachte Unterbrechung der normalen Betriebsführung handelt. Das Landesarbeitsgericht berücksichtigt nicht, daß die von ihm angestellten Erwägungen, wie auch die Revision mit Recht hervorhebt, bei allen langfristigen Dienstverträgen an sich Platz greifen müssen. Es übersieht ferner, worauf schon das Arbeitsgericht mit Recht hingewiesen hatte, daß das Vergleichsverfahren in allen Fällen, in welchen es entweder nicht zur Eröffnung (§ 24 VerglO.) oder nicht zum Vergleichsschluß führt (§§ 71, 80 VerglO.), regelmäßig die Überleitung zum Konkursverfahren darstellt, indem für die Entscheidung des Konkursrichters, ob das Konkursverfahren zu eröffnen ist, der Antrag auf

Eröffnung des Vergleichsverfahrens als Antrag auf Eröffnung des Konkursverfahrens gilt, der nicht zurückgenommen werden kann (vgl. auch die Überleitungsbestimmungen §§ 82 flg. VerglO.).

Das Landesarbeitsgericht glaubt schließlich seine Ansicht weiterhin darauf stützen zu können, daß die Gesetzesgeschichte der Vergleichsordnung, im Gegensatz zu der in der Entscheidung des Reichsarbeitsgerichts vom 13. Juni 1931 verwerteten Gesetzesgeschichte zu § 22 KO., gegen die Anwendung des § 29 VerglO. auf Lehrverträge spreche. Denn da der § 29 Abs. 2 die Lösung von Dienstverträgen nur mit der Maßnahme zulasse, daß eine Kündigung mit gesetzlicher Frist erfolge, müsse die Kündigung von Lehrlingsverträgen, so führt das Landesarbeitsgericht aus, schon deswegen ausscheiden, weil hier eine gesetzliche Kündigungsfrist nicht vorgesehen sei. Da nun zur Zeit der Schaffung der Vergleichsordnung die Dienstvertragsnatur des Lehrlingsvertrags schon allgemein erkannt gewesen sei, so müsse angenommen werden, daß keine Lücke des Gesetzes vorläge, sondern daß der Gesetzgeber die Lösung des Lehrlingsvertrags im Vergleichsverfahren bewußt ausgeschlossen habe.

Diese Ausführungen beachten nicht die besondere Gesetzesgeschichte der hier in Rede stehenden Bestimmungen. Diese haben sich aus den Bestimmungen der Konkursordnung in zunächst enger Anlehnung an sie in der Geschäftsaufsichtsverordnung entwickelt und können daher auch nur den gleichen Rahmen wie die Konkursordnung umspannen. Die erste Geschäftsaufsichtsverordnung wurde unmittelbar nach Ausbruch des Krieges am 8. August 1914 (RGBl. S. 363) erlassen. Sie sah nur die Stellung unter Geschäftsaufsicht und neben der Schutzmaßnahme des § 5 (Ausschluß des Konkursantrags) die Verwendung der vorhandenen Mittel zugunsten der Gläubiger vor (§ 8). Lösungsrechte von langfristigen Verträgen kannte sie nicht. Diese Möglichkeit wurde erst durch die §§ 9 flg. der Bekanntmachung über die Geschäftsaufsicht zur Abwendung des Konkurses vom 14. Dezember 1916 (RGBl. S. 1363) geschaffen. In wesentlicher Anlehnung an die entsprechenden Vorschriften der Konkursordnung wurde in § 9 die Möglichkeit zur Ablehnung der Erfüllung beiderseits noch nicht erfüllter Verträge mit gerichtlicher Ermächtigung vorgesehen. In § 11 wurde in fast wörtlicher Anlehnung an § 22 KO. bestimmt:

„Ein in dem Haushalt, Wirtschaftsbetrieb oder Erwerbsgeschäfte des Schuldners angetretenes Dienstverhältnis kann von dem Schuldner mit Ermächtigung des Gerichts gekündigt werden. Die Vorschrift des § 9 Abs. 1 Satz 2 ist entsprechend anzuwenden. Die Kündigungsfrist ist, falls keine kürzere Frist bedungen war, die gesetzliche.

Kündigt der Schuldner, so kann der andere Teil Ersatz des ihm durch die Aufhebung des Dienstverhältnisses entstehenden Schadens verlangen."

Diese Bestimmung unterscheidet sich somit von der Konkursordnung und dem jetzigen § 29 VerglO. lediglich dadurch, daß einerseits nur der Schuldner die Lösungsmöglichkeit hatte und daß sie andererseits (gegenüber § 29 VerglO.) den Kreis der betroffenen Dienstverhältnisse entsprechend dem § 22 KO. faßte. In § 11 Abs. 1 Geschäftsaufsichtsverordnung ist aber gerade wie bei § 22 KO. der Gesetzesbefehl des Satz 1 von dem Inhalt des Satz 2 zu unterscheiden, welch letzterer nicht den Kreis der betroffenen Dienstverträge, sondern nur die Lösungsfrist bestimmt. Gemäß den Darlegungen des Reichsarbeitsgerichts in der Entscheidung vom 13. Juni 1931 (RAG. Bd. 9 S. 37 flg.) können keinerlei Bedenken bestehen, daß § 11 Geschäftsaufsichtsverordnung auch die Lösung der Lehrverträge umfaßte. Es kann dabei dahingestellt bleiben, ob mit der Begründung der Entscheidung vom 13. Juni 1931 eine Lücke des Gesetzes anzunehmen ist oder ob, da die einschlägigen gesetzlichen Bestimmungen (§ 70 HGB., § 127 b RGewO.) — soweit überhaupt — nur eine fristlose Lösungsmöglichkeit vorsehen, diese fristlose Lösung als diejenige mit „gesetzlicher Kündigungsfrist" zu erscheinen hat. Denn in jedem Falle fehlt es zur Einschiebung einer anderweit vom Prozeßrichter zu findenden Frist an jeder gesetzlichen Unterlage, und es kann daher als die gesetzlich ausdrücklich allein zugelassene vorzeitige Lösung nur die fristlose eintreten.

An diesem Rechtszustand hat aber die Vergleichsordnung, welche wie erwähnt, sachlich nur die Kündigungsbefugnis des Gläubigers hinzugefügt hat, trotz der anderweiten Wortfassung (§ 25 des Entwurfs, § 25 des Beschlusses des Redaktionsausschusses, R. T. Drucks. Nr. 3430 S. 73) nichts geändert. Die Begründung (a. a. O. S. 24) hebt zunächst ausdrücklich hervor, daß die Vorschriften der §§ 28 flg. (§ 23 flg. des Entwurfs) sich an die Bestimmungen über die Geschäftsaufsichtsverordnung §§ 8—11, 13 Abs. 2 anlehnen, welche ihrerseits wieder auf den Bestimmungen der KO. (§§ 17 flg.) beruhen und nur in den hervorgehobenen Punkten grundsätzlich abweichen. Weiterhin ist in der Begründung zu § 25 des Entwurfs gesagt, daß, indem an die Stelle des Rechts, die Erfüllung abzulehnen, die Lösung durch Kündigung getreten sei, der Entwurf mit der KO. §§ 19, 22 übereinstimme (Begründung a. a. O. S. 25). Der Gesetzestext des § 29 Abs. 2 VerglO. ist daher ähnlich wie bei § 22 KO. dahin zu verstehen, daß Satz 1 die allgemeine gesetzliche Ermächtigung (den Gesetzesbefehl) gibt, welcher durch die hinzugefügten Maßgaben (Nr. 1—3) keine Einschränkung hinsichtlich des Kreises der betroffenen Schuldverhältnisse erleiden soll. Diese Maßgaben ordnen vielmehr nur die Befugnis zur Lösung im einzelnen. Es spricht daher an Hand dieser Gesetzesgeschichte nichts dafür, daß der Gesetzesgeber der Vergleichsordnung mit der Maßgabe zu Nr. 1 die Lehrlingsverträge habe ausschließen wollen, zumal ein solcher Ausschluß angesichts des hervorgehobenen Sinnes und Zweckes der Bestimmungen zweifellos einer besonderen Hervorhebung bedurft hätte. Die Vergleichsordnung hat somit sämtliche Dienstverträge umfassen wollen, und es muß daher wie bei § 22 KO. und § 11 Geschäftsaufsichtsverordnung beim Lehrvertrag — mangels einer besonderen Frist — die sofortige Lösungsmöglichkeit eintreten. Die im Schrifttum geäußerten Bedenken können nicht zur Einfügung einer anderweiten Frist führen. Es fehlt an einer genügenden Grundlage, eine solche Frist bestimmen zu können. Außerdem hat es der Vergleichsrichter in der Hand, anzuordnen, daß die fristlose Kündigung nur zu einem bestimmten Zeitpunkt ausgesprochen werden kann.

Daß der Vergleichsrichter vorliegend die Ermächtigung zur Kündigung mit gesetzlicher Frist erteilt hat, ist ohne Bedenken, da er sich damit nur dem Gesetzeswortlaut angeschlossen hat, welcher, wie ausgeführt, zur fristlosen Kündigung führt.

Schließlich muß auch im Falle des Vergleichsverfahrens darauf hingewiesen werden — was das Landesarbeitsgericht nicht beachtet —, daß, falls man etwa den Lehrvertrag nicht unter § 29 VerglO. einreihen würde, er jedenfalls der Lösungsmöglichkeit nach § 28 unterfallen würde, wodurch der Lehrling keinen Vorteil erreichen würde. Es ist aber, wie ausgeführt, nicht § 28 VerglO., sondern § 29 VerglO. anzuwenden.

Die vom Vergleichsrichter erteilte Ermächtigung hielt sich somit innerhalb der gesetzlichen Befugnis, und die Lehrverträge der Kläger sind zu Recht gekündigt worden.

RAG. 11, 96.

Unter welchen Voraussetzungen hat der Arbeitgeber dem Betriebsrate das „Schwarze Brett" zu Bekanntmachungen an die Belegschaft zur Verfügung zu stellen?

BRG. §§ 36, 66 Nr. 3, 78 Nr. 2, Tarifvertrag für das deutsche Bankgewerbe v. 19. Dezember 1930 §§ 13 Nr. 2, 22 Nr. 6.

Reichsarbeitsgericht. Beschl. v. 7. Mai 1932.

I. Arbeitsgericht Berlin.

Gründe:

Für das deutsche Bankgewerbe besteht ein Reichstarifvertrag in neuester Fassung vom 19. Dezember 1930. Er umfaßt Angestellte und Arbeiter.

Auf Grund der vierten Notverordnung des Reichspräsidenten zur Sicherung des inneren Friedens usw. vom 8. Dezember 1931, 6. Teil Kap. I §§ 3, 4 hat der Schlichter die Löhne und Gehälter dieses Tarifvertrags bindend fest- (herab-) gesetzt. Im Anschluß hieran hat die Bank (Antragsgegnerin) auch die übertariflichen Bezüge teilweise herabgesetzt. Angesichts der hierdurch entstandenen Unruhe in den Kreisen der Arbeitnehmer wollte der Betriebsrat (Antragsteller) an die Belegschaft folgende Anschlagsbekanntmachung erlassen:

„Der Betriebsrat der C.- und P.-Bank A.G. Berlin hat sich in seiner Sitzung vom 26. Januar d. J. erneut mit den allseits an ihn herangebrachten Wünschen der Kollegenschaft beschäftigt, von der Direktion eine laufende Erhöhung der Monatsbezüge durch Gewährung von übertariflichen Zulagen zu verlangen.

Wir haben bereits bei der Direktion in diesem Sinne bestimmte Vorstellungen erhoben und auch in einzelnen Fällen kleinere Zugeständnisse erreicht, die aber, gemessen an der allgemeinen Notlage der Kollegenschaft, als vollkommen unzulänglich bezeichnet werden müssen.

Wir mußten zudem die Beobachtung machen, daß die bisher gewährten übertariflichen Zahlungen anläßlich der durch die Regierung dekretierten Gehaltssenkung von 12 % ebenfalls um 12 % gekürzt wurden, ohne daß es die Direktion für erforderlich gehalten hätte, den davon Betroffenen vorher hiervon Mitteilung zu machen. Wir haben diese Maßnahme der Direktion doppelt bedauert, weil sie sich hier nicht auf irgendwelche Paragraphen der Notverordnung zu berufen in der Lage ist. Der Direktion gegenüber ist dies durch unseren Sprecher zum Ausdruck gebracht worden. Die Maßnahme ist um so unverständlicher, als die Direktion der C.- und P.-Bank der Öffentlichkeit und auch dem Betriebsrat gegenüber immer betont, daß sie auch in der Krise fest und unerschüttert dasteht. Demnach kann der Betrag, der durch diese nur vom Willen der Direktion diktierte Kürzung der übertariflichen Zulagen eingespart wird, im Etat der Bank wirklich keine Rolle spielen.

Wir werden nunmehr generell für die Angestellten der C.- und P.-Bank fordern, daß von der Bestimmung des § 22 des allgemein verbindlichen Reichstarifvertrages für das deutsche Bankgewerbe im weitesten Maße Gebrauch gemacht wird, die die Vereinbarung höher als der tariflichen Bezüge für unbeschränkt zulässig erklärt (§ 22, Ziffer 6 RTV.).

Sollten diese Verhandlungen, die vom Betriebs-Ausschusse mit der Direktion gepflogen werden, zu keinem Ergebnis führen, werden wir gemäß § 46 des Betriebsräte-Gesetzes die Betriebsversammlung einberufen, um dieser Bericht zu erstatten und die Auffassung der Belegschaft festzustellen."

Zur Bekanntgabe dieser Erklärung wollte er sich des „Schwarzen Bretts" bedienen, das an mehreren Stellen des Hauptgebäudes der Bank wie auch an den verschiedenen Depositenstellen in Berlin vorhanden ist. Die Bank hat das nicht zugelassen, vielmehr es teils unmittelbar, teils durch entsprechende Weisung an die Vorsteher der Depositenstellen verhindert. Das vom Betriebsrat angerufene Arbeitsgericht hat am 4. März 1932, dem Antrag des Betriebsrats entsprechend beschlossen:

„Die Antragsgegnerin ist verpflichtet, dem Betriebsrat zu gestatten, die . . . Bekanntmachung an den schwarzen Brettern der Groß-Berliner Depositenkassen und an den schwarzen Brettern des Hauptgebäudes anzuschlagen.

Gegen diesen Beschluß hat die Bank form- und fristgerecht die Rechtsbeschwerde zu dem zuständigen Reichsarbeitsgericht erhoben. Der Gegner ist gehört. — Dem Rechtsmittel ist der Erfolg nicht zu versagen.

Grundsätzlich hat der Arbeitgeber dem Betriebsrat, wie sonstige Geschäftsbedürfnisse zur Verfügung zu stellen (§ 36 BRG.), so auch die Möglichkeit von Bekanntmachungen an die Arbeitnehmerschaft durch Anschlag am schwarzen Brett zu gewähren. Dies gilt indessen nur, soweit der Betriebsrat sich mit der beabsichtigten Bekanntmachung im Rahmen seiner gesetzlichen Aufgaben hält; vgl. Beschluß des Reichsarbeitsgerichts vom 28. März 1928, RAG. Bd. 1 S. 295, wo diese Frage an erster Stelle geprüft und nach Lage des Falles bejahend beantwortet worden ist. Im gegenwärtigen Fall geht der Streit gerade darum, ob die hier beabsichtigte Bekanntmachung ein Ziel verfolgte, das in den gesetzlichen Rahmen der Geschäftsführung des Betriebsrats fällt.

Das Arbeitsgericht hat im Einklang mit dem Antragsteller (Betriebsrat) angenommen, daß die beabsichtigte Bekanntmachung dem Zweck habe dienen sollen, den Betrieb vor Erschütterungen zu bewahren; es hat also angenommen, daß die Bekanntmachung nach § 66

Ziff. 3 BRG. in den Aufgabenkreis des Betriebsrats falle. Dem hält indessen der Arbeitgeber entgegen, mit der geplanten Bekanntmachung habe sich der Betriebsrat auf ein ihm verschlossenes Gebiet begegeben, auf ein Gebiet nämlich, daß nach der bestehenden Ordnung in den Rahmen des Tarifvertrags und damit in den Aufgabenkreis der wirtschaftlichen Vereinigungen der Arbeitnehmerschaft gehöre. Dem ist beizutreten.

§ 22 Nr. 6 TV. sagt:

„Die Vereinbarung höherer als der tariflichen Bezüge ist unbeschränkt zulässig."

Danach sind die Tariflöhne nur Mindestlöhne, wie das ja auch dem Wesen des Tarifvertrags entspricht; abweichende Bestimmungen zugunsten der Arbeitnehmer sind nicht ausgeschlossen (vgl. § 1 Abs. 1 Satz 2 TarifVo.). Der Betriebsrat will hieraus folgern, daß er, da insoweit (nämlich bezüglich der übertariflichen Bezüge) eine tarifvertragliche Regelung nicht bestehe, nicht gehindert sei, an den Arbeitgeber mit dem Ersuchen um eine allgemeine Erhöhung der übertariflichen Bezüge heranzutreten (§ 78 Nr. 2 BRG.). Dieser Meinung kann nicht beigetreten werden. Ihr stehen die Folgerungen entgegen, die sich aus dem sonstigen Inhalt des Tarifvertrags ergeben. Nach § 12 das. werden den Arbeitnehmern nach Maßgabe der §§ 13—23 Mindestmonatseinkommen gewährleistet. Die folgende Vorschrift (§ 13) behandelt unter Ziffer 1 die Haushalts- und Kinderzulagen und fährt dann in Ziff. 2 fort:

„Das Gehalt ist im übrigen auf Grund der Leistungen und Fähigkeiten jedes einzelnen zu bemessen."

„Leistungen und Fähigkeiten jedes einzelnen" lassen sich aber nicht wohl auf Grund einer Gesamtvereinbarung, jedenfalls nicht ohne Prüfung durch den Arbeitgeber feststellen. Die Vorschrift des § 13 Ziff. 2 gewährt mithin im Ergebnis dem Arbeitgeber ein tarifvertragsmäßiges Recht darauf, daß er nach Prüfung jedes einzelnen Arbeitnehmers auf Fähigkeiten und Leistungen sich über eine etwa zuzubilligende übertarifliche Zulage schlüssig macht. Das Ansinnen des Betriebsrats, die Bank möge dem allgemeinen, übrigens auch durch staatliche Anordnungen vorgeschriebenen Gehaltsabbau durch allgemeine Erhöhung der übertariflichen Bezüge begegnen und sich dieserhalb mit dem Betriebsrat zwecks Durchführung dieser Maßnahme auf dem Wege der betrieblichen Vereinbarung in das Benehmen setzen, lief daher — da die tarifliche Ordnung sowohl nach § 66 wie nach § 78 BRG. den Vorrang vor betrieblichen Vereinbarungen hat —, dem BRG. zuwider. Auch soweit es sich nach der Absicht des Antragstellers (Betriebsrats) etwa nur um Herbeiführung einer entgegenkommenden Haltung der Bank in bezug auf einzelne Gehaltsregelungen, nicht um feste betrieblich zu vereinbarende Abmachungen hätte handeln sollen, — was übrigens das Arbeitsgericht selbst nicht annimmt —, wäre dies nach §§ 66, 78 BRG. Sache der Berufsvereinigungen der Arbeitnehmer gewesen, nicht Sache des Betriebsrats. — Die vom Arbeitsgericht vertretene gegenteilige Meinung ist vom Rechtsstandpunkt aus nicht zu billigen.

Stand mithin das von dem Antragsteller verfolgte Ziel mit dem Inhalt des BRG. nicht im Einklang, so war auch die beabsichtigte Anschlagsbekanntmachung als ein Schritt auf dem Wege zu diesem Ziele unstatthaft, und der Arbeitgeber hat sich mit Recht der geplanten Bekanntmachung mittels Anschlags am schwarzen Brett widersetzt.

Da dieses Ziel unzulässig ist, läßt es sich auch nicht unter dem Gesichtspunkt des § 66 Ziff. 3 BRG., aus der Absicht heraus, den Betrieb vor Erschütterungen zu bewahren, rechtfertigen. Zudem ist in § 66 Nr. 3 BRG. selbst der Vorbehalt für die Befugnisse der wirtschaftlichen Vereinigungen der Arbeiter gemacht. Es bedarf deshalb nicht der Prüfung, ob die Erwägungen zutreffen, mit denen das Arbeitsgericht darzulegen sucht, der Anschlag wäre nicht geeignet gewesen, den Arbeitsfrieden im Betrieb der Bank zu erschüttern.

Nach alledem war der angefochtene Beschluß aufzuheben und der Antrag des Betriebsrats abzuweisen.

RAG. 11, 117.

Sind die Kündigungsschutzbestimmungen der Stillegungs-Verordnung als ein den Schutz eines anderen bezweckendes Gesetz im Sinne des § 823 Abs. 2 BGB. anzusehen?

Liegt in der Aufteilung eines Betriebs in mehrere, je weniger als 20 Arbeitnehmer beschäftigende, äußerlich selbständige Betriebsteile und in der damit zusammenhängenden Verpachtung dieser Teile an einzelne Unternehmer ohne weiteres eine (zum Schadensersatz verpflichtende) Umgehung der Stillegungs-Verordnung?

BGB. § 823 Abs. 2; Stillegungs-Vo. §§ 1, 2.

Reichsarbeitsgericht. Urt. v. 27. April 1932.

I. Arbeitsgericht Chemnitz. — II. Landesarbeitsgericht daselbst.

Für die Revisionsinstanz ist auf Grund des Vorbringens der Parteien und der tatsächlichen Feststellungen in den Vorinstanzen folgender Sachverhalt als gegeben zu unterstellen:

Die Beklagte betrieb früher auf einem ihr gehörigen Gelände mit etwa 80 bis 100 Arbeitern einen Strick- und Häkelmaschinenbetrieb. Sie verpachtete den Betrieb vor Jahren an die S.-Aktiengesellschaft. Als diese Firma im Jahre 1929 die Zahlungen einstellte, versuchte die Beklagte zunächst, den Betrieb als ganzen zu verkaufen oder zu verpachten. Da der Versuch mißlang, zerlegte sie den Betrieb in 8 bis 9 Teile (Fräserei und Hobelei; Bohrerei und Dreherei; Schleiferei und Lakkiererei; Vormontage; Fertigmontage; Einarbeiterei, Reparatur; Packerei und Versand) und überließ je eine der so gebildeten Betriebsabteilungen, in denen nach der Behauptung des Klägers stets weniger als 20 Arbeitnehmer beschäftigt wurden, verschiedenen Personen. Mit jeder dieser Personen traf die Beklagte eine als „Pachtvertrag" bezeichnete Vereinbarung, in welcher sie sich als Verpächterin von ihrem Pächter einen prozentualen Anteil an dem jeweiligen Brutto-Lohn-Umsatz bzw. an dem jeweiligen Rechnungsbetrag der fertiggestellten Maschinen als Pachtzins ausbedang, zugleich aber den Pächter von der Pachtzinszahlung befreite, wenn der Betrieb der von ihm übernommenen Abteilung infolge Maschinenschadens, Kohlenmangels oder höherer Gewalt unterbrochen werden müßte. — — Der Kläger war zuletzt in der von dem Ingenieur Otto H. gepachteten Betriebsabteilung „Fertigmontage" auf Grund eines lediglich mit diesem geschlossenen Arbeitsvertrages als Arbeiter tätig. Ein Bruder dieses Pächters, der Kaufmann Johannes H., hatte die Betriebsabteilung „Vormontage" gepachtet. Der Kläger macht geltend, die einzelnen Pächter seien weitgehend von der Beklagten abhängig und könnten deshalb nicht als die eigentlichen Betriebsinhaber angesehen werden. Betriebsinhaberin sei vielmehr die Beklagte. Sie müsse als solche u. a. auch die Sperrfristen der Stillegungs-Verordnung einhalten, sobald aus den einzelnen Betriebsabteilungen mehr als 9 Arbeiter entlassen würden. In den von Otto und Johannes H. geleiteten Betriebsteilen, die zusammen 30 bis 40 Leute beschäftigten, seien nun in der Zeit von Ende Februar bis Ende März 1931 nacheinander sämtliche Arbeiter, darunter auch er, der Kläger, zur Entlassung gekommen. Die Beklagte hätte daher nach § 2 Abs. 2 in Verbindung mit § 1 Abs. 2 der Stillegungs-Verordnung ihn noch während der 4wöchigen Sperrfrist beschäftigen oder ihm wenigstens für diese Zeit den Lohn in Höhe von 145,92 RM bezahlen müssen. Diesen Betrag, den er mit der Klage verlange, schulde sie ihm sowohl aus vertraglicher Haftung wie unter dem Gesichtspunkt des Schadensersatzes wegen unerlaubter Handlung. Sie habe mit der Aufteilung des Betriebes in unselbständige Betriebsteile mit je weniger als 20 Arbeitnehmern und deren Überlassung an verschiedene Personen nur eine Umgehung der sozialen Schutzbestimmungen bezweckt und es dadurch rechtlich unmöglich gemacht, die einzelnen Betriebsteile, die ohne die Aufteilung unter die Stillegungs-Verordnung fallen würden, dieser Verordnung zu unterstellen. Die Beklagte bestreitet, die fragliche Aufteilung und Überlassung in der Absicht einer Umgehung der Stillegungs-Verordnung oder sonstiger gesetzlicher Schutzvorschriften vorgenommen zu haben.

Arbeitsgericht und Landesarbeitsgericht haben nach Beweisaufnahme der Klage stattgegeben.

Die zugelassene Revision der Beklagten führte zur Aufhebung des Urteils des Landesarbeitsgerichts und zur Zurückverweisung der Sache an die Vorinstanz.

Gründe:

Mit dem ersten Richter, der davon ausgeht, daß der Kläger zu der Beklagten in keinem Vertragsverhältnis gestanden habe und daher gegen sie unmittelbare vertragliche Ansprüche aus der Stillegungs-Verordnung nicht herleiten könne, verneint auch das Berufungsgericht in erster Linie das Bestehen eines solchen Anspruchs. Es läßt hierbei dahingestellt, ob die von der Beklagten und den einzelnen „Pächtern" getroffene Vereinbarung mit Rücksicht auf ihren Inhalt trotz der Bezeichnung „Pachtvertrag" nicht als solcher, sondern, wie der erste Richter annimmt, als Gesellschaftsverhältnis oder wenigstens als gesellschaftsähnliches Verhältnis zu gelten habe; denn jedenfalls seien die verschiedenen Teilbetriebe untereinander selbständig und in dem Teilbetrieb des Otto H., aus welchem der Kläger zur Entlassung gekommen sei, weniger als 20 Arbeiter beschäftigt worden. Letzterer Umstand stehe einem vertraglichen Anspruch aus der Stillegungs-Verordnung auch beim etwaigen Vorliegen mittelbarer arbeitsrechtlicher Beziehungen des Klägers zur Beklagten entgegen, wenn man nämlich annehmen wollte, daß der „Pächter" Otto H. von der Beklagten wirtschaftlich völlig abhängig und die Beklagte die eigentliche Inhaberin des Betriebes sei.

Dagegen bejaht das Berufungsgericht die Berechtigung des erhobenen der Höhe nach nicht bestrittene nAnspruchs, und zwar ebenfalls in Übereinstimmung mit dem ersten Richter aus dem zweiten Klagegrund des Schadensersatzes wegen unerlaubter Handlung. Es führt hierzu im wesentlichen aus, die Voraussetzungen für den Schadensersatzanspruch habe an sich der Kläger zu beweisen. Er müsse dartun, daß die Beklagte in der Absicht gehandelt habe, die als Schutzgesetz im Sinne des § 823 Abs. 2 BGB. anzusehenden Kündigungsschutzbestimmungen der Stillegungs-Verordnung zu umgehen. Die Vermutung einer solchen

Umgehungsabsicht sei nun schon deshalb als begründet anzusehen, weil die Beklagte einen an sich innerlich zusammengehörenden Betrieb in weitgehendster Weise bis ins kleinste, und zwar auch durch Zerlegung der eigentlichen Produktion aufgeteilt und diese Betriebsteile, welche nach der Behauptung des Klägers je weniger als 20 Arbeitnehmer, die Mindestzahl wichtiger Sozialgesetze (Stillegungs-Verordnung, Betriebsrätegesetz) umfaßten, rechtlich verselbständigt habe, ohne daß zwingende Gründe hierfür erkennbar seien. Insbesondere habe sie die „Verpachtung" offensichtlich nicht etwa vorgenommen, um sich der Betriebe wegen der damit verbundenen Risiken völlig zu entschlagen, da sie ja auch weiterhin durch prozentuale Beteiligung am jeweiligen Umsatz und durch die Übernahme eines gewissen Risikos für die Fälle eintretenden Maschinenschadens, Kohlenmangels usw. mit den einzelnen verselbständigten Betriebsteilen verbunden geblieben sei. Allerdings komme eine Verpachtung einzelner Betriebsabteilungen auch anderweit, namentlich in der Textilindustrie, vor. Hier handle es sich jedoch um eine Maschinenfabrik, und für eine solche sei, wie gerichtsbekannt, das Vorgehen der Beklagten als ganz ungewöhnlich zu bezeichnen. Überdies habe die Beklagte ihren Betrieb nicht völlig aufgegeben, sie bezwecke vielmehr nach wie vor die Herstellung von Maschinen; nur die Form, in der sie diesen Zweck erfülle, habe sich mit der Einführung der „Teilverpachtungen" geändert. Daß sich die Produktion der Beklagten, wie ein von ihr gegenbeweislich benannter Zeuge bekunde, seit der „Teilverpachtung" verbessert habe, möge richtig sein. Eine solche Verbesserung hätte sich aber, wie in anderen Maschinenbetrieben, so auch bei der Beklagten, ohne Teilverpachtung erzielen lassen. Ebensowenig vermöge das Ergebnis des sonstigen von der Beklagten angetretenen Gegenbeweises die Vermutung zu entkräften, daß sie die Aufteilung des Betriebes in der Absicht vorgenommen habe, ihr lästige Sozialvorschriften auszuschalten. Bleibe mithin die Vermutung der Gesetzesumgehungsabsicht bestehen, so sei damit auch die vom ersten Richter im einzelnen zutreffend begründete Schadensersatzpflicht der Beklagten gegeben. Sie werde ebensowenig dadurch ausgeschlossen, daß der Kläger in einen derartig zerlegten Betrieb eingetreten sei und niemals die Bildung eines Betriebsrats verlangt habe. Hierin sei ein Mitverschulden des Klägers an dem ihm entstandenen Schaden nicht zu finden. Er habe, als er bei Otto H. in Arbeit getreten sei, die Verhältnisse des gesamten Betriebs noch nicht übersehen können, man habe ihm auch, da er andernfalls mit seiner sofortigen Entlassung rechnen mußte, nicht zumuten können, die Bestellung eines Betriebsrats zu betreiben.

Die Revision, welche sachlichrechtlich Verletzung des § 823 Abs. 2 BGB. und der §§ 1, 2 Stillegungs-Verordnung, verfahrensrechtlich aber einen Verstoß gegen §§ 282, 286 ZPO. rügt und zur Begründung ihrer Rügen sich den Inhalt eines von ihr überreichten Gutachtens des Universitätsprofessors Dr. Hueck zu eigen macht, wendet sich zunächst gegen die Annahme eines Vertragsanspruchs, indem sie darzulegen versucht, daß weder zwischen den Parteien ein Vertragsverhältnis bestanden habe noch der Kläger in einem der Stillegungs-Verordnung unterfallenden Betriebe beschäftigt worden sei. Da das angefochtene Urteil das Bestehen sowohl unmittelbarer wie mittelbarer vertraglicher Beziehungen zwischen den Parteien und damit zugleich die Berechtigung des diesbezüglichen Klagebegehrens verneint, die Beklagte also insoweit nicht beschwert ist, bedarf es keines Eingehens auf die hierzu gemachten Ausführungen der Revision.

Was sodann die Frage betrifft, ob der Kläger in einem der Stillegungs-Verordnung unterfallenden Betriebe beschäftigt war, so ist der Revision darin beizutreten, daß nach dem für die Revisionsinstanz als gegeben zu unterstellenden Sachverhalt der von dem Ingenieur Otto H. „gepachtete" Teilbetrieb, in den der Kläger auf Grund eines lediglich mit diesem Betriebsinhaber geschlossenen Arbeitsvertrags eingetreten und aus welchem er zur Entlassung gekommen ist, an sich nicht der Stillegungs-Verordnung unterlag, da in ihm nach der dem angefochtenen Urteil zugrunde gelegten Behauptung des Klägers nicht mehr als 20 Arbeitnehmer beschäftigt worden sind, die regelmäßige Beschäftigung von mindestens 20 Arbeitnehmern in einem Betriebe aber nach § 1 Abs. 1 Stillegungs-Verordnung die erste Voraussetzung der Anwendbarkeit dieses Gesetzes ist. Es kommt hinzu, daß dieser Teilbetrieb, wie das Berufungsgericht ausdrücklich hervorhebt, ebenso wie die übrigen von der Beklagten „verpachteten" Teilbetriebe — wenigstens äußerlich — „rechtlich selbständig" war, so daß man nicht ohne weiteres annehmen kann, er habe zusammen mit den übrigen 7 oder 8 Teilbetrieben ein Ganzes, einen einheitlichen Betrieb gebildet (vgl. RAG. Bd. 4 S. 52 [54 flg.]).

Mithin bleibt zu prüfen, ob die Erwägungen, aus denen das Berufungsgericht das Vorliegen einer unerlaubten Handlung der Beklagten und danach ihre Schadensersatzpflicht gegenüber dem Kläger bejaht, rechtlich einwandfrei sind. Insoweit kann mit dem angefochtenen Urteil unbedenklich davon ausgegangen werden, daß die Kündigungsschutzbestimmungen der Stillegungs-Verordnung in Anbetracht des diesem Gesetz in seiner Fassung vom 15. Oktober 1923 neben dem wirtschaftspolitischen innewohnenden sozialpolitischen Zweck (RAG. Bd. 5 S. 238 [240 flg.]) nicht minder ein den Schutz eines anderen bezweckendes Gesetz im Sinne des § 823 Abs. 2 BGB. darstellen wie die Kündigungsschutzbestimmungen des Betriebsrätegesetzes, hinsichtlich deren das Reichsarbeitsgericht dies in ständiger Rechtsprechung angenommen hat (vgl. u. a. RAG. Bd. 1 S. 71, Bd. 5 S. 344). Dagegen erscheint das angefochtene Urteil insofern widerspruchsvoll oder doch unklar, als es zwar die erste Voraussetzung der Anwendbarkeit die Stillegungs-Verordnung, nämlich das Vorhandensein von mindestens 20 Arbeitnehmern in dem noch dazu nach seiner tatsächlichen Feststellung rechtlich selbständigen Teilbetrieb, welchem der Kläger angehörte, als nicht gegeben erachtet, gleichwohl aber dieses Gesetz im Zusammenhang mit § 823 Abs. 2 BGB. anwendet. Es konnte letzteres, worauf die Revision mit Recht hinweist, nur dann tun, wenn es die Zerlegung des ursprünglich einheitlichen Betriebs in einzelne Betriebsabteilungen und deren Überlassung an verschiedene Personen als Scheingeschäft ansah; denn dann bestand nach wie vor ein einheitlicher Betrieb, für den die Beklagte, wenn sie so viele Entlassungen vornehmen wollte, wie sie der Kläger behauptet, Stillegungsanzeige hätte erstatten müssen, und es wäre mangels Erstattung einer solchen Anzeige der geltend gemachte Anspruch, zumal er der Höhe nach nicht bestritten ist, ohne weiteres Begründet. Ob nun das Berufungsgericht ein Scheingeschäft als vorliegend annehmen will, ist nach seinen Ausführungen zweifelhaft. Jedenfalls reichen die hierzu getroffenen tatsächlichen Feststellungen nicht aus, um ihm auf einem solchen Wege zu folgen. Wie das Reichsarbeitsgericht bereits in dem auch von dem Berufungsgericht angezogenen Urteil RAG. 194/30 vom 1. Oktober 1930 (RAG. Bd. 7 S. 4) ausgesprochen hat, welches allerdings den von der Stillegungs-Verordnung verschiedenen Begriff der Stillegung im Sinne des § 96 Abs. 2 Nr. 2 BRG. behandelt, dessen allgemeine Gedankengänge jedoch auch auf das erstere Gesetz zutreffen, bedeutet die Veräußerung oder pachtmäßige Überlassung eines Fabrikgebäudes (oder, wie hinzugefügt werden mag, des Teiles eines solchen Gebäudes) an einen anderen (oder verschiedene andere) noch nicht notwendig die Stillegung des bisherigen Betriebs. Das Reichsarbeitsgericht hat in dem vorbezeichneten Urteil ferner zum Ausdruck gebracht, daß — von den Ausnahmen der Stillegungs-Verordnung abgesehen — es regelmäßig nicht angeht, den Inhaber eines Betriebes über seinen Willen hinaus zur Fortsetzung von Arbeitsverträgen zu zwingen, wenn er selbst das Risiko des Betriebs nicht mehr tragen kann und deshalb oder aus einem anderen Grunde die Fortsetzung des

Betriebs aufgegeben hat, daß es vielmehr an sich von dem freien Entschluß eines jeden abhängt, ob er einen Betrieb eröffnen, ihn fortsetzen oder aufgeben will. Entsprechendes muß gelten, wenn der Unternehmer — wie das hier nach dem festgestellten Sachverhalt annehmbar geschehen ist — das Risiko des Betriebs nicht mehr voll auf sich nehmen kann oder will und daher eine dem Rechnung tragende Betriebsform wählt; denn in der Wahl der Betriebsform ist jeder Unternehmer an sich ebenfalls frei. Er kann seinen Betrieb einrichten, wie es ihm beliebt, soweit nicht etwa ein gesetzliches Verbot besteht; er darf den Betrieb also an sich auch so gestalten, daß er drückende finanzielle Belastungen und sonstige auch gesetzliche Einengungen von ihm nach Möglichkeit fernzuhalten versucht. Es kann ihm dehalb — entgegen der Ansicht des Berufungsgerichts, das diesen Umstand für ausschlaggebend hält — auch nicht verwehrt werden, eine Betriebsform zu wählen, die in seiner eigenen Industrie ungewöhnlich sein mag, in einer anderen Industrie aber sich bewährt hat oder doch öfters vorkommt. Zum mindesten kann hierin nicht die zur Bejahung des Vorliegens einer unerlaubten Handlung notwendige Voraussetzung eines Verschuldens erblickt werden. Auf der anderen Seite können — darin hat das angefochtene Urteil recht — ausnahmsweise die Gesamtumstände so liegen, daß eine Gesetzesumgehungsabsicht zu vermuten ist und diese Vermutung von dem Unternehmer entkräftet werden muß (vgl. RAG. Bd. 3 S. 33 [35]). Auch wird es in der Regel Sache der tatrichterlichen Würdigung dieser Umstände sein, ob eine solche Absicht vorliegt oder nicht. Immerhin darf der Tatrichter eine derartige Würdigung erst dann vornehmen, wenn er die hierfür in Betracht kommenden Umstände erschöpfend geklärt hat (§ 286 ZPO.). Und das ist hier nicht der Fall. Das Berufungsgericht hat — wenigstens erkennbar — das Vorbringen der Beklagten nicht beachtet, daß der (einheitliche) Betrieb infolge Zahlungseinstellung der S.-Aktiengesellschaft bereits stillgelegt war. Er hat ferner nicht zur Genüge berücksichtigt, daß die Beklagte, wie das angefochtene Urteil feststellt, erst „nach dem Ende der S.-A.G." und „nachdem die Verhandlungen", mit welchen der Verkauf oder die Verpachtung des Gesamtbetriebs erreicht werden sollte, „zu keinem Erfolg geführt" hatten, zur Aufteilung des Betriebs in einzelne Betriebsabteilungen geschritten ist. Lag nämlich zwischen der Zahlungseinstellung, den Verhandlungen und der Aufteilung eine längere Zeitspanne und war die Absicht des Verkaufs oder der Verpachtung des Gesamtbetriebs ernstlich gemeint, so kann nicht gut davon die Rede sein, daß mit der Aufteilung eine Umgehung der Stillegungs-Verordnung beabsichtigt, zum mindesten nicht, daß die Aufteilung lediglich oder doch hauptsächlich in dieser Absicht vorgenommen worden ist. Letzteres wäre jedenfalls erforderlich, um mit dem angefochtenen Urteil eine Umgehung des Gesetzes und damit ein Scheingeschäft als vorliegend ansehen zu können.

Läßt sich hiernach schon wegen des Mangels erschöpfender Aufklärung das angefochtene Urteil nicht aufrechterhalten, so ergibt sich daraus, zumal die Sache auch nicht etwa zu einer Endentscheidung im Sinne der Klagabweisung reif ist, zugleich die Notwendigkeit der Zurückverweisung gemäß § 565 Abs. 1 ZPO. Bei der erneuten Verhandlung wird das Berufungsgericht, um ein vollständiges Bild über das Verhalten der Beklagten zu erzielen, die Prüfung nicht nur auf den „Pachtvertrag" mit Otto H. zu beschränken, sondern auch auf die übrigen Pachtverträge und die neben ihnen mit den einzelnen Unternehmern abgeschlossenen Lohnverträge zu erstrecken haben, aus denen mit dem Revisonsbeklagten vielleicht Schlüsse auf ein (arbeitnehmerähnliches) Zwischenmeistersystem oder auf ein (verschleiertes) Angestelltenverhältnis der Unternehmer gezogen werden könnten, zumal wenn die Beklagte tatsächlich „nach wie vor die Herstellung von Maschinen bezweckt", da dann unter Umständen für die einzelnen Teilbetriebe ein besonderer Betriebszweck fehlen und in jedem von ihnen nur ein einzelner Werkgang geleistet würde (vgl. RAG. 381/31 vom 3. Februar 1932 in ArbRspr. 1932 S. 160 in Verbindung mit RAG. Bd. 2 S. 222 [225]). Es wird weiter den vorgetragenen Inhalt des Urteils des Landgerichts Chemnitz vom 30. April 1931 (10 Cg. 227/30) zu beachten haben, auf das der Kläger sich zum Nachweise auch sonstiger Gesetzesumgehungsabsichten der Beklagten bezogen hat, das aber andererseits auch einen Anhalt dafür geben kann, daß nicht nur der Betrieb der S.-A.G., sondern auch der Betrieb der Beklagten selbst bereits im Jahre 1929 stillgelegt worden ist. Endlich wird zu erwägen sein, ob und welcher ursächliche Zusammenhang zwischen der Aufteilung des Gesamtbetriebs und dem angeblichen Schaden des nach den bisherigen tatsächlichen Feststellungen erst nach der Aufteilung, und zwar erst in einen der aufgeteilten Einzelbetriebe eingetretenen Klägers besteht. Auch insoweit entbehrt der festgetellte Sachverhalt der Vollständigkeit. da das Berufungsgericht auf die Behauptung des Klägers, er habe bei der S.-A.G. gearbeitet und sei nach seiner dortigen Entlassung vermutlich zufolge einer Adressenangabe der Beklagten von dem ebenfalls früher bei der Beklagten und der S.-A.G. tätig gewesenen Otto H. aufgefordert worden, „wieder mit der Arbeit zu beginnen", nicht eingegangen ist. Ein Eingehen hierauf wird geboten sein, weil die wirtschaftliche Identität zwischen der S.-A.G. und der Beklagten immerhin im Bereich der Möglichkeit liegt. Andererseits muß auch noch geprüft werden, ob den Kläger nicht insofern ein Mitverschulden an dem von ihm geltend gemachten Schaden trifft, als er vor seinem Eintritt in den Teilbetrieb sich nicht oder nicht genügend erkundigte, wer fortab in Wirklichkeit sein Arbeitgeber war. Unterließ er solche Erkundigungen, so könnte vielleicht der Schluß gerechtfertigt sein, daß er die Folge dieser Unterlassung selbst zu tragen hat.

RAG. 11, 125.

Betriebsstillegung und Pflicht zur Ausbildung des Lehrlings.

Reichsarbeitsgericht. Urt. v. 30. April 1932.

I. Arbeitsgericht Freiberg (Sachsen). — II. Landesarbeitsgericht Dresden.

Die Kläger waren Schlosserlehrlinge des beklagten Fahr- und Kraftradwerks. Am 30. Juni 1931 hat die Beklagte ihren Betrieb stillgelegt und für diesen Tag die Lehrverträge, auch die der Kläger, gekündigt. Erörterungen mit den gesetzlichen Vertretern der Kläger über deren Weiterbeschäftigung in dem etwa 45 km entfernten Schwesterwerk der Beklagten S. blieben ohne Ergebnis.

Die Kläger haben für die Zeit vom 1. bis 25. Juli 1931 die auf diesen Zeitraum berechnete Lehrlingsvergütung eingeklagt. Das Arbeitsgericht hat die Klagen abgewiesen. Das Landesarbeitsgericht hat der Berufung und den Anträgen der Kläger entsprochen. Die Revision führte zur Wiederherstellung des ersten Urteils.

Gründe:

In dem Urteil des Reichsarbeitsgerichts RAG. Bd. 7 S. 31, das den Einfluß der Betriebsstillegung auf bestehende Lehrlingsverhältnisse behandelt, ist das Reichsarbeitsgericht davon ausgegangen, die Stillegung gebe keinen allgemeinen Grund zur Auflösung des Lehrverhältnisses. Die positive Folgerung aus dem eingetretenen Betriebsstand zieht das Reichsarbeitsgericht unter Anwendung der in seiner Rechtsprechung zum Arbeitsvertrag entwickelten Grundsätze zur Tragung der Betriebsgefahr, indes unter besonderer Beachtung des vertraglichen Ausbildungszwecks. Diese Erwägungen leiten grundsätzlich auch den Berufungsrichter. Er gelangt zur Anerkennung der Klagen, weil die Beklagte nicht alles ihr Zumutbare getan habe, um die Weiterführung der von ihr übernommenen Ausbildung der Kläger zu sichern. Sei es zur Einigung über die Weiterbildung der Kläger in Siegmar wegen der mit der Entfernung vom Wohnort der Kläger entstehenden Kosten nicht gekommen, so seien die Kläger dieser Aufwendung nicht gewachsen. Die Beklagte könne sie leicht tragen und sei nach Treu und Glauben dazu verbunden, da es an ihr liege, wenn die Ausbildung nicht an dem vertraglich dafür vorgesehenen Ort vor sich gehe.

Die Revision wendet sich grundsätzlich gegen die Behandlung der Stillegungsfolgen unter Gesichtspunkten der Betriebsgefahr, die, wie sie meint, nur für bestehende und im allgemeinen arbeitende Betriebe Geltung haben könnten. Geboten sei vielmehr eine entsprechende Anwendung des § 127b der Gewerbeordnung im Sinne der Auflösung des Arbeitsvertrags.

Wenn sich die Revision für diese Meinung auf das Urteil des RAG. zur Anwendbarkeit § 22 KO. auf den Lehrlingsvertrag (RAG. Bd. 9 S. 32) beruft, so ist das irrig. Zunächst ist in jenem Urteil und der ihm folgenden Entscheidung vom 17. Februar 1932 in RAG. 397/31 die Lösbarkeit des Lehrvertrags im Konkursfall lediglich aus dem positiven Recht der Konkursordnung und dessen Ergänzung im Sinn der Zwecke dieses Gesetzes begründet worden (aus § 22 PO. auch in dem Urteil RAG. 685/30 vom 10. Juli 1931 Bensh. Bd. 12 S. 389). Die Vorschrift des § 127 RGewO. ist dort (a. a. O. S. 40) nur in dem Sinn hereingezogen worden, daß die aus § 22 KO. statthafte Kündigung „mit gesetzlicher Frist" nach dem Inhalt des § 127b RGewO. (wie nach § 70 HGB.) nicht anders als fristlos sein könne. Muß deshalb eine Parallele aus der von einem Sonderrecht beherrschten Konkurslage von vornherein fehlgehen, so fehlt es auch an der grundsätzlichen Gleichartigkeit. Eine Betriebsstillegung hat ihre Ursache nicht notwendig in einem Versagen der Betriebsmittel, überhaupt in einer Not des Betriebs. Zusammenschlüsse der verschiedensten Ursachen, gesetzliche Monopole und Absatzregelungen können auch ohne Betriebsnot zur Stillegung führen. Es fehlt also nicht nur an einer positiven Vorschrift, die den Lehrvertrag bei jeder Betriebsstillegung betreffen könnte — § 2 Abs. 3 der Betriebsstillegungsverordnung verweist auf das allgemeine Recht —, sondern es gebricht auch an der jeden Konkursfall kennzeichnenden Lage des endgültigen Ausfalls der Betriebsmittel.

Die Kläger vertreten auf der anderen Seite in Übereinstimmung mit Hueck bei Bensh. Bd. 10 S. 488 und Neumann in „Der Grundstein" Wochenblatt des Deutschen Baugewerksbundes 1932 Nr. 11 die Meinung, es dürfe die vorzeitige Auflösung von Lehrverträgen nur unter den gleichen Voraussetzungen zugebilligt werden, unter denen einem Kaufmann der vorzeitige Rücktritt von einem Lieferungsvertrag aus dem Gesichtspunkt der grundlegend veränderten Umstände zugestanden werde.

Ob gerade die Vergleichung mit einem Lieferungsvertrag (auf Gattungsware) angebracht ist, mag dahinstehen. Unter dem Gesichtspunkt der clausula rebus sic stantibus hat das RAG. die Frage der vorzeitigen Lösbarkeit des Lehrvertrags in Fällen geprüft, in denen die Untragbarkeit der tariflichen Erhöhung von Lehrlingsbezügen in Frage stand (RAG. 512/28 vom 15. Mai 1929 Bensh. Bd. 6 S. 511 Rspr. i. Arbs. 24 S. 351). Der Fall der Stillegung des Betriebs aus Wirtschaftsnot und der des Arbeitsmangels, den die Rechtsprechung vielfach behandelt hat (RAG. Bd. 8 S. 113; Bd. 9 S. 219; RAG. 231/30; 633/30; 68/31; 110/31; 293/31; 297 u. 299/31), deckt sich mit jenem für die zu entscheidende Frage nicht. Wird der Betrieb durch die Wirtschaftsnot zur Gewährung von Arbeits- und Ausbildungsgelegenheit untauglich, so betrifft dieser Umstand eine der dem Arbeitgeber obliegenden Hauptleistungen, die für den Gesamtvertrag grundlegende Ausbildungspflicht in ihrer Ausführbarkeit unmittelbar, während da, wo der Arbeitgeber nur die Dienstvergütung schuldet, deren Erbringlichkeit im Rechtssinn von dem Bestehen und der Leistungsfähigkeit des Betriebs nicht unmittelbar abhängt. Es geht schon deshalb fehl, wenn die Kläger sich darauf berufen, daß das Reichsarbeitsgericht in dem Urteil RAG. 329/31 vom 12. Dezember 1931 zu dem Gehaltsanspruch eines Ziegelmeisters (mit Recht) ausgesprochen hat, eine noch so schlechte Geschäftslage des Dienstgebers mache die Innehaltung des Dienstvertrags nicht unmöglich und lasse den Kläger des Anspruchs auf seine vertraglichen Bezüge nicht verlustig gehen.

Schon das Urteil RAG. Bd. 7 S. 31/36 hat darauf hingewiesen, daß gerade die Verbindung der Elemente des Arbeits- und Lehrvertrags die Stellungnahme auch zu dem arbeitsvertraglichen Anspruch des Lehrlings für den Fall des Betriebsstillstands beeinflussen muß. Insoweit hat dieses Urteil und hat die vorangeführte Rechtsprechung zu Fällen des Arbeitsmangels auch ins Auge gefaßt, daß die umfassende Verantwortung, die der Arbeitgeber durch die Übernahme der Ausbildung im ganzen, nach der Reichsgewerbeordnung (§ 127b) grundsätzlich unkündbar, übernimmt, sinngemäß auch im Fall des Erlahmens des vertraglich zur Ausbildung vorgesehenen eigenen Betriebs eine angemessene Bemühung um das weitere Fortkommen des Lehrlings in sich begreift.

Hätte die Beklagte diese Pflicht verletzt, so wäre die Auffassung des Berufungsrichters, die Beklagte sei den Klägern gegenüber im Hinblick auf den Gesamtvertrag in Schuldner- und Gläubigerverzug gekommen, und müsse die Vergütung aus dem Gesichtspunkt des § 615

BGB. fortgewähren, als zutreffend anerkennen. Der Revision ist aber zuzugeben, daß der Berufungsrichter die dem Arbeitgeber obliegende Verpflichtung aus dem Lehr- und Arbeitsvertrag unter Verstoß gegen § 242 BGB. überspannt. Die Beklagte hat nicht nur Bemühungen zur Unterbringung der Kläger aufgewendet, sie hat den Klägern auch ihre Weiterbildung im S. Schwesterwerk angetragen.

Wenn der Berufungsrichter meint, die Beklagte müsse für alle Lehrlinge für den ganzen künftigen Lauf der Lehrzeit die Kosten für Fahrt und Verpflegung tragen, die durch die Entfernung des S. Werks von deren Wohnort entstehen, so ist dem nicht zu folgen. Die unmittelbare Begründung des Berufungsurteils hierzu, die Beklagte halte ja die Verträge nicht voll ein, unterstellt, was erst zur Entscheidung steht. Sie belastet die Beklagte mit einer Art Schadensersatzpflicht, indem sie die nach der Annahme des Berufungsrichters wirtschaftlich nicht zu vermeidende Betriebseinstellung nunmehr so ansieht, als sei sie den Klägern gegenüber schuldhaft. Von dem zutreffenden Standpunkt einer sinngemäßen Vertragserfüllung aus kann die Folgerung des Berufungsrichters nicht gelten.

Im allgemeinen sind im Lehrvertrag wirtschaftliche Vorteile und Nachteile für beide Seiten gegeneinander abgewogen. Die Arbeit, die der Lehrling besonders in dem letzten Teil der Lehrzeit leistet, gilt neben der Lehrlingsvergütung den Wert der auch zuerst genossenen Ausbildung ab. Müßte die Beklagte, die in den ersten Lehrjahren die zunächst überwiegende Last der Ausbildung getragen hat, für die letzten Jahre, nunmehr in dem B.-Werk, ohne Betrieb und Ertrag die nach dem unstreitigen Sachverhalt bei der Entfernung des S. Werks vom Wohnort der Kläger unvermeidlichen Kosten für Unterkunft und Verpflegung der Lehrlinge aufwenden, so wäre der Gesamtinhalt des Lehr- und Arbeitsvertrags zu ihren Lasten in unbilliger Weise verändert. Soweit ist die ihr obliegende Sorge für das fachliche Fortkommen der Kläger nicht zu erstrecken, auch wenn es den Klägern ihrerseits wirtschaftlich nicht möglich wäre, den Aufwand zu tragen, der durch Antritt der Lehrstellen in S. entstehen muß. Aus diesem Grunde ist das Berufungsurteil nicht aufrechtzuerhalten, ohne daß es noch auf die Prüfung ankommt, ob der Berufungsrichter das Abkommen von 1921, das die Beklagte Arbeitnehmerverbänden gegenüber in der Einstellung von Lehrlingen zahlenmäßig beschränkt, mit Recht als dem Anspruch der Kläger nicht entgegenstehend erachtet hat. Unter Aufhebung des angefochtenen Urteils ist die Berufung der Kläger gegen das Urteil des Arbeitsgerichts zurückzuweisen.

RAG. 11, 137.

Kündigungsschutz im Fall der Behinderung eines Ersatzmitglieds.
BRG. § 40.

Reichsarbeitsgericht. Urt. v. 25. Mai 1932.

I. Arbeitsgericht Heilbronn. — II. Landesarbeitsgericht Stuttgart.

Der beklagte Angestellte der Klägerin war für die am 12. April 1931 beginnende Wahlperiode als erstes Ersatzmitglied des Angestelltenrats gewählt. Im Sommer 1931 erlitt ein ordentliches Mitglied des Angestelltenrats einen Betriebsunfall, der ihn auf längere Zeit, noch bis zur letzten Berufungsverhandlung vom 7. Januar 1932, zur Arbeit und zur Amtsführung unfähig machte. Der Beklagte trat für ihn ein und nahm zuerst am 31. Juli 1931 eine Angestelltenratssitzung wahr. In der Zeit vom 10. bis 24. August 1931 hatte der Beklagte Urlaub und war ortsabwesend. Sitzungen des Angestelltenrats fanden am 11. und 18. August 1931 statt. An ihnen nahm das an zweiter Stelle stehende Ersatzmitglied an Stelle des Beklagten teil. In dieser Zeit kündigte die Klägerin dem Beklagten durch ein nach dem Wortlaut des Berufungsurteils S. 2 vom 18. August, nach der dort angezogenen Urkunde II/9 vom 19. August 1931 datiertes Schreiben zum 30. September 1931. Nach Feststellung des Berufungsurteils ging dieses Schreiben dem Beklagten am 19. August 1931 zu.

Die Klägerin hat Feststellung verlangt, daß diese Kündigung rechtswirksam sei. Nach diesem Antrag hat das Arbeitsgericht erkannt, das Landesarbeitsgericht hat die Berufung des Beklagten zurückgewiesen.

Die Revision führte zur Aufhebung des Berufungsurteils.

Gründe:

Sachlich vertritt die Revision den Standpunkt, dem Beklagten hätte der Kündigungsschutz schon deshalb zugebilligt werden müssen, weil er jedenfalls zur Zeit des Eintritts des Zieltermins der Kündigung, dem 30. September 1931 (seit dem 24. August 1931), das Amt des Angestelltenrats bei fortdauernder Erkrankung des ordentlichen Mitglieds versah. Zu Unrecht meint die Revision, diese Auffassung komme in dem Urteil des Reichsarbeitsgerichts zum Kündigungsschutz der Ersatzmitglieder vom 2. Dezember 1931 RAG. 256/31 (Bensh. Bd. 14 S. 67) in der Ausführung zum Ausdruck, daß der Kündigungsschutz, den das Ersatzmitglied erwerben kann, in der Wirkung begrenzt sei auf die Zeit, für die es zur Stellvertretung berufen ist. Vielmehr ist damit nur ausgesprochen, daß der Kündigungsschutz der Ersatzmitglieder, wo er ihnen überhaupt zusteht, ein auf die Stellvertretungszeit beschränkter sei. Es ist dabei in jenem Urteil ebenso wie in den Erkenntnissen vom 6. Juni 1931 (RAG. Bd. 9 S. 1) und vom 26. September 1931 (RAG. Bd. 9 S. 191) die Frage ausdrücklich dahingestellt, ob ein Ersatzmitglied, das gekündigt war, ehe es zur Amtsführung berufen wurde, gegen Entlassung dadurch geschützt wird, daß es vor Ablauf der Kündigungsfrist noch in die Amtswaltung eintritt.

Diese Frage, die der vorliegende Fall aufwirft, falls der Beklagte am 19. August 1931 außerhalb der Amtswaltung stand, ist entgegen dem von der Revision vertretenen Standpunkt zu verneinen. Der Berufungsrichter geht mit Recht davon aus, daß der Schutz des § 96 BRG. für die Ersatzmitglieder ebensowenig wie für die ordentlichen Mitglieder überhaupt Platz greifen kann, wenn dessen Voraussetzungen nicht zur Zeit der Kündigung gegeben sind. An diesem in der Rechtsprechung des Reichsarbeitsgerichts zum Betriebsräterecht sonst anerkannten Grundsatz (vgl. RAG. Bd. 3 S. 33, Bd. 4 S. 85, Bd. 5 S. 214) ist auch hier festzuhalten. Es kann deshalb einem Ersatzmitglied ein Kündigungsschutz nicht zukommen, wenn ihm gekündigt worden ist, als er in die Betriebsvertretung nicht berufen war. Die Entscheidung hängt somit davon ab, ob der Beklagte am 19. August 1931, dem Tage der Kündigung, als zur Amtswaltung berufen gelten konnte oder deshalb nicht, weil er an diesem Tage noch in Urlaub und von dem Betriebsort abwesend war. Zu eng ist jedenfalls die Fassung des danach zu bestimmenden Begriffs der Stellvertretung im Sinn von § 40 BRG., wie sie in dem Satz des Berufungsurteils zum Ausdruck kommt, Voraussetzung des Schutzes sei, daß der Beklagte am 19. August 1931 sein Amt als stellvertretendes Ersatzmitglied (Angestelltenratsmitglied) ausgeübt hat. Eine ständige etwa tägliche Amtsausübung, wie sie in sehr vielen Betrieben (nach den Feststellungen des Berufungsrichters auch in dem der Klägerin) tatsächlich nicht in Frage kommt, ist nicht zu fordern; wenn die Geschäftslage dazu keinen Anlaß gibt, nicht einmal eine ständige Amtsbereitschaft. Vielmehr wird es bei nachträglicher Behinderung des zunächst eingetretenen Ersatzmanns auf die beiden Fragen ankommen, aus welchem Anlaß und damit in welcher voraussichtlichen Begrenzung das Ersatzmitglied zur Stellvertretung berufen wurde, und auf die weitere, inwieweit die spätere Ausschaltung des Stellvertreters nach der Auffassung der Beteiligten als eine im Vergleich mit der Vertretungsaufgabe unerhebliche angesehen werden kann. Es leuchtet ein, daß z. B. der für eine Urlaubsvertretung des ordentlichen

Mitglieds eintretende Ersatzmann nicht mehr als Stellvertreter gelten kann, wenn er etwa seinerseits wegen Grippeerkrankung dienstunfähig wird. Liegt andererseits etwa der Fall der Entlassung eines ordentlichen Betriebsratsmitgliedes, über deren Berechtigung im Prozeßweg gestritten wird, vor, oder aber, was hier in Frage kommt, eine schwere, voraussichtlich Monate dauernde Erkrankung des ordentlichen Mitglieds, so wird eine ersichtlich unbedeutende Unterbrechung der Amtswaltung als Abbruch der Berufung in das Betriebsamt nicht gelten können. Für den Urlaubsfall ist insbesondere zu beachten, daß eine baldige Wiederaufnahme von Arbeit und Amt regelmäßig von vornherein im Sinn der Unterbrechung liegt.

Ob in solchen Fällen auch das kurzzeitig, etwa nur für ein einzelnes Geschäft eintretende weitere Ersatzmitglied nach den Zwecken des Gesetzes Kündigungsschutz genießt, ist in diesem Fall nicht zu entscheiden. Wäre die Frage zu bejahen, so ergeben sich wohl theoretische Möglichkeiten eines gehäuften Schutzes von Ersatzmitgliedern. Praktisch werden sie von geringem Belang sein, weil nach der vorangeführten Rechtsprechung der Kündigungsschutz des Ersatzmitglieds jedenfalls mit der Amtswaltung endet. Die Grenzziehung gemäß den vorangestellten Gesichtspunkten ist im Einzelfall Sache des Tatrichters. Für den vorliegenden Fall ist aber nicht ersichtlich, daß der Berufungsrichter die entscheidenden Gesichtspunkte zu Rate gezogen hat. Aus diesem Grunde ist eine neue Prüfung der Sache erforderlich. In deren Rahmen wird der Berufungsrichter insbesondere zu erörtern haben, inwiefern nach der Art des Betriebsunfalls, der das ordentliche Mitglied ausfallen und den Beklagten einrücken ließ, mit einer langdauernden Amtsverwesung durch den Beklagten damals zu rechnen war. Erst danach wird der Berufungsrichter ermessen und sachgemäß entscheiden können, ob die 14tägige Pause im Hinblick auf die schon vorangegangene Vertretungszeit und die abzuschätzende künftige erheblich ist oder so unbedeutsam erscheint, daß der Beklagte im Sinn der Verkehrsauffassung weiter als berufener Stellvertreter gelten konnte.

RAG. 11, 157.+

Kann ein Ruhegeldanspruch im Konkurs des Arbeitgebers als Masseschuld geltend gemacht werden?

§ 59 Nr. 2 KO.

Reichsarbeitsgericht. Urt. v. 2. Juni 1932.

I. Arbeitsgericht Bremen. — II. Landesarbeitsgericht daselbst.

. . .

Gründe:

Es wird zunächst erörtert, daß die Annahme des Berufungsgerichts, der Kläger habe einen Rechtsanspruch auf Ruhegeld gegen die NWK. gehabt, nicht einwandfrei begründet sei, eine abschließende Beurteilung aber noch näherer Feststellungen bedürfe. Dann wird fortgefahren: Eine Zurückverweisung der Sache an das Berufungsgericht kommt indessen nicht in Frage, denn die Abweisung der Klage durch den Berufungsrichter erscheint auch unter Zugrundelegung eines Rechtsanspruchs rechtsirrtumsfrei begründet.

Was zunächst den Klagantrag auf Feststellung des Konkursvorrechts im Sinne des § 61 Nr. 1 KO. für denjenigen Pensionsbetrag anlangt, der auf die Zeit bis zur Konkurseröffnung entfällt (180 RM), so entspricht die Verneinung des Vorrechts der Rechtsprechung des Reichsarbeitsgerichts (Urt. RAG. 284/31 vom 21. November 1931, RAG. Bd. 9 S. 337, Bensh. Samml. Bd. 13 S. 321). Es kann sich nur fragen, ob das Berufungsgericht den Anspruch auf die 180 RM nicht wenigstens als gewöhnliche Konkursforderung hätte feststellen müssen, nachdem der Beklagte im Prüfungstermin die vom Kläger angemeldeten Ansprüche dem Grunde nach bestritten hatte. Ersichtlich hat jedoch das Berufungsgericht in dem Klaganspruch auf Feststellung des Vorrechts nicht zugleich den Hilfsantrag auf Feststellung der angemeldeten Ansprüche als gewöhnlicher Konkursforderungen erblickt. Darin ist ihm beizutreten, zumal auch die Revision eine Rüge hierzu nicht erhoben hat.

Daß der Anspruch auf die bei Konkurseröffnung aufgelaufene Teilpension von 180 RM Masseschuld sei, hat der Kläger selbst im zweiten Rechtsgang nicht mehr behauptet; er hat insoweit seinen Anspruch auf Zahlung nicht aufrechterhalten. Wohl aber verlangt er, daß seine Pensionsansprüche, soweit sie sich auf die Zeit nach der Eröffnung des Konkurses beziehen, als Masseschuld behandelt werden. Dem ist das Berufungsgericht mit Recht nicht gefolgt. Einzig auf § 59 Nr. 2 KO. könnte, wie auch der Kläger nicht verkennt, dieses Verlangen gestützt werden. Die erwähnte Bestimmung setzt aber voraus, daß es sich um Ansprüche aus zweiseitigen Verträgen handelt, deren Erfüllung zur Konkursmasse verlangt wird (oder für die Zeit nach der Konkurseröffnung erfolgen muß). Daß die Pensionsansprüche des Klägers auf einem zweiseitigen Vertrag, nämlich auf seinem Arbeitsvertrag, beruhen, ist dann zweifelsfrei, wenn man mit dem Berufungsgericht davon ausgeht, daß die satzungsmäßige Anwartschaft auf das Ruhegehalt dem

Kläger alsbald bei seiner Einstellung (oder doch mit der in § 2 der Satzung vorgesehenen „Anerkennung“) eingeräumt worden ist. Zweifel ergeben sich aber schon dann, wenn man berücksichtigt, daß der Kläger im Dienstverhältnis lediglich zur Firma D. GmbH., nicht aber zur NWK. gestanden hat. Jedenfalls fehlt es an der weiteren Voraussetzung des § 59 Nr. 2 KO., daß die Erfüllung dieses Vertrages zur Konkursmasse verlangt werde (oder erfolgen müsse). Diese Voraussetzung wäre nur denkbar, wenn dem Kläger zur Zeit der Konkurseröffnung aus seinem Dienstvertrag noch irgendwelche Pflichten gegenüber der NWK. obgelegen hätten, als deren Gegenleistung die Pension angesehen werden könnte und deren Erfüllung vom Beklagten verlangt würde (oder auch ohne solches Verlangen stattzufinden hätte). In aller Regel ist aber das Ruhegehalt eines Angestellten eine nachträgliche Vergütung bereits in der Vergangenheit geleisteter Dienste und irgendwelche Dienstverpflichtungen bestehen für den Angestellten nach seiner Pensionierung nicht mehr. Nun hat allerdings der Kläger geltend gemacht, daß ihm auch nach seiner Pensionierung noch eine Treu-, Verschwiegenheits- und Bereitschaftspflicht gegenüber der NWK. obgelegen habe. Er will das aus § 15 der Satzung herleiten. Dieser Paragraph besagt aber, soweit er hier in Betracht kommt, nur, daß der Angestellte die Pension verwirke, wenn er die Interessen der Gesellschaft absichtlich schädige. Es kann dahingestellt bleiben, ob hier nicht etwa nur an Schädigungshandlungen des Angestellten vor seiner Pensionierung gedacht ist, worauf die übrigen Bestimmungen des § 15 vielleicht hindeuten könnten. Jedenfalls aber ist hier lediglich ein Grund für den Verlust des Pensionsanspruchs festgelegt, nicht aber eine klagbare Verpflichtung des Angestellten, sich so zu verhalten, daß dieser Verlust nicht eintritt. Im Gütetermin vom 30. Oktober 1931 hat der Kläger nach der bei den Akten befindlichen Niederschrift allerdings auch behauptet, daß nach der bei der NWK. bestehenden tatsächlichen Übung die Pensionäre gelegentlich noch zu Dienstleistungen herangezogen worden seien, und daß für sie eine rechtliche Verpflichtung zu solchen Dienstleistungen bestehe. Der Kläger wollte damit anscheinend geltend machen, es liege ein Fall vor, wie ihn das Urteil des Reichsarbeitsgerichts RAG. 536/30 vom 14. März 1931 (Bd. 8 S. 118, 120) als möglich vorgesehen hat, ohne die Frage zu entscheiden, ob dann von einer Masseschuld die Rede sein könne. Es ist nicht klar, inwieweit der Kläger jene Behauptungen im Fortgang des Verfahrens aufrechterhalten hat; schriftsätzlich ist er jedenfalls darauf nicht zurückgekommen. Das Berufungsgericht erklärt in seinen Entscheidungsgründen ausdrücklich, eine über eine rein ideelle Treuverpflichtung hinausgehende Leistungspflicht, insbesondere eine Pflicht zu aktiver Betätigung des Pensionärs sei nicht behauptet. Die Revision rügt hierzu auch nicht etwa eine Verletzung des § 286 ZPO. durch Nichtberücksichtigung jener Behauptung, sondern weist umgekehrt gerade darauf hin, daß die Pension die Gegenleistung für die „Dienstvorleistungen" d. h. für die von dem Pensionär vor seiner Pensionierung geleisteten Dienste bedeute. Dann ist aber gerade ausgeschlossen, daß der Kläger im Austausch gegen die Pension noch irgendwelche Pflichten zur Konkursmasse zu erfüllen hätte. Aber auch wenn man die Richtigkeit der in Rede stehenden Behauptung des Klägers zugrunde legt, so handelt es sich doch offenbar lediglich um Abwicklungstätigkeiten, wie sie unter Umständen recht wohl auch von einem ohne Pension ausgeschiedenen Angestellten verlangt werden können; soweit sie aber über diesen Rahmen hinausgehen, läßt sich aus der Tatsache allein, daß solche Tätigkeiten verlangt und geleistet worden sind, noch keineswegs schließen, daß nach dem Inhalt des Dienstvertrags oder des Pensionsvertrages ein Rechtsanspruch der NWK. darauf bestand.

Ist hiernach eine Masseschuld nicht gegeben, so kann es auf sich beruhen, ob sie durch den beklagten Konkursverwalter zeitlich begrenzt werden konnte oder nicht. Die Revision ist hiernach auch insoweit unbegründet, als sie sich gegen die Abweisung des — vom Arbeitsgericht zuerkannten — Zahlungsanspruchs und gegen die vom Berufungsgericht auf die Widerklage getroffene Feststellung richtet.

RAG. 11, 163.

Ist die Reichsbahngesellschaft schlechthin verpflichtet, dem Vorsitzenden des Betriebsrats einen geeigneten Raum zur Abhaltung einer Betriebsversammlung zur Verfügung zu stellen oder kann sie die Gestellung des Raumes von der Mitteilung der Tagesordnung der abzuhaltenden Versammlung abhängig machen?

BRG. §§ 46 und 36. Betriebsräteverordnung §§ 50, 52 und 35.

Reichsarbeitsgericht. Beschl. v. 27. April 1932.
I. Arbeitsgericht Oppeln.

Der geschäftsführende Ausschuß des Antragstellers beschloß in seiner Sitzung vom 28. Oktober 1931, für den 30. Oktober 1931 (nach Arbeitsschluß) eine Betriebsversammlung einzuberufen. Der stellvertretende Vorsitzende des Antragstellers bat noch an demselben Tage die Werksleitung des Reichsbahnausbesserungswerkes, für die geplante Betriebsversammlung einen Raum zur Verfügung zu stellen. Der Werksdirektor machte die Genehmigung der Betriebsversammlung und die Bereitstellung eines Raumes von der Vorlage der Tagesordnung der Betriebsversammlung abhängig. Der Antragsteller lehnte die Vorlegung der Tagesordnung ab. Weitere Verhandlungen führten zu keiner Einigung. Vielmehr erklärte die Werksleitung, daß sie die Abhaltung der Betriebsversammlung untersage und auch keinen Raum dafür zur Verfügung stelle, da die Tagesordnung nicht vorgelegt werde.

Der Antragsteller hat, soweit sein Antrag in der Rechtsbeschwerdeinstanz noch in Streit ist, beantragt, festzustellen, daß die Verwaltung nicht berechtigt sei, dem Betriebsrat den Raum zur Abhaltung der Betriebsversammlung zu verweigern, wenn keine Tagesordnung vorgelegt werde. Das Arbeitsgericht hat den Antrag abgelehnt. Es geht von der Bestimmung des § 52 BRV. aus, wonach die Betriebsversammlung nur über Angelegenheiten verhandeln darf, die zum Geschäftsbereiche des Betriebsrats gehören. Nur unter dieser Voraussetzung habe auch die Reichsbahn einen Raum zur Abhaltung einer Betriebsversammlung zur Verfügung zu stellen. Ob die Voraussetzung im einzelnen Falle vorliege, unterliege nicht der einseitigen Beurteilung des Betriebsrats. Vielmehr könne die Reichsbahn die Vorlegung einer Tagesordnung verlangen, um die Möglichkeit auszuschließen, daß der Betriebsrat sich Räume für Betriebsversammlungen bereitstellen lasse, in denen alsdann Angelegenheiten erörtert würden, die nicht zum Aufgabenkreise des Betriebsrats gehörten, sondern auch unter Umständen den Interessen der Reichsbahn zuwiderliefen. Das Verlangen der Antragsgegnerin sei um so mehr gerechtfertigt, als sie berechtigte Bedenken habe hegen können, daß in der Betriebsversammlung auch Dinge behandelt werden würden, die über ihren gesetzlichen Aufgabenkreis hinausgingen. Denn mit Rücksicht auf die Zusammensetzung des Antragstellers sei der Verdacht nicht von der Hand zu weisen gewesen, daß die Streikfrage behandelt werden sollte, die nicht zum gesetzlichen Aufgabenkreis des Betriebsrats und der Betriebsversammlung gehöre.

Die gegen diesen Beschluß eingelegte Rechtsbeschwerde des Antragstellers blieb erfolglos aus folgenden

Gründen:

An der Abhaltung einer Betriebsversammlung bei der Reichsbahn kann die Reichsbahngesellschaft, deren Rechte und Pflichten als Arbeitgeber hier regelmäßig durch die Reichsbahnstelle ausgeübt werden (§§ 49, 50 BRV.), in ungleichem Maße beteiligt sein. Es ist zu unterscheiden zwischen Versammlungen, die während oder außerhalb der Arbeitszeit und auf Verlangen oder ohne Verlangen der Reichsbahnstelle stattfinden. In allen Fällen ist die Einberufung der Versammlung und mithin auch die Aufstellung der Tagesordnung Sache des Vorsitzenden des Betriebsrats, der sich verantwortlich machen und unter Umständen sogar der Gefahr der Amtsenthebung nach § 39 BRG. aussetzen würde, wenn er dabei den Aufgabenkreis der Betriebsversammlung überschritte (vgl. auch Flatow-Kahn-Freund, Betriebsrätegesetz 13. Auflage Anm. 5 zu § 46). Soll die Versammlung ausnahmsweise — in dringlichen Fällen — während der Arbeitszeit stattfinden, so ist die Zustimmung der Reichsbahnstelle erforderlich (§ 50 Abs. 3 BRV. = § 46 Abs. 3 BRG.), und in einem solchen Falle ist ihr naturgemäß mit der Benachrichtigung auch die Tagesordnung der Sitzung mitzuteilen, damit sie prüfen kann, ob die Sitzung dringlich ist und ob die Voraussetzungen für ihre Abhaltung außerhalb der Arbeitszeit gegeben sind (vgl. auch Mansfeld, BRG., 2. Auflage Anm. 2b zu § 30 BRG.). Zu Versammlungen, die außerhalb der Arbeitszeit stattfinden, bedarf es nach § 50 Abs. 2 BRV. (= § 46 Abs. 2 BRG.) einer Benachrichtigung der Reichsbahnstelle im allgemeinen nur dann, wenn sie auf ihr Verlangen einberufen werden. Auch in diesem Falle ist ihr naturgemäß die Tagesordnung mitzuteilen, da sie dann das Recht hat, sich in der Versammlung vertreten zu lassen und sich an den Verhandlungen zu beteiligen. An der Tagesordnung solcher Versammlungen, die weder durch ihr Verlangen veranlaßt sind noch ihrer Zustimmung bedürfen, hat die Reichsbahnstelle dagegen regelmäßig kein rechtliches Interesse (vgl. auch Breuning, Betriebsrätehandbuch für Eisenbahner Anm. 2 zu § 52 BRV.).

Vorliegend hat die Werksleitung des Reichsbahnausbesserungswerks weder ein Recht auf Zustimmung noch ein solches auf Teilnahme an der Betriebsversammlung geltend gemacht und hätte auch auf Mitteilung der Tagesordnung keinen Anspruch erheben können, wenn der Vorsitzende des Betriebsrats die Versammlung in eine außerhalb des Bereichs der Reichsbahnverwaltung gelegene, dem Betriebsrat kostenlos zur Verfügung stehende Räumlichkeit einberufen hätte. Der Vorsitzende hat aber die Werksleitung ersucht, ihm einen geeigneten Raum zur Abhaltung der Versammlung zur Verfügung zu stellen. Dazu war er an und für sich berechtigt, da die Abhaltung einer Betriebsversammlung zur Geschäftsführung des Betriebsrats gehört (vgl. § 35 BRV. = § 36 BRG.; Ausführungsbestimmungen zu § 35 BRG.; RAG. RB. 16/28 Beschluß vom 16. Mai 1928; auch Flatow-Kahn-Freund, Anm. 7 zu § 45

BRG.). Dieses Recht stand ihm aber nur dann zu, wenn es sich um eine den gesetzlichen Zwecken dienende Betriebsversammlung handelte. Gerade im Hinblick auf die der Reichsbahn obliegende Pflicht, die durch die Raumgestellung entstehenden „notwendigen" Kosten zu tragen, muß ihr also ein Recht zu vorheriger Prüfung dieser Voraussetzung mindestens dann zugestanden werden, wenn, wie hier, Umstände vorliegen, die befürchten lassen, daß das Recht des Betriebsratsvorsitzenden zur Einberufung der Betriebsversammlung zu einem Mißbrauch führen könne (vgl. hierzu den insofern entsprechend liegenden Fall des Beschlusses vom 11. Juli 1931 RAG. Bd. 9 S. 80, bes. S. 83). Als solche Umstände bezeichnet der angefochtene Beschluß den Verdacht, daß die Streikfrage behandelt werden würde, und überhaupt die Interessen der Reichsbahn. Die Feststellung und Würdigung solcher Tatumstände ist im wesentlichen Sache des Tatrichters und daher der Prüfung durch das Rechtsbeschwerdegericht entzogen. Lagen aber solche Umstände vor, so kann es der Werksleitung nicht verwehrt werden, sich auf dem nächstliegenden Wege, nämlich dem einer Anfrage nach der Tagesordnung, darüber zu vergewissern, ob die Versammlung auch nicht etwa Zwecke verfolgte, die dem Betriebsrätegestz zuwiderliefen, und die Gestellung des Raumes von einer entsprechenden Mitteilung abhängig zu machen. Dabei handelt es sich nicht um ein von der Reichsbahn in Anspruch genommenes allgemeines Kontrollrecht, das ihr nicht zustehen würde, sondern um die durch die Umstände des Falles bedingten besonderen Voraussetzungen für die Gewährung des Raumes.

RAG. 11, 185.

Sind Lohnansprüche kaufmännischer Angestellter einer offenen Handelsgesellschaft, die für die Zeit nach Eröffnung des Konkurses über das Vermögen der Gesellschaft (während des Laufs der Kündigungsfrist) aus der Konkursmasse der Gesellschaft als Masseschulden zu erfüllen sind, auch in den gleichzeitigen Konkursen über das Vermögen der Gesellschafter Masseschulden?

HGB. § 128. KO. § 59.

Reichsarbeitsgericht. Urt. v. 4. Juni 1932.

I. Arbeitsgericht Plauen. — II. Landesarbeitsgericht Chemnitz, Zweigkammer Plauen.

Die Kläger waren kaufmännische Angestellte der offenen Handelsgesellschaft C. C. M. in Plauen i. V. Am 13. Mai 1930 ist über das Vermögen der Gesellschaft, am 13. Juni 1930 auch über das Vermögen der Gesellschafter das Konkursverfahren eröffnet worden. Die Kläger haben aus der Zeit nach dem 13. Juni 1930 Gehaltsansprüche von 200 bis 2730 RM. Sie verlangen von dem die Konkursmassen der Gesellschafter verwaltenden beklagten Konkursverwalter gemäß den §§ 128 HGB., 59 KO. Befriedigung als Masseschuld. Der Beklagte erwidert, nur die offene Handelsgesellschaft sei Arbeitgeberin der Klägerin gewesen, ihre Forderungen seien daher zwar im Konkurse der Gesellschaft, nicht aber in denjenigen der Gesellschafter Masseforderungen.

Das Arbeitsgericht hat der Klage stattgegeben. Auf die Berufung des Beklagten hat das Landesarbeitsgericht die Klage abgewiesen. Die — zugelassene — Revision der Kläger blieb erfolglos.

Gründe:

Es handelt sich nur um die Frage, ob Lohnansprüche kaufmännischer Angestellter einer offenen Handelsgesellschaft, die für die Zeit nach Eröffnung des Konkurses über das Vermögen der Gesellschaft (während des Laufs der Kündigungsfrist) aus der Konkursmasse als Masseschulden zu erfüllen sind, auch in den Konkursen über das Vermögen der Gesellschafter (soweit sie auch in diesen in die Zeit nach der Konkurseröffnung fallen) bevorzugt aus der Masse zu befriedigen sind. Diese Frage ist entgegen den Ausführungen der Revision mit dem Landesarbeitsgericht zu verneinen. Weder aus § 128 HGB. noch aus § 59 Nr. 2 KO. ist zu entnehmen, daß eine für den Konkurs einer offenen Handelsgesellschaft begründete Masseschuld ohne weiteres auch in den Konkursen ihrer Gesellschafter Masseschuld sei. Denn die einer Forderung in einem Konkursverfahren zukommende Eigenart als Masseschuld ist keine dem ihr zugrunde liegenden Anspruch anhaftende, über jenes Verfahren hinaus geltende, sondern nur eine für das letztere bestimmte und sich in ihm auswirkende Besonderheit. Was Masseschuld einer Konkursmasse ist, kann daher nur in dem für s i e maßgebenden Konkursverfahren festgestellt werden (vgl. Entscheidung des Reichsgerichts vom 18. Januar 1932 Bd. 135 S. 62). Die von den Klägern mit der offenen Handelsgesellschaft abgeschlossenen Dienstverträge sind nun ähnlich, wie dies das Reichsgericht in früheren Erkenntnissen für Lieferungsverträge ausgesprochen hat (vgl. die Erkenntnisse vom 13. Februar 1900-JW. 1900 S. 253 Nr. 8 und vom 13. September 1901-JW. 1902 S. 78 Nr. 10) nur Verträge der Gesellschaft als solcher und tragen den Gesellschaftern gegenüber selbständigen Charakter. Es trifft nicht zu, daß die Angestellten, wie die Revision meint, den Gesellschaftern gegenüber persönlich zu Dienstleistungen verpflichtet seien, sondern sie sind das Dienstverhältnis mit allen daraus hervorgehenden Rechten und Pflichten nur zu der Gesellschaft als solcher eingegangen. Die Gesellschafter haften allerdings für die Erfüllung der Lohnforderungen auf Grund der allgemeinen Vorschrift des § 128 HGB. gesamtschuldnerisch; aber die Sondervorschrift des § 59 KO., nach der die Lohnforderungen für die Zeit bis zum Ablauf der Kündigungsfrist im Konkurse der den Klägern als Vertragsgegnerin gegenüberstehenden offenen Handelsgesellschaft als Masseschulden zu behandeln sind, läßt sich auf die selbständigen Konkurse der Gesellschafter, die doch auch andere Gemeinschuldner sind, ebenso wenig ausdehnen (vgl. Jäger, Anm. JW. 1932 S. 1017 Nr. 11), wie es etwa angängig sein würde, die Massekosten nach § 58 KO. (z. B. die Kosten der Konkursverwaltung selbst) auch in den Gesellschafterkonkursen als Massekosten zu behandeln.

Die Klage ist ausschließlich darauf gerichtet, den Beklagten als Konkursverwalter über das Vermögen der Gesellschafter zur Bezahlung der in Frage kommenden Lohnforderungen aus der Masse der Gesellschafterkonkurse zu verurteilen. In dieser Gestalt ist der Klaganspruch mithin vom Berufungsgericht mit Recht als unbegründet abgewiesen worden, und die Revison war daher, wie geschehen, abzuweisen.

RAG. 11, 187.+

Ist der Begriff „Hinzuziehung" dem der „Mitwirkung" gleichzustellen?

. . .

BRG. § 78.

Reichsarbeitsgericht. Urt. v. 4. Juni 1932.

I. Arbeitsgericht Darmstadt. — II. Landesarbeitsgericht daselbst.

. . .

Gründe:

. . . Ist also für ein betriebliches Abkommen über die Einführung von Kurzarbeit lediglich die „Hinzuziehung" der Tarifvertragsparteien erforderlich, so fragt es sich weiter, ob die Deutung, welche das angefochtene Urteil dem Wort „Hinzuziehung" gibt, zu rechtlichen Bedenken Anlaß bietet. Auch das ist gegenüber der diese Ansicht vertretenden Revision zu verneinen. Der Begriff der „Hinzuziehung" ist nicht dem der „Mitwirkung" gleichzustellen, d. h. der vertraglichen, aktiven Teilnahme an dem Abschluß einer Vereinbarung (RAG. Bd. 10 S. 209 [212]). Ihm ist vielmehr genügt, wenn vor dem Abschluß einer Vereinbarung hinreichende Gelegenheit zu sachdienlichen Äußerungen, Anregungen und dergleichen gegeben wird. Und das war nach dem festgetellten Sachverhalt hier der Fall. Die schließlich zustande gekommene Betriebsvereinbarung hat danach auch die Anregungen („Marschrouten") der hinzugezogenen Tarifvertragsparteien von Arbeitnehmerseite in weitgehendem Maße berücksichtigt. Daß sie ihnen nicht restlos gefolgt ist, ändert hieran nichts; denn zur Unterzeichnung, zur endgültigen Vollziehung der Vereinbarung war, was auch schon aus dem oben Gesagten folgt, allein der Angestelltenrat legitimiert. Er allein trägt, wie das angefochtene Urteil zutreffend betont, neben der Betriebsleitung die Verantwortung für das Vereinbarte. . . .

RAG. 11, 198.

Zur Bedeutung der Einstellung von Schwerbeschädigten auf Probe für das Kündigungsrecht.

Reichsarbeitsgericht. Urt. v. 11. Juni 1932.

I. Arbeitsgericht Moers. — II. Landesarbeitsgericht Krefeld-Uerdingen a. Rh.

Die Fürsorgestelle bei dem Landratsamt in Moers hat den schwerbeschädigten Kläger der beklagten Baufirma zur Beschäftigung zugewiesen. Die Beklagte, die bis dahin ihre der Belegschaftsstärke entsprechende Einstellungspflicht nicht erfüllt hatte, hat den Kläger „zur Probe" am 14. Juli 1931 eingestellt, am 23. Juli 1931 aber wieder entlassen, und zwar ohne Zustimmung der Fürsorgebehörde. Der Kläger hat für die Zeit vom 23. Juli bis 14. Dezember 1931 Lohn mit 592,82 RM verlangt und ferner die Feststellung, daß die Beklagte verpflichtet sei, ihn weiter zu beschäftigen. Während das Arbeitsgericht die Klage abgewiesen hat, hat das Landesarbeitsgericht nach dem Zahlungsantrag des Klägers erkannt und festgestellt, daß das Arbeitsverhältnis des Klägers fortbestehe.

Die Revision blieb erfolglos.

Gründe:

Die Revision stimmt mit dem Berufungsrichter darin überein, daß für die Beurteilung der Rechtslage § 17 SchwerbGes. ausscheidet, weil die Beklagte zur Zeit der Einstellung des Klägers mit ihrer gesetzlichen Einstellungspflicht im Rückstand war. Sie verkennt nicht, daß folgerecht die Anwendung des § 13 des Gesetzes, die vierwöchige Kündigungsfrist und das Erfordernis der Zustimmung der Fürsorgebehörde, jedenfalls in Frage kommt, sofern ein auf Kündigung gestellter Vertrag überhaupt vorlag. Gerade das habe aber, meint die Revision zunächst, der Berufungsrichter rechtsirrig angenommen.

Es ist indes verfehlt, wenn die Revision sich in diesem Sinn darauf beruft, daß nach dem das Arbeitsverhältnis beherrschenden Baugewerbstarifvertrag entfristete Kündigung gelte. Ein auf solche Kündigung gestellter Vertrag ist, wie keiner Darlegung bedarf, ein auf unbestimmte Frist geschlossener, und die entfristete Kündigung ist bei dem Bestehen von Kündigungsschutz der Zustimmung der zum Schutz berufenen Stelle bedürftig. Nicht haltbar ist auch die weitere Rüge, aus dem Charakter des Probevertrags für gewerbliche Arbeiter ergebe sich, daß er mangels abweichender Vereinbarung jederzeit lösbar sein müsse. Der Berufungsrichter hat aber eingehend erwogen, ob etwa der hier geschlossene Arbeitsvertrag so aufzufassen sei, daß er als unter der auflösenden Bedingung der Nichtbewährung geschlossen gelte. In rechtlicher Anschließung an das Urteil des Reichsarbeitsgerichts RAG. 488/28 (Rspr. i. Arb. 1929 S. 104) hat der Berufungsrichter verneint, daß dies der Sinn des hier geschlossenen Arbeitsvertrages sei. Vielmehr meint der Berufungsrichter, daß im Zweifel — und in diesem Falle — die Probeeinstellung die Abrede der Einstellung auf entfristete Kündigung in sich schließe, eine Vereinbarung, die indes durch das Eingreifen von § 13 SchwerbGes. umgestellt werde. Soweit es sich in diesen Erwägungen des Berufungsrichters um Vertragsauslegung handelt, ist sie jedenfalls möglich. Rechtsfehler werden von der Revision nicht aufgedeckt und sind auch sonst nicht ersichtlich. Danach bleibt aber kein Raum für die Erwägung der Revision: da es sich um eine frei vereinbarte, nicht um eine nach § 7 Abs. 2 des Gesetzes unter Vorschreiben des Arbeitsvertrags erzwungene Einstellung handle, könne auch ein frei lösbarer Probevertrag vereinbart werden. Sicherlich läßt das Schwerbeschädigtengesetz arbeitsvertragliche Vereinbarungen der verschiedensten Art zu, aber doch begrenzt durch das von dem Gesetzgeber zwingend gesetzte Recht. Steht der Vertrag, wie der Berufungsrichter nach dem Vorangeschickten ohne Rechtsfehler feststellt, auf Kündigung, so kann er, mangels der Voraussetzungen des § 17, dem Kündigungsschutzrecht des § 13 nicht durch eine Probeabrede entzogen werden. Insoweit nimmt die Revision für den Probevertrag des gewerblichen Arbeiters eine Sonderstellung in Anspruch, die das Schwerbeschädigtenrecht nicht kennt. Vielmehr ist gerade der Umstand, daß § 17 dem Arbeitgeber, der seiner Einstellungspflicht genügt hat, eine versuchsweise, also auf Probe, vorgenommene Einstellung mit Maßgaben schutzfrei zugesteht, ein deutliches Anzeichen dafür, daß der auf Kündigung gestellte Probevertrag in anderen Fällen dem Zwang des § 13 SchwerbGes. keineswegs entzogen ist. Wäre die Meinung der Revision richtig, daß der Probevertrag des gewerblichen Arbeiters schlechthin aus dem Rahmen des Kündigungsschutzes falle, so müßte entweder angenommen werden, daß § 17 für den gewerblichen Arbeiter nicht gilt — eine unhaltbare Annahme —, oder der Arbeitgeber, der seine Einstellungspflicht nicht erfüllt hat, wäre günstiger gestellt, als der in § 17 genannte und doch offenbar seinerseits bevorzugte Arbeitgeber, der dem Gesetz gefolgt ist oder mehr getan hat, als ihm obliegt.

Diesen Erwägungen ist nicht mit jener zu begegnen, daß so der Probevertrag seines eigentlichen Charakters entkleidet werde, denn der Probevertrag wird auch sonst durch das Arbeitnehmerschutzrecht (HGB. §§ 66, 67) eingedämmt. Es besteht kein Grund zu der Annahme, daß gerade das Schwerbeschädigtenrecht bei seiner Richtung auf dauernde Unterbringung des Schwerbeschädigten dem auf Kündigung gestellten Probevertrag des gewerblichen Arbeiters freien Spielraum hätte geben wollen. Danach muß die Revision scheitern, ohne daß es auf die Entscheidung der schon in dem Urteil RAG. Bd. 10 S. 54 berührten Frage ankommt, ob die Beklagte, da sie ihre Einstellungspflicht nicht erfüllt hatte, Schwerbeschädigte selbst mit einer festen hinter 3 Monaten zurückbleibenden Begrenzung des Arbeitsvertrags auf Probe hätte einstellen können.

RAG. 11, 273.

Zur Tragweite des Art. 118 der Reichsverfassung im Rahmen eines Arbeitsverhältnisses, insbesondere bei Staatsangestellten.

Zum Begriff der „Obersten Landesbehörde" in § 21 Abs. 3 des Schwerbeschädigtengesetzes.

Kann der Minister, der die Kündigung eines Schwerbeschädigten durch Anweisung der Dienststelle in die Wege geleitet hat, auf Anrufen gemäß § 21 Abs. 3 des Gesetzes eine wirksame Entscheidung fällen?

Reichsarbeitsgericht. Urt. v. 29. Juni 1932.

I. Arbeitsgericht Köslin. — II. Landesarbeitsgericht daselbst.

Der schwerkriegsbeschädigte Kläger ist seit 1922 als Büroangestellter auf der Oberförsterei N. beschäftigt. Er gehört der Nationalsozialistischen Deutschen Arbeiterpartei an und ist Vorsitzender in deren Ortsgruppe F. und Leiter der Kreisgruppe D. Durch Schreiben vom 3. September 1931 hat die Regierung in K. dem Kläger das Angestelltenverhältnis gekündigt. Die zu dieser Kündigung nachgesuchte Zustimmung hat der Landeshauptmann in S. als Hauptfürsorgestelle für Schwerbeschädigte versagt, der als Beschwerdeinstanz angerufene

Preußische Minister für Landwirtschaft, Domänen und Forsten durch Erlaß vom 11. November 1931 erteilt.

Das Kündigungsschreiben vom 3. September 1931 hat den folgenden Wortlaut:

„Es ist festgestellt worden und wird von Ihnen auch nicht bestritten, daß Sie in selbsttätiger Weise für die N. S. D. A. P. gewirkt haben. Sie sind als Redner und Versammlungsleiter für diese Partei aufgetreten und sind selbst Vorsitzender dieser Partei für die Ortsgruppe in F. und Leiter für den Kreis D.

Diese Betätigung ist nicht vereinbar mit Ihrer Beschäftigung als Angestellter im Geschäftszimmer der Preußischen Oberförsterei N., also in einem Staatsbetriebe.

Ihren Einwand, daß der Ministererlaß vom 11. Juli 1930 I 16 963 nur den Beamten die Betätigung für die N. S. D. A. P. verbiete, können wir, wie auch der Herr Landwirtschaftsminister zum Ausdruck gebracht hat, für stichhaltig nicht anerkennen; der Erlaß muß sinngemäß auch auf die in der Staatsverwaltung beschäftigten Angestellten Anwendung finden.

Wegen Ihres Verhaltens kündigen wir auf Anordnung des Herrn Ministers die durch den Dienstvertrag vom 7. Dezember 1922/20. Januar 1923 vereinbarte Beschäftigung im Angestelltenverhältnis bei der Oberförsterei N., und zwar nach § 2 des Gesetzes vom 9. Juli 1926, da Sie nach Vollendung des 25. Lebensjahres eine Beschäftigung von 8 Jahren zurückgelegt haben, zum 31. Januar 1932.

Der Kündigungstermin ist durch ein weiteres Schreiben der Regierung K. vom 27. Oktober 1931, dem Kläger vor dem 31. Oktober 1931 zugegangen, auf den 31. März 1932 erstreckt worden.

Der Kläger hat auf Feststellung angetragen, daß die Kündigung rechtsunwirksam sei.

Das Arbeitsgericht hat diese Feststellung getroffen; das Landesarbeitsgericht hat auf die Berufung des Beklagten die Klage abgewiesen. Auf die Revision des Klägers wurde die Sache an das Landesarbeitsgericht zurückverwiesen.

Gründe:

Der Berufungsrichter geht davon aus, daß die Kündigung an den Kläger nach Inhalt des Kündigungsschreibens sich auf die politische Betätigung des Klägers für die Nationalsozialistische Deutsche Arbeiter-Partei, nach dem Inhalt der Streitverhandlungen auch auf die Veröffentlichung von Artikeln in der Parteizeitschrift „Sturm" gründet und damit auf Meinungsäußerungen im Sinne von Art. 118 RVerf.

Den geltendgemachten Verstoß der Kündigung gegen diese Vorschrift der Reichsverfassung hält der Berufungsrichter dennoch für nicht gegeben. Nach dem Inhalt der Vorschrift sei die freie Meinungsäußerung nur insoweit geschützt, als sie sich innerhalb der Schranken der allgemeinen Gesetze halte. Der Schutz versage deshalb auch da, wo die Meinungsäußerung in Widerstreit mit den Rechten anderer trete, Rechten, die sich auch aus den Zivilgesetzen ergeben könnten. Ein solches Recht sei aber auch das zur Aufkündigung eines Dienstverhältnisses unter Einhaltung der gesetzlichen oder vertraglichen Kündigungsfrist. Die mit der Kündigung regelmäßig für die Arbeitnehmer verbundenen erheblichen Nachteile lägen im Wesen des — nach dem Gesetz eben kündbaren — Arbeitsvertrags. Eine Benachteiligung im Sinne des Art. 118 RVerf. bestehe erst dann, wenn der Arbeitgeber die Betätigung der freien Meinungsäußerung des Arbeitnehmers zum Anlaß für eine vorzeitige (nicht fristgemäße) Auflösung des Vertragsverhältnisses nehme.

Diese Auffassung des Berufungsrichters von der Tragweite des Art. 118 RVerf. findet zwar in dem von ihm angezogenen Beschluß des Reichsarbeitsgerichts vom 11. Juli 1928 RAG. Bd. 2 S. 106 (109) eine Stütze, entspricht aber nicht der neueren ständig gewordenen Rechtsprechung.

Danach ist die Tragweite des Art. 118 RVerf., wie insbesondere das grundlegende Urteil RAG. Bd. 10 S. 27 an Hand der Gesetzesgeschichte dargelegt, von dem Standpunkt aus zu bemessen, daß ein Schutz der politischen Meinungsäußerung gegenüber Maßregelungen als Willkürakten geschaffen werden sollte, auch für den Fall, daß dieser Willkürakt sich der äußeren Form der Ausübung eines vertragsmäßigen Rechts bediene. Es muß sich aber andererseits, wie jenes Urteil darlegt, eben um einen Willkürakt, um einen Mißbrauch des vertraglichen Rechts handeln, nicht um die verständige Wahrnehmung sachlicher Belange, wie sie den Vertragszwecken entspricht, eine Vertragshandhabung, die als solche den Schutz des Vertragsrechts und des Art. 152 RVerf. genießt.

Art. 118 RVerf. steht also einer fristgerechten Kündigung nicht entgegen, auch wenn sie ihren Anlaß in Meinungsäußerungen, insbesondere in politischen Stellungnahmen findet, sofern ersichtlich ist, daß von dem Standpunkt eines verständig und ruhig denkenden Menschen aus gesehen für den Kündigungsberechtigten in den tatsächlichen Verhältnissen begründeter Anlaß vorlag, von dem vertragsmäßigen Rechte Gebrauch zu machen. Es besteht weder, wie das den

Darlegungen der Revision zu entsprechen scheint, ein absolutes Verbot für die Arbeitgeber, aus der politischen Stellungnahme eines Arbeitnehmers den Entschluß zur fristgemäßen Vertragskündigung zu schöpfen, noch ist andererseits mit dem Berufungsrichter jede Fristkündigung für gefeit gegen den Angriff aus Art. 118 RVerf. zu erachten.

Von dem vorbezeichneten Standpunkt aus hat das Reichsarbeitsgericht in dem Urteil vom 27. Februar 1932 RAG. 446/31 eine Kündigung, dem Berufungsgericht beitretend, nicht mißbilligt, die ein auf dem Boden der Zentrumspartei stehender katholischer Zeitungsverlag einem Drucker der mit dem Verlag verbundenen Druckerei ausgesprochen hatte, weil er, der Öffentlichkeit als Arbeitnehmer jenes Verlages bekannt, in der kommunistischen Partei und in der Gottlosenbewegung hervorgetreten sei. Zu der gleichen Beurteilung ist das Reichsarbeitsgericht in dem Urteil vom 24. Februar 1932 RAG. Bd. 10 S. 275 im Verhältnis einer Großbank zu einem Bankangestellten gelangt, der unter Hervorhebung seiner Eigenschaft als Angestellter dieser Bank den kommunistischen Standpunkt gegenüber dem kapitalistischen System in der Öffentlichkeit vertrat.

Die Zugehörigkeit zu der Nationalsozialistischen Deutschen Arbeiterpartei war Anlaß der Kündigung in der vorgenannten Sache RAG. 41/31, RAG. Bd. 10 S. 27 und in der Sache RAG. 134/31 Urteil vom 19. Dezember 1931. In dem ersten Fall hatte wie hier das Land Preußen einem bei der Schutzpolizei angestellten Arzt, in dem anderen Falle das Deutsche Reich einem bei der Mairnewerft beschäftigten Heizer gekündigt. Jene Fälle, in denen dem Berufungsgericht eine Nachprüfung der Interessenlage gemäß der vorbezeichneten Richtlinien aufgegeben worden ist, stimmen also mit der Lage des zu beurteilenden Falles insoweit überein, als hier wie dort ein Staat (das Reich) als Arbeitgeber auftritt.

Insoweit vertritt die Revision den Standpunkt, nach dem Recht der Reichsverfassung sei die Stellung des Staats als Arbeitgeber gegenüber seinen Angestellten anders zu beurteilen wie die eines privaten Arbeitgebers. Die Rechtsbeziehung des privaten Unternehmers zu dem ihm unterstellten Arbeitnehmer erschöpfe sich in diesem Unterordnungsverhältnis. Der Staatsangestellte stehe daneben gegenüber der Staatsregierung noch in dem weiteren Verhältnis des gleichberechtigt zur Teilnahme an der politischen Willensbildung berufenen Staatsbürgers, eines Teiles des Staatsvolks, von dem das Staatsministerium kraft des Grundsatzes der Volkssouveränität seine Regierungsmacht erst herleite. Bei der öffentlichen Erörterung von Regierungsangelegenheiten, die

Grundteil des parlamentarischen Prinzips sei, könne der Staatsangestellte als Diskussionsträger nicht schlechter gestellt sein als andere Staatsbürger; und gerade in dieser Richtung schütze ihn Art. 118 RVerf.

In diesen Erwägungen ist die Scheidung der arbeitsvertraglichen und der staatsbürgerlichen Beziehung zum Staat zutreffend. Die hier wesentliche Frage ist aber, ob Belange des Staats als Arbeitgeber durch die staatsbürgerliche Stellungnahme und Betätigung so betroffen werden können, daß eine Fortsetzung des Dienstverhältnisses den entscheidenden Stellen bei sachlicher Abwägung als eine Schädigung der auch durch den Arbeitsvertrag umfaßten Belange erscheinen kann. Daß der Staat, soweit diese Arbeitgeberbelange reichen, hinter dem privaten Arbeitgeber, der wirtschaftliche Interessen wahrt, zurückstehen müßte, ist der Revision nicht zuzugeben und steht nicht im Einklang mit der vorangezogenen Rechtsprechung des Reichsarbeitsgerichts in den Sachen RAG. 41/31 und 134/31. Weder die Verfassung selbst, noch der von der Revision angezogene Aufruf der Volksbeauftragten, der übrigens zur Auslegung der Reichsverfassung in diesem Punkte nicht verwertbar ist, geben einen Anhalt für eine solche Minderbewertung der staatlichen Arbeitgeberrechte. Die arbeitsrechtliche Gesetzgebung des Reichs hat den arbeitsrechtlichen Staatsbelangen, insbesondere den betrieblichen Direktionsinteressen in höherem Maße Rechnung getragen als dem der privaten Unternehmer. So fehlt es für Staatsbetriebe an dem Stillegungsschutz, den die Betriebsstillegungsverordnung für gewerbliche Betriebe vorsieht, im Arbeitsrecht können nach § 13 der Arbeitszeitverordnung vom 21. Dezember 1923/14. April 1927 statt der sonst geltenden gesetzlichen Vorschriften die für Beamte geltenden Dienstvorschriften für wirksam erklärt werden; im Schwerbeschädigtenrecht tritt, worauf zurückzukommen ist, nach § 21 Abs. 3 an Stelle der sonstigen Beschwerde beim Schwerbeschädigtenausschuß die Anrufung der staatlichen Zentralstelle. Auch im Betriebsräterecht gibt die Vorschrift des § 61 BRG. der Staatsbehörde die Vollmacht, zum mindesten organisatorisch die Grundsätze des Betriebsräterechts an die Eigenart staatlicher Betriebe anzupassen. Die aus diesen Beispielen ersichtliche Gesamtrichtung des staatlichen Arbeiterrechts legt die Annahme fern, es habe die dieser Gesetzgebung zugrunde liegende, aus annähernd gleichen politischen Verhältnissen hervorgegangene Reichsverfassung die staatlichen Arbeitgeberbelange in geringerem Maße schützen wollen als die privaten.

Es kommt nur darauf an, ob gerade Arbeitgeberbelange des Staates durch die politische Meinungsäußerung oder Betätigung betroffen sind. Diese Frage hat der Berufungsrichter, entsprechend seinem grundlegenden Standpunkt nicht geprüft. Insoweit hat das Reichsarbeitsgericht in den Sachen 41/31 (Bd. 10 S. 27) und 134/31 nach Lage jener Fälle mit Recht als beachtliche Gesichtspunkte angesehen, daß die Dienstverhältnisse des damals klagenden Arztes bei der Schutzpolizei und des Heizers bei der Marinewerft die Schlagfertigkeit der preußischen Schutzpolizei oder der Reichsmarine berühren konnten. Solche Umstände des besonderen Dienstes kommen für den Kläger, als Angestellten einer Oberförsterei, nicht in Frage. Andererseits hatte in jenen Fällen das Land Preußen bzw. das Reich die Art der Betätigung der dortigen Kläger für die Nationalsozialistische Deutsche Arbeiterpartei nicht besonders beanstandet, während im vorliegenden Fall der Beklagte sich über Bloßstellungen und Beleidigungen der Organe des Reichs und des Landes Preußen beschwert, und der Berufungsrichter in der Erörterung, ob die Kündigung wegen Verstoßes gegen § 138 BGB. nichtig sei, festgestellt, daß der Kläger in einem vorliegenden Zeitungsartikel „schwere Angriffe gegen das herrschende Regierungssystem" erhoben habe.

Durch diese Feststellung allein ist indes eine Beziehung zu den Arbeitgeberbelangen des Staates nicht hergestellt. Es ist aber auch nicht gesagt, daß gerade das Staatsinteresse an der arbeitsvertraglichen Tätigkeit des Klägers berührt sein muß. In der Erörterung, ob § 138 BGB. anwendbar sei, spricht der Berufungsrichter aus, der parlamentarisch regierte Staat könne ebensowenig wie irgendein anderer ohne ein gewisses Maß von Autorität auskommen, es sei deshalb unerläßlich und anerkannt, daß die im Staatsdienst beschäftigten Personen ein gewisses und ein höheres Maß der Zurückhaltung bei der öffentlichen Kritik der jeweiligen Regierung beobachten müssen als andere, in freien Berufen stehende Staatsbürger.

In dem Beamtendisziplinarrecht ist das ein auch gegenüber den Art. 118 und 130 RVerf. anerkannter Grundsatz (vgl. Entscheidungen des Reichsdisziplinarhofs Schulze Simons Bd. 1 S. 203, 212, 228 Bd. 2 S. 110 Pr. OVG. Bd. 77 S. 512, Bd. 79 S. 439; Brand Beamtenrecht [1928] S. 561, Jellinek Verwaltungsrecht S. 466; Anschütz RVerf. Art. 118 Anm. 3; Giese RVerf. Art. 118 Anm. 3; und vielfach). Die weniger eng gebundene Stellung des Angestellten zu Staat und Staatsleitung legt ihm nicht die gleichen Pflichten wie dem Beamten auf und läßt ihn nicht in gleichem Maße wie jenen als einen Teil der Staatsverwaltung erscheinen. Immerhin steht auch er im Zusammenhang der Behördenorganisation, und der Belang einer geschlossenen und autoritativen

Staatsführung erstreckt sich auf jede Stelle im Staat und kann auch dadurch empfindlich verletzt werden, daß ein Angestellter gegen die leitenden, wenngleich ihm dienstlich entfernten Stellen des Staats, maßlose oder beschimpfende Angriffe richtet.

Abgesehen von diesen allgemeinen aus der Natur des Staatsdienstes sich ergebenden Verbindungen zwischen den Arbeitgeberbelangen einer Staatsregierung in bezug auf das einzelne Arbeitsverhältnis und den Erfordernissen der Staatsführung ist nach der Feststellung des Berufungsrichters das Arbeitsverhältnis des Klägers auch durch seine Unterwerfung unter den Angestelltentarifvertrag gekennzeichnet. Daß aber nach dieser Gesamtvereinbarung das Vertragsverhältnis der Angestellten zum Staat nicht nur in seiner arbeitstechnischen Bedeutung ins Auge gefaßt ist, sondern auch dessen Zusammenhang mit dem Staatsganzen, und zwar im Hinblick auf die bestehende Regierungsform, ergibt die Bestimmung des § 4:

Jeder Angestellte hat den Eid auf die Verfassung zu leisten. Ablehnung der Eidesleistung schließt die Einstellung aus.

Abgesehen von der Frage, ob der Kläger diesen Verfassungseid geleistet hat und welche Folgerungen sich für den vorliegenden Fall daraus ergeben mögen, ist damit klargestellt, daß der Tarifvertrag, der den Arbeitsvertrag des Klägers beherrscht und jedenfalls seiner Auslegung dient, in einigem Maße auch die Belange der Staatsführung als solche des Staats in seiner Eigenschaft als Arbeitgeber anerkennt.

Unter diesen Umständen kam es auf die Abwägung an, ob die politische Betätigung des Klägers, insbesondere auch die in dem Verfassen und Veröffentlichen der „Sturm"-Artikel liegende, angesichts einmal der Dienstverwendung des Klägers und seiner Eigenschaft als Schwerkriegsbeschädigter, andererseits aber auch angesichts der durch den Inhalt des Arbeitsvertrags umfaßten staatlichen Arbeitgeberbelange, dem Beklagten bei verständiger und ruhiger Beurteilung Anlaß geben konnte, von dem Recht zur Fristkündigung Gebrauch zu machen.

In eine Abwägung dieses Inhalts ist der Berufungsrichter nicht eingetreten. Die von ihm rechtsirrtumsfrei angestellte Überlegung, der Beklagte habe durch den Ausspruch der Kündigung jedenfalls nicht wider die guten Sitten verstoßen, deckt sich, wie bereits in dem Urteil des Senats RAG. Bd. 10 S. 27 betont ist, mit der nach dem Vorstehenden erforderlichen nicht. Insoweit ist also eine erneute Erörterung vor dem Tatrichter geboten.

Soweit es sich um die Frage der Sittenwidrigkeit der Kündigung handelt, stützt die Revision sich ohne Erfolg auf § 10 des Angestellten-

Tarifvertrags. Die Berufung des Klägers auf diese Bestimmung, nach der die Einstellung eines Arbeitnehmers nicht von seiner politischen Betätigung oder von seiner Zugehörigkeit (Nichtzugehörigkeit) zu einem politischen Verein abhängig gemacht werden darf, hat der Berufungsrichter zunächst deshalb für unbeachtlich gehalten, weil es sich um keine Norm handle, die bestimmt sei, Bestandteil des Einzelarbeitsvertrages zu werden. Die Revision hält diese Erwägung für nicht zielführend, weil die Nichtbeachtung dieses Grundsatzes einen Verstoß gegen die guten Sitten enthalte. Abgesehen von der Frage, inwieweit die Schlußfolgerung von einer Verletzung des Tarifrechts auf einen Verstoß gegen § 138 BGB. schlüssig ist, übersieht die Revision die weitere Begründung des Berufungsurteils zu diesem Punkt. In ihr ist dargelegt, es sei eine andere Sache, ob der Staat wegen einer in der Vergangenheit vor dem Eintritt in den Staatsdienst liegenden Tätigkeit der Anzustellenden von der Einstellung absehen dürfe oder ob der Angestellte nach der Einstellung und der Übernahme der Pflichten des Staatsdienstes eine solche Tätigkeit fortsetze. Auch diese Erwägung ist nach dem Vorangestellten zutreffend. Im übrigen hat das Reichsarbeitsgericht zu einer der vorliegenden entsprechenden Klausel des deutschen Buchdruckertarifs in der Sache RAG. 446/31 bereits im gleichen Sinne wie der Berufungsrichter Stellung genommen.

Unbegründet ist schließlich die Rüge der Revision, die eine Verletzung von Normen des Verwaltungsrechts darin sieht, daß der Preußische Minister für Landwirtschaft, Domänen und Forsten die zur Kündigung an den Kläger als Schwerbeschädigten erforderliche Zustimmung als Beschwerdeinstanz erteilt hat, nachdem die Hauptfürsorgestelle sie versagt hatte.

Die Revision meint, der Minister sei als Dienstvorgesetzter des Klägers und ferner als die die Entlassung eigentlich betreibende Stelle Partei gewesen. Es liege somit ein Fall der Kollision vor, in dem der Minister nicht hätte entscheiden dürfen.

Nicht in Zweifel gezogen ist damit die allgemeine Zuständigkeit des Preußischen Ministers für Landwirtschaft, Domänen und Forsten, auf Angehen einer ihm unterstellten Behörde die in § 21 Abs. 3 SchwerbG. vorgesehenen Beschwerdeentscheidung zu treffen.

Die allgemeine Zuständigkeit des Fachministers als oberste Landesbehörde im Sinne von § 21 Abs. 3 SchwerbG. ist auch gegeben. Schon der Hinweis auf die „zuständige" oberste Reichsbehörde, der auch auf die oberste Landesbehörde zu beziehen ist, zeigt, daß nicht, wie Mebes (SchwerbG. § 21 Anm. 6) annimmt, die oberste Zentralinstanz, in

Preußen das Staatsministerium, bezeichnet werden soll, sondern das Ministerium, zu dem die Dienststelle gehört. Zu demselben Ergebnis führt die Vergleichung mit § 11 des Gesetzes, der ebenfalls die Anrufung der obersten Reichsbehörde oder aber der obersten Landesbehörde zuläßt, wenn es sich um die Durchführung des Gesetzes bei einer Dienststelle des Reichs oder aber um eine andere Körperschaft, Stiftung oder Anstalt des öffentlichen Rechts handelt. Hier kann nach der Fassung und nach dem Zweck, die Behördeneinrichtung dem Gesetz anzupassen, ersichtlich nur der Fachminister in Frage kommen, der nach Art. 46 Satz 2 der Preußischen Verfassung seinen Geschäftszweig selbständig und unter eigener Verantwortung leitet.

Daß in § 21 Abs. 3 SchwerbG. die gleiche letzte Entscheidung eingeführt werden sollte wie in § 11, ergibt der Entwurf zu dem Änderungsgesetz des Schwerbeschädigtengesetzes von 1922 (Reichstagsdrucksache Erste Wahlperiode Anl. Bd. 375 Nr. 5295) in seiner Begründung zur Neuordnung des Beschwerdeverfahrens in Ziff. 19: „Wie in § 10 (jetzt § 11) des Entwurfs die Durchführung des Schwerbeschädigtengesetzes der Dienstaufsichtsbehörde überlassen ist, um eine unnötige Einmischung der H. f. St. in den inneren Dienst der Behörde zu vermeiden, so ist aus den gleichen Gründen auch für die Kündigungsstreitigkeiten eine entsprechende Regelung gesucht worden".

Mit der im Schrifttum überwiegenden Meinung (Schneider-Günther SchwerbG. § 21 Anm. 15, Lothar Richter SchwerbG. §§ 21 Anm. 10, 11 Anm. 13; Schoppen SchwerbG. § 21 Anm. 8; Knaak SchwerbG. § 21 IV) ist deshalb als „oberste Landesbehörde" das Ministerium anzusehen, zu dessen Geschäftskreis die Dienststelle des gekündigten Schwerbeschädigten gehört. Somit war die Zuständigkeit des Preußischen Ministers für Landwirtschaft, Domänen und Forsten zu der von ihm getroffenen Beschwerdeentscheidung gegeben.

Ob im Rahmen dieser Ordnung der durch sie ermöglichte, im Regelfall aber nicht zu erwartende Widerstreit verwaltungsmäßigen Interesses und unparteiischer Entscheidung den Minister im Einzelfall veranlassen kann und sollte, nicht als Beschwerdeinstanz über Zustimmung zu einer Kündigung zu entscheiden, die er selbst in die Wege geleitet hat, ist eine Frage des Verfahrens der Ministerialinstanz. Wenn die Revision sich aus diesem Gesichtspunkt gegen die Wirksamkeit der Beschwerdeentscheidung wendet, so verlangt sie eine den Gerichten nicht zustehende Nachprüfung des Verwaltungsakts. Denn weder wird die Zuständigkeit des Ministers berührt noch kommt angesichts der getroffenen gesetzlichen Regelung in Frage, daß das Verfahren der

Verwaltungsbehörde solchen Bedenken unterliege, daß der Entscheidung die Eigenschaft als einer behördlichen Entscheidung etwa abgesprochen werden müßte (RGZ. Bd. 101 S. 53; Bd. 103 S. 315; Bd. 105 S. 59; Bd. 119 S. 196; Bd. 122 S. 119; Bd. 123 S. 174; Bd. 130 S. 407; RAG. Bd. 1 S. 136; Bd. 3 S. 167 und 252; Bd. 4 S. 166 und 291; Bd. 10 S. 122).

Nur hinsichtlich der vorbezeichneten Abwägung ist deshalb erneute Erörterung in der Berufungsinstanz geboten.

RAG. 11, 306.

Ist außereheliche Schwangerschaft einer kaufmännischen Angestellten ein unverschuldetes Unglück im Sinne von § 63 Abs. 1 HGB.?

HGB. § 63 Abs. 1.

Reichsarbeitsgericht. Urt. v. 27. Juli 1932.

I. Arbeitsgericht Berlin. — II. Landesarbeitsgericht daselbst.

Die unverehelichte Klägerin, die seit Januar 1926 bei der Beklagten mit zuletzt 115 RM Monatsgehalt als Kontoristin tätig war, seit 1. Dezember 1931 aber wegen Schwangerschaftsbeschwerden arbeitsunfähig wurde und am 6. Januar 1932 niederkam, fordert mit der Klage Zahlung des ihr von der Beklagten verweigerten Dezembergehaltes gemäß § 63 HGB. Die Beklagte hat um Klagabweisung gebeten.

Beide Vorinstanzen haben die Klage abgewiesen. Die Revision der Klägerin wurde zurückgewiesen aus folgenden

Gründen:

In Übereinstimmung mit dem Erstrichter weist das Berufungsgericht die Klage ab, weil die Bestimmung in § 63 Abs. 1 HGB., von deren Auslegung die Entscheidung abhängt, der Klägerin nicht zur Seite stehe. Ihre Schwangerschaft sei nicht als „Unglück" im Sinne der erwähnten Vorschrift zu betrachten, die Beschwerden, um derentwillen die Klägerin ihre Arbeit eingestellt habe, hätten sich im Rahmen normaler Schwangerschaftserscheinungen gehalten, mindestens sei ihr Zustand kein unverschuldeter gewesen. Diese Erwägungen sind von Rechtsirrtum frei und werden von der Revision zu Unrecht angegriffen.

Daß bei verheirateten Frauen eine von Schwangerschaft herrührende Arbeitsunfähigkeit nicht ohne weiteres als Unglück im Sinne von § 63[1] HGB. zu bezeichnen ist, hat das Reichsarbeitsgericht bereits in seiner Entscheidung RAG. Bd. 10 S. 347 ausgesprochen. Für die außereheliche Schwangerschaft kann im allgemeinen betrachtet das Ergebnis kein anderes sein, gleichviel, ob man den außerehelichen

Geschlechtsverkehr je nach den sittlichen Auffassungen der Zeit als anstandslos hinzunehmende Erscheinung gelten läßt oder ihn ablehnt, da sie jedenfalls als normale natürliche Folge jenes Verkehrs sich nicht als ein, wie die angeführte Entscheidung den Begriff des Unglücks faßt, die betreffende Frau abweichend vom normalen Verlaufe des Lebensganges unerwartet hart treffendes Ereignis darstellt. Die soziale Anschauung der Gesamtheit, die (vgl. Lehmann-Ring HGB. § 63 Anm. 2) der Beurteilung des Begriffes „Unglück" zugrunde zu legen ist, sieht — auch in Notzeiten wie den gegenwärtigen — Schwangerschaft nicht als solches an, vielmehr, wie das angefochtene Urteil zutreffend sagt, als Erfüllung der mutterschaftlichen Lebensaufgabe der Frau (ebenso Düringer-Hachenburg-Hoeniger HGB. § 63 Anm. 2, Hueck-Nipperdey, Lehrbuch des Arbeitsrechts Bd. I S. 225). Damit ist nicht ausgeschlossen, daß die Schwangerschaft durch sich als Krankheitszustand darstellende Begleiterscheinungen im Einzelfalle den Charakter des Unglücks annehmen kann, wie dies das Berufungsgericht gleichfalls darlegt. Indes stellt es tatsächlich fest, daß bei der Klägerin andere Beschwerden als die typischen Erscheinungsformen der Schwangerschaft nicht bezeugt sind, und angesichts des Umstandes, daß es sich lediglich um Erbrechen und Rückenschmerzen, die üblichen Kennzeichen von Schwangerschaft, gehandelt hat, besteht gegenüber den insoweit erhobenen Bedenken der Revision kein Rechtsgrund, die erwähnte Feststellung der Vorinstanz zu beanstanden.

Mit Recht weist endlich das angefochtene Urteil darauf hin, daß der Zustand der Klägerin keinesfalls unverschuldet war. Zutreffend beurteilt es die Verschuldensfrage nicht aus allgemeinen sittlichen Erwägungen über die Zulässigkeit außerehelichen Geschlechtsverkehrs an sich, sondern aus dem Inhalt der der Klägerin gegenüber der Beklagten als ihrem Prinzipal obliegenden vertraglichen Verpflichtungen. Diese hat sie fahrlässig verletzt, wenn sie sich, unbekümmert um die Folgen, durch ihren außerehelichen Geschlechtsverkehr — gleichviel, ob er in Erwartung einer späteren Ehe geschah — der Gefahr künftiger Schwangerschaft und damit der Arbeitsbehinderung aussetzte (vgl. RAG. in Bensh. Samml. Bd. 6 S. 206, Planck BGB. § 616 Anm. 2b, Oertmann BGB. Bd. II § 616 Anm. 1 d, Staudinger BGB. § 616 III 2b, Staub-Bondi HGB. § 63 Anm. 2, Düringer-Hachenburg-Hoeniger HGB. § 63 Anm. 3, Neufeld-Schwarz HGB. § 63 Anm. 4, Koenige-Teichmann HGB. § 63 Anm. 2). Sie hat danach nicht das Recht, die für sie voraussehbaren, für die Erfüllung ihrer Dienstpflicht abträglichen Folgen ihres Verkehrs auf die Beklagte abzuwälzen.

Die angefochtene Entscheidung besteht danach zu Recht, so daß die Revision zurückzuweisen ist.

RAG. 11, 308.

Hat der Arbeitgeber die Kosten einer als Betriebsversammlung einberufenen Versammlung auch dann zu tragen, wenn der Vorsitzende der Versammlung eine betriebsfremde Person, die nicht nach § 47 Abs. 2 BRG. teilnahmeberechtigt ist, zu dem Referat über einen wesentlichen Punkt der Tagesordnung zuläßt?

Betriebsrätegesetz §§ 36, 45 ff.

Reichsarbeitsgericht. Beschl. v. 24. August 1932.

I. Arbeitsgericht Hamborn.

Der Vorsitzende des Betriebsrats bei der Schachtanlage 4/8 der Antragsgegnerin hatte in dieser Eigenschaft am 22. Mai 1932 eine Versammlung der Arbeiterschaft der Schachtanlage in einen zu diesem Zwecke gemieteten Saal mit der Tagesordnung: „1. Stellungnahme zum Lohn- und Manteltarifabkommen, 2. Betriebsangelegenheiten" einberufen. In der Versammlung war der Vertreter H. des Einheitsverbandes der Bergarbeiter Deutschlands, der nicht Betriebsangehöriger war, anwesend gewesen; ihm hatte der Betriebsratsvorsitzende W. das Wort zu einem Referat über Punkt 1 der Tagesordnung erteilt. Die Antragsgegnerin weigerte sich, dem Betriebsrat die durch die Saalmiete entstandenen Unkosten zu erstatten, indem sie geltend machte, durch die Zulassung des Vertretrs H. des Einheitsverbandes zur Versammlung habe diese ihren Charakter als Betriebsversammlung verloren, da der Einheitsverband keine wirtschaftliche Vereinigung sei; sie sei daher auch nicht verpflichtet, die Kosten der Versammlung als Geschäftsführungskosten des Betriebsrates zu tragen. Der Betriebsrat stellte durch seinen Vorsitzenden bei dem Arbeitsgericht den Antrag auf Feststellung, daß die durch die Saalmiete am 22. Mai 1932 entstandenen Kosten notwendige Kosten im Sinne des § 36 BRG. seien.

Das Arbeitsgericht wies den Antrag zurück. Es ging davon aus, daß an sich die durch Anmietung eines Saales zwecks Abhaltung einer Betriebsversammlung entstehenden Kosten als notwendige Geschäftsführungskosten nach § 36 BRG. vom Arbeitgeber zu tragen seien, nahm aber weiter an, daß die Versammlung am 22. Mai 1932 ihren Charakter als Betriebsversammlung im Sinne des § 45 BRG. durch die Zulassung des Vertreters H. des Einheitsverbandes der Bergarbeiter Deutschlands, einer betriebsfremden Person, verloren habe. Es führte hierzu aus, der Einheitsverband der Bergarbeiter Deutschlands sei als Unterorganisation bzw. als Tochterorganisation der revolutionären Gewerkschaftsopposition (R.G.O.), als welche sie sich auch selbst bezeichnet habe, anzusehen. In der Rechtsprechung sei mehrfach ausgesprochen worden, daß der R.G.O. Tariffähigkeit nicht zukomme, weil sie Tariftreue und Schlichtungswesen ablehne, auch eine Organisation, die den Klassenkampf zu ihrem Prinzip erhoben habe, nicht gleichzeitig Bindungen, wie sie der Abschluß von Tarifverträgen mit sich bringe, eingehen könne. Diese zutreffenden Erwägungen seien auch auf den Einheitsverband als Unterorganisation der revolutionären Gewerkschaftsopposition zu beziehen.

Mit der Rechtsbeschwerde rügte der Antragsgegner unrichtige Auslegung der §§ 45 und 47 BRG.; er machte geltend, das Arbeitsgericht habe zu Unrecht angenommen, daß der Einheitsverband der Bergarbeiter Deutschlands eine Unterorganisation bzw. Tochterorganisation der R.G.O. sei; und verwies auf ein auf dem Verbandstage vom 1.—3. Mai 1931 beschlossenes Statut des Einheitsverbandes, aus dem sich ergebe, daß die Voraussetzungen der wirtschaftlichen Vereinigung im vollen Umfange gewahrt seien.

Die Rechtsbeschwerde wurde zurückgewiesen aus folgenden

Gründen:

Zutreffend ist das Arbeitsgericht davon ausgegangen, daß der Arbeitgeber zwar die durch eine ordnungsmäßig einberufene und abgehaltene Betriebsversammlung entstandenen Kosten als notwendige Kosten der Geschäftsführung des Betriebsrates nach § 36 BRG. zu tragen hat, daß aber die Kosten einer Versammlung, wenn sie auch als Betriebsversammlung ordnungsmäßig einberufen ist, dann nicht mehr als notwendige Geschäftsführungskosten im Sinne des § 35 BRG. angesehen werden können, wenn die Versammlung mit Rücksicht auf ihren Verlauf nicht mehr einer Betriebsversammlung gleich erachtet werden kann. Wann dies letztere der Fall ist, wird von den Umständen des einzelnen Falles, insbesondere von dem Maße und der Bedeutung des Verstoßes gegen die Vorschriften des Betriebsrätegesetzes über die Abhaltung von Betriebsversammlungen abhängen. Die Bedeutung der Betriebsversammlung besteht vor allem darin, daß die Belegschaft eines Betriebes in der Lage sein soll, unbeeeinflußt von ihr fremden Stellen die sie betreffenden Angelegenheiten zu beraten. Nach § 45 BRG. besteht die Betriebsversammlung aus den Arbeitnehmern des Betriebes; der Kreis der hiernach teilnahmeberechtigten Personen ist durch § 46

Abs. 2 und § 47 BRG. dahin erweitert, daß einerseits der Arbeitgeber, andererseits je ein Beauftragter der im Betriebe vertretenen wirtschaftlichen Vereinigungen der Arbeitnehmer an der Versammlung teilnehmen dürfen. Die Teilnahme anderer Personen an der Betriebsversammlung ist nicht gestattet. Wenn nun der Vorsitzende einer als Betriebsversammlung einberufenen Versammlung eine betriebsfremde Person, die nicht nach § 47 Abs. 2 BRG. teilnahmeberechtigt ist, nicht nur zur Teilnahme an der Versammlung, sondern auch zu dem für die Entschließung der Versammlung sehr wichtigen, ja vielfach entscheidenden Referat über einen wesentlichen Punkt der Tagesordnung zuläßt, so bedeutet das, wie das Arbeitsgericht ohne Rechtsirrtum angenommen hat, einen so schweren Verstoß gegen die Vorschriften des Gesetzes über die Abhaltung von Betriebsversammlungen, daß eine solche Versammlung als eine ordnungsmäßige Betriebsversammlung, deren Kosten der Arbeitgeber auf Grund des § 36 BRG. zu tragen hat, nicht angesehen werden kann. Daß aber der Vertreter H. des Einheitsverbandes der Bergarbeiter Deutschlands nach § 47 BRG. zur Teilnahme an der Betriebsversammlung nicht berechtigt war, hat das Arbeitsgericht frei von Rechtsirrtum angenommen. H. würde, da er eine betriebsfremde Person war, als Vertreter des Einheitsverbandes der Bergarbeiter Deutschlands zur Teilnahme an der Versammlung nach § 47 BRG. nur berechtigt gewesen sein, wenn der Einheitsverband als eine wirtschaftliche Vereinigung im Sinne dieser Bestimmung anzusehen wäre. Das Arbeitsgericht hat das verneint, indem es festgestellt hat, daß der Einheitsverband lediglich eine Unterorganisation der R.G.O. ist, für die in bezug auf die Eigenschaft einer wirtschaftlichen Vereinigung das gleiche zu gelten habe wie für die R.G.O. allgemein, und bezüglich der letzteren hat es angenommen, daß sie keine wirtschaftliche Vereinigung im Sinne des § 47 BRG. sei. Die Rechtsbeschwerde wendet sich, indem sie geltend macht, das Arbeitsgericht habe zu Unrecht angenommen, der Einheitsverband sei eine Unterorganisation der R.G.O., lediglich gegen eine ohne ersichtlichen Rechtsverstoß getroffene tatsächliche Feststellung des Arbeitsgerichts, die der Nachprüfung in der Beschwerdeinstanz entzogen ist. Insbesondere kann die erst in der Rechtsbeschwerdeinstanz erfolgte Vorlegung der auf dem Verbandstage vom 1.—3. Mai 1931 beschlossenen Statuten des Einheitsverbandes keine Berücksichtigung mehr finden. Ist aber der Einheitsverband lediglich eine Unterorganisation oder eine Tochterorganisation der R.G.O., so ergibt sich daraus ohne weiteres, daß sie nach den gleichen Grundsätzen zu beurteilen ist, wie die R.G.O. allgemein. Daß aber die R.G.O.

keine wirtschaftliche Vereinigung im Sinne des § 47 BRG. ist, hat das Arbeitsgericht unter Bezugnahme auf die in der Rechtsprechung des Reichsarbeitsgerichts zum Begriff der wirtschaftlichen Vereinigung entwickelten Grundsätze (RAG. Bd. 6 S. 63, Bd. 10 S. 100) ohne Rechtsirrtum angenommen, indem es die in anderen gerichtlichen Entscheidungen getroffene tatsächliche Feststellung, die R.G.O. lehne die Tariftreue und das Schlichtungswesen ab, sich zu eigen gemacht hat. Insoweit hat auch die Rechtsbeschwerde keinen Angriff erhoben.

RAG. 11, 312.

Bedeutet es eine die Amtsentsetzung nach § 39 Abs. 2 BRG. rechtfertigende Amtspflichtverletzung, wenn ein Betriebsratsmitglied das Verlangen des Arbeitgebers ablehnt, den Grundsatz, daß die Politik im Interesse der Produktion und der Belegschaft aus dem Betriebe ferngehalten werden müsse, ausdrücklich anzuerkennen und die Erklärung abzugeben, daß es sich jeder politischen Betätigung im Betriebe während der Arbeitszeit enthalten wolle?

Betriebsrätegesetz § 39.

Reichsarbeitsgericht. Beschl. v. 24. August 1932.

I. Arbeitsgericht Berlin.

Durch den Beschluß des Arbeitsgerichts war der Antrag der Antragstellerin als Arbeitgeberin, das Erlöschen der Mitgliedschaft der Antragsgegnerin in dem Betriebsrat ihrer Fabriken Brunnenstraße zu beschließen, abgelehnt worden. Die von der Antragstellerin eingelegte Rechtsbeschwerde wurde zurückgewiesen aus folgenden

Gründen:

Die Antragstellerin hatte ihren Antrag, das Amt der Antragsgegnerin als Mitglied des Betriebsrates für erloschen zu erklären, auf § 39 Abs. 2 BRG. gestützt und zur Begründung geltend gemacht, die Antragsgegnerin habe es ihr gegenüber abgelehnt, den Grundsatz, daß die Politik im Interesse der Produktion und der Belegschaft unbedingt aus dem Betriebe ferngehalten werden müsse, ausdrücklich anzuerkennen und die Erklärung abzugeben, daß sie sich jeder politischen Betätigung im Betriebe während der Arbeitszeit enthalten wolle. Nach den Feststellungen des angefochtenen Beschlusses sind diesen Verhandlungen der Antragstellerin mit der Antragsgegnerin eine Reihe von gerichtlichen Verfahren, die teils die Entlassung der Antragsgegnerin aus dem Arbeitsverhältnis, teils die Amtsentsetzung wegen gröblicher Verletzung ihrer Amtspflichten zum Gegenstande hatten, vorausgegangen, ohne indessen den von der Antragstellerin erstrebten Erfolg herbeizuführen. Allen diesen Verfahren lag zugrunde, daß die Antragsgegnerin im Betriebe Flugblätter verteilt und zu einem Streik aufgefordert haben sollte. In dem einen Verfahren hatte das Arbeitsgericht nicht für erwiesen erachtet, daß die Antragsgegnerin im Betriebe zur Arbeitsniederlegung aufgefordert habe, und im übrigen ausgeführt, die während der Arbeitszeit vorgenommene Verteilung von Einladungszetteln zu einer Versammlung stelle keinen hinreichenden Grund zur fristlosen Entlassung dar. In einem anderen Verfahren hatte das Arbeitsgericht für erwiesen erachtet, daß die Antragsgegnerin während der Arbeitszeit ein Flugblatt im Betriebe weitergegeben habe, in dem zu einer Versammlung aufgefordert wurde und in dem durch Wiedergabe eines Ausspruches Lenins und den Abdruck der Bilder Lenins, Rosa Luxemburgs und Liebknechts für den Kommunismus Propaganda gemacht wurde. Das Arbeitsgericht hatte darin zwar eine Verletzung sowohl der Dienstpflicht als auch der Amtspflicht der Antragsgegnerin erblickt, diese Verletzung aber nicht für ausreichend gehalten, um dem von der Antragstellerin gestellten Antrag auf Ersatzzustimmung zur Kündigung bzw. Amtsenthebung zu entsprechen. Trotz dieser Entscheidungen weigerte sich die Antragstellerin, die Antragsgegnerin weiter zu beschäftigen. In Verhandlungen mit der Antragsgegnerin, die durch Vermittlung des Gesamtbetriebsrates stattgefunden hatten, hatte sich die Antragstellerin bereit erklärt, die Antragsgegnerin weiter zu beschäftigen, wenn diese ihr gegenüber den Grundsatz anerkenne, daß die Politik im Interesse der Produktion und der Belegschaft unbedingt aus dem Betriebe ferngehalten werden müsse. Das hatte die Antragsgegnerin abgelehnt. Auch in einer zweiten Besprechung hatte die Antragsgegnerin sich geweigert, die Erklärung abzugeben, daß die Politik nicht in den Betrieb gehöre und daß sie sich jeder politischen Betätigung im Betriebe während der Arbeitszeit enthalten werde.

Ohne Rechtsirrtum hat das Arbeitsgericht in dem Verhalten der Antragsgegnerin keine die Amtsenthebung nach § 39 Abs. 2 BRG. rechtfertigende gröbliche Verletzung von Amtspflichten erblickt. Durchaus zutreffend hat es ausgeführt, daß eine Verpflichtung eines Betriebsratsmitgliedes, eine Erklärung des ebenerwähnten Inhalts dem Arbeitgeber gegenüber abzugeben, nicht anzuerkennen sei, auch dann nicht, wenn, wie im vorliegenden Falle, das Betriebsratsmitglied einmal durch Flugblattverteilung im Betriebe sich an sich einer Amtspflichtverletzung schuldig gemacht haben sollte. Das Amt als Mitglied einer Betriebsvertretung verpflichtet den Arbeitnehmer ohne weiteres, die dem Betriebsvertretungsmitglied vom Gesetz bestimmten Aufgaben zu erfüllen und sich im übrigen eines Verhaltens zu befleißigen, das mit den Aufgaben der Betriebsvertretung und den sich hieraus für ihn ergebenden Pflichten nicht in Widerspruch steht. Darüber hinaus aber eine Erklärung abzugeben, daß es sich auch eines solchen Verhaltens befleißigen wolle, verlangt weder das Gesetz von dem Betriebsvertretungsmitglied noch kann eine solche Verpflichtung allgemein aus der Stellung des Betriebsvertretungsmitglieds hergeleitet werden. Soweit die Rechtsbeschwerde darzulegen versucht, daß bereits die einmalige Flugblattverteilung den Antrag auf Amtsenthebung rechtfertige, steht ihr die in Sachen 28/29 A. C. 277/32 des Arbeitsgerichts Berlin bereits ergangene Entscheidung entgegen. Soweit sie geltend macht, daß in Verbindung mit der durch die einmalige Flugblattverteilung begangenen Amtspflichtverletzung die Weigerung der Antragsgegnerin, die von ihr verlangten Erklärungen abzugeben, eine die Amtsentsetzung nach § 39 Abs. 2 BRG. rechtfertigende Amtspflichtverletzung darstelle, kann ihr nach den obigen Ausführungen nicht beigetreten werden. Das Gesetz macht die Fähigkeit zur Bekleidung des Amtes als Betriebsvertretungsmitglied nicht abhängig von der inneren Einstellung zu den Grundsätzen des Betriebsrätegesetzes. Nur an eine durch die Betätigung des Betriebsratsmitgliedes erfolgte Verletzung der Pflichten knüpft sie unter Umständen nach § 39 Abs. 2 BRG. den Verlust des Amtes.

RAG. 11, 321.

Besteht das für den Konkurs einer offenen Handelsgesellschaft geltende Vorrecht einer Lohnforderung nach § 61 Ziff. 1 KO. auch im Privatkonkurse der Inhaber?

KO. § 61 Ziff. 1.

Reichsarbeitsgericht. Urt. v. 27. Juli 1932.

I. Arbeitsgericht Dresden. — II. Landesarbeitsgericht daselbst.

Der Kläger ist wegen einer Lohnforderung von 55,41 RM bevorrechtigter Konkursgläubiger gemäß § 61 Ziff. 1 KO. im Konkurse der offenen Handelsgesellschaft P. & Co., deren Mitinhaber, der Ingenieur W. W. P. am gleichen Tage mit ihr — nämlich am 5. November 1931 — in Konkurs verfallen ist. Der Beklagte als Konkursverwalter hat die vom Kläger auch zum Privatkonkurse des Gesellschafters P. angemeldete Forderung nach Höhe ihres Ausfalls im Gesellschaftskonkurse anerkannt, das beanspruchte Vorrecht aber bestritten. Die Klage geht auf Feststellung der Forderung als einer nach Höhe ihres Ausfalls im Gesellschaftskonkurse auch im P.schen Privatkonkurse nach § 61 Ziff. 1 KO. bevorrechtigten. Der Beklagte hat um Klagabweisung gebeten.

Das Arbeitsgericht hat ebenso wie das Landesarbeitsgericht — dieses in Höhe des Ausfalls — das Vorrecht festgestellt. Die Revision des Beklagten ist aus folgenden Gründen zurückgewiesen worden.

Die allein den Streitpunkt bildende Rechtsfrage, ob im Konkurse einer offenen Handelsgesellschaft nach § 61 Ziff. 1 KO. bevorrechtigte Lohnansprüche das gleiche Vorrecht auch im Privatkonkurse der Inhaber genießen, wird vom Berufungsgericht mit durchweg zutreffender Begründung bejaht. Dies folgt ohne weiteres aus dem Wortlaut der erwähnten Vorschrift und dem Wesen der offenen Handelsgesellschaft. Daß diese keine juristische Person ist, wie das die Revision annimmt, ist vom Reichsgericht in ständiger Rechtsprechung anerkannt (vgl. z. B. RGZ. Bd. 49 S. 343, Bd. 65 S. 23, Bd. 102 S. 302, Bd. 118 S. 295, Bd. 120 S. 334) und auch herrschende Meinung der Rechtslehre (vgl. Staub HGB. § 124 Anm. 6, Jäger KO. §§ 209, 210 Anm. 9). Als Vereinigung der zur Erreichung gemeinsamer geschäftlicher Zwecke gesamthänderisch verbundenen Teilhaber ist die Gesellschaft von deren Persönlichkeit nicht zu trennen, das Gesellschaftsvermögen ist gemeinschaftliches Vermögen der Gesellschafter (§ 718 BGB.), wenn auch ihrer Verfügung entzogen (§ 719 BGB.) und, als lediglich den Gesellschaftszwecken gewidmet, der ausschließlichen Verfügung der Gesellschaftsorgane vorbehalten. Darum sind auch im Konkurse der offenen Handelsgesellschaft Gemeinschuldner die Gesellschafter als Träger des Gesellschaftsvermögens (Jäger KO. §§ 209, 210 Anm. 10, Mentzel KO. § 209 Anm. 2, RG. in JW. 1902 S. 213[3]). Daraus ergibt sich, daß das Geschäft der offenen Handelsgesellschaft ein Erwerbsgeschäft ihrer Gesellschafter ist. Auch deren gesamtschuldnerische Haftung für die Gesellschaftsverbindlichkeiten (§ 128 HGB.) beruht nicht auf einem selbständigen, etwa bürgschaftlichen Verpflichtungsgrunde, sondern auf der Tatsache, daß von der Gesellschaft eingegangene Schulden aus Rechtsakten entsprungen sind, die als gemeinschaftliche der Gesellschafter selbst zu gelten haben, und sonach eigene Verpflichtungen der Gesellschafter darstellen (§§ 421, 427 BGB.). Mit Recht nimmt daher die Vorinstanz unter Ablehnung der Meinung Jägers in JW. 1932 S. 1017 Anm. an, daß von der offenen Handelsgesellschaft abgeschlossene Dienst- oder Arbeitsverträge ein Dienst- und Arbeitsverhältnis des Angestellten zugleich mit den Gesellschaftern begründen, die auch nach der Auffassung des Lebens die Arbeitgeber des Gesellschaftspersonals sind. Es ist dem Angestellten auch unbenommen, seine Ansprüche unter Übergehung der Gesellschaft unmittelbar gegen den Gesellschafter einzuklagen, und der Rechtsgrund dafür kann eben nur das mit den Gesellschaftern begründete Dienstverhältnis sein (vgl. Düringer-Hachenberg HGB. 2. Aufl. Bd. IV § 128 Anm. 10/12, RGZ. Bd. 5 S. 53).

Es handelt sich demgemäß auch im Streitfall um eine aus dem letzten Jahre vor der Konkurseröffnung stammende Lohnforderung einer Person, die sich dem vom Beklagten vertretenen Gemeinschuldner für dessen Erwerbsgeschäft zur Leistung von Diensten verdungen hatte. Das Rangvorrecht des § 61 Ziff. 1 KO. ist für diese Forderung mithin auch im Privtkonkurse des Teilhabers der offenen Handelsgesellschaft gegeben. Die wohlbegründete gegenteilige Entscheidung, die für Masseschulden gilt (RGZ. Bd. 135 S. 62), ist, weil auf ganz anderen Erwägungen beruhend, auf Vorrechtsforderungen, die ihren Rechtsgrund in den persönlichen Beziehungen des Gemeinschuldners, nicht in Handlungen des Konkursverwalters oder sonstigen Gründen des § 59 KO. haben, in keiner Weise übertragbar. Die Revision ist somit zurückzuweisen.

RAG. 11, 357.

Hat ein Gasthofshausdiener, der ohne Barlohn, nur gegen Kost und Wohnung und mit dem Recht, die ihm von den Gästen gespendeten Trinkgelder zu behalten, angestellt ist, gegen seinen Arbeitgeber eine der Pfändung unterliegende Geldforderung?

BGB. §§ 611, 242. ZPO. § 829.

Reichsarbeitsgericht. Urt. v. 8. Oktober 1932.

I. Arbeitsgericht Ortenburg. — II. Landesarbeitsgericht Magdeburg.

Dem Kläger steht gegen den Arbeiter N. als seinen unehelichen Vater eine vollstreckbare Unterhaltsforderung von 450 RM zu. N. ist in dem Gasthausbetrieb der Beklagten als Hausdiener beschäftigt. Der Kläger hat die angebliche Lohnforderung des N. gegen die Beklagte in Höhe von 10 RM monatlich pfänden und sich zur Einziehung überweisen lassen und sodann gegen die Beklagte auf Zahlung der gepfändeten Beträge geklagt, soweit sie auf die vier Monate vom 23. Oktober 1931 bis 23. Februar 1932 entfielen. Während das Arbeitsgericht die Klage abgewiesen hat, hat das Landesarbeitsgericht die Beklagte antragsgemäß verurteilt. Die Revision führte zur Wiederherstellung des ersten Urteils.

Gründe:

Ein Tarifvertrag gilt für das Arbeitsverhältnis des N. zur Beklagten nicht. Vereinbart ist zwischen beiden nach der Feststellung des Berufungsgerichts, daß N. für seine Dienste von der Beklagten keinerlei Barlohn, sondern lediglich Wohnung und Kost erhält, daß er aber die Trinkgelder, die ihm von den Gästen für Gepäckbesorgung und -beaufsichtigung, Hilfeleistung beim Ausspannen einkehrender Fuhrwerke usw. gezahlt werden, für sich behalten darf. Das Berufungsgericht hat nicht ausdrücklich festgestellt, es ergibt sich aber aus der Natur der Sache, daß der Pfändungs- und Überweisungsbeschluß sich nicht auf den Anspruch des N. auf die Naturalleistungen (Wohnung und Kost) bezieht, sondern allein auf seine Ansprüche auf die Trinkgelder. Das Berufungsgericht hat denn auch allein die letzteren Ansprüche in den Kreis seiner Erwägungen gezogen. Es hat dem Sinne nach ausgeführt:

Die in Frage stehenden Dienstleistungen des Hausdieners würden vom Gasthausgast verlangt und entgegengenommen als Nebenleistungen des Gastwirts aus dem Herbergsvertrag, zu dessen Erfüllung sich der Gastwirt insoweit seines Hausdieners bediene. Nicht wolle der Gast mit dem Hausdiener einen besonderen Dienstvertrag schließen. Falls nicht in der Gasthausrechnung für die betreffenden Dienstleistungen des Hausdieners ein besonderer Betrag angesetzt sei, wisse der Gast, daß nach allgemeiner Auffassung im Gasthausbetrieb die Zahlung einer angemessenen Vergütung dafür erwartet werde. Diese Zahlung erfolge an den Hausdiener, der nach herrschender Verkehrsübung zur Empfangnahme für den Gastwirt ermächtigt sei und der mit dem Empfangenen nach dem Willen des Gastwirts zu verfahren habe. N. habe sich, wie die Beklagte erkannt habe, nicht nur gegen Wohnung und Kost verdingen wollen, da er für Kleidung und sonstige Lebensbedürfnisse unbedingt auch Bargeld gebraucht habe. Wenn er gemäß der mit der Beklagten getroffenen Vereinbarung die Trinkgelder behalte, so sei das nichts anderes als eine Vereinfachung der Barlohnzahlung der Beklagten an ihn. Auch wenn das zwischen N. und der Beklagten nicht ausdrücklich so besprochen worden sein sollte, liege doch in der tatsächlichen Übung und ihrer stillschweigenden Duldung durch die Beklagte ein Abkommen des Inhalts, daß N. sich für seine Barlohnforderung im Weg der Aufrechnung aus den eingenommenen Trinkgeldern solle selbst befriedigen dürfen.

Diese Erwägungen werden von der Revision mit Recht als rechtsirrig angegriffen. Zutreffend allerdings ist der Ausgangspunkt des

Berufungsgerichts, daß die Leistungen des Hausdieners gegenüber dem Gast regelmäßig in Erfüllung des Herbergsvertrags geschehen, rechtlich also Leistungen des Gastwirts an den Gast darstellen. Damit ist es schon für den Regelfall ausgeschlossen, daß der Gast, der jene Dienste des Hausdieners in Anspruch nimmt, mit diesem einen besonderen Dienstvertrag abschließen will. Daraus, daß die in Frage stehenden Leistungen Inhalt des vom Gast mit dem Gastwirt abgeschlossenen Herbergsvertrags sind, ergibt sich aber auch, daß sie dem Gastwirt gegenüber, wenn dieser nicht in der Rechnung einen besonderen Betrag dafür ansetzt, durch die Beherbergungsvergütung abgegolten werden. Denkbar ist zwar, daß diese Vergütung außer dem bezifferten, an den Gastwirt zu zahlenden Betrag auch noch ein angemessenes Trinkgeld für den Hausdiener enthält. Eine solche Zusatzleistung wird mitunter ausdrücklich vereinbart, z. B. auf dem Hof ländlicher Gasthäuser findet sich bisweilen ein Anschlag, daß für Einstellen von Fuhrwerk ein Trinkgeld an den Hausdiener zu zahlen ist; in anderen Fällen mag sich eine solche Verpflichtung aus der Verkehrsübung ergeben. Dann entsteht ein rechtlicher Anspruch des Gastwirts gegenüber dem Gast auf Zahlung des Hausdienertrinkgelds neben dem Anspruch auf die eigentliche Beherbergungsvergütung. Immer aber geht dieser Anspruch nur auf Leistung an einen Dritten, nämlich den Hausdiener. Niemals — vielleicht von ganz besonderen Fällen abgesehen — wird der Wille der Beteiligten dahin gehen, daß das Trinkgeld vom Hausdiener an den Gastwirt abzuliefern sei. Vollends liegt dieser Gedanke dann fern, wenn ein Gast rein freiwillig dem Hausdiener ein Trinkgeld gibt. Dann will er in aller Regel damit dem Hausdiener eine persönliche Zuwendung machen, insbesondere als Zeichen der Zufriedenheit mit dessen Verhalten. Der Wille, in der Person des Hausdieners dem Gastwirt eine Zahlung zu leisten, liegt dem Gast in aller Regel völlig fern. Dieser will sich damit nicht einer rechtlichen oder sittlichen Schuld an den Gastwirt entledigen, sondern dem Hausdiener persönlich eine Gabe zukommen lassen. Wenn er, worauf das Berufungsgericht hinweist, etwa im Einzelfall nicht weiß, ob der Hausdiener, dem er zahlt, gerade derjenige war, der die betreffende Arbeit, z. B. das Schuhreinigen, ausgeführt hat, so mag er erwarten, daß der Empfänger mit dem Beteiligten sich irgendwie auseinandersetzen werde; keinesfalls aber kann angenommen werden, daß auch nur in einem solchen die Ausnahme bildenden Fall, geschweige denn regelmäßig der Gast das Trinkgeld rechtlich dem Gastwirt zuwenden will.

Die Rechtslage ist in den hier in Rede stehenden Fällen grundlegend anders, als in den bisher vom Reichsarbeitsgericht (z. B. Bd. 2 S. 191, Bd. 5 S. 205, Bd. 6 S. 205) entschiedenen, in denen das Trinkgeld abgelöst war durch ein auf den Preis der Speisen und Getränke aufgeschlagenes Bedienungsgeld. Der Anspruch auf dieses steht allerdings dem Wirt zu, und an ihn ist es grundsätzlich von den kassierenden Kellnern abzuliefern. Dann besteht ein Anspruch des Kellners gegen den Wirt auf Barlohn, mit dem gegen den Anspruch des Wirts gegen den Kellner auf Herausgabe des von diesem vereinnahmten Bedienungsgelds aufgerechnet werden kann.

Wenn das Berufungsgericht festgestellt hat, daß N. sich nicht gegen die bloße Gewährung von Wohnung und Kost bei der Beklagten verdingen, sondern die Sicherheit auch barer Einnahmen haben wollte, so folgt daraus noch keineswegs, daß N. einen Anspruch gegen die Beklagte auf Zahlung irgendwelchen Barlohns haben wollte und sollte, sondern nur, daß die Beklagte verpflichtet war, ihm Gelegenheit zum Verdienen von Trinkgeldern zu geben und ihm diese Trinkgelder in vollem Umfang zu belassen. Dieser Anspruch unterliegt aber nicht der Pfändung nach § 829 ZPO. und ist auch im vorliegenden Fall nicht gepfändet. Pfändbar war und gepfändet ist allein eine Geldforderung des N. gegen die Beklagte. Da eine solche nicht besteht, hat das Arbeitsgericht mit Recht die Klage abgewiesen.

RAG. 12, 18.

Die wesentlichsten Grundsätze über die Urlaubsregelung, insbesondere zur Frage eines Sperrjahres.

Tarifvertragsverordnung § 1; Tarifvertrag für das Braunkohlenrandrevier Düren in der Fassung vom 1. Juli 1930.

Reichsarbeitsgericht. Urt. v. 21. September 1932.

I. Arbeitsgericht Düren. — II. Landesarbeitsgericht Aachen.

Der Kläger war längere Zeit in dem Abraumbetrieb der Beklagten tätig und mehr als 7 Jahre im Bergbau beschäftigt. Sein Arbeitsverhältnis richtete sich nach dem Tarifvertrag für das Braunkohlenrevier Düren, und zwar zuletzt in der ab 1. Juli 1930 gültigen Fassung, deren mit „Urlaub" überschriebener § 5 u. a. folgende Bestimmung enthält:

1. Das Urlaubsjahr rechnet vom 1. April bis 31. März.
2. Voraussetzung für die Gewährung von Urlaub ist eine vom Arbeitnehmer nachzuweisende einjährige ununterbrochene Beschäftigung auf einem Werke des rheinischen Braunkohlen-

reviers einschließlich einer sechsmonatigen ununterbrochenen Beschäftigung bei demselben Arbeitgeber seit der letzten Anlegung. Nach Ablauf der Wartezeit wird die durch Abkehrschein oder Knappschaftsbescheinigung nachgewiesene Tätigkeit in anderen Bergbaubezirken bzw. auf anderen Bergwerken voll angerechnet.

3. Der Urlaub für mindestens 17 Jahre alte Arbeiter beträgt für Arbeiter unter und über Tage

nach	1jähriger	Tätigkeit	3	Arbeitstage
„	2 „	„	4	„
„	3 „	„	5	„
„	4 „	„	6	„
„	7 „	„	7	„
„	10 „	„	8	„
„	15 „	„	9	„

11. Abkehrende Arbeiter, die aus dem Bergbau ausscheiden, haben anteilmäßig Anspruch auf ihren Urlaub, wobei dieser Anspruch während der Kündigungsfrist so rechtzeitig zu stellen ist, daß der Urlaub noch innerhalb derselben genommen werden kann.

Am 3. November 1931 wurde der Kläger wegen Arbeitsmangels entlassen. Er hat einen seiner Arbeitszeit in dem Urlaubsjahre 1931/32 entsprechenden anteilmäßigen Urlaub von 5 Tagen erhalten, glaubt aber darüber hinaus auf Grund des § 5 Nr. 1—3 des Tarifvertrages noch eine 8tägige Urlaubsvergütung für das zurückliegende Urlaubsjahr 1930/31 beanspruchen zu können, und hat daher beantragt, die Beklagte zur Zahlung dieser Urlaubsvergütung in der an sich nicht bestrittenen Höhe von 49,66 RM zu verurteilen. Die Beklagte ist dem entgegengetreten.

Das Arbeitsgericht hat die Klage abgewiesen. Das Landesarbeitsgericht hat ihr auf die Berufung des Klägers nach Beweisaufnahme stattgegeben. Die zugelassene Revision der Beklagten wurde zurückgewiesen.

Gründe:

Die Parteien streiten darüber, ob nach dem für das Arbeitsverhältnis und damit auch für den Urlaubsanspruch des Klägers maßgebenden Tarifvertrag das erste Beschäftigungsjahr als Sperrjahr zu gelten habe oder nicht. Während das Arbeitsgericht sich mit der Beklagten auf den ersteren Standpunkt stellt, hält das Landesarbeitsgericht die letztere, von dem Kläger vertretene Ansicht für zutreffend, indem es sich hierfür auf den Wortlaut des die Urlaubsbestimmungen enthaltenden § 5 des Tarifvertrags, die Stellung dieser Bestimmungen im

Rahmen der ganzen Urlaubsregelung und deren durch Zeugenvernehmung ermittelte Entstehungsgeschichte stützt. Darin ist ihm entgegen der Meinung der Revision, welche Verletzung des § 5 a. a. O., der §§ 133, 157, 242 BGB. und der §§ 139, 286 ZPO. rügt, im wesentlichen beizutreten.

Regelmäßig wird der Urlaubsanspruch nach einer bestimmten, meist einjährigen Beschäftigung erworben. Der Stichtag, dessen Erreichung eine Voraussetzung für den Erwerb des Anspruchs bildet, kann für jeden Arbeitnehmer je nach dessen Eintritt in den tarifunterworfenen Betrieb verschieden, er kann indessen auch für alle Arbeitnehmer gleichmäßig auf einen und denselben Tag des Kalenderjahres festgelegt sein. Ferner wird der Urlaub im allgemeinen als eine Belohnung für die Vergangenheit gewährt und zwar in der Weise, daß ein Anspruch auf ihn am Stichtage erworben, die Erfüllung des Anspruchs aber im Laufe des angefangenen neuen Beschäftigungsjahrs geleistet wird. Dann erhält der Arbeitnehmer den Urlaub im neuen Jahre für das vergangene Beschäftigungsjahr. Dabei kann durch Vereinbarung der Tarifvertragsparteien auch festgelegt sein, daß einem Arbeitnehmer beim Ausscheiden aus dem Betrieb für die im neuen Jahre zurückgelegte Beschäftigungszeit ein Zusatzurlaub zuzubilligen ist, so daß er im neuen Jahr außer seinen regelmäßigen Urlaub noch diesen Zusatzurlaub erhält. Anders liegt es beim Sperrjahr. Hier erhält der Arbeitnehmer den Urlaub nicht für das vergangene erste Beschäftigungsjahr; für dieses wird ein Urlaub überhaupt nicht gewährt. Allerdings kann der Anspruch mit dem Ablauf des ersten Beschäftigungsjahrs erworben werden, er wird jedoch erst im neuen Jahre und für dieses gewährt. Damit scheidet das erste Beschäftigungsjahr vollständig aus, soweit die Erfüllung des Urlaubsanspruchs in Frage kommt, dem Arbeitnehmer steht der Urlaubsanspruch im zweiten Jahr in voller Höhe zu, es kann aber für ihn nie ein Zusatzurlaub in Betracht kommen. Im Gegenteil wird für diesen Fall meist bestimmt, daß der im Laufe des Jahres ausscheidende Arbeitnehmer nicht den vollen, sondern nur den Teil des Urlaubs erhält, der seiner Beschäftigungszeit im neuen Jahre entspricht. Der Unterschied zwischen den beiden Regelungen besteht also darin, daß im ersten Fall der Urlaub für die Vergangenheit, im zweiten dagegen für das laufende Beschäftigungsjahr gewährt wird. Während daher im ersten Falle der Arbeitnehmer für jedes Beschäftigungsjahr den vollen Urlaub fordern kann, bleibt für den zweiten Fall die Zahl seiner Beurlaubungen hinter der Zahl der Beschäftigungsjahre um eins zurück, da das erste Jahr als Sperrjahr nicht mitgerechnet wird.

Immerhin muß die Festsetzung eines solchen Sperrjahrs in dem jeweiligen Tarifvertrage klar zum Ausdruck gebracht werden.

Wendet man die vorstehenden, in der Rechtsprechung des Reichsarbeitsgerichts gefestigten Grundsätze auf den vorliegenden Tarifvertrag an, so erhellt ohne weiteres, daß dessen § 5 Nr. 2 eine solche klare Festlegung eines Sperrjahres nicht enthält. Was in ihm bestimmt ist, bezieht sich schon nach seinem Wortlaut, aber auch nach dem Wortsinn nur auf den Erwerb und die Berechnung des nach Ablauf der einjährigen Wartezeit, d. h. des zurückgelegten Beschäftigungsjahres erworbenen Urlaubs, deutet aber auch nicht einmal an, daß der Urlaub der Regel zuwider nicht für die Vergangenheit gewährt werden soll. Bestätigt wird diese Auslegung der Nr. 2 durch die Fassung der ihr folgenden Nr. 3, welche sich allerdings auch nur über die Berechnung des Urlaubs verhält, aber doch erkennen läßt, daß bereits „nach einjähriger Tätigkeit", also nach Zurücklegung e i n e s Beschäftigungsjahrs, ein Urlaubsanspruch erworben und gewährt werden soll. Beachtet man ferner die von dem Berufungsgericht tatsächlich festgestellte Entstehungsgeschichte der Nr. 11 des § 5, zu deren Feststellung die einleitenden Worte dieses Paragraphen „Im Anschluß an die bisherige Entwicklung gilt folgendes" allen Anlaß gaben, so kann keine Rede davon sein, daß in dem Tarifvertrag ein Sperrjahr klar festgesetzt ist. Ist das aber nicht der Fall, so scheitert schon an diesem Mangel der Versuch der Revision, aus Nr. 2 a. a. O. das Gegenteil zu entnehmen.

Es fragt sich daher weiter, ob, wie die Revision ebenfalls geltend macht, das angefochtene Urteil gegen die §§ 139, 286 ZPO. und gegen § 5 Nr. 11 des Tarifvertrags verstößt. Auch das ist zu verneinen. Ein verfahrensrechtlicher Verstoß liegt nicht vor, weil die von dem Berufungsgericht getroffenen tatsächlichen Feststellungen zeigen, daß es die etwa aus den Aussagen der vernommenen Zeugen zu entnehmenden Widersprüche geprüft, wie es auch sonst den gesamten Inhalt der Verhandlungen und des Ergebnisses der Beweisaufnahme eingehend gewürdigt hat. In welcher Richtung dann noch das richterliche Fragerecht ausgeübt werden sollte, ist nicht einzusehen. Endlich beurteilt das angefochtene Urteil auch die Stellung der Nr. 11 im Aufbau des § 5 a. a. O. und ihren Wortlaut in rechtsbedenkenfreier Weise. Insbesondere bestärkt der Wortlaut der Nr. 11, namentlich der in ihm enthaltene Halbsatz „haben anteilmäßig Anspruch auf ihren Urlaub", daß hierdurch, wenn man diese Bestimmung überhaupt in Beziehung zu der durch Nr. 2 und 3 bestätigten Regel der Urlaubsgewährung für die vergangene Zeit bringen will, der für eine solche Zeit bereits früher erworbene, aber aus irgendeinem Grunde nicht verwirklichte Urlaubsanspruch unberührt bleiben soll. . . .

RAG. 12, 28.

Zum Begriff der (verbotenen) Kampfmaßnahmen, insbesondere der Aussperrung bei erweiterter Friedenspflicht. — Bedeutung der Änderung von Tariflöhnen für die Kündbarkeit der Akkordsatzabreden, die, vermittelt durch tarifliche Richtvereinbarung, im Hinblick auf den alten Tariflohn getroffen sind.

Tarifvertrag für die Metallindustrie des unteren Kreises Solingen.

Reichsarbeitsgericht. Urt. v. 26. Oktober 1932.

I. Arbeitsgericht Opladen. — II. Landesarbeitsgericht Düsseldorf.

Die Kläger arbeiten bei der Beklagten im Akkord. Über dessen Ordnung bestimmt § 3 des zwischen den Parteien geltenden Tarifvertrages für die Metallindustrie des unteren Kreises Solingen: „Reine und gemischte Akkorde müssen so angesetzt werden, daß bei durchschnittlicher Akkordarbeitsleistung höhere Verdienste als die jeweils festgesetzten Stundenlöhne, mindestens aber 18 v. H. mehr erzielt werden." Die Akkordsätze waren bei der Beklagten durch Betriebsvereinbarung geregelt. Am 13. November 1931 hat die Beklagte den Klägern wie den anderen Akkordarbeitern zwecks Herabsetzung der Akkordsätze gekündigt und ihnen während der Kündigungsfrist Weiterbeschäftigung zu neuen, geringeren Sätzen angeboten, die aber unstreitig der Richtregel des Tarifvertrages noch mehr als genügen. Die Kläger haben die Annahme dieser Sätze abgelehnt und sich am 30. November zur Weiterarbeit bereit erklärt, falls die Beklagte ihr Angebot zurückziehe, und die neuen Sätze durch die in § 10 des Tarifvertrags vorgesehenen Einigungsinstanzen bestimmt würden. Da die Beklagte ihr Angebot aufrecht erhielt, haben die Kläger am 30. November und vom 1. bis einschließlich 3. Dezember 1931 nicht gearbeitet. Für die Zeit vom 4. Dezember 1931 an ist eine Einigung über die Akkordsätze durch die Einigungsinstanz zustande gekommen, nicht aber für die vorbezeichneten 4 Tage. Für diese Zeit verlangen die Kläger Lohn mit insgesamt 382 RM und halten die Beklagte für zahlungspflichtig, weil sie die alten Verträge ohne vorgängige Anrufung der Einigungsstellen nach § 10 des Tarifvertrages nicht wirksam haben kündigen können und deshalb in Annahmeverzug geraten sei. Alle Instanzen haben der Klage den Erfolg versagt.

Gründe:

Unter der Überschrift: „Schlichtung von Streitigkeiten" bestimmt der vorbezeichnete Tarifvertrag in § 10:

1. „Streitigkeiten, die aus der Durchführung und Auslegung dieses Vertrags oder aus anderen Ursachen im Betriebe entstehen, sind zunächst durch Verhandlungen zwischen Betriebsleitung (Meister, Abteilungsleitung, Betriebsleitung) und dem betreffenden Arbeiter zu regeln. Wird dabei keine Einigung erzielt, so kann die gesetzliche Arbeitervertretung nebst den Gewerkschaftsvertretern hinzugezogen werden. Wird auch dann eine Verständigung nicht erreicht, so werden die Streitigkeiten durch das Einigungsamt der Tarifparteien entschieden. Kommt auch hier eine Einigung nicht zustande oder verzichten Arbeitnehmer und Betriebsleitung auf die Anrufung des Einigungsamtes, so müssen die gesetzlichen Instanzen angerufen werden.

Ausgenommen von dieser Regelung sind die Entlassungsstreitigkeiten gemäß von §§ 84 und folg. des Betriebsrätegesetzes. Für diese gilt nur der gesetzliche Instanzenweg.

2. Bevor der Instanzenweg nicht begangen worden ist, darf weder gestreikt noch ausgesperrt werden."

Mit dem Berufungsrichter stellt die Revision die Entscheidung darauf ab, ob kraft jener Bestimmungen die Kündigung unwirksam gewesen und die Beklagten deshalb gegenüber dem Angebot der Kläger, zu den alten Bedingungen weiterzuarbeiten, in Annahmeverzug gekommen sei.

Als Ausgangspunkt ist festzuhalten, daß von den tariflichen Grundlagen aus die Akkordsätze bei der Beklagten betrieblich und zwar im Wege der Betriebsvereinbarung geregelt waren. Die Beklagte hat zur Änderung der Sätze nach der Auslegung des Berufungsrichters nicht die Betriebsvereinbarung als solche gesamtvertraglich gekündigt (RAG. Bd. 1 S. 162, RAG. 376/29 Urt. vom 22. Januar 1930 Bensh. Bd. 8 S. 124), auch nicht die etwa selbständige Akkordabrede innerhalb der Arbeitsverträge (RAG. Bd. 8 S. 323, RAG. 537 und 538/30 Urt. vom 25. März 1931 Bensh. Bd. 12 S. 14; RAG. 286/31 Urt. vom 7. Oktober 1931 Bensh. Bd. 13 S. 359), sondern hat sie, was jedenfalls zulässig ist (RAG. 32/29 Urt. vom 8. Juni 1929 Bensh. Bd. 6 S. 176; RAG. 376/29 Urt. vom 22. Januar 1930 Bensh. Bd. 8 S. 124) den Weg gewählt, unter Angebot neuer tarifgemäßer Sätze die Arbeitsverträge zu kündigen.

Die Klagansprüche können nur bestehen, wenn diese Kündigung die Arbeitsverträge nicht gelöst hat, weil sie wegen Verstoßes gegen

§ 10 Ziff. 2 des Tarifvertrags nichtig war. Das erste Element dieser Annahme ist, wie die Revision nicht verkennt, die Eigenschaft der streitigen Vorschrift als einer die Einzelverträge beherrschenden Arbeitsnorm. Die diese Eigenschaft bejahenden Ausführungen der Revision mögen unter anderen Bedenken jenen begegnen, daß ein Arbeitskampfverbot sich naturgemäß an die (kollektiven) Stellen richtet, die gemeinhin den Arbeitskampf führen, daß ferner der Einzelvertrag, wenigstens gegenüber der Arbeitnehmerseite, vielleicht keinen wirksamen Hebel bietet, um Kampfmaßnahmen zu hindern. Es kann aber die Entscheidung dieser Frage dahinstehen. Denn die tragende Stellungnahme des Berufungsurteils, die Kündigung der Beklagten stehe nicht in Widerspruch zu den Vorschriften des § 10 insbesondere seines zweiten Absatzes, hält der Revision stand.

Insoweit bestreitet die Revisionsbeantwortung zwar ohne Erfolg den kollektiven Charakter der Kündigungsmaßnahme, die doch einen Großteil der Betriebsarbeit angeht und diese gegenüber zwei Dritteln der Belegschaft planmäßig und einheitlich auf eine neue Vertragsgrundlage stellen will, dazu in einem bislang gesamtvertraglich geregelten Punkt.

Die hierzu entscheidende Frage ist indes die, ob in der Kündigung eine Kampfmaßnahme und zwar im Sinne der streitigen Vorschrift liegt, insbesondere eine „Aussperrung“ im Sinne von § 10 Ziff. 2 des Tarifvertrags. Die Revision weist darauf hin, daß der Begriff der Aussperrung nichts anderes verlange als die Ausübung eines wirtschaftlichen Druckes durch die Kündigung auf den sozialen Gegenspieler mit dem Ziel, bestimmte (kollektivrechtliche) Ziele oder Fernziele zu erreichen. Es ist richtig, daß diese im Schrifttum verbreitete Auffassung auch in der Rechtsprechung des Reichsarbeitsgerichts Grundlage findet (RAG. Bd. 2 S. 211, Bd. 5 S. 25, Bd. 11 S. 229, RAG. 296/28 Urt. vom 27. November 1928 Bensh. Bd. 4 S. 217 = Rspr. in ArbS. 1928 S. 479; RAG. 287/31 Urt. vom 7. November 1931 Bensh. Bd. 13 S. 591; 292/31 Urt. vom 7. November 1931 Bensh. Bd. 13 S. 569; RAG. 495/31 Urt. vom 23. April 1932 Bensh. Bd. 15 S. 121). Wie insbesondere in der letztgenannten Entscheidung hervorgehoben ist, steht es der Auffassung einer Gesamtkündigung als Kampfhandlung, und zwar als Aussperrung, nicht notwendig entgegen, daß die Maßnahme rechtmäßig und erlaubt gewesen sein mag. Sie kann des ferneren als Kampfmaßnahme gelten, obwohl sie als Druckmittel auf den Gegner nicht schlechthin dessen Schädigung herbeiführen will (um ihn gefügig zu machen), sondern durch Angebot der neuen Bedingungen den mit dem Kampfziel identischen Zustand. Für den vorliegenden Fall kommt es indes nicht schlechthin auf die Kennzeichnung der Gesamtkündigung als Kampfmaßnahme an, sondern darauf, ob es sich um eine verbotene Kampfmaßnahme handelt, die der durch § 10 des Tarifvertrags bestimmten erweiterten Friedenspflicht widerstreitet. In diesem Sinne ist zu untersuchen, ob es im Sinne der Tarifparteien gelegen hat, Maßnahmen der in Frage stehenden Art vor Austrag bei Schlichtungsstellen, Einigungsämtern, Gerichten zu verbieten (RGZ. Bd. 111 S. 115, 113 S. 197, 118 S. 200, RAG. Bd. 5 S. 15, RAG. 20/30 Urt. vom 28. Juni 1930 Bensh. Bd. 10 S. 55).

Das verneint der Berufungsrichter mit Recht. Die Akkorde sind nach § 3 des für die Parteien geltenden Tarifvertrags durch die angeführte Richtvereinbarung in Beziehung zum Zeitstundenlohn gesetzt. Auf diese Richtvereinbarung und damit in Berücksichtigung des alten Standes der Zeitlöhne hat die Betriebsvereinbarung die Akkordsätze aufgebaut. Änderte, wie unstreitig ist, die im November 1931 in Kraft getretene, für die Parteien geltende Tarifvereinbarung jenen Zeitlohn, so folgt daraus allerdings bei der wirtschaftlichen und rechtlichen Selbständigkeit der Akkordordnung nicht deren entsprechende Änderung oder deren Hinfall von selbst (RAG. Bd. 1 S. 47 und 213, Bd. 8 S. 64 und 323, RAG. 570/28 und 312/29 Urteile vom 11. September 1929 Bensh. Bd. 7 S. 234 = Rspr. in Arbs. 1929 S. 363; RAG. 626/30 Urt. vom 24. Juni 1931, Bensh. Bd. 13 S. 74; RAG. 286/31 Urt. vom 7. Oktober 1931 Bensh. Bd. 13 S. 359; RAG. 245 und 246/31 Urteile vom 28. November 1931 Bensh. Bd. 13 S. 522). Wohl aber liegt es regelmäßig im Sinn des gesamten Tarifwerks, daß eine Änderung des tariflichen Zeitlohns auch zur Überprüfung und Erneuerung jener Akkordvereinbarungen durch deren Parteien führt, die von dem alten Stand des Zeitlohns als Blickpunkt aus getroffen worden sind. Es bedarf der Erörterung nicht, unter welchen Umständen und in welchem Maß eine Rechtspflicht zur Anpassung der Akkordsätze an den neuen Stand des Zeitlohns für die Parteien solcher Akkordabkommen etwa bestehen kann. Für die hier zu beurteilende Frage genügt die Erwägung, daß die Neugestaltung der Akkordsätze im Verfolg der tariflichen Änderung des Zeitlohns die der Tarifbeziehung entsprechende Anpassung und Entwicklung des Lohnrechts der Tarifunterworfenen ist. Von dieser Erkenntnis aus ist es schon bedenklich, ob eine Gesamtkündigung dieses Ziels selbst im allgemeinen Sinne des Arbeitskampfrechts als Kampfmaßnahme insbesondere als Aussperrung bezeichnet werden kann, da im Sinne der vorangeführten Rechtsprechung jedenfalls eine Störung des Arbeitsfriedens zum Begriff der Kampfmaßnahme gehört. Vollends aber ist es nicht annehmbar, daß die Tarifparteien eine solche Maßnahme der Anpassung als eine zu vermeidende Kampfhandlung hätten ansehen und untersagen wollen. Läge das im Gedanken des § 10, so müßte der Arbeitgeber (bei entsprechend umgekehrter Lage die Belegschaft) von der Kündigung so lange absehen, bis zunächst innerhalb des Betriebes Verhandlungen mit den Arbeitern, dann mit der Betriebsvertretung ergebnislos stattgefunden haben, danach solche vor einem Einigungsamt, gebildet aus Vertretern des Arbeitgeberverbandes und der Gewerkschaften. Bei Scheitern der Verhandlung auch dort müßten noch „die geregelten Instanzen" angerufen werden. Bis zum vollen Auslauf (vgl. RAG. Bd. 5 S. 15, Bensh. Bd. 10 S. 55) aller dieser Verfahren müßte der Arbeitgeber die der Tariflage entsprechende Wahrnehmung seiner Vertragsrechte hintanstellen und den überholten Vertragsstand lange hinaus weiter zu Recht bestehen lassen. Das kann nicht im Sinn der Tarifparteien gelegen haben. Vielmehr steht die Kündigung der betrieblichen Akkordsätze außerhalb des Kampfzustandes, den jene Bestimmungen ins Auge fassen. Erst das Entstehen von Gegensätzen im Lauf der auf die Kündigung einsetzenden Verhandlungen und deren Ausdruck bedeutet den Streitstand, dessen Austragung nach § 10 schiedlich erfolgen soll.

Im vorliegenden Fall war es somit keine Aussperrung im Sinne des § 10 Ziff. 2, wenn die Beklagte durch Kündigung für die dem Tariflohnstand entsprechende betriebliche Neuordnung der Akkorde freie Bahn schuf.

War mit diesem Akt die alte Akkordabrede samt dem bisherigen Arbeitsvertrag wirksam beseitigt, so war auch die Beklagte nicht verbunden, die Dienste der Kläger, wenn überhaupt, zu den alten Arbeitsbedingungen anzunehmen. Es ist nicht ersichtlich, inwiefern die Revision aus der Wiedereinstellung der Kläger zu neuvereinbarten anderen Bedingungen die entgegengesetzte Folgerung ziehen kann.

Vielmehr haben die Vorinstanzen mit Recht verneint, daß die Beklagte den Klägern gegenüber in Annahmeverzug gekommen ist.

RAG. 12, 36.

Kann das abgelaufene Dienstverhältnis nach § 625 BGB. als auf unbestimmte Zeit verlängert gelten, wenn sich aus den Umständen ergibt, daß die Dienste nur vorläufig bis zu einer beabsichtigten näheren Vereinbarung weitergeleistet werden sollten? Ist die Beurteilung der Unverzüglichkeit eines Widerspruchs nach § 625 BGB. Tat- oder Rechtsfrage?

Reichsarbeitsgericht. Urt. v. 2. November 1932.

I. Arbeitsgericht Leipzig. — II. Landesarbeitsgericht daselbst.

Die beiden Kläger waren seit Jahren bei der Beklagten als kaufmännische Angestellte beschäftigt. Als das Geschäft stark zurückging, kündigte die Beklagte im Jahre 1931 ihren zuletzt nur noch 17 Angestellten, darunter den Klägern, unter Einhaltung der gesetzlichen Kündigungsfrist zum Jahresschluß. Am 31. Dezember vereinbarte sie, da ihre wirtschaftliche Lage noch unübersichtlich blieb, mit den Angestellten die Fortsetzung des Arbeitsverhältnisses schriftlich bis zum 31. Januar und an diesem Tage von neuem bis 29. Februar 1932. Im Laufe des Februar mußte sie ihre Zahlungen einstellen und zur Anbahnung eines außergerichtlichen Vergleichs sich unter die Aufsicht eines Gläubigerausschusses unter Leitung des Direktors K. begeben. Auch die Kläger hatten davon Kenntnis. Als der Vorsitzende des Angestelltenrats am 26. Februar bei dem Inhaber der Beklagten wegen Weiterbeschäftigung der Angestellten vorsprach, erhielt er keine Auskunft, weil erst mit dem Direktor K. verhandelt werden müsse. Die Beklagte legte auch nicht schon am Ende des Monats den Angestellten wieder ein Schriftstück über weitere befristete Verlängerung des Arbeitsverhältnisses zur Unterschrift vor, beschäftigte sie jedoch über den 29. Februar hinaus und trug ihnen am 5. oder 6. März, je nachdem der einzelne Angestellte im Geschäft anwesend war, die Fortsetzung des Arbeitsverhältnisses bis Ende März an. Nur die beiden Kläger lehnten das geforderte schriftliche Einverständnis ab. Sie vertraten den Standpunkt, ihr Dienstverhältnis sei infolge ihrer Weiterbeschäftigung auf unbestimmte Zeit verlängert und könne nur mit der ihnen nach den KündSchutzG. zustehenden Frist gekündigt werden. Darauf wurden sie am 11. März fristlos entlassen.

Sie haben ihre Dienste weiter zur Verfügung gestellt und mit der Klage Weiterzahlung ihres Gehalts, und zwar W. für den Rest des März und für den April gefordert.

Sie sind in beiden Vorinstanzen abgewiesen. Die Revision des Klägers W. blieb ohne Erfolg aus folgenden

Gründen:

Die Klage wird auf die Vorschrift des § 625 BGB. gestützt, wonach das Dienstverhältnis, wenn es nach dem Ablauf der Dienstzeit von dem Verpflichteten mit Wissen des anderen Teils fortgesetzt wird, als auf unbestimmte Zeit verlängert gilt, sofern nicht der andere Teil unverzüglich widerspricht. Das Berufungsgericht sieht in dieser

Vorschrift keine echte Fiktion, bei der trotz Fehlens eines Vertragswillens ein solcher angenommen werden soll, und macht in längeren Ausführungen, deren Schlüssigkeit nicht untersucht werden soll, die Entscheidung schließlich davon abhängig, ob zwischen den Parteien eine stillschweigende Einigung über die Fortsetzung des Dienstverhältnisses auf unbestimmte Zeit zustande gekommen ist, was es unter den vorliegenden Umständen verneint.

Gegen die hierin zutage getretene Ansicht des Berufungsgerichts von der rechtlichen Bedeutung des § 625 BGB. wendet sich die Revision mit Recht. § 625 enthält eine echte Fiktion. Wird nach Ablauf der Dienstzeit das Dienstverhältnis von dem Verpflichteten mit Wissen des Dienstberechtigten fortgesetzt, so muß dieser ohne Rücksicht darauf, ob dies seinem Willen entspricht, das Dienstverhältnis als auf unbestimmte Zeit verlängert gegen sich gelten lassen, es sei denn, daß er der Fortsetzung unverzüglich widersprochen hat. Unstreitig hatten alle Angestellten der Beklagten ihr bis zum 29. Februar schriftlich verlängertes Dienstverhältnis nach Ablauf dieser Zeit in den März hinein mit Wissen und sogar mit Willen der Beklagten fortgesezt. An sich gilt damit das Dienstverhältnis auch des jetzt noch allein am Rechtsstreit beteiligten Klägers W. als auf unbestimmte Zeit verlängert, wenn die Beklagte nicht unverzüglich widersprochen hat, wofür sie beweispflichtig ist.

Die gesetzliche Fiktion einer Verlängerung des abgelaufenen Dienstverhältnisses kann jedoch nicht Platz greifen, wenn die Umstände des Einzelfalles eine Einigkeit beider Parteien des Dienstverhältnisses darüber ergeben, daß die Dienste nach Ablauf der vereinbarten Dienstzeit nur vorläufig bis zu einer über eine etwaige Verlängerung noch zu treffenden Vereinbarung weitergeleistet werden sollen. In dieser Richtung geht im vorliegenden Falle die Darstellung der Beklagten. Ihre wirtschaftliche Lage hatte sich, wie allen ihren Angestellten bekannt gewesen ist, im Februar 1932 weiter verschlechtert, und die Möglichkeit, das Geschäft weiterzuführen, war immer zweifelhafter geworden. Der Vorsitzende des Angestelltenrats hatte deshalb auch am 26. Februar wegen der Weiterbeschäftigung der Angestellten mit dem Inhaber der Beklagten Rücksprache genommen, aber darüber keine endgültige Antwort erhalten, weil die Entscheidung des damals verreist gewesenen Direktors K. noch abgewartet werden müsse. Der Kläger W. will allerdings von dieser Unterredung mit dem Vorsitzenden des Angestelltenrats nichts erfahren haben. Ob aus den Feststellungen des Berufungsgerichts die rechtzeitige Kenntnis dieses Klägers von dem

Inhalte der Verhandlung zu entnehmen ist, kann zweifelhaft sein. Eine Untersuchung darüber erübrigt sich jedoch, weil die Revision jedenfalls aus einem anderen Grunde unbegründet ist.

Das Berufungsgericht hat nämlich die Abweisung der Klage auch noch darauf gestützt, daß die Beklagte nach Ablauf der bis Ende Februar verlängerten Dienstverhältnisse ihrer Angestellten einer weiteren Verlängerung auf unbestimmte Zeit unverzüglich widersprochen habe. Unbedenklich ist ein Widerspruch gegen solche Verlängerung darin gelegen, daß der Inhaber der Beklagten alsbald nach Rückkehr des Direktors K. den Angestellten am 5. oder 6. März eine Verlängerung des Dienstverhältnisses nur bis Ende März angetragen hat. Streitig kann lediglich sein, ob dieser Widerspruch, wie es § 625 BGB. verlangt, unverzüglich, d. i. ohne schuldhaftes Verzögern, erfolgt ist. Das Berufungsgericht bejaht diese Frage. Es gibt zu, daß der Inhaber der Beklagten durch den vom Direktor K. geleiteten Gläubigerausschuß, dem er sich in seiner schwierigen wirtschaftlichen Lage im Februar hatte unterstellen müssen, rechtlich nicht behindert war, schon Ende Februar über die Verlängerung der Dienstverhältnisse der Angestellten eine selbständige Entschließung zu fassen. Es führt aber aus, darin, daß er die nahe Rückkehr des Direktors K., der Ende Februar verreist war, zunächst abgewartet habe, könne kein Verschulden erblickt werden. Es habe im Interesse des ganzen Unternehmens und damit auch der Arbeitnehmer gelegen, den Versuch einer außergerichtlichen Verständigung mit den Gläubigern durch Maßnahmen ohne vorherige Rücksprache mit dem Direktor K. nicht zu erschweren und die Gläubiger nicht zu verstimmen. Andererseits habe den Angestellten ohne Unbilligkeit zugemutet werden können, sich wegen der Verlängerung ihrer Dienstverhältnisse noch einige Tage bis nach Rückkehr des Direktors K. zu gedulden. Diese Erwägungen liegen in der Hauptsache auf tatsächlichem Gebiet und lassen keinen Rechtsirrtum erkennen. Ihnen gegenüber kann die Revision, welche eine schuldhafte Verzögerung der Entschließung der Beklagten annimmt und deshalb die Unverzüglichkeit ihres Widerspruchs gegen eine Verlängerung der Dienstverhältnisse auf unbestimmte Zeit verneint, nicht durchdringen.

Danach ist für den Kläger W., der die am 6. März angetragene befristete Verlängerung des Dienstverhältnisses abgelehnt hat und von da ab auch nicht mehr beschäftigt worden ist, das Dienstverhältnis nicht weiter verlängert worden. Damit entfällt sein Klaganspruch auf Weitergewährung der Dienstbezüge.

RAG. 12, 44.

Verträgt es sich mit dem Wesen eines Lehrverhältnisses, für die Dauer der Lehrzeit eine fristgemäße ordentliche Kündigung zu vereinbaren?

Reichsarbeitsgericht. Urt. v. 2. November 1932.

I. Arbeitsgericht Frankfurt a. M. — II. Landesarbeitsgericht daselbst.

Die Klägerin trat am 25. Mai 1931 bei dem verklagten Vaterländischen Frauenverein zum roten Kreuz in F. auf Grund der von ihr durch Namensunterschrift anerkannten Schwesternordnung als Lernschwester ein. Am 30. Januar 1932 wurde ihr mit der im § 15 Ziff. 1 der Schwesternordnung während der Lehrzeit nach Ablauf der Probezeit vorgesehenen einmonatigen Kündigungsfrist zum 29. Februar 1932 gekündigt.

Die Klägerin hält diese Kündigung für nichtig, weil sie stets ihre Pflicht getan habe, und hat auf Feststellung der Verpflichtung des Beklagten zur Fortsetzung des Lehrverhältnisses bis zum Ablauf der vorgeschriebenen Lehrzeit Klage erhoben.

Das Arbeitsgericht hat der Klage stattgegeben und die Unwirksamkeit der Kündigung festgestellt. Die Berufung des Beklagten ist zurückgewiesen worden.

Die zugelassene Revision blieb ohne Erfolg aus folgenden

Gründen:

Daß der zwischen den Parteien geschlossene Vertrag, um dessen Weiterbestehen trotz der Kündigung des Beklagten vom 30. Januar 1932 der Rechtsstreit geht, einen Lehrvertrag bildet, wird vom Berufungsgericht ohne Rechtsirrtum angenommen und von keiner der Parteien in Zweifel gezogen.

Der erste Streitpunkt der Parteien ist, ob die Vereinbarung einer ordentlichen fristgemäßen Kündbarkeit mit einem Lehrvertrage überhaupt vereinbar ist, oder der Lehrvertrag nach Ablauf einer angemessenen Probezeit nur eine außerordentliche Kündigung aus wichtigem Grunde gestattet.

Das Berufungsgericht geht davon aus, daß das Unternehmen des Beklagten ein gemeinnütziges ist und weder einen Gewerbe- noch einen Handelsbetrieb darstellt. Es hält deshalb die einzigen gesetzlichen Vorschriften, welche für Lehrverhältnisse bestehen und in der Reichsgewerbeordnung und im Handelsgesetzbuch aufgestellt sind, auf den Lehrvertrag der Parteien nicht für anwendbar. Für den gewerblichen und den kaufmännischen Lehrvertrag, so führt es aus, sei der Abschluß auf unbestimmte Zeit vorgeschrieben. Damit vertrage sich die Vereinbarung einer ordentlichen Kündigung nicht; solches Lehrverhältnis könne vorzeitig nur während der Probezeit oder aus wichtigem Grunde aufgelöst werden. Für alle anderen Lehrverhältnisse bestände Vertragsfreiheit und gerade bei dem Lehrvertrag der Lernschwester für den Krankenberuf müsse im Interesse der Allgemeinheit eine ordentliche Kündigung vereinbart werden können. Dieser Beruf fordere eine besondere seelische Einstellung mit einem erhöhten Verantwortlichkeits- und Pflichtgefühl und damit sittliche Eigenschaften, die in einer verhältnismäßig kurzen Probezeit, wie sie nach der Schwesternordnung gelte, nicht immer mit Sicherheit erkannt werden könnten.

Nähere Feststellungen darüber, weshalb das Unternehmen des Beklagten keinen Gewerbebetrieb — ein Handelsbetrieb wird nicht in Frage kommen — bildet, hat das Berufungsgericht nicht getroffen. Die kurze Bemerkung in den Urteilsgründen, daß bei ihm die Erwerbsabsicht fehlt, reicht in dieser Richtung nicht aus und ermöglicht keine rechtliche Nachprüfung, und die hervorgehobene Gemeinnützigkeit des Unternehmens steht dem nicht entgegen, daß Gewinne, wenn auch nur zum Zwecke gemeinnütziger Verwendung, erstrebt werden. Doch kommt es für die Entscheidung des Rechtsstreits nicht darauf an, ob der Betrieb des Beklagten ein gewerblicher ist oder nicht. Auch die Gewerbeordnung enthält keine Bestimmung, welche die Vereinbarung einer Kündigungsfrist für das Lehrverhältnis verbietet. Der Ausschluß einer vertraglichen Kündigungsklausel folgt auch nicht aus dem Wesen des Lehrverhältnisses als eines auf eine bestimmte Lehrzeit abgeschlossenen Vertrages. Vielmehr kann es im Einzelfalle durchaus dem wohlverstandenen Interesse der einen oder der andern Vertragspartei des Lehrverhältnisses dienen, auch abgesehen von dem die fristlose Auflösung des Vertrages rechtfertigenden Fall des wichtigen Grundes während der Lehrzeit eine Befreiung vom Lehrvertrag durch Vereinbarung einer fristgemäßen Kündbarkeit zu ermöglichen. Das Wesen des Lehrvertrages verlangt insofern keine Ausnahme von dem allgemeinen Grundsatz der Vertragsfreiheit. Danach ist die Gültigkeit der mit § 15 Ziff. 1 der von der Klägerin unterschriebenen Schwesternordnung getroffenen Vereinbarung einer einmonatigen beiderseitigen Kündigungsfrist nicht zu beanstanden.

Eine weitere Frage ist es aber, ob nicht mit Rücksicht auf die besonderen Umstände des Falles der von dem Beklagten fristgemäß ausgesprochenen an sich zulässigen Kündigung die Rechtswirksamkeit zu versagen ist. Diese Frage ist zu bejahen. Auch die Kündigung darf im Einzelfall, wie jede Rechtshandlung, wenn sie rechtswirksam sein soll, nicht gegen die Anschauung aller gerecht und billig Denkenden verstoßen, § 138 BGB. Allerdings muß, wer einen solchen Verstoß behauptet, ihn beweisen. Das Berufungsgericht sieht aber im vorliegenden Fall trotz des Bestreitens des Beklagten den Verstoß ohne Rechtsirrtum als erwiesen an. Der Beklagte hat selbst zugegeben, daß der von ihm bei Ausspruch der Kündigung dafür angegebene Grund wirtschaftlicher Verhältnisse nicht zutrifft. Er hat trotz wiederholter Bitten der Klägerin und ihres Vaters die Bekanntgabe des wahren Kündigungsgrundes verweigert und auch im Rechtsstreit sich auf die allgemeine Angabe, die Klägerin sei für den Krankenpflegerberuf nicht geeignet, beschränkt; er hat es abgelehnt, irgendwelche näheren Vorgänge oder Umstände zur Rechtfertigung dieses Urteils mitzuteilen, und hat dadurch der Klägerin, die behauptet, in jeder Weise ihre Pflicht getan zu haben und dem gewählten Beruf innerlich zuzugehören, eine Widerlegung solcher Vorgänge und Umstände unmöglich gemacht. Das Berufungsgericht hat bei dieser Sachlage angenommen, daß die Kündigung nicht aus einem sachlichen, sondern aus einem unsachlichen Grunde erfolgt ist. Diese Feststellung liegt auf tatsächlichem Gebiet, das der Revision verschlossen ist. Wenn daraufhin das Landesarbeitsgericht eine solche willkürliche und ohne sachliche Berechtigung erfolgte Kündigung für den vorliegenden Fall als gegen Treu und Glauben und das Anstandsgefühl aller gerecht und billig Denkenden verstoßend erachtet hat, so ist darin unter den obwaltenden Umständen ein Rechtsirrtum nicht zu erblicken.

RAG. 12, 47.

Kann die Höhe eines gezahlten Zuschlages, den der Tarifvertrag innerhalb eines Rahmens „je nach Leistung" auf den Zeitlohn vorsieht, bei gesunkener Arbeitsleistung ohne Auflösung des Arbeitsvertrages geändert werden?

Verstößt eine Einigung der Parteien über die Höhe solchen Zuschlags, wenn sie zu Ungunsten des Arbeiters seiner Arbeitsleistung nicht entspricht, gegen den Grundsatz der Unabdingbarkeit der Tarifbestimmungen?

Tarifvertrag für die Textilindustrie im rechtsrheinischen Bezirk vom 15. April 1930 nebst Wuppertaler Branchentarif für die Bandwirkerei.

TarifVo. § 1.

Reichsarbeitsgericht. Urt. v. 2. November 1932.

I. Arbeitsgericht Wuppertal-Barmen. — II. Landesarbeitsgericht Wuppertal.

Der Kläger, der Schwerbeschädigter ist, wird seit 1924 bei der Beklagten als Musterstuhlarbeiter und Vorrichter im Zeitlohn beschäftigt. Auf sein Arbeitsverhältnis findet der Tarifvertrag für die Textilindustrie im rechtsrheinischen Bezirk vom 15. April 1930 nebst dem zugehörigen Wuppertaler Branchentarif für die Bandwirkerei Anwendung. Der Branchentarif enthält die Bestimmung:

„Vorrichter und . . . Musterstuhlarbeiter erhalten, soweit sie nicht im Akkord arbeiten, je nach Leistung einen Zuschlag von 12½ bis 25 % auf den Zeitlohn."

Der Kläger hatte stets den höchsten Zuschlag von 25 % erhalten. Anfang Januar 1930 kam eine Änderung der tariflichen Lohnsätze zustande. Kurz vorher, am 30. Dezember 1931, kündigte die Beklagte dem damals seit Mitte Dezember kranken Kläger zum 28. Januar 1932 und bot ihm von da ab Weiterbeschäftigung zu einem herabgesetzten Lohn an, dessen Höhe gemäß den neuen tariflichen Bestimmungen noch angegeben werden sollte. Gleichzeitig beantragte sie bei der Hauptfürsorgestelle, ihr die Zustimmung zu der Kündigung zu erteilen. Sie erhielt die Antwort, eine Zustimmung sei nicht erforderlich, da die Tarifverträge für die Schwerbeschädigten im gleichen Maße gälten wie für die übrigen Arbeitnehmer und die Anwendung und Auslegung der tarifvertraglichen Bestimmungen nicht der Entscheidung der Hauptfürsorgestelle unterlägen. Wenn der Kläger eine Senkung des Zuschlages auf den niedrigsten Tarifsatz für unzulässig halte, so müsse es ihm überlassen bleiben, diese Frage durch eine Lohnklage beim Arbeitsgericht klären zu lassen.

Der Kläger meldete sich am 20. Februar 1932 für den 22. wieder zur Arbeit, mußte jedoch schon vom 24. Februar ab wieder aussetzen. Sowohl am 20. wie auch am 22. Februar hat ihm der Betriebsleiter eröffnet, daß die Beklagte nur noch mit einem Zuschlag von 12½ % arbeiten lasse, wogegen er für sich sofort Widerspruch erhoben hat. Am 7. März nahm der Kläger endgültig die Arbeit wieder auf, ohne daß jetzt noch einmal die Lohnfrage angeschnitten wurde. Erst bei der ersten Lohnzahlung erhob er wieder Vorstellungen gegen den nur in Höhe von 12½ % ausgezahlten Zuschlag. Mit der Klage hat er für die erste Lohnperiode nach dem 7. März weitere 12½ % mit 6,40 RM nachgefordert.

Er ist in beiden Vorinstanzen abgewiesen. Die zugelassene Revision führte zur Aufhebung des Urteils und zur Zurückverweisung der Sache aus folgenden

Gründen:

Das Berufungsgericht führt aus, die Beklagte habe den bisher gezahlten Zuschlag nicht einseitig herabsetzen, sondern einen niedrigeren Zuschlag innerhalb des tariflichen Rahmens erst nach Kündigung und Auflösung des Arbeitsverhältnisses des Klägers bei Abschluß eines neuen Arbeitsvertrages einführen können. Dem Kläger sei mit der Schwerbeschädigten gegenüber vorgeschriebenen vierwöchigen Frist zum 28. Januar 1932 gekündigt worden. Die um ihre Zustimmung ersuchte Hauptfürsorgestelle habe zwar irrigerweise die erbetene Zustimmung für nicht erforderlich erklärt, weil nur eine Lohnsenkung innerhalb des tariflichen Rahmens beabsichtigt sei, ihr Bescheid habe jedoch von der Beklagten als Zustimmung aufgefaßt werden können und müssen und sei deshalb als solche anzusehen. Die Kündigung habe also das Arbeitsverhältnis der Parteien aufgelöst. Auch die Vorschrift des § 11 Abs. 2 des Manteltarifvertrages, wonach bei einer Kündigung zum Zwecke der Abänderung des Arbeitsvertrages die beabsichtigte Änderung von vornherein klar zum Ausdruck gebracht werden „solle", habe ihre Rechtswirksamkeit nicht geändert. Als dann der Kläger am 7. März die Arbeit endgültig wieder aufgenommen habe, sei dies ohne Vorbehalt geschehen, obwohl er aus den Verhandlungen mit dem Betriebsleiter bei seiner schon im Februar erfolgten vorübergehenden Arbeitsaufnahme erfahren habe, daß die Beklagte nur noch den niedrigsten Satz des tariflichen Zuschlags zahlen wolle. Daraus folge, daß er sich inzwischen mit diesem Satze abgefunden und ihn angenommen habe. Das allein rechtfertige schon die Klagabweisung. Bei dieser Sachlage könne auch dahingestellt bleiben, ob die Beklagte sonst eine der Herabsetzung des Zuschlags entsprechende Verminderung der Arbeitsleistung des Klägers habe dartun müssen.

Diese Ausführungen halten einer rechtlichen Nachprüfung nicht stand. Schon ihr Ausgangspunkt, wonach die Herabsetzung des bisher gezahlten Zuschlages auch innerhalb des tariflichen Rahmens nur im Wege des Vertrages erfolgen könne, ist unrichtig. Nach dem maßgebenden Branchentarif erhalten die Vorrichter und Musterstuhlarbeiter je nach Leistung einen Zuschlag von 12½ bis 25 % auf ihren Zeitlohn. Nach dieser Tarifbestimmung hat der Kläger einen tariflichen Anspruch auf einen Zuschlag, der innerhalb des tariflichen Rahmens zwischen 12½ bis 25 % liegt und seiner Arbeitsleistung entspricht, muß er sich aber andererseits auch mit einem Zuschlag von dieser Höhe begnügen. Darüber, wie die der Arbeitsleistung entsprechende Höhe des Zuschlags festzustellen ist, sagt die Vorschrift nichts. Daraus folgt nicht, wie das Berufungsgericht anzunehmen scheint, daß die Parteien sich über die Zuschlagshöhe innerhalb des tariflichen Rahmens zu einigen haben. Vielmehr bestimmt sich die Höhe auch ohne Einigung der Parteien nach der Arbeitsleistung, die einen objektiven Maßstab für die Höhe bildet, und sie ist bei Streit vom Gericht festzustellen. Nun ist jedoch regelmäßig davon auszugehen, daß ein Arbeitgeber, der den Zuschlag in bestimmter Höhe zahlt, damit eine dieser Höhe entsprechende Arbeitsleistung anerkennt (RAG. 693/30 Urt. vom 3. Juni 1931 abgedr. Bensh. 13 S. 66 flg.). Er kann deshalb den bereits gewährten Zuschlag innerhalb des tariflichen Rahmens nur herabsetzen, wenn und soweit die Arbeitsleistung des Arbeitnehmers eine Verminderung erfahren hat, aber in diesem Umfange auch gegen den Willen des Arbeitnehmers. Anders würde die Sache allerdings dann liegen, wenn die Höhe des Zuschlages vom Arbeitgeber ohne Rücksicht auf die Arbeitsleistung bestimmt gewesen wäre und dieser Zuschlag die der Arbeitsleistung entsprechende tarifliche Höhe überschritten und eine vereinbarte übertarifliche Leistung dargestellt haben sollte. In solchem Fall könnte der Arbeitgeber die vereinbarte übertarifliche Höhe nicht einseitig herabsetzen, sie vielmehr nur durch Auflösung des Arbeitsvertrages beseitigen. Doch ist, wenn der gezahlte Zuschlag über den tariflichen Rahmen nicht hinausgeht, eine übertarifliche Leistung nicht zu vermuten. Sie ist vom Kläger auch nicht behauptet worden. Eine einseitige Herabsetzung des bisher gezahlten tariflichen Höchstsatzes des Zuschlages durch die Beklagte war also an sich möglich, jedoch von einer entsprechenden Verminderung der Arbeitsleistung des Klägers abhängig.

Im ersten Rechtszuge hatte die Beklagte als Grund für eine Herabsetzung des Zuschlages lediglich ihre schlechte wirtschaftliche Lage angegeben. Diese würde die Herabsetzung nicht rechtfertigen, da der Tarifvertrag für die Höhe des Zuschlages allein die Arbeitsleistung maßgebend sein läßt. Im zweiten Rechtszuge hat die Beklagte sich weiter darauf berufen, daß der Kläger, der früher als ein guter Musterstuhlarbeiter habe angesehen werden können, in seiner Leistung nach Güte und Umfang im letzten Jahre erheblich nachgelassen habe, und als sachverständigen Zeugen hierfür ihren Betriebsleiter benannt. Mit Unrecht bezeichnet die Revision dieses für den Rechtsstreit erhebliche, vom Kläger bestrittene neue Vorbringen als verspätet. Die Beklagte hat die neue Behauptung in der ersten und einzigen mündlichen Verhandlung des zweiten Rechtszuges vorgetragen und damit der Vorschrift des § 67 ArbGG. genügt. Darauf, daß das Berufungsgericht die neue Behauptung nicht aus § 529 Abs. 2 ZPO. zurückgewiesen hat, läßt sich die Revision nicht stützen, weil das Gericht auf Grund dieser Vorschrift zur Zurückverweisung nur berechtigt, aber nicht verpflichtet ist.

Das Berufungsgericht meint nun aber, der Kläger habe einen Anspruch auf eine höhere als die ihm nach seiner Genesung und Wiederaufnahme der Arbeit angebotene niedrigste tarifliche Zulage auf jeden Fall dadurch eingebüßt, daß er trotz seiner Kenntnis von der Absicht der Beklagten, nur noch den niedrigsten Satz zahlen zu wollen, am 7. März 1932 die Arbeit ohne Vorbehalt endgültig wieder aufgenommen hat. Diese Auffassung geht fehl. Dabei kann ganz dahingestellt bleiben, ob, was das Berufungsgericht annimmt, die Revision jedoch bekämpft, die am 30. Dezember 1931 mit vierwöchiger Frist ausgesprochene Kündigung des schwerbeschädigten Klägers dessen Arbeitsvertrag aufgelöst hat oder nicht vielmehr mangels der erforderlichen Zustimmung der Hauptfürsorgebehörde wirkungslos geblieben ist. Auch wenn man unterstellt, daß der alte Arbeitsvertrag des Klägers aufgelöst worden und mit der Wiederaufnahme der Arbeit durch den Kläger ein neuer Arbeitsvertrag zustande gekommen ist, und wenn ferner in diesem Falle nach dem Verhalten des Klägers eine Einigung der Parteien über den niedrigsten tariflichen Satz des Zuschlags als erfolgt anzunehmen ist, kommt dieser Einigung nur insoweit Wirksamkeit zu, als sie nicht zu Ungunsten des Klägers gegen den Branchentarif verstößt, also nicht, wenn und soweit der niedrigste Satz des Zuschlags nicht der tatsächlichen Arbeitsleistung des Klägers entspricht. Der Kläger kann sich mit Recht darauf berufen, daß die Beklagte durch die bisherige jahrelange Bezahlung des höchsten tariflichen Satzes seine Arbeitsleistung anders bewertet hat, und zwingt die Beklagte dadurch ebenfalls zum Nachweise, daß seine Arbeitsleistung inzwischen in einem jetzt den niedrigsten tariflichen Satz rechtfertigenden Maße nachgelassen habe. Die Einigung der Parteien auf den niedrigsten Satz würde bei nicht merklich gesunkener Arbeitsleistung einen im voraus ausgesprochenen Verzicht des Klägers auf einen tariflichen Mehranspruch einschließen, der ohne Wirkung ist. Nachträglich hat der Kläger, was an sich zulässig wäre, auf den eingeklagten Unterschiedsbetrag nicht verzichtet, ihn vielmehr bei der Lohnzahlung sofort verlangt.

Somit muß die Revision, ohne daß noch die umstrittene Wirksamkeit der von der Beklagten ausgesprochenen Kündigung einer Erörterung bedarf, zur Aufhebung des angefochtenen Urteils und zur Zurückverweisung der Sache führen. In der erneuten Verhandlung wird zu klären sein, ob und in welchem Maße die Arbeitsleistung des Klägers, worüber die Parteien streiten, vor dem 7. März 1932 tatsächlich merklich nachgelassen hat, und welche Herabsetzung des Zuschlages innerhalb des tariflichen Rahmens der etwaigen Verminderung der Arbeitsleistung entspricht.

RAG. 12, 59.

Welcher Tarifvertrag genießt den Vorrang, wenn eine Firma, die mit einem Arbeitnehmerverband einen Tarifvertrag abgeschlossen hat, einem Arbeitgeberverband beitritt, der seinerseits mit demselben Arbeitnehmerverband in einem dieselbe Facharbeit betreffenden Tarifvertragsverhältnis steht?

TarifVO. § 1.

Reichsarbeitsgericht. Urt. v. 2. November 1932.

I. Arbeitsgericht Bremen. — II. Landesarbeitsgericht daselbst.

Zwischen den beiden Parteien besteht seit Anfang 1931 ein Tarifvertrag. Am 18. Mai 1931 ist dem klagenden Arbeitgeberverband die Firma A. & Co. beigetreten. Sie hatte noch im April 1931 mit dem beklagten Arbeitnehmerverband einen Firmentarifvertrag abgeschlossen. Diesen hat sie auch nach ihrem Beitritt zum Kläger, und zwar im Einverständnis mit dem Beklagten, in ihrem Betrieb angewendet. Darauf hat der Kläger Klage erhoben auf Feststellung, daß die Firma A. & Co. unter den Verbandstarif falle. Nach Erledigung des Rechtsstreits in der Hauptsache hat das RAG. im Rahmen der Entscheidung über die Rechtsstreitkosten über die in der Überschrift angegebene Frage ausgeführt:

Der Betrieb der Firma A. & Co. unterfiel an sich dem zeitlichen, örtlichen, persönlichen und sachlichen Geltungsbereich beider Tarifverträge, es handelt sich also um einen Fall echter Tarifkonkurrenz, wenn auch, da keiner der beiden Tarifverträge für allgemeinverbindlich erklärt worden war, nicht im Sinne des § 2 Abs. 2 TarifVo. Nach der älteren Rechtsprechung des Reichsarbeitsgerichts (Urt. RAG. 255/28 v. 30. Januar 1929 = Bensh. 5 S. 278 und Urt. RAG. 399/29 v. 2. Juli 1930 = Bensh. 9 S. 602) soll es, sofern nicht etwa einer der beiden

Tarifverträge (was hier nicht der Fall ist) selbst hinter den andern zurücktritt, darauf ankommen, welcher von beiden dem Arbeitnehmer günstiger ist. Es bedarf hier keiner Erörterung, inwieweit dieser Standpunkt etwa als durch neuere Entscheidungen (vgl. RAG. Bd. 10 S. 140, Bensh. 15 S. 635) aufgegeben oder doch eingeschränkt angesehen werden darf. Denn das Berufungsgericht hat festgestellt, daß beide Tarifverträge in der Gesamtheit ihrer Bestimmungen für die Arbeitnehmer gleich günstig sind. Die Revision bekämpft allerdings diese Feststellung, jedoch mit Unrecht. Es kann ihr nicht zugegeben werden, daß eine völlige Gleichheit in dieser Beziehung bei zwei nicht wortgetreu übereinstimmenden, vielmehr in ihren Einzelheiten vielfach voneinander abweichenden Tarifverträgen nicht denkbar sei. Da es auf die Gesamtheit der Bestimmungen ankommt, ist es wohl möglich, daß ein Vorteil des einen Tarifvertrags in der einen Gruppe seiner Bestimmungen durch den Vorzug des andern Tarifvertrags in bezug auf eine andere Gruppe völlig ausgeglichen wird. Die Abwägung solcher Vor- und Nachteile ist im wesentlichen Sache tatrichterlicher Würdigung und nicht, wie die Revision meint, eine Rechtsfrage. Ein rechtlicher Irrtum ist in der vom Berufungsrichter angestellten Abwägung nicht zu finden. Ist sonach eine Entscheidung nach der Günstigkeit nicht möglich, so fragt es sich, welcher andere Gesichtspunkt etwa den Ausschlag geben soll. Daß das nicht die zeitlich frühere Entstehung des einen oder des anderen Tarifvertrages sein kann, braucht nicht weiter dargelegt zu werden. Bedeutungslos ist es auch, daß etwa die Firma A. & Co. zu der Zeit, als sie dem klagenden Arbeitgeberverband beitrat und damit die Grundlage für eine Einwirkung des Verbandstarifvertrages auf ihren Betrieb schuf, im Tarifvertragsverhältnis mit dem Beklagten stand. Es kann hier dahingestellt bleiben, ob die Firma A. & Co. etwa auf Grund dieses Tarifverhältnisses dem Beklagten gegenüber verpflichtet war, den Haustarifvertrag unter allen Umständen zur Durchführung zu bringen und deshalb alles zu vermeiden, was dazu führen konnte, ihn außer Wirksamkeit zu setzen, ob sie also insbesondere dem klagenden Arbeitgeberverband nicht beitreten durfte, sofern damit der Verbandstarif von Gesetzes wegen an die Stelle des Haustarifvertrags rückte. Die normative Kraft des Verbandstarifvertrags, wenn sie einmal infolge des Beitritts der Firma A. & Co. zum Kläger den Betrieb dieser Firma und die ihm zugehörigen Arbeitsverhältnisse ergriff, wurde jedenfalls nicht dadurch gehindert, daß die Firma A. & Co. etwa durch jenen Beitritt eine schuldrechtliche Verpflichtung gegenüber dem Beklagten verletzte.

Bedeutungslos ist es schließlich auch, daß die Firma A. & Co. nicht etwa durch ihren Beitritt zum klagenden Verband den Haustarifvertrag ausschalten, sondern daß sie ihn weitergelten lassen und den Eingriff des Verbandstarifvertrags ausschließen wollte; denn die normative Kraft des Tarifvertrags ergreift die ihm Unterworfenen ohne und selbst gegen ihren Willen. Deshalb ist es auch gleichgültig, daß der Beklagte den Willen der Firma A. & Co. teilte; denn wenn er auch gleichzeitig an dem Verbandstarif als Tarifvertragspartei beteiligt war, konnte doch dessen Geltung nur durch Willensübereinstimmung beider Vertragschließenden beeinflußt werden.

Die Lösung kann somit nur darin gesucht werden, daß der Verbandstarifvertrag auf der Arbeitgeberseite von einem Verband, der Haustarifvertrag dagegen von einem einzelnen Arbeitgeber abgeschlossen worden ist. Sie kann aber nicht, wie das Berufungsgericht in Anlehnung an Ehrenwerth (Die mehrfache Tarifgebundenheit eines Arbeitsverhältnisses) will, dahin lauten, daß der Verbandstarif den Vorzug verdiene, weil er als Beherrscher einer größeren Anzahl von Einzelarbeitsverhältnissen die größere Gewähr für gleichwertige Partnerschaft zwischen Arbeitgeber- und Arbeitnehmerseite biete und deshalb grundsätzlich als der Arbeitnehmerschaft günstiger angesehen werden müsse. Das Berufungsgericht setzt sich damit in Widerspruch zu seiner eigenen Feststellung, daß beide Tarifverträge vom Standpunkt des Arbeitnehmers auch gleich günstig seien. Wenn es trotz eingehender Abwägung des Gesamtinhalts des einen gegen den des andern Tarifvertrags zu der Feststellung voller Gleichwertigkeit gelangt ist, kann es nicht nunmehr einen Vorzug des Verbandstarifvertrags darin sehen, daß sein Geltungsbereich eine größere Zahl von Arbeitsverhältnissen umfaßt. Will man überhaupt daraus, ob ein Tarifvertrag auf Arbeitgeberseite von einem Verband oder von einem Einzelarbeitgeber abgeschlossen worden ist, ein Beweisanzeichen dafür entnehmen, ob er die Belange gerade der Arbeitnehmer richtig wahrt, so wird eine gewisse Vermutung gerade dafür sprechen, daß dem Arbeitnehmerverband die Durchsetzung günstiger Bedingungen eher gelingen wird, wenn er auf der Gegenseite nur einen einzelnen Unternehmer hat, als wenn er sich einem Arbeitgeberverband mit seinen im allgemeinen stärkeren Machtmitteln gegenübersieht. Will man also überhaupt darauf abstellen, welcher von beiden Tarifverträgen den Arbeitnehmern günstiger ist, so wird man im vorliegenden Falle dem Haustarifvertrag den Vorrang zusprechen müssen. Denn bei ihm läßt sich eine bessere Berücksichtigung der Arbeitnehmerbelange, wenn auch nicht aus den einzelnen Bestimmungen mit Sicherheit nachweisen, so doch deshalb vermuten, weil der Beklagte hier als Gegenspieler nur einen einzelnen Arbeitgeber sich gegenüberstehen hatte, während er bei dem Verbandstarif mit einem Verband von Arbeitgebern zu verhandeln genötigt war.

Entscheidend ist aber, daß auf alle Fälle der Haustarifvertrag der Firma A. & Co. die Vermutung für sich hat, daß er — unter voller Wahrung der Arbeitgeber- wie der Arbeitnehmerbelange, mindestens aber der letzteren — besser als der Verbandstarifvertrag in der Lage war, den besonderen Verhältnissen des von ihm betroffenen Betriebes Rechnung zu tragen. Aus dieser Erwägung hat das Reichsarbeitsgericht in ständiger Rechtsprechung dem fachlich engeren Tarifvertrag den Vorrang vor dem fachlich weiteren eingeräumt (vgl. Urt. RAG. 447/29 v. 19. Februar 1930, Bensh. 8 S. 494; Urt. RAG. 453 und 559/30 v. 9. April 1930, Bensh. 9 S. 88, 95; Urteil RAG. 152/31 v. 6. Januar 1932, Bensh. 14 S. 439; Urt. RAG. 72/32 v. 1. Juni 1932, Bensh. 15 S. 425). Der Haustarifvertrag der Firma A. & Co. läßt sich sehr wohl gegenüber dem von den beiden Parteien abgeschlossenen Verbandstarifvertrag als der fachlich, übrigens zugleich auch räumlich engere bezeichnen, denn er bezieht sich lediglich auf die gerade dem Betrieb der Firma A. & Co. eigentümliche Art der metallindustriellen Arbeit, während der Verbandstarifvertrag metallindustrielle Betriebe jeder Art ergreifen will.

RAG. 12, 127.

Zur Frage, wann die „Satzung" einer Firmenpensionskasse in der Revisionsinstanz nachprüfbar ist.

Erzeugt die Bewilligung einer Unterstützung, die nach der „Satzung" in das freie Ermessen eines „Kuratoriums" gestellt ist, einen klagbaren Anspruch?

ZPO. §§ 549, 550. BGB. § 157.

Reichsarbeitsgericht. Urt. v. 7. Dezember 1932.

I. Arbeitsgericht Bremen. — II. Landesarbeitsgericht daselbst.

Der am 27. Oktober 1916 verstorbene Ehemann der Klägerin war Obermeister bei der damaligen Firma N. W. A.-G. Diese besaß eine Versorgungseinrichtung in Gestalt einer Pensions-, Witwen- und Waisenkasse für Beamte und Meister (kurz: Pensionskasse), für die sie 1906 eine Satzung aufgestellt hatte. Der hier vorgesehene Kassenausschuß bewilligte der Klägerin nach dem Tod ihres Mannes eine fortlaufende Unterstützung, die zuletzt auf 996 RM jährlich, zahlbar mit

249 RM vierteljährlich nachträglich, festgesetzt wurde. Die letzte Vierteljahrszahlung hat die Klägerin Ende Juni 1931 für das zweite Kalendervierteljahr 1931 ausgezahlt erhalten. Am 21. Juli 1931 ist über das Vermögen der N. W. K. das Konkursverfahren eröffnet worden. Der Beklagte ist Konkursverwalter. Er hat an die Klägerin keine weiteren Zahlungen geleistet, ihr auch mit Schreiben vom 30. November 1931 ausdrücklich erklärt, daß er die von der Klägerin bisher bezogene Unterstützung nicht weiter gewähre. Die Klägerin hat zur Konkurstabelle u. a. angemeldet eine Forderung von 498 RM Unterstützung für das 3. und 4. Kalendervierteljahr 1931. Der Beklagte hat die angemeldete Forderung bestritten. Die Klägerin hat gegen ihn Klage erhoben, ist aber in beiden Vorinstanzen unterlegen. Mit der Revision verfolgt sie von ihren mehreren in den Vorinstanzen gestellten Anträge nur noch den,

festzustellen, daß ihr eine (einfache) Konkursforderung in Höhe von 498 RM mit Zinsen zustehe (nämlich 57,75 RM auf die Zeit vom 1. Juli 1931 bis zur Konkurseröffnung, 191,25 RM von da bis Ende September 1931 und 249 RM für das letzte Kalendervierteljahr 1931).

Die Revision führte zur Zurückverweisung der Sache an das Berufungsgericht.

Gründe:

Die beiden Vorinstanzen haben übereinstimmend angenommen, daß die Klägerin nach den Bestimmungen der Satzung der Pensionskasse weder einen Rechtsanspruch auf Bewilligung einer Unterstützung gehabt habe, noch, daß ihr aus der erfolgten Bewilligung ein Rechtsanspruch auf die bewilligten Beträge erwachsen sei. Die Auslegung der Satzung der Pensionskasse ist in der Revisionsinstanz nicht frei nachprüfbar. Die Satzung stellt einen Bestandteil der Arbeitsverträge der N. W. K. und ihrer Tochtergesellschaften mit ihren Arbeitnehmern dar oder — soweit etwa Bewilligungen an Hinterbliebene als besondere Verträge anzusehen sein sollten — einen Bestandteil dieser Verträge, also jedenfalls reines Vertragsrecht. Die Tatsache, daß die Satzung in ihrer jeweiligen Fassung ein für allemal festgestellt und — bei der früheren großen Ausdehnung der N. W. K. — übereinstimmender Inhalt einer vielleicht großen Zahl solcher Verträge geworden ist, ändert nichts daran, daß es sich doch immer nur um Vertragsbeziehungen einer einzelnen Firma oder doch eines fest umgrenzten Kreises von Firmen handelt. Mögen sich auch diese Firmen über den Bereich mehrerer Landesarbeitsgerichte erstrecken, so rechtfertigt sich doch nicht eine Gleichstellung der Satzung etwa mit den allgemeinen Versicherungsbedingungen einer Versicherungsgesellschaft (RGZ. Bd. 81 S. 117) oder ähnlichen typischen Vertragsbestimmungen, denen gegenüber das Reichsgericht und das Reichsarbeitsgericht wegen der Notwendigkeit einer einheitlichen Auslegung einen freieren Standpunkt einnehmen, als sie im allgemeinen gegenüber Vertragsbestimmungen einzunehmen haben. Nicht entgegen stehen die vom Beklagten in der mündlichen Revisionsbeantwortung herangezogenen Urteile des Reichsgerichts RGZ. Bd. 83 S. 322 und Bd. 86 S. 284 und das Urteil des Reichsarbeitsgerichts RAG. 300/28 vom 5. Januar 1929 ArbRspr. 1929 Nr. 80 S. 105.

In der Revisionsinstanz nachprüfbar ist aber die Frage, welche der mehrfachen Fassungen der Satzung für den Streitanspruch maßgebend ist. Das Berufungsgericht hat, wie seine Bezugnahme auf den § 18 der Satzung ergibt, die Satzung in ihrer Fassung von 1925 oder 1928 zugrunde gelegt, ohne sich darüber auszusprechen, warum es diese späteren Fassungen für maßgeblich hält, obwohl die Klägerin anscheinend schon im Jahre 1916 in den Genuß der Unterstützung gelangt ist. Die späteren Fassungen stimmen mit der von 1906 nicht überein. Überdies ist in den Schriftsätzen der Parteien noch von einer im Jahre 1921 vorgenommenen Satzungsänderung die Rede. Es läßt sich nicht von vornherein die Möglichkeit ausschließen, daß die Entscheidung der hier streitigen Frage verschieden auszufallen hat, je nachdem die eine oder die andere der mehreren Fassungen der Satzung zugrunde zulegen ist. Da insoweit das Berufungsgericht keinerlei Erörterungen angestellt hat, die Frage sich mangels ausreichender tatsächlicher Feststellungen auch z. Zt. nicht etwa eindeutig zugunsten der vom Berufungsgericht zugrunde gelegten Annahme beantworten läßt, ist eine Aufrechterhaltung des angefochtenen Urteils schon aus diesem Grund nicht möglich.

Rechtlich zu beanstanden ist aber weiter auch, daß das Berufungsgericht zu seiner Auslegung auf Grund der allgemeinen, nicht auf die ausgelegte Satzung beschränkten Annahme gelangt, daß, da die Satzung keinen Rechtsanspruch auf die Bewilligung einer Unterstützung gebe, besondere Umstände vorliegen müßten, wenn aus der ausgesprochenen Bewilligung ein Rechtsanspruch solle hergeleitet werden können. Ein solcher allgemeiner Rechtssatz kann nicht anerkannt werden; er würde allen freiwillig gegebenen Zusagen für den Regelfall die Klagbarkeit entziehen. Zu Unrecht beruft sich das Landesarbeitsgericht auf die Urteile des Reichsarbeitsgerichts vom 4. Dezember 1930 (WarnRspr. 1931 Nr. 136) und vom 18. Juni 1930 (Bensh. Slg. Bd. 9 S. 359). Das erstgenannte Urteil betraf einen Fall, in dem die Satzung des auf Ruhegehaltszahlung in Anspruch genommenen Vereins ausdrücklich vorgeschrieben hatte, daß den Mitgliedern des Vereins oder ihren Rechtsnachfolgern ein Rechtsanspruch auf die Leistungen des Vereins nicht zustehe; es war zudem festgestellt, daß die Satzung mit diesem Ausschluß von Rechtsansprüchen einen besonderen Zweck verfolgte, nämlich der Staatsaufsicht nach dem Reichsgesetz vom 12. Mai 1901 zu entgehen, welcher Zweck nur erreichbar schien, wenn auch Bewilligungen der Klagbarkeit entbehrten. In dem im Urteil vom 18. Juni 1930 entschiedenen Fall vollends war die Ruhegehaltszusage selbst mit dem ausdrücklichen Vorbehalt der jederzeitigen Widerruflichkeit erteilt worden.

Das Berufungsgericht wird vor allem den Wortlaut der Bewilligung zu prüfen haben. Enthält er keinen deutlichen Hinweis auf die Unklagbarkeit der Zusage, so wird — falls nicht die maßgebliche Satzung deutlich die Unklagbarkeit von Bewilligungen ergibt — zunächst davon ausgegangen werden müssen, daß die Klägerin einen rechtlichen Anspruch auf die zugesagten Leistungen hatte. Die Tatsache, daß ein Widerrufsrecht vorbehalten war, wird u. a. als Anzeichen gerade dafür verwertet werden müssen, daß bis zu Erklärung des Widerrufs ein rechtlicher Anspruch bestehen sollte.

RAG. 12, 137.

Darf unter der Geltung des Rahmentarifvertrages über die Arbeitsverhältnisse der Arbeiter in der rheinisch-westfälischen Eisen- und Stahlindustrie vom 26. Mai 1930 ein Arbeitnehmerverband, ohne die aus dem Tarifvertrage sich ergebende Friedenspflicht zu verletzen, die ihm als Mitglieder angehörenden Arbeitnehmer eines Betriebes im Kampfe der Belegschaft gegenüber dem Arbeitgeber unterstützen, wenn dieser der Belegschaft gegenüber die Gesamtkündigung der Arbeitsverhältnisse zum Zwecke allgemeiner Herabsetzung der übertariflichen Akkordlöhne ausgesprochen hat, und diese sich weigert, die Arbeit zu den angebotenen neuen Bedingungen aufzunehmen?

TarifVo. § 1. Rahmentarifvertrag über die Arbeitsverhältnisse der Arbeiter in der rheinisch-westfälischen Eisen- und Stahlindustrie vom 26. Mai 1930.

Reichsarbeitsgericht. Urt. v. 21. Dezember 1932.

I. Arbeitsgericht Berlin. — II. Landesarbeitsgericht daselbst.

Zwischen den Parteien gilt seit dem 1. Juli 1930 der Rahmentarifvertrag über die Arbeitsverhältnisse der Arbeiter in der rheinisch-westfälischen Eisen- und Stahlindustrie vom 26. Mai 1930. Der Tarifvertrag ist zustande gekommen auf Grund eines in Oeynhausen am 26. Mai 1930 gefällten und von dem Reichsarbeitsminister am 6. Juni 1930 für verbindlich erklärten Schiedsspruches. In ihm ist unter Abschnitt IX „Akkordarbeit" in den Ziffern 1 und 2 folgendes bestimmt:

„1. Alle Arbeiten, deren Eigenart es gestattet, müssen auf Verlangen der Werksleitung in reinen oder gemischten Akkord übernommen werden.

2. Die Akkorde — reine wie gemischte — werden zwischen Werksleitung und Arbeitnehmer frei vereinbart. Bei den Hüttenbetrieben kann auch eine Betriebsvereinbarung abgeschlossen werden (siehe Betriebsrätegesetz). Die Akkorde sind so anzusetzen, daß der Durchschnittsarbeiter bei gesteigerter Leistung unter normalen Betriebsverhältnissen 15 % über den Tariflohn der entsprechenden Gruppe hinaus verdienen muß. Ein bestimmter Mindestverdienst für den einzelnen Arbeitnehmer wird nicht gewährleistet. Über den Prozentsatz der Akkordsicherung wird jeweilig beim Lohntarif verhandelt und entschieden. Bei noch nicht durchgeregelten Akkorden ist mindestens der entsprechende Tariflohn zu zahlen. Ein Akkord gilt als durchgeregelt, wenn der vorstehend festgesetzte Ansatzverdienst anderweit tatsächlich ereicht ist oder wenn nach vorliegenden Unterlagen die Möglichkeit hierfür nachweislich vorliegt. Jede Änderung des Akkordes ist zu vereinbaren. Mangels einer Einigung kann die Änderung nur unter Einhaltung der Kündigungsfrist erfolgen. Beabsichtigt ein Werk, die Akkorde allgemein oder für einen größeren Teil der Belegschaft zu ändern, so soll es die gesetzliche Betriebsvertretung vorher hören."

Diese, sowie auch die übrigen Bestimmungen des Abschnittes IX „Akkordarbeit", waren auch bereits in dem bis zum 30. Juni 1930 in Geltung gewesenen Rahmentarifvertrage, der übrigens nicht zwischen den Parteien, sondern zwischen dem klagenden Arbeitgeberverbande und dem zum beklagten Arbeitnehmerverbande gehörigen Bezirksverband VII abgeschlossen war, enthalten. Dieser letztere Tarifvertrag enthielt jedoch in Abs. 5 noch eine durch den Schiedsspruch des Reichsministers Severing vom 21. Dezember 1928 eingefügte Bestimmung, daß eine Veränderung durchgeregelter Akkorde bei fehlerhafter Berechnung oder bei Änderung der Berechnungsgrundlagen verlangt werden könne und eine Herabsetzung geltender Akkorde darum nur infolge technischer, organisatorischer oder Material-Verbesserungen zulässig sei. Der vom 1. Juli 1930 ab geltende Tarifvertrag unterschied sich also in seinem Abschnitt IX „Akkordarbeit" von dem bis dahin in Geltung gewesenen Tarifvertrage dadurch, daß die sog. Severing-Klausel des Abs. 5 in Wegfall gekommen war. Vor der Verbindlichkeitserklärung des jetzt geltenden Tarifvertrages hatte der Kläger bestimmte Zusagen darüber gemacht, daß die durch den Fortfall der Severing-Klausel ermöglichte Herabsetzung von übertariflichen Akkorden in einem bestimmten Verhältnis zu der in der eisenschaffenden Industrie durchzuführenden Preissenkung stehen sollte.

Um eine solche Herabsetzung der übertariflichen Löhne herbeizuführen, hatte die dem klagenden Verbande angehörende Firma Schn. & L. in ihrem Betriebe am 12. Mai 1930 eine Bekanntmachung folgenden Inhalts erlassen:

> „Auf Grund der Besprechungen in Bad Oeynhausen zwischen der Arbeitgebergruppe Nord-West und den Gewerkschaften kündigen wir hiermit vorsorglich die bisherigen Akkorde und Löhne zum 30. Juni ds. Js."

Auf Anweisung des Klägers erließ dann die Firma am 16. Juni 1930 eine weitere Bekanntmachung, die folgenden Inhalt hatte:

> „Wir kündigen der Belegschaft zu dem ausschließlichen Zweck, eine Regelung der Akkorde und sonstigen übertrariflichen Verdienste herbeizuführen, zum 30. Juni 1930.
>
> Die vom 1. Juli 1930 ab geltende Neuregelung wird baldmöglichst bekanntgegeben."

Die in dieser Bekanntmachung angekündigte Mitteilung der neuen herabgesetzten Akkorde erfolgte im Betriebe der Firma am 30. Juni 1930. Die darin vorgesehenen neuen Akkordsätze lagen sämtlich über den im Tarifvertrage vorgesehenen Mindestakkordsätzen. In den für die einzelnen Abteilungen des Werkes bestimmten Bekanntmachungen hieß es nach Mitteilung der neuen Akkordsätze:

> „Falls nicht genügend Leute zur Arbeit erscheinen, um eine Aufrechterhaltung des Betriebes durchführen zu können, behalten wir uns eine Beschäftigung nach Maßgabe der betrieblichen Möglichkeiten vor."

Zwischen der Betriebsleitung und der Betriebsvertretung des Werkes fanden Verhandlungen statt, um eine Einigung mit der Arbeiterschaft über die neuen Akkorde herbeizuführen. Um mehr Zeit für diese Verhandlungen zu gewinnen, wurde zwischen Betriebsleitung und Betriebsvertretung vereinbart, daß die schon seit einiger Zeit regelmäßig in jeder Woche eingelegte Feierschicht dieses Mal auf den 1. Juli 1930 verlegt werden sollte. Die Verhandlungen führten zu keinem Ergebnis. Daraufhin blieb vom 2. Juli 1930 an die Belegschaft des Werkes zum größten Teil der Arbeit fern, so daß der Produktionsbetrieb der Firma stillgelegt wurde. Diese kündigte in den ersten Tagen des Juli den nicht zur Arbeit erschienenen Arbeitern das Arbeitsvertragsverhältnis durch schriftliche Mitteilung.

Der Beklagte hat an seine bis dahin bei der Firma Schn. & L. beschäftigten Mitglieder die für Maßregelungen und Streikfälle in dem § 15 und § 16 seines Statuts vorgesehene Unterstützung gezahlt. Der Firma gelang es erst allmählich, andere Arbeitskräfte, die im Werk verpflegt wurden, zu gewinnen. Sie hat den ihr aus der Arbeitsweigerung ihrer Belegschaft gegen den Beklagten angeblich zustehenden Schadensersatzanspruch in Höhe von 7000 RM an den Kläger abgetreten. Dieser hat gegen den Beklagten auf Zahlung des Betrages Klage erhoben, indem er geltend gemacht hat, der Beklagte habe, indem er sich von Anfang an der nach dem Tarifvertrag zulässigen Herabsetzung der übertariflichen Löhne widersetzt und die Arbeiter der Firma in ihrem Widerstande gegen eine Herabsetzung durch Zahlung der für Maßregelungen und Streikfälle vorgesehenen Unterstützungsgelder bestärkt habe, die sich für ihn aus dem Tarifvertrage ergebenden Pflichten verletzt und sei daher zum Ersatze des der Zedentin durch die Arbeitsverweigerung ihrer Arbeitnehmer entstandenen Schadens verpflichtet. Im Laufe des Rechtsstreits hat der Kläger den Klaganspruch außer auf Verletzung des Tarifvertrages auch auf die Bestimmungen des Bürgerlichen Gesetzbuches über unerlaubte Handlungen (§§ 823, 826, 831 BGB.) gestützt.

Der Beklagte hat bestritten, sich eines Tarifbruchs schuldig gemacht zu haben, und seinerseits geltend gemacht, nach der Auslegung, die das Reichsarbeitsgericht in RAG. 572/30 Urt. vom 16. Mai 1931 (RAG. Bd. 8 S. 323) der Ziff. 2 Abs. 4 im Abschnitt IX des Tarifvertrages gegeben habe, dürfe eine einseitge Herabsetzung der Akkorde nur unter Einhaltung der im Betriebe geltenden Kündigungsfrist dergestalt vorgenommen werden, daß bereits bei Kündigung der alten Akkorde die neuen Akkorde mitgeteilt würden. Da nach der im Betriebe der Zedentin geltenden Arbeitsordnung eine Kündigung der Arbeitsverhältnisse nur mit 14tägiger Frist am 1. und 16. eines jeden Monats ausgesprochen werden dürfe und da ferner die Zedentin die neuen Akkordsätze erst am 30. Juni bekanntgegeben habe, so hätten die neuen Akkordsätze frühestens vom 15. Juli ab Geltung erlangt. Die Zedentin habe aber auf Veranlassung des Klägers bereits in den ersten Tagen des Juli denjenigen Arbeitern gekündigt, die sich geweigert hätten, zu den neuen Akkordsätzen bereits vom 2. Juli an zu arbeiten.

Das Vorgehen der Zedentin sei tarifwidrig gewesen und da es im Einverständnis und auf Anweisung des Klägers erfolgt sei, habe dieser für allen aus dem tarifwidrigen Verhalten der Zedentin entstandenen Schaden aufzukommen. Dieser Schaden bestehe vor allem darin, daß an die ausgesperrten Mitglieder Unterstützungen hätten gezahlt werden müssen. Den ihm hiernach angeblich zustehenden Schadensersatzanspruch hat der Beklagte dem Kläger gegenüber im Wege der Widerklage in Höhe von 7000 RM geltend gemacht.

Während das Arbeitsgericht unter Abweisung der Widerklage nach Klagantrag erkannte, wies das Landesarbeitsgericht Klage und Widerklage ab. Die Revisionen beider Parteien führten zur Aufhebung des angefochtenen Urteils und Zurückverweisung der Sache in die Vorinstanz.

Gründe:

I. Das Landesarbeitsgericht hat den Klaganspruch nur insoweit einer sachlichen Prüfung unterzogen, als er auf Verletzung des Tarifvertrags gestützt ist. Soweit der Kläger den Anspruch auch auf unerlaubte Handlung gestützt hat, hat es sich der Auffassung des Arbeitsgerichts, daß darin eine Klagänderung zu erblicken sei, angeschlossen. Der hiergegen von dem Kläger erhobene Revisionsangriff ist unbegründet. Nach ständiger Rechtsprechung bildet den Klagegrund die Summe derjenigen Tatsachen, die in Verbindung mit einem bestimmten Rechtssatz geeignet und erforderlich sind, den Anspruch als in der Person des Klägers entstanden und zugleich als durch den Beklagten verletzt erscheinen zu lassen. In der Klageschrift hatte der Kläger den Anspruch ausdrücklich lediglich darauf gestützt, daß der Beklagte durch sein und seiner Angestellten Verhalten den Tarifvertrag verletzt habe, und zu diesem Zweck eine Anzahl Behauptungen über das tarifwidrige Verhalten aufgestellt. Nun würde es freilich unter Umständen keine Klagänderung bedeuten, wenn das von dem Kläger behauptete tarifwidrige Verhalten gleichzeitig den Tatbestand einer unerlaubten Handlung ausmachte und der Kläger lediglich dieses gleiche Verhalten nachträglich unter dem veränderten rechtlichen Gesichtspunkt geltend gemacht hätte. Auf diesem Standpunkt hat aber der Kläger selbst sichtlich nicht gestanden, denn in dem Schriftsatze vom 9. Januar 1931, in welchem er zum ersten Male seine Absicht, den Schadensersatzanspruch außer auf Tarifbruch auch auf unerlaubte Handlung zu stützen, angekündigt hat, hat er zur Rechtfertigung dieser neuen rechtlichen Begründung neue Behauptungen in bezug auf unwahre Darstellung, Terrorakte, in einer Proklamation des Beklagten enthaltene Beschimpfungen und Übertreibungen aufgestellt, die dazu bestimmt waren, selbständig den nunmehr auch auf unerlaubte Handlung gestützten Anspruch zu rechtfertigen. Unter diesen Umständen kann es nicht als rechtsirrtümlich angesehen werden, wenn das Arbeitsgericht und Landesarbeitsgericht in dem Vorbringen des Beklagten nach Inhalt des Schriftsatzes vom 9. Januar 1931 eine Klagänderung erblickt haben. Nach § 264 ZPO. ist eine Änderung der Klage aber nur zulässig, wenn der Beklagte einwilligt oder das Gericht sie für sachdienlich erachtet. In Ermangelung einer Einwilligung des Beklagten ist damit die Zulassung einer Klagänderung in das Ermessen des Gerichts gestellt. Das Arbeitsgericht hat zwar in seinem Urteile zu der Frage der Klagänderung keine ausdrückliche Stellung genommen. Es hat aber, wie das Sitzungsprotokoll vom 26. März 1931 ergibt, in derselben Besetzung, in der auch das Urteil erlassen ist, durch verkündeten Beschluß zum Ausdruck gebracht, daß es die Klagänderung nicht zulasse. Es ist deshalb, auch wenn diese Nichtzulassung im Urteile des Arbeitsgerichts nicht nochmals ausdrücklich erwähnt ist, nicht zu beanstanden, wenn das Landesarbeitsgericht im angefochtenen Urteile davon ausgegangen ist, daß das Arbeitsgericht diese in der Geltendmachung der unerlaubten Handlung liegende Klagänderung nicht zugelassen habe. Diese Ausführungen des Landesarbeitsgerichts lassen erkennen, daß es die Stellung des Arbeitsgerichts zu der Frage der Zulassung der Klagänderung unter dem Gesichtspunkte des § 264 ZPO. nachgeprüft hat. Wenn es mit dem Arbeitsgericht die Zulassung der Klagänderung nicht für sachdienlich angesehen hat, so kann dieser auf dem Gebiet des Ermessens liegenden Auffassung aus Rechtsgründen nicht entgegengetreten werden. Eine Verletzung des § 264 ZPO. ist nicht festzustellen. Die im Anschluß an die Erwähnung des § 264 ZPO. folgenden Ausführungen des angefochtenen Urteils haben nicht, wie die Revision annimmt, den Zweck, die Stellungnahme des Landesarbeitsgerichts zu der Frage der Zulassung der Klagänderung näher zu begründen, dienen vielmehr der Darlegung, daß nach der Auffassung des Landesarbeitsgerichts in den auf Grund der Beweisaufnahme festgestellten Maßnahmen, soweit der Beklagte verantwortlich für sie sei, eine Verletzung der tarifvertraglichen Friedenspflicht nicht zu erblicken sei. Aus ihnen kann deshalb eine Verkennung der Bedeutung des § 264 ZPO. nicht gefolgert werden.

II. Was den von dem Kläger aus dem Gesichtspunkt der Verletzung des Tarifvertrages geltend gemachten Schadensersatzanspruch betrifft, so ist das Landesarbeitsgericht an sich von der im Urteile des Reichsarbeitsgerichts vom 16. Mai 1931 (RAG. Bd. 8 S. 323) der Ziff. 2

Abs. 4 im Abschnitt IX des Rahmentarifvertrages gegebenen und in den Urteilen vom 17. Oktober 1931 und 25. Juni 1932 (RAG. 94/31 und 153/32) festgehaltenen Auslegung ausgegangen, daß zwar mangels einer Einigung über die vom Arbeitgeber beabsichtigte Änderung der Akkorde dieser berechtigt sein sollte, die Änderung selbst vorzunehmen, daß er aber die Arbeit nach den neuen Akkordsätzen erst dann von seinen Arbeitnehmern verlangen dürfe, wenn ein der vertraglichen Kündigungsfrist entsprechender Zeitraum seit der Bekanntmachung verstrichen sei. Das Landesarbeitsgericht hat aber in der Bekanntmachung der Zedentin vom 12. Juni 1932 nicht lediglich eine Aufkündigung der Akkordvereinbarung erblickt, sondern in Übereinstimmung mit dem Arbeitsgericht die Kundgabe einer Kündigung der gesamten Arbeitsverträge, und angenommen, daß der Zedentin neben der ihr nach dem Tarifvertrage möglich gewesenen einseitigen Herabsetzung der Akkorde ohne Kündigung der Arbeitsvertragsverhältnisse selbst auch dieser Weg offengestanden habe, um eine Herabsetzung der Akkorde zu erreichen. Hiernach davon ausgehend, daß die Zedentin, indem sie diesen Weg beschritt, nicht tarifwidrig gehandelt habe, hat es aber auf der anderen Seite auch in dem von dem Kläger behaupteten Verhalten des Beklagten eine Verletzung des Tarifvertrages nicht erblickt. Es hat hierzu ausgeführt, wenn die Zedentin auch im Anschluß an ihre früheren Bekanntmachungen durch die Bekanntmachung vom 30. Juni Angebote zum Abschluß von neuen Arbeitsverträgen zu den in den Bekanntmachungen mitgeteilten Bedingungen gemacht habe, so sei doch darin, daß die Belegschaft sich geweigert habe, auf diese Angebote einzugehen, kein Streik zu erblicken, denn ein Streik liege nur vor, wenn die Arbeitnehmer von sich aus die Arbeit einstellten, nicht aber, wenn sie, nachdem ihnen gekündigt worden sei, nach Beendigung ihrer Dienstverträge nicht weiter arbeiteten. Dem beklagten Verband könne daher ein tarifwidriges Verhalten auch nicht deshalb vorgeworfen werden, weil er an seine entlassenen Mitglieder Unterstützungen bezahlt habe. Die Zahlung der verbandlichen Erwerbslosenunterstützungen (§ 10 des Statuts des Beklagten) könne schon deshalb nicht beanstandet werden, weil sie keine Arbeitskampfmaßnahme darstelle, sondern eine lediglich im Rahmen verbandlicher Fürsorge liegende Unterstützung stellungsloser Mitglieder bedeute. Einer anderen rechtlichen Beurteilung unterliege allerdings die Zahlung der höheren Maßregelungsunterstützungsgelder (§ 15 des Statuts) und die Unterstützung bei Arbeitsniederlegungen und Aussperrungen (§ 16 des Statuts), da sie nach ihrem Sinn und Zweck eine Bestärkung der unterstützten Mitglieder in dem von diesen in einem Arbeitskampf mit dem Arbeitgeber eingenommenen Standpunkt bedeuteten. Die von dem beklagten Verband durchgeführte Zahlung von Unterstützungen nach §§ 15, 16 des Statuts bedeute mithin keine neutrale Handlung, sondern eine Stellungnahme gegen das Vorgehen des Arbeitgebers. Zu dieser Zahlung sei jedoch der beklagte Verband berechtigt gewesen; denn die von der Zedentin zum 1. Juli 1930 ausgesprochene Gesamtkündigung sei zwar nicht tarifwidrig gewesen, aber sie habe als Gesamtkündigung eine Ausperrung zum Zwecke der Herabsetzung der im Betriebe geltenden übertariflichen Akkordverdienste bedeutet. Das Ziel der Zedentin sei die Herabsetzung der Akkordlöhne in den einzelnen Arbeitsverträgen gewesen, die sie planmäßig durch Kündigung der Arbeitsverträge der gesamten Belegschaft mit dem durch die Bekanntmachung der neuen Akkordsätze bekundeten Willen der Windereinstellung verfolgt habe. Gegenüber diesem von der Zedentin eingeleiteten Arbeitskampfe habe die Belegschaft mit Billigung und Unterstützung des Beklagten zur Abwehr greifen können; es könne dagegen auch daraus kein Bedenken hergeleitet werden, daß das Ziel der Aussperrung im Einklang mit dem Tarifvertrage gestanden habe. Eine unzulässige Überschreitung der Mittel des Arbeitskampfes sei dem Beklagten bzw. seinen Angestellten und denjenigen Personen, die er zu einer Verrichtung in dem Arbeitskampfe gegen die Zedentin angestellt habe, nicht zur Last zu legen. Die in dem Urteile des Arbeitsgerichts auf Grund der Beweisaufnahme erörterten Maßnahmen, wie Verpflichtung der Mitglieder zur Ablieferung der Briefe der Zedentin, Rundschreiben an die Werksangehörigen, Verteilung von Flugblättern, Streikpostendienst und Sperre, seien nicht zu beanstandende Maßnahmen im Rahmen des Arbeitskampfes. Wenn Ausschreitungen einzelner Arbeitnehmer gegen Arbeitswillige vorgekommen seien, so fehle es an dem Nachweis, daß der Beklagte diese unmittelbar veranlaßt und verursacht habe. Hinzu komme, daß die Verschärfung des Arbeitskampfes gegen Ende Juli, Anfang August 1930 gegenüber der an sich Verhandlungen nicht geneigten Belegschaft auch darauf zurückgeführt werden müsse, daß die Zedentin neue Arbeitsbedingungen zu den schon bekanntgegebenen neuen Akkordsätzen hinzugefügt habe. Diese neuen Bedingungen seien entgegen der Ansicht des Klägers von erheblicher Bedeutung für die Weiterführung des Arbeitskampfes gewesen. Das ergebe sich nicht nur aus der Lebenserfahrung, sondern auch insbesondere daraus, daß darauf in dem Rundschreiben des Beklagten an die Arbeiter vom 2. August 1930 ausdrücklich hingewiesen und hervorgehoben werde, daß die Belegschaft in einer Versammlung am 1. August beschlossen habe, unter diesen Bedingungen die Arbeit nicht aufzunehmen. Danach und mit Rücksicht auf den Inhalt eines Aufrufes des Beklagten an die werktätige Bevölkerung vom 14. August 1931 sei es durchaus glaubhaft, daß bei einem anderen Verhalten der Zedentin, insbesondere dann, wenn sie keine neuen Bedingungen gestellt hätte, der Arbeitskampf wie anderswo in etwa 3 Wochen, d. h. gegen den 25. Juli 1930, beendet gewesen wäre.

Mit diesen letzteren Darlegungen hat das Landesarbeitsgericht, soweit die Zeit von etwa Ende Juli in Frage kommt, das Vorliegen des für eine Schadensersatzpflicht erforderlichen ursächlichen Zusammenhanges zwischen dem Verhalten des Beklagten und dem der Zedentin des Klägers entstandenen Schadens verneint. Die Revision des Klägers wendet sich hiergegen, indem sie geltend macht, das Landesarbeitsgericht unterstelle mit der Schlußfolgerung, der Arbeitskampf sei bei einem anderen Verhalten der Zedentin, insbesondere dann, wenn sie keine neuen Bedingungen gestellt habe, ebenso wie anderswo nach etwa 3 Wochen beendet gewesen, eine Behauptung des Beklagten, die von diesem gar nicht aufgestellt worden sei. Der Beklagte habe auch eine Behauptung solchen Inhalts gar nicht aufstellen können, da sie den Tatsachen widersprochen haben würde, abgesehen davon, daß auch die von dem Landesarbeitsgericht selbst angeführten Schreiben und Flugblätter deutlich erkennen ließen, daß der Kampf auch nach dem 21. Juli im wesentlichen um den Lohnabzug geführt worden sei. Das Gericht dürfe sich aber lediglich auf Behauptungen der Parteien stützen und nicht von Amts wegen Feststellungen treffen, die nicht von Parteibehauptungen getragen würden. — Der Revisionsangriff ist unbegründet. Nach feststehender Rechtsprechung ist der Richter in der tatsächlichen Würdigung des von den Parteien Vorgebrachten frei; er darf aus dem vorgebrachten Tatsachenstoffe sowie aus den vorgetragenen Beweisergebnissen Schlüsse ziehen, die keine der Parteien gezogen hat (RGZ. Bd. 80 S. 363, Bd. 86 S. 145, Bd. 94 S. 150, Bd. 95 S. 72, Bd. 103 S. 196). Um nichts anderes handelt es sich aber, wenn im vorliegenden Falle das Landesarbeitsgericht in freier Würdigung des von den Parteien Vorgebrachten und des Ergebnisses der Beweisaufnahme bei der Prüfung des ursächlichen Zusammenhanges zwischen dem Verhalten des Beklagten und dem von dem Kläger geltend gemachten Schaden der Zedentin angenommen hat, der Arbeitskampf würde nach etwa 3 Wochen beendet gewesen sein, wenn die Zedentin nicht neue Arbeitsbedingungen gestellt hätte. Das Landesarbeitsgericht hat sich in den Grenzen der ihm durch § 287 ZPO. eingeräumten Befugnis gehalten, wenn es diesen Schluß gezogen hat, auch ohne daß eine ausdrückliche Behauptung des Beklagten in dieser Richtung aufgestellt worden war. Soweit die Revision sich gegen die Richtigkeit des von dem Landesarbeitsgericht gezogenen Schlusses wendet, liegt der Angriff auf dem der Nachprüfung in der Revisionsinstanz verschlossenen Gebiet der Tatsachenwürdigung. Eine Verletzung des § 286 ZPO., wie sie von der Revision geltend gemacht ist, kommt hiernach nicht in Frage.

Soweit die Revision des Klägers sich gegen die Auffassung des Landesarbeitsgerichts wendet, die Maßnahmen der Zedentin seien einer Aussperrung gleichzuerachten und dieser Aussperrung gegenüber sei der Beklagte zu Abwehrmaßnahmen berechtigt gewesen, ist dem Landesarbeitsgericht zunächst darin beizustimmen, daß, sofern die Bekanntmachung der Zedentin vom 12. Juni 1930 eine Gesamtkündigung der Belegschaft enthielt, was hier entsprechend der Auslegung des Landesarbeitsgerichts zu unterstellen ist, diese Gesamtkündigung, auch wenn sie, was weiter hier zu unterstellen ist, nicht tarifwidrig war, eine Aussperrung bedeutete. Die Revision, welche darauf hinweist, daß die Aussperrung genau wie der Streik ein Mittel des kollektiven Arbeitskampfes sei, verkennt, daß der kollektive Charakter der durch die Kündigung seitens der Zedentin getroffenen Maßnahme schon daraus erhellt, daß sie sich gegen die gesamte Belegschaft richtete und daraufhin abzielte, die gesamte Akkordarbeit, also einen Hauptteil der Arbeit der Belegschaft überhaupt, planmäßig und einheitlich auf eine neue Vertragsgrundlage zu stellen. Durch die planmäßige und einheitliche Durchführung der Kündigungsmaßnahme erhielt diese aber auch, selbst wenn sie nicht eigens zu dem Zwecke erfolgt war, dadurch einen Druck zur Erreichung der dem Arbeitgeber günstigeren Bedingungen auszuüben, und selbst auch dann, wenn sie den einzigen zulässigen Weg zur Herabsetzung der übertariflichen Akkorde gebildet haben würde, durch die infolge der planmäßigen Anwendung ihr tatsächlich innewohnende Eigenschaft eines Druckmittels den Charakter einer Kampfmaßnahme im Sinne des angriffsweisen Vorgehens der Zedentin gegenüber der Belegschaft zur planmäßigen Herabsetzung der gesamten Akkordlöhne (vgl. hierzu auch RAG. 495/31, Urt. vom 23. April 1932 Bensh. Bd. 15 S. 211), zumal mit ihr nicht das Angebot neuer Arbeitsbedingungen unmittelbar verbunden war, die Bekanntgabe der letzteren vielmehr erst am Tage vor dem von der Zedentin in Aussicht genommenen Termin des Inkrafttretens erfolgte. Dabei handelte es sich nicht etwa um eine Neugestaltung der Akkordsätze, die im Verfolg einer tarifvertraglich vorgenommenen Senkung des Zeitlohns lediglich eine entsprechende

Anpassung der bestehenden Akkordlohnsätze an die neuen Zeitlohnsätze bezweckte, also um eine Maßnahme, wie sie in RAG. 180/32 Urt. vom 26. Oktober 1932 (RAG. Bd. 12 S. 28) Gegenstand der Erörterung gewesen ist, sondern um eine unabhängig hiervon vorzunehmende allgemeine Herabsetzung der übertariflichen Akkordsätze. Eine Abwehr dieses kollektiven Charakter tragenden Vorgehens des Arbeitgebers gegenüber der Belegschaft durch den Arbeitnehmerverband enthielt, wie das Landesarbeitsgericht ohne Rechtsirrtum angenommen hat, keinen Verstoß gegen die sich für ihn aus dem Tarifvertrage als solchen ergebende relative Friedenspflicht. Denn diese verpflichtete die an dem Tarifvertrage beteiligten Verbände nur, während des Bestehens des Tarifvertrages keine Kampfhandlung mit dem Ziele der Änderung der tariflichen Regelung zu unternehmen. Soweit es sich aber um die Frage der Herabsetzung übertariflicher, also nicht im Tarifvertrage geregelter Löhne handelte, richtete sich der Kampf nicht gegen die im Tarifvertrage getroffene Regelung, sondern gegen die Beseitigung eines außerhalb der tariflichen Regelung bestehenden arbeitsvertraglichen Zustandes, die, wenn der Zustand auch in der Gesamtheit einzelner Arbeitsverträge seine Grundlage hatte, doch durch die planmäßige Beseitigung dieser einzelnen Arbeitsverträge, also durch eine Maßnahme herbeigeführt werden sollte, die kollektiven Charakter hatte und durch die besondere Art des Vorgehens auch äußerlich das Gepräge einer Kampfmaßnahme erhielt. Durch die Abwehrmaßnahme wurde nicht etwa, wie die Revision geltend macht, erstrebt, kollektiv bestimmte Arbeitsbedingungen zu erhalten, die mit dem abgeschlossenen Tarifvertrag in Widerspruch standen, die Abwehr war vielmehr lediglich gegen die Beseitigung arbeitsvertraglicher günstiger Bedingungen durch eine kollektiven und gleichzeitig Kampf-Charakter tragende Maßnahme gerichtet. Das Landesarbeitsgericht hat deshalb ohne Rechtsirrtum angenommen, daß der Beklagte die sich für ihn aus dem Bestehen des Tarifvertrages an sich ergebende relative Friedenspflicht nicht dadurch verletzt hat, daß er die zur Belegschaft der Zedentin gehörenden Mitglieder in ihrer Weigerung, nach Auflösung des Vertragsverhältnisses die Arbeit zu den angebotenen neuen Bedingungen wieder aufzunehmen, durch Zahlung von Kampfunterstützungsgeldern und durch sonstige Abwehr-Maßnahmen unterstützt hat. Daß hierbei der Beklagte die Grenzen der zulässigen Maßnahmen überschritten habe, ist vom Landesarbeitsgericht in rechtsbedenkenfreier Weise verneint. Soweit Ausschreitungen einzelner Arbeitnehmer gegen Arbeitswillige vorgekommen sind, hat das Landesarbeitsgericht nicht für erwiesen erachtet, daß diese durch den Beklagten oder solche Personen, für deren Handlungsweise er einzustehen hat, veranlaßt oder verursacht worden sind.

Ist hiernach zwar die Annahme des Landesarbeitsgerichts, daß der Beklagte durch sein Verhalten die Friedenspflicht, wie sie sich aus dem Bestehen des Friedensvertrages an sich ergibt, nicht verletzt habe, rechtlich nicht zu beanstanden, so hat aber auf der anderen Seite das Landesarbeitsgericht eine Nachprüfung in der Richtung unterlassen, ob nicht besondere Umstände in den tarifvertraglichen Beziehungen der Parteien vorlagen, welche den Beklagten zu einem besonderen Verhalten in seinem Verhältnis zum Kläger verpflichteten. In dieser Beziehung hatte der Kläger behauptet, daß sowohl in den den Schlichtungsverhandlungen voraufgegangenen Verhandlungen der Tarifvertragsparteien als auch in den Schlichtungsverhandlungen selbst seitens der Arbeitgeber besonderer Wert auf die Beseitigung der sog. Severing-Klausel gelegt worden sei, um dadurch die Möglichkeit der im Zuge der allgemeinen Lohnsenkung liegenden Herabsenkung auch der übertariflichen Akkorde zu eröffnen. Wie das angefochtene Urteil feststellt, ist die Verbindlichkeitserklärung des die Severing-Klausel nicht mehr enthaltenden Oeynhauser Schiedsspruchs auch erst dann erfolgt, nachdem der Kläger bestimmte Zusicherungen darüber gemacht hatte, daß die durch den Fortfall der Severing-Klausel ermöglichte Herabsetzung übertariflicher Akkorde in einem bestimmten Verhältnis zu der in der eisenschaffenden Industrie durchzuführenden Preissenkung stehen sollte. Ebenso, wie sich schon an sich aus der Tatsache des Abschlusses eines Tarifvertrages für jede Tarifvertragspartei die Pflicht ergibt, eine grundlose Störung des Wirtschaftsfriedens zu unterlassen (RGZ. Bd. 5 S. 252, Bd. 11 S. 239), kann sich aus den besonderen Umständen, unter denen ein Tarifvertrag zustandekommt, und aus der gegenüber dem bisher maßgebend gewesenen Tarifvertrage seinem neuen Inhalte innewohnenden besonderen Bedeutung die Verpflichtung der einen oder anderen Tarifvertragspartei ergeben, gegenüber einem bestimmten Vorgehen der Gegenseite sich in bestimmter Weise zu verhalten. In dieser Beziehung war von dem Kläger geltend gemacht, daß sich aus den Verhandlungen, die dem Zustandekommen des Tarifvertrages vorhergegangen seien, in Verbindung mit der von ihm gemachten Zusicherung und in Verbindung mit der Tatsache, daß der den Wegfall der Severing-Klausel herbeiführende Schiedsspruch für verbindlich erklärt worden ist, die Verpflichtung des Beklagten ergeben habe, sich einer von der Arbeitgeberseite in die Wege geleiteten Herabsetzung der Akkordlöhne nicht grundlos zu widersetzen. Dieser Verpflichtung habe aber der Beklagte zuwidergehandelt, indem er von vornherein die Arbeiterschaft nicht nur des Betriebes der Zedentin, sondern des ganzen Bezirks dazu veranlaßt habe, jegliche Herabsetzung der übertariflichen Akkordsätze ohne Rücksicht auf das Maß der Herabsetzung Widerstand zu leisten. Das Landesarbeitsgericht hat es unterlassen, das Verhalten des Beklagten unter diesem von dem Kläger geltend gemachten Gesichtspunkte zu prüfen. Es hat insofern das Vorbringen des Klägers, das in dieser Richtung die Annahme der Verletzung einer dem Kläger gegenüber aus den tarifvertraglichen Beziehungen sich ergebenden Verpflichtung durch den Beklagten rechtlich nicht ausgeschlossen erscheinen läßt, nicht erschöpfend gewürdigt und die Revision des Klägers ist daher insofern für begründet zu erachten.

III. Aus der unter II dargelegten Rechtsauffassung des Landesarbeitsgerichts, daß die in der Bekanntmachung vom 12. Juni 1930 zu erblickende Gesamtkündigung der Arbeitsvertragsverhältnisse der Belegschaft eine Verletzung des Tarifvertrages nicht enthalte, ergab sich für das Landesarbeitsgericht ohne weiteres die Abweisung des auf Tarifverletzung gestützten Widerklageanspruches.

Die Revision des Beklagten wendet sich in erster Linie dagegen, daß das Landesarbeitsgericht eine Kündigung der Arbeitsverträge als erfolgt angesehen hat, und rügt insofern Verletzung der §§ 157, 242 BGB. und des § 286 ZPO. Das Landesarbeitsgericht hat die Kundgebung der Kündigung in der Bekanntmachung vom 12. Juni erblickt und es nicht für erforderlich erachtet, im Zusammenhange damit auch die Bekanntmachung vom 16. Juni einer Nachprüfung in bezug auf ihre Bedeutung und Tragweite zu unterziehen, weil es angenommen hat, daß die Wirksamkeit der durch die Bekanntmachung vom 12. Juni vollzogenen Kündigung durch die Bekanntmachung vom 16. Juni nicht mehr habe beeinflußt werden können, selbst wenn diese letztere Bekanntmachung nur im Sinne einer Kündigung der dienstvertraglichen Nebenabreden über die Akkordsätze auszulegen sein sollte. Was zunächst die Auslegung der Bekanntmachung vom 12. Juni 1930 betrifft, so läßt die an sich mögliche Auslegung des Landesarbeitsgerichts eine Verletzung der Auslegungsregeln der §§ 133, 157 BGB. nicht erkennen und ist daher rechtlich nicht zu beanstanden. Wenn das Landesarbeitsgericht weiter dargelegt hat, die Absicht der Kündigung der Vertragsverhältnisse sei in der Erklärung auch dadurch erkennbar zum Ausdruck gekommen, daß nicht nur die Akkorde, sondern die gesamten Löhne gekündigt worden seien, dies aber nur durch Kündigung der Vertragsverhältnisse selbst möglich gewesen sei, so sind auch dagegen Rechtsbedenken nicht zu erheben. Dagegen kann es nicht gebilligt werden, daß das Landesarbeitsgericht es unterlassen hat, auch die Bekanntmachung vom 16. Juni zu berücksichtigen. Die beiden Bekanntmachungen stehen sichtlich im engsten Zusammenhang miteinander und können nur im Zusammenhang miteinander in ihrer Bedeutung und Tragweite ausgelegt und verstanden werden. Sollte der Bekanntmachung vom 16. Juni, was das Landesarbeitsgericht offenläßt, die Bedeutung beizumessen sein, daß die Zedentin des Klägers damit nur eine Kündigung der dienstvertraglichen Nebenabreden über die Akkordsätze hat aussprechen wollen, so würde darin gleichzeitig eine Zurücknahme der durch die Bekanntmachung vom 12. Juni ausgesprochenen Kündigung der Arbeitsvertragsverhältnisse erblickt werden müssen. Diese Zurücknahme würde auch wirksam gewesen sein, da die durch den Ausspruch der Kündigung beabsichtigte Auflösung der Dienstvertragsverhältnisse in dem Zeitpunkte, zu dem die Kündigungserklärung erfolgte, noch nicht eingetreten war. Die Bekanntmachung vom 16. Juni ist in ihrem gleichen Wortlaut schon mehrfach Gegenstand der Erörterung des Reichsarbeitsgerichts gewesen (RAG. Bd. 8 S. 323, ferner RAG. 94/31 Urt. vom 17. Oktober 1931 und RAG. 153/32 Urt. vom 25. Juni 1932). Die dort der Bekanntmachung gegebenen Auslegungen sind jedoch für die Auslegung der von der Zedentin des Klägers erlassenen Bekanntmachung, obgleich sie den gleichen Wortlaut hat, nicht bindend, da in jenen Fällen die Bekanntmachungen von anderen Arbeitgebern erlassen waren und die Auslegung nur unter Berücksichtigung der besonderen Verhältnisse des einzelnen Falles vorgenommen werden kann. Daher ist das Reichsarbeitsgericht auch nicht befugt, etwa ohne weiteres von der Auslegung der Bekanntmachung, wie sie in der Sache RAG. 153/32 nach erschöpfendem Vortrag des Tatsachenmaterials durch die Parteien in den Vorinstanzen stattgefunden hat, auszugehen, es muß vielmehr dem Landesarbeitsgericht überlassen bleiben, in tatsächlicher Würdigung der Begleitumstände des vorliegenden Falles die Auslegung der von der Zedentin des Klägers am 16. Juni 1930 erlassenen Bekanntmachung von sich aus vorzunehmen und ihre Bedeutung und Tragweite im Verhältnis zur Bekanntmachung vom 12. Juni 1932 zu würdigen.

Soweit die Revision sich dagegen wendet, daß das Landesarbeitsgericht den Weg, durch eine Kündigung der Arbeitsverhältnisse eine Herabsetzung der Akkordlöhne herbeizuführen, nicht als mit dem Tarifvertrage in Widerspruch stehend angesehen hat, ist sie für unbegründet zu erachten. Zwar gibt der Tarifvertrag dem Arbeitgeber die Möglichkeit, auch ohne Lösung des Arbeitsvertragsverhältnisses eine

Herabsetzung der übertariflichen Akkordlöhne herbeizuführen. Durch die Einräumung dieser Befugnis ist aber der aus allgemeinen Rechtsgrundsätzen sich ergebende Weg, die bestehenden Arbeitsvertragsverhältnisse aufzulösen und durch Angebot neuer den Bestimmungen des Tarifvertrages entsprechender Arbeitsbedingungen den Abschluß neuer Arbeitsverträge herbeizuführen, nicht verschlossen worden. Es kommt indessen hierauf entscheidend nicht an. Denn auch wenn die Zedentin des Klägers auf dessen Anweisung durch die Kündigung der Arbeitsverhältnisse den Tarifvertrag verletzt haben sollte, so würde doch ein die Schadensersatzpflicht voraussetzendes Verschulden des Klägers in bezug auf die Verletzung des Tarifvertrages nicht vorliegen, da der Beklagte, wie er selbst nicht bestreitet, zur Zeit des Erlasses der Bekanntmachung selbst auf dem Standpunkt gestanden hat, daß eine Herabsetzung der übertariflichen Akkordlöhne nur im Wege der Kündigung der Arbeitsvertragsverhältnisse zulässig sei. Soweit die Zedentin des Klägers die aus dem Tarifvertrage sich ergebende Friedenspflicht dadurch verletzt haben sollte, daß sie die Kündigung nicht nur auf die Arbeitsverhältnisse, bei denen eine Herabsetzung der Akkordlöhne in Frage kam, beschränkt, vielmehr, wie das Landesarbeitsgericht angenommen hat, eine Kündigung der gesamten Belegschaft vorgenommen hat, würde es an dem für eine Schadensersatzpflicht des Klägers erforderlichen ursächlichen Zusammenhang ermangeln, da die von der Herabsetzung der Akkordlöhne nach Maßgabe der Bekanntmachung vom 30. Juni nicht betroffenen Arbeitnehmer in der Lage waren, nach dem 1. Juli zu den alten Bedingungen die Arbeit in unveränderter Weise fortzusetzen.

IV. Das angefochtene Urteil bedurfte hiernach, soweit es die Klage abweist, auf die Revision des Klägers und, soweit es die Widerklage abweist, auf die Revision des Beklagten, also im ganzen Umfange, der Aufhebung; gleichzeitig war die Sache zur anderweiten Verhandlung und Entscheidung an das Landesarbeitsgericht zurückzuverweisen.

RAG. 12, 152.

Liegt ein auf Zeit eingegangenes Dienstverhältnis vor, wenn der Dienstverpflichtete zur Erledigung bestimmter Arbeiten angenommen ist mit der Maßgabe, daß ausschließlich der Dienstberechtigte den Zeitpunkt bestimmen soll, in dem die Arbeit für den Dienstverpflichteten erledigt ist?

BGB. § 620.

Reichsarbeitsgericht. Urt. v. 7. Dezember 1932.

I. Arbeitsgericht Berlin. — II. Landesarbeitsgericht daselbst.

Der Kläger ist durch schriftlichen Anstellungsvertrag vom 17. Oktober 1931 von der Beklagten für die Zeit vom 19. Oktober 1931 ab eingestellt worden unter folgenden Bedingungen:

> Die Beschäftigung erfolgt lediglich zur Deckung eines vorübergehenden Personalbedarfs, und zwar zur Personenstandsaufnahme. Mit Erledigung dieser Arbeiten ist das Arbeitsverhältnis gelöst, ohne daß es einer Kündigung bedarf. Den Zeitpunkt, wann diese Arbeiten für den Arbeitnehmer erledigt sind, bestimmt ausschließlich die Verwaltung.

Maßgebend sein sollte nach ausdrücklicher Bestimmung des Anstellungsvertrages der 4. Tarifvertrag für die Angestellten der Beklagten.

Der Kläger ist mit Schichtende des 11. Dezember 1931 entlassen worden. Er hält diese Entlassung nicht für rechtswirksam und klagt auf Fortzahlung seines Gehalts, ist aber in den Vorinstanzen unterlegen. Auch seine Revision hatte keinen Erfolg.

Gründe:

Die Beklagte hat geltend gemacht, es handle sich um einen reinen Zeitvertrag, der nach den Bestimmungen des Anstellungsvertrages mit Beendigung der Arbeit, für die der Kläger angenommen worden sei, ohne weiteres zu Ende gegangen sei. Der Zeitpunkt der Beendigung sei nach ausdrücklicher Vertragsabrede ausschließlich von ihrer Verwaltung zu bestimmen gewesen und auf den Ablauf des 11. Dezember 1931 bestimmt worden.

Der Kläger stützt sich in erster Linie auf § 39 Abs. 2 TV. Hiernach darf nach einer ununterbrochenen Dienstzeit von 10 Jahren eine Kündigung nur bei Vorhandensein eines wichtigen Grundes erfolgen.

(Es wird dargelegt, daß der Kläger eine ununterbrochene Dienstzeit von zehn Jahren im Sinne des Tarifvertrags nicht aufzuweisen hatte.)

Für den Fall, daß § 39 Abs. 2 nicht anwendbar sein sollte, beruft sich der Kläger auf die Grundsätze für die Auswahl bei Entlassungen, die als Anlage 4 zum Tarifvertrag nach der Protokollerklärung zu § 39 Inhalt dieses Tarifvertrages — und zwar wie der Kläger meint — normativer Natur seien. Diese Grundsätze besagen u. a., daß ledige Angestellte vor verheirateten zu entlassen seien. Der Kläger ist verheiratet. Er behauptet unbestritten, daß noch drei unverheiratete Angestellte bei der Beklagten beschäftigt seien; bevor diese nicht entlassen seien, dürfe ihm nicht gekündigt werden. Der Kläger beruft sich zu diesem Punkt weiter auf einen ministeriellen Erlaß vom 8. Februar 1927, der allen Dienststellen zur Pflicht mache, bei Entlassungen ältere Angestellte zu schonen; auch gegen diesen Erlaß verstoße die Beklagte, wenn sie ihn entlassen wolle, bevor die erwähnten drei unverheirateten jüngeren Angestellten zur Entlassung gekommen seien.

Das Berufungsgericht hat den Anstellungsvertrag vom 17. Oktober 1931 dahin ausgelegt, daß die Beschäftigungsdauer abgestellt gewesen sei auf den Eintritt eines bestimmten Ereignisses, nämlich auf die Erreichung des Vertragszweckes. Die maßgebliche Bestimmung des Zeitpunktes, in dem der Zweck des mit dem Kläger abgeschlossenen Arbeitsvertrags erreicht sei, sei im Vertrag der Verwaltung der Beklagten überlassen worden. Die Verwaltung habe den Vertragszweck als mit Ablauf des 11. Dezember 1931 erreicht erklärt. Damit sei der Arbeitsvertrag des Klägers mit diesem Zeitpunkt erloschen. Diese Auslegung ist rechtlich möglich und deshalb in der Revision nicht angreifbar. Solche Anstellungsverträge sieht § 39 a des Tarifvertrags ausdrücklich vor. Dann aber kommt es auf Kündigungsbeschränkungen, die der Tarifvertrag etwa enthält, nicht an; denn eine Kündigung im Rechtssinne hat überhaupt nicht stattgefunden. Es kommt auch auf die Grundsätze des ministeriellen Erlasses nicht an, und es braucht nicht untersucht zu werden, ob der ministerielle Erlaß überhaupt (was die Revision übrigens nicht aufrechterhält) subjektive Rechte des Klägers erzeugen konnte oder welche Rechtswirkung seine Nichtbeachtung auf das Arbeitsvertragsverhältnis des Klägers geübt hat. Es kommt auch auf die — vielleicht zweifelhafte — Frage nicht an, ob die im Tarifvertrag in Bezug genommenen Grundsätze für die Auswahl bei Entlassungen nur schuldrechtlicher Natur sind oder ob sie etwa als normative Bestimmungen Inhalt des Arbeitsvertrags des Klägers geworden sind, so daß eine im Widerspruch damit erklärte Entlassung unwirksam sein würde.

RAG. 12, 174.⁺

Genügt es zur Wahrung der gesetzlichen Schriftform, wenn die Tarifparteien wegen des Inhalts ihres Abkommens auf einen nicht von denselben Parteien geschlossenen abgelaufenen Tarifvertrag verweisen, der ihrer Vertragsurkunde nicht beigefügt ist?

BGB. § 126. TarifVo. § 1.

Reichsarbeitsgericht. Urt. v. 4. Januar 1933.

I. Arbeitsgericht Berlin. — II. Landesarbeitsgericht daselbst.

. . .

Gründe:

. . .

Umstritten ist nun zwischen den Parteien, ob die tariflichen Urlaubsbestimmungen für die Kläger nicht dadurch wieder Geltung erlangt haben, daß der sie enthaltende Manteltarifvertrag vom 13. Mai 1929 zum Inhalt des neuen Tarifabkommens vom 2. Januar 1932 gemacht worden ist. Dieses Abkommen ist ausweislich der darüber aufgenommenen Vertragsurkunde auf Arbeitgeberseite von den aus einer angefügten Liste ersichtlichen Arbeitgebern der Berliner Kistenindustrie, darunter der Beklagten, und auf Arbeitnehmerseite nicht nur von der Freien Vereinigung der Kistenmacher Groß-Berlins, welcher der Kläger M. angehört, sondern auch vom Deutschen Holzarbeiterverband, dessen Mitglieder die anderen beiden Kläger sind, abgeschlossen und auf Arbeitgeberseite vom Kistenfabrikanten D. „in Vollmacht der in der Liste aufgeführten Arbeitgeber" unterzeichnet worden. Auf die Behauptung der Beklagten, daß D. bei Unterzeichnung des Abkommens sich über dessen Inhalt im Irrtum befunden habe und getäuscht worden sei, auf jeden Fall aber seine ihm nur zur Neuregelung der Löhne erteilte Vollmacht überschritten habe, und daß das Abkommen deshalb, soweit es auf den Inhalt des früheren Manteltarifvertrages und damit auch dessen Urlaubsvorschriften Bezug nehme, für sie unverbindlich sei, ist das Berufungsgericht nicht eingegangen. Es brauchte es nicht zu tun, weil es die Unwirksamkeit des Abkommens, soweit es die Bestimmungen des Manteltarifs betrifft, aus einem anderen Grund herleitet. Es hält die für Tarifverträge nach § 1 TarifVo. vorgeschriebene Schriftform durch die bloße Angabe, daß der von der Vereinigung der Kistenfabrikanten und der Freien Vereinigung der Kistenmacher unterzeichnete Manteltarifvertrag vom 13. Mai 1929 von den im Eingang des Abkommens genannten Tarifparteien abgeschlossen wird, und die zugefügte Bestimmung der Geltungsdauer des Abkommens nicht für gewahrt.

Hiergegen wenden sich die Revisionen der Kläger. Sie können keinen Erfolg haben.

Nach der Rechtsprechung des Reichsgerichts verlangt der gesetzliche Formzwang der Schriftlichkeit, dessen Nichtbeobachtung nach § 125 Satz 2 BGB. die Nichtigkeit des betroffenen Rechtsgeschäfts zur Folge hat, daß der gesamte wesentliche Inhalt des Rechstgeschäfts in die über dasselbe aufgesetzte Urkunde mit aufgenommen wird (RGZ. Bd. 57 S. 260, Bd. 80 S. 402 und dortige Anführungen). Zur Wahrung der gesetzlichen Schriftform genügt es nicht, daß sich die Erklärungen der Beteiligten erst aus anderen in der Urkunde angezogenen Schriftstücken erkennen lassen (RGZ. Bd. 105 S. 289). Eine Ausnahme wird für den Fall zugelassen, daß das angezogene Schriftstück der Haupturkunde unmittelbar beigefügt ist und als Anlage mit ihr zusammen eine Einheit bildet und deshalb als durch die Unterschrift unter der Haupturkunde mitgedeckt angesehen werden muß (RGZ. Bd. 107 S. 291). So werden z. B. der Tarifvertragsurkunde beigefügte tarifliche Protokollnotizen von der Schriftform der Urkunde mitumfaßt (RAG. 127/28 Urt. vom 24. November 1928 Bensh. Bd. 4 S. 188). Es braucht nicht untersucht zu werden, ob die gesetzliche Schriftform auch dann gewahrt ist, wenn dieselben Parteien, die einen abgelaufenen Tarifvertrag geschlossen haben, bei dessen Verlängerung oder Neuabschluß in der von ihnen unterzeichneten Vertragsurkunde auf den alten Vertrag Bezug nehmen. Eine derartige Bezugnahme genügt jedenfalls dann nicht, wenn die Parteien des alten und des neuen Tarifvertrages, wie im vorliegenden Falle, nicht die gleichen sind. Auch das Urt. RAG. 149/29 vom 28. September 1929, Bensh. Bd. 7 S. 114 kann die gegenteilige Ansicht nicht stützen. Darin ist zugelassen, daß der Schiedsspruch auf andere Abmachungen verweist, wenn daraus über seinen Inhalt Zweifel nicht entstehen können. Die ausnahmsweise vorgeschriebene schriftliche Abfassung eines Vertrages soll aber nicht nur die Klarstellung seines Inhalts gewährleisten, sondern wegen der Bedeutung dieses Inhalts die Parteien auch vor Übereilung bewahren und zur sorgfältigen Überlegung bei der Abfassung anhalten. Diese Absicht wird ohne Zweifel in viel höherem Maße erreicht, wenn die Parteien in die von ihnen abgefaßte oder doch unterzeichnete Urkunde den gesamten wesentlichen Inhalt des Rechtsgeschäfts selbst aufnehmen und wegen dieses Inhalts nicht nur auf andere Schriftstücke verweisen. Die Verweisung darf wohl einen in der Haupturkunde bereits enthaltenen wesentlichen Vertragsinhalt ergänzen, kann ihn jedoch nicht vollständig ersetzen.

RAG. 12, 199.

Kann ein von einer Zwangsinnung abgeschlossener Tarifvertrag für die dieser Tarifpolitik widerstrebenden Innungsmitglieder schon mit der ernsthaften Kundgebung ihres abweichenden Willens oder erst durch Abschluß eines anderen Tarifvertrags seine Wirkung verlieren?

RVerf. Art. 159. TarifVo. § 1. ReGwO. §§ 100 f und g.

Reichsarbeitsgericht. Urt. v. 7. Januar 1933.

I. Arbeitsgericht Breslau. — II. Landesarbeitsgericht daselbst.

Die Beklagten, welche mechanische Schuhreparatur- und Besohlanstalten betreiben, gehören der Schuhmacher-Zwangsinnung in B. als Zwangsmitglieder an. Innerhalb der Zwangsinnung haben sich im Jahre 1930 die Beklagten zusammen mit einer Reihe anderer Zwangsmitglieder, die gleichfalls mechanische Schuhreparatur- und Besohlanstalten betreiben, zu der Vereinigung mechanischer Schuhmachereien von B. und Umgebung E. V. zusammengeschlossen. Diese Vereinigung verfolgt das Ziel, die durch die Eigenart des Betriebes ihrer Mitglieder bedingten besonderen Interessen wahrzunehmen. Am 23. Juli 1932 hat die Schuhmacher-Zwangsinnung mit dem Kläger und dem Christlichen Lederarbeiterverbande einen Manteltarifvertrag abgeschlossen, dessen Wirksamkeit sich nach § 1 des Vertrages auch auf die mechanischen Besohlanstalten beziehen sollte. Die Vereinigung mechanischer Schuhmachereien E. V. erkannte die Gültigkeit des Tarifvertrages für die in ihr organisierten Mitglieder nicht an und stellte am 29. September 1931 bei dem Schlichtungsausschuß in B. den Antrag, zwischen ihr einerseits und dem Kläger, sowie dem Christlichen Lederarbeiterverbande und dem Gesamtverbande der Arbeitnehmer der öffentlichen Betriebe und des Personen- und Warenverkehrs andererseits, einen besonderen Tarifvertrag abzuschließen. Der Schlichtungsausschuß hat auf diesen Antrag durch Schiedsspruch einen Tarifvertrag festgesetzt und die Vereinigung mechanischer Schuhmachereien von B. und Umgebung E. V. hat ihn, nach einer gewissen Abänderung durch einen weiteren Schiedsspruch, angenommen; der von der Vereinigung mechanischer Schuhmachereien von B. und Umgebung E. V. gestellte Antrag auf Verbindlichkeitserklärung wurde jedoch von dem Schlichter abgelehnt.

Mit der Klage, welche zunächst auch gegen die Vereinigung mechanischer Schuhmachereien von B. und Umgebung E. V. gerichtet worden war, hat der Kläger beantragt, festzustellen,

> daß der vom Kläger und dem Christlichen Lederarbeiterverbande mit der Schuhmacher-Innung (Zwangsinnung) zu B. am 23. Juli 1931 geschlossene Manteltarifvertrag für das Schuhmacherhandwerk für B. und Umgebung auch für die Beklagten wirksam ist.

Er vertritt die Rechtsanschauung, daß lediglich durch die Tatsache, daß die Beklagten sich zu der Vereinigung mechanischer Schuhmachereien E. V. zusammengeschlossen hätten, der mit der Schuhmacher-Zwangsinnung geschlossene Manteltarifvertrag seine Bedeutung noch nicht verloren habe.

Die Beklagten haben beantragt, die Klage abzuweisen, und sind dieser Rechtsmeinung entgegengetreten. Die Vorinstanzen haben die Klage abgewiesen.

Die Revision führte zum Zuspruch der Klage.

Gründe:

Die Zulässigkeit der Feststellungsklage (§ 256 ZPO.) begegnet keinen durchgreifenden Bedenken. Die Prozeßbevollmächtigten beider Parteien haben auch die gleiche Rechtsmeinung vertreten.

Ebenfalls Tariffähigkeit der in Rede stehenden Schuhmacher-Zwangsinnung ist unbedenklich als gegeben anzusehen. Nach der vom Reichsarbeitsgericht wiederholt und in gefestigter Rechtsprechung ausgesprochenen Rechtsmeinung (RAG. Bd. 1 S. 179, RAG. 657/28 Urt. vom 10. Juli 1929 Bensh. Bd. 6 S. 488 und ArbRspr. 1929 S. 388; RAG. 388/28 Urt. vom 20. März 1929 Bensh. Bd. 5 S. 353, ArbRspr. 1929 S. 181, JW. 1930 S. 470) steht die Zwangsnatur der Zwangsinnung (§ 100 flg. RGewO.) auch unter Berücksichtigung des Art. 159 RVerf. ihrer allgemeinen Tariffähigkeit nicht entgegen. Wie das Reichsarbeitsgericht (RAG. 388/28 Urt. vom 20. März 1929 u. öft.) in Anlehnung und Fortführung der Rechtsprechung des Reichsgerichts (RGZ. Bd. 113 S. 169 und RGUrt. vom 6. Oktober 1930 — IV 189/30 — Bensh. Bd. 10 S. 427) ausgesprochen hat, schließt Art. 159 RVerf. eine vorübergehende Beschränkung der Vereinigungsfreiheit nicht aus. Durch den Abschluß eines Tarifvertrages seitens der Zwangsinnung werden aber ihre Mitglieder regelmäßig nur für die Dauer dieses Vertrages tarifgebunden — also in demselben Umfange, wie sich jede Vereinigung mit Wirkung für ihre Mitglieder ihrer Freiheit, anderweitige Maßnahmen zur Wahrung und Förderung der Arbeits- und Wirtschaftsbedingungen ihrer Mitglieder zu treffen, begibt. Auch auf Grund § 5 der Satzung der in Rede stehenden Zwangsinnung — wonach „Werkmeister oder in ähnlicher Stellung bei einem innerhalb des Innungsbezirks bestehenden Großbetriebe für Schuhmacherarbeiten beschäftigte" Personen, also Arbeitnehmer als freiwillige Mitglieder aufgenommen werden können — ist ihre Tariffähigkeit nicht zu verneinen. Schon im Hinblick auf § 6 des Statuts, welcher einen zustimmenden Beschluß des Innungsvorstandes fordert, wird die Aufnahme solcher Arbeitnehmer gegenüber der Gesamtheit der Zwangsmitglieder nur eine sehr geringe Rolle spielen und ihnen offensichtlich irgendeinen maßgebenden Einfluß auf die innere Ausgestaltung der Innung und ihre Tarifpolitik nicht einräumen.

Entscheidend ist daher allein, ob der Abschluß eines Tarifvertrages, welcher gewissermaßen den etwa dieser Tarifpolitik widerstrebenden Innungsmitgliedern „aufgezwungen" wird, sie auch über den Zeitpunkt hinaus zu Tarifbeteiligten macht, in welchem sie durch eindeutige Willenserklärung gegenüber den Beteiligten ihren Entschluß kundgegeben haben, sich von dieser Tarifpolitik und dem abgeschlossenen Tarifvertrage loszusagen. Das Landesarbeitsgericht hat zur Begründung seiner dahingehenden Meinung — in wesentlicher Übereinstimmung mit den Ausführungen des Arbeitsgerichts — folgendes ausgeführt:

Bei der Prüfung, ob der Tarifvertrag vom 23. Juli 1931 auch für die Beklagten mit Rücksicht darauf, daß sie sich zu einem besonderen tariffähigen Arbeitgeberverbande zusammengeschlossen und durch diesen den von der Innung abgeschlossenen Tarifvertrag abgelehnt hätten, Geltung habe, sei darauf abzustellen, ob unter diesen Umständen eine zwangsweise Bindung der Mitglieder der Zwangsinnung an den von ihr abgeschlossenen Tarifvertrag mit der in Art. 159 RVerf. jedermann verfassungsmäßig gewährleisteten Vereinigungsfreiheit zur Förderung und Besserung der Arbeits- und Wirtschaftsbedingungen vereinbar sei. Nach den vom Reichsgericht (RGZ. Bd. 113 S. 173) entwickelten Rechtsgrundsätzen beziehe sich der Zwang, den eine Zwangsinnung ausüben dürfe, gemäß Art. 159 RVerf. nicht auf das in diesem Artikel der Reichsverfassung behandelte und geregelte Gebiet. Die Mitglieder einer Zwangsinnung hätten deshalb für den Fall, daß sie mit der Tarifpolitik der Zwangsinnung nicht einverstanden seien, das Recht, sich zum Zwecke der Wahrnehmung ihrer tarifpolitischen Interessen zu einer besonderen Arbeitgebervereinigung zusammenzuschließen oder einer bereits bestehenden Vereinigung dieser Art beizutreten. Von diesem Recht hätten die Beklagten Gebrauch gemacht. Die in dieser Weise doppelt organisierten Mitglieder einer Zwangsinnung seien jedenfalls nur dann nicht an den von der letzteren abgeschlossenen Tarifvertrag gebunden, wenn die besondere Vereinigung, der sie gleichzeitig angehörten, ebenfalls einen Tarifvertrag getätigt habe. Denn in einem solchen Falle würde der zweite Tarifvertrag dem Innungstarifvertrage vorgehen. Die Befreiung der doppeltorganisierten Mitglieder von dem Tarifvertrag der Zwangsinnung müsse aber auch dann gelten, wenn der zweite Verband einen Tarifvertrag noch nicht abgeschlossen habe. Denn mit der Forderung des Gesetzes (Art. 159 RVerf.), daß jedermann auf dem Gebiete der Förderung und Wahrnehmung der Arbeits- und Wirtschaftsbedingungen seinem eigenen, freien Willen folgen und nicht dem Zwange einer Zwangsorganisation unterworfen sein dürfe, sei es nicht vereinbar, wenn die Befreiung eines Mitgliedes der Zwangsinnung, welche die Wahrnehmung seiner im Rahmen des Art. 159 RVerf. gelegenen Interessen einer besonderen Organisation anvertraut habe, von der Bindung an einem Tarifvertrag der Innung in der Weise abhängig gemacht werde, daß entscheidend sei, ob es dieser Organisation gelinge, einen eigenen Tarifvertrag zustande zu bringen oder nicht. Denn alsdann würde die endgültige Entscheidung darüber, ob sich ein Mitglied der Zwangsinnung von dem Tarifzwange befreien könne, nicht mehr ausschließlich von seinem eigenen, freien Willen abhängig sein, sondern von einem außerhalb desselben liegenden Umstande. Da es nun einen Austritt aus einer Zwangsinnung nicht gebe, so würden die Folgen sein, daß die Mitglieder, so lange es ihnen nicht gelinge, einen eigenen Tarifvertrag abzuschließen, keine Möglichkeit hätten, sich insoweit von dem Innungszwange zu befreien. Ein Verstoß gegen Art. 159 RVerf. liege aber auch dann vor, wenn ein Mitglied der Zwangsinnung an einen gegen seinen ausdrücklichen Willen von der Zwangsinnung getätigten Tarifvertrag gebunden werde. Der Schluß sei somit berechtigt, daß wenn ein Mitglied einer Zwangsinnung sich einem anderen Arbeitgeberverbande anschließe, dieses Mitglied von einem seitens der Innung abgeschlossenen Tarifvertrage in keiner Weise mehr berührt werde.

Die Revision rügt Verletzung der §§ 100 c, 81 a, 86 RGewO., des § 1 der Vo. vom 23. Dezember 1918 und des Art. 159 RVerf. Sie macht geltend: nach § 100 c RGewO. fänden die in §§ 81 a, 86 RGewO. enthaltenen Bestimmungen auf freie Innungen Anwendung. Die Zwangsinnung könne daher Verbindlichkeiten eingehen, für die sie in der gleichen Weise wie aus einem Vertrage hafte, wie die freie Innung und eine sonstige Körperschaftsperson. Nach § 1 TarifVo. seien durch die Vereinbarung eines Tarifvertrages die Mitglieder der vertragschließenden Vereinigung, also vorliegend die Beklagten, vertraglich gebunden. Der gegenteilige Standpunkt des Landesarbeitsgerichts würde den in der Rechtsprechung des Reichsarbeitsgerichts ausgesprochenen Grundsatz der Tariffähigkeit der Zwangsinnung untergraben. Denn, wenn die Arbeitgebervereinigung, der sich einige Mitglieder der Zwangsinnung angeschlossen hätten, einen Tarifvertrag zustande bringe, so trete nur in Anwendung der Grundsätze über die Tarifvertrags-Konkurrenz der von der Abeitgebervereinigung abgeschlossene Tarifvertrag in Geltung; lediglich diese rechtliche Folge bewirke, daß die der Arbeitgebervereinigung beigetretenen Innungsmitglieder von den Bestimmungen des von der Zwangsinnung abgeschlossenen Tarifvertrags frei würden. Erkenne man aber eine Konkurrenz zwischen dem seitens der freien Arbeitgebervereinigung abgeschlossenen und dem von einer Zwangsinnung getätigten Tarifvertrage an, so ergebe sich hieraus, daß der von der Zwangsinnung abgeschlossene Tarifvertrag an und für sich die doppeltorganisierten Mitglieder zunächst binde und nur in seiner Wirkung durch den Tarifvertrag der freien Arbeitgebervereinigung zurückgedrängt werde. Die Erwägungen des Landesarbeitsgerichts seien auch deswegen unzutreffend, weil sie den Mitgliedern der tariflich gebundenen Zwangsinnung die Loslösung von dem Tarifvertrage jederzeit gestatteten, ohne daß ein anderer Tarifvertrag vorhanden sei. Es sei nicht einzusehen, warum bereits der Anschluß an einen tariflich nicht gebundenen Arbeitgeberverband genügen solle, um die Wirkungen des Tarifvertrages auszuscheiden. Nach dem Standpunkt des Landesarbeitsgerichts würde selbst die Willenserklärung eines Mitgliedes der Zwangsinnung, von sich aus einen eigenen Haus-Tarifvertrag abzuschließen, genügen, um die Wirkungen der Tarifverträge der Zwangsinnung zu beseitigen. Eine dahingehende Annahme würde aber der von der Rechtsprechung und auch vom Vorderrichter anerkannten Tariffähigkeit der Zwangsinnung widersprechen.

Der erkennende Gerichtshof hat sich den Ausführungen der Revision angeschlossen. Der Standpunkt der Vorinstanzen muß zu einer Aushöhlung des Zwangsinnungsgedankens führen und die anerkannte Tarifmacht der Zwangsinnung untergraben. Dadurch, daß die Zwangsinnung einen Tarifvertrag abschließt, werden ihre Mitglieder nach dem ausdrücklichen Ausspruch des Gesetzes ohne weiteres und ohne ihr Zutun tarifbeteiligt (§ 1 Abs. 2 TarifVo.). Sie unterliegen also damit der gesetzgewollten Tarifgebundenheit, und der Tarifvertrag erlangt eine unmittelbare Einwirkung auf die von ihnen abgeschlossenen Einzelarbeitsverträge. Diese gesetzliche Bindung, welche auch in Art. 165 RVerf. ihre verfassungsmäßige Unterlage findet, kann nun durch eine einseitige einfache Willenserklärung dieser tarifgebundenen Mitglieder nicht aufgehoben werden. Das würde dem gerade in der Zwangsinnung verkörperten Gedanken des Zusammenschlusses und der Zusammenfassung in einer dem Wohle der Mitglieder dienenden staatlich gewollten Organisation widersprechen. Wollte man jedem Mitgliede ein einfaches Lösungsrecht im Sinne der Vorinstanzen gewähren, so würde das die Zwangsinnung zu einer Wirtschaftsvereinigung minderen Grades und Rechtes gestalten, der ein wesentlicher Faktor zur Regelung der wirtschaftlichen Interessen ihrer Mitglieder, nämlich das Durchführungsrecht hinsichtlich eines abgeschlossenen Tarifvertrages, versagt bliebe. Zugleich würden die Einzelarbeitsverträge innerhalb der Zwangsinnung mit einer wirtschaftlichen Unsicherheit belastet werden, welche dem gesetzgeberischen Gedanken der Einwirkung des Tarifvertrages auf die Einzelarbeitsverträge (§ 1 Abs. 1 TarifVo.) widerstreben würde. Etwas anderes kann auch nicht der in Art. 159 RVerf. und insbesondere daselbst in S. 2 verankerten Vereinigungsfreiheit entnommen werden. Wenn dieses Grundrecht besagt:

„Die Vereinigungsfreiheit zur Wahrung und Förderung der Arbeits- und Wirtschaftsbedingungen ist für jedermann und für alle Berufe gewährleistet. Alle Abreden und Maßnahmen, welche diese Freiheit einzuschränken oder zu behindern suchen, sind rechtswidrig,"

so sind dadurch die Bestimmungen der RGewO. §§ 100 f und g nicht aufgehoben (RAG. 388/28 Urt. vom 20. März 1929, Bensh. Bd. 5 S. 353 und ArbRsprch. 1929 S. 181). Sie sind auch nicht derart umgestaltet, daß man sagen könnte, der von der Zwangsinnung abgeschlossene Zwangstarifvertrag erhalte durch Art. 159 RVerf. seinen gesetzlich eingeschränkten Inhalt dahin, daß trotz befristeten Abschlusses jedem Innungsmitgliede jederzeit seine Loslösung durch einfache Willenserklärung gestattet sei. Denn dies würde — wie ausgeführt — dem Gedanken der Tarifgebundenheit widersprechen. Eine von der Zwangsinnung durch Abschluß eines Tarifvertrages herbeigeführte Bindung der Innungsmitglieder kann daher — auch gegenüber den dieser Tarifpolitik widerstrebenden Innungsmitgliedern — nicht als „rechtswidrig" im Sinne des Art. 159 Satz 2 RVerf. erscheinen. Den Mitgliedern bleibt die Freiheit, sich zu einer Vereinigung zusammenschließen oder einer bestehenden anderen Vereinigung anzuschließen, um auf diesem Wege durch Abschluß eines anderen Tarifvertrages ihre eigenen Arbeits- und Wirtschaftsbedingungen zu wahren und zu fördern. Denn alsdann kann dieser neue Tarifvertrag gemäß den Regeln über die Tarifkonkurrenz dem von der Zwangsinnung abgeschlossenen Tarifvertrage vorgehen (vgl. RAG. 139/31 und 140/31 Urt. vom 21. Oktober 1931, Bensh. Bd. 13 S. 338 [344] und ArbRspr. 1932 S. 77).

Da nun die Betätigung der in Art. 159 RVerf. gewährleisteten Vereinigungsfreiheit sich gerade in der mit Erfolg durchgeführten Tarifpolitik verkörpert, so liegt bis zum Abschlusse eines neuen Tarifvertrages in der Bindung an den von der Zwangsinnung abgeschlossenen Tarifvertrag keine Verletzung oder Einengung der Vereinigungsfreiheit vor. Vielmehr ist die Einschränkung — wie auch bei der Tarifwirkung einer freien Vereinigung — in der Mitgliedschaft als solcher begründet. Diese Rechtsmeinung steht auch nicht etwa im Widerspruch zu der schon erwähnten Entscheidung des IV. Zivilsenats des Reichsgerichts vom 6. Oktober 1930. Diese spricht aus, daß die Bindung der Mitglieder an die Tarifpolitik der Innung nur so lange bestehe, als jene nicht ihren abweichenden Willen kundgegeben hätten. Diese Rechtsmeinung bezieht sich nur auf den besonderen dem Reichsgericht unterbreiteten Fall, wie sich aus der Bezugnahme auf § 10 Abs. 3 des damals in Rede stehenden Innungsstatuts ergibt. Außerdem bejaht das Reichsgericht in Übereinstimmung mit der vorliegenden Entscheidung die Möglichkeit, daß die Innungsmitglieder sich einer anderen Arbeitgebervereinigung anschließen. Die vorliegend zu entscheidende Frage, ob dabei durch bloße Kundgabe des abweichenden Willens zugleich eine Loslösung von der Tarifgebundenheit eintritt, hatte für die Entscheidung des Reichsgerichts keine Bedeutung und hat auch in ihr keine abweichende Beantwortung gefunden. Vielmehr handelte es sich damals um die Frage der Wirksamkeit des Beitritts einer Zwangsinnung zu einem Spitzenverband. In der Entscheidung vom 23. März 1926 (RGZ. Bd. 113 S. 169) hat das Reichsgericht in Verfolgung des gleichen Rechtsgedankens der Zulässigkeit des Beitritts zu einem anderen Verbande lediglich den § 152 RGewO. als mit Art. 159 RVerf. unvereinbar angesehen.

Demgemäß sind die Mitglieder einer Zwangsinnung durch den Abschluß eines Innungstarifvertrages so lange gebunden und tarifbeteiligt, als sie nicht infolge der Grundsätze der Tarifkonkurrenz einem anderen Tarifvertrage unterworfen sind. Demnach erweist sich das Feststellungsbegehren des Klägers als begründet, und es war, wie geschehen, zu erkennen.

RAG. 12, 218.

Kann ein zum Bezug von Deputatkohle berechtigt gewesener, im Lauf des Deputatjahres ausgeschiedener Bergarbeiter, der während seiner Betriebszugehörigkeit sein Bezugsrecht nicht erschöpft hat, die Fehlmenge noch nachfordern?

Tarifvertrag für das rheinisch-westfälische Steinkohlenrevier.

Reichsarbeitsgericht. Urt. v. 14. Januar 1933.

I. Arbeitsgericht Essen. — II. Landesarbeitsgericht daselbst.

Die in der Überschrift gestellte Frage ist für einen unter der Herrschaft des Tarifvertrags für das rheinisch-westfälische Steinkohlenrevier vom 20./28. Juni 1929 stehenden Fall bejaht worden aus folgenden

Gründen:

Da der Tarifvertrag keine unmittelbare Antwort gibt, ist diese aus dem Zusammenhang der tarifvertraglichen Bestimmungen und aus der sich daraus ergebenden Rechtsnatur der Kohlenbezugsberechtigung zu entnehmen. Richtig ist die Auffassung des Landesarbeitsgerichts, daß den Bezugsberechtigten nicht ohne weiteres ein klagbarer Anspruch auf Lieferung bestimmter, etwa je nach Länge und Ablauf bestimmter Beschäftigungsabschnitte bemessener Kohlenmengen zusteht, daß vielmehr ein solcher Anspruch des Arbeitnehmers und die entsprechende Lieferpflicht des Arbeitgebers jeweils erst mit dem Lieferverlangen des Arbeitnehmers erwächst, also mit der Anforderung der entsprechenden Menge Kohle, deren obere Grenze durch den Bedarf des Berechtigten, jedenfalls aber durch die tarifvertraglichen Höchstsätze bestimmt wird. Was ohne Rücksicht auf ein solches Lieferungsverlangen allein durch die Anlegung des Bergarbeiters und die Erfüllung der in § 8 Nr. 2 für die Bezugsberechtigung festgesetzten besonderen Voraussetzungen entsteht, ist lediglich die rechtliche Befugnis, innerhalb bestimmter Grenzen das Verlangen auf Lieferung von Kohle zu stellen und damit den Anspruch auf Lieferung der angeforderten Menge und die entsprechende Lieferpflicht des Arbeitgebers zu begründen. Das Landesarbeitsgericht bringt diese Rechtslage unter die rechtlichen Begriffe des Angebots und der Angebotsannahme im Sinne der §§ 145 flg. BGB. In der Anlegung des Bergarbeiters durch den Arbeitgeber findet es zugleich ein von diesem dem Arbeitnehmer gegenüber erklärtes Angebot, ihm bei Erfüllung der in § 8 Nr. 2 TV. festgelegten besonderen Voraussetzungen in bestimmtem Umfang Hausbrandkohlen zum tarifvertraglichen Preis käuflich zu liefern. Das Lieferverlangen des Arbeitnehmers soll jeweils die rechtliche Bedeutung einer Annahme dieses Verkaufsangebotes haben, durch diese Annahme soll jeweils ein Kaufvertrag im Sinne der §§ 433 flg. BGB. auf Lieferung der angeforderten Menge zustande kommen. Diese Rechtskonstruktion sei entscheidend für die vorliegende Streitfrage. Denn das Verkaufsangebot des Arbeitgebers solle ohne Zweifel keinesfalls über die Dauer des Arbeitsverhältnisses hinaus wirksam sein; wenn eine Bindung an das Angebot über die Dauer des Arbeitsverhältnisses hinaus beabsichtigt gewesen wäre, so hätte das im Tarifvertrag irgendwie zum Ausdruck kommen müssen. Das sei aber nicht der Fall.

Geht man einmal mit dem Landesarbeitsgericht davon aus, daß der Arbeitgeber kraft Tarifvertrags zugleich mit dem Abschluß des Arbeitsvertrages — der Anlegung des Bergarbeiters — diesem ein Verkaufsangebot auf Lieferung von Hausbrandkohle macht, so führt doch diese rechtliche Auffassung in der hier zu beantwortenden Frage nicht weiter. Denn es ist kein Grund ersichtlich, warum rechtsnotwendig die Verbindlichkeit oder — anders ausgedrückt — die Annahmefähigkeit jenes Verkaufsangebots im Sinne des § 148 BGB. unter allen Umständen mit dem Ende des Arbeitsverhältnisses endigen müßte. Aus der Anwendung der Rechtsbegriffe des Angebots und der Angebotsannahme ergibt sich noch nichts über den Inhalt des Angebots, insbesondere ist daraus noch nicht zu entnehmen, daß unmöglich der Arbeitgeber dem Arbeitnehmer das Vertragsangebot machen könnte, ihm diejenige Menge an Kohle, die seinem Bedarf auf die Dauer des Arbeitsverhältnisses entspricht, zu liefern, auch wenn dieser Bedarf erst nach Beendigung des Arbeitsverhältnisses angemeldet wird. Wie das Reichsarbeitsgericht im RAG. 127/31 Urteil vom 10. Oktober 1931 (RAG. Bd. 9 S. 223; Bensh. Bd. 13 S. 449) und im RAG. 232/28 Urteil vom 8. Dezember 1928 (RAG. Bd. 3 S. 38; Bensh. Bd. 4 S. 273) entschieden hat, ist der Arbeitnehmer in der Einteilung seines Verbrauchs frei und kann er seinen Bedarf auch für die Vergangenheit anfordern. Dann aber ist nicht einzusehen, warum diese Anforderung nicht auch noch nach Beendigung des Arbeitsverhältnisses möglich sein soll.

Der von ihm selbst als entscheidend bezeichneten Begründung mit Hilfe der Rechtsbegriffe des Vertragsangebots und der Angebotsannahme hat das Landesarbeitsgericht eine andere vorausgeschickt, aus der sich ebenfalls die zeitliche Begrenzung des Kohlenanforderungsrechts auf die Dauer des Arbeitsverhältnisses ergeben soll. Wie das Reichsarbeitsgericht ausgesprochen habe, sei das Deputatkohlenrecht heute als eine Wohlfahrtseinrichtung des Bergwerksbesitzers zugunsten seiner Bergarbeiter anzusehen; die Teilnahme an Wohlfahrtseinrichtungen sei aber grundsätzlich an das Arbeitsverhältnis geknüpft und werde nur für die Dauer der Betriebszugehörigkeit gewährt. In der Tat hat das Reichsarbeitsgericht im Urteil vom 27. Februar 1932 (RAG. Bd. 10 S. 253; Bensh. Bd. 14 S. 500) gelegentlich der Entscheidung gerade eines im Bereich des rheinisch-westfälischen Steinkohlenreviers gelegenen Falls die Gewährung von Hausbrandkohle als eine Wohlfahrtseinrichtung bezeichnet. Es handelte sich dabei aber lediglich um die Frage, ob die Zuwendungen, die der Bergwerksbesitzer seinen Bergarbeitern in Gestalt von Deputatkohlenlieferungen macht, als Lohn im Sinne des § 80c des preuß. Allgem. BergGes. anzusehen ist. Das hat das Reichsarbeitsgericht verneint, und in dieser Verneinung allein liegt der Sinn der Ausführungen des genannten Urteils über das Deputatkohlenrecht. Man mag aber immerhin auch über den Bereich dieser Frage hinaus die verbilligte — und erst recht die unentgeltliche — Lieferung von Hausbrandkohlen an die Bergarbeiter als eine Wohlfahrtseinrichtung ansehen. Daß ein klagbarer Anspruch auf die Teilnahme an einer solchen besteht, ist ja rechtlich wohl möglich. Trotzdem läßt sich nicht sagen — und das hat anscheinend auch das Landesarbeitsgericht nicht sagen wollen —, daß ein Recht auf Teilnahme an einer Wohlfahrtseinrichtung unter allen Umständen nur während der Dauer des Arbeitsverhältnisses bestehen könnte. Das mag zutreffen etwa für Unterstützungskassen, Einrichtungen für Unterhaltung, Bildung und Gesundheitsförderung, Kleinkinderbewahranstalten und dgl. Es kann aber nicht als ausnahmsloser Grundsatz gelten.

Für den vorliegenden Fall ist folgendes entscheidend. Die Berechtigung auf verbilligten Kohlenbezug bildet einen Teil des Arbeitsentgelts. Die gelieferte Kohle ist allerdings, wie das Reichsarbeitsgericht schon im RAG. 237/28 Urteil vom 8. Dezember 1928 (Bensh. Bd. 4 S. 269) ausgesprochen hat, kein Lohnteil im strengen Sinn. Der Anspruch ist unabhängig von der Lohnhöhe und den Zeitabschnitten für die Lohnzahlung; er setzt einerseits nicht notwendig die Ableistung von Arbeit voraus, sondern besteht auch in Zeiten der Arbeitsunfähigkeit und der Beurlaubung, knüpft sich andererseits aber auch nicht ohne weiteres an die Arbeitsleistung oder Betriebszugehörigkeit an, sondern hat daneben noch das Bestehen gewisser Familienverhältnisse zur Voraussetzung. Trotzdem kann nicht geleugnet werden, daß die Einräumung jenes Vermögensvorteils eine Gegenleistung des Arbeitgebers für die Verdingung des Arbeitnehmers zur Ableistung von Arbeit im ganzen bildet. Daß diese Gegenleistung nicht jedem Arbeiter zusteht, ist eine Eigenart, die das Kohlenbezugsrecht z. B. mit dem Recht auf soziale Zulagen teilt. Wie diese Zulagen Arbeitsentgelt sind, ist auch das Geldopfer, das der Bergwerksbesitzer durch Hergabe verbilligter — oder sogar, wie im schlesischen Steinkohlengebiet, unentgeltlicher — Deputatkohle dem Bergarbeiter bringt, Arbeitsentgelt. Was das Kohlenbezugsrecht von dem Anspruch auf Barlohn unterscheidet, ist — abgesehen von seiner schon hervorgehobenen Unabhängigkeit von Lohnhöhe und Lohnzahlungsabschnitten — der Umstand, daß es nicht ohne weiteres, etwa je nach Ablauf gewisser Zeitabschnitte Ansprüche auf Lieferung bestimmter Kohlenmengen entstehen läßt, sondern zunächst nur eine rechtliche Befugnis des Bezugsberechtigten darstellt, durch eine rechtsgeschäftliche Willenserklärung, nämlich die Anforderung bestimmter Mengen Kohle, solche Ansprüche zur Entstehung zu bringen.

Daß Deputatkohlen nur für die Zeit des Bestehens eines Arbeitsverhältnisses angefordert werden können, ist selbstverständlich. Keineswegs selbstverständlich aber ist, daß die Anforderung nur während bestehenden Arbeitsverhältnisses ausgesprochen werden könnte. Daß dem deputatberechtigten Bergarbeiter nicht ohne weiteres ein Anspruch im Rechtssinn auf Lieferung bestimmter Mengen zusteht, bedeutet eine Erleichterung für den Arbeitgeber, insofern als der entstandene Anspruch, mangels entgegenstehender Bestimmungen des Tarifvertrags, ebenso wie der entstandene Lohnanspruch ohne Rücksicht auf das Fortbestehen des Arbeitsverhältnisses bis zum Eintritt der Verjährung klagbar fortbestehen würde, während das nicht ausgeübte Kohlenbezugsrecht schon mit dem Ablauf des Deputatkohlenjahres erlischt. Ohne sicheren Anhalt im Tarifvertrag kann nun nicht angenommen werden, daß diese Erleichterung der Kohlenlieferungslast des Arbeitgebers dem Kohlenbezugsberechtigten noch den weiteren Nachteil bringen soll, daß die auf die zurückgelegte Arbeitszeit entfallende und zustehende Bedarfsmenge nach Beendigung des Arbeitsverhältnisses nicht mehr soll angefordert werden dürfen. Gegen eine solche Begrenzung des Abrufrechtes spricht schon die auch vom Berufungsrichter als solche erkannte große Härte, die sich in den keineswegs seltenen Fällen ergeben muß, daß der mit Frist gekündigte Arbeiter während der Kündigungsfrist nicht das nötige Geld hat, um die ihm noch zustehenden Kohlen zu bezahlen, oder in dem immerhin auch vorkommenden Fall, daß einem Arbeiter ohne sein Verschulden fristlos gekündigt wird. Aber darüber hinaus muß die Behandlung des Kohlenbezugsrechts der Bergarbeiter in besonderem Maß Gesichtspunkten der Billigkeit Rechnung tragen. Denn dieses Recht geht seinem geschichtlichen Ursprung nach, soweit es auf Lieferung von Kohlen zu einem Vorzugspreis gerichtet ist, offenbar auf die Erwägung zurück, daß es für den Bergarbeiter, der selbst bei der Gewinnung der Kohle mitgearbeitet hat, eine besondere Härte bedeuten würde, wenn er für seinen Eigenbedarf auf den verteuernden Zwischenhandel angewiesen wäre. Mit Rücksicht auf diesen Ursprung der Kohlenbezugsberechtigung als eines Erfordernisses der Billigkeit, dem übrigens auch sonst in einer gewissen Weitherzigkeit der Ausgestaltung in § 8 des Tarifvertrags Rechnung getragen ist, dürfen auch in der vorliegenden Frage nicht Erwägungen der rechtlichen Auffassung allein ausschlaggebend sein, sondern es muß auch hier den natürlichen Empfindungen der Billigkeit Folge gegeben werden. Ihnen entspricht es, einem im Lauf des Deputatkohlenjahres ausscheidenden Bezugsberechtigten die Möglichkeit zu geben, auch nach seinem Ausscheiden rückständige Kohlenmengen, die ihm auf die im Kohlenjahr zurückgelegte Arbeitszeit zustanden, noch abzurufen.

Ob dieses Abrufrecht grundsätzlich bis zum Ablauf des Deputatkohlenjahres fortbesteht oder ob es etwa schon vorher durch Verwirkung untergehen kann, braucht für den gegenwärtigen Fall nicht entschieden zu werden, weil der Kläger schon etwa zwei Monate nach seinem Ausscheiden mit seinem Verlangen hervorgetreten ist und diese Zeit keinesfalls ausreichen kann, um sein Verlangen als gegen Treu und Glauben verstoßend erscheinen zu lassen.

RAG. 12, 245.

Konkursvorrecht der Mitglieder des Vorstands einer eingetragenen Genossenschaft.

KO. § 61 Nr. 1.

Reichsarbeitsgericht. Urt. v. 15. Februar 1933.

I. Arbeitsgericht Hindenburg O/S. — II. Landesarbeitsgericht Gleiwitz.

Kläger war seit 1926 Mitglied des Vorstands einer Spar- und Baugesellschaft, eingetragenen Genossenschaft mit beschränkter Haftpflicht, und zwar seit 1. April 1926 hauptamtlich gegen Vergütung. Am 17. Mai 1930 ist das Vergleichsverfahren über die Genossenschaft eröffnet worden. Am 18. Juni 1931 fiel sie in Konkurs. Kläger hat für die Zeit seit Juni 1930 unstreitig noch 5075,18 RM rückständiges Gehalt anzusprechen. Für diese Forderung beansprucht er das Vorrecht des § 61 Nr. 1 KO. Der beklagte Konkursverwalter hat das Vorrecht bestritten. Das Arbeitsgericht hat den Vorrechtsanspruch verneint. Das Landesarbeitsgericht hat festgestellt, daß dem Kläger im Konkurs eine bevorrechtete Forderung von 5075,18 RM zusteht. Auf die Revision ist das Berufungsurteil abgeändert und die Berufung des Klägers gegen das arbeitsgerichtliche Urteil zurückgewiesen worden.

Gründe:

Zugunsten des Beklagten und ohne Rechtsverstoß, vielmehr im Einklang mit der Rechtsprechung und der herrschenden Meinung nimmt der Berufungsrichter an, daß, ebenso wie bei der Aktiengesellschaft, so auch bei der Genossenschaft die Mitglieder des Vorstands wegen ihrer rückständigen Gehaltsbezüge im Konkurse der Körperschaft nicht das Vorrecht des § 61 KO. in Anspruch nehmen können (vgl. RGZ. Bd. 120 S. 300, ferner RG. JW. 1928 S. 2619 Nr. 4; für Genossenschaften im besondern Citron Bl. f. Genossenschaftswesen 1928 S. 477, Kiesow

Vergleichsordnung 3. Aufl. 1930 Anm. 70 zu § 2; Mentzel KO. 4. Aufl. S. 356; Oberlandesgericht Rostock Mecklenburg. Z. 45 S. 568).

Gleichfalls zugunsten des Beklagten und in überwiegend tatrichterlicher Würdigung des Sachverhalts, jedenfalls ohne Rechtsverstoß weist der Berufungsrichter den Versuch des Klägers zurück, sein einheitliches Dienstverhältnis dergestalt zu spalten, daß neben einem ehrenamtlichen Auftrag als Vorstandsmitglied ein selbständiger, entgeltlicher Architektendienstvertrag einhergehen soll. (Wird ausgeführt.)

Gleichwohl hat der Berufungsrichter den Anspruch des Klägers anerkannt. Für ausschlaggebend hält der Berufungsrichter die Tatsache, daß im Anschluß an die Einleitung des Vergleichsverfahrens im Mai 1930 das gesamte Vermögen der Genossenschaft einem Treuhänder überantwortet wurde. Damit habe sich die bisherige Prinzipalstellung des Klägers in ihr Gegenteil verwandelt. Kläger habe nicht mehr wie ein Prinzipal über die Kasse verfügen können, sondern habe warten müssen, ob der Treuhänder ihm einen Barbestand zukommen lassen oder aber das Geld anderen Gläubigern zuwenden werde. Kläger sei in dieser Richtung den anderen Angestellten gleichgesetzt gewesen; es wäre unbillig, den Kläger anders zu behandeln als andere Angestellte, denen der Geschäftsinhaber das Gehalt nicht zahlt und denen deshalb das Vorrecht des § 61 Nr. 1 KO. zustehe.

Mit Recht wendet sich die Revision gegen diese Ausführungen. — Die Einleitung des Vergleichsverfahrens verbunden mit der Bestellung eines Treuhänders und mit der Vermögensübereignung auf den Treuhänder k o n n t e vielleicht unter Umständen auch Umstellungen in der inneren Organisation der Genossenschaft mit sich bringen, denen zufolge der Kläger seiner Vorstandsstellung enthoben worden wäre; dann hätte vielleicht der Anspruch begründet sein können. Aber nach dieser Richtung hat Kläger keine ausreichenden Behauptungen aufgestellt, und er konnte das wohl auch nicht tun, denn er klagt ja das rückständige Vorstandsgehalt aus der Zeit seit Juni 1930 ein, geht also selbst von dem rechtlichen Fortbestand seiner Stellung aus. Ohne solche von der Genossenschaft vorgenommene innere Umstellung hat sich nach Lage des Gesetzes seine Vorstandseigenschaft durch jene Ereignisse im Rechtssinne nicht geändert. Die Einleitung des Vergleichsverfahrens läßt, wie den Bestand der Genossenschaft überhaupt (Kiesow Anm. 1 in den Vorbem. zum Dritten Abschnitt des Gesetzes, S. 282), so auch deren Organisation unverändert. Nach wie vor blieb der Vorstand als solcher bestehen und zur gesetzlichen Vertretung der Genossenschaft berufen, u. a. auch gerade dem Treuhänder gegenüber, soweit es ihm gegenüber noch irgendwelcher Erklärungen und Rechtshandlungen bedurfte. Dies ist selbst für den Konkurs anerkannt, hat also um so mehr für das Vergleichsverfahren zu gelten. Es bleiben also nur die vom Berufungsrichter hervorgehobenen Billigkeitsgründe. Ihnen ist die Berechtigung nicht völlig abzusprechen. Aber ausschlaggebende Bedeutung können sie nicht beanspruchen. Nachdem einmal die oberstrichterliche Rechtsprechung den Organmitgliedern der juristischen Personen das Vorrecht des § 61 Nr. 1 KO. im Konkurse der Gesellschaft abgesprochen und damit eine von Hause aus zweifelhafte, bis dahin stark umstrittene Frage entschieden hat, muß es bei dem aufgestellten Grundsatz schon im Interesse der Rechtssicherheit verbleiben. Aus bloßen Billigkeitsgründen im Einzelfalle wieder davon abgehen, hieße den Grundsatz als solchen aufgeben und die Entscheidung stets auf den einzelnen Fall abstellen. Das wäre mit den Anforderungen der Rechtssicherheit und mit einer gleichmäßig geordneten Abwickelung der Konkurse nicht vereinbar. Zudem läßt gerade auch § 61 Nr. 1 KO. als Ausnahmevorschrift keine ausgedehnte Auslegung zu (RGZ. Bd. 62 S. 231, JR. 1927 Nr. 528; Mentzel KO. 4. Aufl. S. 356).

RAG. 12, 275.+

Über den Inhalt eines nach § 630 BGB. auszustellenden Zeugnisses.

BGB. § 630. HGB. § 73.

Reichsarbeitsgericht. Urt. v. 22. Februar 1933.

I. Arbeitsgericht Münster i. W. — II. Landesarbeitsgericht daselbst.

Dem Kläger, der seit April 1929 bei der Beklagten als Angestellter beschäftigt war, wurde das Dienstverhältnis zum 31. März 1932 gekündigt. Auf seine Einspruchsklage wurde die Beklagte durch Urteil des Landesarbeitsgerichts Münster vom 12. Mai 1932 verurteilt, den Kläger weiter zu beschäftigen oder 500,— RM Entschädigung zu zahlen. Am 6. Juni stellte die Beklagte dem Kläger, der den Wunsch auf Ausstellung eines Zeugnisses im Vorprozeß am 10. Mai 1932 ausgesprochen hatte, ein Zeugnis folgenden Inhalts aus:

„Herr Franz K. ist vom 2. April 1929 bis 31. März 1932 auf unserem Genossenschaftsbüro als Hilfsarbeiter beschäftigt gewesen.

Seine Leistungen waren nur zum Teil befriedigend. Seine Arbeiten verrieten häufig Flüchtigkeit. Seine Führung war im allgemeinen befriedigend; in einem Fall hat er eine ihm erteilte dienstliche Anweisung nicht befolgt."

Der Kläger ist der Ansicht, daß dieses Zeugnis unrichtig und unvollständig sei, und hat Klage erhoben mit dem Antrage, ihm ein Zeugnis auszustellen, das in allen Einzelheiten die Arbeitsleistungen aufweist und feststellt, daß sie zufriedenstellend waren, dagegen nicht die Angabe enthält, daß der Kläger flüchtig war und in einem Falle eine dienstliche Anweisung nicht erfüllt hat.

Die Beklagte hält einen Berichtigungsanspruch des Klägers nur dann für gegeben, wenn das Zeugnis wider besseres Wissen oder offenbar wahrheitswidrig abgegeben worden sei. Es müsse ihr Charakter als öffentliche Behörde, bei der es auf ganz besondere Genauigkeit ankomme, berücksichtigt werden, und es könne ihr nicht durch gerichtliches Urteil aufgegeben werden, welcher amtlichen Überzeugung sie bei Ausstellung eines Dienstzeugnisses, also einer ihrem Vorstande obliegenden amtlichen Tätigkeit, Ausdruck zu geben habe. Sie bestreitet, daß einer der beiden vorgenannten Fälle vorliege, und hat unterVerwahrung gegen die Beweislast Beweis für die Richtigkeit der in dem Zeugnis enthaltenen Angaben angetreten.

Das Arbeitsgericht hat unter Abweisung des weitergehenden Klaganspruchs nach Vernehmung einer Anzahl vom Kläger benannter Zeugen die Beklagte verurteilt, das dem Kläger am 6. Juni 1932 ausgestellte Zeugnis dahin zu berichtigen, daß die Tätigkeit als Hilfsarbeiter im einzelnen geschildert und Führung und Leistung als zufriedenstellend bezeichnet, dagegen nicht angegeben wird, daß der Kläger eine ihm erteilte dienstliche Anweisung nicht befolgt habe.

Das Landesarbeitsgericht hat die Berufung der Beklagten mit der Maßgabe zurückgewiesen, daß an Stelle der Schilderung der Tätigkeit des Klägers als Hilfsarbeiter die Angabe zu treten hat, in welchen einzelnen Abteilungen der Kläger beschäftigt war und ob die Tätigkeit in den einzelnen Abteilungen eine selbständige (als Sachbearbeiter) oder nur eine unselbständige (als Hilfsarbeiter) gewesen ist.

Die zugelassene Revision wurde zurückgewiesen aus folgenden

Gründen:

Das Landesarbeitsgericht geht davon aus, daß für den näheren Inhalt der Verpflichtung der Beklagten aus § 630 BGB. es ohne Belang sei, daß die Beklagte eine Behörde ist. Die Ausstellung des Zeugnisses sei für sie, so führt das Landesarbeitsgericht aus, keine amtliche Tätigkeit gewesen, sondern nur die Erfüllung einer privatrechtlichen Verpflichtung, bei der sie keineswegs einer amtlichen Überzeugung Ausdruck zu geben hatte. Denn die Beklagte und der Kläger hätten sich nicht als vorgesetzte Dienstbehörde und Angestellter, sondern als gleichberechtigte Parteien, Schuldner und Gläubiger eines privatrechtlichen Vertrages gegenübergestanden.

Diesen Ausführungen, gegen welche die Revision auch keine Angriffe erhebt, ist beizutreten. Die Verpflichtung zur Ausstellung eines Zeugnisses, wie sie in § 630 BGB. und ferner auch in den §§ 73 HGB. und 113 RGewO. begründet ist, entspringt lediglich dem privatrechtlichen Anstellungsvertrage.

Das Landesarbeitsgericht verneint weiterhin, daß die Beklagte ihrer Verpflichtung aus § 630 BGB. durch die schon vorher erfolgte Ausstellung einer „Arbeitsbescheinigung" gemäß § 170 Abs. 2 AVAVG. genügt habe. Mit Recht weist das Landesarbeitsgericht auf die verschiedenartige Natur dieser Bescheinigung vor dem gemäß § 630 BGB. auszustellenden Zeugnis hin.

In tatrichterlicher Würdigung verneint das Landesarbeitsgericht, daß die Parteien in beiderseitiger Übereinstimmung diese Arbeitsbescheinigung als ausreichendes Zeugnis erachtet hätten.

Ferner weist das Landesarbeitsgericht auch den dahingehenden Einwand der Beklagten zurück, daß der Kläger durch verspätetes Verlangen seinen Anspruch auf das Zeugnis verwirkt habe. Den Erwägungen des Landesarbeitsgerichts, daß der Kläger im Hinblick auf die erhobene Einspruchsklage seinen Zeugnisanspruch bis zur Erledigung derselben zurückstellen konnte, ohne auf seinen Anspruch zu verzichten oder ihn zu verwirken, ist lediglich zuzustimmen, insbesondere da die Beklagte durch Ausstellung des Zeugnisse am 6. Juni 1932 auch den Anspruch des Klägers an sich anerkannt hat (vgl. auch RAG. 243/29 vom 4. Dezember 1929, Bensh. Bd. 8 S. 45). Die Revision hat auch insoweit keine Rügen erhoben.

Es ist somit allein entscheidend, ob der Kläger an Stelle des von der Beklagten ausgestellten die Ausstellung eines anderweitigen „berichtigten" Zeugnisses verlangen kann.

Das Landesarbeitsgericht unterscheidet zwischen den in dem Zeugnis enthaltenen Angaben tatsächlicher Art, insbesondere über Art und Dauer der Beschäftigung, und dem in demselben enthaltenen „Urteil" über die Leistungen und die Führung im Dienste. Diese Unterscheidung ist nach dem Gesetz berechtigt, weil das Zeugnis an sich nur über das Dienstverhältnis (also über die Art der geleisteten Dienste) und seine Dauer ausgestellt ist und der Anspruch auf das sich auf Leistungen und die Führung im Dienste erstreckende, sogenannte qualifizierte (erweiterte) Zeugnis nur dann gegeben ist, wenn der Angestellte ein dahingehendes Verlangen ausdrücklich stellt.

Hinsichtlich der Angabe der Art der Beschäftigung weist das Landesarbeitsgericht zunächst in zutreffender Weise den auch von der Revision nicht aufrechterhaltenen Einwand der Beklagten zurück, es sei aus dem Unterschiede im Wortlaut der §§ 630 BGB. und 73 HGB. der Schluß zu ziehen, daß nach dem BGB. eine weniger genaue Bezeichnung genüge. Es ist dem Landesarbeitsgericht darin beizutreten, daß aus diesem Unterschiede im Wortlaut ein Unterschied dem Sinne nach nicht gefolgert werden kann.

Das Landesarbeitsgericht geht zutreffend davon aus, daß für den Inhalt der Angaben über die Art der Beschäftigung der Zweck des Zeugnisses entscheidend sein müsse. Denn das Zeugnis soll in der Tat der Bewerbung des Arbeitnehmers um eine neue Stelle dienen. Hierbei muß es, wie auch das Landesarbeitsgericht hervorhebt, von ausschlaggebender Bedeutung sein, welche Arbeit der Stellenbewerber in seiner früheren Stellung verrichtet hat, weil sich lediglich daraus beurteilen läßt, ob er sich für die neue Stelle eignet. Ob und in welchem Umfange die Art der Tätigkeit genauer geschildert werden muß, wird Sache des einzelnen Falles und damit überwiegend der tatrichterlichen Beurteilung sein müssen. Weiterhin kann als Anhaltspunkt dienen, daß die Art der Beschäftigung so genau geschildert werden muß, daß sich der neue Arbeitgeber ein hinreichend genaues Bild von ihr machen kann, in der Weise, daß aus den Angaben wenigstens im allgemeinen die Eignung des Bewerbers für eine neue Stellung zu beurteilen ist. Wenn das Landesarbeitsgericht im vorliegenden Falle im Hinblick auf die tatsächlichen Feststellungen, daß der Kläger zeitweilig als Sachbearbeiter mit denselben Arbeiten beschäftigt worden ist, die sonst bestimmungsgemäß nur Beamte verrichten sollen und die auch nach seinem Ausscheiden wieder ausschließlich Beamten übertragen worden sind, in Übereinstimmung mit dem Arbeitsgericht annimmt, daß die im Zeugnis enthaltene Bezeichnung der Beschäftigung mit „Hilfsarbeiter" nicht als eine ausreichende zu erachten sei, so kann dem aus Rechtsgründen nicht entgegengetreten werden.

Vergeblich sucht die Revision demgegenüber auszuführen, daß die Darlegungen des Landesarbeitsgerichts der allgemeinen Erfahrung widersprechen und daß mit dem Begriff „Hilfsarbeiter" keineswegs die Vorstellung von einer Beschäftigung untergeordneter Art verknüpft sei. Die Revision beachtet nicht, daß es nur auf die Beurteilung des einzelnen Falles ankommen und daß daher unter Umständen der Ausdruck „Hilfsarbeiter", wie er beispielsweise bei den zu einer höheren

Dienststelle einberufenen Beamten gebräuchlich ist, als ausreichende Bezeichnung der Art der Tätigkeit erachtet werden kann.

Im vorliegenden Falle ist aber den Vorinstanzen darin beizutreten, daß der Begriff „Hilfsarbeiter" immerhin eine irrtümliche Vorstellung über die Art der Tätigkeit und daß Maß der dem Kläger zuerteilten Verantwortung erwecken kann.

Vergeblich beruft sich die Revision auf die Entscheidung des Reichsarbeitsgerichts Bd. 1 S. 118. Es ist hier ausdrücklich im Hinblick auf den zugrunde liegenden Fall eines Einrückens in die Reihen der ordentlichen Angestellten ausgesprochen worden, daß das Zeugnis, das den Angestellten als Hilfskraft bezeichnet, ein falsches Bild geben konnte und daß der Kläger einen Anspruch auf Erteilung eines den tatsächlichen Verhältnissen entsprechenden Zeugnisses hatte.

Wenn schließlich das Landesarbeitsgericht die vom Arbeitsgericht ausgesprochene Verurteilung, die Tätigkeit als Hilfsarbeiter im einzelnen zu schildern, in der getroffenen Maßgabe dahin genauer bestimmt, daß anzugeben sei, in welchen einzelnen Abteilungen der Kläger beschäftigt war und ob die Tätigkeit in den einzelnen Abteilungen eine selbständige (als Sachbearbeiter) oder nur eine unselbständige (als Hilfsarbeiter) gewesen sei, so kann diesem Ausspruch ebenfalls aus Rechtsgründen nicht entgegengetreten werden. Es ist damit keineswegs das Maß, das hinsichtlich der Angaben zu stellen ist, in welcher Weise der Arbeitnehmer beschäftigt worden ist, überspannt worden.

Hinsichtlich der in das Zeugnis aufgenommenen Bemerkung über die Nichtbefolgung einer dem Kläger erteilten dienstlichen Anweisung stellt das Landgericht fest, daß der Kläger eine Anweisung des Zeugen, Landesverwaltungsrat Loges, nicht befolgt habe. Es sei aber insoweit, so führt das Landesarbeitsgericht aus, darauf hinzuweisen, daß die Verpflichtung der Beklagten zur Zeugniserteilung nach § 242 BGB. zu erfüllen gewesen sei, soweit Treu und Glauben mit Rücksicht auf die Verkehrssitte es erfordert hätten. Es habe sich nun um einen Einzelfall von nicht so schwerwiegender Bedeutung gehandelt, daß er für die allgemeine Beurteilung des Klägers ins Gewicht fallen konnte. Die Aufnahme dieses Vorfalls in ein Zeugnis, in welches verkehrsüblich nur wirklich bedeutsame und für den beurteilten Arbeitnehmer charakteristische Vorfälle aufgenommen zu werden pflegten, lege ihm eine Bedeutung bei, die er nicht beanspruchen könne. Es sei mit dem Arbeitsgericht darauf hinzuweisen, daß der Vorfall für den Kläger ohne besondere dienstlichen Folgen geblieben sei und nicht einmal eine Meldung an den Behördenvorstand oder eine eindringliche Verwarnung ausgelöst habe. Hinzu komme, daß der Kläger eine Anweisung erhalten hätte, die in erster Linie an die Registratur hätte gerichtet werden müssen. Das Zeugnis sei somit insofern unrichtig geworden, als ein Dritter daraus hätte schließen müssen, daß der Kläger sich einer so schwerwiegenden Gehorsamsverweigerung schuldig gemacht habe, daß sie unbedingt im Zeugnis hätte erwähnt werden müssen. Es komme nicht darauf an, daß die von der Beklagten angegebene Tatsache wahr sei, sondern darauf, ob das Zeugnis richtig wäre.

Diese Ausführungen unterliegen zwar insoweit Bedenken, als das Landesarbeitsgericht die betreffenden Angaben im „Zeugnis" unter dem Gesichtspunkt der „tatsächlichen" Angaben über das Dienstverhältnis würdigt, während es sich in Wahrheit um die Anführung eines einzelnen Umstandes handelt, der das im Zeugnis auf Verlangen abzugebende Urteil über die Leistungen und die Führung im Dienste betrifft (§ 630 Satz 2 BGB.). Jedoch kann diese Art der Beurteilung nicht zu einer anderweitigen rechtlichen Folgerung führen; denn es ist dem Landesarbeitsgericht in seinen — auch hier vorwiegend das tatrichterliche Gebiet berührenden — Ausführungen jedenfalls darin beizutreten, daß die Anführung eines lediglich vereinzelten Vorganges, der für die Arbeitsweise des Arbeitnehmers nicht charakteristisch ist und auch zu der den Inhalt des Zeugnisses bildenden „allgemeinen Beurteilung" nicht gehört, geeignet sein kann, irrige Vorstellungen über die Leistungen und die Führung des Angestellten zu erwecken. Ist dies nach Lage der tatsächlichen Einzelumstände der Fall, so muß in der Tat ein Zeugnis, welches ohne Grund einen solchen besonderen vereinzelten Fall erwähnt, als eine unrichtige Beurteilung der Leistungen und der Führung angesehen werden. Das Reichsarbeitsgericht hat auch in seiner Entscheidung RAG. Bd. 2 S. 336 die Angabe des bloßen Verdachts einer strafbaren Handlung für unzulässig erachtet, da die Mitteilung des Verdachts im Zeugnis von jedem Dritten dahin verstanden werden müsse, daß der Arbeitgeber damit seine Meinung dahin zum Ausdruck bringe, er habe den Arbeitnehmer der ihm zur Last gelegten strafbaren Handlung für fähig gehalten. Der Arbeitgeber habe somit ein Urteil in das Zeugnis aufgenommen, das er bei einer so unsicheren Grundlage, wie sie der bloße Verdacht böte, mit Rücksicht auf Treu und Glauben nicht habe abgeben dürfen.

Hinsichtlich der vom Arbeitsgericht vorgenommenen Änderung der Vermerke über Führung und Leistungen des Klägers tritt das Landesarbeitsgericht der im neueren Schrifttum vertretenen Ansicht bei, daß nicht die subjektive Auffassung des Arbeitgebers maßgebend sei, sondern daß vielmehr eine objektive Beurteilung zu erfolgen habe. Das Landesarbeitsgericht führt aus, Zweck des Zeugnisses sei, daß es der Bewerbung um eine neue Stellung dienen solle. Es müsse deshalb ermöglichen, daß sich ein Dritter ein Bild über die Eignung des Bewerbers für die in Aussicht genommene Stellung machen könne. Nun wolle der Dritte nicht irgendein subjektives Urteil über Leistungen und Führung hören, sondern er wolle einen möglichst objektiven Maßstab für die Eignung des Bewerbers haben. Er wolle wissen, wie ein verständiger und gerecht denkender Mann über den Arbeitnehmer urteile. Aus diesem Zweck des Zeugnisses könne sich unter Berücksichtigung des Erfordernisses von Treu und Glauben nur die Verpflichtung des Arbeitgebers ergeben, ein möglichst objektives richtiges Zeugnis auszustellen und seine subjektive Auffassung, wenn sie eine ungünstige sein sollte, mit der größten Sorgfalt zu überprüfen, ob sie auch nach objektiven Gesichtspunkten, immer unter Berücksichtigung des Zweckes des Zeugnisses und der ihm zu entnehmenden Meinung eines Dritten, vertretbar sei. Das vorliegend von der Beklagten erteilte Zeugnis könne aber im Hinblick auf die Ergebnisse der Beweisaufnahme im Vorprozeß und im Rechtsstreit nicht als objektiv richtig, wie ein verständig und gerecht Denkender den Kläger beurteilen würde, angesehen werden. Vielmehr sei das Ergebnis der Beweisaufnahme dahin zu werten, daß die Bezeichnung der Leistungen des Klägers mit „teilweise befriedigend" sich nicht aufrechterhalten ließe, sondern vielmehr die Leistungen vom Standpunkt eines billig und gerecht Denkenden als „zufriedenstellend" beurteilt werden müßten. Das gleiche sei auch von dem Vermerk über die „Führung" zu sagen. Der erwähnte vereinzelte Vorfall der Nichtbefolgung der erteilten Anweisung reiche nicht aus, um bei einem drei Jahre lang beschäftigten Angestellten die Führung als nur „im allgemeinen befriedigend" zu bezeichnen. Hieraus und in Verbindung mit der Erwähnung des einzelnen Vorfalls hätte ein Dritter den Eindruck gewinnen müssen, daß auch sonst noch erhebliche Verstöße des Klägers vorgelegen haben müßten. Gerade der Vermerk über die Führung in Verbindung mit der Erwähnung der Nichtausführung der Anweisung zeige, daß die Beklagte nicht die objektive Einstellung gegenüber dem Kläger habe gewinnen können, die man gerade bei einer Behörde hätte erwarten sollen. Sie habe es unterlassen, sich darüber Rechenschaft zu geben, wie nach einen solchen Zeugnis die Persönlichkeit des Klägers sich Dritten gegenüber hätte darstellen müssen.

Die Revision rügt gegenüber diesen Ausführungen, das Gesetz verlange nur ein Urteil des Dienstherrn. Grundlegend müsse also seine subjektive Auffassung sein, welche nur darin nachprüfbar sein könne, ob sie ein vorsätzliches oder fahrlässiges Fehlurteil darstelle. In Verkennung dieser Erwägungen setze der Vorderrichter an die Stelle des Urteils der Beklagten das auf Grund gerichtlicher Beweisaufnahme gewonnene Urteil des Gerichts. Eine derartige Auffassung sei bei dem Schweigen des Gesetzes nicht als richtig zu erachten, zumal das gerichtliche Urteil die Verurteilung des Schuldners zu einer Handlung im Sinne des § 888 ZPO. enthalte; der Schuldner könne aber nicht zur Änderung eines Zeugnisses gezwungen werden, dessen Inhalt er ohne vorsätzliche oder fahrlässige Verletzung seiner Verpflichtung aus dem Dienstvertrage gewonnen habe. Die Entscheidung sei also nicht auf das Ergebnis objektiver richterlicher Nachprüfung abzustellen. Daß das Zeugnis vorsätzlich oder fahrlässig falsch abgefaßt sei, stelle der Vorderrichter nicht fest. . . .

Die Angriffe der Revision können auch nicht zur Aufhebung des angefochtenen Urteils führen, insoweit sie geltend macht, daß das Zeugnis über Leistungen und Führung immer ein „Urteil" enthalte. Zwar ist diese letztere Überlegung unbestreitbar, und es ist auch zu berücksichtigen, daß wenn die Anforderungen an den Prinzipal zu hoch gespannt werden und er gegenwärtig sein muß, wegen jeder weniger günstigen Beurteilung, die er subjektiv nach bestem Wissen und Können abgegeben hat, einen Berichtigungsprozeß führen zu müssen, der geschilderte Zweck des Zeugnisses und sein Wert in Frage gestellt werden kann. Denn alsdann wird der Arbeitgeber es meistens vorziehen, einer etwaigen Unzufriedenheit seines Angestellten mit dem ausgestellten Zeugnis durch den Gebrauch nichtssagender Redensarten und Vermeidung jeder Kritik zuvorzukommen. Daß dies nicht im Interesse der Angestellten liegen würde, liegt auf der Hand. Es muß daher bei Prüfung der Frage, ob der Arbeitgeber seiner Zeugnispflicht genügt hat, stets im Auge behalten werden, daß das Zeugnis über Leistung und Führung ein subjektives Moment umschließt, und es kann daher, soweit es sich um lediglich subjektiv zu würdigende Leistungen handelt, dem Arbeitgeber auch nur ein subjektiv richtiges Urteil zugemutet werden.

Stets ist aber im Hinblick auf den hervorgehobenen Zweck des Zeugnisses, dem Dritten als Grundlage für seine Beurteilung zu dienen, und mit Rücksicht auf Treu und Glauben als oberster Grundsatz aufzustellen, daß der Inhalt des Zeugnisses w a h r sein muß und daß auch das in ihm enthaltene subjektive Urteil nicht durch Vorurteil oder Voreingenommenheit zum Nachteil des Handlungsgehilfen gefärbt ist. Falls aber der Arbeitnehmer die Ausdehnung des Zeugnisses auf Leistungen und Führung verlangt, so muß der Arbeitgeber ein wahrheitsgemäßes, die gesamte Tätigkeit zusammenfassendes und auf Tatsachen gestütztes und durch solche gegebenenfalls zu belegendes Urteil abgeben (vgl. auch RAG. Bd. 2 S. 336). Ob im einzelnen Fall diese Voraussetzungen erfüllt sind, muß aber, wie schon betont, vorwiegend Sache der tatrichterlichen Beurteilung sein. Der Berufungsrichter hat nun im vorliegenden Fall festgestellt, daß das von der Beklagten ausgestellte Zeugnis nicht der wahren Sachlage entsprechend erteilt worden ist, und daß auch die „Beurteilung der Leistungen" als „im allgemeinen befriedigend" nicht gerechtfertigt und für einen Dritten irreführend sei. Der Berufungsrichter hat auch die erwähnte „sujektive" Seite nicht unberücksichtigt gelassen. Er hebt hervor, daß die Beklagte es unterlassen habe, sich darüber Rechenschaft zu geben, wie nach dem ausgestellten Zeugnis die Persönlichkeit des Klägers sich Dritten hätte darstellen müssen; die Beklagte habe auch in dieser Beziehung nicht pflichtgemäß gehandelt. Diese tatrichterlichen Feststellungen tragen das Urteil, das auch im übrigen einen Rechtsverstoß nicht erkennen läßt. Die Revision ist somit zurückzuweisen.

RAG. 12, 284.

Kann von der Kündigungsfrist des Kündigungsschutzgesetzes abgesehen werden, wenn der Arbeitnehmer, dem zunächst schon einmal unter Einhaltung der Frist gekündigt worden war, lediglich auf seine Bitten und in seinem Interesse für eine unbestimmte, beschränkte Zeit weiter beschäftigt wird?

Kündigungsschutzgesetz vom 9. Juli 1926 § 2.

Reichsarbeitsgericht. Urt. v. 22. Februar 1933.

I. Arbeitsgericht Rottweil a. N. — II. Landesarbeitsgericht Tübingen.

Der 52 Jahre alte Kläger war seit dem 27. November 1922 als Werkmeister in dem Zweiggeschäft der Beklagten beschäftigt. Als Einschränkungen des Werks notwendig wurden, wurde dem Kläger am 25. Mai 1931 unter Einhaltung der Fristen des Kündigungsschutzgesetzes zum 30. September 1931 gekündigt. Die Beklagte hat den Kläger aber über den 1. Oktober 1931 hinaus weiterbeschäftigt, ihm jedoch nicht mehr seinen bisherigen Tariflohn, sondern nur einen Stundenlohn von 95 Pfg. bezahlt. Als der Kläger deswegen vorstellig wurde, hat ihm die Beklagte am 20. November 1931 zum 27. November 1931 erneut gekündigt. Der Kläger wandte sich darauf wiederum an die Beklagte. Da der Kläger 6 Kinder hat und sich in einer äußerst mißlichen Lage befand, hat die Beklagte ihm am 1. Dezember 1931 geschrieben:

„Mit Rücksicht auf Ihre Lage sind wir jedoch heute bereit, Sie zu einem Stundenlohn von 90 Pfg. wieder einzustellen, unter der Voraussetzung, daß Sie . . . in Zukunft das ewige Reklamieren unterlassen. Sie wollen immerhin bedenken, daß heute bei uns in Schw. eine ganze Reihe von Leuten in ähnlichen Stellungen wie der Ihrigen bereit sind, zu einem Stundenlohn von 80 Pfg. zu arbeiten."

Ab 9. Dezember 1931 wurde daraufhin der Kläger bei der Beklagten wieder beschäftigt. Auf den 1. Juli 1932 hat die Beklagte ihr Zweigwerk in vollem Umfange stillgelegt. Dem Kläger wurde deshalb wie der übrigen Belegschaft am 10. Juni 1932 zum 17. Juni 1932 gekündigt, er ist jedoch bis zum 30. Juni beschäftigt worden. Vom 1. bis 3. Juli 1932 hatter er noch Urlaub.

Mit seiner Klage verlangt er sein Tarifgehalt zunächst für den Monat Juli 1932. Er steht auf dem Standpunkt, daß er nach wie vor, trotzdem ihm bloß Stundenlohn bezahlt worden sei, als Werkmeister beschäftigt worden und er deshalb Angestellter gewesen sei, dem nach dem Kündigungsschutzgesetz frühestens auf den 31. Dezember 1932 hätte gekündigt werden können. Er hat vorbehaltlich weiterer Ansprüche beantragt,

die Beklagte zur Zahlung von 308 RM kostenfällig zu verurteilen.

Die Beklagte hat

kostenfällige Klagabweisung

beantragt. Sie hat bestritten, daß der Kläger noch als Angestellter anzusehen sei und daß das Kündigungsschutzgesetz auf ihn Anwendung finde.

Das Arbeitsgericht hat der Klage entsprochen, das Landesarbeitsgericht dagegen die Klage abgewiesen.

Die zugelassene Revision führte zur Aufhebung und Zurückverweisung.

Aus den Gründen:

Das Landesarbeitsgericht nimmt in tatrichterlicher Würdigung der Tätigkeit des Klägers an, daß er bis zu seinem am 3. Juli 1932 erfolgten endgültigen Ausscheiden Werkmeister und Angestellter der Beklagten geblieben sei und somit das Kündigungsschutzgesetz an sich auf ihn Anwendung zu finden habe. Das Landesarbeitsgericht verkennt nicht, daß die Vorschriften des Kündigungsschutzgesetzes zwingendes Recht seien und auch dann Geltung hätten, wenn das Dienstverhältnis über den ersten Entlassungstag hinaus wieder fortgesetzt werde. Es müsse jedoch im vorliegenden Fall berücksichtigt werden, daß die Beklagte den Kläger nach dem 30. September 1931 gar nicht habe weiterbeschäftigen wollen, sondern daß sie lediglich aus Rücksicht auf seine mißlichen wirtschaftlichen Verhältnisse den eigentlichen Entlassungstag noch etwas hätte hinausschieben wollen, wobei die erste Kündigung eine durchaus ernsthafte gewesen und eine Umgehung des Kündigungsschutzgesetzes nicht beabsichtigt worden sei. Weiterhin habe sich aus der Schrumpfung des Betriebes ergeben, daß die Beklagte eine Weiterbeschäftigung des Klägers nur noch für eine beschränkte Zeit in Aussicht genommen habe, als sie das neue Abkommen mit dem Kläger am 1. Oktober 1931 getroffen habe. Die Lösung der sich hiernach aufdrängenden Frage, ob es für einen Arbeitgeber eine rechtliche Möglichkeit gebe, den Entlassungstag eines Arbeitnehmers, dem nach den Vorschriften des Kündigungsschutzgesetzes gekündigt sei, in dessen Interesse noch etwas hinauszuschieben und den Arbeitnehmer vorübergehend noch weiter zu beschäftigen mit einer Kündigungsfrist, die in beliebiger Länge vereinbart werden könne, müsse unter Abwägung der beiderseitigen Interessen darin gefunden werden, daß das Interesse des Arbeitnehmers einerseits erfordere, daß er wenigstens noch die kurze Zeit, solange seine Beibehaltung für den Betrieb tragbar sei, weiter beschäftigt werde und daß andererseits das Interesse des Betriebes verlange, daß der Arbeitgeber nicht gezwungen werde, wegen einer verhältnismäßig kurzen Weiterbeschäftigung den in vorgeschilderter Weise berücksichtigten Angestellten noch monatelang, ohne Gegenleistung zu erhalten, weiterzubeschäftigen. Würde das Gesetz, so führt das Landesarbeitsgericht aus, eine solche Möglichkeit nicht eröffnen, so wäre ein Betrieb gezwungen, rücksichtslos die einmal ausgesprochene Kündigung durchzuführen, und es würde sich die Wohltat des Kündigungsschutzgesetzes zum Nachteil des Arbeitnehmers gestalten. Es müsse deshalb aus diesen Abwägungen der beiderseitigen Interessen die Vereinbarung einer kurzen Kündigungsfrist für eine Nachbeschäftigung als wirksam erachtet werden, wenn beide Vertragsparteien sich darüber klar wären, daß diese Nachbeschäftigung nur noch für eine verhältnismäßig kurze Zeit dauern werde.

Den Angriffen der Revision, welche Verletzung der §§ 133 a flg. RGewO. und der §§ 1 flg. des Kündigungsschutzgesetzes rügt, kann der Erfolg nicht versagt werden. Das angefochtene Urteil berücksichtigt nicht, daß dem Kläger, welcher nach den getroffenen tatsächlichen Feststellungen unter die in § 133 a RGewO. genannten Betriebsangestellten fiel, nur mit den Fristen aus § 133 a und § 133 aa RGewO. gekündigt werden konnte. Mithin war die Kündigung unter Anwendung des § 133 aa RGewO. nur für Ende Juli 1932 zulässig. Damit würde der Kläger in jedem Falle sein tarifmäßiges Gehalt noch für den Monat Juli verlangen können.

Das angefochtene Urteil unterliegt daher schon wegen dieses Verstoßes der Aufhebung.

Aber auch insoweit das Landesarbeitsgericht aus den besonderen Umständen des Einzelfalles die Anwendbarkeit des Kündigungsschutzgesetzes verneint hat, ist der Revision stattzugeben.

Die Rechtsmeinung des Landesarbeitsgerichts ist mit der zwingenden Natur der Vorschriften des Kündigungsschutzgesetzes unvereinbar. Seine Ausführungen ließen sich möglicherweise als Anregung für eine Gesetzesänderung verwenden; sie können jedoch nicht zu einer einschränkenden, dem Zweck des Kündigungsschutzgesetzes widersprechenden Auslegung führen.

Dieser Zweck des Gesetzes besteht nicht darin, daß der Arbeitgeber durch lange Fristen von einer Kündigung abgehalten wird, sondern vielmehr darin, daß ältere Angestellte, die schon lange Jahre in demselben Betrieb beschäftigt gewesen sind, vor kurzen Kündigungsfristen bewahrt werden sollen, damit sie hinreichend Zeit erhalten, sich nach einer anderen Stelle umzusehen. Das Reichsarbeitsgericht hat dementsprechend in der Entscheidung RAG. 90/31 vom 20. Mai 1931 (Bensh. Bd. 12 S. 99) ausgesprochen, daß ein Angestellter, der schon bei der Kündigung in seinem ersten Tätigkeitsabschnitt den Schutz des Gesetzes genossen hat, des ihm vom Gesetz gewährleisteten Schutzes auch bei Beendigung des zweiten Tätigkeitsabchnittes nicht verlustig gehen darf. Es muß deshalb Sache des Arbeitgebers sein, bei einer erneuten Einstellung eines älteren Angestellten zu prüfen, ob für ihn der Vorteil, einen erfahrenen eingearbeiteten Angestellten in seinem Betriebe wieder zu erhalten, den Nachteil aufwiegt, daß er diesen Angestellten nunmehr nur mit einer mehrmonatlichen Kündigungsfrist für den Schluß eines Kalendervierteljahres entlassen kann. Dieser gleiche Grundsatz muß aber auch dann gelten, wenn der Arbeitgeber sich im Hinblick auf die persönlichen Verhältnisse des Arbeitnehmers veranlaßt sieht, den gekündigten Arbeitnehmer erneut und im engen inneren Zusammenhang mit der früheren Tätigkeit (RAG. Bd. 1 S. 20) weiterzubeschäftigen. Es kann nicht Sache des Richters sein, den sozialpolitischen Zweck des Gesetzes, den älteren Angestellten, der schon längere Zeit im Dienste eines Arbeitgebers sich befindet, vor einer kurzfristigen Kündigung zu schützen, dahin umzudeuten, daß dieser

Schutz dann entfällt, wenn das Verbleiben oder die Wiedereinstellung des gekündigten Angestellten in seinem Interesse erfolgt, auch wenn diese Weiterbeschäftigung von vornherein nur für eine verhältnismäßig kurze Zeit beiderseits ins Auge gefaßt wird. Lediglich dann, wenn entweder eine neue befristete Beschäftigung vereinbart wird, ohne daß gleichzeitig eine Umgehung der Vorschriften des Kündigungsschutzes darin zu erblicken wäre (RAG. Bd. 1 S. 362 u. ö.) oder wenn in einer kurzen Weiterbeschäftigung überhaupt nicht der Abschluß eines neuen Dienstvertrages gefunden werden könnte (§ 155 BGB. — vgl. aber den Fall bei RAG. 609/30 Urt. vom 13. Mai 1931), finden die Kündigungsfristen des Kündigungsschutzgesetzes keine Anwendung. In allen anderen Fällen muß jedoch dem Angestellten, auch wenn seine Weiterbeschäftigung auf seine Bitten und zu seinem eigenen Vorteil erfolgt, die Wohltat des Gesetzes zuteil werden. Jede entgegenstehende Abrede ist wegen Verstoßes gegen die zwingenden Vorschriften des Kündigungsschutzgesetzes (RAG. Bd. 1 S. 7, Bd. 4 S. 6 u. ö.) nichtig. Die vom Landesarbeitsgericht betonte Unbilligkeit für den Arbeitgeber ist rechtlich unbeachtlich. Sie ist in der Unabdingbarkeit der vom Gesetz gewollten Kündigungsfrist (RAG. 502/30 Urteil vom 11. März 1931, Bensh. Bd. 11 S. 524) begründet.

Das Urteil des Landesarbeitsgerichts unterliegt daher auch wegen Verstoßes gegen § 2 des Kündigungsschutzgesetzes vom 9. Juli 1926 (RGBl. I S. 399) der Aufhebung. Gleichwohl ist die Sache zur Endentscheidung noch nicht reif, da die Beklagte in zweiter Instanz die Höhe des mit der Klage lediglich für den Monat Juli geforderten tariflichen Gehalts bestritten hat. Die Sache war daher zur Prüfung in dieser Richtung zurückzuverweisen.

RAG. 12, 334.

Findet der Tarifvertrag für den Großberliner Einzelhandel vom 4. Juni 1931 auf Automobilverkäufer Anwendung?

Reichsarbeitsgericht. Urt. v. 8. März 1933.

I. Arbeitsgericht Berlin. — II. Landesarbeitsgericht daselbst.

Die beiden Kläger waren in den Monaten März, April, Mai 1932 bei der Beklagten als Automobilverkäufer tätig. Ihre Vergütung sollte in Provision von den zustandegebrachten Verkäufen bestehen, doch war ihnen ein Monatseinkommen von 180 RM gewährleistet. Sie haben in den drei Monaten keine oder doch nur so geringe Abschlüsse zustande gebracht, daß sie nicht mehr als je 180 RM im Monat verdient haben. Sie behaupten, ihr Arbeitsvertrag sei dem für allgemeinverbindlich erklärten Tarifvertrag für den Großberliner Einzelhandel vom 4. Juni 1931 unterfallen; danach hätten sie je 280 RM monatlich zu beanspruchen gehabt. Sie fordern deshalb Nachzahlung von je 300 RM. Sie sind in allen drei Rechtszügen unterlegen.

Gründe:

Der in Frage kommende Tarifvertrag bezeichnet als persönlichen Geltungsbereich „alle kaufmännischen Angestellten in Einzelhandelsbetrieben mit Ausnahme der handlungsbevollmächtigten Geschäftsführer und Prokuristen" und bestimmt weiter: „Als Einzelhandel gelten alle offenen Verkaufsstellen, in denen Gegenstände des täglichen Bedarfs an den letzten Verbraucher vertrieben werden". Die Beklagte bestreitet, daß sie eine offene Verkaufsstelle im Sinne des Tarifvertrags unterhalte. Sie habe nur eine Ausstellungshalle, in der lediglich Musterwagen ständen; es komme wohl ab und zu auch in dieser Halle einmal ein Verkauf zustande, in den weitaus meisten Fällen geschehe das aber außerhalb der Geschäftsräume der Beklagten, und stets werde der gekaufte Wagen unmittelbar von der betreffenden Fabrikniederlassung geliefert, nie aus der Ausstellungshalle heraus. Die Beklagte hat weiter bestritten, daß sie ein ausgesprochenes Handelsgeschäft betreibe. Sie habe einen gemischten Betrieb; neben dem Handel betreibe sie eine Ausbesserungswerkstätte, die im ersten Halbjahr 1932 fast die gleichen Einnahmen wie der Handelsbetrieb gehabt habe, aber wesentlich mehr Arbeitnehmer beschäftige, als der Handelsbetrieb. Schließlich hat die Beklagte bestritten, daß Kraftwagen zu den Gegenständen des täglichen Bedarfs im Sinne des Tarifvertrages gehörten.

Das Berufungsgericht hat offen gelassen, ob der Auststellungsraum der Beklagten eine offene Verkaufsstelle im Sinne des Tarifvertrages sei, und ebenso, ob der Handel eine selbständige Betriebsabteilung der Beklagten darstelle. Es hat die Anwendbarkeit des Tarifvertrages deshalb verneint, weil Kraftwagen nicht zu den Gegenständen des täglichen Bedarfs gezählt werden könnten. Die Kläger hatten dazu vorgetragen: Für diesen Begriff komme es nicht auf den Wert des betreffenden Gegenstandes an, auch nicht darauf, ob jedermann oder auch nur der überwiegende Teil der Bevölkerung Bedarf danach habe; es genüge vielmehr fortlaufender Bedarf innerhalb eines bestimmten Kreises der Bevölkerung. Das treffe aber heute für Kraftwagen zu, jedenfalls für diejenigen Arten, die die Beklagte vorzugsweise vertreibe, nämlich gebrauchte Lastkraftwagen und die billigen Opel-Personenwagen. Die Beklagte hat sich demgegenüber auf eine ihr vom Arbeitgeberverband im Einzelhandel von Groß-Berlin erteilte gutachtliche Äußerung sowie auf das vom Landesarbeitsgericht beigezogene Gutachten der Industrie- und Handelskammer zu Berlin bezogen. Das Landesarbeitsgericht ist von der Begriffsbestimmung ausgegangen, die vom Reichsarbeitsgericht in mehreren Urteilen aufgestellt worden ist und als die wesentlichen Merkmale des Begriffs „Einzelhandel" die Abgabe einerseits „in kleinen Mengen" und andererseits „unmittelbar an den Verbraucher" bezeichnet. Dem Begriffsmerkmal der „kleinen Menge" habe der Tarifvertrag damit Rechnung tragen wollen, daß er den Handel mit „Gegenständen des täglichen Bedarfs" als kennzeichnend hingestellt habe. Zu diesen seien aber nur Gegenstände zu zählen, die zu den laufenden Anschaffungen eines Haushalts gehörten. Kraftwagen würden nicht „in kleinen Mengen" vom Selbstverbraucher abgenommen. Der Kauf eines Kraftwagens sei nicht ein Geschäft des täglichen Lebens, sondern, auch wenn nur ein Stück gekauft werde, ein Geschäft, dessen Finanzierung und Abwicklung längerer Voraussicht und Berechnung bedürfe.

Dem Landesarbeitsgericht muß im Ergebnis, wenn auch nicht in den Einzelheiten der Begründung, beigetreten werden.

Der Begriff des Einzelhandels steht nicht für alle Gebiete des Rechtslebens, in denen er verwendet wird, ein für allemal fest. Das ist vom Reichsarbeitsgericht wiederholt ausgesprochen worden (siehe z. B. RAG. 59/31 Urteil vom 26. September 1931 Bensh. Bd. 13 S. 355). Einzelhandel — oder, wie man früher meist sagte, Kleinhandel oder Detailhandel — im Sinne der Gewerbeordnung oder der Steuervorschriften oder der Sozialversicherung oder auch der Volkswirtschaftslehre braucht nicht auch Einzelhandel im tarifrechtlichen Sinn zu sein. Und auf dem Gebiete des Tarifrechts wiederum kann der Begriff wechseln, je nachdem die Tarifvertragsparteien ihm diese oder jene Begrenzung gegeben haben. Es ist deshalb verfehlt, wenn das Landesarbeitsgericht sich starr an die Begriffsbestimmung hält, die das Reichsarbeitsgericht etwa für den Duisburger Einzelhandelstarifvertrag gegeben hat oder auch für den Groß-Berliner aus den Jahren 1928 oder 1929. Maßgebend für den vorliegenden Fall ist die Begriffsbestimmung, die gerade der hier zugrunde zu legende Tarifvertrag vom 4. Juni 1931 aufgestellt hat. Sie weicht von der in den gedachten reichsarbeitsgerichtlichen Entscheidungen beurteilten z. B. schon insofern ab, als hier das Vorhandensein einer offenen Verkaufsstelle ausdrücklich zur Voraussetzung erhoben ist, während das Reichsarbeitsgericht für die früher von ihm beurteilten Tarifverträge dieses Erfordernis verneint. Der Tarifvertrag vom 4. Juni 1931 versteht unter Einzelhandel den Handel in offenen Verkaufsstellen, in denen Gegenstände des täglichen Bedarfs an den letzten Verbraucher vertrieben werden. Das Begriffsmerkmal der Warenabgabe „in kleinen Mengen" deckt sich keineswegs mit dem vom Tarifvertrag aufgestellten, daß es sich um „Gegenstände des täglichen Bedarfs" handeln muß. Gegenstände von großem Seltenheitswert werden z. B. immer nur in kleinen Mengen oder einzelnen Stücken verkauft werden (schon weil sie vielleicht überhaupt nur in einzelnen Stücken vorhanden sind), werden aber niemals oder doch kaum je Gegenstand täglichen Bedarfs sein. Was der Tarifvertrag vom 4. Juni 1931 unter „Gegenständen des täglichen Bedarfs" versteht, muß — mangels einer besonderen Begriffsbestimmung im Tarifvertrag selbst — in erster Linie aus dem Sprachgebrauch der Kreise entnommen werden, denen die tarifschließenden Parteien angehören, in Ermangelung besonderer aus ihm zu entnehmender Anhaltspunkte aus dem allgemeinen Sprachgebrauch unter Berücksichtigung der besonderen Fragen, bei deren Regelung der Begriff im vorliegenden Fall verwendet worden ist.

Mit Recht hat das Landesarbeitsgericht die Begriffsbestimmung als unbeachtlich beiseite geschoben, die sich im Anschluß an die Wuchergesetzgebung der Kriegs- und Nachkriegsjahre entwickelt hatte. Diese Gesetzgebung diente ganz bestimmten Zwecken, und diesen mußte sich die Begriffsbestimmung anpassen; diese Zwecke kommen für die Auslegung des Tarifvertrags vom 4. Juni 1931 nicht in Betracht. Auch hat sich die damals dem allgemeinen Sprachgebrauch widerstreitende Auslegung des Begriffs der Gegenstände des „täglichen Bedarfs" im Sinne der Wuchergesetzgebung im Verkehrsleben nicht durchsetzen können. Jener Begriff hat somit nur noch Bedeutung für die noch bestehenden Reste jener Gesetzgebung. Gegenstand des täglichen Bedarfs im Sinne des allgemeinen Sprachgebrauchs ist allerdings nicht nur eine Ware, die von jedermann täglich begehrt wird. Es genügt, daß innerhalb eines gewissen nicht zu kleinen Kreises der Bevölkerung ständig nach der betreffenden Ware Nachfrage besteht, die fortlaufend vom Handel befriedigt wird. Damit scheiden die schon erwähnten Waren von großem Seltenheitswert aus, ebenso aber auch andere sehr hochwertige Gegenstände, weil nur ein kleiner Kreis besonders Begüteter als Abnehmer für sie in Frage kommt. Wie groß der Kreis der für die Nachfrage in Betracht kommender Verbraucher zu ziehen ist, läßt sich nicht allgemein sagen, sondern hängt wesentlich von der Verkehrsanschauung ab, die unter Umständen je nach der in Betracht kommenden Ware verschieden ist. Die allgemeine Verkehrsauffassung in Deutschland oder auch in Groß-Berlin zählt aber Kraftwagen — zum mindesten heute noch — nicht zu den Gegenständen des täglichen Bedarfs. Mag es auch in allen größeren Orten Händler geben, die Kraftwagen unmittelbar an den Verbraucher absetzen. Mag auch die Zahl der Kraftwagen in Deutschland im Verhältnis etwa zur Zeit vor dem Krieg gewaltig zugenommen haben. Mögen auch tägliche Umsätze in Kraftwagen — besonders der billigeren Marken und in gebrauchten Lastwagen — vorkommen. Mögen auch viele Geschäftsleute auf die Benutzung von Kraftwagen dauernd angewiesen sein, und mögen auch fortlaufend Käufer für Kraftwagen zu Vergnügungszwecken vorhanden sein. Im Vergleich zur Gesamtbevölkerung ist doch derzeit in Deutschland der Kreis der Kraftwagenverbraucher so gering, daß die Verkehrsanschauung die Kraftwagen als Handelsware nicht zu den Gegenständen des täglichen Bedarfs rechnet.

Daß auch die Tarifvertragsparteien diese allgemeine Verkehrsanschauung geteilt haben, läßt sich aus der Eigenart der Arbeitnehmerverbände entnehmen, die den Tarifvertrag vom 4. Juni 1931 geschlossen haben. Sie alle vereinigen Einzelhändler von Waren, für die mehr oder weniger jedermann als Verbraucher in Frage kommt, deren Abnehmerschaft jedenfalls ganz unverhältnismäßig viel weitergreift, als der Kreis der Kraftwagenverbraucher. Diese Schlußfolgerung ist hier gestattet, obgleich das Reichsarbeitsgericht — z. B. im Urteil RAG. 583/31 vom 28. März 1932 — ausgesprochen hat, daß es für die Frage, wieweit sich der Geltungsbereich eines Tarifvertrages erstrecke, nicht entscheidend sei, ob ein Betrieb zu denjenigen Branchen oder Betriebsarten gehöre, mit denen sich die am Abschluß des Tarifvertrags beteiligten Firmen befaßten. Die hier in Frage stehenden Arbeitgeberverbände stellen nur einen Teil des Groß-Berliner Einzelhandels dar; es fehlen z. B. die Nahrungs- und Genußmittelgeschäfte. Ganz abgesehen davon, daß für die letzteren ein eigener Tarifvertrag besteht, — so daß sich die Abgrenzung der beiden Bereiche aus den Grundsätzen der Tarifkonkurrenz ergeben würde, — kann nicht wohl angenommen werden, daß die Gruppen, die den vorliegenden Tarifvertrag abgeschlossen haben, den Willen gehabt haben sollten, im Wege der, im Tarifvertrag ausdrücklich vorgesehenen, Allgemeinverbindlicherklärung große Gruppen völlig fachfremder Betriebe in den Tarifvertrag einzubeziehen. Auch die Gruppe der Spezialgeschäfte, deren Verband den Tarifvertrag mit abgeschlossen hat, umfaßt nur Einzelhändler von Waren, die mehr oder weniger von jedermann gekauft werden, nicht aber Händler von Kraftwagen, für die jedenfalls das „große Publikum" als Verbraucher nicht in Frage kommt.

RAG. 12, 338.+

Kann der Arbeitgeber aufrechnen gegen einen Anspruch des Arbeitnehmers, der sich darauf stützt, daß dieser vom Arbeitgeber fahrlässig zu niedrig zur Arbeitslosenversicherung angemeldet worden ist und deshalb eine geringere Arbeitslosenunterstützung bezogen hat, als ihm bei richtiger Anmeldung zugestanden hätte?

BGB. § 394. AVAVG. § 111.

Reichsarbeitsgericht. Urt. v. 8. März 1933.

I. Arbeitsgericht Schlochau. — II. Landesarbeitsgericht Schneidemühl.

Der Kläger hat die Beklagte als seine frühere Arbeitgeberin dafür haftbar gemacht, daß sie ihn eine Lohnklasse zu niedrig zur Arbeitslosenversicherung angemeldet und er infolgedessen nach Eintritt der Arbeitslosigkeit 20 Wochen lang jede Woche 3,30 RM weniger an Arbeitslosenunterstützung erhalten habe. Diese Schadensersatzforderung im Betrage von 66 RM erkennt die Beklagte an sich an; sie hat aber mit höheren Kostenerstattungsansprüchen aufgerechnet, die ihr gegen den Kläger aus früheren Rechtsstreitigkeiten zustehen. Das Arbeitsgericht hat aus diesem Grunde der Klage, das Landesarbeitsgericht der Berufung den Erfolg versagt. Auf die Revision ist die Beklagte nach dem Klagantrag verurteilt worden.

Gründe:

. . .

Der Revision kann der Erfolg nicht versagt werden.

Die Klageforderung, deren Rechtsbestand an sich von der Beklagten im vorliegenden Rechtsstreit ausdrücklich zugegeben ist und gegen die von Amts wegen Bedenken nicht zu erheben sind, ist eine Schadensersatzforderung. § 393 BGB. kommt nicht in Frage, weil der Kläger selbst nicht behauptet hat, daß die Beklagte seine ordnungsmäßige Anmeldung zur Arbeitslosenversicherung vorsätzlich unterlassen habe. Aber auch § 394 BGB. ist nicht anwendbar. Wenn die Revision die „unmittelbare" Anwendung des § 394 BGB. betont, so scheint sie in erster Linie eine unmittelbare, hilfsweise eine entsprechende Anwendbarkeit dieser Vorschrift fordern zu wollen. Richtiger wäre wohl von unmittelbarer oder entsprechender Anwendung des § 111 AVAVG. zu sprechen. Denn wenn man, wie es die Revision will, den Sinn der Arbeitslosenunterstützung darin sieht, daß dem Arbeitslosen die zur Fristung seines Lebens unentbehrliche Unterstützung weder durch Pfändung noch durch Aufrechnung soll entzogen werden dürfen, daß er vielmehr die betreffenden Zahlungen unter allen Umständen bar in die Hand bekommen solle, so käme doch wohl nur in Frage, ob das Pfändungsverbot des § 111 AVAVG. auch auf Ansprüche des Arbeitslosen ausgedehnt werden kann, die an die Stelle des ihm aus irgendwelchen Gründen entzogenen Anspruchs gegen die Reichsanstalt auf Arbeitslosenunterstützung getreten sind. Indessen trifft § 111 AVAVG. auf den hier streitigen Anspruch nicht zu. Unmittelbar kann die Vorschrift unmöglich angewendet werden, denn der eingeklagte Anspruch ist seiner rechtlichen Natur nach ein völlig anderer, als der in § 111 AVAVG. vorausgesetzte, und eine erweiternde Auslegung verbietet sich grundsätzlich wegen der Ausnahmenatur der Vorschrift. Daß der Schadensersatzanspruch des Klägers vielleicht auf demselben wirtschaftlichen Erfolg gerichtet ist, kann eine Abweichung von dem Rechtsgrundsatz, daß Ausnahmevorschriften streng auszulegen sind, nicht rechtfertigen.

Ob dem Aufrechnungseinwand der Beklagten etwa mit dem Gegeneinwand der Arglist zu begegnen wäre, kann dahingestellt bleiben, weil jedenfalls eine Erwägung anderer Art der Klage zum Erfolge verhelfen muß. Da es sich, wie schon betont, bei der eingeklagten Forderung um einen Schadensersatzanspruch handelt, gilt für sie der Grundsatz des § 249 Abs. 1 BGB., wonach der Schädiger verpflichtet ist, den Geschädigten nach Möglichkeit so zu stellen, wie dieser stehen würde, wenn der zum Schadensersatz verpflichtende Umstand nicht eingetreten wäre (Grundsatz der sogen. Naturalherstellung). Der dem Kläger infolge des schuldhaften Verhaltens der Beklagten entgangene Anspruch gegen die Reichsanstalt auf den Unterschiedsbetrag von 3,30 RM je Woche kann nicht unmittelbar hergestellt werden. Die Beklagte hat daher nach § 251 Abs. 1 BGB. den Kläger in Geld zu entschädigen, soweit die Herstellung nicht möglich ist. Für die Gestaltung dieses Geldanspruchs bleibt aber der Grundsatz des § 249 Abs. 1 BGB. von wesentlicher Bedeutung (RGZ. Bd. 101 S. 218; SeuffA. Bd. 75 Nr. 208). Freilich kann die Beklagte dem Kläger die Gewähr der allgemeinen Unpfändbarkeit die für den Anspruch gegen die Reichsanstalt gemäß § 111 AVAVG. bestanden hätte, hinsichtlich des Schadensersatzanspruchs gegen sie selbst nicht bieten. Wohl aber ist es ihr ohne weiteres möglich, dem Kläger die mit der Unpfändbarkeit verbundene Freistellung von Aufrechnungen, die seinem Anspruch gegen die Reichsanstalt zugestanden hätte, wenigstens in dem Umfang zugewähren, daß sie, die Beklagte, selbst eine Aufrechnung mit eigenen Gegenforderungen unterläßt. Zu dieser Unterlassung ist sie nach § 249

Satz 1 BGB. verpflichtet, da die Unterlassung der Aufrechnung im Rahmen der der Beklagten möglichen — und daher auch obliegenden — Naturalherstellung gelegen ist. Nach § 251 Abs. 1 BGB. wird die Pflicht zur Naturalherstellung durch die Geldzahlungspflicht nur insoweit verdrängt, als die Naturalherstellung nicht möglich ist; soweit dagegen eine solche Möglichkeit besteht, bleibt es bei der Verpflichtung aus § 249 Satz 1. Diese Verpflichtung aber führt zu dem gesetzlichen Verbot für die Beklagte, mit eigenen Forderungen gegen den Schadensersatzanspruch des Klägers aufzurechnen.

RAG. 12, 354.+

. . . Steht der Anspruch auf Wiedereinstellung nach beendigtem Streik (§ 13 Abs. 3 Schwerbeschädigtenges.) auch demjenigen Schwerbeschädigten zu, der sich als gewählter Führer des Streiks betätigt hat?

SchwerbG. § 13 Abs. 3.

Reichsarbeitsgericht. Urt. v. 1. April 1933.

I. Arbeitsgericht Duisburg. — II. Landesarbeitsgericht Duisburg-Hamborn.

Der Kläger, Schwerbeschädigter, hatte bei der Beklagten als Arbeiter gegen Stundenlohn in Arbeit gestanden. Nach dem Vorbringen der Beklagten unterstand das Arbeitsverhältnis dem Tarifvertrag für die Arbeiter in der Rheinisch-Westfälischen Eisen- und Stahlindustrie. Im Hinblick auf die Verordnung zur Vermehrung und Erhaltung der Arbeitsgelegenheit vom 5. September 1932 RGBl. I S. 433 wollte die Beklagte die Löhne kürzen. Zur Abwehr dieser Maßnahme ist die Arbeiterschaft der Beklagten am 8. Oktober 1932 in den Streik getreten. Hierauf hat die Beklagte durch Anschlagsbekanntmachung denjenigen Leuten, die nicht bis zum 10. oder 11. Oktober die Arbeit wieder aufnehmen würden, die Entlassung angekündigt. Der Kläger ist der Arbeit ferngeblieben; am 2. Streiktag mit in die Führung des Streiks gewählt, ist er als (Mit-)Führer tätig gewesen und hat zugestandenermaßen „in allen Versammlungen zur Fortsetzung des Streiks aufgefordert". — Am 19. Oktober ist der Streik zusammengebrochen. An diesem Tage hat sich der Kläger zur Wiederaufnahme der Arbeit gemeldet. Die Beklagte hat sich geweigert, ihn wiedereinzustellen.

Der Kläger hält diese Weigerung für unrechtmäßig. Mit der Klage begehrt er seine Wiedereinstellung sowie (an Stelle eines ursprünglichen Antrags auf Feststellung der Unrechtmäßigkeit der Lohnkürzung) Zahlung seines ungekürzten Lohnes für die Zeit vom 19. Oktober bis 14. Dezember 1932 im Betrag von 244,96 RM.

Die Beklagte ist dem Klagantrag entgegengetreten.

Das Arbeitsgericht hat die Klage abgewiesen.

Auf die Berufung des Klägers hat das Landesarbeitsgericht die Beklagte dem Klagantrag entsprechend zur Wiedereinstellung des Klägers und zur Zahlung von 244,96 RM verurteilt.

Auf die Revision der Beklagten ist das angefochtene Urteil aufgehoben und das erste Urteil wiederhergestellt worden.

Gründe:

. . .

Als Schwerbeschädigter hatte Kläger einen Rechtsanspruch darauf, nach beendigtem Streik wiedereingestellt zu werden, wenn ihm „lediglich aus Anlaß des Streiks fristlos gekündigt worden" war, § 13 Abs. 3 SchwerbG. Nach dem übereinstimmenden Sachvortrag beider Teile hatte die Beklagte durch Anschlagsbekanntmachung vom 9. Oktober die Arbeiter aufgefordert, zur Arbeit zu erscheinen, mit dem Anfügen, wer bis zum 10. oder 11. Oktober die Arbeit nicht aufgenommen haben würde, habe sich als entlassen zu betrachten. Kläger hat bis zum 11. Oktober die Arbeit nicht aufgenommen. Beide Teile gehen übereinstimmend davon aus, daß Kläger als mit dem Ablauf des 11. Oktober als entlassen zu gelten hat. Diese am 11. Oktober wirksam gewordene fristlose Entlassung wäre demnach allerdings zunächst nur „aus Anlaß des Streiks", nämlich infolge des Fernbleibens von der Arbeit, erfolgt. Ihre Weigerung, den Kläger wiedereinzustellen, gründet die Beklagte aber nun darauf, daß Kläger seit dem zweiten Streiktag, also etwa seit dem 10. oder 11. Oktober bis zur Beendigung des Streiks in der Streikleitung tätig gewesen ist und in dieser Eigenschaft, wie er zugibt, in jeder Streikversammlung zum Festhalten am Streik aufgefordert hat. Daß Kläger eine weitergehende Tätigkeit ausgeübt habe, hat die Beklagte nach der Beweisaufnahme, in Preisgabe früherer weitergehender Behauptungen, nicht mehr geltend gemacht. Diese Tätigkeit des Klägers lag mithin zeitlich erst nach der Entlassung. Indessen hat der Berufungsrichter diesen Umstand zugunsten der Beklagten für belanglos erklärt; denn die Beklagte könne, unerachtet des Wortlauts des § 13 Abs. 3 SchwerbG., die Wiedereinstellung des Klägers auch wegen eines Sachverhalts absehnen, der sich nach der Entlassung des Klägers ereignet habe, sofern eine wegen dieses Tatbestands nachher ausgesprochene Kündigung nicht als lediglich wegen des Streiks erfolgt anzusehen wäre. — Dieser der Beklagten günstigen Rechtsauffassung ist vom Rechtsstandpunkt aus nicht entgegenzutreten.

In der Sache selbst geht der Streit nur um die Auslegung der Gesetzesworte „lediglich aus Anlaß des Streiks . . .“

. . .

§ 13 Abs. 3 gewährt dem Schwerbeschädigten einen gesetzlichen Wiedereinstellungsanspruch, beschränkt durch die Voraussetzung, daß der Schwerbeschädigte lediglich aus Anlaß des Streiks fristlos gekündigt worden ist. Die vom Berufungsrichter erwähnten sog. Friedensabkommen beruhen auf dem Parteiwillen der vertragschließenden Personen oder Verbände, und ihr Inhalt bemißt sich lediglich nach dem, was die vertragschließenden Teile als Inhalt ihres Abkommens festsetzen. Dabei haben die beiden einander gegenüberstehenden Teile und die hinter ihnen stehenden Arbeitnehmer und Arbeitgeber Gelegenheit und Anlaß, ihren Standpunkt zu vertreten und wenn möglich durchzusetzen. Selbst wenn das Friedensabkommen auf Schlichterspruch beruht, kommen doch in aller Regel die beteiligten Parteien vorher zum Wort. Beide verhandelnden Teile können also Einfluß darauf nehmen, ob alle Streikenden ausnahmslos wiedereingestellt werden sollen oder ob gewisse Ausnahmen und welche gemacht werden sollen, insbesondere ob die Streikführer oder Personen, die „Ausschreitungen“ begangen haben, von der Wiedereinstellung auszunehmen seien. Nur wenn die Arbeitgeberseite solche Ausnahmen nicht in Vorschlag gebracht oder vielleicht nicht durchzusetzen vermocht hat, sind alle streikbeteiligten Arbeitnehmer ohne Unterschied wieder einzustellen. Aber selbst in diesem letzteren Falle, den der Berufungsrichter als den Regelfall anzusehen scheint, enthält das Friedensabkommen regelmäßig nicht den besonderen Zusatz, daß diejenigen wiedereinzustellen sind, die lediglich aus Anlaß des Streiks entlassen sind. Gerade das Wort „lediglich“, auf das die Revision mit Recht hinweist, zeigt, daß § 13 Abs. 3 SchwerbG. sich nicht ohne weiteres mit dem sog. Friedensabkommen vergleichen läßt. Das sog. Friedensabkommen wird sich regelmäßig in der Tat auf alle am Streik beteiligt gewesenen Arbeiter erstrecken, soweit sich nicht aus seinem eigenen Inhalt Ausnahmen ableiten lassen. Die in Abs. 3 a. a. O. gemachte gesetzliche Einschränkung könnte einem Friedensabkommen nur dann innewohnen, wenn letzteres sich ausnahmsweise gerade dieser gesetzlichen Ausdrucksweise bedienen würde. Gerade an diese gesetzliche Ausdrucksweise „lediglich aus Anlaß des Streiks“ knüpft sich aber die Meinungsverschiedenheit, die hier zur Entscheidung steht. Deshalb ist der vom Berufungsrichter gezogene Vergleich hinfällig. Es bleibt nichts übrig, als die gesetzliche Vorschrift des Abs. 3 ohne Rücksicht auf die „Maßregelungsverbote" aus sich selbst heraus auszulegen.

Hat demgemäß die schuldrechtliche Wiedereinstellungspflicht aus Anlaß eines Friedensabkommens außer Vergleich zu bleiben, so reichen die sonstigen Gründe des Berufungsrichters nicht aus, seine Entscheidung zu tragen. Mit Recht geht der Berufungsrichter davon aus, daß die maßgebenden Gesetzesworte Zweifel offen lassen, mithin auslegungsfähig und -bedürftig sind. Die weitgehende Auslegung, die der Berufungsrichter dem Gesetze zuteil werden läßt, mag nicht geradezu denkgesetzwidrig, vielmehr an sich möglich sein. Aber auch eine engere Auslegung ist möglich, und die letztere verdient den Vorzug. Wie schon das Urteil RAG. Bd. 9 S. 302 unter Heranziehung der Gesetzesvorarbeiten eingehend dargelegt hat, bezweckte das Gesetz mit § 13 Abs. 3, es dem Schwerbeschädigten zu ermöglichen oder zu erleichtern, in Reih und Glied mit seinen Mitarbeitern auch an einem Streik teilzunehmen, d. h. der Arbeit sich fernzuhalten. Die gemeinschaftliche Fernhaltung von der Arbeit ist das Wesen des Streiks; eine Teilnahme dieser Art sollte auch dem Schwerbeschädigten ohne den Nachteil endgültigen Verlustes der Arbeitsstelle ermöglicht werden. Dem Schwerbeschädigten mag auch unter dem Gesichtspunkt des § 13 Abs. 3 nicht verwehrt sein, im persönlichen Verkehr mit seinen Nebenarbeitern seine Stellung wie jeder andere zum Ausdruck zu bringen, z. B. sich für die Fortsetzung des Streiks auszusprechen oder bei einer Abstimmung seine Stimme dementsprechend abzugeben oder dergl. Er überschreitet aber diese Linie und tritt aus Reih und Glied der Streikenden heraus, wenn er eine auf ihn fallende Wahl zum Führer oder Mitführer des Streiks annimmt und sich demgemäß in dieser gehobenen, gewissermaßen streikamtlichen Stellung betätigt und den ihm hieraus erwachsenden Einfluß auf die hinter ihm stehenden Leute im Sinne der Durchführung des Streiks geltend macht. Ein Verhalten dieser letzteren Art kann nicht mehr als durch die Worte „lediglich aus Anlaß des Streiks" gedeckt angesehen werden. — Dieses Ergebnis entspricht der Sachlage und den Gesetzesabsichten. Es führt zugleich zu der erwünschten einfachen und zuverlässigen Abgrenzung des Gestatteten und damit zu einer einfacheren Möglichkeit der Entscheidung im Streitfall. Gerade eine solche Abgrenzung ist vom Standpunkt des Berufungsrichters aus wesentlich erschwert. Nach der Auslegung des Berufungsrichters soll die „Lediglich"-Klausel, § 13 Abs. 3 SchwerbG., jedes Verhalten des schwerbeschädigten Arbeitnehmers in bezug auf den Streik decken, das als Ausfluß der Solidarität zu werten, aber noch nicht „Ausschreitung" ist. Das ist sehr unbestimmt. Streiks pflegen beiderseits mit einer gewissen Leidenschaftlichkeit oder doch Erregung geführt zu werden; darüber, wieweit die einfache erlaubte Solidarität reicht und wo die Ausschreitung beginnt, werden die Meinungen meist auseinandergehen; wie wenig leicht hier eine scharfe Abgrenzung zu ziehen ist, das lassen schon die Ausführungen des Berufungsurteils selbst erkennen, das einmal von persönlichen Ausschreitungen des Führers selbst, das andere Mal aber, wenig klar, von Ausschreitungen spricht, die „bei Übernahme der Führung vorgekommen sind, für die der Führer verantwortlich zu machen ist". Die hier vertretene Auffassung ist geeignet, solche Zweifel von vornherein abzuschneiden.

. . .

RAG. 12, 362.

Kann der Lehrling Fortzahlung der Lehrlingsvergütung oder Schadensersatz beanspruchen, wenn der Lehrherr sich an den Lehrvertrag nicht mehr für gebunden hält, weil sein Betrieb infolge der wirtschaftlichen Verhältnisse dauernd zum Erliegen gekommen ist?

Reichsarbeitsgericht. Urt. v. 8. April 1933.

I. Arbeitsgericht Hannover. — II. Landesarbeitsgericht daselbst.

Der Kläger war bei der Beklagten als Schlosserlehrling beschäftigt. Nach dem Inhalt des Lehrvertrages sollte das Lehrverhältnis bis zum 31. März 1933 dauern. Schon im Herbst 1931 war die Beklagte infolge der wirtschaftlichen Lage gezwungen, ihre Zahlungen einzustellen. Im Laufe der Verhandlungen kam es zu einem Vergleich mit den Gläubigern, doch trat die Firma darauf in Liquidation, da Mittel zur weiteren Fortführung des Betriebes nicht aufzubringen waren. Infolge dieser Liquidation wurde die Heizungsabteilung, in welcher der Kläger tätig war, mit Genehmigung der Behörde stillgelegt, und die Beklagte löste das Lehrverhältnis wegen Arbeitsmangels zum 31. Dezember 1931. Ihre Bemühungen, den Kläger in einer anderen Stellung als Schlosserlehrling unterzubringen, waren ohne Erfolg. Dieser hatte zwar eine andere Lehrlingsstelle als Galvaniseur bekommen, mußte aber nach seiner Behauptung zwei Jahre länger lernen, als in dem Lehrvertrage mit der Beklagten vorgesehen war. Während er ursprünglich mit der Begründung, ihm entstehe dadurch, daß er zwei Jahre später Geselle werde, ein nicht zu ersetzender Schaden, auf Feststellung, daß die Beklagte verpflichtet sei, ihm den durch das frühzeitige Lösen des Lehrverhältnisses entstehenden Schaden zu ersetzen, Klage erhoben hatte, stellte er in der Schlußverhandlung vor dem Arbeitsgericht lediglich den Antrag auf Verurteilung der Beklagten zur Zahlung von 395,45 RM als Differenz zwischen der höheren Vergütung, die er bei der Beklagten erhalten hätte, und der geringeren Vergütung, die er in der neuen Lehrstelle erhalte.

Das Arbeitsgericht wies die Klage ab, das Landesarbeitsgericht verurteilte die Beklagte nach Klagantrag. Die Revision der Beklagten führte wiederum zur Abweisung der Klage.

Gründe:

Nach den Feststellungen des angefochtenen Urteils hat die Beklagte dem Kläger das Lehrverhältnis zum 31. Dezember 1931 aufgekündigt, weil sie gezwungen war, ihre Zahlungen einzustellen, dann nach Vergleichsverhandlungen in Liquidation getreten ist und im Verfolg dieser Liquidation die Abteilung Heizung, in der der Kläger beschäftigt war, mit Genehmigung der Behörde stillgelegt hat. Das Landesarbeitsgericht ist davon ausgegangen, daß der Beklagten durch diese Stillegung die Erfüllung des Lehrvertrages zwar unmöglich geworden ist, da sie den Kläger weder ausbilden noch weiterbeschäftigen konnte; es hat aber angenommen, daß die Beklagte diese Unmöglichkeit zu vertreten habe und der Kläger daher nach den §§ 325, 280 BGB. Schadensersatz wegen Nichterfüllung beanspruchen könne. Die Stillegung sei zwar, so hat es weiter ausgeführt, erfolgt, weil die Beklagte ein Opfer der wirtschaftlichen Verhältnisse geworden sei, aber ebenso, wie es vor dem Einsetzen der heutigen wirtschaftlichen Krise nicht zweifelhaft gewesen sei, daß eine Firma, die ihren Betrieb einstellte, diese Einstellung zu vertreten gehabt habe, lasse auch die jetzige wirtschaftliche Krise eine andere Beurteilung des vorliegenden Verhältnisses nicht zu. Das Risiko trage die Beklagte als Unternehmerin; sie habe dafür zu sorgen, daß sie Aufträge erhalte, damit sie die geschlossenen Verträge einhalten könne. Auch bei Heranziehung arbeitsrechtlicher Grundsätze könne man zu keinem anderen Ergebnis gelangen; es sei zwar richtig, daß die Betriebsgefahr nicht nur vom Unternehmer, sondern auch vom Arbeitnehmer mitgetragen werden müsse; da jedoch das Gesetz eine Teilung des Schadens in Fällen der vorliegenden Art nicht kenne, müsse ihn entweder der Unternehmer oder der Arbeitnehmer allein tragen. Es erscheine aber mit Treu und Glauben nicht vereinbar, daß der Kläger den aus der Aufhebung des Lehrvertrages ihm erwachsenden Schaden allein tragen solle. Eine Aufhebung des Vertrages aus dem Gesichtspunkte der veränderten Verhältnisse (clausula rebus sic stantibus) hält das Landesarbeitsgericht nicht für gerechtfertigt, weil eine Stillegung des Betriebes wegen mangelnder Rentabilität ein Ereignis sei, das immer in die Erscheinung treten könne und bei jedem anderen Diensvertrag bei Stillegung des Betriebes die Kündigungsfrist eingehalten werden müsse. Nur dann, so meint das Landesarbeitsgericht, würde vielleicht von veränderter Geschäftsgrundlage gesprochen werden können, wenn die Erfüllung gerade dieses Lehrvertrages die Stillegung des Betriebes verursacht hätte.

Das Landesarbeitsgericht, dessen Auffassung von der Revision als rechtsirrig bekämpft wird, wird mit diesen Ausführungen der besonderen Natur des Lehrvertrages und der sich daraus ergebenden, in ganz besonderem Maße der Beurteilung nach den Grundsätzen von Treu und Glauben ergebenden Sachlage nicht gerecht. Gewiß ist der Lehrvertrag, worauf das Landesarbeitsgericht hinweist, ein Arbeits- und Dienstvertrag; die in ihm enthaltene Verbindung der arbeitsvertraglichen Elemente mit den lehrvertraglichen Elementen erhält aber ihr besonderes Gepräge dadurch, daß die dem Lehrherrn obliegende Ausbildung des Lehrlings, wie bereits in dem Urteil des Reichsarbeitsgerichts vom 28. Mai 1932 (RAG. Bd. 11 S. 144) dargelegt ist, die den Kern und die eigentliche Grundlage des Vertrages bildende Leistung darstellt, deren rechtliche Beurteilung notwendig auch die übrigen sich aus dem Lehrvertrage ergebenden Rechte und Pflichten beeinflußt. Das Ziel eines jeden Lehrvertrages ist darauf gerichtet, daß der Lehrling seine Ausbildung im Betriebe des Lehrherrn und durch diesen oder wenigstens unter dessen Aufsicht erhält. Die Vertragsparteien eines Lehrvertrages gehen deshalb, wie in jenem Urteil ausgeführt ist, indem sie einen auf mehrere Jahre berechneten Lehrvertrag schließen, stets von der Voraussetzung aus, daß für die Dauer des Lehrvertragsverhältnisses der Betrieb des Lehrherrn besteht, der es diesem ermöglicht, dem Lehrling die zu seiner Ausbildung erforderliche Unterweisung und praktische Übung zuteil werden zu lassen. Kommt der Betrieb infolge der wirtschaftlichen Verhältnisse dauernd zum Erliegen, so wird er dadurch zur Gewährung der dem Arbeitgeber aus dem Lehrvertrage sich ergebenden Leistung, nämlich der Ausbildung des Lehrlings, untauglich und damit insoweit die Erfüllung des Vertrages durch den Lehrherrn unmöglich. Die enge Verbindung der in dem Lehrvertrage enthaltenen arbeitsrechtlichen Elemente mit den lehrvertraglichen Elementen muß aber, wie auch bereits in dem erwähnten Urteile ausgeführt ist, die Stellungnahme auch zu dem arbeitsvertraglichen Anspruche des Lehrlings jedenfalls für den Fall, daß der Betrieb endgültig zum Erliegen gekommen ist, notwendig beeinflussen. Soweit der Lehrvertrag arbeitsvertragliche Elemente enthält, die den Lehrling verpflichten, gegen Zahlung einer Vergütung dem Lehrherrn abhängige Arbeit zu leisten, handelt es sich um rechtliche Beziehungen, die lediglich um des Ausbildungszweckes willen bestehen und daher auch in ihrer Beurteilung von dem an erster Stelle stehenden Ausbildungszweck abhängig sind. Denn der Lehrling ist zur Arbeit verpflichtet, weil er in der Arbeit ausgebildet werden soll; er erhält dafür eine Vergütung, weil er durch die zu Ausbildungszwecken geleistete Arbeit gleichzeitig dem Lehrherrn nutzbringende Arbeit leistet. Aus dieser Abhängigkeit der arbeitsvertraglichen Seite des Lehrvertrages von dem den Kern des Lehrvertrages bildenden Ausbildungszweck ergibt sich aber, daß der gesamte Inhalt des Lehr- und Arbeitsvertarges in unbilliger Weise zu Lasten des Arbeitgebers verändert werden würde, sollte er gehalten sein, für eine unter Umständen noch lange Dauer der Lehrzeit die Lehrlingsvergütung zu zahlen, ohne auf der anderen Seite infolge der durch die Stillegung des Betriebes verursachten Unmöglichkeit der Ausbildung des Lehrlings den Gegenwert in der bei der Ausbildung zu leistenden Arbeit des Lehrlings zu erhalten. Es würde mit Treu und Glauben nicht vereinbar sein, sollte der Lehrling bei einer noch längeren Laufdauer des Lehrvertrages sich wegen seines Vergütungsanspruches auf die Unkündbarkeit des Vertrages berufen dürfen, wenn die Ausbildungspflicht des Lehrherrn, der allein die Arbeitsleistung des Lehrlings zu dienen bestimmt ist, infolge Eintritts der Unmöglichkeit der Ausbildung in Wegfall gekommen ist. Es muß deshalb in Übereinstimmung mit dem Urteil vom 28. Mai 1932 davon ausgegangen werden, daß es einem Lehrherrn, dessen Betrieb endgültig zum Erliegen gekommen und dem infolgedesesen die Ausbildung des Lehrlings dauernd unmöglich geworden ist, nach Treu und Glauben nicht zugemutet werden kann, sich weiterhin an einen noch langfristig dauernden Lehrvertrag zu halten, daß er vielmehr zur endgültigen Lösung eines solchen Lehrvertrages befugt ist. Nun war aber unstreitig die Abteilung Heizung der Beklagten, in der der Kläger beschäftigt war, völlig stillgelegt und endgültig zum Erliegen gekommen und damit, wie auch das Landesarbeitsgericht annimmt, die Ausbildung des Klägers im Betriebe der Beklagten dauernd unmöglich geworden. Nach dem Lehrvertrage endete das Lehrverhältnis erst am 31. März 1933, die Beklagte wäre also noch 1¼ Jahr daran gebunden gewesen. Bei der gegebenen Sachlage war es der Beklagten nicht zuzumuten, sich auch weiterhin an den Vertrag gebunden zu halten, nachdem der eigentliche

Gegenstand des Vertrages, die Ausbildung des Lehrlings, unmöglich und gegenstandslos geworden war. Konnte aber die Beklagte sich von dem Vertrage lösen, so entfiel damit auch der auf Erfüllung des Vertrages gerichtete Anspruch auf Weiterzahlung der Lehrlingsvergütung. Es kann deshalb nur in Frage kommen, ob der geltend gemachte Klaganspruch etwa aus dem Gesichtspunkt des Schadensersatzes gerechtfertigt ist, weil die Unmöglichkeit der Erfüllung des Lehrvertrages durch die Beklagte auf einem Umstande beruht, den sie zu vertreten hat (§ 280 BGB.). Diese Frage ist aber nach den in der Rechtsprechung entwickelten Grundsätzen über das Betriebsrisiko zu entscheiden, die, wie das Reichsarbeitsgericht wiederholt ausgesprochen hat, auch auf das Lehrvertragsverhältnis Anwendung zu finden haben. Das Landesarbeitsgericht hat festgestellt, daß die Stillegung erfolgt ist, weil die Beklagte ein Opfer der schwierigen Verhältnisse geworden ist und sie infolgedessen nicht mehr in der Lage war, die zur Fortführung des Betriebes erforderlichen Mittel aufzubringen. Damit ist es selbst davon ausgegangen, daß ein Verschulden auf seiten der Beklagten hinsichtlich der Unmöglichkeit der Ausbildung des Klägers im eigenen Betriebe nicht gegeben ist, zumal auch der Kläger selbst ein solches Verschulden nicht geltend gemacht hatte. Daß die Beklagte ihrer Verpflichtung, sich um eine anderweite Unterbringung des Klägers zu bemühen, nachgekommen ist, hat das Landesarbeitsgericht gleichfalls festgestellt. Nach den Grundsätzen über das Betriebsrisiko (RAG. Bd. 2 S. 74 flg.) hängt deshalb die Entscheidung letzten Endes davon ab, ob das durch die wirtschaftlichen Verhältnisse verursachte Erliegen des Betriebes ein Ereignis ist, das allein in den Gefahrenkreis der Beklagten fällt, oder ob, soweit daraus entstehende Nachteile den Kläger treffen, diese von ihm zu tragen sind. In dem eben bezeichneten Urteile des Reichsarbeitsgerichts ist in dieser Beziehung ausgeführt, die Verbundenheit der Arbeitsnehmerschaft mit dem Betriebe bedinge, daß sie regelmäßig solche Ereignisse mit träfen, die nicht nur die Führung des Betriebes, sondern dessen Bestand beeinträchtigen, den Betrieb vernichteten oder auf längere Zeit lahmlegten. Hierhin gehörten besondere Umstände, die von außerhalb auf ihn einwirkten, wie z. B. Naturereignisse oder fremde Gewalt. Das Landesarbeitsgericht hat nicht verkannt, daß nach diesen Grundsätzen das Risiko im vorliegenden Falle eigentlich auch den Kläger mittreffen müsse. Es hat aber erwogen, eine Teilung des Schadens komme in Fällen der vorliegenden Art nicht in Frage, vielmehr habe entweder der Unternehmer oder der Arbeitnehmer den Schaden allein zu tragen, es würde aber mit Treu und Glauben nicht vereinbar sein, daß der Kläger den ihm aus der Aufhebung des Lehrvertrages erwachsenden Schaden allein tragen solle. Diese Betrachtungsweise wird den Umständen des Falles und damit auch den Erfordernissen des § 242 BGB. nicht gerecht. Die wirtschaftlichen Verhältnisse, die zur Zeit herrschen und auch zur Zeit des Erliegens des Betriebes der Beklagten herrschten, sind außergewöhnliche. Kommt durch sie ein Betrieb zum Erliegen, so handelt es sich nicht um eine gewöhnliche Erscheinung des Wirtschaftslebens, sondern um ein Ereignis, das auf Umständen beruht, die außerhalb des normalen Wirtschaftslebens auf den Bestand des Betriebes eingewirkt haben, und das schon deshalb nicht allein von dem Arbeitgeber, sondern auch, soweit die dadurch entstehenden Nachteile die Arbeitnehmer treffen, von diesen zu tragen sind. Wenn das Landesarbeitsgericht ausführt, es sei mit Treu und Glauben nicht vereinbar, daß der Kläger den aus der Aufhebung des Lehrvertrages ihm erwachsenden Schaden allein tragen solle, so übersieht es, daß das den Gegenstand des Betriebsrisikos bildende Ereignis, das nicht vom Arbeitgeber allein sondern in seinen nachteiligen Folgen auch von der Arbeitnehmerschaft mit zu tragen ist, nicht die Aufhebung des Lehrvertrages, sondern das Erliegen des ganzen Betriebes ist. Wenn in einem solchen Falle gegenüber den der Beklagten durch das Erliegen des Betriebes ohnehin entstehenden Nachteilen dem Kläger zugemutet wird, die ihn persönlich treffende nachteilige Folge der Aufhebung des Lehrvertrages allein zu tragen, so kann das nicht als gegen Treu und Glauben verstoßend angesehen werden. Gegenüber dem Kläger bedeutet deshalb die Stillegung des Betriebes kein Ereignis, das von der Beklagten zu vertreten ist. Der Kläger kann infolgedessen seinen Klaganspruch auch nicht aus dem Gesichtspunkte des Schadensersatzes herleiten.

Die Folgerungen, die das Landesarbeitsgericht aus § 30 der Vergleichsordnung für den vorliegenden Fall zieht, können nicht als richtig anerkannt werden. § 30 der Vergleichsordnung gibt dem Dienstberechtigten einen Anspruch auf Schadensersatz, wenn sein Dienstverhältnis auf Grund der besonderen Bestimmungen des § 29 Abs. 2 vorzeitig gekündigt wird. Diese letztere Bestimmung gibt dem Vergleichsschuldner ein besonderes ausnahmsweises Kündigungsrecht, das sich lediglich auf die Tatsache der Eröffnung des Vergleichsverfahrens stüzt, unabhängig davon, ob die besonderen Umstände die Kündigung auch wirklich notwendig erscheinen lassen. Macht der Vergleichsschuldner von diesem außerordentlichen Kündigungsrecht Gebrauch, so ist dem Dienstberechtigten nach § 30 der Vergleichsordnung ohne weiteres ein Recht auf Schadensersatz gegeben. Durch diese besondere Regelung ist aber ein sich auf die allgemeinen Rechtsgrundsätze stützendes Kündigungsrecht mit den sich daraus ergebenden Rechtsfolgen unberührt geblieben.

Hiernach erweist sich, abweichend von der Rechtsauffassung des Landesarbeitsgerichts, der vom Kläger geltend gemachte Anspruch weder aus dem Gesichtspunkte der Vertragserfüllung noch aus demjenigen des Schadensersatzes als rechtlich begründet. Das angefochtene Urteil war daher aufzuheben und gleichzeitig die Berufung des Klägers gegen das die Klage abweisende Urteil des Arbeitsgerichts zurückzuweisen.

RAG. 13, 1.+

Kann die Hauptfürsorgestelle ihre Zustimmung zur Kündigung eines Schwerbeschädigten gemäß § 13 d. SchwerbG. unter der Bedingung erteilen, daß der Schwerbeschädigte später im Rahmen der Einstellungspflicht bevorzugt wieder miteingestellt werde?

Gesetz über die Beschäftigung Schwerbeschädigter § 13.

Reichsarbeitsgericht. Urt. v. 25. März 1933.

I. Arbeitsgericht Sonneberg. — II. Landesarbeitsgericht Jena.

. . .

Gründe:

Das Landesarbeitsgericht hat . . . angenommen, die Kündigung sei deshalb rechtsunwirksam, weil die Zustimmung der Hauptfürsorgestelle nur unter der Bedingung der späteren vorzugsweisen Wiedereinstellung des Klägers erteilt sei, eine unter dieser Bedingung ausgesprochene Zustimmung aber als nicht erteilt zu gelten habe.

Die Revision, . . . ist unbegründet. . . . Mit Recht hat das Landesarbeitsgericht angenommen, daß es sich um mehr als eine an eine uneingeschränkt erteilte Zustimmung geknüpfte Erwartung, Bitte oder Auflage handelte, die, wenn sie später nicht erfüllt wurde, die einmal erteilte Zustimmung unberührt ließ, daß vielmehr die an die Zustimmung geknüpfte Bedingung eine Einschränkung der Zustimmungserklärung in dem Sinne bedeutete, daß die Zustimmung nur in Verbindung mit dem gleichzeitigen Erwerb eines Rechtsanspruches auf Wiedereinstellung durch den Kläger erteilt werden sollte. Das bedeutete aber, wie das Landesarbeitsgericht ohne Rechtsirrtum angenommen hat, die Hinzufügung einer unzulässigen Einschränkung. Das Landesarbeitsgericht befindet sich mit dieser Auffassung in Übereinstimmung mit der

Rechtsprechung des Reichsarbeitsgerichts, das bereits im Urteil vom 27. Febreuar 1929 (Bd. 3 S. 261) ausgesprochen hat, daß die Hauptfürsorgestelle ihrer Kündigungszustimmung nur solche Bedingungen oder Einschränkungen hinzufügen darf, welche sich im Rahmen des Schwerbeschädigtengesetzes und der ihr von diesem erteilten Ermächtigung halten und dem Wesen der Kündigung, die klare Vertragsverhältnisse schaffen soll, nicht zuwiderlaufen. Diesen Erfordernissen entspricht die der Zustimmungserklärung der Hauptfürsorgestelle im vorliegenden Falle beigefügte Bedingung nicht. Es kann dahingestellt bleiben, ob es sich um eine echte Bedingung im Rechtssinne handelt oder um eine Einschränkung der Zustimmungserklärung besonderer Art. Jedenfalls findet sie in der vorliegenden Gestalt in den Bestimmungen des Schwerbeschädigtengesetzes keine Stütze. Die Auffassung der Revision, die Hauptfürsorgestelle sei nach den Bestimmungen dieses Gesetzes jederzeit in der Lage, in Verbindung mit einer Zustimmung zur Kündigung dem Arbeitgeber die Verpflichtung zur Wiedereinstellung des Schwerbeschädigten aufzuerlegen, ist irrig. Mit Recht hat bereits das Landesarbeitsgericht darauf hingewiesen, daß der Hauptfürsorgestelle jedes Mittel fehlt, die spätere Wiedereinstellung des Klägers zu erzwingen. Auch wenn im Betriebe der Beklagten die Voraussetzungen für die Einstellung eines Schwerbeschädigten wieder eintreten sollten, so würde die Beklagte nach den Bestimmungen des Schwerbeschädigtengesetzes (§§ 5, 7 des SchwerbG.) zunächst freie Hand in der Auswahl des einzustellenden Schwerbeschädigten haben. Erst wenn die Beklagte ihrer allgemeinen Einstellungspflicht nicht nachkommen würde, würde die Hauptfürsorgestelle in der Lage sein (§ 7 Abs. 2 des SchwerbG.), den Kläger der Beklagten als Schwerbeschädigten zuzuweisen. Das Gesetz gibt der Hauptfürsorgestelle aber keine Handhabe, dem Arbeitgeber für den Fall des Wiedereintritts der Voraussetzungen der Beschäftigung eines Schwerbeschädigten die Einstellung eines bestimmten Schwerbeschädigten schon im voraus mit bindender Wirkung vorzuschreiben und damit auch die Zustimmung zur Kündigung eines Schwerbeschädigten mit einer den Arbeitgeber unmittelbar bindenden Verpflichtung der späteren Wiedereinstellung zu verknüpfen. Aber auch die Auffassung der Revision, die Beklagte habe durch die Annahme der Erklärung der Hauptfürsorgestelle vom 27. April 1932 sich vertraglich zur bevorzugten Wiedereinstellung verpflichtet und insofern seien klare vertragliche Verhältnisse geschaffen worden, ist nicht haltbar. Die Zustimmungserklärung der Hauptfürsorgestelle ist ein einseitiger Willensakt der Verwaltungsbehörde, der keiner Annahme bedarf. Durch sie wurden vertragliche Beziehungen zu der Beklagten, die dem Kläger einen Anspruch auf Wiedereinstellung geben, nicht geschaffen. Wollte die Hauptfürsorgestelle klare Verhältnisse schaffen und dem Kläger die spätere Wiedereinstellung sichern, so konnte sie dies auf dem Wege erreichen, daß sie ihre Zustimmungserklärung davon abhängig machte, daß die Beklagte zuvor sich dem Kläger gegenüber zur Wiedereinstellung an erster Stelle verpflichtete, wenn die Voraussetzungen für die Beschäftigung eines Schwerbeschädigten in ihrem Betriebe wieder gegeben waren. Die Zustimmungserklärung vom 27. April 1932 war hiernach jedenfalls nicht geeignet, für den Kläger klare Rechtsverhältnisse zu schaffen. Die hieraus sich ergebende Unzulässigkeit der zugefügten Bedingung hatte aber nach der Rechtsprechung zur Folge, daß die Kündigungszustimmung selbst als nichtig, also als nicht erteilt anzusehen ist. . . .

RAG. 13, 5.

Verletzt ein Arbeitgeberverband die für ihn aus dem Abschlusse eines Tarifvertrages sich ergebenden Pflichten, wenn er seine sämtlichen an dem Tarifvertrage beteiligten Mitglieder aus der Mitgliedschaft zum Verbande entläßt?

TarifVo. § 1.

Reichsarbeitsgericht. Urt. v. 8. April 1933.

I. Arbeitsgericht Mannheim. — II. Landesarbeitsgericht daselbst.

Die Parteien hatten einen Tarifvertrag über die Lohn- und Arbeitsbedingungen in der Rheinschiffahrt (Manteltarif) vom 23. Mai 1931 geschlossen, der vom 1. April 1931 ab Geltung hatte und bis zum 31. März 1932 lief. Der zugehörige Lohntarif war zu gleicher Zeit durch verbindlichen Schiedsspruch zustande gekommen und hatte die gleiche Geltungsdauer. Auf Grund des § 1 im Kap. I des 6. Teiles der 4. Vo. des Reichspräsidenten zur Sicherung von Wirtschaft und Finanzen und zum Schutze des inneren Friedens vom 8. Dezember 1931 (RGBl. I S. 699, 726) erstreckte sich die Geltungsdauer beider Tarifverträge bis zum 30. April 1932. Dem etwa 100 Mitgliedsfirmen zählenden beklagten Arbeitgeberverbande gehörten 17 Rheinschiffahrtsbetriebe an. Nach der Satzung dieses Verbandes war der Austritt eines Mitgliedes aus dem Verbande zum 31. Dezember jeden Jahres zulässig; die Anmeldung des Austrittes mußte jedoch mindestens 6 Monate vorher durch schriftliche Erklärung angemeldet werden. Der Ausschluß eines Mitgliedes konnte von dem in der Satzung vorgesehenen Ausschuß beschlossen werden, wenn das Mitglied u. a. die Beschlüsse und Anordnungen der Verbandsorgane nicht befolgte oder Maßnahmen traf, welche den Interessen und dem Ansehen des Verbandes schädlich werden oder wenn es durch sein Benehmen oder Auftreten die Interessen oder das Ansehen des Verbandes schädigte.

Am 26. Januar 1932 erklärten die zum F.-Konzern gehörigen 5 Schiffahrtsbetriebe ihren sofortigen Austritt aus dem Verbande mit der Begründung, daß sie aus wirtschaftlichen Gründen nicht mehr in der Lage seien, den mit dem klagenden Arbeitnehmerverbande bestehenden Tarifvertrag einzuhalten. Um die gleiche Zeit verlangten auch die übrigen zum Verbande gehörigen Schiffahrtsbetriebe mit der gleichen Begründung ihre Entlassung aus dem Verbande. Der klagende Verband wies den beklagten Verband mit Schreiben vom 1. Februar 1932 darauf hin, daß eine Mehrzahl von Mitgliedsfirmen der Rheinschiffahrt die lohntariflichen Bestimmungen nicht innehalte und daß unter Androhung von Entlassungen die Arbeitnehmer zur Anerkennung neuer Lohn- und Arbeitsbedingungen gezwungen würden; er ersuchte dringend, auf die Mitgliedsfirmen einzuwirken, daß die ergriffenen Maßnahmen rückgängig gemacht, die erfolgten Abzüge zurückerstattet und die Lohn- und Manteltarife innegehalten würden. Am 5. Februar erklärten auch die übrigen 12 zum klagenden Verbande gehörigen Schiffahrtsbetriebe unter Berufung darauf, daß sie infolge der Lage der Rheinschiffahrt nicht mehr in der Lage seien, die Tariflöhne zu tragen, ihren Austritt aus dem Verband. Dieser machte die Mitglieder darauf aufmerksam, daß die Tarifverträge eingehalten werden müßten. Da diese aber erklärten, daß sie unter allen Umständen auf ihren Austritt beharrten, da sie zur Einhaltung der Tarifverträge nicht mehr imstande seien, machte er von dem ihm nach der Satzung zustehenden Rechte der Entlassung von Mitgliedern Gebrauch und entließ die sämtlichen 17 Schiffahrtsbetriebe aus der Mitgliedschaft. Am 19. Februar 1932 teilte er dem klagenden Verbande mit, daß die Firmen des F.-Konzerns seit dem 26. Januar 1932 nicht mehr Mitglieder des Verbandes und die übrigen Schiffahrtsfirmen in der Zeit von Ende Januar bis zum 10. Februar 1932 ebenfalls aus dem Verband ausgeschieden seien. Noch am gleichen Tage erhob der klagende Verband Klage auf Verurteilung des beklagten Verbandes, dahin einzuwirken, daß die Schiffahrtsfirmen die Tarifbestimmungen für die Rheinschiffahrt einhielten. Die Klage wurde vom Arbeitsgericht mit der Begründung abgewiesen, daß die Schiffahrtsfirmen nicht mehr Mitglieder des Verbandes seien. In der Folgezeit schlossen die Firmen mit ihren Arbeitnehmern nach Kündigung der bisherigen neue Arbeitsverträge mit von den Tarifsätzen abweichenden Löhnen.

Der klagende Verband, welcher in der Entlassung der 17 Schiffahrtsfirmen eine Verletzung der dem beklagten Verband nach dem Tarifvertrag obliegenden Pflichten erblickte, machte geltend, dieser habe durch sein Verhalten sowohl ihm (Kläger) selbst als auch seinen bei den Schiffahrtsfirmen beschäftigten Arbeitnehmern Schaden zugefügt, indem diese letzteren zu ungünstigeren Bedingungen, als nach dem Tarifvertrage zulässig gewesen sei, Arbeitsverträge hätten abschließen müssen, und infolge ihres dadurch geminderten Einkommens auch die an ihn, den klagenden Verband, zu zahlenden Beiträge gesunken seien. Er erhob Klage auf Feststellung, daß der beklagte Verband durch die am 5. Februar 1932 vorgenommene Entlassung der 17 Schiffahrtsfirmen aus der Mitgliedschaft gegen den bestehenden Tarifvertrag schuldhaft verstoßen habe und verpflichtet sei, ihm wie auch seinen bei den betreffenden Schiffahrtsfirmen beschäftigten Mitgliedern den durch die Vertragsverletzung entstandenen und noch entstehenden Schaden zu ersetzen.

Das Arbeitsgericht erkannte nach Klagantrag. Die Berufung des beklagten Verbandes wurde zurückgewiesen. Seine Revision hatte zum Teil Erfolg.

Gründe:

I. Die Zulässigkeit der erhobenen Feststellungsklage nach § 256 ZPO. unterliegt sowohl hinsichtlich der begehrten Feststellung einer Vertragsverletzung, als auch hinsichtlich der Feststellung einer Verpflichtung des beklagten Verbandes zum Schadensersatz keinen rechtlichen Bedenken. Die von dem klagenden Verband begehrte Feststellung der Verpflichtung des Beklagten zum Schadensersatz erstreckt sich auch auf die Verpflichtung, den bei den in Frage kommenden Schiffahrtsbetrieben beschäftigten Mitgliedern des klagenden Verbandes den durch die angebliche Vertragsverletzung entstandenen und noch entstehenden Schaden zu ersetzen. Das Landesarbeitsgericht hat auch insoweit die von dem beklagten Verbande bemängelte Legitimation des Klägers zur Erhebung der Klage als gegeben angesehen. Die Rechtsauffassung ist nicht zu beanstanden. Es kann unerörtert bleiben, in welchem Umfange eine Berechtigung eines Tarifverbandes, den seinen Mitgliedern durch eine Verletzung des Tarifvertrages seitens der Gegenseite entstandenen Schaden in eigenem Namen geltend zu machen, im übrigen anzuerkennen ist (vgl. hierzu Hueck-Nipperdey Lehrbuch des Arbeitsrechts Bd. 2 § 32 II 4 c S. 353). Im vorliegenden Falle will der klagende Verband lediglich festgestellt wissen, daß der beklagte Verband verpflichtet ist, den Mitgliedern des klagenden Verbandes den ihnen durch eine begangene Tarifvertragsverletzung entstandenen Schaden zu ersetzen. Der Begriff des Rechtsverhältnisses, dessen Feststellung begehrt wird, im Sinne des § 256 ZPO. erfordert nicht notwendig, daß es sich um ein zwischen den Parteien bestehendes Rechtsverhältnis handelt; es genügt, wenn dieses nur mittelbare Wirkungen auf die rechtlichen Beziehungen der Parteien zueinander auszuüben vermag. Das rechtliche Interesse des klagenden Verbandes ergibt sich aus dem Bestehen des Tarifvertragsverhältnisses und der Erwägung, daß die Schadensersatzpflicht geltend gemacht wird als Folge der Verletzung des von dem klagenden Verbande in Wahrnehmung der Interessen seiner Mitglieder abgeschlossenen Tarifvertrages durch den Vertragsgegner und daß dem klagenden Verbande als Tarifvertragspartei seinen Mitgliedern gegenüber die Pflicht obliegt, die Durchführung des Tarifvertrages und die Erfüllung der sich aus dem Tarifvertrage ergebenden Pflichten durch den Vertragsgegner zu überwachen.

II. Das Landesarbeitsgericht hat darin, daß der beklagte Verband seine 17 Schiffahrtsfirmen aus der Verbandsmitgliedschaft entlassen hat, eine schuldhafte Verletzung der sich aus dem Tarifvertrage ergebenden Pflichten erblickt. Diese von der Revision bekämpfte Auffassung läßt einen Rechtsirrtum nicht erkennen. Solange die Schiffahrtsfirmen Mitglieder des beklagten Verbandes waren, waren sie an die Bestimmungen des Tarifvertrages gebunden. Schieden sie aus dem Verbande aus, so war ihnen die Möglichkeit gegeben, sich durch Kündigung der bisherigen Arbeitsverträge von der bisherigen Tarifbindung zu lösen und mit den Arbeitnehmern neue Arbeitsverträge mit niedrigeren Arbeitslöhnen zu schließen. Nach der Satzung des beklagten Verbandes war ein Austritt erst zum 31. Dezember 1932 zulässig. Bestand für die Schiffahrtsfirmen keine andere Möglichkeit, zu einem früheren Zeitpunkte aus dem Verbande auszuscheiden, so waren sie nach § 1 TarifVo. bis zu dem für den 30. April 1932 in Aussicht stehenden Geltungsablauf des Tarifvertrages an dessen Bestimmungen gebunden. Durch die Ende Januar, Anfang Februar 1932 seitens des beklagten Verbandes erfolgte Entlassung aus der Mitgliedschaft wurde den Firmen die rechtliche Möglichkeit gegeben, sich vor diesem Zeitpunkte von der Bindung an den Tarifvertrag zu lösen. Die Entlassung aus dem Verbande vor dem zulässigen Austrittstermine war nach der Satzung an sich zulässig. Auch die Klage selbst geht von der Tatsache aus, daß die Firmen durch die Entlassung aus dem Verbande ordnungsmäßig ausgeschieden sind und sich durch Kündigung der bestehenden Arbeitsverträge von der bisherigen Tarifbindung gelöst haben. Die Entlassung bedeutet aber, wie das Landesarbeitsgericht ohne Rechtsirrtum angenommen hat, obgleich sie nach der Satzung zulässig war, nach der besonderen Lage des Falles eine Verletzung der für den beklagten Verband aus dem bestehenden Tarifvertrag sich ergebenden Pflichten. Der Abschluß eines Tarifvertrages verpflichtet die Tarifvertragsparteien im Verhältnis zueinander nicht nur, die jedem Tarifvertrag innewohnende Friedenspflicht zu wahren und damit alles zu unterlassen, was den Bestand des Tarifvertrages als solchen gefährden könnte, sondern auch, für die Durchführung des Tarifvertrages zu sorgen und mit den ihnen zu Gebote stehenden Mitteln auf ihre Mitglieder im Sinne der Innehaltung der tarifvertraglichen Bestimmungen einzuwirken. Das schließt an sich nicht aus, daß eine Tarifvertragspartei zwar im Einklang mit den Satzungsbestimmungen, aber ohne nach diesen hierzu verpflichtet zu sein, einzelne Mitglieder entläßt und ihnen dadurch die Möglichkeit gibt, sich von der Tarifbindung zu lösen, wenn ihr die Entlassung, sei es im Interesse des Verbandes, sei es im Interesse des einzelnen Mitgliedes, zweckmäßig oder geboten erscheint. Der Revision ist darin beizutreten, daß in dieser Beziehung jede Tarifvertragspartei an sich die Freiheit ihres Handelns behält. Sie ist jedoch in ihrer Handlungsfreiheit insoweit beschränkt, als sie durch den Abschluß des Tarifvertrages die Verpflichtung übernommen hat, Maßnahmen zu unterlassen, die den Bestand des Tarifvertrages zu gefährden geeignet sind. Um eine Maßnahme solcher Art handelte es sich im vorliegenden Falle; denn nach den Feststellungen des angefochtenen Urteils hat der beklagte Verband sämtliche 17 an dem Tarifvertrage beteiligten Schiffahrtsfirmen entlassen, ihnen damit die erstrebte Lösung vom Tarifvertrage ermöglicht und so praktisch die Erledigung des Tarifvertrages herbeigeführt. Das bedeutete eine Verletzung der durch den Abschluß des Tarifvertrages übernommenen Durchführungspflicht, wobei es unerheblich ist, ob es sich um einem freiwillig abgeschlossenen Vertrag handelte oder ob, wie es vorliegend wenigstens bei dem Lohntarife der Fall ist, ein durch verbindlichen Schiedsspruch zustande gekommener Tarifvertrag in Betracht kommt. Die Gleichstellung beider Tarifverträge auch in dieser Beziehung ist die notwendige Folge des § 6 Abs. 3 der SchlVo. In dem dargelegten Sinne hat auch das Landesarbeitsgericht eine Verletzung der sich aus dem Bestehen des Tarifvertrages für den beklagten Verband ergebenden Pflichten als gegeben angesehen. Soweit die Revision bemängelt, das angefochtene Urteil lasse eine klare Scheidung der

Begriffe der Durchführungs- und Einwirkungspflicht vermissen und sei lediglich aus diesem Grunde zu einem nach Ansicht der Revision ungünstigen Ergebnis gelangt, erübrigt sich ein Eingehen hierauf. Denn nach den Ausführungen des angefochtenen Urteils kann es nicht zweifelhaft sein, daß auch das Landesarbeitsgericht das die Schadensersatzpflicht begründende, die Tarifvertragspflicht verletzende Verhalten in der Bewilligung der Entlassung, die das rechtswirsame Ausscheiden der sämtlichen 17 Mitglieder aus dem Verbande und damit praktisch die Erledigung des Tarifvertrages zur Folge hatte, erblickt hat. Nun würde freilich eine Verletzung der tarifvertraglichen Pflichten dann nicht angenommen werden können, wenn der Beklagte nach den Satzungen nicht nur berechtigt, sondern verpflichtet gewesen wäre, den Firmen den Austritt aus dem Verbande zu bewilligen. Das gleiche würde zu gelten haben, wenn etwa ein wichtiger Grund vorlag, der die Mitglieder dem beklagten Verbande gegenüber zum sofortigen Austritt berechtigte. Denn die Durchführungspflicht einer Tarifvertragspartei hört ihrem Wesen nach da auf, wo eine rechtliche Möglichkeit, im Sinne der Einhaltung der Tarifbestimmungen auf die Mitglieder einzuwirken, fehlt, und es würde eine Überspannung der sich aus dem Tarifvertrage ergebenden Pflichten bedeuten, wollte man eine Tarifvertragspartei für verpflichtet erklären, einem Austritt aus dem Verbande auch dann noch zu widersprechen, wenn ein Recht zum Austritt gegeben ist. Beide Gesichtspunkte hat das Landesarbeitsgericht in Rücksicht gezogen. Es hat erwogen, daß der beklagte Verband auch dem Kläger gegenüber zur Einhaltung der Satzung allerdings verpflichtet war, daß aber diese Satzung ihm nur die Befugnis verlieh, einem Mitgliede vor dem zulässigen Austrittstermin die Entlassung zu bewilligen, und daß er von dieser Befugnis keinen Gebrauch machen durfte, wenn er dadurch gegen seine Verpflichtungen aus dem Tarifvertrage handelte. Auf der anderen Seite hat es nicht verkannt, daß nach der Rechtsprechung (RGZ. Bd. 130 S. 378) ein zum fristlosen Austritt aus einem eingetragenen Verein berechtigender Grund dann als gegeben anzusehen ist, wenn bei Berücksichtigung der gesamten Umstände des Einzelfalles ein Verbleiben im Verein bis zum Ablauf der satzungsmäßigen Kündigungsfrist eine unerträgliche Belastung bedeuten würde, die dem Mitglied nicht zugemutet werden kann. Es hat aber unter Berücksichtigung der besonderen Umstände des Falles ein Recht der in Betracht kommenden Firmen zum sofortigen Austritt aus dem Verbande nicht als gegeben angesehen. In beiden Richtungen ist ein Rechtsirrtum in der Auffassung des Landesarbeitsgerichts nicht festzustellen. Die Revision geht bei ihrer

Rüge, das Landesarbeitsgericht habe die satzungsmäßige Bindung des beklagten Verbandes gegenüber seinen Mitgliedern außer acht gelassen, von einer falschen Voraussetzung aus, indem sie annimmt, die Vereinssatzung des beklagten Verbandes räume den Verbandsmitgliedern unter bestimmten Voraussetzungen einen Anspruch darauf ein, aus der Mitgliedschaft auch schon vor Ablauf der für den Regelfall vorgesehenen Kündigungsfrist auszuscheiden. Das trifft, wie das Landesarbeitsgericht richtig angenommen hat, nicht zu. Einen Anspruch auf ein vorzeitiges Ausscheiden aus dem Verbande gewährt die Satzung nicht. Damit werden aber auch die Erwägungen hinfällig, die die Revision aus dem von ihr an die Spitze gestellten Grundsatz herleitet, daß die Koalitionsfreiheit dem Tarifvertrage vorgelagert sei. Soweit eine Satzung dem Verbande nicht eine Verpflichtung auferlegt, sondern nur die Befugnis zu einem bestimmten Handeln verleiht, hat der Verband sein Handeln im Rahmen der Satzung den sich aus der Tatsache des Abschlusses eines Tarifvertrages ergebenden Pflichten anzupassen, wenn er sich nicht den Folgen einer Verletzung der vertragsmäßigen Pflichten aussetzen will. Daß aber ein wichtiger Grund vorgelegen habe, der die Firmen zum sofortigen Austritt aus dem Verband berechtigt hätte, hat das Landesarbeitsgericht ohne ersichtlichen Rechtsirrtum verneint, insbesondere hat es den Begriff des wichtigen Grundes, wie er in der bereits erwähnten Rechtsprechung für die Berechtigung des Austritts aus einem Verbande entwickelt ist, nicht verkannt. Im übrigen liegen die Erwägungen, ob nach den besonderen Umständen des Falles ein wichtiger Grund als gegeben anzusehen ist, im wesentlichen auf dem der Revision nicht zugänglichen Tatsachengebiete. Ein Erfolg der Revision in dieser Richtung muß schon an der Feststellung des Landesarbeitsgerichts scheitern, es könne nicht angenommen werden, daß den Mitgliedern des beklagten Verbandes die Belastung nicht noch für die kurze Zeit des Bestehens des Tarifvertrages habe zugemutet werden können. — Das Landesarbeitsgericht hat aber auch weiter rechtlich einwandfrei angenommen, daß der beklagte Verband durch die Entlassung der 17 Firmen aus der Mitgliedschaft die ihm aus dem Tarifvertragsverhältnis dem Kläger gegenüber obliegenden Pflichten schuldhaft verletzt hat. Soweit das angefochtene Urteil ausgeführt hat, der Beklagte habe sich bei Beobachtung der im Verkehr erforderlichen Sorgfalt sagen müssen, der klagende Verband werde mit einem vorzeitigen Ausscheiden der 17 Firmen, das praktisch eine vorzeitige Außerkraftsetzung des Tarifvertrages zur Folge hatte, nicht einverstanden sein, er habe auch damit rechnen müssen, daß die Entlassung eine Verletzung der tarifvertraglichen Pflichten bedeuten würde, lassen diese Ausführungen einen Rechtsirrtum nicht erkennen. Der Beklagte kann auch nicht einwenden, daß ihm nach der Satzung das Recht des Ausschlusses der Mitglieder zugestanden hätte und daß die Entlassung nur eine mildere Form des Ausschlusses bedeute. Ganz abgesehen davon, daß nicht feststeht, ob die Mitglieder es wirklich auf den Ausspruch des Ausschlusses hätten ankommen lassen, hat bereits das Landesarbeitsgericht darauf hingewiesen, daß die Entlassung aus dem Verbande mit dem den Charakter einer Strafe tragenden Ausschluß nicht vergleichbar ist. Es kann deshalb auch in bezug auf die Beurteilung des Verhaltens des Beklagten der anderen Tarifvertragspartei gegenüber die vorgenommene Entlassung nicht dem gleicherachtet werden, wie wenn der Beklagte sich veranlaßt gesehen hätte, gegenüber den 17 Mitgliedern von dem ihm satzungsmäßig zustehenden Rechte des Ausschlusses Gebrauch zu machen. Überdies würde aber dem Ausschluß der sämtlichen tarifbeteiligten Mitglieder, der lediglich deshalb erfolgt sein würde, weil die Mitglieder nicht mehr an den Tarifvertrag gebunden sein wollten, und der ebenso wie die Entlassung praktisch die Außerkraftsetzung des Tarifvertrages zur Folge gehabt haben würde, die Verpflichtung der Beklagten zur Durchführung des Tarifvertrages entgegengestanden haben.

III. Was die von der Revision gegen die Feststellung der Schadensersatzpflicht des beklagten Verbandes erhobenen Einwendungen betrifft, so sind diese zunächst unbegründet, soweit der dem beklagten Verbande selbst entstandene Schaden in Betracht kommt. Dieser hat geltend gemacht, es sei ihm dadurch ein Schaden entstanden, daß infolge des geringeren Einkommens seiner Mitglieder die an ihn satzungsgemäß zu entrichtenden Mitgliedsbeiträge geringer geworden seien. Das Landesarbeitsgericht hat den Kausalzusammenhang zwischen dem vertragswidrigen Verhalten des beklagten Verbandes und dem geltend gemachten Schaden als gegeben angesehen, indem es angenommen hat, daß die Firmen durch die Entlassung aus der Mitgliedschaft rechtlich in die Lage versetzt worden seien, die unter der Herrschaft der tarifvertraglichen Bestimmungen stehenden Arbeitsverträge zu lösen und neue Arbeitsverträge mit niedrigeren Löhnen abzuschließen. Die Revision vermißt hierbei zu Unrecht die Feststellung des adäquaten Kausalzusammenhangs, indem sie geltend macht, daß der Abschluß der neuen Arbeitsverträge zu niedrigeren Löhnen auf dem freien Willensentschlusse der Arbeitnehmer beruhe. Die Frage betrifft nicht sowohl die sog. adäquate Eigenschaft des Kausalzusammenhangs, als vielmehr die Frage der Unterbrechung des Kausalzusammenhangs. Eine solche ist aber vom

Landesarbeitsgericht mit Recht nicht angenommen worden. Der Abschluß des neuen Arbeitsvertrages war erst dadurch erforderlich geworden, daß der Beklagte durch die Entlassung der Firmen aus der Mitgliedschaft es diesem ermöglicht hatte, sich von der Tarifbindung zu lösen; dieser Umstand war daher in erster Linie das für die Änderung des Arbeitsverhältnisses ursächliche Moment; die ursächliche Wirkung wurde nicht dadurch ausgeschaltet, daß die Arbeitnehmer, durch die Lösung von der Tarifbindung in diese Lage versetzt, nunmehr einen neuen Arbeitsvertrag zu niedrigeren Löhnen abschlossen.

Dagegen ist die Revision begründet, soweit sie sich gegen die Feststellungen des angefochtenen Urteils richtet, daß der beklagte Verband auch den Mitgliedern des klagenden Verbandes Schaden zu ersetzen verpflichtet sei. Nach der eigenen Darlegung des klagenden Verbandes soll dieser Schaden darin bestehen, daß seine Mitglieder, soweit sie bei den 17 Firmen beschäftigt waren, infolge der Lösung der Firmen von der Tarifbindung in der Zeit bis zum Geltungsablauf des Tarifvertrags einen niedrigeren Lohn erhalten haben als sie ihn bei dem Bestehen der Tarifbindung erhalten haben würden. Ein solcher Schadensersatzanspruch würde aber von den Mitgliedern des klagenden Verbandes nur auf Grund einer Verletzung ihres Einzelarbeitsvertrages bzw. der in ihn übergegangenen Normenbestimmungen des Tarifvertrages oder auf Grund solcher schuldrechtlicher Bestimmungen des Tarifvertrages geltend gemacht werden können, die als zugunsten der Mitglieder getroffene Bestimmungen diese berechtigten, aus ihnen selbständige Ansprüche herzuleiten. Die aus dem Abschluß eines Tarifvertrages sich ergebende Durchführungspflicht, die allein hier die Grundlage des in Frage kommenden Schadensersatzes bildet, besteht aber nur der anderen Tarifvertragspartei gegenüber. Aus ihrer Verletzung können die Mitglieder eines am Tarifvertrag beteiligten Verbandes Ansprüche nicht herleiten.

Das Landesarbeitsgericht hat hiernach rechtsirrtümlich den Feststellungsanspruch als begründet angesehen, soweit er auf die Verpflichtung des Beklagten gerichtet ist, den bei den 17 Mitgliedsfirmen des beklagten Verbandes beschäftigten Mitgliedern des Klägers Schaden zu ersetzen. Insoweit war das angefochtene Urteil aufzuheben; gleichzeitig war in diesem Umfange auf die Berufung des Beklagten das Urteil des Arbeitsgerichts abzuändern und die Klage abzuweisen. Im übrigen hatte die Zurückweisung der Revision zu erfolgen.

RAG. 13, 18.

Kann der Präsident der Reichsanstalt für Arbeitsvermittlung und Arbeitslosenversicherung auf Grund des § 139 Abs. 4 AVAVG. dem Arbeitgeber Leistungen über Tarifvertrag und Einzelarbeitsvertrag hinaus auferlegen?

Reichsarbeitsgericht. Urt. v. 3. Mai 1933.

I. Arbeitsgericht Cottbus. — II. Landesarbeitsgericht Frankfurt a. O.

Der in S. wohnende Kläger hat vom 31. Oktober bis 2. Dezember 1932 bei Straßenarbeiten in der Nähe von K., Notstandsarbeiten, im Dienste des Beklagten als Steinsetzer gearbeitet. Das Arbeitsverhältnis unterstand dem Reichstarifvertrag für Steinsetz- und dgl. Arbeiten vom 21. März 1931 und dem dazugehörigen Bezirkstarifvertrag für die Niederlausitz vom 6. Mai 1931; beide Tarifverträge sind unstreitig für allgemein verbindlich erklärt. Der Präsident der Reichsanstalt für Arbeitsvermittlung und Arbeitslosenversicherung hatte für die Notstandsarbeiten einen Stundenlohn von 80 Rpf. festgesetzt und in Erlassen vom 23. September und 18. November 1932 weitere Anordnungen getroffen. Der Kläger hat insgesamt 202 Arbeitsstunden gearbeitet; der Beklagte hat ihm für 60 Stunden je 65 Rpf. und für die weiteren 142 Stunden je 68 Rpf. bezahlt. — Mit der Klage fordert Kläger vom Beklagten unter anderem „Wegezulage" von 10 Rpf. stündlich = 20,20 RM, Fahrtgeld für 5 Wochen je 4,90 RM = 24,50 RM.

Der Beklagte ist dem Klagantrag entgegengetreten. Das Landesarbeitsgericht hat den Beklagten zur Bezahlung der beiden Posten verurteilt. Auf die Revision des Beklagten ist das Berufungsurteil aufgehoben und die Sache an das Berufungsgericht zurückverwiesen worden.

Gründe:

Sachlich hat das Revisionsgericht nur über die beiden Streitpunkte zu 3 und 4 zu entscheiden. Die Rechtslage ist bezüglich beider Posten die nämliche.

Nach dem Tarifvertrag hat der Kläger diese beiden Posten nicht zu fordern. Der Reichstarifvertrag gewährt (§ 6) dem Arbeitnehmer Wegezulage und Fahrtgeld nur, wenn der Arbeitgeber den Arbeiter „nach auswärtigen Arbeitsorten verschickt"; dagegen nicht, wenn „auf einer Bau- oder Arbeitsstelle, die nicht am Orte des Geschäftsbetriebs des Arbeitgebers liegt" (— dieser Ort war hier C. —) „Arbeitnehmer eingestellt" werden. Der Bezirkstarifvertrag beläßt es bei diesen Voraussetzungen. — Weder der erste noch der zweite Richter haben ausdrückliche Feststellungen darüber getroffen, wo und in welcher Weise die Einstellung des Klägers für die Arbeiten erfolgte. Offenbar sind indessen beide Richter wie auch die Parteien selbst in den vorderen Rechtszügen davon ausgegangen, daß das Arbeitsamt den Kläger an die Arbeitsstelle in oder bei K. vermittelt, Kläger sich dahin begeben und der Beklagte oder dessen Vertreter den Kläger dort, also an Arbeitsstelle, eingestellt haben. Der Vertreter des Klägers hat in der mündlichen Verhandlung über die Revision auf die unvollständige Feststellung hingewiesen und die Vermutung ausgesprochen, das Arbeitsamt könnte den Kläger auch an die Bezirksstätte des Beklagten in C. verwiesen und Beklagter könne den Kläger dort eingestellt haben. Wäre dem so, dann könnte der Anspruch auf Wegezulage und Fahrtgeld allerdings schon nach dem Tarifvertrag begründet erscheinen. Eben deshalb wäre es aber Sache des Klägers gewesen, diese klagebegründende Behauptung — falls es sich nicht um eine bloße Möglichkeit oder Vermutung handelt — schon in den Tatsacheninstanzen vorzubringen. Für den Rechtszug der Revision ist diese „Behauptung" neu und daher nicht zu beachten. Vielmehr ist im Einklang mit den Vorderrichtern davon auszugehen, daß Kläger in K. eingestellt und daher der in Rede stehende Anspruch nach dem Tarifvertrag nicht begründet ist. Das verkennt übrigens auch der Berufungsrichter nicht. Aber er glaubt, den Anspruch des Klägers auf Wegezulage und Fahrtgeld aus den Anordnungen des Präsidenten der Reichsanstalt, namentlich aus dessen Erlaß vom 18. November 1932 herleiten zu können. Hierin ist dem Berufungsrichter nicht zu folgen.

In dem Erlaß vom 23. September 1932 hatte der Präsident angeordnet, daß von einer gemäß § 139 Abs. 4 AVAVG. anzuordnenden behördlichen „oberen Lohngrenze" die sonst nach dem Tarifvertrag vorgesehenen Nebenleistungen unberührt bleiben, wenn darüber nichts ausdrücklich gesagt ist „und nach der Art der Arbeit Anspruch auf derartige Nebenleistungen besteht", und ferner „etwa darin (im Tarifvertrag) vorgesehene Nebenleistungen bleiben bestehen". Damals hatte also der Präsident offensichtlich nicht die Absicht, dem Arbeitgeber zugunsten der Arbeiter die Verpflichtung zu Nebenleistungen aufzuerlegen, die nicht im Tarifvertrag ihre Grundlage fanden. — Der Erlaß vom 18. November weist nun freilich eine andere Fassung auf. Dort nimmt der Präsident zwar zunächst Bezug auf den Erlaß vom 23. September, wonach die tariflich ausbedungenen Nebenleistungen unberührt bleiben; dann aber ordnet er im Hinblick auf entstandene Schwierigkeiten und Härten an:

„daß insoweit die Vermittlung von Steinarbeitern zu untertariflichen, gemäß § 139 Abs. 4 AVAVG. gesenkten Löhnen an Arbeitsstellen außerhalb ihres Wohnorts so behandelt wird, als ob die betreffenden Arbeitskräfte vom Unternehmer an die auswärtige Arbeitsstelle verschickt würden".

Aus dieser Stelle des Erlasses leitet Kläger seinen Anspruch auf Wegezulage und Fahrtgeld ab. Der erste Richter ist dem Kläger nicht beigetreten. Er nimmt an, daß es rechtlich nicht in der Befugnis des Präsidenten gelegen hätte, dem Arbeitgeber eine Verpflichtung aufzuerlegen, die nicht im Tarifvertrag ihre Grundlage finde; denn das würde eine entsprechende Außerkraftsetzung des Tarifvertrags bedeuten. Der Berufungsrichter ist anderer Ansicht. Er will aus § 139 Abs. 4 AVAVG. die Befugnis des Präsidenten ableiten, überhaupt die Lohnhöhe zu bestimmen, und zwar ohne Rücksicht auf die Lohnform, d. h. also auch dergestalt, daß der Präsident die Entrichtung von Wegezulage und Fahrtgeld auch an solche Arbeiter vorschreiben könne, die nach dem Tarifvertrag keinen solchen Anspruch haben. Unmittelbar auf diese Erwägung hat er die Verurteilung des Beklagten zu diesen Posten gegründet.

Hierzu ist folgendes zu sagen.

Der Erlaß vom 18. November, der eine Abweichung von dem Standpunkt des Erlasses vom 23. September bedeutete, ist überhaupt erst ergangen, als das Arbeitsverhältnis des Klägers beim Beklagten sich seinem Ende zuneigte (es endete am 2. Dezember 1932). Der Erlaß vom 18. November gibt keinen Anhalt dafür, daß er sich rückwirkende Kraft auch nur beilegen wollte, noch abgesehen von der Frage, ob er sich rückwirkende Kraft hätte beilegen können. Mindestens für den größeren Teil der Gesamtdauer des Arbeitsverhältnisses des Klägers müßte mithin die Berufung auf den Erlaß vom 18. November 1932 von vornherein versagen. Für die Zeit vor dem 18. November 1932 kann Kläger unmöglich Rechte auf jenen Erlaß gründen; für welchen Zeitraum Kläger äußerstenfalls wirklich Rechte daraus ableiten könnte, kann auf sich beruhen.

Rechtlich verfehlt ist aber auch die Annahme des Berufungsrichters, als ob § 139 Abs. 4 AVAVG. den Präsidenten der Reichsanstalt ermächtigte, mit unmittelbarer rechtlicher Wirkung vorzuschreiben, daß der Arbeitgeber den Arbeitern in irgendeiner Rechtsform ein Arbeitsentgelt zu gewähren habe, das weder im Tarifvertrag noch etwa im Einzelarbeitsvertrag seine Rechtsgrundlage findet. Diese Annahme steht mit § 139 Abs. 4 AVAVG. im Widerspruch. Diese Vorschrift hat unzweideutig den Präsidenten nur ermächtigt, eine obere Grenze für die Entlohnung der Notstandsarbeiter festzusetzen (die zweite dem Präsidenten verliehene Befugnis, festzusetzen, welcher Tarifvertrag Anwendung finden soll, ist für die vorliegende Sache ohne Belang). Aus der Befugnis, eine Höchstgrenze festzusetzen, läßt sich aber nicht die weitere und anders geartete Befugnis ableiten, mit Rechtswirkung anzuordnen, daß der Arbeitgeber den Arbeitern neben dem Höchstlohn noch weitere Vergütungen zu entrichten habe, auf die den Notstandsarbeitern sonst, nach Tarifvertrag oder Einzelarbeitsvertrag, kein Anspruch zusteht. Die gegenteilige Annahme des Berufungsrichters ist rechtsirrig. — Übrigens weist auch die Begründung des Berufungsurteils zu diesem Punkte noch weitere Rechtsverstöße im einzelnen auf. Sicherlich hat der Präsident etwaige Nebenvergütungen nicht ausschließen wollen; das zeigt schon sein Erlaß vom 23. September 1932; aber hier war nicht zu entscheiden, ob der Präsident solche Nebenleistungen ausschließen wollte, sondern ob er solche einführen konnte, obschon der Tarifvertrag sie für den Fall des Klägers nicht kennt. Und wenn der Berufungsrichter sich von vermeintlichen Billigkeitserwägungen leiten läßt, so verkennt er, daß es im allgemeinen Sache des Arbeitnehmers ist, sich an demjenigen Orte zur Arbeitsleistung zu stellen, der für ihn Erfüllungsort ist. Nur wenn der Arbeitgeber ihn von diesem Orte aus weiter nach auswärts verschickt, kann der Arbeitnehmer dafür Auslagenersatz fordern. Das ist der Grundgedanke, der den häufig wiederkehrenden, im einzelnen verschiedenen, im Grunde aber einheitlich zu verstehenden Bestimmungen so vieler Tarifverträge über „Auslösungen", „Entfernungszulagen", „Wegegelder" und dgl. zugrunde liegt; vgl. RAG. 321/28 vom 19. Januar 1929 ArbR. 1929 S. 160 und für das Steinsetzgewerbe aus neuester Zeit RAG. 397/32 vom 21. Januar 1933. Für die Aufwendungen, die dem Arbeitnehmer daraus erwachsen, daß er sich von seinem Wohnort an den vertragsmäßigen Arbeitsort begibt, kann der Arbeitnehmer Ersatz vom Arbeitgeber nur verlangen, wenn letzterer ihm das besonders zugesagt hat.

Endlich hat der Berufungsrichter aber auch die Rechtslage nicht erschöpfend geprüft, indem er ohne weiteres angenommen hat, der Präsident der Reichsanstalt habe mit dem Erlaß vom 18. November 1932 beabsichtigt, eine verbindliche Anordnung des vom Berufungsrichter angenommenen Inhalts zu treffen. Der Wortlaut des Erlasses vom 18. November 1932 scheint freilich die Annahme einer solchen Absicht nahezulegen. Aber schon der Gegensatz zu dem vorangegangenen Erlaß vom 23. September 1932, in dem der Präsident die zutreffende

Rechtsansicht vertritt, mußte den Zweifel nahelegen, ob die Absicht des Präsidenten in dem Erlaß vom 18. November soweit ging. Diese Zweifel würden entscheidend bestärkt werden, wenn der Präsident, wie die Revision geltend macht, hinterher selbst eine andere Auslegung des Erlasses vom 18. November 1932 vertreten hätte, ein Umstand, der als tatsächlich neu jetzt nicht entscheidend beachtet werden kann, den aber das Berufungsgericht bei der notwendigen erneuten Verhandlung der Sache zu prüfen und zu berücksichtigen haben wird.

Der Erlaß vom 18. November läßt erkennen, daß es dem Präsidenten erwünscht schien, den Notstandsarbeitern, die von auswärts, teilweise wohl aus größeren Entfernungen sich zu den Arbeiten einfanden, Wege- und Fahrgeld zu verschaffen. Konnte auch der Präsident dieses Ziel nicht auf dem Wege einer verbindlichen Anordnung erreichen, so konnte es diesem Ziele doch schon dienlich sein, wenn der Präsident feststellte (wie er es schon im Erlaß vom 23. September getan hat), daß derlei Wege- und Fahrtgelder, soweit sie kraft Tarifvertrags oder Einzelvertrags dem Arbeiter zukamen, doch für die Berechnung der „oberen Lohngrenze" nach § 139 Abs. 4 AVAVG. außer Betracht bleiben sollten, daß mithin der Arbeitgeber, indem er solche Vergütungen bezahlte, nicht die Bedingungen verletzte, unter denen ihm die Notstandsarbeit übertragen worden war. Darüber hinaus bestand aber weiter die Möglichkeit, daß der Präsident oder die ihm nachgeordneten Stellen aus Anlaß der Vergebung der Arbeiten an die Unternehmer ihren Einfluß nach der Richtung geltend machten, daß der Arbeitgeber dem Notstandsarbeiter im Wege des Einzelarbeitsvertrags (soweit der Tarifvertrag nicht entgegenstand, vgl. § 1 Abs. 1 TarifVo.) Wege- und Fahrtgeld bewilligte. Ob und welche Auflagen etwa hier bei Vergebung der Arbeiten dem Unternehmer gemacht worden waren, darüber hat der Berufungsrichter keine Feststellung getroffen; er hat sogar im Interesse der Beschleunigung des Verfahrens davon Abstand genommen, die für die Beteiligung des Beklagten an den Arbeiten maßgebende „Anerkennung Nr. 207" beizuziehen, von der vielleicht einige weitere Aufklärung zu erwarten gewesen wäre.

Käme es auf denjenigen rechtlichen Gesichtspunkt an, von dem der Berufungsrichter sich hat leiten lassen, nämlich auf die Frage, ob der Präsident der Reichsanstalt die Gewährung übertariflicher Wege- und Fahrtgelder verbindlich anordnen konnte, so wäre die Sache zu Ungunsten des Klägers entscheidungsreif. Kläger wäre mit diesen Ansprüchen abzuweisen. Aber der zuletzt erörterte rechtliche Gesichtspunkt: die Möglichkeit, daß dem Erlaß vom 18. Novemer 1932 etwa in Verbindung mit den ursprünglichen Vergebungsbedingungen ein anderes, vielleicht dem Kläger doch günstigeres Ergebnis zu entnehmen sein könnte, läßt es als angezeigt erscheinen, die Sache, unter Aufhebung des angefochtenen Urteils, an das Berufungsgericht zur erneuten Verhandlung zurückzuverweisen.

RAG. 13, 31.+

Ist unter Umständen innerhalb eines Arbeitsverhältnisses Aufrechnung mit Wohnungsmiete gegenüber dem unpfändbaren Teil des Lohnes zulässig?

BGB. § 394. Lohnbeschlagnahmegesetz § 1.

Reichsarbeitsgericht. Urt. v. 10. Mai 1933.

I. Arbeitsgericht Insterburg. — II. Landesarbeitsgericht Königsberg i. Pr.

Der Kläger war auf dem Gute des Beklagten als Deputant tätig und hatte seine beiden Kinder als Hofgänger gestellt. Zum 1. April 1931 wurde das Vertragsverhältnis durch den Beklagten wirksam gelöst. Eine Räumungsklage gegen den Kläger wurde nicht eingeleitet. Vielmehr wurde von dem zuständigen Minister verfügt, daß er nach Möglichkeit mit seinen beiden Kindern zur Arbeit herangezogen werden sollte, um die Vergütung für die Wohnung abarbeiten zu können.

Der Kläger ist dann im Oktober 1931 und von Mai bis Oktober 1932 mit seinen Kindern beschäftigt worden. Für rückständige Miete wurde ihm vom 1. Mai bis 30. Juni 1931 je 25 RM, vom 1. Juli 1931 bis 31. Dezember 1931 je 25,80 RM und dann 23,74 RM monatlich zu Lasten geschrieben. Der Beklagte hat alsdann von dem später vom Kläger und seinen Kindern verdienten Gesamtlohn auf die rückständige Miete Beträge in Raten in Abzug gebracht und am Lohnzahlungstage, der regelmäßig einige Tage nach Monatsende lag, nur den überschießenden Betrag ausgezahlt, welchen der Kläger durch eines seiner Kinder abholen ließ. Dem Kläger wurden alsdann Quittungen über die Höhe der einbehaltenen Beträge übergeben. Einen ausdrücklichen Widerspruch gegen die Einbehaltung hat der Kläger nicht erhoben. Er hat lediglich Gesuche auf Herabsetzung des Mietzinses eingereicht, die seitens der Regierung und des Landwirtschaftsministeriums abgelehnt wurden.

Mit der vorliegenden Klage begehrt der Kläger die Rückzahlung der einbehaltenen Beträge in Höhe von 188,28 RM. Er behauptet, daß die Einbehaltung unzulässig gewesen sei, und hat beantragt, den Beklagten zur Zahlung von 188,28 RM zu verurteilen.

Der Beklagte hat demgegenüber den Standpunkt vertreten, daß die Aufrechnung zulässig sei. Der Kläger und seine Kinder hätten einen ungetrennten Lohn verdient, so daß gegenüber diesem Gesamtlohne die Aufrechnung möglich gewesen und auch, insbesondere im Wege des Aufrechnungsvertrages, erfolgt sei. Die Aufrechnung habe auch gegenüber den Kindern des Klägers erfolgen können, zumal auch sie als Inhaber der Wohnung anzusehen seien.

Der Beklagte hat beantragt, die Klage abzuweisen.

Der Kläger hat demgegenüber bestritten, daß die Kinder Inhaber der Wohnung gewesen seien. Außerdem seien Miet- und Arbeitsvertrag getrennte Verträge. Gegen die Einbehaltung habe er nicht protestieren können, da er sonst entlassen worden wäre.

Das Arbeitsgericht hat der Klage entsprochen, das Landesarbeitsgericht hat sie dagegen auf die Berufung des Beklagten abgewiesen.

Die Revision wurde zurückgewiesen aus folgenden

Gründen:

1. . . .

2. Das Landesarbeitsgericht hält gegenüber dem dem Kläger selbst geschuldeten Lohnbetrag die Aufrechnung mit der Wohnungsmiete für zulässig. Dem ist entgegen der Rechtsmeinung der Revision beizutreten. Bei gewerblichen Arbeiten ist es dem Arbeitgeber schon im Hinblick auf § 115 Abs. 2 RGewO. gestattet, seinen Arbeitern außer Lebensmitteln auch Wohnung gegen die ortsüblichen Miet- und Pachtpreise zu verabfolgen. Das Reichsarbeitsgericht hat in ständiger Rechtsprechung in dieser Befugnis auch die gesetzliche Berechtigung zur Erklärung der Aufrechnung trotz der Bestimmungen des LBG. erblickt [vgl. RAG. Bd. 3 S. 298, RAG. 124/29 vom 9. Oktober 1929, abgedr. ArbRspr. 1930 S. 10 Bensh. Slg. Bd. 7 S. 310 und RAG. Bd. 10 S. 180 (183)].

Wegen des dem § 115 Abs. 2 RGewO. zugrunde liegenden Rechtsgedankens, dem auch das Reichsarbeitsgericht in der vorerwähnten Rechtsprechung Rechnung getragen hat, muß aber auch für den vorliegenden Fall in Anwendung der Grundsätze von Treu und Glauben die gleiche Rechtsfolge Geltung haben. Es würde jedem gesunden Rechtsempfinden widerstreiten, wenn der Kläger berechtigt sein sollte, seinen auf die Miete entfallenden Lohnanteil, trotzdem ihm die Wohnung als Grundlage einer weiteren Arbeitsmöglichkeit für sich und die Kinder überlassen war, nachträglich einzufordern, zumal er — abgesehen von dem letzten Lohnbetrag — sich durchaus zustimmend verhalten hat.

Der Beklagte war mithin ohne weiteres berechtigt, mit der angemessenen Miete gegenüber dem Lohn aufzurechnen. Er hat auch unwidersprochen vorgetragen, daß die Friedensmiete, nach der die Miete berechnet worden ist, von der zuständigen Stelle rechtskräftig festgesetzt worden sei. Es kommt daher auf die weiteren Ausführungen des Landesarbeitsgerichts nicht an, daß die Lohnbeträge durch Nichteinforderung an den Tagen, an welchen die Vergütung vertrags- und gewohnheitsmäßig zu entrichten war, ihren gesetzlichen Schutz im Sinne des § 1 LBG. durch Nichteinforderung verloren hätten.

RAG. 13, 39.

Zur Auslegung eines Beschlusses des Verwaltungsausschusses des Landesarbeitsamtes nach § 139 Abs. 4 AVAVG.

Gesetz über Arbeitsvermittlung und Arbeitslosenversicherung. § 139 Abs. 4.

Reichsarbeitsgericht. Urt. v. 28. Januar 1933.

I. Arbeitsgericht Eisenach. — II. Landesarbeitsgericht Jena.

Der Kläger, von Beruf Schlosser, verrichtete seit Ende September bis Mitte Dezember 1931 als Notstandsarbeiter an den versumpften Wiesen bei Kleinensee (Hessen-Nassau) Dränagearbeiten. Diese Arbeiten wurden vom Beklagten ausgeführt; sie waren ihm vom Preußischen Kulturamt zu Fulda übertragen worden.

Der Verwaltungsausschuß des Landesarbeitsamts Hessen hatte die Dränagearbeiten bei Kleinensee am 28. August 1931 als Notstandsarbeiten anerkannt und dazu am 27. August 1931 beschlossen:

> „Mindestens 20 Arbeitslose sind dem Arbeitsamt Hersfeld zu entnehmen. Die Arbeit ist auf Grundlage der Verdingungsordnung für das Baugewerbe auszuschreiben und an einen Unternehmer zu vergeben. Die Notstandsarbeiter sind nach den Sätzen des Tiefbauarbeitertarifs, d. i. 64 Rpf. je Stunde (Reichstarifvertrag für das Hoch-, Beton- und Tiefbaugewerbe 1931/33) zu entlohnen."

Der angezogene Reichstarifvertrag wurde durch eine Entscheidung des Reichsarbeitsministers vom 18. September 1931 mit Wirkung vom gleichen Tage gleichzeitig mit der ihm angegliederten Vereinbarung über Akkordarbeit vom 28. März 1931, sowie mit dem Anhang betreffend Asphalt- und Teerarbeiten im Straßenbau vom 28. März 1931 für allgemein verbindlich erklärt, nicht dagegen der die Lohnsätze enthaltende Bezirkstarifvertrag für Hoch-, Beton- und Tiefbauarbeiten in der Provinz Hessen-Nassau, dem Freistaat Hessen und den angrenzenden Gebieten vom 11. Juni 1931.

Der Kläger behauptet, in dem Beschlusse vom 27. August 1931 habe der Verwaltungsausschuß des Landesarbeitsamtes Hessen einen Stundenlohn von 64 Rpf. festgesetzt. Damit sei nach § 139 Abs. 4 AVAVG. bestimmt worden, daß der Reichstarifvertrag in Verbindung mit der Vereinbarung über Akkordarbeit und mit dem Bezirkstarifvertrage für Hoch-, Beton- und Tiefbauarbeiten in der Provinz Hessen-Nassau, dem Freistaat Hessen und den angrenzenden Gebieten für die Entlohnung der Notstandsarbeiter Anwendung finden solle. Der Beklagte habe aber — entgegen dem Beschlusse des Verwaltungsausschusses — nur Akkordlöhne gezahlt, deren Höhe er durch einen Aushang in der Baubude bekannt gemacht habe. Ein Arbeitsvertrag mit Akkordlohn sei nicht vereinbart worden. Wenn die Notstandsarbeiter gleichwohl die Arbeit aufgenommen hätten, hätten sie nicht auf den ihnen zustehenden Tariflohn verzichtet. Der Verwaltungsausschuß habe keine obere Lohngrenze, sondern den anzuwendenden Tarifvertrag festgesezt.

Die Akkordlöhne seien so niedrig gewesen, daß keiner der Beschäftigten auf den festgesetzten Lohnsatz von 64 Rpf. für die Stunde gekommen sei. Er habe 550½ Stunde gearbeitet, hätte also bei 64 Rpf. Stundenlohn 352,32 RM erhalten müssen, bekommen habe er nur 279,54 RM. Von dem Unterschiedsbetrage von 72,78 RM lasse er sich nach § 5 Nr. 6 des Reichstarifvertrags 35,23 RM kürzen, weil er als Nichtfacharbeiter 10 % weniger zu erhalten habe als andere.

Der Kläger klagt mithin 37,55 RM vom Beklagten ein.

Der Beklagte bittet um Klagabweisung und behauptet dagegen: er habe mit den Notstandsarbeitern eine Vereinbarung getroffen, wonach sie die Arbeiten in Akkord auszuführen gehabt hätten. Dazu sei er befugt gewesen, weil der Verwaltungsausschuß im Beschlusse vom 27. August 1931 nur eine obere Grenze für die Entlohnung der Notstandsarbeiter festgesetzt, nicht aber einen bestimmten Tarifvertrag für die Entlohnung für anwendbar erklärt habe. Die Akkordlöhne seien angemessen gewesen; viele Notstandsarbeiter hätten mehr verdient als 64 Rpf. je Stunde.

Der Bezirkstarifvertrag für die Provinz Hessen-Nassau, den Freistaat Hessen und die angrenzenden Gebiete sei auf ihn nicht anwendbar; denn er sei nicht lohntarifgebunden und allgemeinverbindlich sei der Bezirksvertrag damals nicht gewesen. Der Reichstarifvertrag sei nur ein Mantelvertrag, könne also für sich allein ebensowenig angewendet werden, wie die Vereinbarung über die Akkordarbeit. Daß der Reichstarifvertrag für allgemein verbindlich erklärt worden sei, sei sonach belanglos. Der Verwaltungsausschuß habe gar keinen bestimmten Tarifvertrag für anwendbar erklären können und daraus folge, daß im Beschlusse vom 27. August 1931 nur eine obere Lohngrenze im Sinne des § 139 Abs. 4 AVAVG. festgesetzt worden sei. Dafür spreche auch der Wortlaut des Beschlusses. Die Vereinbarung des Akkordlohnes sei sonach statthaft und gültig gewesen. Der Kläger habe das Recht gehabt, nach § 90 Abs. 2 Nr. 1 AVAVG. die Annahme der Arbeit zu verweigern, wenn der angebotene Akkordlohn nicht dem ortsüblichen Lohne entsprochen habe. Wolle man annehmen, daß den Notstandsarbeitern ein Stundenlohn gewährleistet sei, dann ständen sie ja besser, als andere Arbeiter, denen gegenüber der Beklagte nicht tarifgebunden sei; das verstoße aber gegen das AVAVG. Schließlich verstoße es gegen Treu und Glauben, daß der Kläger die Arbeit zunächst gegen Akkordlohn angenommen habe, nachträglich aber eine Änderung des Arbeitsvertrags verlange.

Der Kläger bestreitet noch, daß er seine Restansprüche erst nach Beendigung der Notstandsarbeiten geltend gemacht habe; er habe das schon während des Arbeitsverhältnisses, nachdem er 345 Stunden gearbeitet habe, getan.

Die beiden Vorinstanzen haben der Klage stattgegeben. Die Revision des Beklagten blieb ohne Erfolg.

Gründe:

Der Revision muß der Erfolg versagt werden.

Der Kläger klagt einen Teil seines Arbeitslohnes vom Beklagten ein mit der Begründung, nach dem, was die Parteien über die Lohnhöhe vereinbart hätten, habe er nicht den vollen Lohn ausbezahlt erhalten. Streitig ist unter den Parteien, was als Lohn zwischen ihnen festgesetzt worden ist. Beide berechnen ihn nach Akkordsätzen, die der Beklagte bei Eingehung des Arbeitsvertrages einseitig festgesetzt hat. Der Kläger macht aber geltend, nach den übrigen Vertragsabmachungen habe ihm der Beklagte einen Lohn in bestimmter Höhe garantiert, und da er diesen Betrag nach dem ihm zustehenden Akkordlohne nicht voll erreicht habe, stünde ihm noch ein Betrag zur Ergänzung zu.

Der Vertrag, der zwischen den Parteien im September 1931 auf drei Monate zustande gekommen ist, ist an sich ein freies Arbeitsverhältnis gewesen, das lediglich in der Frage des Lohnes durch eine behördliche Erklärung eine Ergänzung erfuhr. Nach § 139 Abs. 4 AVAVG. hat der Verwaltungsausschuß des zuständigen Landesarbeitsamtes Hessen diese Ergänzung hinsichtlich des für die Parteien in Betracht kommenden

Lohnes in dem Beschlusse vom 27. August 1931 gegeben, und es ist Streit unter den Parteien, wie dieser Beschluß auszulegen ist, ob er eine „obere Grenze für die Entlohnung der Notstandsarbeiter" festsetzte (Satz 1 des Abs. 4 § 139 AVAVG.), oder ob er lediglich den „Tarifvertrag" bezeichnete, der für die Entlohnung der Notstandsarbeiter Anwendung finden sollte (Satz 2 a. a. O.).

Der Auslegung, die das Landesarbeitsgericht der behördlichen Erklärung zu dem privatrechtlichen Vertrage gegeben hat, muß beigetreten werden. Dabei ist nicht so sehr entscheidend die eigene Interpretation des Präsidenten des Landesarbeitsamts Hessen, die er in zwei Auskünften dem Beschlusse des Verwaltungsausschusses gegeben hat, als vielmehr der Wortlaut dieses Beschlusses selbst. Er kann nicht anders aufgefaßt werden, als die Bestimmung des Tarifvertrages, der für die Entlohnung der Notstandsarbeiter Anwendung finden soll. Der Revision kann nicht darin beigetreten werden, daß es an einer genauen Bezeichnung des Tarifvertrages gefehlt hätte. Maßgebend war die Bezeichnung des Reichstarifvertrags. Zerfiel dieser in einen Rahmentarif und einen Lohntarif, so war selbstverständlich mit dem Rahmentarifvertrag zugleich auch der örtlich in Betracht kommende Lohntarifvertrag bezeichnet. Also war im vorliegenden Falle damit auch der für den Bezirk geltende Bezirkstarifvertrag für Hoch-, Beton- und Tiefbauarbeiten in der Provinz Hessen-Nassau, dem Freistaate Hessen und den angrenzenden Gebieten vom 11. Juni 1931 namhaft gemacht. Mithin galt auch der Bezirkslohntarifvertrag hinsichtlich der Entlohnung der Notstandsarbeiter, gleichgültig, ob der Beklagte im übrigen tarifgebunden war oder nicht. Diese Bestimmungen über die Lohnfestsetzung wurden gerade durch den Beschluß des Verwaltungsausschusses in den Arbeitsvertrag der Parteien, dessen Regelung ihnen im übrigen vollständig überlassen blieb, eingefügt.

Wenn der Beklagte in der mündlichen Revisionsverhandlung auf den Erlaß des Reichsarbeitsministers vom 4. Januar 1932 (Nr. 3 des Reichsarbeitsblattes vom 25. Januar 1932, I, S. 21) hingewiesen hat, der die Landesarbeitsämter anweist, bei Entscheidungen auf Grund des § 139 Abs. 4 AVAVG. bei land- und forstwirtschaftlichen Bodenverbesserungsarbeiten nicht den Lohntarif für Hoch-, Beton- und Tiefbauarbeiten, sondern gegebenenfalls eine obere Grenze des Lohnes festzusetzen und daraus Schlüsse auf den vorliegenden Fall ziehen will, so steht dem schon entgegen, daß die Beschlußfassung des Landesarbeitsamtes Hessen im vorliegenden Falle lange Zeit vor dem Erscheinen dieses ministeriellen Erlasses erfolgt ist. Außerdem konnte ein solcher

Erlaß sich dem Gesetze gegenüber nur an die Landesarbeitsämter richten; für die gerichtliche Entscheidung war er ohne jede Bedeutung.

Die Revision wendet dann noch ein, es hätte danach kommen können, daß die Notstandsarbeiter hätten höher entlohnt werden müssen als solche Arbeiter, die der Beklagte in völlig freiem Arbeitsvertrage angenommen habe. Dieser Einwand steht der Auslegung nicht entgegen. Es ist das nur die Folge der Bestimmung in § 139 AVAVG., wonach eben dem Verwaltungsausschuß hinsichtlich der Höhe der Entlohnung der Notstandsarbeiter eine gewisse Einflußnahme eingeräumt ist.

Wenn sich endlich die Revision noch darüber beschwert, daß es dem Beklagten nicht möglich gewesen sei, die einschlagenden Tarifbestimmungen vor der Eingehung der Arbeitsverhältnisse kennen zu lernen, so kann dem keine ausschlaggebende Bedeutung beigemessen werden. Da mit der Bezeichnung des Rahmentarifvertrags zugleich auch der Bezirkstarifvertrag über die Regelung der Löhne im einzelnen feststand, so war es Sache des Beklagten, den zum Reichstarifvertrag gehörigen Bezirkstarifvertrag, dessen Dasein leicht festzustellen war. beizuziehen und alle Tarifvertragsbestimmungen einzusehen, die für die einzugehenden Arbeitsverhältnisse Platz griffen.

Da auch die übrigen Teile des angefochtenen Urteils keinen Rechtsirrtum erkennen lassen, mußte die Revision als unbegründet zurückgewiesen werden.

RAG. 13, 48.+

Wie bestimmt sich der Regelstand der Beschäftigung, der für die Anwendbarkeit des KündSchG. vom 7. Juli 1926 maßgebend ist?

KündSchG. v. 7. Juli 1926. § 2.

Reichsarbeitsgericht. Urt. v. 10. Mai 1933.

I. Arbeitsgericht Minden. — II. Landesarbeitsgericht Bielefeld.

Der Kläger war seit Oktober 1919 zunächst als Tischlergehilfe, dann seit März 1919 als Werkmeister bei der Beklagten ununterbrochen beschäftigt. In ihrem Betriebe sind vorübergehend im Jahre 1929 5 und im Jahre 1930 4, sonst bis zum 1. April 1932 stets 3, seitdem aber nur noch 2 Angestellte tätig gewesen. Von diesen beiden ist der Kläger nach einer am 30. Juli 1932 ausgesprochenen Kündigung mit Ablauf des 30. September 1932 entlassen worden.

Er nimmt eine längere Kündigungsfrist nach dem KündSchG. vom 9. Juli 1926 (RGBl. I S. 399) für sich in Anspruch und hat mit der Klage das Gehalt zunächst für Oktober 1932 mit 250 RM nachgefordert.

Er hat in beiden Vorinstanzen obgesiegt. Die zugelassene Revision der Beklagten hat Erfolg gehabt aus folgenden

Gründen:

. . .

Das Berufungsgericht geht richtig davon aus, daß für den entscheidenden Regelstand des Betriebes der Beklagten der Zeitpunkt der Kündigung des Klägers, also der 30. Juli 1932, maßgebend ist. Es ist ferner zutreffend, daß bei der Feststellung, welches in diesem Zeitpunkt der Regelstand des Betriebes gewesen ist, nicht nur die ungewissen künftigen Verhältnisse, sondern auch die abgeschlossenen Verhältnisse der Vergangenheit eine Rolle spielen. Nicht frei von Rechtsirrtum ist aber die von der Revision bekämpfte Auffassung des Berufungsgerichts, welche bei seiner im übrigen auf tatsächlichem Gebiete liegenden Entscheidung ausschlaggebend gewesen ist. Sie geht dahin, daß gegenüber einem Regelstand, der lange Jahre hindurch geherrscht hat, eine erst in den letzten Monaten vor der Kündigung dem Wirtschaftsniedergang angepaßte niedrigere Angestelltenzahl nicht ins Gewicht fallen könne, und daß die klar übersehbare vergangene Geschäftslage vor der niemals mit Sicherheit zu berechnenden künftigen Entwicklung grundsätzlich den Vorzug verdienen müsse. Derartige Grundsätze lassen sich nicht aufstellen und sind auch vom Reichsarbeitsgericht nicht aufgestellt worden. Immer müssen die Umstände des Einzelfalles entscheidend bleiben. Zu beachten ist folgendes: Die Angestelltenzahl im Augenblick der Kündigung ist für den Regelstand dieses Zeitpunktes nicht immer allein maßgebend. Sie braucht dem Regelstand nicht zu entsprechen und kann vorübergehend höher oder niedriger sein. Waren, wie im vorliegenden Falle, im Augenblick der Kündigung nur zwei Angestellte beschäftigt, so kommt es darauf an, ob die Angestelltenzahl als nur vorübergehend oder als auf unabsehbare Zeit und damit dauernd unter die § 2 des KündSchG. vorgesehene Mindestziffer von 3 Angestellten herabgesunken anzusehen ist. Maßgebend ist also gerade, wie hoch die Angestelltenzahl sich in der Zukunft voraussichtlich stellen wird, und nur, um dies beurteilen zu können, wird es nicht selten notwendig sein, die Verhältnisse der Vergangenheit mit heranzuziehen. Aus ihnen kann hervorgehen, daß lediglich eine regelmäßig wiederkehrende Konjunkturschwankung von vorübergehender Dauer vorliegt. Auch kann bei einem nicht saisonmäßig bedingten Wirtschaftsrückgang die baldige Wiederkehr der bisherigen normalen Verhältnisse zu erwarten sein. Andererseits kann jedoch die Schrumpfung eines Betriebes sich infolge einer allgemeinen

Wirtschaftskrise trotz vorheriger langer günstiger Geschäftszeiten von vornherein als eine so schwere und nachhaltige erweisen, daß ihre Dauer vorläufig nicht abzusehen ist. Weiter können, was das Berufungsgericht ganz außer acht gelassen hat, auch eigene Maßnahmen des Betriebsinhabers Umfang und Entwicklung seines Unternehmens für die Zukunft dauernd beeinflussen (RAG. Bd. 7 S. 201). Das Berufungsgericht mußte daher auch zu der Behauptung der Beklagten Stellung nehmen, daß sie nach voraufgegangenem, durch die Wirtschaftskrise veranlaßten Vergleichsverfahren zu einer dauernden Einschränkung und Umstellung auf einen Betrieb mit nur 2 Angestellten gezwungen gewesen sei. Allerdings darf diese Umstellung nicht erst mit der Entlassung des Klägers erfolgt, sondern muß sie ihr vorangegangen sein, so daß die Kündigung des Klägers schon einen vorhandenen Regelstand von nur 2 Angestellten traf.

Dafür, daß bei der Feststellung des Regelstandes nur die Verhältnisse der Vergangenheit berücksichtigt werden dürften, kann sich der Kläger nicht darauf berufen, daß nach ständiger Rechtsprechung des Reichsarbeitsgerichts das Kündigungsschutzgesetz auch bei Kündigungen seitens des Konkursverwalters Anwendung finde. Löst der Konkursverwalter das Unternehmen auf, so kann natürlich bei der Beantwortung der Frage, welches der Regelstand des Betriebes im Augenblick der Kündigung war, eine künftige Entwicklung des Betriebes nicht in Betracht kommen. Es bleibt aber maßgebend, ob die Angestelltenzahl im Augenblick der Kündigung dem Stande entsprach, der sich ohne Dazwischentreten des Konkurses als nicht vorübergehend, sondern dauernd erwiesen haben würde. . . .

RAG. 13, 80.

Kann ein Dienstvertrag bereits für einen Zeitpunkt, der vor Beginn des vereinbarten Dienstantritts liegt, gekündigt werden?

BGB. § 620 Abs. 2.

Reichsarbeitsgericht. Urt. v. 5. Juli 1933.

I. Arbeitsgericht Rastenberg. — II. Landesarbeitsgericht Königsberg Pr.

Am 28. Oktober 1932 schlossen die Parteien einen Vertrag dahin ab, daß der Kläger vom 1. Januar 1933 ab als Oberinspektor für das Gut Katzborn des Beklagten gegen eine Vergütung von 80 RM monatlich bei freier Station und freien Sozialbeiträgen tätig sein sollte. Durch Schreiben vom 12. November 1932 trat der Beklagte von der Vereinbarung zum 1. Januar 1933 zurück, da die Sicherungsstelle, vertreten durch den Treuhänder, von ihm eine Einschränkung verlange und nunmehr sein Schwiegersohn die Verwalterstelle übernehmen solle. Kläger stellte mit Schreiben vom 30. November 1932 sich ausdrücklich zur Verfügung und bestand auf Vertragserfüllung. Der Beklagte lehnte die Einstellung unter Hinweis auf das Einhalten der sechswöchentlichen Kündigungsfrist ab.

Das Arbeitsgericht hat die auf Zahlung des Gehalts und eines täglichen Verpflegungsgeldes bis 31. März 1933 gerichtete Klage abgewiesen. Das Landesarbeitsgericht hat dagegen der Klage stattgegeben und den Beklagten zur Zahlung der Vergütung für die Monate Januar und Februar 1933 in Höhe von 278 RM verurteilt und im übrigen für den Monat März die Zahlungsverpflichtung des Beklagten festgestellt.

Die Revision blieb erfolglos aus folgenden

Gründen:

Die Entscheidung des Rechtsstreits hängt, wie auch das Landesarbeitsgericht nicht verkennt, von der Beantwortung der Frage ab, ob eine Kündigung eines Dienstvertrages bereits für einen Zeitpunkt vor Beginn des vereinbarten Dienstantritts zulässig ist. Ohne Rechtsverstoß hat das Landesarbeitsgericht abgelehnt, in dem Vertragsschluß, in welchem über die Kündigung eine Vereinbarung nicht getroffen worden war, die stillschweigende Vereinbarung eines vorzeitigen Rücktrittsrechtes mit den gesetzlichen Kündigungsfristen zu erblicken. Ohne Rechtsirrtum verneint fernerhin das Landesarbeitsgericht, daß die Voraussetzungen für ein gesetzliches Rücktrittsrecht vorlagen. Die Revision hat auch in beiden Beziehungen Einwendungen nicht erhoben.

Hinsichtlich der erwähnten entscheidenden Frage ist dem Landesarbeitsgericht, entgegen der vielfach im Schrifttum vertretenen Ansicht und der Rechtsmeinung der Revision, darin beizutreten, daß ein Dienstvertrag, welcher erst von einem in der Zukunft liegenden Zeitpunkt an seinen Anfang nehmen soll, nicht für einen Termin gekündigt werden kann, der vor diesem Zeitpunkt liegt. Es kann dahingestellt bleiben, ob mit einer ebenfalls im Schrifttum vertretenen Meinung allgemein anzunehmen wäre, daß in der Vereinbarung, eine Dienststelle erst zu einem späteren Zeitpunkt anzutreten, regelmäßig der Ausschluß der früheren Auflösungsmöglichkeit im Wege der ordentlichen Kündigung liege. Denn schon der Begriff der Kündigung im Gegensatz zum vereinbarten oder gesetzlichen Rücktrittsrecht setzt mit Notwendigkeit den Beginn des Dienstverhältnisses als solchen voraus, das als Dauerrechtsverhältnis mit dem Austausch der beiderseitigen Leistungen angefangen hat. Vorher besteht mit dem Abschluß des Dienstvertrages nur eine

Verpflichtung beider Vertragsteile, das Dienstverhältnis in dem bestimmten Zeitpunkt beginnen zu lassen. Damit ist aber der Anfang des Dienstverhältnisses als solchen im Sinne des § 163 BGB. aufschiebend befristet, und es tritt somit seine Wirkung als Dauerrechtsverhältnis in entsprechender Anwendung des § 158 BGB. regelmäßig, soweit nicht etwas anderes vereinbart ist, erst mit dem Eintritt dieses Zeitpunktes ein. Damit muß aber eine „Kündigung", welche gemäß ihrer besonderen Bedeutung die Auflösung des Dienstverhältnisses als solchen für die Zukunft bezweckt und eine Wirkung für die Vergangenheit nicht haben soll, vor Antritt der Dienste ausgeschlossen sein, weil vor diesem Zeitpunkt der abgeschlossene Vertrag seine rechtliche Wirkung, die Leistung der Dienste gegen die Zahlung der Vergütung herbeizuführen, noch nicht äußern kann. In dieser Beziehung ist auch zu beachten, daß der Gesetzgeber in § 611 BGB. von dem Abschlusse des „Dienstvertrages" spricht, während § 620 Abs. 2 BGB. die Lösungsmöglichkeit des „Dienstverhältnisses", welcher Begriff ein gewisses tatsächliches Moment umschließt, im Wege der Kündigung nach Maßgabe der §§ 621 bis 623 BGB. behandelt.

Wenn demgegenüber im Schrifttum geltend gemacht wird, der Zweck der Kündigungsfrist sei nur der, daß jeder Teil genügende Zeit vorher von dem Ende des Arbeitsvertrages Kenntnis erhalte und für diesen Zweck der Zeitpunkt des Antritts keine Rolle spiele, so wird sowohl die Bedeutung des aufschiebend befristeten Beginns des Dienstvertrages, als auch die Bedeutung der Kündigung im Gegensatze zu der des Rücktritts nicht beachtet. Auch die Erwägung, daß gerade die Zeit des ersten Einarbeitens vielfach für den Arbeitnehmer die schwierigste und zugleich diejenige sei, in der er für den Arbeitgeber am wenigsten leisten werde, und daß deshalb kein Grund vorläge, gerade für diese Zeit eine stärkere Bindung anzunehmen, verkennt, daß der Abschluß des Vertrags gemäß § 611 BGB., der für den Beginn der Dienstleistungen einen erst in der Zukunft liegenden Zeitpunkt bestimmt, regelmäßig eine rechtliche Bindung der Vertragsparteien dahin bewirkt, daß das Dienstverhältnis als solches, d. h. der Austausch der beiderseitigen Leistungen auf Grund eines Dauerschuldverhältnisses, tatsächlich Platz greifen soll. Die Zulassung einer vorherigen befristeten Kündigung würde daher einer Vertragsweigerung gleichkommen, ohne daß die Voraussetzungen des von der Kündigung scharf zu unterscheidenden Rücktrittsrechts (RGZ. Bd. 83 S. 400, Bd. 90 S. 330) vorzuliegen brauchten.

Vergeblich weist die Revision auf die Lösungsmöglichkeit im Wege der fristlosen Kündigung (§ 626 BGB.) hin. Die befristete Kündigung und die Auflösung des Vertrages aus wichtigem Grunde lassen sich nicht miteinander vergleichen und auf die gleiche Stufe stellen. Letztere wird vom Gesetzgeber gewährt, weil es im allgemeinen Treu und Glauben widerspricht, eine Vertragspartei an einem Dienstverhältnis festzuhalten, wenn aus einem wichtigen Grunde ihr die Einhaltung desselben nicht zuzumuten ist. Es fällt deshalb, falls der wichtige Grund vor Antritt der Dienste eintritt und zur Erklärung der fristlosen Kündigung führt, in Wahrheit auch der Beginn der Vertragserfüllung mit der Lösung des nunmehr nicht zuzumutenden Dienstverhältnisses zusammen.

Endlich kann auch daraus, daß in § 628 BGB. von einer Kündigung „nach dem Beginne der Dienstleistung" die Rede ist, ein Schluß auf den Willen des Gesetzgebers, die ordentliche Kündigung bereits vorher zuzulassen, nicht gezogen werden. Denn die scharfe begriffliche Trennung zwischen Rücktritt und Kündigung war in den Entwürfen des BGB. noch nicht enthalten. Außerdem sollte § 628 Abs. 1 Satz 1 BGB. nach den Kommissionsprotokollen eine für den Fall des „Widerrufs" eines entgeltlichen Auftrags im Entwurf I ursprünglich vorgesehene Bestimmung (§ 596 Abs. 2 Entw. I) auf den Dienstvertrag im Falle einer gemäß §§ 626, 627 BGB. erfolgenden Kündigung übertragen. Ein Widerruf bei einem Dienstverhältnis konnte aber erst nach seinem Beginne als Kündigung in Frage kommen.

Der Dienstvertrag des Klägers konnte somit gemäß § 622 BGB. erst für das Ende des ersten Vierteljahres 1933 gekündigt werden. Dem Kläger stehen daher für diesen Zeitraum die vereinbarten Vergütungen zu.

Die Revision ist somit zurückzuweisen.

RAG. 13, 137.+

Bedarf es der gerichtlichen oder notariellen Beurkundung, wenn ein Arbeitgeber der Witwe seines Arbeitnehmers die Zahlung einer Witwenpension verspricht?

BGB. § 518.

Reichsarbeitsgericht. Urt. v. 11. November 1933.

I. Arbeitsgericht Mülheim (Ruhr). — II. Landesarbeitsgericht Duisburg-Hamborn.

. . .

Gründe:

. . .

Die Revision, welche Verletzung der §§ 157, 252 BGB. rügt, verkennt nicht, daß nach in Rechtslehre und Rechtsprechung einhellig vertretener Auffassung das einem Arbeitnehmer gegebene Ruhegehaltsversprechen einer besonderen Form nicht bedürfe, weil das Ruhegeld regelmäßig als Gegenleistung für geleistete Dienste gezahlt werde; sie macht aber geltend, daß der vorliegende Fall einer anderen rechtlichen Beurteilung bedürfe, weil das Ruhegehaltsversprechen hier nicht dem Arbeitnehmer, sondern erst nach seinem Tode der Witwe gegeben sei, die selbst zu dem Versprechensgeber niemals in einem Dienstverhältnis gestanden habe. In einem solchen Falle bedeute das versprochene Ruhegeld kein Entgelt für eine irgendwie vorhandene Leistung, es handle sich vielmehr um eine unentgeltliche Zuwendung, das Ruhegeldversprechen sei daher rechtlich als Schenkungsversprechen aufzufassen. Die Revisionsrüge ist nicht begründet. Der § 516 BGB. erfordert, wie in RGZ. Bd. 125 S. 383 dargelegt ist, zum Begriff der Schenkung außer einer Zuwendung, durch die jemand aus seinem Vermögen einen anderen bereichert, die Einigung beider Teile darüber, daß die Zuwendung unentgeltlich erfolge. Unentgeltlich ist eine Zuwendung, der nach dem Inhalte des Rechtsgeschäfts keine Gegenleistung gegenübersteht. Im vorliegenden Falle stand nun allerdings der Zuwendung des Ruhegeldes an die Klägerin keine Gegenleistung der Versprechensempfängerin selbst gegenüber. Nach der vom Landesarbeitsgericht dem Schreiben der Gewerkschaft Deutscher Kaiser vom 12. Juli 1909 gegebenen Auslegung hat diese aber die Pension noch als Gegenleistung für die von ihrem verstorbenen Ehemann der Gewerkschaft geleisteten Dienste versprochen. Diese Auslegung der Willenserklärung ist rechtlich nicht zu beanstanden und für das Revisionsgericht bindend. Hat aber die Gewerkschaft mit der Gewährung der Pension noch ein Entgelt für die von dem verstorbenen Ehemann der Klägerin geleisteten Dienste leisten wollen, so fehlt es damit an dem für die Annahme einer Schenkung notwendigen Erfordernis der Unentgeltlichkeit. Freilich kann die Absicht der Entgeltlichkeit allein nicht ausreichen, es muß auch objektiv eine Leistung, der die Zuwendung als Gegenleistung gegenübersteht, vorhanden sein. In dieser Beziehung kann aber der Fall, daß die Zuwendung der hinterlassenen Witwe als Gegenleistung für die von ihrem verstorbenen Ehemanne geleisteten Dienste gewährt wird, rechtlich nicht anders beurteilt werden, wie wenn dem Ehemann noch zu seinen Lebzeiten ein eine Witwenpension einschließendes Ruhegeldversprechen gegeben worden wäre, aus dem seiner Ehefrau nach seinem Tode ein eigener Anspruch auf Zahlung des Witwengeldes erwachsen ist. Die Auffassung von dem Wesen der Ehe als der innigen Lebensgemeinschaft der Ehegatten bedingt es, daß die von dem verstorbenen Ehemann geleisteten Dienste tatsächlich und rechtlich als diejenigen Leistungen angesehen werden, für die das von dem Arbeitgeber der Witwe versprochene Witwengeld das Entgelt darstellt, sofern, wie dies von dem Landesarbeitsgericht im vorliegenden Falle ausdrücklich festgestellt worden ist, der Versprechensgeber selbst die Zuwendung noch als eine Abgeltung der von dem verstorbenen Ehemann geleisteten Dienste angesehen hat. Der enge innere Zusammenhang, der die beiden Leistungen als im Verhältnis von Leistung und Gegenleistung zueinanderstehend erscheinen läßt, ist auch in einem solchen Falle gegeben.

Das Landesarbeitsgericht hat hiernach ohne Rechtsirrtum angenommen, daß das in dem Schreiben vom 12. Juli 1909 abgegebene Pensionsversprechen auch ohne die Form des § 518 BGB. für die Beklagte bindend ist. . . .

RAG. 13, 143.+

Wirkt der Kündigungsschutz des Schwerbeschädigtengesetzes auch gegenüber dem Konkursverwalter?

SchwerbG. § 13, KO. § 22.

Reichsarbeitsgericht. Urt. v. 15. November 1933.

I. Arbeitsgericht Fürth i. B. — II. Landesarbeitsgericht Nürnberg.

Der Kläger ist als Schwerbeschädigter im Sinne des SchwerbG. im Jahre 1919 der Firma W. & Co. zugewiesen und von ihr als Pförtner beschäftigt worden. Über das Vermögen der Firma ist das Konkursverfahren eröffnet worden. Der Beklagte ist Verwalter im Konkurs. Er hat den Kläger am 2. Januar 1933 entlassen. Die Hauptfürsorgestelle hatte die vorsorglich erbetene Zustimmung am 20. Dezember 1932 verweigert. Der Schwerbeschädigtenausschuß hat die vom Beklagten erhobene Beschwerde am 10. Februar 1933, nach Erlaß des arbeitsgerichtlichen Urteils, zurückgewiesen. Durch dieses Urteil ist entsprechend dem Antrag des Klägers ausgesprochen worden, daß der Beklagte verpflichtet sei, den Kläger weiter zu beschäftigen und ihm wöchentlich 39,26 RM — seinen letzten Wochenlohn — vom 2. Januar 1933 ab bis zur ordnungsmäßigen Beendigung des Arbeitsverhältnisses zu bezahlen. Das Landesarbeitsgericht hat die Berufung des Beklagten zurückgewiesen. Auch seine Revision hatte keinen Erfolg.

Gründe:

...

Nach § 6 Abs. 2 kann die Hauptfürsorgestelle einzelne private Unternehmer von den Verpflichtungen, die nach der allgemeinen Regelung ihnen obliegen würden, befreien, wenn es nach der besonderen Lage des Falles erforderlich ist. Eine solche Befreiung wird u. a. dann angezeigt sein, wenn ein Betrieb wirtschaftlich besonders leistungsschwach ist. Auch völlige Leistungsunfähigkeit enbindet also nicht von der Anrufung der Hauptfürsorgestelle. Was für die Pflicht zur Einstellung Schwerbeschädigter gilt, gilt auch für die Pflicht, die Eingestellten zu behalten, zu beschäftigen und zu bezahlen. Auch diese Pflicht besteht grundsätzlich ohne jede Rücksicht auf die Leistungsfähigkeit. Den erforderlichen Ausgleich zu schaffen, ist der Hauptfürsorgestelle vorbehalten, ohne deren Zustimmung keinesfalls wirksam gekündigt werden kann, es sei denn, daß ein wichtiger Grund zu fristloser Entlassung des Schwerbeschädigten vorliegt. Selbst dann, wenn ein privater Arbeitgeber seinen Betrieb für die Dauer vollständig einstellt oder wesentlich einschränkt — Maßnahmen, die zwar nicht immer, aber doch in der Regel ihren Grund in wirtschaftlicher Not haben, darf eine Kündigung Schwerbeschädigter grundsätzlich rechtswirksam nicht ohne die Zustimmung der Hauptfürsorgestelle ausgesprochen werden, wie § 16 des Gesetzes ergibt.

Für den Fall, daß der Arbeitgeber in Konkurs verfallen ist, kann nichts besonderes gelten. Zwar wird der Betrieb des Gemeinschuldners, wenn er auf Rechnung der Masse fortgeführt wird, nur selten Werte von irgendwie erheblicher Bedeutung schaffen. Aber ob und welchen Ertrag ein Betrieb abwirft, ist, wie gezeigt, für das Bestehen der gesetzlichen Einstellungs- und Beschäftigungspflicht grundsätzlich ohne Bedeutung. Auch für den Konkursverwalter besteht also nur die Möglichkeit, sich von dem gesetzlichen Einstellungszwang zu befreien, daß er nach § 6 Abs. 2 die Hauptfürsorgestelle anruft. Mit dieser Möglichkeit muß er sich ebenso wie jeder andere an sich einstellungspflichtige Arbeitgeber begnügen. Ebenso muß er es der Hauptfürsorgestelle oder dem Schwerbeschädigtenausschuß überlassen, ihn von der Pflicht der Durchhaltung eines Schwerbeschädigten zu entbinden, d. h. einer Kündigung zuzustimmen. Richtig ist weiter auch, daß im Konkursfall die wirtschaftliche Last der Schwerbeschädigtenbeschäftigung in ihrer tatsächlichen Auswirkung in aller Regel nicht den Gemeinschuldner, sondern seine Gläubiger trifft. Aber es läßt sich nicht sagen, daß die Gläubiger eines in Konkurs gefallenen Betriebsunternehmens grundsätzlich schonungsbedürftiger seien als der vielleicht kurz vor dem Zusammenbruch stehende Unternehmer selbst; vielmehr verteilt sich sogar die Last im Konkursfall in aller Regel auf breitere Schultern. Wenn der Beklagte darauf hinweist, daß zu den Konkursgläubigern, die zu Schaden kommen, falls die Teilungsmasse durch Lohnforderungen Schwerbeschädigter geschmälert wird, unter Umständen auch die übrigen Arbeitnehmer des Gemeinschuldners gehören, so sind doch diese Arbeitnehmer in aller Regel nur mit bevorrechtigten Lohnforderungen beteiligt, werden also nur ausnahmsweise dadurch ernsthaft gefährdet sein, daß eine stets verhältnismäßig geringe Zahl von Schwerbeschädigten, sei es auch noch für längere Zeit nach Konkurseröffnung, vorweg Befriedigung erhält. Auch die Vorstellung, daß nur ein lebendiger Betrieb, nicht der tote oder im Absterben begriffene Betrieb eines im Konkurs befindlichen Unternehmers dem Schwerbeschädigten die Betätigungsmöglichkeit bieten kann, die das Gesetz ihm verschaffen will, kann nicht zu einem anderen Ergebnis führen. Denn das Gesetz, wie es nun einmal die Pflicht zur Beschäftigung Schwerbeschädigter tatsächlich hat, läßt diese Pflicht nicht einmal mit der völligen Einstellung des Betriebes ohne weiteres erlöschen, sondern sieht auch für diesen Fall eine Entscheidung der Hauptfürsorgestelle vor, — wenn es ihr auch hier die Art der Entscheidung in § 16 bindend vorschreibt. Um so weniger besteht Anlaß, von der Anrufung der Hauptfürsorgestelle dann abzusehen, wenn wie hier der Betrieb nur eingeschränkt worden ist. Es kann dann mindestens grundsätzlich davon ausgegangen werden, daß auch für eine Anzahl Schwerbeschädigter noch Raum für wirtschaftliche Betätigung bleibt, und der Hauptfürsorgestelle kann überlassen werden, ihren Abbau zu regeln.

Mit Recht hat schon das Landesarbeitsgericht zur Stütze seiner Ansicht auch auf die Rechtsprechung des Reichsarbeitsgerichts zum Kündigungsschutzgesetz Bezug genommen. Das Reichsarbeitsgericht hat ständig daran festgehalten, daß auch der Konkursverwalter die in jenem Gesetz vorgeschriebenen Kündigungsfristen einzuhalten hat, obgleich damit unter Umständen eine Belastung der Masse zum Schaden der gewöhnlichen Konkursgläubiger in einem wirtschaftlich vielleicht nicht zu rechtfertigenden Umfang verbunden ist. (RAG. 66/29, Urt. v. 25. September 1929, RAG. Bd. 4 S. 187, 191; RAG. 577/31 Urt. v. 9. Juli 1932, Warn. 1932 Nr. 170 und Bensh. S. Bd. 15 S. 507 u. ö.) Dabei ist die Lage der Konkursgläubiger im Hinblick auf das Kündigungsschutzgesetz insofern noch ungünstiger als gegenüber dem SchwerbG., als das letztere dem Konkursverwalter immerhin noch die

Möglichkeit gewährt, die Zustimmung zu einer den wirtschaftlichen Belangen der Konkursgläubiger angepaßten Kündigung zu erlangen, während die Fristen des Kündigungsschutzgesetzes unter allen Umständen eingehalten werden müssen.

Schließlich kann auch aus § 13 Abs. 2 Satz 1 des SchwerbG. nichts gegen die angefochtene Entscheidung hergeleitet werden. Dort ist bestimmt, daß eine fristlose Kündigung aus wichtigem Grund auch ohne Zustimmung der Hauptfürsorgestelle wirksam ist. Die Frage, ob die Sondervorschrift des § 22 KO. unter allen Umständen die Möglichkeit ausschließt, aus der Tatsache der Konkurseröffnung einen Kündigungsgrund auch im Sinne des § 626 BGB. und der entsprechenden Vorschriften des HGB. und der RGewO. herzuleiten, ist schon in dem erwähnten Urteil des Reichsarbeitsgerichts vom 9. Juli 1932 RAG. 577/31, berührt worden. Wie dort braucht sie auch hier nicht entschieden zu werden. Denn wie dort sind auch hier besondere Umstände nicht ersichtlich, die den Zusammenbruch der Gemeinschuldnerin, also einen in der Person der Arbeitgeberin liegenden Tatumstand, ausnahmsweise zur Rechtfertigung einer fristlosen Entlassung des Klägers heranzuziehen erlauben würden.

RAG. 13, 157.+

Kann der Dienstberechtigte die vom Dienstverpflichteten verlangte Erstreckung des Zeugnisses auf die Führung im Dienste mit der Begründung verweigern, das Zeugnis müsse insoweit ungünstig lauten?

BGB. § 630.

Reichsarbeitsgericht. Urt. v. 25. November 1933.

I. Arbeitsgericht Hirschberg. — II. Landesarbeitsgericht Görlitz.

. . .

Gründe:

Für die Revisionsinstanz kommt nur der Anspruch des Klägers auf Ergänzung des ihm von der Beklagten am 30. Mai 1933 ausgestellten Zeugnisses dahin in Betracht, daß es ausdrücklich auch über die Führung des Klägers während seiner Tätigkeit bei der Beklagten Auskunft geben soll. Nach § 630 BGB. kann der Dienstverpflichtete bei der Beendigung des Dienstverhältnisses von dem anderen Teile ein schriftliches Zeugnis über das Dienstverhältnis und dessen Dauer fordern; das Zeugnis ist auf Verlangen auf die Leistungen und die Führung im Dienste zu erstrecken. Eine Bestimmung gleichen Inhalts ist in den §§ 73 HGB. und 113 RGewO. enthalten. Das von der Beklagten dem Kläger am

30. Mai 1933 ausgestellte Zeugnis enthält über die Führung des Klägers nichts. Die Beklagte ist dem aus den gesetzlichen Bestimmungen sich zunächst als berechtigt ergebenden Verlangen des Klägers auf Ergänzung des Zeugnisses hinsichtlich der Führung mit dem Einwande begegnet, das Zeugnis werde hinsichtlich der Führung ungünstig ausfallen müssen, der Kläger könne deshalb kein Interesse an der Ausstellung eines solchen haben, im übrigen werde eine ungünstige Kritik, die dem Arbeitnehmer nur nachteilig sein könne, durch ein stillschweigendes Übergehen der Frage der Führung im Zeugnis ersetzt. Demgegenüber ist das Landesarbeitsgericht davon ausgegangen, daß der Arbeitnehmer sich nicht mit einer stillschweigenden Übergehung der Führungsfrage im Zeugnis abzufinden brauche, daß er vielmehr eine ausdrückliche Erstreckung des Zeugnisses auf die dienstliche Führung verlangen könne und der Arbeitgeber dem nachzukommen habe.

Die Revision, welche demgegenüber Verletzung des § 630 BGB. rügt, ist nicht begründet. Grundsätzlich hat nach den gesetzlichen Bestimmungen der Arbeitgeber bei Beendigung des Dienstverhältnisses ein Zeugnis über das Dienstverhältnis, d. i. über Art und Inhalt der Beschäftigung, und über dessen Dauer auszustellen. Der Gesetzgeber hat damit den Inhalt des Zeugnisses, das der Arbeitgeber unter allen Umständen auszustellen hat, auf die objektiv festzustellenden Tatsachen beschränkt. Soweit sich ein Zeugnis auf Leistungen und Führung erstreckt, schließt es notwendig ein subjektives Urteil des Arbeitgebers in sich. Es kann infolgedessen leicht zu nachträglichen Streitigkeiten zwischen dem bisherigen Arbeitgeber und dem Arbeitnehmer führen; es kann namentlich dann, wenn es in diesen Punkten ungünstig lautet, für den Arbeitnehmer von Nachteil sein und sein weiteres Fortkommen erschweren. Deshalb hat der Arbeitgeber das Zeugnis auf Leistung und Führung nur dann zu erstrecken, wenn der Arbeitnehmer es verlangt. Dieser soll es selbst in der Hand haben, zu entscheiden, ob er ein Zeugnis, das sich über Leistungen und Führung erstreckt, ausgestellt haben und damit die Gefahr auf sich nehmen will, daß der Arbeitgeber nach gewissenhafter Prüfung sich gegebenenfalls über Führung und Leistungen ungünstig ausspricht. Verlangt er aber die Erstreckung des Zeugnisses auf diese Fragen, so ist der Arbeitgeber verpflichtet, diesem Verlangen zu entsprechen, auch wenn nach gewissenhafter Prüfung das Zeugnis insoweit ungünstig für den Arbeitnehmer ausfallen muß. Er kann nicht einwenden, daß der Arbeitnehmer an einem ihm nachteiligen Zeugnis kein Interesse haben könne. Denn die Beurteilung, welche Bedeutung und welchen Wert ein auf Leistungen und Führung erstrecktes Zeugnis für sein Fortkommen hat und ob es zweckmäßig für ihn ist, das Verlangen auf entsprechende Erstreckung des Zeugnisses zu stellen, steht, wie vom Landesarbeitsgericht zutreffend ausgeführt ist, allein dem Arbeitnehmer zu. Inwiefern diese vom Landesarbeitsgericht ohne Rechtsirrtum vertretene Auffassung von den Grundsätzen, welche die neue Rechtsprechung hinsichtlich der unbedingten, und zwar vom Standpunkt des Arbeitgebers subjektiven Wahrheit des Zeugnisses [RAG. 480/32 Urteil vom 22. Februar 1933 (RAG. Bd. 12 S. 275)] und der sich aus einer Verletzung der Wahrheitspflicht ergebenden Schadensersatzpflicht entwickelt hat, in einer der Beklagten günstigen Richtung beeinflußt werden könnte, ist nicht ersichtlich. Ebensowenig steht das Urteil des Reichsarbeitsgerichts — RAG. 80/32 — vom 9. Juli 1932 der vom Landesarbeitsgericht vertretenen Auffassung entgegen. Für die Schlüsse, die die Revision aus diesem Urteil, das den Schadensersatzanspruch eines Arbeitnehmers zum Gegenstand hat und, soweit es hier in Betracht kommt, die Ursächlichkeit des unvollständigen Zeugnisses für den geltend gemachten Schaden betrifft, ziehen will, gibt das Urteil keinen Anhalt. Endlich rechtfertigt der Vortrag der Beklagten auch die Anwendung des § 226 BGB. nicht.

Die Revision war hiernach zurückzuweisen.

RAG. 13, 233.+

Welche Rechtswirkung hat eine fortlaufende Reihe von Kündigungen, von denen jede einzelne die nach dem Kündigungsschutzgesetz geltende Frist wahrt, von denen aber die zweite und jede folgende schon vor dem Ende der von der vorhergegangenen in Lauf gesetzten Frist für den Fall ausgesprochen ist, daß die frühere Kündigung nicht zur Entlassung führen sollte?

Kündigungsschutzgesetz vom 9. Juli 1926 § 2. BGB. § 670.

Reichsarbeitsgericht. Urt. v. 20. Dezember 1933.

I. Arbeitsgericht Berlin. — II. Landesarbeitsgericht daselbst.

Die bei der Beklagten seit 1908 als kaufmännische Angestellte beschäftigte Klägerin ist am 30. Juni 1933 entlassen worden. Der Entlassung war eine fortlaufende Kette von Kündigungen vorausgegangen: Erstmalig hatte die Beklagte am 30. September 1931 „vorsorglich" zum 31. März 1932 gekündigt, dann am 31. März 1932 „vorsorglich" zum 30. September 1932. Danach wartete die Beklagte nicht das Ende der Kündigungsfrist ab, sondern schrieb schon am 27. Juni 1932:

Ohne unsere per 30. 9. 32 ausgesprochene Kündigung aufzuheben, kündigen wir Ihren Anstellungsvertrag vorsorglich auch per 31. 12. 32.

Gleichlautende Kündigungsschreiben folgten dann am 30. September 1932 zum 31. März 1933, am 31. Dezember zum 30. Juni 1933 und am 31. März 1933 zum 30. September 1933.

Die Klägerin meint, im Hinblick auf das Kündigungsschutzgesetz sei ihr Anstellungsverhältnis frühestens am 30. September 1933 beendet worden. Sie hat im Juli 1933 Klage erhoben auf Feststellung, daß die ihr ausgesprochene Kündigung erst zum 30. September wirksam werde, und auf Verurteilung der Beklagten zur Zahlung des Juligehaltes. Sie hatte in allen drei Rechtszügen Erfolg.

Gründe:

. . .

Dem Landesarbeitsgericht ist, allerdings nur im Ergebnis seiner Entscheidung, beizutreten.

Das von der Beklagten seit dem 27. Juni 1932 beobachtete Verfahren läuft in seinem Ergebnis darauf hinaus, daß sie mit der Klägerin eine fortlaufende Kette von Anstellungsverträgen auf die fest bestimmte Zeit von je drei Monaten abschloß. Das zeigt sich bei folgender Überlegung. Es ist nicht richtig, wie das Arbeitsgericht und mit ihm das Landesarbeitsgericht meint, daß die in den letzten Kündigungsschreiben der Beklagten immer wiederkehrende Klausel, die in dem vorhergehenden Schreiben ausgesprochene Kündigung solle nicht aufgehoben sein, die neue Kündigung an eine echte Bedingung geknüpft hätte, geschweige denn, daß diese Bedingung allein im Willen der Beklagten gelegen gewesen wäre. Die wirksam — namentlich unter Beachtung der geltenden Kündigungsfrist — erklärte Kündigung hat, wenn auf den ersten zulässigen Kündigungstermin gekündigt ist, rechtlich die Wirkung, das bisher auf unbestimmte Zeit laufende Arbeitsverhältnis in ein auf bestimmte Zeit abgeschlossenes zu verwandeln, so daß es mit dem Ablauf der Kündigungsfrist ohne weiteres zur Auflösung kommt. Um diese Wirkung wieder zu beseitigen und das Dienstverhältnis entweder wieder zu einem auf unbestimmte Zeit weiter laufenden zu machen oder an die Stelle des durch die Kündigung festgelegten Endtermins einen späteren Zeitpunkt zu setzen, dazu bedarf es einer neuen Vereinbarung, also der Willenseinigung beider Teile, wobei allerdings die nötigen Willenserklärungen selbstverständlich auch stillschweigend abgegeben werden können, vom Angestellten etwa dadurch, daß er auf die Mitteilung des Arbeitgebers, er könne in seiner Stelle bleiben, einfach seine Dienstleistung über den ursprünglichen Kündigungstag hinaus fortsetzt. Etwas anderes sollte auch nicht im Urteil RAG. 124/32 vom 21. Dezember 1932 (RAG. Bd. 12 S. 137, 151, Bensh. S. Bd. 17 S. 199, 210) zum Ausdruck gebracht sein. Wenn also z. B. am 27. Juni 1932, dem Tag des ersten die fragliche Klausel enthaltenden Kündigungsschreibens, die Beklagte die am 31. März 1932 zum 30. September 1932 ausgesprochene Kündigung hätte aufheben wollen, hätte sie das nicht einseitig ohne Zustimmung der Klägerin erreichen können. Hätte sie der Klägerin erklärt, die Kündigung zum 30. September 1932 solle aufgehoben sein und an die Stelle des bisherigen Endtermins, des 30. September 1932, solle der 31. Dezember 1932 treten, so wäre das rechtlich nur ein Angebot zu einer neuen Vereinbarung gewesen, das von der Klägerin nach freiem Belieben angenommen oder abgelehnt werden konnte. Erklärte sie umgekehrt, sie wolle die zum 30. September 1932 ausgesprochene Kündigung nicht aufheben, so war damit lediglich klargestellt, daß die Beklagte keinesfalls schon jetzt bereit sei und der Klägerin das Angebot mache, eine Verlängerung des Anstellungsverhältnisses über den 30. September 1932 hinaus zu vereinbaren. Und wenn sie daran eine Kündigung zum 31. Dezember 1932 knüpfte, so konnte das nur den Sinn haben, daß, falls in der Folgezeit eine solche Vereinbarung zustande kommen sollte, schon jetzt dieses neu vereinbarte Arbeitsverhältnis zum 31. Dezember 1932 gekündigt sein solle. Diese Kündigung bezog sich also nicht auf ein schon laufendes Dienstverhältnis, auch nicht auf ein bereits vereinbartes und nur noch nicht angetretenes, sondern auf ein erst für die Zukunft in mehr oder weniger unbestimmte Aussicht genommenes. Das aber steht mit der Rechtsnatur der Kündigung in Widerspruch. Es braucht hier nicht nochmals zu der Frage Stellung genommen zu werden, ob ein Dienstverhältnis schon vor seinem Antritt wirksam gekündigt werden kann, einer Frage, die im Urteil des Reichsarbeitsgerichts RAG. 114/33 vom 5. Juli 1933 (RAG. Bd. 13 S. 80, Bensh. S. Bd. 18 S. 257) unter Mißbilligung Huecks verneint worden ist. Eine Erklärung, ein möglicherweise demnächst abzuschließendes Dienstverhältnis solle schon jetzt gekündigt sein, kann jedenfalls als Kündigung keine Wirkung äußern. Sie kann nur bedeuten, der Erklärende sei schon jetzt entschlossen, das ins Auge gefaßte Dienstverhältnis nicht über den in der „Kündigung" angegebenen Zeitpunkt hinaus dauern zu lassen. Irgendwelche Rechtswirkung kann eine solche Erklärung nicht haben, solange der vorgesehene Abschluß des Dienstvertrages nicht zustande gekommen ist. Kommt es aber dann zu diesem Abschluß, so kann sich nur fragen, ob der „Kündigende" auch dann noch bei seinem in der „Kündigung" im voraus zum Ausdruck gebrachten Willen stehen geblieben ist. Ist das der Fall und genügend zum Ausdruck gebracht worden, so hat das zur Folge, daß das neu abgeschlossene Dienstverhältnis von vornherein nur auf eine festbestimmte Zeit gilt. Die vorsorgliche „Kündigung" hat also als solche auch in diesem Fall keine Wirkung, sie kann nur umgedeutet werden in die gegenwärtig abgegebene und einen Bestandteil der neuen Willenseinigung bildende Erklärung über den gewollten Inhalt des neuen Vertrags.

Daraus ergibt sich folgendes:

Am 30. September 1932 oder vorher muß die Beklagte der Klägerin das von dieser angenommene Angebot gemacht haben, das Anstellungsverhältnis über den 30. September 1932 hinaus, zu welchem Zeitpunkt es am 31. März 1932 gekündigt war, fortzusetzen. Es kann unterstellt werden, daß dabei die Beklagte ausdrücklich auf die am 27. Juni 1932 zum 31. Dezember 1932 erklärte „Kündigung" verwiesen hat. Diese Verweisung hatte dann die Bedeutung, daß das verlängerte Dienstverhältnis am 31. Dezember 1932 endigen, d. h. daß es lediglich bis zu diesem Tage verlängert werden solle. Dadurch, daß sich die Klägerin ausdrücklich oder stillschweigend mit dem zeitlich begrenzten Angebot einverstanden erklärte, kam ein neues Anstellungsverhältnis für die Zeit vom 1. Oktober bis 31. Dezember 1932 zustande. In gleicher Weise ist die Rechtslage zu beurteilen, die sich jeweils am oder gegen das Ende der folgenden Kalendervierteljahre bis zum Ende März 1933 durch die wiederholten Kündigungserklärungen und Verlängerungen des Anstellungsverhältnisses ergab. Die „Kettenkündigung" lief also nicht, wie das Landesarbeitsgericht meint, in Wahrheit auf eine Kündigung mit einer Frist von je nur 3 Monaten hinaus, wohl aber — wie schon das Arbeitsgericht angedeutet hat — auf eine fortlaufende Reihe von Abschlüssen neuer Dienstverträge auf je 3 Monate.

Ein solches Verfahren ist nach der Rechtsprechung des Reichsarbeitsgerichts (Bensh. S. Bd. 13 S. 42 mit Nachweisen) gegenüber den zwingenden Vorschriften des Kündigungsschutzgesetzes dann unwirksam, wenn es dazu bestimmt ist, diese Vorschriften zu umgehen. Ob eine solche Umgehungsabsicht im vorliegenden Falle bestand, ist von den Parteien und von den Vordergerichten nicht erörtert worden. Entscheidend dafür könnte etwa sein, ob die Beklagte aus sozialen Rücksichten immer wieder von einer Entlassung der Klägerin Abstand genommen hat, obwohl sie deren Dienste vielleicht hätte entbehren können, oder ob die Beklagte ihren Betrieb, solange er einigermaßen in dem bisherigen Umfang bestand, ohne die Mithilfe der seit langen Jahren eingearbeiteten Klägerin nicht oder nur schwer aufrechterhalten konnte. Die Frage kann aber auf sich beruhen. Denn die fortgesetzten Kündigungen mit sich überschneidenden Fristen in Verbindung mit den fortgesetzten Verlängerungen des Anstellungsverhältnisses hat, wie sich aus den vom Landesarbeitsgericht übernommenen und gebilligten Ausführungen des Arbeitsgerichts als Meinung des Landesarbeitsgerichts ergibt, schließlich bei der Klägerin eine erhebliche Unklarheit darüber hervorgerufen, worauf eigentlich der Wille der Beklagten gerichtet war. Seit dem 30. September 1931 war ihr fortgesetzt gekündigt worden, ohne daß die Kündigungen zur Entlassung geführt hatten. Es verblaßte deshalb mit der Zeit bei ihr das Bewußtsein von der Bedeutung der in jeder neuen Kündigung enthaltenen Klausel, daß die vorangegangene Kündigung nicht aufgehoben sein solle; beherrschend wurde allein die Vorstellung, daß das Dienstverhältnis an dem neu angegebenen Kündigungstermin zu Ende gehen solle. So konnte der im Kündigungsschreiben vom 31. März 1933 erklärte Vorbehalt bezüglich der Kündigung zum 30. Juni 1933 die von der Beklagten gewollte Wirkung nicht ausüben, weil die Klägerin allein den 30. September 1933 als nunmehr gültigen Kündigungstermin ins Auge faßte. An diesem Kündigungstermin allerdings muß sie sich dann festhalten lassen. Denn die Kündigung zum 30. September 1933 ist im Schreiben vom 31. März 1933 klar und deutlich ausgesprochen. Die Tatsache allein, daß die Klägerin auch nach dem Empfang dieses Schreibens noch auf abermalige Verlängerung ihres Anstellungsverhältnisses hoffte, kann der Kündigungserklärung ihre Rechtswirkung nicht nehmen; denn es mußte der Klägerin klar sein, daß das eben nur eine bloße Hoffnung war und sie keinerlei Rechtsanspruch auf Weiterbeschäftigung über den angegebenen, die gesetzliche Frist wahrenden Kündigungstermin hinaus hatte. Die bloße Möglichkeit, die neue Kündigung werde nicht zur wirklichen Entlassung führen, sondern es werde vorher noch zu einer Vereinbarung über Verlängerung des Arbeitsverhältnisses kommen, nimmt der Kündigung nicht die zu ihrer Wirksamkeit notwendige Bestimmtheit und Klarheit. Solange die Klägerin nicht von der Beklagten greifbare Erklärungen über eine Weiterbeschäftigung erhielt, mußte sie jedenfalls damit rechnen, daß es bei der ausgesprochenen Kündigung bleiben würde. Das Anstellungsverhältnis ist also mit dem 30. September 1933 erloschen.

RAG. 13, 240.

Gilt die Ausnahmevorschrift des § 17 SchwerbG. auch für solche vorübergehenden Beschäftigungen, deren voraussichtliche Dauer von vornherein über drei Monate hinausgeht?

SchwerbG. v. 12. Januar 1923. § 17.

Reichsarbeitsgericht. Urt. v. 10. Januar 1934.

I. Arbeitsgericht Pforzheim. — II. Landesarbeitsgericht Karlsruhe.

Der Kläger ist Schwerbeschädigter im gesetzlichen Sinne. Er wurde Ende April 1933 von der verklagten Stadt als Hilfsfeldhüter mit der Vereinbarung eingestellt, daß die Beschäftigung vom 1. Mai bis längstens 15. Oktober 1933 dauere und beiderseitig am Vormittag auf Schluß des Tages gekündigt werden könne. Um an seiner Stelle einen Wohlfahrtserwerbslosen unterzubringen, kündigte die Beklagte ihm schon am 27. zum 31. Mai 1933. Er hält die ohne Zustimmung der Hauptfürsorgestelle erfolgte Kündigung für unwirksam und hat auf Feststellung der Unwirksamkeit Klage erhoben.

Das Arbeitsgericht hat der Klage stattgegeben, das Landesarbeitsgericht die Berufung der Beklagten zurückgewiesen. Die Revision blieb ohne Erfolg.

Gründe:

(Nach Zurückweisung des Angriffs gegen die Zulässigkeit der Feststellungsklage wird fortgefahren:)

In der Sache selbst hängt die Entscheidung von der Anwendbarkeit des § 17 des SchwerbG. vom 12. Januar 1923 (RGBl. I S. 58) ab, die das Berufungsgericht verneint, die die Revision jedoch bejaht wissen will. Die Beklagte hatte, als sie den Kläger einstellte, ihre gesetzliche Pflicht zur Einstellung von Schwerbeschädigten nach Mindestzahl und Art bereits erfüllt. Für die Kündigung eines überzähligen Schwerbeschädigten ist nach § 17 die im § 13 bei Schwerbeschädigten allgemein vorgesehene Zustimmung der Hauptfürsorgestelle nicht erforderlich, wenn der Schwerbeschädigte „ausdrücklich nur zur vorübergehenden Aushilfe, für einen vorübergehenden Zweck oder versuchsweise angenommen wird, es sei denn, daß das Arbeitsverhältnis über drei Monate hinaus fortgesetzt wird".

Der Streit der Parteien geht nun darum, ob das Arbeitsverhältnis des Klägers zu den in dieser Ausnahmevorschrift bezeichneten gehört. Der Kläger war ausdrücklich bis längstens 15. Oktober 1933 angestellt worden. Bis zu diesem Zeitpunkt lief die vereinbarte Höchstdauer des

Arbeitsverhältnisses, während eine Mindestdauer, für die eine ordentliche Kündigung überhaupt auszuscheiden hätte, nicht vereinbart worden war. Das Arbeitsverhältnis sollte vielmehr jederzeit beiderseitig am Vormittag eines Tages zu dessen Schluß gekündigt werden können. Dabei blieb seine Dauer bis zu dem vorgesehenen äußersten Endtermin nicht völlig ins Ungewisse gestellt, sondern war als normale Dauer bis zum Ablauf dei Obsternte gedacht, die kurz vor dem 15. Oktober beendigt zu sein pflegt. Nach Feststellung des Berufungsgerichts, die für das Revisionsgericht maßgebend ist, waren die Parteien nämlich darüber einig, daß der Kläger bis zum Ablauf der Obsternte die Feldhut besorgen sollte. Daß der Kläger, obwohl seine Beschäftigung mithin von vornherein für eine längere Dauer beabsichtigt war, ausdrücklich nur zur vorübergehenden Aushilfe oder für einen vorübergehenden Zweck eingestellt worden ist, kann nicht zweifelhaft sein. Hält man sich mit der Revision streng an den Wortlaut des erwähnten § 17, so fällt das Arbeitsverhältnis also unter die Ausnahmevorschrift. Die Kündigung bedurfte dann der Zustimmung der Hauptfürsorgestelle nur, sobald es über 3 Monate hinaus fortgesetzt wurde. Die von der Beklagten schon im ersten Monat ausgesprochene Kündigung hätte ohne jene Zustimmung zur rechtswirksamen Auflösung des Arbeitsverhältnisses geführt, und es könnte nur noch zweifelhaft sein, ob es schon am 31. Mai 1933 oder erst mit Ablauf der im § 13 des Gesetzes vorgeschriebenen verlängerten Kündigungsfrist beendet wurde.

Die wörtliche Auslegung trifft aber nicht den Sinn des Gesetzes. Nach ihr würde jeder ausdrücklich nur für einen vorübergehenden Zweck angenommene überzählige Schwerbeschädigte in den ersten drei Monaten seines Arbeitsverhältnisses ohne Rücksicht auf dessen voraussichtliche Dauer des besonderen Kündigungsschutzes entbehren, der in der Notwendigkeit der Zustimmung der Hauptfürsorgestelle gelegen ist. Dieser Schutz würde selbst dem fehlen, der etwa für ein bestimmtes Bauvorhaben, das sich auf viele Monate oder gar auf Jahre erstreckt, angenommen worden ist. Vorübergehende Arbeitsverhältnisse von einer so langen voraussichtlichen Dauer beim Kündigungsschutz des Schwerbeschädigten anders zu behandeln als gewöhnliche Arbeitsverhältnisse von unbestimmter Dauer, besteht aber kein ersichtlicher Grund. Die Absicht des Gesetzgebers kann nur dahin gegangen sein, den besonderen Kündigungsschutz des § 13 lediglich bei gewissen kurzzeitigen und insoweit als vorübergehend gedachten Arbeitsverhältnissen im § 17 teilweise zu beseitigen, um den Arbeitgebern einen gewissen Anreiz zur freiwilligen Einstellung überzähliger Schwerbeschädigter in diesen Fällen zu geben. Nur kurzzeitige vorübergehende Arbeitsverhältnisse, wie sie vorzuliegen pflegen, wenn jemand nur zur Aushilfe oder für einen bestimmten vorübergehenden Zweck oder zur Probe beschäftigt wird, sollen bei überzähligen Schwerbeschädigten ohne Zustimmung der Hauptfürsorgestelle gekündigt werden können. Und auch sie sollen den besonderen Kündigungsschutz des § 13 des Gesetzes in vollem Umfang erlangen, sobald sie nachträglich über die ursprünglich vorgesehene nur kurze Dauer erstreckt und über drei Monate hinaus fortgesetzt werden. Daraus folgt, daß die Ausnahmevorschrift des § 17 Arbeitsverhältnisse, deren voraussichtliche Dauer von vornherein über drei Monate hinausgeht, überhaupt nicht treffen will. Dies hat das Reichsarbeitsgericht schon in seiner Entscheidung vom 7. März 1928 (RAG. Bd. 1 S. 326) hervorgehoben, auf die sich das angefochtene Urteil insoweit mit Recht beruft.

Das kündbare Arbeitsverhältnis der Parteien, das am 1. Mai 1933 begann, war bis zur Beendigung der Obsternte beabsichtigt, mithin von vornherein für eine längere als dreimonatige Dauer vorgesehen. Es wird also von der Ausnahmevorschrift des § 17 nicht erfaßt. Seine schon am 27. Mai 1933 ausgesprochene Kündigung hat wegen mangelnder Zustimmung der Hauptfürsorgestelle nicht wirksam werden können.

RAG. 13, 242.

Macht eine Überschreitung der sachlichen Zuständigkeitsgrenze zwischen Arbeitsgerichten und ordentlichen Gerichten das rechtskräftige Urteil nichtig?

ZPO. § 330. ArbGG. § 2.

Reichsarbeitsgericht. Urt. v. 17. Januar 1934.

I. Arbeitsgericht Berlin. — II. Landesarbeitsgericht daselbst.

Der seit 1902 bei der Beklagten zunächst als Fahrer, später als Tunnelwächter beschäftigte Kläger ist am 12. Dezember 1928 fristlos von ihr entlassen worden. Sein Antrag auf Gewährung von Ruhegeld wurde durch Beschluß der Ruhegeldeinrichtung der Beklagten vom 22. Mai 1929 abgelehnt, die zunächst gegen diese Ablehnung eingelegte Berufung an ein Schiedsgericht hat der Kläger wieder zurückgenommen. Er ist dann durch Gerichtsbeschluß vom 29. Januar 1931 wegen Geisteskrankheit entmündigt worden. Der bestellte Vormund erhob beim Landgericht I in Berlin gegen die Beklagte Klage auf Zahlung von Ruhegeld. Diese Klage wurde durch rechtskräftig gewordenes Versäumnisurteil vom 3. März 1932 abgewiesen. Nunmehr beantragt der Kläger im gegenwärtigen Verfahren unter der Behauptung, das von ihm ursprünglich eingeleitete, bis zum Schiedsgericht gediehene Verfahren sei infolge seiner Geisteskrankheit unwirksam gewesen, festzustellen, daß diese Unwirksamkeit vorliege und die Beklagte verpflichtet sei, in ein erneutes Verfahren einzutreten. Dem Antrag der Beklagten gemäß haben beide Vorinstanzen die Klage abgewiesen. Die Revision des Klägers ist aus folgenden G r ü n d e n zurückgewiesen worden:

Das Berufungsgericht weist die Berufung des Klägers gegen das klagabweisende Urteil des Arbeitsgerichts zurück, weil durch das landgerichtliche Urteil im Vorprozeß dem Kläger sein Ruhegeldanspruch an die Beklagte rechtskräftig aberkannt sei. Dem stehe auch nicht entgegen, wenn das Landgericht zu Unrecht seine sachliche Zuständigkeit angenommen habe.

Diese Erwägungen enthalten keinen Rechtsirrtum und werden von der Revision zu Unrecht angefochten. Diese macht geltend, daß die Beklagte im Vorprozesse sowohl den Einwand der sachlichen Unzuständigkeit des Landgerichts wie des Schiedsvertrages erhoben habe, danach aber das erlassene klagabweisende Versäumnisurteil nur als ein auf mangelnde Prozeßvoraussetzungen gestütztes angesehen werden könne, das, weil eine sachliche Entscheidung nicht enthaltend, der jetzigen Klage nicht entgegenstehe. Indessen sind diese Ausführungen rechtsirrtümlich. Allerdings hat die Beklagte im Vorprozeß gegenüber der Ruhegehaltsklage des Klägers die Unzulässigkeit des Rechtswegs wegen des in der Satzung ihrer Ruhegeldeinrichtung vorgesehenen Schiedsverfahrens und hilfsweise die Zuständigkeit des Arbeitsgerichts eingewendet, sie hat aber überdies auch den Anspruch des Klägers sowohl dem Grunde wie der Höhe nach bestritten. Nichts läßt an der Fassung des am 3. März 1932 in jener Sache gegen den Kläger erlassenen Versäumnisurteils erkennen, daß damit nur eine prozeßrechtliche Entscheidung habe getroffen werden sollen. Das frühere Verhandlungsvorbringen kam bei Erlaß des Versäumnisurteils nicht in Betracht, und der Zusammenhang der Urteilsformel und ihrer Begründung ergibt auch klar, daß der Ruhegeldanspruch des Klägers, wie er tatbeständlich im Urteil wiedergegeben ist, zur Abweisung gelangt ist. Mit Recht sagt das angefochtene Urteil, daß die Beklagte, indem sie ohne weitere Einschränkung gemäß § 330 ZPO. den Antrag auf Klagabweisung stellte, damit in zulässiger Weise auf die prozeßhindernde Einrede des Schiedsvertrages verzichtet hat. Es braucht hier nicht auf die Frage eingegangen zu werden, ob auch eine prozeßabweisende Entscheidung in

Form des Versäumnisurteils zu treffen gewesen wäre (RGZ. Bd. 24 S. 433), jedenfalls ergibt sich eine solche nicht aus der Fassung des Urteils, und es kann danach nur mit dem Vorderrichter und der übereinstimmenden Meinung von Wissenschaft und Rechtsprechung davon ausgegangen werden, daß die nach § 330 ZPO. ausgesprochene Klagabweisung, da aus dem Inhalt des Urteils nicht Gegenteiliges erhellt, eine der materiellen Rechtskraft fähige Entscheidung in der Sache selbst darstellt (Stein-Jonas ZPO. § 330 I, II 3, Förster-Kann ZPO. § 330 1e, Seuffert-Volksmann ZPO. § 330 2b, c, Rosenberg, Lehrbuch S. 350 RG. III vom 2. Februar 1909 i. S. 203/08). Eine Auslegung des Urteils aus dem sonstigen Akteninhalt wäre unzulässig, würde auch angesichts seines Wortlauts zu einer dem Kläger günstigen Entscheidung nicht führen.

Die Rechtswirkung dieser Entscheidung wird in vorliegender Sache auch nicht dadurch beeinträchtigt, daß der im Vorprozeß vom Kläger verfolgte Anspruch nicht beim Landgericht, sondern beim Arbeitsgericht geltend zu machen und die arbeitsgerichtliche Zuständigkeit nach § 2 Abs. 1 Nr. 2 ArbGG. eine ausschließliche war. Das zur Sache erlassene Versäumnisurteil ergibt, daß das Landgericht seine sachliche Zuständigkeit für gegeben erachtet hat, und das Berufungsgericht weist zutreffend darauf hin, daß nach der anerkannten Meinung der Rechtsprechung und Wissenschaft (RAG. Bd. 4 S. 57, außer den im angefochtenen Urteil Zitierten noch Stein-Jonas ZPO. vor § 578 I 1, 3, vor § 1 IV, Förster-Kann ZPO. I S. 18[5]) im Verhältnis zwischen Arbeitsgerichten und ordentlichen Gerichten eine Überschreitung der sachlichen Zuständigkeitsgrenze keine Nichtigkeit der getroffenen Entscheidung begründet, weil beide Arten der Gerichte als Behörden derselben, das ganze Gebiet der bürgerlich-rechtlichen Angelegenheiten umfassenden, staatlichen Gerichtsgewalt anzusehen sind.

Liegt aber nach alledem eine durch das Versäumnisurteil im Vorprozeß ergangene rechtskräftige und sonach formell unumstößliche und sachlich bindende Entscheidung über den Ruhegehaltsanspruch des Klägers vor, so besteht, da diese in verneinendem Sinne gefallen ist, zufolge der Rechtskraftwirkung kein Rechtsgrund für die mit der Feststellungsklage im gegenwärtigen Verfahren betriebene Rechtsstreitigkeit. Steht dem Kläger kein Ruhegeldanspruch an die Beklagte zu, so fehlt ihm das Interesse an der Feststellung der Unwirksamkeit des früheren Schiedsverfahrens und besteht auch kein Anspruch auf Einleitung eines neuen Schiedsverfahrens über den Ruhegeldanspruch gegenüber der Beklagten. Von einem arglistigen Verhalten der Beklagten kann keine

Rede sein, der Tatbestand der Rechtskraft entzieht sich der Disposition der Parteien.

RAG. 13, 256.+

Kann sich eine Tarifvertragsklausel, wonach Bezahlung geleisteter Überstunden bei Verlust des Klagrechts bei der nächsten Gehaltszahlung zu fordern ist, auch auf Ansprüche aus Leistung verbotener Mehrarbeit beziehen?

BGB. § 134. ArbeitszeitVo. v. 21. Dezember 1923 § 6 a.

Reichsarbeitsgericht. Urt. v. 14. Februar 1934.

I. Arbeitsgericht Greifswald. — II. Landesarbeitsgericht Stettin.

. . .

Zunächst besteht gegen die Anwendung der Ausschlußklausel keinerlei Bedenken in bezug auf diejenigen Überstunden, die der Kläger etwa auf Grund des § 3 der Arbeitszeitverordnungen oder sonst erlaubterweise verlangen konnte. Aber auch auf die Ansprüche des Klägers aus darüber hinausgehender, also an sich verbotener Mehrarbeit muß die Klausel angewendet werden. Es ist zwar wie erwähnt richtig, daß eine rechtswirksame Verpflichtung zur Leistung unerlaubter Mehrarbeit nicht eingegangen werden kann. Auch droht § 11 der Verordnung öffentliche Strafe für Zuwiderhandlungen gegen die Vorschriften der Arbeitszeitverordnungen an. Wenn aber gleichwohl der Arbeitnehmer anerkanntermaßen auch aus Leistung unerlaubter Mehrarbeit einen rechtswirksamen Anspruch gegen den Arbeitgeber auf Vergütung erwirbt, so ist nicht einzusehen, warum nicht eine Vereinbarung soll im voraus getroffen werden können, durch die etwa erwachsende derartige Ansprüche geregelt, insbesondere in bestimmter Weise befristet werden. Besonders wenn man die Rechtsnatur jener Vergütung als eines Ausgleichs ungerechtfertigter Bereicherung ins Auge faßt, ist kein Bedenken dagegen zu erheben, daß der Vergütungsanspruch in der in Rede stehenden Weise im voraus geordnet wird. Aber auch wenn man die Vergütung als geschuldetes Entgelt für eine nun einmal tatsächlich erbrachte, wenn auch in ihrer Art gesetzlich mißbilligte Arbeitsleistung auffaßt, ist ein Bedenken nicht gerechtfertigt. Der Anspruch entspringt nicht, wie die Beklagte will, aus einer unerlaubten Handlung in dem Sinn, daß die Gesetzwidrigkeit seine Voraussetzung wäre, sondern er wird trotz dieser Gesetzwidrigkeit von der Rechtsordnung zugebilligt auf Grund der bloßen Tatsache der Leistung und Entgegennahme von Arbeit. . . .

RAG. 13, 290.+

Kann auch gegenüber der zwingenden Natur der Vorschriften des Angestellten-Kündigungsschutzgesetzes der Einwand der allgemeinen Arglist mit Erfolg geltend gemacht werden?

Kündigungsschutzgesetz für langjährige Angestellte v. 9. Juli 1926, BGB. § 242.

Reichsarbeitsgericht. Urt. v. 28. Februar 1934.

I. Arbeitsgericht Aschersleben. — II. Landesarbeitsgericht Halberstadt.

Der Kläger war bei der Beklagten seit dem 14. April 1921 als Buchbindermeister beschäftigt. Die Beklagte kündigte ihm im Jahre 1931 unter Beachtung der Vorschriften des Kündigungsschutzgesetzes für langjährige Angestellte vom 9. April 1926 zum 31. Dezember 1931. Gegen diese Kündigung erhob der Kläger auf Anraten des Angestelltenrates keinen Einspruch.

Am 24. Dezember 1931 schlossen die Parteien einen neuen Vertrag, nach dem der Kläger vom 1. Januar 1932 ab bis zum 31. März 1932 als Angestellter neu eingestellt wurde. Das Anstellungsverhältnis sollte sich um jeweils einen Monat verlängern, falls es nicht rechtzeitig gekündigt würde. Die Kündigungsfrist betrug für beide Teile einen Monat. Kündigung sollte nur zum Schlusse eines Monats zulässig sein.

Am 30. August 1932 kündigte die Beklagte dem Kläger das Dienstverhältnis zum 30. September 1932.

Der Kläger erkannte die Kündigung nicht an, weil sie der zwingenden Vorschrift des Kündigungsschutzgesetzes zuwiderlaufe, und stellte der Beklagten seine Dienste auch über den 30. September 1932 hinaus zur Verfügung. Er erhob, da diese eine Weiterbeschäftigung ablehnte, Klage auf Zahlung des Tarifgehaltes für die Monate Oktober und November 1932. Die Beklagte berief sich demgegenüber auf die Vereinbarung vom 24. Dezember 1931 und machte geltend, der Kläger sei lediglich auf seine wiederholten Bitten eingestellt worden, um ihn vor wirtschaftlicher Not zu schützen, er habe sich auch mit einer kürzeren Kündigungsfrist ausdrücklich einverstanden erklärt.

Das Arbeitsgericht wies die Klage ab. Die Berufung des Klägers wurde zurückgewiesen. Seine Revision war ohne Erfolg.

Gründe:

. . .

Die Revision . . . ist nicht begründet.

Allerdings waren im Zeitpunkt der Kündigung des Vertragsverhältnisses am 30. August 1932 an sich die Voraussetzungen dafür gegeben, daß in Anwendung des § 2 des Gesetzes über die Fristen für die Kündigung von Angestellten vom 9. Juli 1926 die Kündigung des Klägers nur mit mindestens fünf Monaten auf den Schluß eines Kalendervierteljahres zulässig gewesen wäre. Denn, wenn auch infolge der im Juli 1931 ausgesprochenen Kündigung das ursprüngliche Vertragsverhältnis mit dem 31. Dezemer abgelaufen war, so hatte sich doch das neue, unter den Bedingungen der Vereinbarung vom 24. Dezember 1931 eingegangene Vertragsverhältnis unmittelbar daran angeschlossen; es war also in der Beschäftigung des Klägers bei der Beklagten tatsächlich eine Unterbrechung nicht eingetreten, und die Annahme des Landesarbeitsgerichts, im Zeitpunkt der Kündigung am 30. August 1932 sei mit Rücksicht auf den inneren Zusammenhang beider Beschäftigungsabschnitte eine Beschäftigungsdauer von mehr als 10 Jahren im Sinne des Gesetzes in Betracht gekommen, ist nicht zu beanstanden. Einer Anwendung der Bestimmung des Kündigungsschutzgesetzes würde auch nicht entgegenstehen, daß der Kläger bereits bei seinem ersten Tätigkeitsabschnitte den Schutz des Gesetzes genossen hatte, indem das neue Anstellungsverhältnis erst unmittelbar vor Ablauf der nach dem Gesetz einzuhaltenden Kündigungsfrist vereinbart worden war (RAG. Bd. 12 S. 287). Es sind endlich auch keine Rechtsbedenken dagegen zu erheben, daß das Landesarbeitsgericht die Bestimmungen der Vereinbarung vom 24. Dezember 1931 dahin ausgelegt hat, es habe sich nicht um einen befristeten, sondern um einen auf unbestimmte Zeit abgeschlossenen Arbeitsvertrag gehandelt, bei dem die Festsetzung einer bestimmten Dauer nur die Bedeutung gehabt habe, daß eine Kündigung zu einem früheren Zeitpunkt als dem 31. März 1932 habe ausgeschlossen sein sollen (vgl. hierzu RAG. Bd. 4 S. 354 [357]).

Wenn das Landesarbeitsgericht gleichwohl dem Kläger den Schutz des Kündigungsschutzgesetzes aus Anlaß der am 30. August 1932 erfolgten Kündigung nicht hat zuteil werden, vielmehr die in der Vereinbarung vom 24. Dezember 1931 vorgesehene Kündigungsfrist hat maßgebend sein lassen, so kann dem mit Rücksicht auf die besonderen Umstände des Falles nicht entgegengetreten werden. Die Bestimmungen des Kündigungsschutzgesetzes sind, wie in ständiger Rechtsprechung erkannt ist, zwingender Natur. Insbesondere hat das Reichsarbeitsgericht dies noch in dem Urteile — RAG. 483/32 vom 22. Februar 1933 (RAG. Bd. 12 S. 284 flg.), auf das die Revision Bezug nimmt, wiederholt zum Ausdruck gebracht, indem es dort ausgeführt hat, es könne nicht Sache des Richters sein, den sozialpolitischen Zweck des Gesetzes, den älteren Angestellten, der schon längere Zeit im Dienste eines Arbeitgebers sich befinde, vor einer kurzfristigen Kündigung zu schützen, dahin umzudeuten, daß dieser Schutz dann entfalle, wenn das Verbleiben oder die Wiedereinstellung des gekündigten Angestellten in seinem Interesse erfolge, auch wenn diese Weiterbeschäftigung von vornherein nur für eine verhältnismäßig kurze Zeit beiderseits ins Auge gefaßt worden sei. Lediglich dann, wenn entweder eine neue befristete Beschäftigung vereinbart werde, ohne daß gleichzeitig eine Umgehung der Vorschriften des Kündigungsschutzgesetzes darin zu erblicken wäre, oder wenn in einer kurzen Weiterbeschäftigung überhaupt nicht der Abschluß eines neuen Dienstvertrages gefunden werden könnte, fänden die Kündigungsfristen des Kündigungsschutzgesetzes keine Anwendung. In allen anderen Fällen müsse jedoch dem Angestellten, auch wenn seine Weiterbeschäftigung auf seinen Bitten und zu seinem Vorteil erfolge, die Wohltat des Gesetzes zuteil werden. Jede entgegenstehende Abrede sei wegen Verstoßes gegen die zwingenden Vorschriften des Kündigungsschutzgesetzes nichtig. — An der in diesen Ausführungen zum Ausdruck gebrachten Rechtsauffassung ist grundsätzlich festzuhalten. Nach den vom Landesarbeitsgericht getroffenen tatsächlichen Feststellungen bedarf aber der vorliegende Fall einer ganz besonderen Beurteilung. Nach diesen Feststellungen hatte die Beklagte keinerlei Interesse an der Weiterbeschäftigung des Klägers, auch ihre Geschäftslage erforderte eine Weiterbeschäftigung nicht; sie war entschlossen, auf seine Mitarbeit zu verzichten. Die Vereinbarung vom 24. Dezember 1931 ist nur auf eigenen Wunsch und inständiges Bitten des Klägers getroffen worden, nachdem er sich u. a. am 7. Dezember 1931 in einem Brief an den Inhaber der Beklagten gewandt und unter Hinweis auf seine wenig günstigen persönlichen und wirtschaftlichen Verhältnisse um Wiedereinstellung gebeten und nachdem er auch weiterhin die Beklagte mit Bitten überhäuft und, nur um wieder eingestellt zu werden und noch eine Zeitlang Verdienst zu haben, sich mit einer kürzeren Kündigungsfrist einverstanden erklärt hatte. — In der Rechtsprechung ist der Einwand der allgemeinen Arglist in weitgehendem Maße zugelassen worden, wenn eine Partei mit ihrer Rechtsverfolgung oder Rechtsverteidigung eine Haltung einnimmt, die mit Rücksicht auf das von ihr früher betätigte Verhalten mit den guten Sitten oder mit Treu und Glauben nicht vereinbar ist. Selbst der Berufung auf den Mangel des gesetzlichen Formerfordernisses des § 313 BGB. hat die Rechtsprechung die Anerkennung für den Fall versagt, daß die Partei, welche sich auf den Formmangel beruft, in dem Vertragsgegner den Irrtum, daß die Form nicht erforderlich sei, selbst hervorgerufen hat (vgl. RGZ. Bd. 87 S. 283, Bd. 107 S. 262, 263, Bd. 108 S. 110, Bd. 115 S. 135, Bd. 121 S. 19, Bd. 133 S. 296). Die Erwägungen, die dieser Rechtsprechung zugrunde liegen, erheischen, zumal das Arbeitsvertragsrecht ganz besonders von den Grundsätzen von Treu und Glauben im Sinne des § 242 BGB. beherrscht wird, auch gegenüber einer Berufung auf die Bestimmungen des Kündigungsschutzgesetzes Berücksichtigung. Auch hier muß, trotz der zwingenden Natur dieser Bestimmungen, die Rücksicht auf Treu und Glauben im Verkehr dazu führen, einem Angestellten, der den Schutz des Gesetzes für sich in Anspruch nimmt, diesen Schutz ausnahmsweise dann zu versagen, wenn die Berufung auf ihn mit Rücksicht auf das bisherige Verhalten des Angestellten dem Arbeitgeber gegenüber einen groben Verstoß gegen Treu und Glauben bedeutet, insbesondere eine Verletzung der guten Sitten enthält oder als das allgemeine Anstandsgefühl gröblich verletzend zu bezeichnen ist. Setzt sich der Angestellte dadurch, daß er sich auf den formellen Kündigungsschutz des Gesetzes beruft, in der oben bezeichneten Weise mit seinem bisherigen Verhalten dem Arbeitgeber gegenüber in Widerspruch und läßt er damit alle Grundsätze des wohlanständigen Verhaltens, wie sie das Verhältnis der Arbeitsvertragsparteien zueinander beherrschen sollen, gröblich außer acht, so kann es auch nicht als im Sinn und Zweck des Kündigungsschutzgesetzes liegend angesehen werden, sollte er sich trotz dieses Verhaltens mit Erfolg auf den Schutz des Gesetzes berufen können. Ein Fall solcher Art ist aber nach den vom Landesarbeitsgericht getroffenen tatsächlichen Feststellungen hier gegeben. Eine beabsichtigte Umgehung der Bestimmungen des Kündigungsschutzgesetzes kommt nach diesen Feststellungen nicht in Frage. . . .

RAG. 13, 331.+

Wie ist die Rechtslage zu beurteilen, wenn ein auf eine längere Reihe von Jahren angenommener Gemeindeangestellter sich schließlich den infolge der Entwicklung der Gemeinde vermehrten Anforderungen seines Postens nicht mehr gewachsen zeigt?

BGB. § 626.

Reichsarbeitsgericht. Urt. v. 24. Januar 1934.

I. Arbeitsgericht Frankfurt a. O. — II. Landesarbeitsgericht daselbst.

. . .

Gründe:

Im Streit ist einzig, ob der Beklagten für die von ihr ausgesprochene fristlose Kündigung ein wichtiger Grund (§ 626 BGB.) zur Seite stand. Die Beweislast trifft die Beklagte. Sie führt als Kündigungsgrund an, der Kläger habe sich zur Leistung der vertragsmäßigen Dienste als Gemeindekassenrendant unfähig erwiesen. Das kann an sich ein wichtiger Grund im Sinne des § 626 BGB. sein; ob dann der kündigende Arbeitgeber im Einzelfalle eine so weitgehende Unzulänglichkeit in den Fähigkeiten und Leistungen des Arbeitnehmers dargetan hat, daß die Kündigung als gerechtfertigt erscheint, ist nach bekannter Rechtsprechung Sache des Tatrichters und vom Revisionsrichter nicht nachzuprüfen.

Das Berufungsurteil enthält indessen zu einem Punkte Ausführungen, deren Nachprüfung sich das Revisionsgericht — wie die Revision mit Recht geltend macht — nicht entziehen kann. Wie der Berufungsrichter auf Grund der Beweisergebnisse für dargetan erachtet, übrigens der Kläger auch nicht in Abrede zieht, hat der Kläger in der Tat die Bücher und die Kasse der Beklagten nicht ordnungsmäßig geführt. Dessen ungeachtet hat der Berufungsrichter das Vorliegen eines wichtigen Grundes verneint. Die beklagte Gemeinde habe, wie sie nicht bestreite, in der Zeit nach dem Diensteintritt des Klägers (Januar 1928) eine Entwicklung von einer Landgemeinde zur ausgesprochenen Industriegemeinde genommen und sich dabei mit Aufgaben befaßt, die früher nicht in Betracht gekommen seien, wie Siedlungsbauten, Schulhausneubau und dergl. Damit hätten sich die Aufgaben des Klägers wesentlich erhöht. Für die Frage der Fähigkeit oder Unfähigkeit des Klägers zur Leistung seiner Dienste komme es nun nicht auf die spätere Entwicklung der Verhältnisse an, sondern auf den Zeitpunkt der Übertragung der Dienste. Habe der Kläger — wie der Berufungsrichter zwar nicht ausdrücklich feststellt, aber ersichtlich anzunehmen geneigt ist — diejenigen Erwartungen erfüllt, von denen im Januar 1928 beide Teile ausgegangen seien, so könne die Beklagte nicht einen Kündigungsgrund daraus herleiten, daß der Kläger der neuerdings wesentlich gesteigerten Arbeitsaufgabe nicht mehr gewachsen sei.

In diesen Ausführungen findet die Revision eine Verletzung des § 626 BGB., nämlich eine Verkennung gerade des Wesens und Begriffs des „wichtigen Grundes". Sie verweist auf die Rechtsprechung u. a.

auch des Reichsarbeitsgerichts; nach ihr liege ein wichtiger Grund vor, wenn Umstände eingetreten seien, die nach verständigem Ermessen die Fortsetzung des Dienstverhältnisses als dem einen oder anderen Teil nicht mehr zumutbar erscheinen lassen; im Gegensatz hierzu wolle der Berufungsrichter die Tauglichkeit des Dienstverpflichteten zur Dienstleistung nach dem Zeitpunkt des Vertragsabschlusses beurteilt wissen. — Damit rügt die Revision eine Verkennung gerade des Rechtsbegriffs des wichtigen Grundes.

Der Revisionsangriff ist daher nachprüfbar; er ist aber auch begründet.

Die Kündigung, auch die fristlose Kündigung nach § 626 BGB., ist Rechtsgeschäft. Sie ist daher in Ansehung ihrer Rechtswirksamkeit, wie jedes Rechtsgeschäft, nach den Umständen zu beurteilen, die im Zeitpunkt ihrer Vornahme, genauer im Zeitpunkt des Zugehens der Kündigung an den Gekündigten, bestanden. Diese unmittelbar aus dem Wesen des Rechtsgeschäfts abzuleitende Folgerung hat die Rechtsprechung schon wiederholt nach verschiedenen Richtungen gezogen. Damit würde es im Widerspruch stehen, wenn der Berufungsrichter ausgesprochen hätte, die Tauglichkeit des Dienstverpflichteten zur Leistung der vertragsmäßigen Dienste sei, soweit der Arbeitgeber hierauf die fristlose Entlassung stützen will, nur nach dem Zeitpunkt des Vertragsschlusses zu beurteilen. Ein solcher Satz würde übrigens auch mit den Erfahrungen und Anschauungen des Lebens und des geschäftlichen Verkehrs nicht im Einklang stehen: wer sich vertragsmäßig zur Leistung bestimmter Dienste für einen längeren Zeitraum verpflichtet — hier war die Beklagte auf 10 Jahre an den Vertrag gebunden —, überkommt damit auch die Verpflichtung, in späteren Zeitabschnitten des Vertragsverhältnisses seine Aufgaben zu erfüllen, und er muß dabei auch auf spätere Verschiebungen und Veränderungen in der Bemessung seiner Dienstleistungen rechnen. So würde z. B. der Gemeindekassenrendant einer Landgemeinde eine Erschwerung seines Dienstes, die sich aus einem Schulhausneubau der Gemeinde ergibt, nach der Verkehrsanschauung mutmaßlich hinzunehmen haben. Die letzte Entscheidung darüber, welches Maß von Arbeit dem Dienstverpflichteten noch angesonnen werden kann, würde auf dem Wege der Auslegung des Dienstvertrages und des aus ihm zu entnehmenden Aufgabenbereichs abzuleiten sein. Das Ergebnis des Berufungsrichters würde sich nur dann allenfalls rechtfertigen lassen, wenn der Berufungsrichter in Auslegung des Dienstvertrages der Parteien hätte feststellen können, daß der Vertrag das Maß der vom Kläger übernommenen Dienste für alle

Zeiten nach dem Stand der Dinge im Januar 1928 bestimmen und begrenzen sollte.

Diese Rechtslage scheint der Berufungsrichter verkannt zu haben; jedenfalls läßt das angefochtene Urteil nicht erkennen, daß sich der Berufungsrichter einer Auslegung des Anstellungsvertrags daraufhin unterzogen hat, welchen Anforderungen der Kläger in Zukunft zu genügen hatte.

Das bisher Dargelegte nötigt zu der Aufhebung des angefochtenen Urteils und zur Zurückverweisung der Sache an das Berufungsgericht. Dieses Gericht wird nun — in voller Freiheit der Entscheidung — den Sachverhalt erneut zu würdigen haben. Dabei wird es folgendes zu berücksichtigen haben: hat die Entwicklung der beklagten Gemeinde es mit sich gebracht, daß die Dienstgeschäfte des Klägers einen namhaften, vom Kläger nicht mehr zu bewältigenden Umfang angenommen haben, so ist dies ein Sachverhalt, den die Beklagte im Verhältnis zum Kläger zu vertreten hat. Für die Beurteilung des „wichtigen Grundes" kann dieser Umstand insofern von Bedeutung werden, als der Beklagten die Fortsetzung des Dienstverhältnisses eher zuzumuten ist, wenn sie die Diensterschwerung zu vertreten hat. Wollte die Beklagte dem Kläger gegenüber billig verfahren, so müßte sie versuchen, den von ihr zu vertretenden Erschwerungen auf andere Weise Rechnung zu tragen; sie konnte versuchen, ihn zu entlasten, ihm Hilfskräfte beigeben oder auch, im Benehmen mit dem Kläger, ihm eine leistungsfähigere oder besser ausgebildete Persönlichkeit bei- oder überordnen; erst wenn der Kläger, soweit seine Zustimmung dazu nötig war (was ebenfalls wieder von der Auslegung des Dienstvertrags abhängt), sich dem versagte, konnte als äußerstes Mittel die fristlose Kündigung in Frage kommen. Die Prüfung des Falles unter dem Gesichtspunkt der Zumutbarkeit wird übrigens vielleicht auch eingehendere tatsächliche Feststellungen darüber nötig machen, in welchem Ausmaß eine Unzulänglichkeit des Klägers für den Rendantenposten überhaupt als erwiesen anzusehen ist und wie weit die Unzulänglichkeit auf das Anwachsen des Geschäftsumfanges zurückzuführen ist.

RAG. 13, 335.+

Über den Inhalt der nach § 170 Abs. 2 AVAVG. auszustellenden Bescheinigung.

Gesetz über Arbeitsvermittlung und Arbeitslosenversicherung vom 16. Juli 1927. § 170.

Reichsarbeitsgericht. Urt. v. 7. Februar 1934.

I. Arbeitsgericht Hirschberg. — II. Landesarbeitsgericht Görlitz.

. . .

Gründe:

Gegenstand des Rechtsstreits in der Revisionsinstanz ist lediglich der Anspruch des Klägers auf Erteilung

a) einer Arbeitsbescheinigung, in welcher der Kläger als Angestellter aufzuführen ist,

b) eines Entlassungsscheines.

. . .

Sachlich ist das Landesarbeitsgericht bei der Abweisung der Ansprüche des Klägers auf Erteilung einer Arbeitsbescheinigung und eines Entlassungsscheines von folgenden Erwägungen ausgegangen: Bei Arbeitsbescheinigung und Entlassungsschein könne es sich nur um ein und dasselbe handeln, nämlich um eine Bescheinigung nach § 170 Abs. 2 AVAVG. Den Beklagten zur Ausstellung einer solchen Bescheinigung schlechthin zu verurteilen, sei nicht angängig, da der Kläger nach seinem eigenen Vorbringen schon eine solche Bescheinigung erhalten habe. Wenn Kläger daran bemängele, daß die Dauer der Beschäftigung unrichtig angegeben sei, so hätte er auf entsprechende Berichtigung klagen müssen. Einen Anspruch darauf, daß er in der Bescheinigung als Angestellter bezeichnet werde, habe er nicht, und zwar sei der Anspruch weder im Gesetz begründet, noch auch sei er tatsächlich Angestellter gewesen.

Die Revision ist unbegründet. . . . Wie das Landesarbeitsgericht festgestellt hat, hat der Kläger eine solche nach § 170 AVAVG. auszustellende Bescheinigung nach seinem eigenen Vorbringen bereits erhalten. Die Ausstellung einer nochmaligen Bescheinigung könnte daher nur in Verbindung mit einer berechtigterweise beanspruchten Ergänzung oder Berichtigung in Frage kommen. Eine solche Ergänzung beansprucht der Kläger im vorliegenden Falle in der Richtung, daß er in der Bescheinigung als Angestellter bezeichnet werden will. Das Landesarbeitsgericht hat dieses Verlangen für unberechtigt angesehen, und zwar, weil es einerseits im § 170 AVAVG. keine Stütze finde, andererseits der Kläger überhaupt nicht Angestellter, vielmehr Arbeitsdienstwilliger im Sinne der Verordnung über den freiwilligen Arbeitsdienst vom 16. Juli 1932 (RGBl. I S. 352) gewesen sei. Es kann unerörtert bleiben, ob dieser letztere Gesichtspunkt, der von der Revision als rechtsirrig bekämpft wird, zutreffend ist, da das Verlangen des Klägers schon aus dem ersteren Gesichtspunkt mit Recht als unbegründet angesehen worden ist. Nach § 170 Abs. 2 AVAVG. sollen aus der auszustellenden Bescheinigung Art, Beginn, Ende und Lösungsgrund des Arbeitsverhältnisses sowie die Höhe des Arbeitsverdienstes und einer anläßlich des Ausscheidens aus der Beschäftigung etwa gewährten Abfindung oder Entschädigung hervorgehen. Daß in einer dieser Beziehungen die dem Kläger ausgestellte Bescheinigung unrichtig oder unvollständig sei, wird auch von der Revision nicht geltend gemacht. Wenn der Kläger verlangt, daß er in der Bescheinigung als Angestellter bezeichnet werde, so geht das über den Rahmen der nach § 170 Abs. 2 AVAVG. auszustellenden Bescheinigung hinaus. Unter Art der Beschäftigung — und dieser vom Gesetz geforderte Inhalt des Zeugnisses kann allein hier in Betracht kommen — ist die Bezeichnung der Tätigkeit, die der Arbeitnehmer ausgeübt hat, also eine Angabe tatsächlicher Natur zu verstehen, während die Angabe, ob jemand Angestellter gewesen ist, bereits ein Urteil enthält. Wie auch die Revision nicht verkennt, dient die nach § 170 AVAVG. auszustellende Bescheinigung im wesentlichen der Führung des Nachweises über die Voraussetzungen des Anspruchs auf Arbeitslosenversicherungsleistungen. Zutreffend weist aber das Landesarbeitsgericht darauf hin, daß die Bezeichnung als Angestellter für die Zwecke, denen die Bescheinigung nach § 170 Abs. 2 AVAVG. dienen soll, gar nicht wesentlich ist. Ist aber hiernach das Verlangen des Klägers, in der Bescheinigung als Angestellter bezeichnet zu werden, unbegründet, so kommt die nochmalige Ausstellung einer Bescheinigung nach § 170 Abs. 2 AVAVG. keinesfalls in Frage.

Die angefochtene Entscheidung ist daher frei von Rechtsirrtum.

RAG. 13, 344.+

Übernimmt der Arbeitgeber, der einem Angestellten bei dessen Entlassung gestattet, sich auf ihn bei Bewerbungen zu berufen, eine vertragliche Verpflichtung zur Auskunftserteilung?

Wann verstößt der Arbeitgeber, der eine erbetene Auskunft über seinen früheren Angestellten verweigert, damit gegen § 826 BGB.?

BGB. §§ 151, 826.

Reichsarbeitsgericht. Urt. v. 17. Februar 1934.

I. Arbeitsgericht Karlsruhe. — II. Landesarbeitsgericht daselbst.

Der Kläger war am 1. Januar 1929 als Angestellter in den Dienst der Beklagten getreten und mit besonderen Aufgaben betraut worden. Durch Schreiben vom 7. November 1929 teilte ihm die Beklagte mit, sie werde wahrscheinlich auf seine Weiterbeschäftigung verzichten müssen, sie wolle sich, wenn er es wünsche, bemühen, ihn bei einer anderen Firma unterzubringen, rate ihm jedoch, sich sofort selbst nach einer anderen Stellung umzusehen, und gestatte ihm, sie als Referenz aufzugeben. Durch Brief vom 11. November 1929 kündigte sie ihm dann zum 31. Dezember 1929 mit dem Bedauern, aus organisatorischen Gründen zu dieser Maßnahme gezwungen zu sein. Sie wiederholte dabei, daß er sie als Referenz aufgeben könne, und stellte ihm auf seinen Wunsch auch sofort ein vorläufiges Zeugnis aus. Der Kläger, der sich in der ihm angeblich gemachten Aussicht auf eine Dauerstellung getäuscht sah, legte gegen die Kündigung Einspruch beim Angestelltenrat ein, der ihn als begründet ansah. Eine Aussprache zwischen dem Kläger und dem Direktor M. der Beklagten endete in Unfrieden. Die beim Arbeitsgericht Ende November 1929 eingereichte Klage wurde Ende Januar 1930 durch außergerichtlichen Vergleich beigelegt. Inzwischen hatte die Beklagte unter dem 31. Dezember 1929 dem Kläger ein günstiges endgültiges Zeugnis erteilt, das mit dem vorläufigen wörtlich übereinstimmte.

Seine Bemühungen um eine anderweite Stellung blieben in der Folgezeit ergebnislos. Im Herbst 1932 endlich will er als Ursache dafür das Verhalten der Beklagten in Erfahrung gebracht haben. Unstreitig ist in dieser Richtung folgendes: Der Kläger hatte sich im Jahre 1930 unter Berufung auf die Beklagte an den Kaufmann R. und an den Geschäftsführer M. der Firma S. mit der Bitte gewandt, ihm eine Stellung zu verschaffen. Darauf ließ R. durch eine Firma He., M. durch eine Firma Ha. eine Auskunft von der Beklagten erbitten. Diese erwiderte der Firma He.. am 8. Mai 1930:

> Wir haben mit Herrn K. bei seinem Ausscheiden eine Auseinandersetzung gehabt. Wir verweisen auf das ihm übergebene Zeugnis.

und der Firma Ha. am 14. Juni 1930:

> Wir bedauern über Herrn K. keine Auskunft geben zu können, da wir bei seinem Ausscheiden einen Rechtsstreit mit ihm durchführen mußten.

Auf dieses Schreiben hin soll M. von einer Einstellung des Klägers abgesehen und R., der wie Kläger behauptet, ihm gleichfalls eine Stellung habe verschaffen können, jede Bemühung für ihn unterlassen haben.

Der Kläger macht die Beklagte für seine Stellenlosigkeit verantwortlich und hat mit der Klage, auch für die Zukunft einen angeblichen Verdienstausfall von monatlich 600 RM für die Zeit seit dem

1. Juni 1930 ersetzt verlangt. Er stützt seinen Anspruch einmal auf Verletzung eines stillschweigend geschlossenen Vertrages, zum anderen auf unerlaubte Handlung, nämlich eine Verletzung der §§ 824 u. 826 BGB. durch die Antwortschreiben der Beklagten vom 8. Mai und 14. Juni 1930.

Die Beklagte ist dem entgegengetreten, stellt ferner noch in Abrede, daß ihre Antwortschreiben eine Anstellung des Klägers überhaupt vereitelt hätten, und sieht den ursächlichen Zusammenhang zwischen den Schreiben und einer etwaigen Schädigung des Klägers auf jeden Fall auch durch einen Vertrauensbruch als unterbrochen an, den die anfragenden Firmen durch Weitergabe der vertraulichen Antworten begangen hätten.

Das Arbeitsgericht hat die Klage abgewiesen. Die Berufung des Klägers ist erfolglos geblieben. Seine Revision hatte Erfolg aus folgenden

Gründen:

Den in erster Linie geltend gemachten Klagegrund einer Vertragsverletzung hat das Berufungsgericht nur unter dem Gesichtspunkt eines vertraglichen Auftragsverhältnisses erörtert, auf Grund dessen die Beklagte nach Ansicht des Klägers verpflichtet gewesen sein soll, auf Anfrage eine gute Auskunft über ihn zu erteilen. Es gibt zu, daß der Kläger ein vertragliches Angebot der Beklagten, ihn auf Anfrage empfehlen zu wollen, nach § 151 BGB. gemäß der Verkehrssitte auch stillschweigend hat annehmen können. Es entnimmt aber daraus, daß die Beklagte in ihren Schreiben vom 7. November 1929 ihm gestattet hat, sie bei Stellungsgesuchen als Referenz aufzugeben, nicht deren Absicht, eine vertragliche Bindung zur Empfehlung des Klägers einzugehen. . . . Diese Beurteilung der in Betracht kommenden Vorgänge liegt im wesentlichen auf tatsächlichem Gebiet. Ein Rechtsverstoß ist darin nicht zu finden. Vielmehr entspricht es tatsächlich der Lebenserfahrung, daß derartige Versprechen, jemand auf Anfrage empfehlen zu wollen, regelmäßig nicht mit dem Willen einer vertraglichen Bindung abgegeben werden, sondern nur unverbindliche Zusagen reiner Gefälligkeitsdienste enthalten. Auch der von der Revision hervorgehobene Umstand, daß die Beklagte sich durch eine vertragliche Verpflichtung zur Empfehlung des Klägers mit keinerlei Kosten belastet haben würde, zwingt nicht zu einer gegenteiligen Auffassung. Ebensowenig ist die Annahme gerechtfertigt, daß der Kläger in den Schreiben der Beklagten deren Absicht, sich zu guten Auskünften über ihn vertraglich zu verpflichten, habe erblicken müssen. Alles, was die Revision über das Zustandekommen eines vertraglichen Auftragsverhältnisses anführt, muß an den tatsächlichen Feststellungen des Berufungsgerichts scheitern.

Eine andere vom Bergufungsgericht nicht untersuchte Frage ist es, ob die Beklagte nicht in Nachwirkung des Dienstvertrages der Parteien wenigstens dazu verpflichtet gewesen ist, dem Kläger bei der Erlangung einer neuen Stellung keinerlei Hindernisse zu bereiten, und ob sie nicht solcher dienstvertraglichen Verpflichtung zuwidergehandelt hat. Besondere Umstände, die einem Dienstverhältnis einen über das gewöhnliche Maß hinausgehenden Grad von Vertraulichkeit geben und gerade darin hervortreten können, daß der Dienstherr schon während der Dauer des Dienstverhältnisses sich zu empfehlenden Auskünften freiwillig bereit erklärt, können im Einzelfall sehr wohl geeignet sein, eine Nachwirkung des Dienstvertrages in der bezeichneten Richtung zu begründen. Dies hat das Reichsarbeitsgericht schon in seiner Entscheidung RAG. Bd. 2 S. 66 der amtlichen Sammlung angedeutet. Immerhin würde eine so weitgehende Wirkung des Dienstvertrages eine Ausnahme sein und regelmäßig entfallen oder aufhören, wenn die Führung des Dienstverpflichteten nicht einwandfrei bleiben oder sich seine Leistungen nachträglich als unzureichend herausstellen sollten. Diese Umstände sind im vorliegenden Falle auch für den weiteren Klagegrund der unerlaubten Handlung (§ 826 BGB.) von ausschlaggebender Bedeutung. Sie müssen bei ihm zu dem gleichen Ergebnis führen wie bei dem Klagegrund einer Vertragsverletzung, von dessen besonderer Erörterung daher abgesehen werden darf.

(Nachdem zunächst eine Verletzung des § 824 BGB. verneint worden ist, wird fortgefahren:)

Dagegen reicht die von der Revision angegriffene Begründung, mit der das Berufungsgericht auch eine Verletzung des § 826 BGB. verneint, hierzu nicht aus.

Darin geht das Berufungsgericht allerdings sogar zu weit, daß es an sich schon eine willkürliche Verweigerung der erbetenen Auskunft durch die zur Auskunftserteilung bereit gewesene Beklagte ohne vorherige Benachrichtigung des Klägers für einen Verstoß gegen die guten Sitten hält und die sittenwidrige Eigenschaft der ausgesprochenen Weigerung lediglich deshalb verneint, weil der Kläger der Beklagten nachträglich einen triftigen Weigerungsgrund gegeben und nach seinem Verhalten selbst nicht mehr darauf habe rechnen können, von ihr noch empfohlen zu werden. Hatte die Beklagte, wie das Berufungsgericht ohne Rechtsverstoß annimmt, eine vertragliche Verpflichtung zur Auskunftserteilung nicht übernommen, sondern sie nur als einen Gefälligkeitsdienst zugesagt, so mag eine willkürliche Unterlassung der angebotenen Gefälligkeit einem gesteigerten sittlichen Empfinden nicht entsprechen, sie verstößt aber noch nicht ohne weiteres gegen die Ehrbarkeit und Gewissenhaftigkeit jedes anständigen Durchschnittsmenschen. Die bloße Ablehnung der Auskunftserteilung hätte dem Kläger zwar die von ihm erhoffte Hilfe nicht gebracht, für sich allein ihm aber wohl kaum geschadet, zumal wenn sie, wie im Schreiben der Beklagten vom 8. Mai 1930, unter Hinweis auf das dem Kläger erteilte Zeugnis erfolgte. Der gleichen Auffassung scheint die Revision zu sein, die der Beklagten nur vorwirft, sich mit dem Hinweis auf das Zeugnis nicht begnügt, sondern die Verweigerung der Auskunft ohne Not damit begründet zu haben, daß sie beim Ausscheiden des Klägers mit ihm eine Auseinandersetzung gehabt und einen Rechtsstreit habe durchführen müssen.

An sich war die Beklagte berechtigt, für ihre immerhin etwas ungewöhnliche, weil im Geschäftsleben nicht übliche Auskunftsverweigerung den anfragenden Firmen einen Grund mitzuteilen. Sie hat, wie zuzugeben ist, die Auskunftsverweigerung auch nur mit Vorgängen begründet, die sich tatsächlich zugetragen hatten. Das muß grundsätzlich statthaft sein. Gleichwohl darf im vorliegenden Falle nicht übersehen werden, daß die mitgeteilten Vorgänge für die Beurteilung des Klägers, über den eine Auskunft erbeten war, nicht ohne Bedeutung sein konnten. Ihre ohne nähere Angaben erfolgte Erwähnung ergab zwar mit Sicherheit nur, daß die Parteien in Unfrieden auseinandergegangen waren, und enthielt nichts über die Schuld an der unfriedlichen Trennung. Der Revision ist jedoch darin beizupflichten, daß die Erwähnung den Verdacht nicht einwandfreier Führung des Klägers erwecken, wie eine Warnung vor ihm wirken und die von ihm erstrebte Anstellung aller Wahrscheinlichkeit nach verhindern mußte. Dies konnte der Beklagten nicht entgehen und ist ihr sicherlich nicht entgangen. Lagen die Dinge aber so, daß der Kläger in Wirklichkeit keine Schuld an dem unfriedlichen Auseinandergehen trug und die Beklagte ihm solche Schuld verständigerweise auch gar nicht beimessen konnte, dann verletzte die Art ihrer Begründung der Auskunftsverweigerung in der Tat das Empfinden aller billig und gerecht Denkenden und ist die Beklagte für die Folgen der Weigerung nach § 826 BGB. verantwortlich.

Hier versagen nun die tatsächlichen Feststellungen des Berufungsgerichts. Die Darstellungen der Parteien gehen auseinander. Nach Angabe der Beklagten soll der Kläger bei der Aussprache, die er nach Empfang der Kündigung mit dem Direktor der Beklagten gehabt hat, sich eines Erpressungsversuchs schuldig gemacht und soll er ferner durch die Art der Führung des dann angestrengten Vorprozesses der Parteien gröbliche Beleidigungen gegen die Beklagte begangen und sich somit als anmaßend und schwierig erwiesen haben. Der Kläger will dagegen den Zusammenstoß mit dem Direktor der Beklagten nicht verschuldet und im Vorprozeß der Parteien gegenüber unbegründeten Vorwürfen der Beklagten lediglich sein gutes Recht vertreten und nur Angriffe gegen seine Geschäftsführung in berechtigter Weise zurückgewiesen haben. In eine Erörterung dieser gegenseitigen Behauptungen ist das Berufungsgericht nicht eingetreten. Sie war um so notwendiger, als sich der Kläger immerhin auf die auffällige Tatsache berufen kann, daß ihm noch nach dem Zusammenstoß mit dem Direktor der Beklagten und nach Erhebung des durch einen Vergleich beendeten Vorprozesses das günstige Zeugnis vom 31. Dezember 1929 von der Beklagten ausgestellt worden ist. Das Zeugnis bezieht sich auch auf Führung und Leistungen des Klägers und muß zunächst als richtig gelten. Entgegen der Auffassung des Berufungsgerichts ist ferner nicht einzusehen, weshalb die Beklagte bei Ausstellung des Zeugnisses die Vorgänge zwischen der Kündigung und der Beendigung des Dienstverhältnisses der Parteien nicht hätte verwerten dürfen oder sogar müssen, wenn diese noch in die Dienstzeit des Klägers fallenden und sein dienstliches Verhalten betreffenden Vorgänge keine einwandfreie Führung mehr ergaben.

Dann freilich würde die Handlungsweise der Beklagten auch bei Schuldlosigkeit des Klägers an dem unfriedlichen Auseinandergehen der Parteien eine andere Beurteilung verdienen und keine sittenwidrige Handlung bilden, wenn die Beklagte, wie sie weiter behauptet, durch eine wahrheitsgemäße Auskunft über die Leistungen des Klägers, wozu sie stets berechtigt war, ihm noch mehr geschadet hätte. Auch hier spricht jedoch zunächst das dem Kläger ausgestellte endgültige Zeugnis für ihn. Weiter hat er sich auf Briefe bezogen, in denen der Direktor der Beklagten seine gute Geschäftsführung wiederholt anerkannt haben soll. Auch hierzu hat das Berufungsgericht bisher ebensowenig Stellung genommen wie zu der bestrittenen Behauptung der Beklagten, daß die Geschäftsführung des Klägers eine völlig unzulängliche und leichtsinnige gewesen sei und daß deshalb bei wahrheitsgemäßer Auskunftserteilung die dem Kläger angeblich durch die Art der Auskunftsverweigerung verloren gegangenen Anstellungen ohnehin gescheitert wären.

Jede weitere Aufklärung würde sich nur dann erübrigen, wenn, wie die Beklagte ferner entgegnet hat, die Nichtanstellung des Klägers überhaupt nicht in den Antwortschreiben der Beklagten ihre Ursache gehabt haben sollte. Das Ergebnis der hierüber bereits erfolgten Beweisaufnahme ist vom Berufungsgericht noch nicht gewürdigt worden.

Nicht entlasten kann sich aber die Beklagte durch die Behauptung, daß die anfragenden Firmen, die selbst den Kläger nicht einstellen wollten, die ihnen vertraulich erteilten Antworten mittels eines Vertrauensbruchs an ihre anstellungsbereiten Auftraggeber weitergegeben haben. Ob solcher Vertrauensbruch stattgefunden hat, braucht nicht untersucht zu werden. Die Beklagte wußte, daß ihre Antworten, für die Entschließung über eine etwaige Anstellung des Klägers benutzt werden sollten. Bei dieser Sachlage ist der adäquate ursächliche Zusammenhang zwischen den Antworten der Beklagten und der Nichterlangung der vom Kläger erhofften Anstellung durch den behaupteten Vertrauensbruch nicht verloren gegangen.

Nach alledem muß die Revision zur Aufhebung des angefochtenen Urteils und zur Zurückverweisung der Sache an das Berufungsgericht führen.

RAG. 14, 70.+

Kann unter Umständen in dem widerspruchslosen Verhalten eines Arbeitnehmers gegenüber einer unzulässigen Kündigung ein stillschweigendes Einverständnis mit der Beendigung des Vertragsverhältnisses erblickt werden?

BGB. §§ 157, 242.

Reichsarbeitsgericht. Urt. v. 9. Mai 1934.

I. Arbeitsgericht Chemnitz. — II. Landesarbeitsgericht daselbst.

Der beklagte Gewerbe- und Webschulverein, welcher eine Gewebe- und Fachschule für Textilindustrie in M. unterhält, hatte dem Kläger Cr., der die Prüfung als Gewerbelehrer im Holzgewerbe abgelegt hat, durch privatrechtlichen Anstellungs- und Dienstvertrag vom 28. Oktober 1930 mit Wirkung vom 1. September 1930 ab eine hauptamtliche ständige Lehrstelle an dieser Schule übertragen. Die Zahl der Pflichtstunden betrug nach § 4 des Vertrages 28. Nach § 6 waren für seine Dienstbezüge die Vorschriften des Sächs. Besoldungsgesetzes, die hierzu erlassenen oder künftig zu erlassenden Ausführungsbestimmungen und die Grundsätze des Wirtschaftsministeriums maßgebend. Nach § 8 hatte der Kläger das Recht, den Vertrag mit einvierteljähriger Kündigungsfrist für den Schluß eines Schulhalbjahres zu kündigen. Von seiten des Beklagten war die Kündigung nach § 8 Abs. 2 zulässig, wenn

„1. die Schülerzahl derartig sinkt, daß eine volle Weiterbeschäftigung des Herrn Cr. nicht mehr möglich ist,
2. die Schule aufgelöst wird,
3. Herr Cr. sich schwer gegen seine Dienstpflichten vergehen sollte."

Die Kündigung hatte nach Abs. 3 mit einvierteljähriger Frist für den Schluß eines Schulhalbjahres zu erfolgen, im Falle zu 3 war bei besonders schweren Vergehen die sofortige Entlassung zulässig. Nach § 9 des Vertrages endlich waren, sofern im Vertrage selbst nicht besondere Bestimmungen getroffen waren, für das Anstellungsverhältnis, insbesondere für das Dienststrafverfahren und die Dienstentlassung die jeweilig für Zivilstaatsdiener geltenden Bestimmungen sinngemäß anzuwenden.

Seine Besoldung erhielt der Kläger nach einem Besoldungsdienstalter vom 1. Juli 1927 in Besoldungsgruppe 8^{1c} des Sächs. Besoldungsgesetzes (B 2 der Grundsätze des Wirtschaftsministeriums vom 6. Februar 1928). Er erhielt die Bezüge dieser Besoldungsgruppe auch weiter ausgezahlt, nachdem er am 24. Juli 1931 die Prüfung für das Lehramt für Berufsschulen abgelegt hatte.

Im Dezember 1931 kündigte der Beklagte dem Kläger zum 31. März 1932 unter Berufung auf § 8 Abs. 2 Nr. 1 des Vertrages mit der Begründung, daß eine starke Abnahme der Schüler für Ostern 1932 mit Rücksicht auf den Geburtenrückgang zu erwarten sei. Tatsächlich ging die Schülerzahl von 461 im Schuljahr 1931/32 auf 380 bis 390 im Schuljahr 1932/33 zurück.

Seit Ostern 1932 bekleidete der Kläger eine Lehrerstelle an der Volksschule in K.

Der Kläger machte geltend, die von dem Beklagten zum 31. März 1932 ausgesprochene Kündigung seines Anstellungsverhältnisses sei unzulässig gewesen, da die Voraussetzungen des § 8 Abs. 2 Nr. 1 des Anstellungsvertrages nicht vorgelegen hätten, vielmehr auch im Schuljahr 1932/33 seine volle Weiterbeschätfigung möglich gewesen sei. . . .

Das Arbeitsgericht wies die Klage ab. In der Berufungsinstanz stellte der Kläger statt des Zahlungsantrages den Antrag auf Verurteilung des Beklagten, ihn für die Zeit vom 1. August 1931 bis 31. März 1932 in die Besoldungsgruppe A A 2 der Verordnung des Sächsischen Wirtschaftsministeriums vom 13. Oktober 1931 einzureihen.

Das Landesarbeitsgericht verurteilte darauf den Beklagten, den Kläger vom 23. Januar 1933 an in sein Angestelltenverhältnis an der Gewerbe- und Fachschule für Textilindustrie in M. wieder einzustellen und für die Zeit vom 1. August 1931 bis zum 31. März 1932 in Gruppe A A 2 der Verordnung vom 13. Oktober 1931 einzustufen.

Die Revision des Beklagten führte zur Zurückverweisung der Sache in die Vorinstanz.

Gründe:

Das Landesarbeitsgericht hat auf Grund der Beweisaufnahme angenommen, daß, im Widerspruch mit der von dem Beklagten für die Kündigung des Dienstvertragsverhältnisses gegebenen Begründung, eine volle Beschäftigung des Klägers an der Gewerbe- und Fachschule in M. auch im Schuljahr 1932/33 möglich und infolgedessen die Voraussetzung für die Kündigung des Klägers nach § 8 Abs. 2 Nr. 1 des Vertrages nicht gegeben gewesen sei. Es ist deshalb davon ausgegangen, daß die zum 31. März 1932 ausgesprochene Kündigung das Vertragsverhältnis nicht beendigt, daß dieses vielmehr über den Zeitpunkt hinaus und auch im Zeitpunkt der Klageerhebung noch fortbestanden habe. Den Einwand des Beklagten, das Vertragsverhältnis müsse als mit dem Einverständnis des Klägers beendet angesehen werden, weil er mit dem 31. März 1932 seine Stellung widerspruchslos aufgegeben habe und erst durch die Klageerhebung mit der Geltendmachung seines Anspruchs auf Weiterbeschäftigung hervorgetreten sei, hat es weder aus dem rechtlichen Gesichtspunkt des Einverständnisses mit der Vertragsaufhebung, noch des Verzichts, noch aus dem Gesichtspunkte der Verwirkung des Anspruches als begründet angesehen. Es hat infolgedessen den vom Kläger geltend gemachten Wiedereinstellungsanspruch grundsätzlich als gerechtfertigt erachtet, eine Wiedereinstellungspflicht des Beklagten aber erst vom Tage der Klageerhebung ab mit Rücksicht darauf angenommen, daß der Kläger erst mit dieser Maßnahme dem Beklagten gegenüber seine weiteren Dienste in bestimmter Form angeboten und zur Verfügung gestellt habe.

Die Auffassung des Landesarbeitsgerichts wird von der Revision mit Recht als rechtsirrig und die Grundsätze von Treu und Glauben, wie sie sich aus den §§ 242 und 157 BGB. ergeben und insbesondere das Vertragsrecht beherrschen, verletzend bekämpft. Als der Beklagte Ende Dezember 1931 die Kündigung aussprach, war die Voraussetzung der Kündigung nach § 8 Abs. 2 Nr. 1 des Vertrages nicht gegeben; die Kündigung war vielmehr darauf abgestellt, daß die Voraussetzung mit dem Beginn des Schuljahres 1932/33 eintreten werde; sie war in der

Voraussicht des Eintritts dieser Voraussetzung zu diesem Zeitpunkte bestimmt und unbedingt ausgesprochen. Gegen die rechtliche Zulässigkeit einer solchen auf den Eintritt des Ereignisses erst im Zeitpunkt des Ablaufes der Kündigungsfrist abgestellten Kündigung sind rechtliche Bedenken nicht zu erheben (vgl. RGZ. Bd. 91 S. 307); ihr steht auch der Inhalt der fraglichen Vertragsbestimmung nicht entgegen. Nun haben freilich — die von dem Landesarbeitsgericht getroffene, von der Revision bekämpfte Feststellung, daß der Kläger auch im Schuljahr 1932/33 voll habe beschäftigt werden können, als rechtlich einwandfrei getroffen unterstellt — die Voraussetzungen einer Kündigung des Klägers nicht vorgelegen. Die Kündigungserklärung war daher nach den Bestimmungen des Vertrages an sich nicht geeignet, durch ihre einseitige Abgabe das Vertragsverhältnis zu beendigen. Indessen enthält jede Kündigung eines Vertragsverhältnisses den Ausdruck des Willens des Kündigenden, daß er zu dem bestimmten Zeitpunkt das Vertragsverhältnis aufgehoben wissen will und, weil er die Voraussetzungen zu der Kündigung als gegeben ansieht, das Vertragsverhältnis mit diesem Zeitpunkt als aufgehoben betrachtet. Auf der anderen Seite bedarf es allerdings gegenüber dieser Willenskundgebung des Kündigenden dann, wenn die Kündigung unzulässig ist, zwar grundsätzlich keines Widerspruches des Vertragsgegners, da eine gesetzlich oder vertragsmäßig unzulässige Kündigung als solche Rechtswirkungen nicht zu äußern vermag. Indessen verkennt auch das Berufungsgericht nicht, daß unter besonderen Umständen bei einer an sich nicht zulässigen Kündigung ein widerspruchsloses Verhalten des Gekündigten die Beendigung des Vertragsverhältnisses herbeiführen kann. Es meint jedoch, daß im vorliegenden Falle, abgesehen von dem widerspruchslosen Abgange des Klägers, sonstige Umstände, die sein Einverständnis mit der Auflösung des Dienstverhältnisses am 31. März 1932 hätten erkennen lassen, nicht hervorgetreten seien. Es hat weder darin, daß der Kläger eine Stellung bei der Volksschule in K. angetreten, noch darin, daß der Kläger erst im Januar 1933 mit seinen Ansprüchen durch Klageerhebung hervorgetreten ist, solche Umstände erblickt. In letzterer Beziehung hat es erwogen, daß schon im Juli oder August 1932 während der großen Schulferien Vertreter der NSDAP. im Auftrage des Klägers an den Beklagten mit der Bitte, dessen Fall nochmals zu überprüfen, herangetreten seien und daß sich das im Oktober und November 1932 wiederholt habe. — Diese Ausführungen des angefochtenen Urteils geben zu dem berechtigten Bedenken Anlaß, daß das Berufungsgericht nicht alle Umstände, welche für die Beurteilung des Verhaltens des

Klägers bei und nach seinem Weggange in der Richtung auf ein stillschweigendes Einverständnis mit der Beendigung des Dienstvertragsverhältnisses von Bedeutung sein können, auch tatsächlich berücksichtigt hat. Die Frage, ob aus dem Verhalten des Gekündigten unter Berücksichtigung der Grundsätze von Treu und Glauben auf ein stillschweigendes Einverständnis mit der Beendigung des Vertragsverhältnisses zu schließen ist, kann nur aus der Gesamtheit der Umstände heraus beurteilt und beantwortet werden; dabei können auch die besondere Art des in Betracht kommenden Dienstvertragsverhältnisses, die sich aus diesem Vertragsverhältnis ergebenden besonderen Beziehungen und die Persönlichkeit der Vertragsparteien von erheblicher Bedeutung sein. Im vorliegenden Falle war der Kläger seit dem 1. Dezember 1930 an der Schule des Beklagten tätig, ihm waren also die Unterrichtsverhältnisse, die Lehrkräfte und deren Lehrbefähigung bekannt; es war deshalb auch, wie anzunehmen sein wird, in der Lage, zu beurteilen, welche Auswirkung ein Rückgang der Schülerzahl auf die Unterrichtsverteilung unter die Lehrkräfte haben mußte, insbesondere in der Richtung, inwieweit er selbst in der Lage sein werde, etwa an Stelle des Aushilfslehrers R. den bisher von diesem vorgenommenen Unterricht zu übernehmen. Daß die Annahme des Beklagten, die Voraussetzungen der Kündigung des Klägers seien gegeben, zum mindesten nicht aus der Luft gegriffen war, zeigen die eingehenden Darlegungen des angefochtenen Urteils über die Art und Weise, wie der Kläger auch im neuen Schuljahre noch voll hätte beschäftigt werden können. Aus dem Vortrage des Beklagten war ferner zu entnehmen, daß dieser namentlich auch geltend machte, die Stelle in K. habe der Kläger durch seine, des Beklagten, Vermittlung erhalten, ohne auch diesen Bemühungen gegenüber zu erkennen zu geben, daß er das alte Vertragsverhältnis als noch fortbestehend betrachte. Alle diese Umstände wären bei der Beurteilung des Verhaltens des Klägers in Rücksicht zu ziehen gewesen und es wäre dann bei der besonderen Art der Vertragsbeziehungen — eine geordnete, nach bestimmtem Plan arbeitende Schule auf der einen, eine Persönlichkeit mit Berufsschullehrerbildung und der sich daraus ergebenden Fähigkeit, die Lage selbst zu beurteilen, auf der anderen Seite — zu prüfen gewesen, ob etwa Treu und Glauben erforderten, daß der Kläger, wollte er trotz seines Ausscheidens aus der Beschäftigung bei dem Beklagten das Vertragsverhältnis nicht als beendet ansehen, diesem zum mindesten zu erkennen gab, daß er sich eine Nachprüfung, ob die Voraussetzungen der Kündigung auch wirklich gegeben seien, vorbehielt, und ob nicht schon daraus, daß der Kläger nicht nur ohne jeden Vorbehalt aus der Stellung beim Beklagten ausschied, sondern, wie dieser geltend macht, auch dessen Bemühungen um eine anderweite Stellung in Anspruch nahm, der Beklagte berechtigterweise entnehmen durfte, daß der Kläger auch seinerseits das Vertragsverhältnis als beendigt ansehe. Das angefochtene Urteil läßt, indem es angenommen hat, das Verhältnis des Klägers lasse ein Einverständnis mit der Beendigung des Vertragsverhältnisses nicht erkennen, eine ausreichende Würdigung dieser gesamten Umstände vermissen und erscheint daher von Rechtsirrtum nicht unbeeinflußt. Es beruht auf diesem Mangel insoweit, als es das Anstellungsverhältnis als fortbestehend und die Verpflichtung des Beklagten zur Wiedereinstellung anerkannt hat.

Soweit bei einer erneuten Nachprüfung auch das spätere Verhalten des Klägers bis zur Klageerhebung noch in Betracht kommen sollte, würde auch die Vermittlungstätigkeit der Vertreter der NSDAP. einer weiteren Aufklärung in tatsächlicher Hinsicht bedürfen. In dem erneuten Verfahren wird das Landesarbeitsgericht auch Gelegenheit haben, seine im wesentlichen auf Erwägungen tatsächlicher Natur beruhende Annahme, daß die Voraussetzungen des § 8 Abs. 2 Nr. 1 des Anstellungsvertrages nicht vorgelegen hätten, im Hinblick auf die Beanstandungen des Beklagten einer nochmaligen Nachprüfung zu unterziehen.

. . .

RAG. 14, 77.†

Zur Anwendung des § 122 RGewO. auf Musiker, die nur an zwei Tagen der Woche in einer Gastwirtschaft beschäftigt werden und deren Lohn nach Tagen bemessen ist.

Reichsgewerbeordnung § 122.

Reichsarbeitsgericht. Urt. v. 9. Mai 1934.

I. Arbeitsgericht Breslau. — II. Landesarbeitsgericht daselbst.

Der Kläger, welcher in Br. eine Gastwirtschaft betreibt, ließ regelmäßig donnerstags und sonntags von 1/2 4 Uhr nachmittags bis 1 Uhr nachts in seinem Lokale musizieren. Im April 1933 wurden der Kläger und ein Geiger P. dem Beklagten auf sein Anfordern vom Arbeitsamt durch den Arbeitsvermittler F. als Musiker zugewiesen. Sie sollten zusammen mit dem Schlagzeugspieler Kl., der schon seit einiger Zeit mit zwei anderen Musikern im Lokale des Beklagten gespielt hatte, musizieren. Die Vergütung betrug am Donnerstag für jeden Musiker 5,— RM, am Sonntag für den Kapellmeister 12,— RM und für die anderen Musiker je 9,— RM. Spieltage, die aus besonderem Anlaß eingelegt wurden, wurden wie Sonntage bezahlt. Der Kläger, P. und Kl. spielten am Donnerstag, den 20. April 1933 zum ersten Male zusammen, ebenso auch am Sonntag, den 23. April, und am Donnerstag, den 27. April. Der Kläger galt als Kapellmeister, da er über die erforderlichen Noten verfügte. Für die Zeit vom 1. Mai 1933 ab erhielten P. und Kl. durch den Arbeitsvermittler F. eine bessere und auf bestimmte Dauer berechnete Stellung zugewiesen. Kl. schied infolgedessen sofort aus und wurde schon am nächsten Spieltage (Sonntag, 30. April) durch den Schlagzeugspieler C. ersetzt, während P. an diesem Tage noch spielte. Am darauffolgenden Spieltage (1. Mai, Tag der nationalen Arbeit) sollte für P. ein neuer Geiger und Saxophonist H. eintreten. Da dieser aber infolge Teilnahme an den Festumzügen nicht rechtzeitig erscheinen konnte, trat für ihn ein anderer Musiker ein. An diesem Tage kam es zwischen dem Beklagten und den 3 Musikern wegen der Entlohnung zu Meinungsverschiedenheiten, doch ließ der Beklagte ihnen schließlich den vollen Betrag auszahlen. Nach Schluß der Musik stellten die Musiker ihre Instrumente wie üblich in einen Nebenraum und verabschiedeten sich vom Beklagten. Am Vormittag des nächsten Spieltages (Donnerstag, den 4. Mai) forderte der Beklagte den Kläger fernmündlich auf, die Instrumente abzuholen. Als am Nachmittag der Kläger, C. und H. zum Spielen erschienen, waren bereits andere Musiker zur Stelle; der Kläger wies sie aus dem Hause. Der Kläger, welcher der Auffassung ist, ihm und den beiden anderen Musikern C. und H. habe nur mit 14tägiger Kündigungsfrist gekündigt werden dürfen, erhob, nachdem ihm jene ihre Ansprüche zur Einziehung abgetreten hatten, Klage auf Zahlung von 95,— RM. Er brachte für die Donnerstage 4. und 11. Mai je 15,— RM, für die Sonntage 7. und 14. Mai je 30,— RM, und für Sonnabend, den 6. Mai ebenfalls 30,— RM in Ansatz und behauptete, daß sie nach Vereinbarung mit dem Beklagten auch an diesem letzteren Tage hätten spielen sollen; 25,— RM brachte er für anderweiten Verdienst in Abzug. Der Beklagte berief sich demgegenüber darauf, es sei, da die Vergütung nach Tagen bemessen gewesen sei, nur eintägige Kündigung in Frage gekommen; diese habe er bereits am 1. Mai ausgesprochen.

Das Arbeitsgericht verurteilte den Beklagten unter Abweisung der Klage im übrigen zur Zahlung von 65,— RM. Seine Berufung wurde zurückgewiesen. Die von ihm eingelegte Revision war erfolglos.

Gründe:

Das Landesarbeitsgericht ist davon ausgegangen, daß für die hier in Betracht kommenden Musiker nicht die Bestimmung des § 621 BGB., sondern diejenige des § 122 RGewO. in Anwendung zu bringen sei. Es hat auf Grund der Beweisaufnahme festgestellt, daß zwar der Musiker H. noch nicht in einem Arbeitsvertragsverhältnis zu dem Beklagten gestanden habe, daß aber der Kläger und C. verpflichtet waren, an jedem Donnerstag und Sonntag Abend in seinem Gastwirtschaftsbetriebe zu spielen, und daß dieses Arbeitsvertragsverhältnis auf unbestimmte Zeit abgeschlossen gewesen sei. In Anwendung des § 122 RGewO. hat es deshalb angenommen, daß dem Kläger und C. das Arbeitsvertragsverhältnis nur mit vierzehntägiger Kündigungsfrist habe gekündigt werden können. Dementsprechend hat es für diese beiden Musiker den Anspruch auf Vergütung für die beiden Donnerstage (4. und 11. Mai) und die beiden Sonntage (7. und 14. Mai) in der Gesamthöhe von 62,— RM als berechtigt anerkannt. Außerdem hat es den Genannten auch den Anspruch auf Vergütung in Höhe des Sonntagssatzes von 9 + 12 = 21 RM für den 6. Mai zuerkannt, indem es davon ausgegangen ist, daß der Beklagte der Kapelle die Mitwirkung an dem an diesem Tage stattfindenden Vereinsvergnügen zugesagt habe, daß es aber auch außerdem üblich sei, daß die sog. Hauskapelle bei derartigen Veranstaltungen mitwirke, sofern der Leiter der Veranstaltung nicht selbst eine andere Kapelle besorgt habe. Auf den hiernach in Höhe von 73,— RM für begründet erachteten Vergütungsanspruch hat es denjenigen Betrag, den der Kläger und C. an den genannten Tagen anderweit verdient haben, in Höhe von 13,— RM angerechnet. Da hiernach die Klageforderung insgesamt in Höhe von 70,— RM begründet gewesen wäre, das Arbeitsgericht den Beklagten aber nur zur Zahlung von 65,— RM verurteilt hatte, hat das Landesarbeitsgericht auf Zurückweisung der Berufung des Beklagten erkannt.

Die Revision rügt unrichtige Anwendung des § 122 RGewO., indem sie geltend macht, daß die Vergütung nach Tagen bemessen gewesen und deshalb § 621 BGB. anzuwenden sei. Die Auffassung ist nicht zu billigen. Wie das Reichsarbeitsgericht bereits mehrfach (vgl. Urteil RAG. 372/30 vom 29. November 1930 und RAG. 468/30 vom 14. Februar 1931 ArbRspr. Slg. [früher BenshS.] Bd. 11 S. 174 und 489) ausgesprochen hat, rechnen Musiker der hier in Frage stehenden Art, die in Gastwirtschaften und ähnlichen Vergnügungsstätten beschäftigt werden, im allgemeinen zu den gewerblichen Arbeitern i. S. des Tit. VII der RGewO.. Damit scheidet aber die Anwendung der allgemeinen

Kündigungsvorschrift des § 621 BGB. aus und es findet die Kündigungsbestimmung des § 122 RGewO. Anwendung. Hiernach ist ein bestehendes Arbeitsverhältnis mangels abweichender Vereinbarung nur mit 14tägiger Kündigungsfrist kündbar, ohne Rücksicht darauf, ob der zu zahlende Lohn nach Tagen oder nach anderen Zeitabschnitten bemessen ist. Das Landesarbeitsgericht hat auf Grund der Beweisaufnahme für festgestellt erachtet, daß der Kläger und C. zum Beklagten in einem vertraglichen Arbeitsverhältnis gestanden haben, auf Grund dessen sie verpflichtet waren, an den Donnerstag- und Sonntag-Abenden in seinem Lokal zu spielen. Gegen diese im wesentlichen auf der tatrichterlichen Würdigung der Beweisaufnahme der Vorinstanzen beruhende Auffassung sind Rechtsbedenken nicht zu erheben. Wenn die Revision demgegenüber geltend macht, es sei in solchen Fällen, in denen es sich um Musiker handele, die nicht täglich in Anspruch genommen würden und bei denen der Arbeitslohn nach Tagen ausgezahlt werde, die tägliche Kündigung üblich, so handelt es sich insoweit um eine neue, erst in der Revisionsinstanz vorgebrachte und darum unbeachtliche Behauptung des Beklagten. Nach dem Inhalt der im Tatbestande des angefochtenen Urteils in Bezug genommenen Berufungsbegründung hat der Beklagte in der Vorinstanz sich lediglich dahin eingelassen, daß die Vermittlung von Musikern für Saalhausbesitzer nur jeweilig von Abend zu Abend unter der Bedingung jederzeitigen Wechsels erfolge. Das aber hält das Berufungsgericht auf Grund der Beweisaufnahme nicht für erwiesen, es hat vielmehr für festgestellt erachtet, daß es sich bei den beiden hier in Betracht kommenden Musikern nicht um ein solches loses, von Tag zu Tag kündbares, sondern um ein für unbestimmte Zeit fest abgeschlossenes Arbeitsverhältnis gehandelt habe. Soweit der Revisionsangriff sich, insbesondere unter Bezugnahme auf die Aussage des Arbeitsvermittlers F., gegen diese tatrichterliche Würdigung des Ergebnisses der Beweisaufnahme wendet, ist er in der Revisionsinstanz unbeachtlich. . . .

. . .

RAG. 14, 143.

Über die Formvorschriften des § 74 Abs. 1 HGB. Kann der Handlungsgehilfe bei einem Wettbewerbsabkommen, das der nötigen Form entbehrt, einwenden, der Prinzipal handle durch die Berufung auf die Formnichtigkeit arglistig?

Ist ein Wettbewerbsverbot, wenn die vereinbarte Entschädigung nicht das Mindestmaß des § 74 Abs. 2 HGB. erreicht, schlechthin unwirksam?

HGB. §§ 74, 75 d. BGB. §§ 125, 126, 242; ZPO. § 551 Nr. 7.

Reichsarbeitsgericht. Urt. v. 23. Juni 1934.

I. Arbeitsgericht Berlin. — II. Landesarbeitsgericht daselbst.

Die Beklagte war bei der Klägerin zunächst als Reisende, sodann — seit 1. Dezember 1928 — als Prokuristin im Innendienst tätig. Beim Übertritt in den Innendienst will sie mit dem damaligen Geschäftsführer W. C. der Klägerin ein Abkommen des aus den nachfolgenden Gründen ersichtlichen Inhalts getroffen haben. Im Mai 1931 hat sie ihre Stellung gekündigt und ist als Prokuristin in die Dienste einer von W. C. gegründeten anderen G. m. b. H. getreten. Aus dem Abkommen verfolgt sie mit der Widerklage zwei Ansprüche. Das Landesarbeitsgericht hat durch Teilurteil vom 25. November 1932 nur über einen dieser Ansprüche entschieden, nämlich über die Entschädigung von 11 315 RM für die angebliche Unterwerfung unter ein Wettbewerbsverbot. Es hat insoweit das abweisende Urteil des Arbeitsgerichts bestätigt. Die Revision der Beklagten führte zur Aufhebung des Berufungsurteils und zur Zurückverweisung der Sache an das Landesarbeitsgericht.

Gründe:

Die Beklagte hat über die Vereinbarungen, die sie am 2. Dezember 1928 mit dem damaligen Geschäftsführer W. C. der Klägerin getroffen haben will, das von dem Referendar L. im Herbst 1930 gefertigte, auf den 2. Dezember 1928 vordatierte Bestätigungsschreiben vorgelegt. Es ist, wie L. bezeugt hat, auf ausdrückliche Bitte E.s auf einem alten Briefbogen geschrieben und vordatiert worden. Sein Inhalt lautet, soweit er hier in Betracht kommt: „Wir garantieren Ihnen (der Beklagten) ferner, abgesehen von den Ihnen aus Ihrem Dienstvertrag zustehenden Rechten, eine mindestens 10jährige Beschäftigung in unserem Betriebe und sagen Ihnen zu, daß wir Ihnen für jedes Jahr, das Sie unseren Betrieb früher verlassen, aus welchem Grunde es auch immer sein möge, eine Sonderentschädigung von 1500 RM zahlen. Sie verpflichten sich dafür, zwei Jahre nach Ihrem Ausscheiden aus unserem Betrieb bzw. bei einem Ausscheiden vor Ablauf der 10 Jahre bis zum Ablauf der 10 Jahre bei den Konkurrenzfirmen K., L. und M. & Co. nicht in Stellung zu gehen. Soweit gesetzliche Bestimmungen dieser

Vereinbarung entgegenstehen, sollen mindestens die gesetzlich zulässigen Konkurrenzklauselvorschriften gelten."

Das Schreiben trägt unter dem Stempelabdruck der Firma lediglich den Namen des W. C. Durch dieses Schreiben kann das eine der beiden im § 74 Abs. 1 HGB. vorgeschriebenen Formerfordernisse, daß nämlich über die vereinbarten Bestimmungen dem Handelsgehilfen vom Prinzipal eine Urkunde ausgehändigt werden muß, als erfüllt angesehen werden. Wie aber das Reichsarbeitsgericht schon in seinem früheren Urteil vom 12. Juni 1933 dargelegt hat, genügt dies allein nicht, um den Vereinbarungen über ein Wettbewerbsverbot Wirksamkeit zu verleihen: es muß vielmehr auch der weiteren Formvorschrift genügt sein, wonach die Vereinbarung selbst von den Vertragschließenden schriftlich zu treffen, d. h. von beiden Teilen in der durch § 126 Abs. 2 BGB. vorgeschriebenen Weise zu unterzeichnen ist. Fehlt es daran, so ist die getroffene Vereinbarung schlechthin nichtig (§ 125 BGB., Urt. RAG. 192/28 vom 28. November 1928 in JW. 1929 S. 2780 Nr. 2 und in Arb. Rechtspr. 1929 S. 62). Im Herbst 1930 ist nun, wie das Berufungsgericht feststellt, über die Vereinbarung weder eine beiderseits unterschriebene Urkunde errichtet, noch sind darüber 2 gleichlautende, je von dem Gegner unterschriebene Urkunden ausgetauscht worden. Es ist also damals die Form nicht gewahrt worden. Daraus und aus einer Reihe anderer Beweisanzeichen folgert der Berufungsrichter, daß auch am 2. Dezember 1928 keine Vereinbarung in der erforderlichen Schriftform getroffen worden, ein formgültiger Vertrag also niemals zustande gekommen ist. Die gegenteilige Bekundung des Zeugen C. hält der Berufungsrichter für unglaubwürdig.

Die Revision meint demgegenüber, das Berufungsgericht habe zu diesem Ergebnis nicht gelangen können, ohne die einzelnen Behauptungen über die Beteiligung des früheren Geschäftsführers C. und die wirtschaftlichen Zusammenhänge näher zu prüfen und festzustellen. Dieser Vorwurf kann nicht als berechtigt angesehen werden. Entgegen der Meinung der Revision traf die Beklagte die volle Beweispflicht dafür, daß eine den Formvorschriften des § 74 Abs. 1 HGB. entsprechende Vereinbarung über das Wettbewerbsverbot zustande gekommen ist. Wenn das Berufungsgericht den Beweis hierfür nicht als erbracht ansieht, so beruht dies auf einer Würdigung der Beweisergebnisse, die lediglich dem Tatrichter zusteht. Es kann nicht zugegeben werden, daß das, was über die Tätigkeit der Beklagten in dem Geschäft der Klägerin und über die Verhältnisse und Beziehungen C.s zu den Mitgliedern des Arbeitsausschusses vorgebracht worden ist, zu der hier zu entscheidenden Frage von ausschlaggebender Bedeutung hätte sein können. Noch viel weniger kann daraus, daß das Landesarbeitsgericht zu diesen Dingen in dem Teilurteil keine Stellung genommen hat, geschlossen werden, daß das fragliche Vorbringen von ihm übersehen worden sei. Die Revision verkennt, daß ein Teil der Ausführungen des früheren Urteils des Reichsareitsgerichts im wesentlichen den anderen von der Beklagten verfolgten Anspruch, nämlich die Entschädigung von 10000 RM für den Übertritt vom Außendienst in den Innendienst, betrifft. Über diesen Anspruch hat sich aber das Berufungsgericht die Entscheidung vorbehalten. Ist hiernach die Annahme des Berufungsgerichts nicht zu beanstanden, daß in der Form des § 74 HGB. weder am 2. Dezember 1928 noch im Herbst 1930 ein Abkommen zustande gekommen ist, so kann in diesem Zusammenhang dahingestellt bleiben, ob die Hilfserwägung des Berufungsgerichts, daß das etwa rechtsgültig zustande gekommene frühere Abkommen durch das Bestätigungsschreiben aus dem Jahre 1930 nach dem Willen der Beteiligten habe völlig beseitigt werden sollen, zutrifft.

Mit Recht vermißt jedoch die Revision eine Stellungnahme zu der Arglisteinrede, die die Beklagte nach Inhalt ihres Schriftsatzes vom 10. November 1933 der Berufung der Klägerin auf die Formnichtigkeit der Parteivereinbarungen entgegengehalten hat. Nach dem Tatbestande des Berufungsurteils ist dieser Schriftsatz vorgetragen worden. Darin hat die Beklagte unter Berufung auf das Erläuterungsbuch der Reichsgerichtsräte zum BGB. § 125 Anm. 1 (8. Aufl. S. 181) geltend gemacht, auf ihr Verlangen habe C. als Geschäftsführer der Klägerin im Herbst 1930 den Referendar L. damit beauftragt, die Vertragsbeziehungen der Parteien zu überprüfen und sie juristisch einwandfrei und formgerecht zu fassen. L., sei also dabei als Erfüllungsgehilfe (§ 278 BGB.) der Klägerin tätig geworden. Die Beklagte habe sich damals darauf verlassen dürfen und darauf verlassen, daß dem Abkommen eine rechtsgültige Form gegeben werde. Wenn gleichwohl die gesetzlichen Formvorschriften nicht beachtet sein sollen, so sei sie, die Beklagte, durch das Verhalten des L., das die Klägerin vertreten müsse, in einen Irrtum versetzt worden. Es verstoße gegen Treu und Glauben und stelle stärkste Arglist dar, wenn sich die Firma jetzt auf die durch das Verschulden ihres eigenen juristischen Angestellten herbeigeführte Formnichtigkeit des Abkommens berufe. Die Beklagte müsse daher so gestellt werden, als ob der Vertrag formgerecht abgeschlossen worden wäre.

Damit hatte die Beklagte ein selbständiges Angriffsmittel vorgebracht, das von dem Berufungsgericht hätte beschieden werden müssen. Das angefochtene Urteil übergeht jedoch diesen Rechtsbehelf mit Stillschweigen und verstößt damit, wie die Revision zutreffend rügt, gegen die Bestimmung des § 551 Nr. 7 ZPO. Denn in der Rechtsprechung des Reichsgerichts wird dem Falle, daß ein Urteil überhaupt nicht mit Entscheidungsgründen versehen ist, der Fall gleichgestellt, daß ein ganzer Rechtsbehelf mit Stillschweigen übergangen ist (RGZ. Bd. 109 S. 203, Bd. 120 S. 400, 404, Urteil III 550/28 vom 10. Januar 1930 u. a. m.). Das Revisionsgericht ist, da es sich um die Geltendmachung eines formalen, absoluten Revisionsgrundes handelt, außerstande, in eine sachliche Nachprüfung des angefochtenen Urteils zu diesem Punkte einzutreten. Es kann auch nicht zugegeben werden, daß der in Rede stehende Einwand nach der Sachlage ohne weiteres als fehlsam anerkannt werden müßte und deshalb ausnahmsweise (Urteile des Reichsgerichts II 129/29 vom 22. Januar 1929 in JW. 1930 S. 705 Nr. 7 und II 493/30 vom 3. Juli 1931 in Ztschr. f. d. Zivilprozeß Bd. 57 S. 148) vom Berufungsrichter mit Stillschweigen hätte übergangen werden können, vielmehr verweist in dieser Beziehung die Revision zutreffend auf die bereits genannte Stelle des Erläuterungsbuchs der Reichsgerichtsräte und auf RGZ. Bd. 117 S. 121, besonders 124 (vgl. auch daselbst S. 295 und das Erläuterungsbuch § 242 Anm. 4 Abs. 1 § 313 Anm. 5). Da das Berufungsgericht nur feststellt, daß im Jahre 1928 zum mindesten ein den Formerfordernissen des § 74 Abs. 1 und 2 HGB. voll genügender schriftlicher Vertrag mit beiderseitigen Unterschriften unter Aushändigung an die Beklagte nicht geschlossen worden ist, muß für die Revisionsinstanz davon ausgegangen werden, daß immerhin schon 1928 ein Abkommen zustande gekommen war, das nur der nötigen Form entbehrte. Wenn also die Beklagte geltend macht, es habe im Herbst 1930 nach dem Willen der Parteien dem früheren Abkommen die gehörige Form gegeben werden sollen und die Klägerin dürfe, wenn durch ein Verschulden ihres Angestellten auch dann noch nicht die Form gewahrt worden sei, sich hierauf nicht berufen, so kann dies nicht schlechthin als abwegig bezeichnet werden.

Die Revisionsbeantwortung meint, die Beklagte sei durch die Übergehung des Rechtsbehelfs nicht beschwert, L. sei nicht Erfüllungsgehilfe im Sinne des § 278 BGB. gewesen. Zu letzterer Frage kann das Revisionsgericht, wie bereits dargelegt, keine Stellung nehmen, vielmehr muß diese Prüfung dem Berufungsgericht überlassen bleiben. Im übrigen aber folgt aus der rechtlichen Bedeutung des Arglisteinwandes ohne weiteres, daß seine Nichtbeachtung durch das Berufunsgericht die

Beklagte beschwert. Das Berufungsurteil unterliegt also der Aufhebung und der Zurückverweisung an das Landesarbeitsgericht.

Dies ließe sich nur umgehen, wenn, abgesehen von der Frage, ob sich die Klägerin auf die Nichteinhaltung der gesetzlichen Form des § 74 HGB. berufen darf oder nicht, die angefochtene Entscheidung im Ergebnis aus anderen Gründen zu billigen wäre. Denn dann wäre allerdings die Beklagte durch den Rechtsverstoß nicht beschwert und daher nach § 563 ZPO. die Revision zurückzuweisen. Es ist daher hier noch zu prüfen, ob der von der Beklagten verfolgte Anspruch auf die Entschädigung für das Wettbewerbsverbot nicht etwa schon daran scheitern muß, daß sowohl am 2. Dezember 1928 als auch im Herbst 1930 für das Wettbewerbsverbot eine Entschädigung vereinbart worden ist, die das dafür im § 74 Abs. 2 HGB. vorgeschriebene Mindestmaß nicht erreicht. Dieser Umstand würde jedoch keine Nichtigkeit des Abkommens zur Folge haben. Er würde vielmehr nach § 75 d lediglich die Wirkung haben, daß die Klägerin sich auf das Wettbewerbsverbot nicht berufen könnte; die Beklagte dagegen wäre nicht behindert, sich freiwillig dem Wettbewerbsverbot zu unterwerfen und dafür wenigstens die geringere, vereinbarte Vergütung zu fordern. Das Teilurteil des Berufungsgerichts kann also mit der bisherigen Begründung nicht aufrechterhalten werden. Bei der erneuten Verhandlung wird nötigenfalls das Landesarbeitsgericht, worauf das Reichsarbeitsgericht bereits im Urteil vom 12. Juli 1933 gegen Schluß der Gründe hingewiesen hat, auch dazu Stellung nehmen müssen, ob die Sondervergütung (Karenzentschädigung) verlangt werden kann, obgleich die Beklagte in ein von dem früheren Geschäftsführer der Klägerin gegründetes Konkurrenzgeschäft eingetreten ist.

RAG. 14, 180.

Über die Bedeutung einer Ausgleichsquittung.

BGB. §§ 368, 123, 138, 812.

Reichsarbeitsgericht. Urt. v. 25. Juli 1934.

I. Arbeitsgericht Lötzen. — II. Landesarbeitsgericht Königsberg.

Der Kläger war beim Beklagten in der Zeit vom 1. Februar 1931 bis zum 30. September 1933 als Gärtner in Stellung. Er fordert als rückständigen Lohn einschließlich ihm zustehenden Anteils am Erlös für Verkauf von Gärtnereierzeugnissen (Warenprozente) den Betrag von 297 RM, ferner an Deputat noch 50 Ztr. Kartoffeln und 2 Ztr. Roggen. Der Beklagte macht geltend, der Kläger sei durch Zahlung und Lieferung des ihm Zustehenden befriedigt. Das habe er durch eine Ausgleichsquittung vom 7. Oktober 1933 in folgendem Wortlaut anerkannt:

„Hiermit erkläre ich, daß ich Lohn und Deputat bis zum 1. Oktober 1933 richtig erhalten und keinen Anspruch mehr habe."

St., den 7. Oktober 1933. Ernst Th.

Der Kläger behauptet, er habe sich bei Unterschrift der Quittung ausdrücklich Nachzahlung und Lieferung des ihm noch Zustehenden, wie er es jetzt fordert, vorbehalten. Ferner erklärt er die Quittung für unwirksam, weil er die darin enthaltene Verzichtserklärung nur unter wirtschaftlichem Druck abgegeben habe. Das letztere bestreitet der Beklagte.

Der Kläger ist in den Vorinstanzen unterlegen. Seine Revision blieb ohne Erfolg.

Gründe:

Die Forderung von Restlohn und Nachlieferung von Deputat weist das Landesarbeitsgericht mit Rücksicht auf die vom Kläger am 7. Oktober 1933 unterzeichnete Quittung ab. Es spricht sich nicht darüber aus, ob der Kläger das ihm Zustehende tatsächlich erhalten hat. Vielmehr legt es die Erklärung vom 7. Oktober 1933 als „Ausgleichsquittung" dahin aus, daß der Kläger nach Abrechnung mit dem Gutsinspektor eine Willenserklärung des Inhalts abgegeben habe, daß seine Forderungen aus dem Dienstverhältnis sämtlich befriedigt seien.

Die Würdigung der Erklärung vom 7. Oktober 1933 in diesem Sinne ist rechtlich nicht zu beanstanden. Handelte es sich um eine Quittung im Sinne einer einseitigen Erklärung, eines einfachen Empfangsbekenntnisses für die Leistung, so wäre ohne weiteres der vom Kläger zu erbringende Nachweis zulässig, daß die geschuldeten Leistungen noch nicht völlig erfolgt seien. Hier aber liegt in der Abgabe der Erklärung und in der Annahme durch den Beklagten das, was die Parteien übereinstimmend mit dem Wort „Ausgleichsquittung" ausdrücken; nämlich ein nach Abrechnung geschlossener Vertrag, daß das Dienstverhältnis restlos erledigt sei und daß der Kläger nichts mehr aus ihm zu fordern haben solle. Eine solche Vereinbarung restlosen Erfülltseins des Vertrages, wie sie das Landesarbeitsgericht ohne Rechtsirrtum als vorliegend angenommen hat, ist rechtlich zulässig (vgl. Bensh. S. Bd. 8 S. 115). Sie steht jeder Nachforderung entgegen, solange nicht der Vertrag selbst beseitigt ist.

Dies wäre möglich unter zwei hier in Betracht zu ziehenden rechtlichen Gesichtspunkten: Wenn es sich um einen unsittlichen Vertrag im Sinne des § 138 BGB. handeln sollte oder wenn der Vertrag, als auf widerrechtlicher Drohung im Sinne des § 123 BGB. beruhend, anfechtbar und angefochten wäre. Beides will das Berufungsgericht verneinen, indem es auf Grund der Beweisaufnahme zu dem Ergebnis kommt, es sei „in keiner Weise das Vorliegen besonderer Umstände dargetan und bewiesen, welche die Annahme eines den Verzichtswillen in erkennbarer Weise ausschließenden wirtschaftlichen Drucks rechtfertigen".

Dagegen wendet sich die Revision mit den vom Kläger schon früher vorgetragenen Ausführungen, ein solches Rechtsgeschäft, zwischen Arbeitgeber und -nehmer abgeschlossen, habe die Vermutung gegen sich, auf unzulässigem wirtschaftlichem Druck zu beruhen, und es müßten vom Gegner — hier dem Beklagten — besondere Umstände dargetan werden, damit das Gericht ausnahmsweise zu der Überzeugung kommen könne, die Ausgleichsquittung sei nicht unter wirtschaftlichem Druck erteilt worden. Dem ist jedoch nicht beizupflichten. Es besteht für die Beendigung eines Arbeitsverhältnisses weder aus dessen rechtlicher Natur, noch aus tatsächlicher Vermutung (Beweis des ersten Anscheins) eine Abweichung von der allgemeinen Rechtsregel, daß derjenige, welcher einen geschlossenen Vertrag beseitigen will, die sich aus dem Gesetz (hier §§ 123, 138 BGB.) ergebenden Voraussetzungen dazu klarstellen muß. Regel ist also für einen solchen Abrechnungsvertrag dessen Bestehen und nicht die Beseitigung. Gerade bei Dienstverträgen mit verschiedenartigen laufenden Leistungen, die sich über eine lange Zeit erstrecken und die ohne Einzelquittungen erfolgen, entspricht es einem für beide Teile bestehenden praktischen Bedürfnis, einmal endgültig abzurechnen und einen Schlußstrich unter das ganze Arbeitsverhältnis zu machen. Davon, daß eine solche Ausgleichsquittung regelmäßig eine „asoziale Maßnahme" sei, kann keine Rede sein.

Das Berufungsgericht hat auch die besonderen Umstände des Falls durch Beweisaufnahme klargestellt und würdigt sie ohne Rechtsirrtum dahin, daß die Behauptungen des Klägers, welche einen seinen Willen beeinflussenden wirtschaftlichen Druck ergeben sollten, widerlegt seien. Mit Recht ist dabei berücksichtigt worden, daß der Kläger zur Zeit der Schlußabrechnung bereits aus dem Dienst des Beklagten ausgeschieden war.

Eine Rückgängigmachung des in der Ausgleichsquittung liegenden negativen Schuldanerkenntnisses unter dem Gesichtspunkt ungerechtfertigter Bereicherung (§ 812 Abs. 2 BGB.) durch den bloßen Nachweis, daß noch nicht alles Geschuldete geleistet sei, ist nicht zulässig, weil die Schlußvereinbarung der Parteien nach der nicht zu erschütternden Auslegung des Vorderrichters dahin zu verstehen ist, daß unter den Parteien alles erledigt sein sollte. Das bedeutet, daß auch die Behauptung und der Nachweis, man habe sich bei der Abrechnung über das Geleistete geirrt, nicht mehr stattfinden sollte. Dem Kläger sollen endgültig keinerlei Ansprüche mehr zustehen.

Hiernach bleibt es dabei, daß sich der Kläger wegen seiner Bezüge aus dem Dienstverhältnis mit dem Beklagten rechtswirksam für befriedigt erklärt hat und daß diese auf einer Schlußrechnung beruhende Vereinbarung jeglicher Nachforderung entgegensteht.

RAG. 14, 196.

Unter welchen Umständen kann sich eine Kürzung vertraglichen Ruhegeldes rechtfertigen?

Kann ein Ruhegeldvertrag aus wichtigem Grund gekündigt werden?

Können Pflichtverletzungen des Ruhegeldberechtigten sein Verlangen nach Ruhegeld als Verstoß gegen Treu und Glauben erscheinen lassen?

BGB. §§ 626, 242.

Reichsarbeitsgericht. Urt v. 26. September 1934.

I. Arbeitsgericht Breslau. — II. Landesarbeitsgericht daselbst.

Der Kläger, früher Kammerdirektor im Dienst des Erblassers der jetzigen Beklagten, bezog auf Grund eines 1924 abgeschlossenen Zusatzvertrags zu seinem Anstellungsvertrag nach seiner Zurruhesetzung vom 1. Juli 1929 ab das vertragliche Ruhegeld. Vom 1. Dezember 1930 ab wurde ihm Weiterzahlung verweigert. In einem Anfang Juli 1931 gegen den Erblasser der jetzigen Beklagten anhängig gemachten Vorprozeß hat der Kläger einen Teilbetrag von 3000 RM des bis Ende Juli 1931 rückständigen Ruhegeldes eingeklagt. Die Klage wurde mit Rücksicht auf eine zur Aufrechnung gestellte Gegenforderung von 10 000 RM abgewiesen. Im Lauf dieses Vorprozesses hat der damalige Beklagte durch einen Schriftsatz vom 30. Juli 1931 den Ruhegeldvertrag von 1924 wegen angeblicher, vom Kläger während seiner Dienstzeit begangener Verfehlungen gekündigt. Im vorliegenden, zunächst ebenfalls gegen den Erblasser der Beklagten erhobenen, dann nach dessen Tod gegen seine Erben, die jetzigen Beklagten, fortgesetzten Rechtsstreit fordert der Kläger weiteres Ruhegeld. Von beklagter Seite wurde der Ruhegeldvertrag von 1924 mit Schriftsatz vom 25. April 1932 wegen Irrtums und arglistiger Täuschung angefochten, auch wiederum auf die am 30. Juli 1931 ausgesprochene Kündigung verwiesen, notfalls mit dem noch unverbrauchten Rest der Gegenforderung und mit einer weiteren Gegenforderung von 7000 RM aufgerechnet. Die Beklagten haben schließlich die zur Begründung vorgetragenen Tatsachen auch nach der Richtung verwertet, daß der Kläger angesichts seiner Verfehlung gegen Treu und Glauben verstoße, wenn er die Beklagten an dem Ruhegeldvertrag von 1924 festhalten wolle, und haben äußerstenfalls geltend gemacht, die wirtschaftliche Lage der Begüterung habe sich seit 1924 so verschlechtert, daß die Grundlage des Vertrags von 1924 erschüttert sei.

Während das Arbeitsgericht der Klage stattgegeben und die Widerklage auf Feststellung, daß das Vertragsverhältnis durch die Kündigung vom 30. Juli 1931 gelöst sei und der Kläger keinerlei Ruhegeldansprüche mehr habe, abgewiesen hatte, hat das Landesarbeitsgericht der Klage nur zum Teil stattgegeben, es aber bei der Abweisung der Widerklage belassen. Der Kläger hat Revision eingelegt, die Beklagten haben sich der Revision angeschlossen. Die Anschlußrevision hatte keinen Erfolg, die Revision führte zur Aufhebung des Urteils und Zurückverweisung der Sache.

Aus den Gründen:

Das Landesarbeitsgericht hat die Anfechtung des Ruhegeldvertrags von 1924 wegen Irrtums über persönliche Eigenschaften des Klägers und wegen arglistiger Täuschung schon deshalb zurückgewiesen, weil sie zu spät erklärt worden sei. Insoweit ist das Urteil nicht bemängelt, ein von Amts wegen zu berücksichtigender Rechtsirrtum auch nicht ersichtlich.

Eine Kündigung des Ruhegeldvertrags hat das Landesarbeitsgericht für rechtlich unzulässig erklärt. Daß der Kläger mit seinem Ruhegeldverlangen mit Rücksicht auf seine Verfehlung gegen Treu und Glauben verstoße, hat das Landesarbeitsgericht mit der Begründung verneint, die von der Beklagten vorgetragenen Vorfälle seien teils unbewiesen, teils verspätet und im übrigen nicht geeignet, das Verlangen des Klägers als Verstoß gegen Treu und Glauben erscheinen zu lassen.

Dagegen hat das Landesarbeitsgericht die Einrede des Fortfalls der Geschäftsgrundlage für durchschlagend erachtet und deshalb den monatlichen Rentenbetrag, der — bei Berücksichtigung der auch für den Kläger maßgeblichen Vorschriften über Kürzung der staatlichen Beamtenpensionen — auf etwa 700 RM monatlich berechnet wird, vom 1. Januar 1932 ab auf 500 RM monatlich ermäßigt.

Schließlich hat es auch die Aufrechnung mit dem Rest der Gegenforderung von 10 000 RM voll und mit der weiteren Gegenforderung von 7000 RM im Hinblick auf § 254 BGB. zur Hälfte für begründet erklärt.

. . . Rechtlich nicht haltbar sind die Ausführungen des Landesarbeitsgerichts, mit denen es die Kürzung des Ruhegelds des Klägers von etwa 700 RM auf 500 RM monatlich vom 1. Januar 1932 ab begründet. Es hat erwogen, daß zwar die sog. Deflation und allgemeine Wirtschaftskrise die Anwendung der Grundsätze über die Veränderung der Geschäftsgrundlage (clausula rebus sic stantibus) nicht rechtfertige. Im vorliegenden Fall sei aber die wirtschaftliche Lage der Begüterung seit Abschluß des Ruhegeldvertrags von 1924 abgesehen von jenen allgemeinen Gründen wirtschaftlichen Verfalls infolge besonderer Ereignisse ungewöhnlich verschlechtert. In den Jahren 1924 und 1925 seien weite Strecken des forstlich genutzten Landes der Foreule zum Opfer gefallen. Die Gesamtverschuldung sei von etwa 500 000 RM im Jahr 1924 auf etwa 3 000 000 RM im Jahr 1933 gestiegen. Am 12. Dezember 1931 sei das Sicherungs- und Osthilfeentschuldungsverfahren über den Betrieb eröffnet worden, nachdem lange unentschieden gewesen sei, ob der Betrieb überhaupt als noch entschuldungsfähig anerkannt werden sollte. Zur Zeit reichten nach den Mitteilungen des Generalbevollmächtigten von N. und des Treuhänders die laufenden Einnahmen des Betriebs kaum zur Bezahlung der Gehälter und Löhne der im Betrieb tätigen Angestellten und Arbeiter aus, für den Haushalt der Beklagten seien nur geringe Mittel verfügbar. Auf Grund der einstweiligen Verfügung des Landesarbeitsgerichts vom 15. August 1933, die dem Kläger vom 1. August 1933 monatlich 400 RM zugesprochen hatte, habe der Kläger nichts erlangen können, da nach der Angabe der Landstelle und des Treuhänders Mittel zur Zahlung nicht vorhanden gewesen seien. Es bestehe die ernstliche Gefahr, daß bei Zahlung des verlangten Ruhegehalts von monatlich 700—800 RM an den Kläger die Umschuldung und wirtschaftliche Gesundung des Betriebs scheitere, und daß dann eine große Zahl von Arbeitern und Angestellten arbeitslos werde. Der Gedanke der ideellen und wirtschaftlichen Verbundenheit der Betriebsgemeinschaft erfordere, daß auf die Belange der in dem gesamten Betrieb tätigen Arbeitnehmer und der übrigen Ruhegehaltsempfänger Rücksicht genommen werde. Allgemeine volkswirtschaftliche Gesichtspunkte ließen es wünschenswert erscheinen, daß die etwa erforderliche Umwandlung des bisherigen Großbetriebs in Mittel- und Kleinbetriebe nicht durch einen Zusammenbruch, sondern durch schrittweise Umbildung herbeigeführt werde. Auch die Interessen des Betriebsinhabers dürften nicht unberücksichtigt bleiben. Auch dem Kläger müsse daran gelegen sein, lieber einen geringeren, aber einigermaßen gesicherten Ruhegeldbetrag zu erhalten, als bei einem höheren Monatsbetrag ständig die Unmöglichkeit weiterer Zahlungen befürchten zu müssen. Für den standesmäßigen Unterhalt des Klägers und seiner Frau reiche ein Betrag von monatlich 500 RM aus, und die Nachzahlung der Rückstände ermögliche ihm die Abdeckung der wegen Ausbleibens der Ruhegeldzahlungen seit Dezember 1930 eingegangenen Schuldverbindlichkeiten. Gegen die Kürzung auf 500 RM lasse sich auch nicht einwenden, daß die damit für die Beklagten erzielte Ersparnis im Vergleich zu dem Gesamthaushalt des Fideikommisses gering sei. Denn eine erhebliche Senkung der Gesamtunkosten lasse sich immer nur durch geringe Einsparungen bei den Einzelposten herbeiführen; für die Herabsetzung der Bezüge der im Betrieb noch tätigen Arbeitnehmer könnten die Beklagten andere Wege beschreiten. Diese Ausführungen sind rechtlich nicht aufrechtzuerhalten.

In dem Urteil des Reichsarbeitsgerichts RAG. 4/33 vom 24. Mai 1933 (Bensh. S. Bd. 18 S. 153) ist allerdings, wenn auch nur beiläufig, ausgesprochen, daß der in § 242 BGB. zum Ausdruck gekommene Grundsatz von Treu und Glauben im Verkehr eine Pensionskürzung dann rechtfertigen könne, wenn die Höhe der vereinbarten Pension den Bestand des Unternehmens des Schuldners wirtschaftlich zu gefährden geeignet sei. Daran ist auch grundsätzlich festzuhalten. Wenn auch das Ruhegeld sich rechtlich als eine nachträgliche Vergütung für frühere Dienste des Empfängers darstellt und der das Ruhegeld bewilligende Arbeitgeber die Vergütungswürdigkeit dieser Dienste zunächst nach dem Nutzen bemessen wird, den sie ihm und dem Betrieb unmittelbar gebracht haben, so wird der Ruhegeldbewilligung doch häufig — wenn nicht regelmäßig — der Gedanke zugrunde liegen, daß die Dienste des Zurruhegesetzten sich auch in der Zukunft auswirken und daß die Entwicklung und das künftige Gedeihen des Betriebes mit auf jene Dienste zurückzuführen sind, daß es also billig erscheint, dem Zurruhegesetzten einen Anteil auch an den weiteren Erträgnissen des Betriebes zukommen zu lassen. Dann liegt dem Ruhegeldversprechen regelmäßig die Erwartung zugrunde, daß der Betrieb wie bisher ertragreich sein werde. Und gerade dann, wenn das Versprechen vorbehaltlos erteilt wird, geht der Versprechende — sofern nicht etwa ein Kapital zur Deckung der Pensionslasten sichergestellt ist — erkennbar mit vollster Sicherheit davon aus, daß sich in der Entwicklung seines Betriebes nichts Wesentliches zu seinen Ungunsten ändern werde. Treten dann wider Erwarten unverschuldete schwere Verluste ein, die den Gewinn aufzehren und womöglich den Fortbestand des Unternehmens gefährden, so kann der Gedanke der auch für den zurruhegesetzten Arbeitnehmer noch fortdauernden inneren und äußeren oder, wie es das Landesarbeitsgericht ausdrückt, „ideellen und wirtschaftlichen" Verbundenheit mit dem Betrieb dazu führen, daß Treu und Glauben dem Ruheständler gebieten, sich mit einer Minderung seines Ruhegelds einverstanden zu erklären, wenn durch die hierdurch erzielte Ersparnis der Zusammenbruch vermieden werden kann und der gekürzte Betrag noch zur Bestreitung einer angemessenen Lebenshaltung ausreicht oder — wenn das Ruhegeld, wie vielfach, nur einen Zuschuß zu den Lebenshaltungskosten darstellte — noch einigermaßen diesen Zweck erfüllen kann.

Wendet man diese Grundsätze auf den vorliegenden Fall an, so fällt vor allem auf, daß das Landesarbeitsgericht völlig unbeachtet gelassen hat, daß der Kläger seiner Behauptung nach schon seit 1924 seinen damaligen Dienstherrn auf den drohenden wirtschaftlichen Verfall des Betriebs und seine Ursachen hingewiesen und annehmbare Vorschläge zur Abwendung des Niedergangs gemacht, daß der Dienstherr aber diese Warnungen und Vorschläge in den Wind geschlagen hat. Solange diese Behauptungen nicht ausgeräumt sind, kann nicht die Rede davon sein, daß der Kläger nach Treu und Glauben verpflichtet wäre, durch persönliche Opfer den Zusammenbruch des Betriebes aufzuhalten, der durch die Nichtbeachtung seiner Vorstellungen mindestens mitverursacht sein würde. Solche Opfer können dem Kläger aber weiter auch nur dann zugemutet werden, wenn mindestens einige Sicherheit besteht, daß alle anderen in gleicher oder ähnlicher Lage befindlichen Gläubiger die entsprechenden Opfer bringen und so der Zusammenbruch der Begüterung wirklich verhindert wird. Auf welche Weise die Beklagten, wie das Landesarbeitsgericht meint, mit Erfolg erreichen könnten, daß die im Betrieb noch tätigen Angestellten und Arbeiter in ihren Bezügen herabgesetzt werden, steht schon angesichts der vermutlich bestehenden Tarifverträge völlig dahin. Auch der Gedanke des Landesarbeitsgerichts, der Kläger müsse durch ein persönliches Opfer das volkswirtschaftlich wünschenswerte Ziel einer nicht durch Konkurs überstürzten, sondern schrittweisen Umwandlung des bisherigen Großbetriebs in Klein- und Mittelbetriebe fördern, ist verfehlt. Ganz abgesehen davon, daß nicht die geringste Sicherheit dafür gegeben ist, daß das dem Kläger schon jetzt endgültig auferlegte Opfer — das für den Kläger eine erhebliche Minderung seines Einkommens bedeutet, für den Gesamthaushalt des Fideikommisses aber nur eine verschwindend kleine Summe darstellt — imstande sein wird, jenes Ziel zu erreichen, sind hierfür von der Gesetzgebung bestimmte Wege eröffnet, wie eben das Sicherungs- und das Osthilfe-Entschuldungsverfahren.

Nach alledem erweist sich die vom Landesarbeitsgericht vorgenommene Kürzung des klägerischen Ruhegeldanspruchs als rechtlich nicht ausreichend begründet. (Vgl. dazu auch die neuerliche Entscheidung des Reichsgerichts vom 13. Juni 1933, RGZ. Bd. 141 S. 150). Ein Rechtsverstoß ist darin nicht zu erblicken, daß das Landesarbeitsgericht die Kündigung eines Pensionsvertrags nach der Zurruhesetzung des Ruhegeldberechtigten für gesetzlich nicht zulässig erklärt hat. Das Ruhegeld stellt sich, wie schon in anderem Zusammenhang angedeutet, rechtlich als nachträgliche Vergütung früher geleisteter Dienste dar. Die Verpflichtung zur Ruhegeldzahlung geht somit nach Beendigung der Dienstleistungspflicht des Arbeitnehmers auf einseitige Leistungen, und es steht ihr keine Gegenverpflichtung des Ruheständlers mehr gegenüber. Auch die Treupflicht, der der Ruheständler in gewissem Umfang noch unterliegt, ist nicht als solche Gegenverpflichtung anzusehen, die im Austauschverhältnis zur Zahlungspflicht des Arbeitgebers stände. Deshalb kann hier von einer unmittelbaren oder auch nur von einer entsprechenden Anwendung der von der Revision angezogenen Bestimmungen über fristlose Kündigung von Dienstverträgen (BGB. § 626, Vorläuf. LandesarbeitsO. § 16, Schlesischer Gutsbeamtentarifvertrag § 15 usw.), nicht die Rede sein.

Das Landesarbeitsgericht hat zugunsten der Beklagten angenommen, eine erst nach der Zurruhesetzung des Arbeitnehmers entdeckte Pflichtverletzung während der Dienstzeit oder eine nachträgliche Treupflichtverletzung des Ruheständlers könnten unter Umständen derartig schwer sein, daß das Verlangen nach Fortzahlung des Ruhegeldes gegen Treu und Glauben verstoße. Die Voraussetzungen, unter denen ein solcher Verstoß angenommen und deshalb dem Zahlungspflichtigen die Weiterzahlung nicht mehr zugemutet werden könne, seien aber wesentlich strenger, als etwa die Voraussetzungen für die fristlose Kündigung eines Dienstvertrags aus wichtigem Grunde. Das Landesarbeitsgericht hat die von den Beklagten geltend gemachten Kündigungsgründe auch unter diesem rechtlichen Gesichtspunkt geprüft und ist dabei zu dem Ergebnis gekommen, daß die dem Kläger gemachten Vorwürfe noch nicht einmal zur fristlosen Kündigung eines Dienstvertrags ausreichen würden, also erst recht keinen Grund abgeben können, das Klagbegehren als gegen Treu und Glauben verstoßend anzusehen. Ohne Grund glaubt die Anschlußrevision in diesen Ausführungen eine die Beklagten beschwerende Verletzung des § 242 BGB. finden zu können. Dem Landesarbeitsgericht ist darin beizutreten, daß der das gesamte Gebiet des Rechts beherrschende Grundsatz von Treu und Glauben gegebenenfalls es als unerträgliche Zumutung an den früheren Arbeitgeber erscheinen lassen kann, einem Ruheständler, der sich in schwerer Weise gegen ihn vergangen hat, das Ruhegeld weiterzuzahlen. Ob auch Verfehlungen, die schon während der Dienstzeit begangen, aber erst nachträglich an den Tag gekommen sind, hierzu ausreichen, oder ob in solchen Fällen der Arbeitgeber auf die Anfechtung des Ruhegeldvertrags beschränkt werden muß, kann dahingestellt bleiben. Jedenfalls ist darin kein Rechtsirrtum zu finden, daß das Landesarbeitsgericht nicht schon Verfehlungen für ausreichend hält, die zur fristlosen Kündigung eines Dienstvertrags genügen würden. Der laufende Dienstvertrag bringt eine fortdauernde Berührung beider Vertragsteile mit sich, die in aller Regel ein besonderes gegenseitiges Vertrauensverhältnis voraussetzt. Ein Aushalten des Dienstvertrags ist dem einen wie dem andern Teil regelmäßig dann nicht mehr zuzumuten, wenn dieses Vertrauensverhältnis erheblich gestört ist. Von einem solchen Vertrauensverhältnis kann dann nicht mehr die Rede sein, wenn irgendwelche Dienste nicht mehr zu leisten sind und nur noch eine einseitige Verpflichtung zu regelmäßigen Zahlungen besteht.

Danach ist die Revision des Klägers begründet, die Anschlußrevision der Beklagten hingegen zurückzuweisen.

RAG. 14, 214.

Ist ein Handlungsgehilfe, der beim Dienstherrn neben Barlohn tarifgemäß Kost und Wohnung empfängt, im Falle einer Krankheit, während deren er sich ohne besondere Notwendigkeit im Elternhause hat verpflegen lassen, berechtigt, vom Dienstherrn für die nicht in Anspruch genommene Bekostigung und Wohnung Barentschädigung in Höhe des Lohnunterschieds bei Anstellung ohne Unterhalt und mit solchem zu fordern?

BGB. §§ 616, 617. HGB. § 69.

Reichsarbeitsgericht. Urt. v. 22. September 1934.

I. Arbeitsgericht Berlin. — II. Landesarbeitsgericht daselbst.

Die Klägerin, die in der Bäckerei der Beklagten als Verkäuferin unter Gewährung von Kost und Wohnung angestellt war, bezog vereinbarungsgemäß ein Monatsgehalt von 120 RM, auf das für Kost und Wohnung 52 RM in Abzug gebracht wurden, und Umsatzprovision. Streitig unter den Parteien ist, ob sie für die Zeit vom 11. September bis 15. Oktober 1933, in der sie wegen einer Erkrankung im Elternhause verpflegt worden ist, für die nicht in Anspruch genommenen Naturalleistungen der Beklagten Barvergütung verlangen kann. Die Klägerin fordert solche in Höhe von 41,01 RM, nachdem ihr die Beklagte für die Monate September und Oktober 1933 156,50 RM ausgezahlt hat.

Entsprechend dem Antrag der Beklagten hat das Arbeitsgericht die Klage abgewiesen, das Landesarbeitsgericht hat auf die Berufung der Klägerin ihr stattgegeben. Die Revision der Beklagten hatte Erfolg aus folgenden

Gründen:

Das Berufungsgericht gibt der Klage auf Grund des für die Parteien maßgebenden Tarifvertrages statt, der die Vergütung der Angestellten nach dem vollen Gehalt bemesse und davon nur bei Gewährung von Kost und Wohnung bestimmte Abzüge zulasse. Damit seien diese Abzüge an die Voraussetzung geknüpft, daß wirklich Kost und Wohnung gewährt würden, und es werde im Streitfalle die Möglichkeit eines solchen Abzugs auf die Krankheitszeit der Klägerin für die Beklagte um deswillen hinfällig, weil die Klägerin während dieser Zeit bei ihren Eltern verpflegt worden, ihr die Annahme von Kost und Wohnung bei der Beklagten also unmöglich gewesen sei.

Diese Erwägungen halten, wie die Revision mit Recht geltend macht, der Nachprüfung nicht stand. Das angefochtene Urteil beachtet nicht, daß, wenn der § 4 des Tarifvertrages zunächst die Löhne in den Bäckereibetrieben festsetzt und in einem späteren Absatz bestimmt, welche Beträge für Gewährung von Kost und Wohnung in Ansatz zu bringen sind, dies nur zahlenmäßige Vorschriften sind, die über den rechtlichen Inhalt der Dienstverträge und die Wesensart eines mit Gewährung von Kost und Wohnung abgeschlossenen Arbeitsvertrages nichts besagen. Lediglich aus dem Inhalt des Dienstvertrages, nicht aber aus dem Tarifvertrag ist also die hier zur Entscheidung stehende Frage zu beurteilen. In dieser Beziehung sagt aber die Revisionsbegründung mit Recht, daß bei Annahme eines Angestellten unter Gewährung von Kost und Wohnung diese im Zweifel, d. h. wenn nicht besondere (hier nicht vorliegende) Gründe für eine andere Auffassung sprechen, einen wesentlichen Vertragsbestandteil derart bildet, daß der Arbeitgeber Wohnung und Kost als Teil der Dienstvergütung zu gewähren hat, der Angestellte aber diesen Teil der Vergütung nur in der vereinbarten Form des Unterhalts verlangen kann. Die Sachlage ist also keineswegs so, daß der Arbeitnehmer Kost und Wohnung sich anderweit beschaffen und statt dessen den vollen tariflichen Barlohn vom Arbeitgeber fordern könnte. Stellt dieser Kost und Wohnung zur Verfügung, so hat der Angestellte in der Regel auch davon Gebrauch zu machen ohne einen Anspruch auf Barentschädigung, wenn er dies nicht tut. Damit ist aber für den Streitfall die Entscheidung ohne weiteres gegeben. Die Klägerin hat sich während ihrer Krankheit zu ihren Eltern begeben, wie nach ihren eigenen Angaben zu unterstellen ist, einmal, um bei der Beklagten Ansteckung zu vermeiden, ferner, um besondere Pflege zu haben. Dem Umstand, daß ihr Zimmer bei der Beklagten angeblich nicht heizbar war, kann angesichts der in Frage kommenden Jahreszeit wohl keine besondere Bedeutung beigemessen werden. Es steht sonach nicht fest, daß für den Wohnungswechsel der Klägerin eine Notwendigkeit bestanden hat. Die Klägerin hat also während der fraglichen Krankheitszeit Kost und Wohnung von anderer Seite empfangen, ohne daß sie behaupten kann, dafür Aufwendungen gehabt zu haben, sie hat auch Unterhaltsgewährung von der Beklagten namentlich in den Formen des § 326 BGB., gar nicht verlangt, und ist daher nicht berechtigt, für ihr während ihrer Krankheit entgangene Naturalleistungen Entschädigung in Geld zu fordern. Daß die Beklagte die Klägerin während der Krankheit nicht habe behalten wollen, behauptet die Klägerin nicht. Die Beklagte hat im Gegenteil die Naturalleistungen auch in der fraglichen Zeit zur Verfügung gehalten. Von einer Unmöglichkeit der Gewährung oder Annahme dieser Leistungen konnte keine Rede sein. Die Beklagte war überdies berechtigt, nach § 617 BGB. die Verpflegung der Klägerin während ihrer Krankheit im Krankenhause herbeizuführen, ohne daß ihr dadurch angesichts der bestehenden Sozialversicherung besondere Unkosten erwachsen wären. Da die Klägerin von keiner dieser Möglichkeiten zum Empfang der vertraglichen Naturalverpflegung Gebrauch gemacht hat, ist das Verlangen der Klägerin nach einer höheren Barentlohnung als der empfangenen demnach unbegründet (vgl. Staub-Bondi HGB. § 63 Anm. 5, Düringer-Hachenburg-Hoeniger HGB. § 63 Anm. 6). Auch aus dem Gesichtspunkt der Bereicherung kann in Ermangelung des gesetzlichen Tatbestandes (§ 812 BGB.) davon keine Rede sein.

RAG. 14, 266.+

Muß der Richter tarifvertragliche Normen kennen? ZPO. § 293.

Reichsarbeitsgericht. Urt. v. 7. November 1934.

I. Arbeitsgericht Berlin. — II. Landesarbeitsgericht daselbst.

Die Kläger sind Angestellte des verklagten Vereins gewesen. Nach dessen Gleichschaltung sind sie fristgemäß zum 30. Juni 1933 gekündigt worden und mit diesem Tage ausgeschieden. Sie berufen sich auf § 3 eines angeblich am 26. April 1932 zwischen dem Beklagten einerseits und drei Angestelltenverbänden andererseits abgeschlossenen Nachtrags zu einem Haustarifvertrag dieser Parteien, wonach Arbeitnehmer, deren Dienstverhältnis aus einem anderen als einem in ihrer Person liegenden wichtigen Grunde gelöst wird, bei ihrem Ausscheiden eine nach der Zahl der Dienstjahre bemessene Abfindung erhalten. Sie nehmen die Abfindung in erster Linie kraft Verbandszugehörigkeit in Anspruch und haben ihrer Höhe nach nicht bestrittene Beträge von zusammen 7246,75 RM mit der Klage gefordert. Der Beklagte hat das Zustandekommen des Tarifnachtrages in Abrede gestellt und für den Fall seines ordnungsmäßigen Abschlusses eine Reihe weiterer Einwendungen gegen die Klagansprüche erhoben.

Das Arbeitsgericht hat die Kläger für den Abschluß des Tarifnachtrages als beweisfällig angesehen, jedoch auch die übrigen Einwendungen gegen die Klage durchgreifen lassen. Das Berufungsgericht hat nach Zeugenvernehmung und nach Einholung von Auskünften über den Abschluß des Nachtrages ohne Erörterung der sonstigen Einwendungen des Beklagten die Berufung der Kläger zurückgewiesen.

Die Revision der Kläger ist zurückgewiesen aus folgenden

Gründen:

. . . Das Berufungsgericht stellt auf Grund eingehender Würdigung des Ergebnisses einer Beweisaufnahme und der von Amts wegen angestellten Ermittlungen fest, daß ein . . . gültiger schriftlicher Tarifvertragsnachtrag mit dem die Grundlage der Klagansprüche bildenden § 3 über die eingeklagte Abfindung nicht nachgewiesen ist, und gelangt schon aus diesem Grunde ohne Erörterung der sonstigen Einwendungen gegen die Klage zu ihrer Abweisung.

Mit der Revision behaupten die Kläger, von ihrem zum Zeugnis darüber bereiten Prozeßbevollmächtigten sei inzwischen eine von dem Beklagten und zunächst von dem Zentralverband der Angestellten, dann auch von den beiden andern im Tatbestand genannten Arbeitnehmerverbänden unterzeichnete Urkunde, — die also eine formgerecht abgeschlossene Tarifvereinbarung darstellen würde —, bei der Deutschen Angestelltenschaft, Hauptamt für Fach- und Betriebsgruppen, Reichsfachgruppe Versicherung, festgestellt und eingesehen worden. Sie regen an, die Urkunde von dort einzufordern, und halten dies in der Revisionsinstanz noch für geboten, da nach herrschender, auch vom Reichsarbeitsgericht vertretener Auffassung der arbeitsvertragliche Bedingungen regelnde sogenannte normative Teil eines Tarifvertrages objektives Recht bilde, welches der Richter zu kennen habe und für dessen Nachweis die sich darauf stützende Partei daher nicht als beweisfällig angesehen werden dürfe.

Die Revisionsrüge ist verfehlt. Allerdings bildet der normative Teil eines Tarifvertrages eine objektive Rechtsform im Sinne der §§ 549, 550 ZPO., deren Nichtbeachtung einen Revisionsgrund abgibt. Dies ist in der bis zum Inkrafttreten des § 65 des Gesetzes zur Ordnung der nationalen Arbeit vom 20. Januar 1934 (AOG.) in Geltung gewesenen Fassung des § 73 ArbGG. dadurch ausdrücklich klargestellt worden, daß als Revisionsgrund dort auch die Nichtanwendung oder unrichtige Anwendung einer die Regelung der einzelnen Arbeitsverträge betreffenden Bestimmung eines Tarifvertrages bezeichnet worden ist. Die Revision übersieht aber, daß der Richter vom inländischen Rechte nur das formelle Gesetzesrecht, das von verfassungsmäßig bestellten staatlichen Organen ergangen und bekannt gemacht worden ist, zu kennen hat, daß ihm dagegen das aus anderen Rechtsquellen geflossene objektive Recht, wenn er es nicht kennt, nachgewiesen werden muß. Das folgt aus dem in seiner Bedeutung von der Revision verkannten § 293 ZPO., wonach außer dem Recht des Auslandes die Gewohnheitsrechte und Statuten des Beweises nur insoweit nicht bedürfen, als sie dem Richter bekannt sind. Der Richter braucht zwar, wie Satz 2 des § 293 zeigt, bei Ermittlung solcher ihm unbekannten Rechtsnormen sich, entgegen dem für Tatsachenbehauptungen geltenden sogenannten Verhandlungsgrundsatz, nicht auf die von den Parteien beigebrachten Nachweise zu beschränken, sondern kann auch andere Erkenntnisquellen benutzen und, wie es das Berufungsgericht durch Einholung von Auskünften getan hat, zum Zwecke einer solchen Benutzung das Erforderliche anordnen. Er mag auch gehalten sein, ihm bekannt gewordene und zugängliche Erkenntnisquellen zu benutzen. Doch braucht er zur Ermittlung von Gewohnheitsrechten und Statuten nicht einmal das richterliche Fragerecht auszuüben. Er kann vielmehr erwarten, daß ihm von der Partei selbst der Nachweis jener Rechtsnormen erbracht wird. Unter den im § 293 genannten „Statuten" ist nun im Gegensatz zu dem von staatlichen Organen ausgehenden formellen Gesetzesrecht das durch autonome Rechtsbildung geschaffene objektive Recht zu verstehen, welches von nichtstaatlichen Verbänden kraft besonderer Befugnis gesetzt ist. Darunter fällt das im normativen Teil des Tarifvertrages von den Tarifvertragsparteien auf Grund ihrer auf der Tarifvertragsverordnung beruhenden Befugnis mit Wirkung für Dritte gesetzte Recht. Tarifnormen müssen also dem Richter von der Partei nachgewiesen werden. . . .

. . .

RAG. 14, 299.

Haftet der Erlaubnisinhaber aus § 33 a RGewO. für Gehaltsansprüche der Angestellten der Schaustellung aus ihrem Vertrag mit dem mit dem Erlaubnisinhaber nicht personengleichen Schaustellungsunternehmer?

RGewO. § 33 a.

Reichsarbeitsgericht. Urt. v. 5. Dezember 1934.

I. Arbeitsgericht Berlin. — II. Landesarbeitsgericht daselbst.

Die U.-Betriebs-G.m.b.H. hatte durch Vertrag vom 11. Oktober 1933 den Direktoren L. und F. einen Raum ihres Cafés in Berlin zur Veranstaltung von Kabarettvorstellungen überlassen. Die Direktoren verpflichteten sich, von den von ihnen engagierten Künstlern einen Revers unterschreiben zu lassen, daß sie ausschließlich bei ihnen beschäftigt seien und keine Ansprüche gegen die Betriebsgesellschaft stellen können. Nach Liquidation der Betriebsgesellschaft trat der Beklagte B. durch Erklärung vom 19. Dezember 1933 in den Vertrag ein.

Die Kläger wurden im Winter 1933/34 von L. und F. für die Kabarettvorstellungen engagiert. Sie verlangen ihre Gagenrückstände außer von den Direktoren und der Betriebs-G.m.b.H. als Gesamtschuldner auch von dem Beklagten aus Vertrag, weil er die Spielerlaubnis von der Polizeibehörde nachgesucht habe, und aus § 826 BGB. Beide Vorinstanzen haben die Klage abgewiesen. Die Revision hatte keinen Erfolg.

Gründe:

Das Bühnenoberschiedsgericht hat in verschiedenen Entscheidungen, so vom 23. April 1929 (Arch. f. Urh.-, Film- und Theaterrecht II 475) und vom 20. Mai 1930 in der Fachzeitschrift „Der neue Weg" 1932 Nr. 2 S. 42, den Standpunkt vertreten, daß der Inhaber der Betriebserlaubnis nach § 32 RGewO. den verpflichteten Künstlern neben dem Unternehmer gesamtschuldnerisch hafte, wenn Unternehmer und Erlaubnisinhaber nicht die gleichen Personen sind, weil er bei den Künstlern den Glauben erwecke, daß die Konzession für dieses Unternehmen ihm übertragen sei und daß sie deshalb zu ihm in persönliche Beziehungen treten. Anders läge die Sache, wenn der Konzessionsinhaber ausdrücklich die Haftung gegenüber den Angestellten abgelehnt habe. Das Handbuch des deutschen Theater-, Film-, Musik- und Artistenrechts von Dienstag und Elster S. 446/447 meint, daß diese Rechtsprechung weniger juristischen Argumenten als wirtschaftlichen Erwägungen ihre Entstehung verdanke, da sonst die Vorschrift des § 32 ihrer wesentlichen Wirkung beraubt werde. Kutzer in seinem „Dienstrecht der Bühnenmitglieder" S. 78 lehnt die Rechtsprechung des Oberschiedsgerichts ab, da es keine Verträge zu Lasten Dritter gebe. Dienstag und Elster dehnen sie ohne Begründung auf die Betriebserlaubnis aus § 33 a RGewO. aus, der die Veranstaltung von Vorstellungen ohne höheres künstlerisches Interesse betrifft.

Aus beiden Bestimmungen erwächst an sich keine privatrechtliche Beziehung zwischen dem Erlaubnisinhaber und dem Angestellten der Schaustellung. Denn die gewerbepolizeiliche Erlaubnis dient der Wahrung der öffentlichen Belange, auch soweit sie die finanzielle Zuverlässigkeit des Gesuchstellers voraussetzt und Kautionsstellung ausbedingt. Die Polizeibehörde schließt nicht mit dem Konzessionär einen Vertrag zu Gunsten der Angestellten, sondern die Erlaubniserteilung bleibt ein obrigkeitlicher Akt. Die Angestellten erwerben weder gegenüber der Verwaltungsbehörde noch gegenüber dem Erlaubnisinhaber einen Anspruch auf die Kaution; die Polizeibehörde verfügt über sie nach pflichtgemäßem Ermessen. Deshalb hat auch die erst später erlassene Verfügung des Präsidenten der Reichstheaterkammer vom 16. Juli 1934, abgedruckt in der vorgelegten Nummer 17 des 1. Jahrgangs „Die Deutsche Artistenwelt" S. 2, die die Erlaubnis zur Eröffnung eines Unternehmens nach § 33a RGewO. von der Hinterlegung einer Sicherheit abhängig gemacht hat, an dem öffentlichrechtlichen Charakter der Konzession nichts geändert.

Auch das Bühnenoberschiedsgericht stützt seine Entscheidungen nicht auf einen mit der Erlaubniserteilung verbundenen Privatvertrag zwischen Polizeibehörde und Gesuchsteller, sondern auf ein vertragsähnliches Verhältnis zwischen Erlaubnisinhaber und Angestellten, das dadurch entsteht, daß der Konzessionär sich nach außen in dem Bewußtsein, die Angestellten dadurch vertragsgeneigt zu machen, als Vertragsgegner geriert und die Angestellten mit dem erkennbaren Willen, in ein Vertragsverhältnis zu dem Kozessionär zu treten, den Vertrag mit dem Zwischenunternehmer abschließen. Es fragt sich, ob es zu einem derartigen vertragsähnlichen Verhältnis genügt, daß nach Treu und Glauben aus den Umständen die Vertragsbereitschaft des Erlaubnisinhabers und der Vertragswille des Angestellten zu entnehmen ist. Keinesfalls kann der gute Glaube des Arbeitnehmers allein, daß er es mit dem Erlaubnisinhaber als Vertragsgegner zu tun habe und von ihm seinen Lohn fordern könne, den Anspruch begründen (Urt. RAG. 5/34 vom 14. März 1934).

Nun kommt aber bei § 33 a RGewO. im Gegensatz zu § 32 hinzu, daß die Konzession nicht nur dem Veranstalter der Vorstellungen, sondern auch dem Rauminhaber erteilt werden kann. Der Inhaber der Erlaubnis aus § 33 a RGewO. tritt also nach außen nicht wie der Konzessionär nach § 32 RGewO. schlechthin als der Veranstalter in die Erscheinung, bei ihm müssen vielmehr noch besondere Umstände hinzukommen, um diesen Anschein zu erwecken. Solange diese fehlen, muß der Angestellte damit rechnen, daß der Rauminhaber die Erlaubnis nur als solcher erworben hat und daß sich ein Veranstalter dazwischen schiebt; er kann nicht stillschweigende Vertragsbereitschaft des konzessionierten Rauminhabers voraussetzen und kann infolgedessen auch nicht ohne besonderen Anlaß seinen Vertragswillen auf die Bindung des Rauminhabers richten. Der Angestellte würde sich auch mit Recht dagegen verwahren, daß der Rauminhaber als solcher Rechte aus dem Angestelltenvertrag, so etwa das Kündigungsrecht gegenüber dem Angestellten, geltend machen würde. Es ist hier nicht zu untersuchen, wie weit nach der vorerwähnten Anordnung der Reichstheaterkammer in Zukunft auch von dem Rauminhaber, der nicht selbst Veranstalter ist, Sicherheit zu verlangen ist, wie der Begriff der „in seinem Unternehmen beschäftigten Personen", abzugrenzen ist und ob aus der Kautionsstellung im einzelnen Falle eine Vertragsbereitschaft in dem erörterten Sinne entnommen werden kann. Der Beklagte war nicht nur gegenüber den Angestellten der Schaustellung nicht vertragsbereit, wie die Forderung der ausdrücklichen Haftungsausschließung im Vertrag vom 11. Oktober 1933 beweist, sondern hat auch weder durch Kautionsstellung noch durch andere besondere Umstände sich als vertragsbereit geriert, so daß die Angestellten aus seinem Verhalten wenigstens die stillschweigende Anerkennung einer bürgschaftsähnlichen Verpflichtung hätten entnehmen können. Das Berufungsgericht konnte deshalb auch von einer Beweiserhebung darüber absehen, ob die Direktoren die Kläger ausdrücklich auf den Haftungsausschluß des Beklagten hingewiesen haben.

Aus dem gleichen Grunde wie die vertragliche Haftung des Rauminhabers muß die Deliktshaftung aus § 826 BGB. im allgemeinen verneint werden. Denn solange der konzessionierte Rauminhaber nicht nach außen als Veranstalter der Schaustellung auftritt, kommt eine sittenwidrige Täuschung der Angestellten über die Person ihres Vertragsgegners nicht in Frage. Zudem spricht die Aufnahme der Bedingung in den Vertrag vom 11. Oktober 1933, daß die Angestellten auf den Ausschluß aller Ansprüche gegen die Beklagten hinzuweisen wären, dagegen, daß der Beklagte den Angestellten durch eine Verschleierung der Rechtslage Schaden zufügen wollte.

Die Revision will die Anwendbarkeit des § 826 BGB. noch besonders daraus herleiten, daß es der Beklagte unterlassen hat, die Kläger rechtzeitig auf die wirtschaftliche Unzuverlässigkeit der Direktoren aufmerksam zu machen oder diesen die Spielerlaubnis rechtzeitig zu entziehen. Abgesehen von der Frage, ob dem Beklagten als konzessioniertem Rauminhaber die Rechtspflicht oblag, die Angestellten des Schaustellungsunternehmens zu warnen, kann die Revision mit diesem Angriff aus tatsächlichen Gründen nicht durchdringen, weil das Berufungsgericht festgestellt hat, daß der Gagenausfall für die letzten 14 Tage auch durch einen rechtzeitigen Hinweis des Beklagten nicht vermieden worden wäre.

RAG. 14, 316.+

Genießen den Schutz nach §§ 1 flg. KündSchG. auch Angestellte, die nach § 10 AngVersG. („vorübergehende Dienstleistungen") versicherungsfrei sind?

Gesetz über die Fristen für die Kündigung von Angestellten vom 9. Juli 1926 §§ 1, 2 (RGBl. I S. 399) AngVersGesetz § 10.

Reichsarbeitsgericht Urt. v. 23. Januar 1935.

I. Arbeitsgericht Halberstadt. — II. Landesarbeitsgericht daselbst.

Der Kläger, der als Landwirt nach eigener, nicht bestrittener Angabe etwa 15 Morgen bewirtschaftet, ist 1892 vom Landrat als Trichinenschauer „angestellt" worden. Durch Verfügung vom 28. April 1903 wurde ihm von demselben Landrat die Schlachtvieh- und Fleischbeschau übertragen, und zwar ausdrücklich „auf Widerruf". Als Entgelt für seine Tätigkeit durfte er die Beschaugebühr von den Tierbesitzern erheben und behalten, nur die Zuschläge für die Ergänzungsbeschaukasse hatte er abzuführen. Durch Schreiben des Landrats vom 8. August 1933 wurde er unter Hinweis auf die am 9. Juni 1933 verordnete Änderung der Ausführungsbestimmungen betr. die Schlachtvieh- und Fleischbeschau, einschließlich der Trichinenschau, bei Schlachtungen im Inland (im folgenden kurz ABl.) — MBliV. 1933 Teil II S. 351 —, da er bereits 69 Jahre alt war und somit die neueingeführte Altersgrenze von 65 Jahren beträchtlich überschritten hatte, mit sofortiger Wirkung entlassen. Er meint, es habe ihm eine Kündigungsfrist zugestanden a) nach §§ 620, 621 BGB., b) nach dem Gesetz vom 9. Juli 1926 über die Fristen für die Kündigung von Angestellten (kurz KündSchG., — RGBl. I S. 399 —), c) nach Treu und Glauben; der Beklagte müsse ihm deshalb Ersatz für die ihm während dieser Kündigungsfrist entgangenen Einnahmen leisten. Mit der Klage wird Ersatz des Einnahmeausfalls in Höhe von 400 RM verlangt. Das Arbeitsgericht hat die Klage abgewiesen, das Landesarbeitsgericht hat ihr stattgegeben. Die Revision führte zur Wiederherstellung des ersten Urteils.

Gründe:

...

Durch die Vereinbarung der sog. „entfristeten Kündigung" können aber die zwingenden Schutzbestimmungen des KündSchG. nicht außer Kraft gesetzt werden. Es fragt sich also, ob das Arbeitsverhältnis des Klägers diesem Gesetz unterfiel.

Nach § 1 des Gesetzes finden seine Vorschriften Anwendung auf Angestellte, die nach § 1 des Versicherungsgesetzes für Angestellte — kurz: AngVersG. — versicherungspflichtig sind oder sein würden, wenn ihr Jahresarbeitsverdienst die Gehaltsgrenze nach § 3 des zuletzt genannten Gesetzes nicht überstiege. Grundsätzlich deckt sich also der Kreis der anstellungsversicherungspflichtigen Personen mit dem Kreis der den Kündigungsschutz des Gesetzes vom 9. Juli 1926 Genießenden, aber doch nur im Grundsatz. Eine völlige Übereinstimmung besteht insofern, als der Begriff des Angestellten in beiden Gesetzen derselbe ist: wer Angestellter im Sinn des AngVersG. ist, ist auch Angestellter im Sinne des KündSchG. Die Angehörigen aller der Berufsgruppen, die vom Reichsarbeitsminister gemäß der ihm in § 1 Abs. 4 AngVersG. erteilten Ermächtigung als in den Kreis des § 1 Abs. 1 fallend bezeichnet werden, sind auch Angestellte im Sinne des KündSchG., womit allerdings, wie alsbald näher zu erörtern sein wird, noch keineswegs gesagt ist, daß ihnen damit ausnahmslos auch der Schutz des KündSchG. gebührt. Fleischbeschauer und Trichinenschauer gehören nach A XVIII Nr. 1 des „Berufskatalogs" vom 8. März 1924 (RGBl. I S. 274, 278) zu den Angestellten im Sinne des § 1 Abs. 1 Nr. 2 — technischen Angestellten — des AngVersG.

Es sind aber nicht alle Personen, die Angestellte im Sinn des § 1 AngVersG. sind, unter allen Umständen angestelltenversicherungspflichtig. Abgesehen von der allgemeinen Altersgrenze des § 1 Abs. 3 AngVersG. — vollendetes 60. Lebensjahr beim Eintritt in die versicherungspflichtige Beschäftigung — und der allgemeinen Jahresarbeitsverdienstgrenze des § 3 AngVersG. — nach der Vo. vom 10. August 1928 RGBl. I S. 374 mehr als 8400 RM — enthalten die §§ 5 flg. eine Reihe von Ausnahmen von der Versicherungspflicht. Es fragt sich, ob und etwa inwieweit die danach sich ergebende Versicherungsfreiheit eines Angestellten von Bedeutung ist für die Anwendung des KündSchG. Das Reichsarbeitsgericht hat schon im Urteil vom 27. Oktober 1928 RAG. 138/28 (abgedruckt in der amtl. Sammlung Bd. 2 S. 276, auch ArbRSamml., früher BenshS., Bd. 4 S. 164) in bezug auf die §§ 11—22 AngVersG. entschieden, daß durch die hier festgelegten Tatbestände, in denen eine Befreiung von der Versicherungspflicht eintritt, insbesondere den Bezug von Ruhegeld aus der Angestelltenversicherung (§ 13), die Anwendung des KündSchG. nicht ausgeschlossen wird. Es ist in diesem Urteil dargelegt, daß die Fassung des § 1 KündSchG. ungenau ist und daß die Vorschrift so zu verstehen ist, wie es für den Bereich des Betriebsrätegesetzes in § 12 deutlicher ausgesprochen ist, wonach Angestellte im Sinne dieses Gesetzes die Personen sind, die eine der in § 1 Abs. 1 AngVersG. angeführten Beschäftigungen gegen Entgelt ausüben, auch wenn sie nicht versicherungspflichtig sind. Entscheidend für diese Auslegung sei der Wortlaut des § 1 KündSchG., der nur von Versicherungspflicht im Sinne des § 1 AngVersG. spreche und daher Personen nicht ausschließe, die nach diesem § 1 versicherungspflichtig und nur nach anderen Vorschriften des AngVersG. (§§ 11—22) von der Beitragspflicht befreit seien.

Im vorliegenden Falle kommt nicht eine der in diesem Urteil aufgeführten Befreiungsvorschriften (§§ 11—22) in Frage, sondern der Befreiungsgrund des § 10 (§ 7 alter Fassung). Nach dieser Vorschrift bleiben vorübergehende Dienstleistungen unter den Voraussetzungen frei, die vom Reichsarbeitsminister (mit Zustimmung des Reichsrats) bestimmt werden.

Die Dienstleistungen des Klägers waren vorübergehende im Sinne des Gesetzes. . . .

Während aber, wie im Urteil vom 27. Oktober 1928 entschieden, die Versicherungsfreiheit, die auf einem der in §§ 11—22 aufgeführten Grund beruht, die Anwendung des KündSchG. nicht ausschließt, muß das Gegenteil von den dem inneren Wesen nach anders gestalteten Befreiungsgründen der §§ 8—10 angenommen werden. Es handelt sich hier um die Beschäftigung eines Ehegatten durch den andern (§ 8), um die nur gegen freien Unterhalt ausgeübte (§ 9) und endlich um die nur im vorübergehenden Dienstleistungen bestehende Beschäftigung (§ 10). Alle drei Gruppen fallen aus dem Rahmen der regelmäßigen, die wirtschaftliche Lebensgrundlage des Beschäftigten bildenden unselbständigen Arbeit heraus. Die Beschäftigung eines Ehegatten durch den andern, auch wenn ihr ein förmlicher Arbeitsvertrag zugrundeliegt, wird durch das Familienverhältnis wesentlich beeinflußt. Eine Beschäftigung lediglich gegen freien Unterhalt wird zumeist ebenfalls auf besonderen persönlichen Beziehungen beruhen. Vorübergehende Dienstleistungen sind ihrer Natur nach — anders als regelmäßige, sei es auch nur nebenher betätigte Beschäftigung — nicht geeignet, dem Beschäftigten eine sichere wirtschaftliche Grundlage zu bieten. In allen drei Fällen tritt die besondere Lage des Angestellten, die dem Gesetzgeber eine erhöhte Fürsorge in Gestalt eines besonderen Kündigungsschutzes angezeigt erscheinen ließ, stark in den Hintergrund: die Gefahr, nach Verlust der bisherigen lebenswichtigen Einkommensquelle in der verhältnismäßig kurzen gesetzlichen Kündigungsfrist eine andere gleichwertige Verdienst- und damit Lebensmöglichkeit zu finden, und die Aussicht, diese Gefahr zu verringern durch Gewährung einer längeren Kündigungsfrist, die der Gekündigte zum Aufsuchen einer Ersatzstellung benutzen kann. Dabei ist im Auge zu behalten, daß die Kündigungsfrist an sich nur zur Beschaffung einer wesentlich gleichwertigen, nicht aber auch einer nach ihrer Art und ihren Bedingungen von Grund aus verschiedenen Ersatzbeschäftigung gewährt wird. Der gekündigte Ehegatte wird in aller Regel einen familienrechtlichen Unterhaltsanspruch gegenüber dem andern haben, vor allem aber kommt bei ihm die Aufsuchung einer der gekündigten gleichgearteten Beschäftigung nicht in Frage. Auch die Arbeit nur gegen freien Unterhalt ist keine typische, mit größerer oder geringerer Mühe überall auffindbare, jederzeit vertauschbare Existenzmöglichkeit, und dies gilt in gewissem Umfange auch für gering bezahlte vorübergehende Dienstleistungen, bei denen zudem als besonders schwerwiegender Unterschied von der regelmäßigen Angestelltenbeschäftigung der Umstand hervortritt, daß sie dem Beschäftigten immer nur einen Teil seines notwendigen Lebensbedarfs bieten, der Verlust dieser Verdienstmöglichkeit also nicht wie sonst die ganze wirtschaftliche Existenz in Frage stellt.

Die Gründe also, die nach dem Urteil des Reichsarbeitsgerichts vom 27. Oktober 1928 dazu führen müssen, Versicherungsfreiheiten nach den §§ 11—22 des AngVersG. als belanglos für die Anwendbarkeit des KündSchG. zu betrachten, treffen für Fälle der §§ 8—10 nicht zu. In diesen entfällt mit der Versicherungspflicht zugleich der Schutz des KündSchG. Der Kläger kann sich also auch auf dieses Gesetz nicht berufen. Die ihm gegenüber ausgesprochene Kündigung vom 8. März 1933 hat somit sein Anstellungsverhältnis als Trichinenschauer und Fleischbeschauer alsbald zur Auflösung gebracht, irgendein Vergütungsanspruch steht ihm für die über den 8. August 1933 hinausgehende Zeit nicht zu. Das Arbeitsgericht hat daher seine Klage mit Recht abgewiesen.

RAG. 14, 337.+

Können Unregelmäßigkeiten in der Geschäftsführung von einem neuen Vereinsvorstand noch als außerordentlicher Kündigungsgrund gegen den Geschäftsführer geltend gemacht werden, wenn der frühere Vereinsvorstand trotz ihrer Kenntnis den Anstellungsvertrag verlängert hatte?

. . .

BGB. §§ 323, 626.

Reichsarbeitsgericht. Urt. v. 9. Februar 1935.

I. Arbeitsgericht Berlin. — II. Landesarbeitsgericht daselbst.

Kläger war bei dem Beklagten als Hauptgeschäftsführer angestellt. Durch Vertrag vom 27. November 1933 wurde sein Dienstverhältnis bis zum Ablauf des Jahres 1935 verlängert. Durch Verfügung des Reichsministers des Innern vom 5. Dezember 1933 wurde die Neuorganisation und Gleichschaltung der Deutschen Tierschutzvereine angeordnet. Zum Führer des Reichstierschutzbundes wurde Ministerialdirektor Dr. B. bestellt. Er enthob mit Schreiben vom 3. März 1934 mit sofortiger Wirkung den Kläger bis auf weiteres von seinem Amt als

Geschäftsführer des Beklagten und bestellte AGRat M. zum kommissarischen Leiter des Beklagten. Im Auftrage des M. wurde dem Kläger am 16. Mai 1934 mitgeteilt, daß in der Vorstandssitzung des Beklagten vom 3. Mai 1934 die fristlose Entlassung des Klägers beschlossen und daß in der Hauptversammlung des Beklagten vom 14. Mai 1934 die Wahl des M. zum Vorsitzenden bestätigt worden sei.

Kläger verlangte Fortzahlung seines Gehalts bis Dezember 1935. Der Beklagte wendete ein, daß der Kläger aus wichtigem Grunde entlassen worden sei. Er habe einen Verlust des Vereins von etwa 80000 RM durch die Duldung einer unzulässigen Verwendung von Vereinsmitteln durch den früheren Vereinsschatzmeister H. und durch die Vernachlässigung der ihm nach der Geschäftsordnung obliegenden Aufklärungspflicht gegenüber den Mitgliedern des Vorstandes mitverschuldet, habe als Geschäftsführer des Vereins sich unlauterer Reklamemaßnahmen bedient, habe gegen Personen, die außerhalb seines Vereins sich dem Tierschutz widmeten, eine unbegründete Anzeige an die geheime Staatspolizei erstattet und habe sich bei verschiedenen Gelegenheiten als wenig tierfreundlich gezeigt. Deshalb habe der vom Innenminister eingesetzte Führer des Deutschen Tierschutzes die weitere Beschäftigung des Klägers beim Beklagten entschieden abgelehnt. Dadurch sei der Kläger selbst nach § 323 BGB. an der Leistung der übernommenen Vertragspflicht gehindert gewesen.

Beide Vorinstanzen verurteilten den Beklagten nach Klagantrag. Die Revision des Beklagten hatte keinen Erfolg.

Gründe:

Es kann dahingestellt bleiben, ob die Revision mit Recht rügt, daß die Vertragsbestimmungen vom Berufungsgericht unbeachtet geblieben sind, wonach der Geschäftsführer zur Abstellung von Unregelmäßigkeiten, Berichterstattung an den Vorsitzenden und vornehmlich zur besten Wahrnehmung der Vereinsinteressen verpflichtet war. Denn es handelt sich hier nicht um die Frage einer etwaigen Haftung des Klägers für die Schädigung des Vereinsvermögens, sondern um die Geltendmachung des außerordentlichen Kündigungsgrundes. Dieser war aber, auch wenn er aus der gerügten Pflichtverletzung des Klägers zu entnehmen war, durch die Verlängerung des Anstellungsvertrages am 27. November 1933 ausgeräumt. Der Vorsitzende des Vereins und diejenigen Vorstandsmitglieder, die an den Sitzungen vom 29. Februar 1932 und 16. Oktober 1933 teilgenommen hatten, waren über die vorgekommenen Unregelmäßigkeiten in der Verwendung des Vereinsvermögens und über die Tätigkeit des Klägers bei dieser Geschäftsgebarung unterrichtet. Wenn sie trotzdem den Anstellungsvertrag des Klägers verlängert haben, haben sie namens des Vereins darauf verzichtet, daraus einen außerordentlichen Kündigungsgrund gegen den Kläger herzuleiten. Der Verein muß sich, wie das Berufungsgericht zutreffend ausgeführt hat, die Kenntnis auch nur eines Teils der zu seiner Vertretung berufenen Personen als Wissen der Gesamtvertretung zurechnen lassen. Der in § 171 Abs. 3 ZPO. für Zustellungen zum Ausdruck kommende Rechtsgedanke, kraft dessen Willenserklärungen einem von mehreren Kollektivvertretern gegenüber mit Wirkung für die vertretene Person abgegeben werden können und Kenntnis einer Tatsache auf seiten eines Kollektivvertreters genügt, um Kenntnis der vertretenen Person anzunehmen, hat nicht nur im Verfahren Rechtsgeltung (RGZ. Bd. 53 S. 230, 231, JW. 1911 S. 1012 Nr. 2, 1914 S. 399 Nr. 1). Dazu kommt, daß nach der Satzung des Beklagten der Vorsitzende allein den Verein in allen Rechtsangelegenheiten zu vertreten hat. Er hat, wie der Beklagte nicht bestritten hat, bei der Verlängerung des Anstellungsvertrags mit dem Kläger die Vorgänge gekannt. Demgegenüber kann es nicht darauf ankommen, ob auch der nunmehrige Vorsitzende zur Zeit der Verlängerung des Anstellungsvertrags über den Hergang im Bilde war und wie sich der Verein zu dem eigentlichen Urheber der Vereinsverluste, dem damaligen Schatzmeister H., verhielt.

. . .

RAG. 14, 356.+

Muß bei einer auf Grund des § 123 Abs. Ziff. 8 RGewO. vorgenommenen Entlassung die Unfähigkeit zur Fortsetzung der Arbeit noch zu der Zeit bestehen, in welcher die Entlassung ausgesprochen wurde?

§ 123 Abs. 1 Ziff. 8 RGewO.

Reichsarbeitsgericht. Urt. v. 20. Februar 1935.

I. Arbeitsgericht Ludwigshafen. — II. Landesarbeitsgericht Frankenthal.

Der Kläger stand seit dem 15. November 1932 bei der Beklagten in Arbeit. Am 14. November 1933 kam er in Schutzhaft. Am 30. November wurde die Schutzhaft bis zum 6. Dezember wegen eines Trauerfalls in der Familie unterbrochen. Der Kläger wurde angewiesen, sich am 7. Dezember vormittags wieder an der Schutzhaftstelle zu melden. Am 5. Dezember erschien der Kläger am Eingang des Werks, um sich wieder in Arbeit zu melden. Dort eröffnete ihm der Pförtner, daß er

Auftrag habe, ihn nicht einzulassen. Am 7. Dezember wurde die Schutzhaft aufgehoben.

Der Kläger sieht in den Vorgängen keine fristlose Entlassung, die die Beklagte ausgesprochen haben will, hält eine solche auch nicht für gerechtfertigt und verlangt Lohnzahlung für 20 Wochen.

Arbeitsgericht und Landesarbeitsgericht haben die Klage abgewiesen. Der Revision ist stattgegeben worden aus folgenden

Gründen.

Der Kläger ist gewerblicher Arbeiter. Das Berufungsgericht hält den Tatbestand des § 123 Abs. 1 Ziff. 8 RGewO. für gegeben; es meint, durch die Schutzhaft sei der Kläger auch noch am 5. Dezember zur Arbeit unfähig gewesen und durch das Verhalten des Pförtners sei die fristlose Entlassung unzweideutig ausgesprochen, sie sei vom Kläger als solche auch richtig erkannt worden.

. . .

Zweifel können bestehen, ob das Berufungsgericht in verfahrensrechtlich einwandfreier Weise festgestellt hat, daß am 5. Dezember die Unfähigkeit des Klägers, die Arbeit fortzusetzen, noch bestand.

(Wird ausgeführt.)

Da die Zulässigkeit der fristlosen Entlassung davon abhängt, daß die Unfähigkeit zur Fortsetzung der Arbeit noch zu der Zeit bestand, in welcher die Entlassung ausgesprochen wurde, mußte das Urteil aufgehoben und die Sache an das Berufungsgericht zurückverwiesen werden.

RAG. 15, 27.

Ist die Forderung auf eine Abfindungssumme, die einem noch auf längere Zeit unkündbar Angestellten von dem Dienstherrn als Gegenleistung dafür versprochen wird, daß er in sofortiger Aufhebung des Angestelltenverhältnisses willigt, an dem über das Vermögen des Dienstherrn eröffneten Vergleichsverfahren beteiligt?

VglO. § 2; KO. § 61 Nr. 1.

Reichsarbeitsgericht. Urt. v. 23. Januar 1935.

I. Arbeitsgericht Berlin. — II. Landesarbeitsgericht daselbst.

Der Kläger ist am 12. April 1933 von der Beklagten auf 15 Jahre fest mit einem monatlichen Einkommen von 1400 RM angestellt worden. Schon am 2. Mai 1933 wurde dieses Verhältnis durch eine neue Vereinbarung wieder gelöst: Der Kläger schied mit sofortiger Wirkung aus seiner Stellung aus gegen die Zusage, er solle noch sein volles Maigehalt und weiter eine Abfindung von 25 000 RM erhalten; er hat von der zugesagten Abfindung nur 2000 RM erhalten. Er verlangt im vorliegenden Rechtsstreit von der rückständigen Abfindungssumme den Teilbetrag von 6100 RM.

Mit Rücksicht darauf, daß im Verlauf des Rechtsstreits über das Vermögen der Beklagten das Vergleichsverfahren eröffnet worden ist, wurde auch streitig, ob die Klagforderung vom Vergleichsverfahren ergriffen worden sei. Der Kläger, dem vom Arbeitsgericht der verlangte Betrag zugesprochen worden war, hat deshalb im zweiten Rechtsgang gegenüber dem auf Klagabweisung gerichteten Berufungsantrag der Beklagten seinerseits beantragt, unter Zurückweisung der Berufung die Verurteilung der Beklagten dahin zu fassen, daß die Zahlung unabhängig vom Vergleichsverfahren zu erfolgen habe. Das Landesarbeitsgericht hat diesen letzteren Antrag abgewiesen. Die dagegen gerichtete Revision des Klägers hatte keinen Erfolg.

Gründe:

Die Revision des Klägers richtet sich gegen die Annahme des Landesarbeitsgerichts, daß die eingeklagte Forderung an dem Vergleichsverfahren beteiligt sei. Hierzu fragt es sich, ob die Forderung auf die Abfindungssumme im Konkursfall bevorrechtigt sein würde oder nicht. Als Konkursvorrecht kommt allein das des § 61 Nr. 1 KO. in Betracht. Das Landesarbeitsgericht hat festgestellt, daß der Vertrag vom 2. Mai 1933 auf das Betreiben des Klägers selbst, der der Mißhelligkeiten mit dem damaligen Geschäftsführer der Beklagten und seines eigenen leidenden Gesundheitszustandes wegen um seine Entlassung und Abfindung gebeten habe, abgeschlossen worden sei. Danach, so meint es weiter, liege der Sachverhalt anders, als in dem vom Reichsarbeitsgericht am 21. September 1932 (Bensh. Slg. Bd. 10 S. 101) entschiedenen Fall und es könne nicht wie dort davon gesprochen werden, daß die Abfindung als Entgelt für die Einstellung des Widerstandes gegen eine als unzulässig bekämpfte Kündigung und damit für angebotene, aber nicht geleistete Dienste gewollt gewesen sei. Im übrigen greift die Revison, unter Hinweis auf die bei Bensheimer zu dem Urteil des Reichsarbeitsgerichts gemachten Ausführungen Gerstels die Richtigkeit dieses Urteils überhaupt an. Es braucht an dieser Stelle nicht entschieden zu werden, ob die Einwendungen Gerstels gegen das Urteil vom 21. September 1932 zutreffen oder nicht, denn der Tatbestand, der diesem Urteil zugrunde lag, ist von dem vorliegenden durchaus verschieden. Wenn, wie hier, der Arbeitgeber dem Arbeitnehmer eine Leistung dafür zusagt, daß dieser auf alle Ansprüche aus einem langjährigen Arbeitsvertrag verzichtet, so kann diese Leistung nicht als Lohn oder sonstiger Dienstbezug, auch nicht im weiteren Sinne, gelten. § 61 Nr. 1 KO. hat, wie auch in dem Urteil vom 21. September 1932 betont ist, nur Leistungen im Auge, die im Austauschverhältnis mit Diensten des Arbeitnehmers stehen. Von einem solchen Austauschverhältnis kann nicht die Rede sein, wenn der Wille der Vertragschließenden gerade darauf geht, weitere Ansprüche auf Dienstvergütung gar nicht erst entstehen zu lassen, sondern von vornherein auszuschließen durch eine Aufhebung des Arbeitsverhältnisses. Das dem Kläger am 2. Mai 1933 versprochene Maigehalt mag noch in einem solchen Austauschverhältnis zu angebotenen, aber nicht angenommenen Diensten stehen. Um dieses Gehalt handelt es sich aber hier nicht. Die hier streitigen 25 000 RM waren vielmehr die Gegenleistung allein dafür, daß der Kläger in sofortige Aufhebung des Anstellungsverhältnisses willigte. Es widerspricht den klaren Feststellungen des Landesarbeitsgerichts, wenn die Revision behauptet, die 25 000 RM seien das Entgelt dafür gewesen, daß der Kläger sich noch ein Jahr lang der Beklagten zur Verfügung habe halten sollen. Wenn in der Aussage des Zeugen V. von einem „Ehrenjahr" die Rede ist, so sollte damit offensichtlich nur eine bei Bemessung der Abfindungssumme in Betracht gezogene Erwägung angedeutet werden. Die vom Kläger für die Zeit nach seinem Ausscheiden noch übernommenen Verpflichtungen waren nach der rein tatsächlichen Annahme des Landesarbeitsgerichts nur untergeordnete, zur Höhe der Abfindungssumme in keinem Verhältnis stehende Nebenverbindlichkeiten, während die 25 000 RM ausdrücklich als Gegenleistung für den Verzicht des Klägers auf seine Vertragsrechte bezeichnet werden.

RAG. 15, 37.

Wann ist stillschweigende Vereinbarung der Aufhebung der bisherigen Rechtsverbindlichkeit der Leistung einer Weihnachtsvergütung zwischen Arbeitgeber und Arbeitnehmer anzunehmen?

BGB. §§ 157, 305.

Reichsarbeitsgericht. Urt. v. 13. März 1935.

I. Arbeitsgericht Hagen. — II. Landesarbeitsgericht daselbst.

Der Kläger war seit dem Jahre 1923 bei der Beklagten in Stellung und bezog ein monatliches Gehalt von 305 RM. In den Jahren 1924 bis mit 1930 erhielt er eine Weihnachtsgratifikation in Höhe seines

Monatsgehalts. Mit Schreiben vom 9. Januar 1928 hatte die Beklagte ihren Angestellten gelegentlich einer Verhandlung über eine Lohnerhöhung mitgeteilt, daß sie in den letzten Jahren im Dezember ein Monatsgehalt extra bezahlt habe, daß sie aber bei dieser Gelegenheit bemerken müsse, daß ein Anspruch auf diese Sonderzahlung nicht bestehe und daß sie sich ausdrücklich den ganzen oder teilweisen Fortfall je nach den wirtschaftlichen Verhältnissen vorbehalte. Mit Schreiben vom 27. Dezember 1930 eröffnete sie ihren Angestellten, daß sie unter dem Zwange der wirtschaftlichen Lage die Bezüge ermäßigen müsse und dabei wiederholt darauf aufmerksam mache, daß ein Rechtsanspruch auf Auszahlung der Weihnachtsgratifikation nicht bestehe und daß sie fernerhin nicht mehr in Aussicht gestellt werden könne. Im Jahre 1931 erhielt der Kläger eine Weihnachtsgratifikation in Höhe des halben Monatsgehalts, im Jahre 1932 in Höhe von 30% des Monatsgehalts. Dabei richtete die Beklagte an ihre Angestellten ein Rundschreiben vom 6. Dezember 1932, daß im nächsten Jahre mit keiner Weihnachtsvergütung mehr gerechnet werden dürfe, wenn nicht wesentlich günstigere Verhältnisse eintreten. Diese Mitteilung ließ sie sich von den Angestellten unterschriftlich bestätigen. Auch im Jahre 1933 erhielt der Kläger 30% als Weihnachtsvergütung. Er erhob darauf Klage auf Ergänzung der Vergütung auf ein volles Monatsgehalt.

Das Arbeitsgericht gab der Klage in Höhe einer Verhältniszahl statt, die dem Verhältnis der Ertragssteigerung der Beklagten zwischen den Jahren 1932 und 1933 entsprach. Das Landesarbeitsgericht verurteilte die Beklagte zur Bezahlung des Restes eines vollen Monatsgehalts. Auf die Revision der Beklagten wurden die Urteile der Vordergerichte aufgehoben und die Klage abgewiesen.

Gründe:

Nach der feststehenden Rechtsprechung des Reichsarbeitsgerichts (RAG. Bd. 4 S. 65, Bd. 5 S. 22, Bd. 6 S. 93, Bd. 7 S. 132) entsteht den Angestellten aus mehrjähriger Übung ein Rechtsanspruch auf die Bezahlung der Weihnachtsvergütung, da dann aus den Umständen der dahingehende beiderseitige Vertragswille zu entnehmen ist. Die Ausführungen der Revisionsklägerin geben keinen Anlaß, von dieser Rechtsprechung abzugehen. Es mag sein, wie die Revisionsklägerin betont, daß die Weihnachtsvergütung ursprünglich als freiwillige Belohnung für besondere Dienste der Angestellten gewährt wurde. Die fortgesetzte Übung ohne Vorbehalt und ohne Betonung des Schenkungscharakters der Vergütung berechtigte die Angestellten zu der

Annahme, daß die Hingabe zum Zweck der Erfüllung einer Verpflichtung und mit dem Versprechen der weiteren Erfüllung erfolge. Diese Auffassung lag so nahe, daß auch der Arbeitgeber sich ihr nicht verschließen konnte. Wenn er trotzdem es bei der stillschweigenden Übung ohne eine ausdrückliche Zurückweisung ihrer nächstliegenden Auslegung beließ, so kann er nach Treu und Glauben im Verkehr sich nicht nachträglich darauf berufen, daß er nie den Verpflichtungswillen gehabt habe.

Die gleichen Grundsätze von Treu und Glauben müssen sich aber umgekehrt auch die Angestellten entgegenhalten lassen, wenn sie wiederholte Erklärungen des Arbeitgebers, daß eine Verpflichtung zu der Vergütung nicht anerkannt wird und daß sich der Arbeitgeber deshalb ihre Kürzung oder ihren Ausfall vorbehalte, oder einseitige Kürzungen der Vergütung ohne Widerspruch hinnehmen. Die Beklagte hat dreimal, am 9. Januar 1928, am 27. Dezember 1930 und am 6. Dezember 1932 den Angestellten ausdrücklich eröffnet, daß sie einen Rechtsanspruch auf die Sonderzahlung nicht anerkenne. Sie hat im Jahre 1931 nur 50 %, im Jahre 1932 nur 30 % des Monatsgehalts als Weihnachtsvergütung gezahlt. Die Mitteilung vom 6. Dezember 1932 ließ sie sich von den Angestellten noch unterschriftlich bestätigen. In keinem Falle hat der Kläger Widerspruch erhoben. Gewiß ist der Arbeitgeber nicht befugt, ein einmal entstandenes Recht des Arbeitnehmers ihm einseitig wieder zu entziehen. Wenn aber der Arbeitnehmer der fortgesetzten Bestreitung des Rechts durch den Arbeitgeber nicht widerspricht, so liegt auch für den Arbeitgeber die Annahme nahe, daß der Arbeitnehmer sich bei der eindeutig genug zum Ausdruck gebrachten Auffassung des Arbeitgebers beruhigt und sich mit ihr einverstanden erklärt. Will der Arbeitnehmer diese Folge vermeiden, so hat nun er die Rechtspflicht, den Arbeitgeber nicht zu der Meinung seines Einverständnisses kommen zu lassen, ebenso wie Treu und Glauben vom Arbeitgeber erforderte, daß er bei dem Arbeitnehmer nicht die Auffassung entstehen ließ, aus der mehrjährigen Übung der Weihnachtsvergütung sei eine Rechtspflicht erwachsen. Dabei braucht nicht an einen Verzicht des Arbeitnehmers auf ein einmal erworbenes Recht gedacht zu werden, sondern nur an eine stillschweigend zustande kommende Abänderung des Dienstvertrags. Das Reichsarbeitsgericht (Bensh. S. Bd. 15 S. 138) hat ausgesprochen, daß Verzichte nicht zu vermuten sind, sondern einer deutlichen Kundgabe bedürfen. Allein damals handelte es sich darum, daß die Hinnahme der bloßen Herabsetzung der Gratifikation in einem Jahr und ihre Bezeichnung als „einmaliger freiwilliger Weihnachtsgabe" in einem anderen Jahr auch ohne ausdrücklichen Widerspruch des Arbeitnehmers noch nicht als dauernder Verzicht auf das erworbene Recht der Weihnachtsvergütung angesehen wurde. Hier dagegen liegen die Erklärungen von 3 Jahren und die Herabsetzung in einem weiteren Jahr vor, dazu die ausdrückliche Aufforderung zur Anerkennung des Standpunkts der Arbeitgeberin durch Beifügung der Unterschrift zu dem Schreiben vom 6. Dezember 1932. Unter diesen Umständen kann nicht mehr davon die Rede sein, daß ein Verzicht nicht zu vermuten ist, sondern die teils stillschweigend, teils unterschriftlich bestätigte Annahme der immer wiederholten, durchaus unmißverständlichen Willenserklärung des Arbeitgebers kann nach Treu und Glauben nur als Einverständniserklärung mit der erklärten Auffassung des Arbeitgebers ausgelegt werden.

Der Kläger kann sich demgegenüber weder auf seine Absicht, dem Arbeitgeber in den Krisenjahren keine Schwierigkeiten zu bereiten, noch auf seine Furcht vor Entlassung berufen. Beides räumt das Erfordernis der Sicherheit im Rechtsverkehr nicht aus. Wenn der Kläger wirklich selbst mit der Ablehnung nicht hervortreten wollte, stand ihm sein Vertrauensorgan, der Betriebsrat, zur Verfügung, um einen aufkommenden Irrtum bei dem Arbeitgeber zu begegnen. Es widerspricht aber den Pflichten der Vertragstreue und der Gefolgschaftstreue, den Arbeitgeber Jahre hindurch auf dem Glauben zu lassen, daß seine Arbeitsbedingungen angenommen sind, und dann mit der Behauptung des Willensdissenses hervorzutreten.

Das Berufungsgericht hat die Schlüssigkeit eines stillschweigenden Einverständnisses der Angestelltenschaft aus der mehrjährigen Kürzung der Weihnachtsvergütung anerkannt. Wenn es trotzdem glaubt, die dreijährige Entgegennahme der geringeren Gratifikation noch nicht als ausreichende Begründung für eine stillschweigende Annahme der Vertragsänderung ansehen zu können, und der Unterschrift des Klägers unter das Schreiben vom 6. Dezember 1932 ohne irgendeine Begründung keine Bedeutung beimißt, so hat es den Rechtsbegriff der stillschweigenden Vereinbarung verkannt. Die Einwilligung des Arbeitnehmers war für den Vertragsgegner gerade unter „den hier obwaltenden Verhältnissen" unverkennbar. Deshalb muß nun auch der Kläger es sich gefallen lassen, daran festgehalten zu werden.

Auf das Recht der einseitigen Herabsetzung oder Streichung der gewährten Vergütung wegen schwerwiegender Veränderungen ihrer wirtschaftlichen Lage (RAG. Bensh. S. Bd. 18 S. 416) hat sich die Beklagte gar nicht berufen, sondern damit nur den Angestellten die

Notwendigkeit der Änderung der bisherigen Handhabung erklärt. Sie hat auch nicht etwa bei den Angestellten den Glauben erweckt, als ob ihr Rechtsanspruch auf die Vergütung in Beziehung zu dem Geschäftserträgnis gesetzt werden sollte, sondern ausdrücklich den Rechtsanspruch überhaupt bestritten. Der Kläger behauptet auch selbst nicht, daß er die Schreiben der Beklagten oder die tatsächliche Kürzung der Vergütung als eine Inbezugsetzung der Vergütung zu den wechselnden Geschäftsgewinnen aufgefaßt habe.

RAG. 15, 46.+

Begründet § 2 Abs. 2 AOG. einen Urlaubsanspruch?

AOG. § 2 Abs. 2.

Reichsarbeitsgericht. Urt. v. 23. März 1935.

I. Arbeitsgericht Stettin. — II. Landesarbeitsgericht daselbst.

Die Beklagte verkauft in der Herrenbekleidungsabteilung ihrer Stettiner Zweigniederlassung nur Fertigwaren, die sie selbst bezieht. Zur Vornahme der von den Käufern gewünschten Änderungen hat sie neben einem ständig angestellten Schneider seit 9. April 1930 bis zum 28. Juli 1934 bei Bedarf infolge Geschäftsandranges den Kläger zeitweise beschäftigt. Während sie ihn im Jahre 1932 170 Tage fest angestellt und ihm auch Urlaub gegeben hatte, hat sie ihn in den Jahren 1933 und 1934, sobald sie seiner Hilfe nicht mehr bedurfte, stets unter Aushändigung der Papiere entlassen und bei Wiederauftreten des Bedarfs jedesmal von neuem eingestellt.

Mit der Klage verlangt er Abgeltung eines sechstägigen Jahresurlaubs mit einem Wochenlohn von 36 RM. Er hat den Urlaubsanspruch auf § 2 Abs. 2 AOG. gestützt.

Das Arbeitsgericht hat die Klage abgewiesen. Das Berufungsgericht hat ihr stattgegeben. Die zugelassene Revision der Beklagten hatte Erfolg aus folgenden

Gründen:

. . .

Nun glaubt aber das Berufungsgericht, den Klaganspruch aus § 2 Abs. 2 AOG. herleiten zu können, wonach der Führer des Betriebes für das Wohl der Gefolgschaft zu sorgen hat, während diese ihm die in der Betriebsgemeinschaft begründete Treue zu halten hat. Dieser Vorschrift entnimmt es die allgemeine Verpflichtung des Unternehmers, den Arbeitnehmer unter gewissen Bedingungen einige Tage hintereinander von seiner Arbeitsverpflichtung bei Fortzahlung des Lohnes zu befreien, damit er sich von der Arbeit des Jahres erholen kann. Es ist sich dabei bewußt, daß die Vorschrift über die Bedingungen der Entstehung und das Ausmaß des Urlaubsanspruchs nichts enthält, meint jedoch, in dieser Hinsicht habe die nähere Regelung wegen der Verschiedenheit der Arbeitsverhältnisse der richterlichen Bestimmung im Einzelfalle überlassen bleiben sollen und müssen. Es betont dabei selbst die Schwierigkeit solcher Feststellung und führt aus, der Umstand, daß der Kläger nicht dauernd angestellt gewesen, sondern im Bedarfsfalle stets neu eingestellt worden und bei jedesmaliger Beendigung des Bedarfs aus dem Betriebe ausgeschieden sei, habe die Entstehung seines Urlaubsanspruchs nicht verhindern können; seine Zugehörigkeit zur Gefolgschaft folge daraus, daß er seit 1. Oktober 1933 nur verhältnismäßig kurze Zeit die Arbeit ausgesetzt habe und daher ganz überwiegend für die Beklagte tätig gewesen sei. Vor der letzten großen Arbeitsperiode des Klägers, die vom 31. Mai bis 28. Juli 1934 dauerte, sei freilich das Bestehen eines Urlaubsanspruchs noch sehr zweifelhaft gewesen, jedenfalls sei der Anspruch aber nicht lange vor dem 28. Juli 1934 entstanden. Weiter bezeichnet das Berufungsgericht das Verlangen eines sechstägigen Urlaubs als nicht zu hoch, ohne dafür allerdings eine nähere Begründung zu geben.

Gegen eine solche Ableitung des Klaganspruchs aus § 2 Abs. 2 AOG. wendet sich die Revision mit Recht. Das Berufungsgericht verkennt die Bedeutung der erwähnten Vorschrift. Sie will mit ihrer Gegenüberstellung der Fürsorgepflicht des Führers des Betriebes einerseits und der Treuepflicht der Gefolgschaft andererseits die neue Auffassung des Arbeitsverhältnisses kennzeichnen und den Geist zum Ausdruck bringen, der fortan die Arbeitsbeziehungen erfüllen und beherrschen soll. Die bisherige Auffassung des Arbeitsverhältnisses als eines rein schuldrechtlichen, in welchem Arbeitgeber und Arbeitnehmer ohne innere Verbundenheit mit entgegengesetzten Belangen einander gegenüberstanden, ist der eines mehr personenrechtlichen Verhältnisses gewichen, in welchem der Führer des Betriebes und die Gefolgschaft zu einer auf gegenseitiges Vertrauen gegründeten Betriebsgemeinschaft miteinander verbunden sind. Aus dieser Auffassung heraus sind nunmehr die gesetzlichen oder vertraglichen Bedingungen des einzelnen Arbeitsverhältnisses und die aus ihnen folgenden gegenseitigen Rechte und Pflichten der in der Betriebsgemeinschaft verbundenen Arbeitsparteien auszulegen. Dagegen kann und will die Vorschrift des § 2 Abs. 2, die gerade wegen der Vielgestaltigkeit des Arbeitslebens die in jedem einzelnen Falle notwendige besondere Regelung des Arbeitsverhältnisses nicht durch eine Rahmenbestimmung ersetzen, deren Ausfüllung durch den Richter niemals die Sicherheit verbürgen könnte, deren die Arbeitsbedingungen des einzelnen Arbeitsverhältnisses bedürfen. Ausführungen wie die, mit denen das Berufungsgericht die Entstehung und den Umfang des Klageanspruchs zu begründen versucht, entbehren jedes festen Maßstabes und müssen mehr oder weniger auf Willkür hinauslaufen. Die erwähnte Gesetzesvorschrift bildet also keine Grundlage für einen allgemeinen Urlaubsanspruch aus Arbeitsverhältnissen. Für einen Urlaubsanspruch des Arbeitnehmers sind vielmehr nach wie vor allein die Bestimmungen des einzelnen Arbeitsvertrages maßgebend geblieben, die sich jetzt aus der besonderen einzelvertraglichen Vereinbarung oder einer Betriebsordnung oder einer Tarifordnung ergeben.

Die Revision muß somit zur Abweisung der Klage führen.

RAG. 15, 57.

Hat ein auf Tagesgage angenommener Kaffeehausmusiker Anspruch auf Vergütung auch für die Tage, an denen wegen angeordneter Landestrauer nicht gespielt wurde?

BGB. § 242.

Reichsarbeitsgericht. Urt. v. 27. März 1935.

I. Arbeitsgericht Kolberg. — II. Landesarbeitsgericht Köslin.

Der Beklagte, der ein Kaffeehaus betreibt, hatte mit dem Kläger R. den Vertrag vom 26. April 1934 geschlossen, wonach er R. „mit seinem aus insgesamt drei Herren bestehenden Salon- und Tanzorchester" für den Monat Juni „bei einer täglichen Gage von 30 RM" zu täglichen Musikdarbietungen in den Gasträumen des Kaffeehauses verpflichtete. Der Vertrag wurde Ende Juni mündlich bis zum 15. September 1934 verlängert, wobei die Tagesvergütung auf 38 RM erhöht wurde. In dem Trauererlaß zum Ableben des Reichspräsidenten von Hindenburg vom 2. August 1934 (RGBl. I S. 750) bestimmten der Reichsminister des Innern und der Reichsminister für Volksaufklärung und Propaganda unter IV:

Bis zum Beisetzungstag einschließlich unterbleiben in Räumen mit Schankbetrieb musikalische Darbietungen jeder Art.

Infolgedessen fielen im Betrieb des Beklagten an 6 Tagen die Darbietungen der Kläger aus. Aus diesem Grund hat ihnen der Beklagte die Tagesvergütung für diese 6 Tage im Gesamtbetrag von 228 RM nicht gezahlt. Sie verlangen im vorliegenden Rechtsstreit Nachzahlung dieses Betrags, und zwar beansprucht der Kläger R. 96 RM, jeder der beiden anderen Kläger 66 RM. Das Arbeitsgericht hat den Beklagten zur Zahlung verurteilt, das Landesarbeitsgericht hat seine Berufung zurückgewiesen. Auch die Revision hatte keinen Erfolg.

Gründe:

1. Der schriftliche Vertrag vom 26. April 1934 ist vom Kläger R. allein mit dem Beklagten abgeschlossen. Die Namen der beiden anderen Kläger sind darin nicht genannt. Es kann sich fragen, ob danach die Kläger Sch. und D. überhaupt in ein unmittelbares Arbeitsverhältnis zum Beklagten getreten sind und Lohnansprüche gegen ihn selbst erlangt haben. Weiter fällt auf, daß in dem Vertrag die Tagesvergütung in einem einheitlichen Betrag festgesetzt und keinerlei Bestimmung über die Verteilung unter die drei Kläger getroffen ist. Der Beklagte hat aber die Klagbefugnis der Kläger Sch. und D. und ebenso die Höhe der von den drei Klägern je für sich beanspruchten Beträge weder in den Vorinstanzen bemängelt, noch erhebt er jetzt in der Revisionsinstanz irgendwelche Rüge nach diesen Richtungen. Es kann also für die Revision davon ausgegangen werden, daß mindestens im Verlauf der Beschäftigung der Kläger beim Beklagten die Parteien dahin einig geworden sind, daß alle 3 Kläger unmittelbare Lohnansprüche gegen den Beklagten haben sollten, und zwar zu denjenigen Teilen der ursprünglich vereinbarten Gesamtvergütung, wie sie der Berechnung der Klagansprüche zugrunde liegen, also R. täglich 16 RM, die beiden anderen Kläger je 11 RM täglich.

2. Nach dem Vertrag waren die Kläger verpflichtet, täglich zu bestimmten Zeiten in dem Kaffeehaus des Beklagten zu spielen, der Beklagte hatte ihnen als Entgelt in der hier in Frage kommenden Zeit täglich insgesamt 38 RM zu zahlen. An den 6 Trauertagen haben die Kläger ihre Arbeit ausgesetzt, und zwar nicht auf Grund einer freiwilligen Vereinbarung mit dem Beklagten, sondern weil durch Nr. IV des Trauererlasses das Musizieren in Räumen mit Schankbetrieb verboten worden war. Es braucht nicht näher erörtert zu werden, ob dieses Verbot, das sich — im Gegensatz etwa zu der auf Grund des Art. 48 Abs. 4 RVerf. ergangenen Verordnung des Preuß. Staatsministeriums anläßlich des Todes des Reichspräsidenten Ebert — auf keine bestimmte gesetzliche Ermächtigung stützen kann, rechtlich verbindlich, ob es überhaupt als Rechtsverbot gewollt war oder etwa nur als eine von führender Stelle in besonders eindringlicher Form ausgesprochene Mahnung an die Erfüllung einer selbstverständlichen sittlichen Pflicht.

Jedenfalls wäre es für den Beklagten auch abgesehen von eigenen inneren Hemmungen schlechthin unmöglich gewesen, in seinen Schankräumen in jenen Tagen spielen zu lassen. Er hätte sich sicherlich polizeilichen Maßnahmen, höchstwahrscheinlich auch Ausbrüchen des Unmuts der Bevölkerung, womöglich dem Verruf seines Betriebes ausgesetzt. In ähnlicher Zwangslage befanden sich die Kläger. Durch den Tod des Reichspräsidenten und den Trauererlaß der beiden Reichsminister war ihnen die geschuldete Arbeitsleistung und dem Beklagten die Entgegennahme dieser Leistung an den 6 Tagen unmöglich gemacht worden, der Kaffeehausbetrieb des Beklagten war durch ein unvorhergesehenes Ereignis gestört, er war in dem Teil, auf den sich die Anstellung der Kläger bezog, lahmgelegt. Daß die Ursache dieser Betriebsstörung weder vom Beklagten, noch von den Klägern verschuldet war, braucht nicht besonders betont zu werden.

3. Die Frage, ob durch diese vorübergehende Lahmlegung des musikalischen Betriebes des Beklagten der Lohnanspruch der Kläger beeinträchtigt worden ist, entscheidet sich in erster Linie nach der von den Parteien etwa vertraglich getroffenen besonderen Regelung. Der Vertrag vom 26. April 1934 enthält keine ausdrückliche Bestimmung für den Fall, daß aus einem beiderseits unverschuldeten Grunde an einzelnen Tagen nicht werde gespielt werden können. Der Beklagte hat gemeint, die Vereinbarung einer „täglichen Gage" bedeute, daß die Vergütung nur für wirkliche Spieltage habe verlangt und gezahlt werden sollen. Er hat behauptet, üblich sei Festsetzung einer monatlichen Vergütung; wenn im Widerspruch zu dieser regelmäßigen Übung im vorliegenden Fall eine tägliche Gage vereinbart worden sei, so müsse das einen bestimmten Grund gehabt haben und dieser könne nur darin gefunden werden, daß man an den Ausfall einzelner Spieltage gedacht und für solche ausfallende Tage die Vergütung habe wegfallen lassen wollen. Das Landesarbeitsgericht hat dazu nur mit den kurzen Worten Stellung genommen, es fehle jeglicher Anhalt dafür, daß die Abmachung einer Tagesgage irgendwelche weitergehende Bedeutung hätte haben sollen, als die einer bloßen Lohnbemessungsgrundlage. Damit hat das Landesarbeitsgericht das Vorbringen des Beklagten unzweifelhaft nicht erschöpft. War tatsächlich die Vereinbarung von Monatsvergütungen üblich, so konnte die in bewußter Abweichung davon getroffene Vereinbarung einer Tagesvergütung recht wohl einen Anhalt dafür bieten, daß die Parteien an Ausfall einzelner Spieltage gedacht und gerade durch die Festlegung einer „Tagesgage" den Wegfall der Vergütung für solche Aussetztage haben vereinbaren wollen.

Dieser Mangel des Urteils nötigt aber nicht zu seiner Aufhebung. Daß Monatsvergütungen für Kaffeehauskapellen üblich seien, ist nach den Erfahrungen des Reichsarbeitsgerichts nicht richtig: In den Fällen der Entscheidungen RAG. Bd. 9 S. 355, Bensh. S. Bd. 14 S. 77, Bd. 15 S. 499, Bd. 17 S. 448 war Tagesgage vereinbart. Der Fall RAG. Bd. 7 S. 103, in dem eine monatliche Vergütung bestimmt war, betraf einen Lichtspielhausmusiker. Jedenfalls hat der Beklagte vor dem Landesarbeitsgericht seine Behauptung über die Üblichkeit von Monatsgagen nicht unter Beweis gestellt. Daß das Landesarbeitsgericht etwa seine Fragepflicht verletzt hätte, ist von der Revision nicht gerügt, übrigens auch nicht anzunehmen. Das Bestehen einer Verkehrssitte muß, wenn sie dem Gericht nicht ohnehin bekannt ist, von der Partei dargetan werden, die sich darauf beruft.

Es ist also davon auszugehen, daß die Vereinbarung einer Tagesgage im Vertrag vom 26. April 1934 durchaus nichts Ungewöhnliches war, sondern im Gegenteil der Verkehrssitte entsprach. Das behauptet denn auch der Beklagte selbst jetzt mit der Revision ausdrücklich. Dann aber können die Parteien mit Festsetzung einer Tagesgage auch nicht eine besondere Absicht in der hier streitigen Richtung verbunden haben. Die Revision macht das folgerichtig auch nicht mehr geltend; sie behauptet vielmehr, es sei in Gaststätten mit Musikbetrieb bei vereinbarter Tagesvergütung allgemein üblich, ausfallende Spieltage auch dann, wenn der Ausfall von den Musikern nicht verschuldet sei, nicht zu bezahlen. Die Revision gibt zu, daß der Beklagte diese Behauptung in den Vorinstanzen nicht aufgestellt hat, sie meint aber, es wäre Richterpflicht gewesen, danach zu fragen. Dieser Vorwurf ist indessen nicht berechtigt. Wenn der Beklagte, der es am besten wissen mußte, niemals von einer Verkehrssitte der jetzt behaupteten Art etwas erwähnte, obwohl eine solche Tatsache offensichtlich von erheblicher Bedeutung für seine Verteidigung sein mußte, so hatte das Landesarbeitsgericht keine Veranlassung, das Bestehen einer solchen Verkehrssitte zu vermuten und die Parteien darüber zu befragen.

Im Ergebnis kann nach alledem dem angefochtenen Urteil vom Rechtsstandpunkt aus nicht entgegengetreten werden, wenn es annimmt, eine Vereinbarung sei für den jetzt streitigen Fall nicht getroffen worden. Die Vereinbarung einer Tagesvergütung hat hierfür keine Bedeutung. Die Rechtslage ist vielmehr nicht anders, als wenn die Vergütung nach Monaten oder anderen Zeitabschnitten bemessen worden wäre.

4. Gesetzliche Sondervorschriften kommen im vorliegenden Fall nicht in Frage. Die Kläger unterfallen offensichtlich dem VII. Titel der Reichsgewerbeordnung. Fraglich kann nur sein, ob sie zu den im § 133a aufgeführten Personen gehören. Aber das kann dahingestellt bleiben. Denn die Reichsgewerbeordnung enthält keine Sonderbestimmung für die dem VII. Titel unterfallenden Personen, aus der sich eine Regelung des vorliegenden Tatbestandes ergäbe. Namentlich kann § 133c Abs. 2 keine, mindestens keine unmittelbare Anwendung finden, wie nicht näher ausgeführt zu werden braucht.

5. Beim Fehlen vertraglicher Regelung und gesetzlicher Sondervorschriften ist die Entscheidung in Fällen der vorliegenden Art nach feststehender Rechtsprechung des Reichsarbeitsgerichts nicht, jedenfalls nicht ausschließlich und nicht in erster Linie aus den Vorschriften der §§ 323, 615 BGB. zu entnehmen, sondern aus den Grundsätzen über die Tragung der Betriebsgefahr. Diese Grundsätze entscheiden darüber, ob ein durch eine unvorhergesehene und unverschuldete Betriebsstörung entstandener Schaden dem Unternehmer allein zur Last fällt oder — in Gestalt des Wegfalls oder einer Minderung des Lohnes — von den Arbeitnehmern, sei es allein, sei es in Gemeinschaft mit dem Unternehmer, zu tragen ist.

Ob dem Beklagten dadurch, daß er an den Trauertagen in seinem Kaffeehaus keine Musik darbieten lassen konnte, überhaupt ein Schaden entstanden ist, hat das Landesarbeitsgericht nicht erörtert. Eintrittsgelder sind dem Beklagten nicht entgangen, weil er, wie in Kaffeehausbetrieben üblich, solche nicht erhob, sondern Ersatz seiner Musikunkosten in dem Verzehr seiner Gäste suchte. Die Parteien haben darüber gestritten, ob der Besuch des Kaffeehauses des Beklagten an den Trauertagen überhaupt schwächer war als sonst oder ob er nicht vielmehr sogar stärker war, weil außer der auch in den Trauertagen erschienenen Stammkundschaft manche Gäste zum Lesen der neuen Zeitungen und zum Anhören der Rundfunknachrichten gekommen seien, die sonst nicht regelmäßig dort zu verkehren pflegten. Streit bestand auch darüber, ob, wenn wirklich der Gästeverkehr schwächer gewesen sein sollte, der Grund dafür gerade in dem Ausfall der musikalischen Darbietungen lag oder etwa in der allgemeinen Zurückhaltung der Bevölkerung vom Besuch öffentlicher Gaststätten, unter der auch die von dem Trauererlaß nicht betroffenen Betriebe gelitten haben sollen. Das Landesarbeitsgericht hat keine Feststellungen zu diesen Streitpunkten getroffen. Es hat lediglich die Behauptung des Beklagten als richtig unterstellt, daß seine Einnahmen in den Trauertagen infolge

Fehlens der musikalischen Darbietungen geringer gewesen seien als sonst. Hätte der Beklagte tatsächlich überhaupt keinen Ausfall durch das Musikverbot gehabt, so lag offensichtlich keinerlei Grund vor, den Klägern für die Tage, an denen sie nicht spielen konnten, den Lohn vorzuenthalten. Ein Lohnabzug kommt überhaupt nur für den — wie gesagt vom Landesarbeitsgericht lediglich als möglich unterstellten — Fall in Frage, daß in den Trauertagen das Kaffeehaus des Beklagten deshalb weniger besucht war, weil die üblichen musikalischen Darbietungen ausfielen.

6. Die von der Rechtsprechung des Reichsarbeitsgerichts entwickelten Grundsätze über die Tragung der Betriebsgefahr gehen dahin, daß die Folgen einer durch ein unvorhergesehenes und unverschuldetes Ereignis verursachten Betriebsstörung denjenigen Partner des Arbeitsvertrags treffen, der das störende Ereignis zu vertreten hat, d. h. in dessen Gefahrenkreis es fällt, und daß die Abgrenzung der Gefahrenkreise in letzter Linie nach den Gesichtspunkten von Treu und Glauben unter Berücksichtigung aller Umstände des Einzelfalles zu geschehen hat (RAG. Bd. 2 S. 74). Regelmäßig dem Gefahrenkreis des Unternehmers zuzurechnen sind Ereignisse, die den Weiterbestand des Betriebes nicht in Frage stellen, sondern nur die regelmäßige Fortführung vorübergehend beeinträchtigen, die im Einzelfall vielleicht nicht vermeidbar waren, mit denen aber doch der Unternehmer im allgemeinen rechnen und deren wirtschaftliche Nachteile er in seine allgemeine Kostenrechnung einstellen kann (RAG. Bd. 3 S. 309).

Diese Grundsätze, deren Geltung die Revision nicht in Abrede stellt, sind vom Landesarbeitsgericht auf den von ihm zugrunde gelegten Sachverhalt — entgegen der Meinung der Revision — einwandfrei angewendet worden. Der Kaffeehausbetrieb des Beklagten lief auch in den 6 Trauertagen trotz Ausfalls der musikalischen Darbietungen an sich weiter. Daß der durch die Musikstille verursachte Einnahmeausfall den Fortbestand des Betriebs irgendwie ernstlich gefährdet hätte, hat das Landesarbeitsgericht aus rein tatsächlichen Erwägungen verneint. Es lag also nur eine vorübergehende Störung der regelmäßigen Betriebsführung vor. Diese Störung währte zwar nicht nur ganze kurze Zeit, sondern immerhin fast eine Woche, aber doch nur einen verhältnismäßig kleinen Teil der gesamten Vertragszeit der Kläger ($3^1/_2$ Monate). Mag auch selbstverständlich die besondere Ursache der Betriebsstörung — Landestrauer — nicht vorhersehbar gewesen sein, so kommt es doch nicht darauf an, daß gerade das bestimmte einzelne störende Ereignis im Gesichtskreis des Unternehmers gelegen haben muß, es genügt, wenn im allgemeinen der Unternehmer mit vorübergehenden Betriebsstörungen ähnlicher Art rechnen muß (BenshS. Bd. 7 S. 415). Nach dieser Richtung weist die Revisionsbeantwortung zutreffend darauf hin, daß z. B. Vergnügungsstätten in Seebadeorten und im Hochgebirge damit rechnen müssen, daß infolge von Unglücksfällen, durch die die ganze Bevölkerung in Trauer versetzt wird, der Vergnügungsbetrieb vorübergehend gestört wird.

Nicht richtig ist es, wenn die Revision meint, als Betriebsstörungen im Sinn dieser Grundsätze über die Tragung der Betriebsgefahr kämen nur solche Störungen in Betracht, in denen die Ursache betriebstechnischer Art sei und auf einem Versagen der sachlichen und persönlichen Mittel des Betriebs beruhe. Diese Auffassung ist zu eng. Betriebstechnische Störungsursachen haben zwar der Mehrzahl der zur höchstrichterlichen Entscheidung gekommenen Fälle zu Grunde gelegen. Die Rechtsprechung hat aber z. B. auch wirtschaftliche Hinderungsgründe als Quellen der Betriebsgefahr anerkannt (RAG. Bd. 3 S. 343, Bd. 4 S. 402, Bd. 7 S. 31, 196, Bd. 8 S. 113). Es liegt kein innerer Grund vor, Störungsgründe der gegenwärtig in Streit stehenden Art anders zu behandeln als das Ausbleiben des Kraftstroms, Kohlenmangel, strenge Winterkälte, Eisgang usw.

Die Revision bemängelt weiter, der Umstand, daß im vorliegenden Fall gerade Landestrauer die Störungsursache gewesen sei, hätte nach Treu und Glauben und bei rechter Beachtung des Gedankens der Betriebsgemeinschaft dazu führen müssen, den Schaden, wo nicht ganz, so doch wenigstens anteilig die Kläger tragen zu lassen. Eine nähere Begründung dieser Ansicht wird von der Revision nicht gegeben. Ein Rechtsfehler des angefochtenen Urteils in diesem Punkt ist nicht ersichtlich. Die Abschätzung, ob nach der besonderen Lage des einzelnen Falles Treu und Glauben die Verteilung des Schadens verlangen, ist wesentlich tatsächlicher Art. Daß das Landesarbeitsgericht von einem falschen Begriff von Treu und Glauben ausgegangen wäre und deren Anforderungen grundsätzlich verkannt hätte, ist nicht erkennbar. Das trifft auch zu für den weiteren Vorwurf der Revision, das Landesarbeitsgericht habe der Tatsache nicht genügend Rechnung getragen, daß der Beklagte bei der Verlängerung des Vertrags die Tagesvergütung von 30 auf 38 RM erhöht und auch sonst die Kläger günstiger gestellt habe.

7. Die Revision hat schließlich noch auf das Gesetz vom 26. April 1934 über die Lohnzahlung am nationalen Feiertag des Deutschen Volkes (RGBl. I S. 338) hingewiesen. Sie meint, damit, daß hier Be-

zahlung der durch gesetzlichen Eingriff erzwungenen Arbeitsruhe besonders angeordnet worden sei, sei zum Ausdruck gebracht, daß andernfalls eine Bezahlung der Feierzeit nicht gefordert werden könne. Diese Schlußfolgerung ist nicht richtig. Das Gesetz vom 26. April 1934 wollte die Frage der Lohnzahlung am 1. Mai gleichmäßig für alle Betriebe regeln, ohne Rücksicht auf die besondere Lage jedes einzelnen, die ohne die gesetzliche Sondervorschrift nach den allgemeinen Grundsätzen entscheidend hätte mitsprechen müssen. Es wollte auch von vornherein jeden Streit über die Lohnzahlung ausschließen, der dem Gedanken der Volksverbundenheit, der durch den Nationalfeiertag zum Ausdruck kommen soll, hätte abträglich sein müssen.

8. Es kann sich freilich fragen, ob die dargelegten allgemeinen Rechtsgrundsätze über die Tragung der Betriebsgefahr, die von der Rechtsprechung aus der vergangenen, vor allem durch das Betriebsrätegesetz gekennzeichneten Ordnung des Arbeitsverhältnisses entwickelt worden sind, heute nach dem Durchbruch der nationalsozialistischen Weltanschauung und angesichts der Neuordnung des Arbeitsverhältnisses durch das Gesetz zur Ordnung der nationalen Arbeit vom 20. Januar 1934 unverändert aufrechterhalten werden können. Stoll (Deutsches Arbeitsrecht 1934 S. 199 flg., 203) vertritt die Ansicht, ein besonderer Gefahrenkreis der Arbeitnehmerschaft könne nicht mehr anerkannt werden, nachdem das auf dem Betriebsrätegesetz beruhende Recht der Arbeitnehmerschaft auf Mitwirkung bei der Betriebsführung beseitigt und die volle Verantwortlichkeit für die Leitung des Unternehmens dem Betriebsführer übertragen worden sei. Er will also für die Betriebsgefahren nur noch einen einzigen Gefahrenkreis, den des Unternehmers, gelten lassen, sieht sich freilich doch genötigt, gewisse Einschränkungen der Unternehmerhaftung für Fälle gemeinsamer und außerordentlicher Gefahren zuzugestehen. Eine Auseinandersetzung mit dieser Rechtsauffassung im einzelnen ist im vorliegenden Fall nicht geboten, denn auch von ihrem Standpunkt aus kann sich eine dem Beklagten günstigere Lösung keinesfalls ergeben.

RAG. 15, 80.

Bilden die Vorschriften der Sozialversicherungsgesetze über eine Mitwirkung des Arbeitgebers bei der Abführung der Versicherungsbeiträge, insbesondere § 182 AngVersG., nach der heutigen (nationalsozialistischen) Rechtsauffassung ein Schutzgesetz im Sinne des § 823 Abs. 2 BGB.?

AngVersG. § 182. BGB. § 823 Abs. 2.

Reichsarbeitsgericht. Urt. v. 3. April 1935.

I. Arbeitsgericht Berlin. — II. Landesarbeitsgericht daselbst.

Der am 2. Dezember 1933 verstorbene Ehemann der Klägerin war bei dem Beklagten vom 1. Januar 1929 bis zum 6. Februar 1933 als Privatförster (Jagdaufseher) angestellt. Beiträge zur Angestelltenversicherung wurden in dieser Zeit für ihn nicht entrichtet. Nach seiner Entlassung meldete er am 14. Februar 1933 dies der Reichsversicherungsanstalt. Diese zog darauf die seit dem 1. Januar 1931 rückständigen Beträge vom Beklagten ein, mußte aber die von ihm angebotene Entrichtung der Rückstände aus den Jahren 1929 und 1930 als unwirksam ablehnen. Da infolgedessen die gesetzliche Wartezeit für die Erlangung von Versicherungsleistungen nicht erfüllt war, bezieht die Klägerin keine Hinterbliebenenrente.

Sie behauptet, ihr verstorbener Ehemann habe dem Beklagten bei Antritt des Dienstverhältnisses die Angestelltenversicherungskarte übergeben, glaubt aber, daß ihn auch, wenn es nicht geschehen sei, die Verantwortung für den Verlust der Rente treffe, die nach ihrer Behauptung für die Zeit vom 1. Januar 1934 bis zum 31. Januar 1944 48,65 RM und vom 1. Februar 1944 bis zu ihrem Tode 46,10 RM monatlich betragen haben würde. Mit der Klage hat sie Zahlung einer Schadensrente dieses Umfanges gefordert.

Der Beklagte hat um Klageabweisung gebeten. Er entgegnet, der Verstorbene habe ihm trotz mehrfacher Aufforderung keine Versicherungskarte ausgehändigt und erklärt, er wolle für die Angestelltenversicherung allein sorgen; dagegen solle der Beklagte die Entrichtung der vollen Beiträge zur Krankenkasse und zur Arbeitslosenversicherung auf eigene Kosten übernehmen. Hiernach sei dann verfahren worden, wobei der Verstorbene, weil die Angestelltenversicherungsbeiträge erheblich niedriger gewesen seien, noch einen Vorteil erzielt habe.

Das Arbeitsgericht hat nach Beweisaufnahme die Klage abgewiesen. Das Berufungsgericht hat die Berufung der Klägerin zurückgewiesen. Die zugelassene Revision der Klägerin blieb ohne Erfolg aus folgenden

Gründen:

Das Berufungsgericht hat, wie schon das Arbeitsgericht, aus den durch die erstinstanzliche Beweisaufnahme erwiesenen Verhandlungen zwischen dem verstorbenen Ehemann der Klägerin und dem Beklagten die Überzeugung gewonnen, daß jener es ausdrücklich übernommen hat, die ganze Angelegenheit seiner Angestelltenversicherung allein zu besorgen. Die im Berufungsurteil getroffenen Feststellungen lassen sich nur dahin verstehen, daß der Verstorbene, wie der Beklagte behauptet hatte, diesem eine Angestelltenversicherungskarte nicht abgeliefert und mit ihm vereinbart hat, er wolle die vollen Beiträge zur Angestelltenversicherung selbst entrichten, der Beklagte solle dafür die gesamten Kosten der Kranken- und der Arbeitslosenversicherung tragen. Das Berufungsgericht erkennt ferner an, daß diese Abmachung den Beklagten von der ihm nach § 182 AngVersG. obliegenden öffentlichrechtlichen Verpflichtung zur Entrichtung der auf ihn und den Versicherten gesetzlich entfallenden Versicherungsbeiträge nicht befreien konnte. Wie es aus der Vereinbarung zutreffend folgert, hat jedoch danach der Beklagte dem Verstorbenen gegenüber jedenfalls eine besondere vertragliche Verpflichtung zur Abführung der Beiträge nicht übernommen. Daß die Voraussetzungen für die Anwendbarkeit des § 826 BGB. durch die Nichtentrichtung der Beiträge seitens des Beklagten erfüllt worden seien, behauptet die Revision selbst nicht. Wie sie nicht in Abrede stellt, kann daher der von der Klägerin aus der Nichtabführung der Beiträge hergeleitete Schadensersatzanspruch sich nur auf die Vorschrift des § 823 Abs. 2 BGB. stützen, wonach, wer gegen ein den Schutz eines anderen bezweckendes Gesetz verstößt, im Falle seines Verschuldens dem anderen zum Ersatz des daraus entstehenden Schadens verpflichtet ist. Das Berufungsgericht hat sich jedoch der im Urteil des Reichsarbeitsgerichts vom 6. Dezember 1933 (RAG. Bd. 13 S. 192) zusammengefaßten und eingehend nachgeprüften ständigen Rechtsprechung des Reichsgerichts und des Reichsarbeitsgerichts zu der Frage der Schutzgesetzeigenschaft der für die Mitwirkung des Arbeitgebers bei der Ausführung der Sozialversicherungen gegebenen Vorschriften der Sozialversicherungsgesetze angeschlossen, demgemäß diese Eigenschaft dem vom Beklagten durch die Nichtabführung der Versicherungsbeiträge verletzten § 182 AngVersG. abgesprochen und daher den Schadensersatzanspruch der Klägerin auch unter dem Gesichtspunkt der unerlaubten Handlung verneint, ohne das vom Arbeitsgericht angenommene Vorliegen eines Mitverschuldens des verstorbenen Versicherten noch zu erörtern.

Die Revision bekämpft die bisherige Rechtsprechung. Diese, meint sie, entspreche zwar den Anschauungen einer früheren liberalistisch und individualistisch eingestellt gewesenen Zeit, sei aber unvereinbar mit den „maßgebenden revolutionären Erkenntnissen auf dem Gebiet des Rechts", wie sie sich, wenn auch noch nicht im ersten Jahre nach der nationalen Machtübernahme, so doch im Laufe des Jahres 1934 allgemein durchgesetzt hätten. Es kann jedoch der Revision nicht zugegeben werden, daß die von ihr angegriffene Rechtsprechung der heutigen nationalsozialistischen Rechtsauffassung widerspricht. Das Gegenteil trifft zu.

Den Ausgangspunkt für die Entscheidung bildet, was unter einem den Schutz eines anderen bezweckenden Gesetze nach § 823 Abs. 2 BGB. zu verstehen ist. Schon hier muß der Revision widersprochen werden, wenn sie darunter jedes dem Schutz eines anderen, obwohl nur mittelbar, dienende Gesetz begreift. An sich wird ein Gesetz, welches nur das Wohl der Allgemeinheit im Auge hat, sich regelmäßig auch zum Schutz Einzelner oder eines bestimmten Personenkreises auswirken, wie umgekehrt ein Gesetz, das einzelne Personen oder eine Personengruppe fördern will, zugleich dem Gemeinwohl dienen wird. Wenn § 823 Abs. 2 BGB. von dem den Schutz eines anderen bezweckenden Gesetz spricht, so will er jedoch das Schutzgesetz von anderen Gesetzen unterscheiden. Den Gegensatz zu ihm bilden solche Gesetze, die nicht gewissen einzelnen Personen einen besonderen Rechtsschutz verleihen wollen, sondern lediglich zur Förderung des Gemeinwohls bestimmt sind. Die notwendige Abgrenzung des Schutzgesetzes zwingt daher, will man nicht ins Uferlose geraten, dazu, unter ihm nur ein solches zu verstehen, das sich nicht nur mittelbar zum Schutz eines einzelnen oder einer bestimmten Personengruppe auswirkt, sondern unmittelbar entweder allein oder doch außer zum Wohle der Allgemeinheit zugleich zu jenem Schutze bestimmt ist. Auch nationalsozialistisches Rechtsdenken, das überall das Wohl des einzelnen bewußt hinter das der Volksgemeinschaft zurückstellt, bietet zu einer anderen Auslegung des § 823 Abs. 2 BGB. keine Handhabe.

Eine völlig verschiedene Frage ist natürlich, ob die vom Beklagten verletzte Gesetzesvorschrift des § 182 AngVersG., welcher nach der bisherigen Rechtsprechung die Schutzgemeinschaft in dem erörterten notwendigen Sinne fehlt, sie nach nationalsozialistischer Auffassung nunmehr besitzt, weil sie nach dieser den unmittelbaren Schutz gewisser einzelner bezwecke. Unverkennbar verfolgt die soziale Versicherungsgesetzgebung das Ziel, bestimmte schutzbedürftige Volksschichten gegen die wirtschaftlichen Folgen von Krankheiten, Unfällen, Gebrechlichkeit und Alter zu schützen, und bezweckt insbesondere das Angestelltenversicherungsgesetz die Versorgung alter oder arbeitsunfähiger Angestellter und der Hinterbliebenen von Angestellten. Das genügt aber nicht, um nun jeder einzelnen Vorschrift dieser Gesetzgebung die Eigenschaft eines Schutzgesetzes nach § 823 Abs. 2 BGB. zu geben, dessen Verletzung ohne weiteres einen bürgerlich-rechtlichen Schadensersatzanspruch des Geschädigten auslöst. Die sozialen Versicherungsgesetze haben zur Erreichung ihres Zieles eine öffentlich-rechtliche Versicherung eingeführt, die mit einer bestimmten Tätigkeit grundsätzlich von selbst eintritt und im Versicherungsfalle einen öffentlichrechtlichen Versicherungsanspruch gegen den Versicherungsträger erzeugt. Bei der Angestelltenversicherung ist nach § 93 AngVersG. die Reichsversicherungsanstalt Versicherungsträger. Die nach § 1 versicherungspflichtigen Angestellten erwerben den öffentlich-rechtlichen Versicherungsschutz für sich und ihre Hinterbliebenen infolge ihrer dienstvertraglichen entgeltlichen Tätigkeit grundsätzlich ohne eigenes oder des Dienstberechtigten Zutun. Nur die Mittel für die Versicherung sind nach den §§ 168 ff. von den Versicherten und ihren Arbeitgebern gemeinsam durch monatliche Beiträge aufzubringen, deren Höhe sich nach der des monatlichen Arbeitsverdienstes des Versicherten richtet. Das Beitragsverfahren ist durch die §§ 174 ff. und die auf Grund des § 174 ergangenen Anordnungen des Reichsarbeitsministers gesetzlich genau geregelt. Die Beiträge werden durch Einkleben von Marken entrichtet, wobei in bestimmter Weise eine Mitwirkung des Arbeitgebers vorgesehen ist. Der Versicherte hat sich nach § 177 eine Versicherungskarte ausstellen zu lassen und sie zum Einkleben der Versicherungsmarken rechtzeitig dem Arbeitgeber vorzulegen, der, falls der Versicherte seiner Pflicht nicht nachkommt, auf dessen Kosten die Karte auch selbst besorgen kann. Dagegen hat der Arbeitgeber, der den Versicherten den Kalendermonat hindurch beschäftigt, für sich und ihn nach § 182 AngVersG. den ganzen Betrag zu entrichten, dessen auf den Versicherten entfallende Hälfte er von diesem durch Abzug vom Arbeitslohn nach näherer Bestimmung des § 183 wieder einziehen darf. Die gesamte gesetzliche Regelung des Beitragsverfahrens hat jedoch nur den Zweck, durch Sicherung des Eingangs der Beiträge den ordnungsmäßigen Lauf der Versicherungseinrichtungen im ganzen zu gewährleisten, soll aber nicht unmittelbar dazu dienen, für jeden einzelnen Versicherten die Erlangung der Versicherungsleistungen sicher zu stellen. Das gilt damit auch von der im Gesetz vorgesehenen Mitwirkung des Arbeitgebers, der nur von der Reichsversicherungsanstalt wegen nicht rechtzeitiger Markenverwendung mit Ordnungsstrafen in Geld belegt und, abgesehen von der Strafe und der Nachholung der Rückstände, zur Zahlung des ein- bis zweifachen dieser Rückstände herangezogen werden kann. Seine Mitwirkung wirkt sich nur mittelbar zum Schutz des Versicherten aus. Das entspricht der bisherigen ständigen Rechtsprechung und findet noch eine besondere Bestätigung in den Vorschriften der §§ 187 flg. Danach können die über eine bestimmte Zeit hinaus rückständigen Beiträge überhaupt nicht mehr wirksam nachgeholt werden. Sollte nämlich das Gesetz mit der vom Beklagten verletzten Vorschrift des § 182, die dem Arbeitgeber die Entrichtung der ihm und dem Versicherten obliegenden Beiträge auferlegt, auch den Schutz des Versicherten bezweckt haben, so wäre es nicht verständlich, daß es einerseits die Versicherungsleistungen nicht allein von einer bestimmten Versicherungsdauer, sondern zugleich von der Zahlung der Beiträge für 60 Beitragsmonate abhängig macht, andererseits aber die Wirksamkeit der Nachholung von über eine bestimmte Zeit hinaus rückständigen Beiträgen ausschließt. Die vom Gesetz ausgesprochene Unwirksamkeit solcher Beiträge zeigt gerade, daß es mit der angeordneten Mitwirkung des Arbeitgebers nicht den Schutz des einzelnen Versicherten im Auge gehabt hat. Es bedient sich der Mitwirkung des Arbeitgebers eben nur, um die gegenüber den Versicherten selbst schwer einbringlichen Versicherungsbeiträge auf eine bequemere und sicherere Art hereinzubringen und dadurch den ordnungsmäßigen Gang der ganzen Versicherungseinrichtung zu gewährleisten. Dazu erschien es ausreichend, den Eingang der Beiträge im allgemeinen sicher zu stellen. Das Gesetz beschränkt im § 187 die Nachholung nicht rechtzeitig abgeführter Beiträge auf die Beiträge, die nicht über 2 Jahre oder ohne Verschulden des Versicherten nicht über 4 Jahre rückständig geblieben sind, und versagt der freiwilligen Nachholung darüber hinaus rückständig gebliebener Beiträge sogar die Wirksamkeit. Es geht also nicht auf den Schutz des Versicherten aus, sondern nimmt für gewisse Fälle den selbst unverschuldeten Verlust des öffentlich-rechtlichen Versicherungsanspruchs des Versicherten bewußt mit in Kauf. Eine solche ohne Rücksicht auf den Schutz des Versicherten getroffene versicherungsrechtliche Regelung der Mitwirkung des Arbeitgebers bei der Entrichtung der Versicherungsbeiträge verträgt sich nicht damit, in der Nichtabführung von Versicherungsbeiträgen seitens des Arbeitgebers die Verletzung eines Schutzgesetzes im Sinne des § 823 Abs. 2 BGB. zu sehen und demgemäß dem Versicherten im Falle der Unwirksamkeit der Nachholung über eine bestimmte Zeit hinaus rückständiger Beiträge einen bürgerlich-rechtlichen Schadensersatzanspruch gegen den Arbeitgeber zuzuerkennen. Würde übrigens die nach dem heutigen Gesetzesstand allein mögliche und in der von der Revision angegriffenen allgemein bekannten Rechtsprechung klar herausgestellte Auffassung, daß der § 182 AngVersG. kein Schutzgesetzt im Sinne des § 823 Abs. 2 BGB. bildet, dem heutigen nationalsozialistischen Rechtsempfinden nicht mehr entsprechen, so hätte die Gesetzgebung des Dritten Reiches die Gelegenheit zu einer Abänderung der dargelegten versicherungsgesetzlichen Regelung bei Erlaß der Verordnung betr. die Änderung, die neue Fassung und die Durchführung von Vorschriften der Reichsversicherungsordnung, des Angestelltenversicherungsgesetzes und des Reichsknappschaftsgesetzes, vom 17. Mai 1934 (RGBl. S. 419) wohl kaum versäumt. Die Verordnung, die in anderen Beziehungen den veränderten Anschauungen der neuen Zeit Geltung verschafft, hat in jener Richtung keine Änderung gebracht, insbesondere die dem Versicherten nachteilige Ausschließung der wirksamen Nachholung von über eine gewisse Zeit hinaus rückständigen Beiträgen nicht beseitigt.

Schließlich kann auch der im nationalsozialistischen Rechtsempfinden besonders tief verwurzelte Grundsatz, daß Gemeinnutz vor Eigennutz gehe, der Revision keinen Erfolg sichern. Sie glaubt diesen Grundsatz durch Ablehnung des Klageanspruchs verletzt, weil die Klägerin dann der öffentlichen Wohlfahrtspflege, also der Allgemeinheit, zur Last falle, anstatt daß der Beklagte für die Folgen der Verletzung seiner öffentlich-rechtlichen Verpflichtung zur Abführung der Versicherungsbeiträge verantwortlich gemacht werde. Eine solche Beweisführung ist unmöglich. Sie würde dazu führen, daß eine arme Partei jeden vermögensrechtlichen Klageanspruch mit dem Hinweis auf das Gemeinwohl begründen könnte. Im Rechtsstreit der Parteien handelt es sich überhaupt nicht um den Widerstreit zwischen Gemeinnutz und Eigennutz. Der Rechtsstreit wird ja nicht etwa zwischen der Klägerin und der dem Gemeinwohl dienenden öffentlich-rechtlichen Versicherung der Angestellten, der Reichsversicherungsanstalt, geführt, sondern zwischen zwei einzelnen Volksgenossen, deren Belange einander gegenüberstehen und von denen ein jeder seinen eigenen Nutzen und keiner den der Allgemeinheit verfolgt.

In einem Streit dieser Art aus dem Arbeitsvertrage könnte höchstens in Frage kommen, ob nicht die im Gesetz zur Ordnung der nationalen Arbeit bereits gesetzlich festgelegte nationalsozialistische Auffassung der Gegenwart vom Wesen des Arbeitsverhältnisses, welches danach nicht mehr auf dem Gegensatz von Arbeitgeber und Arbeitnehmer, sondern auf einer durch gegenseitiges Vertrauen begründeten Gemeinschaft zwischen dem Führer des Betriebes und den Gefolgsleuten beruht, es heute mit der Vertiefung zur Fürsorgepflicht des Arbeitgebers noch im weiteren Umfange, als schon bisher nach der Rechtsprechung, im Einzelfalle rechtfertigen kann, eine stillschweigende Nebenabrede fürsorgerechtlicher Art anzunehmen, durch die der Führer des Betriebes die Besorgung der Versicherungsangelegenheiten seiner

Gefolgsleute vertraglich übernommen hat. Dann würde der Versicherte aus der Nichtanwendung von Versicherungsmarken einen vertraglichen Schadensersatzanspruch herleiten können. Im vorliegenden Rechtsstreit kann jedoch die Klage auf diesem Wege ebenfalls nicht zum Ziele gelangen; denn, wie anfangs bereits hervorgehoben, ist es nach den Feststellungen des Berufungsgerichts bei der besonderen Lage des Falles ausgeschlossen, daß der Beklagte eine dienstvertragliche Nebenverpflichtung der bezeichneten Art eingegangen ist.

Nach alledem erweist sich die Revision als unbegründet.

RAG. 15, 158.+

Ist § 124 a RGewO. auf einen Vertrauensmann anwendbar, dem gegenüber ohne diese Eigenschaft bei einer ordentlichen Kündigung nur eine 14tägige oder kürzere Frist einzuhalten wäre?

RGewO. §§ 122, 123, 124 a. AOG. vom 20. Januar 1934 (RGBl. I S. 45) §§ 11, 14 Abs. 1 Satz 2.

Reichsarbeitsgericht. Urt. v. 20. Juli 1935.

I. Arbeitsgericht München. — II. Landesarbeitsgericht daselbst.

Der Kläger stand seit 8 Jahren als zweiter Koch im Dienste der Beklagten. Am 2. August 1934 hat ihn der inzwischen verstorbene Betriebsführer H. der Beklagten fristlos entlassen. Den Anlaß dazu gab folgender Vorfall. Der Küchenchef, dem der Kläger unterstellt war, hatte dem damals 15 Jahre alten Kochlehrling R. befohlen, den Fisch (2 Hechte) in den Keller zu tragen. Als R. mit dem Fisch durch den Raum kam, in welchem der Kläger arbeitete, fragte ihn dieser, was mit dem Fisch sei, R. solle ihn „heroben" (= in der Küche) lassen. Darauf rief der Küchenchef dem Lehrling zu „herunter" und machte eine entsprechende Handbewegung. Als darauf der Lehrling den Fisch in den Keller trug, begegnete ihm auf der Stiege der Kläger und herrschte ihn wiederum an, den Fisch oben zu lassen. Der Lehrling erwiderte, er müsse das tun, was der Chef gesagt habe, und trug den Fisch herunter. Der Kläger folgte ihm und gab ihm eine Ohrfeige. Der Lehrling kam heulend herauf und berichtete den Vorgang dem Küchenchef. Dieser stellte den Kläger zur Rede, worauf es zu einer Auseinandersetzung kam, bei der der Kläger zu dem Küchenchef wiederholt sagte: „Sie sind ja ein trauriger Kadett". Darauf beschwerte sich der Küchenchef über ihn bei dem Betriebsführer. Dieser vernahm den Küchenchef und den Lehrling, legte ihre Aussagen schriftlich nieder und hielt sie sodann dem Kläger vor. Der Kläger wandte ein, die Aussage des Küchenchefs entspreche nicht der Wahrheit und die Angaben R.s seien unter dem Zwange des Geschäftsführers erfolgt. Auch darüber fertigte dieser eine Niederschrift und sprach die Entlassung des Klägers „infolge unmittelbar bevorstehender weiterer Unbotmäßigkeiten" aus.

Der Kläger war Betriebszellenobmann und vom Treuhänder der Arbeit am 16. Juli 1934 durch einen der Beklagten am 18. Juli 1934 zugestellten Bescheid des Treuhänders der Arbeit an erster Stelle zum Mitglied des Vertrauensrats berufen worden. Wegen dieser Eigenschaft hält er unter Berufung auf § 14 Abs. 1 Satz 2 AOG. seine Entlassung für nichtig. Er ist der Ansicht, daß er nur aus einem der hier nicht vorliegenden Gründe des § 123 RGewO. habe entlassen werden können. Er klagte bei dem Arbeitsgericht auf Feststellung, daß sein Arbeitsverhältnis fortbestehe und die Beklagte verpflichtet sei, ihm bis zur gesetzlichen Auflösung des Arbeitsverhältnisses den Lohn zu bezahlen.

Die Beklagte hat um Abweisung der Klage gebeten. Sie erblickt in dem Verhalten des Klägers vom 2. August 1934 in Verbindung mit seinem früheren Verhalten einen wichtigen Kündigungsgrund im Sinne des § 124 a RGewO.; diese Gesetzesbestimmung sei anwendbar, weil dem Kläger nach §§ 11, 14 AOG. überhaupt nur aus einem wichtigen Grunde gekündigt werden könne; auch nach § 123 Nr. 5 RGewO. sei die Entlassung berechtigt gewesen, weil der Küchenchef dem Kläger gegenüber Vertreter der Beklagten gewesen sei und seine Beschimpfung als „trauriger Kadett" unter den gegebenen Umständen eine grobe Beleidigung bedeute.

Das Arbeitsgericht ist der Auffassung der Beklagten gefolgt und hat die Klage unter Festsetzung des Streitwertes auf 2070,— RM abgewiesen. Der Kläger, der seit 29. November 1934 eine andere Stellung inne hat, hat Berufung eingelegt. Das Landesarbeitsgericht hat in Änderung der erstinstanzlichen Entscheidung die fristlose Kündigung für unwirksam erklärt. Die Revision der Beklagten führte zur Wiederherstellung des ersten Urteils.

Gründe:

Das Arbeitsverhältnis des Klägers würde, von seiner Eigenschaft als Mitglied des Vertrauensrats abgesehen, nach den Feststellungen des Vorderrichters mit 14tägiger Frist kündbar gewesen sein. Zu einer fristlosen Kündigung ihm gegenüber hätten daher nach § 123 RGewO. nur die dort aufgeführten besonderen Gründe, die ein Verschulden des Arbeitnehmers voraussetzen, Anlaß geben können. Dadurch aber, daß der Kläger vom Treuhänder der Arbeit nach § 9 Abs. 2 AOG. zum Vertrauensmann im Betriebe der Beklagten berufen worden war, war nach § 14 Abs. 1 Satz 2 daselbst die Kündigung seines Dienstverhältnisses für die Dauer seines Amts überhaupt unzulässig geworden, es sei denn, daß die Kündigung infolge Stillegung des Betriebes oder einer Betriebsabteilung erforderlich wurde oder aus einem Grunde erfolgte, der zur Kündigung des Dienstverhältnisses ohne Einhaltung einer Kündigungsfrist berechtigte. Bis zum Inkrafttreten des AOG. galt das Betriebsrätegesetz. Nach dessen §§ 96, 97 konnte Mitgliedern der Betriebsvertretung gekündigt werden, die Zustimmung aber, falls sie zu Unrecht verweigert wurde, vom Arbeitsgericht ersetzt werden. Von diesem Grundsatz ließ § 96 Abs. 2 BRG. Ausnahmen zu. Die Zustimmung war u. a. nach Ziffer 3 daselbst nicht erforderlich bei fristlosen Kündigungen aus einem Grunde, der nach dem Gesetz zur Kündigung des Dienstverhältnisses ohne Einhaltung einer Kündigungsfrist berechtigte. Zu dieser Bestimmung hat das Reichsarbeitsgericht in ständiger Rechtsprechung (RAG. Bd. 2 S. 245, Urteil RAG. 542/30 vom 14. Februar 1931 in Bensh. Slg. Bd. 11 S. 237 und RAG. 86/31 vom 30. September 1931 in ArbRspr. S. 1931 S. 361 sowie neuerdings RAG. 218/34 vom 23. Februar 1935) daran festgehalten, daß § 124 a RGewO. auf gewerbliche Arbeiter, deren Dienstverhältnis nach der Reichsgewerbeordnung oder dem Dienstvertrage 14tägiger oder kürzerer Kündigungsfrist unterlag, auch dann nicht anwendbar sei, wenn sie Mitglieder des Betriebsrats waren, daß also solche Betriebsratsmitglieder fristlos nur aus den besonderen Gründen des § 123 RGewO. entlassen werden könnten. In dem letzterwähnten Urteil ist die Frage, ob diese Rechtsprechung auch für den Kündigungsschutz gelte, den der Vertrauensmann nach § 14 Abs. 1 Satz 2 AOG. genießt, dahingestellt gelassen worden. In der vorliegenden Sache haben die beiden Vorderurteile die Frage verneint. Sie nehmen an, daß nach §§ 11, 14 AOG. das Vertrauensratsmitglied, dessen Dienstverhältnis, von seiner Amtseigenschaft abgesehen, mit 14tägiger oder noch kürzerer Frist gekündigt werden kann, hinsichtlich des Kündigungsschutzes, den § 14 AOG. verleiht, nicht besser gestellt sei, als ein Vertrauensratsmitglied, das nach seinem Dienstvertrag auf mindestens 4 Wochen angestellt ist oder dessen Dienstverhältnis nach einer getroffenen Vereinbarung einer längeren als 14tägigen Kündigungsfrist unterliegt, daß also beiden gegenüber der allgemeine Entlassungsgrund des wichtigen Grundes (§ 124 a RGewO.) zur Geltung gebracht werden könne.

Im Schrifttum sind die Meinungen über diese Frage geteilt. (Vgl. einerseits Hueck-Nipperdey-Dietz AOG. § 14 Anm. 32, 33 und Stritzke in JW. 1934 S. 598, andererseits Mansfeld-Pohl-Steinmann-Krause AOG. 1. Aufl. § 14 Anm. 3 a — S. 228 —, c bb — S. 237, 238 — und Dersch AOG. S. 112.)

Das Reichsarbeitsgericht tritt der Auffassung der Vorderrichter bei. Seine Rechtsprechung über den Umfang des Kündigungsschutzes, den § 96 BRG. den Mitgliedern einer Betriebsvertretung verlieh, beruhte auf dem Wortlaut der Bestimmungen jenes Gesetzes. § 96 Abs. 1 BRG. schloß, wie RAG. Bd. 2 S. 247 hervorhebt, die Lösbarkeit des Vertragsverhältnisses der Betriebsratsmitglieder durch den Arbeitgeber weder für längere Zeit aus, noch machte er sie von der Innehaltung einer längeren Kündigungsfrist abhängig, beließ es also für die ordentliche Kündigung insoweit bei dem, was hinsichtlich der Kündigungsfrist im Arbeitsvertrag vereinbart worden war oder dafür nach Tarifvertrag und Gesetz galt, machte freilich jede solche Kündigung von der Zustimmung des Betriebsrats abhängig. Von dieser allgemeinen Einschränkung seines Kündigungsrechts abgesehen war also der Arbeitgeber in der Lage, dem Betriebsratsmitglied sein Dienstverhältnis in gleicher Weise zu kündigen wie den übrigen gewerblichen Arbeitern. Hinsichtlich der außerordentlichen, fristlosen Kündigung stand das Betriebsratsmitglied aber überhaupt nicht anders da, als die übrigen Arbeiter, vielmehr ließ § 96 Abs. 2 Ziffer 3 BRG. die dafür geltenden gesetzlichen Bestimmungen, also auch §§ 123, 124 a RGewO., uneingeschränkt zur Anwendung kommen. Daraus ergab sich dann die Folgerung, daß diese Bestimmungen nur dann angewandt werden konnten, wenn ihre sämtlichen Voraussetzungen erfüllt waren, also der allgemeine Entlassungsgrund des wichtigen Grundes nach § 124 a RGewO. nur durchgreifen konnte, wenn das Arbeitsverhältnis des dem Betriebsrat angehörenden gewerblichen Arbeiters auf mindestens 4 Wochen oder mit mehr als 14tägiger Kündigung abgeschlossen worden war. Traf dies nicht zu, so konnten nur die im § 123 RGewO. aufgezählten Gründe die sofortige Entlassung des Betriebsratsmitgliedes rechtfertigen. Den Bestimmungen der §§ 123, 124 a RGewO. liegt, wie das Reichsarbeitsgericht wiederholt (vgl. RAG. Bd. 2 S. 247 und Urteil 67/27 vom 15. Februar 1928 in ArbRspr. 1928 S. 216, Bensh. S. Bd. 2 S. 128 und JW. 1928 S. 1677 Nr. 22) ausgesprochen hat, der Gedanke zugrunde, daß beim Vorliegen eines nicht unter § 123 fallenden wichtigen Grundes dem Arbeitgeber die Fortsetzung des Arbeitsverhältnisses bis zum Ablauf einer 14tägigen oder kürzeren Kündigungsfrist zugemutet werden könne, daß aber dort, wo innerhalb dieser Frist die Auflösung des Dienstverhältnisses im Wege ordentlicher Kündigung nicht möglich sei, dem Arbeitgeber nicht zuzumuten sei, ein für ihn aus einem anderen wichtigen Grunde untragbar gewordenes Dienstverhältnis fortzusetzen, daß ihm vielmehr dann die sofortige Lösung des Vertragsverhältnisses möglich sein solle. Bei 14tägiger Kündigungsfrist durfte aber in solchem Falle damit gerechnet werden, daß der Arbeitgeber zur Kündigung des Betriebsratsmitglieds die erforderliche Zustimmung des Betriebsrats, andernfalls die Ersatzzustimmung des Arbeitsgerichts (§ 97 BRG.) erhielt. Damit war das Betriebsratsmitglied hinsichtlich der Kündbarkeit des Arbeitsverhältnisses nicht schlechter gestellt, als der einem Betriebsrat nicht angehörende Arbeitnehmer (RAG. Bd. 2 S. 247), desgleichen aber auch nicht der Arbeitgeber, dem mit Rücksicht auf den klaren Wortlaut der Bestimmungen des § 96 BRG., § 123 RGewO. die Einholung einer Zustimmung angesonnen werden mußte (vgl. die oben erwähnte Entscheidung vom 14. Februar 1931).

Aus dem soeben erörterten Sinn und Zweck der gesetzlichen Bestimmungen der Reichsgewerbeordnung über die Lösbarkeit des Arbeitsverhältnisses gewerblicher Arbeitnehmer hat das Reichsarbeitsgericht in dem genannten Urteil RAG. 67/27 vom 15. Februar 1928 — vgl. auch RAG. Bd. 4 S. 291 flg. — die Folgerung gezogen, daß § 124 a RGewO. auf die Arbeitsverhältnisse der schwerbeschädigten gewerblichen Arbeitnehmer in jedem Falle anwendbar sei, weil ihnen gegenüber nach § 13 Abs. 1 Satz 3 SchwerbG. bei der ordentlichen, nur mit Zustimmung der Hauptfürsorgestelle zulässigen Kündigung eine Frist von mindestens vier Wochen einzuhalten sei und es für die Anwendbarkeit des § 124 a RGewO. nicht darauf ankommen könne, ob die Ausdehnung der Kündigungsfrist über 14 Tage hinaus auf Vereinbarung oder Gesetz beruhe (vgl. dazu auch RAG. Bd. 2 S. 248, RAG. Bd. 4 S. 291 flg. und Urteil RAG. 13/29 vom 15. Juni 1929 in Bensh. S. Bd. 6 S. 345). Demgemäß muß auch aus dem Grundgedanken des § 124 a RGewO. dessen Anwendbarkeit auf das Dienstverhältnis eines jeden Vertrauensmannes bejaht werden, nämlich auch dann, wenn es sich dabei um einen gewerblichen Arbeiter handelt, für den ohne jene Eigenschaft nach § 122 RGewO. oder Tarifvertrag bei der ordentlichen Kündigung eine 14tägige oder gar noch eine geringere Frist einzuhalten wäre. Denn, wie aus den Bestimmungen der §§ 11, 14 AOG. ohne weiteres folgt, ist gegenüber einem Vertrauensmann für die Dauer seines jeweils erst zum nächsten 30. April endenden Amtes die ordentliche Kündigung überhaupt ausgeschlossen. Es kommt also insoweit gar nicht darauf an, ob ohne die Eigenschaft des Vertrauensmannes das Arbeitsverhältnis mit einer 14tägigen oder gar noch geringeren Frist kündbar wäre, der Vertrauensmann ist eben gegen eine solche Kündigung durch seine Eigenschaft als Vertrauensmann geschützt; er steht insofern einem gewerblichen Arbeitnehmer, dessen Arbeitsverhältnis auf mindestens vier Wochen eingegangen oder doch mit einer längeren als 14tägigen Frist kündbar ist, gleich, und es muß daher auch ihm gegenüber wie gegenüber diesem die Möglichkeit der Entlassung aus jedem wichtigen Grunde anerkannt werden. Die gegenteilige Meinung würde, wie Hueck-Nipperdey-Dietz a. a. O. zutreffend anführen, zu dem unbilligen, durch nichts berechtigten Ergebnis führen, daß ein Vertrauensmann, dessen vertragliche Kündigungsfrist 3 Wochen beträgt, aus jedem wichtigen Grunde, ein anderer, der eine 14tägige Kündigungsfrist hat, aber nur aus den besonderen, im § 123 RGewO. aufgezählten Gründen entlassen werden könnte, obgleich beide während des Jahres ihrer amtlichen Tätigkeit in bezug auf die Möglichkeit einer Kündigung völlig gleichstehen; der bessere Vertrag würde sich allein zum Nachteil des Arbeitnehmers auswirken. Die hier vertretene Ansicht vermeidet auch das unbefriedigende Ergebnis (vgl. dazu für Betriebsräte Mansfeld in seinem Erläuterungsbuch zum BRG., 3. A., § 96 Anm. 4c S. 494), daß andernfalls der mit vierwöchiger Frist kündbare schwerbeschädigte Vertrauensmann aus einem nicht im § 123 RGewO. aufgezählten wichtigen Grunde entlassen werden könnte, dagegen der nicht schwerbeschädigte, nach seinem Vertrage täglich oder mit kurzer Frist kündbare Vertrauensmann aber nur aus den Gründen des § 123. Es läßt sich auch nicht dagegen einwenden, daß damit der Vertrauensmann, der als gewerblicher Arbeiter einen mit kurzer Frist kündbaren Arbeitsvertrag abgeschlossen hatte, hinsichtlich der Möglichkeit fristloser Entlassung schlechter gestellt sei, als wenn er nicht Vertrauensmann geworden wäre. Denn, abgesehen von der Möglichkeit, durch freiwillige Amtsniederlegung (§ 14 Abs. 1 Satz 1 AOG.) die Beschränkung der fristlosen Entlassung auf die Gründe des § 123 RGewO. herbeizuführen, darf und muß von ihm verlangt werden, daß er keinen Anlaß zur fristlosen Entlassung gibt, ja auch in Erfüllung seiner Pflichten aus dem Arbeitsvertrag den Arbeitskameraden ein Vorbild ist (vgl. §§ 6, 8 Satz 2, 10 AOG.). Im übrigen wird aber jene vermeintliche Schlechterstellung reichlich dadurch aufgewogen, daß der Vertrauensmann, im ganzen gesehen, hinsichtlich der Kündbarkeit seines Vertrages durch den Ausschluß der ordentlichen Kündigung für die Zeit seines Amtes wesentlich günstiger gestellt ist als der Nichtvertrauensmann.

. . .

Die Revision wendet sich mit Recht dagegen, daß das Berufungsgericht im Gegensatz zu dem Arbeitsgericht im Verhalten des Klägers keinen wichtigen Grund zu seiner fristlosen Entlassung erblickt hat.

. . .

RAG. 15, 174.

Zur Frage der sog. Mankohaftung eines vertraglich zur Verwaltung eines Lagers des Geschäftsherrn verpflichteten Angestellten. Mitwirkendes Verschulden des Geschäftsherrn.

BGB. §§ 138, 145 ff., 254, 276, 278, 677.

Reichsarbeitsgericht. Urt. v. 15. Mai 1935.

I. Arbeitsgericht Breslau. — II. Landesarbeitsgericht daselbst.

Der Beklagte war seit dem 1. Mai 1932 Vertreter der Klägerin für Görlitz und Umgebung und hat dann auf Grund des Vertrags vom 11. Mai/3. Juli 1933 auch die Verwaltung ihres Görlitzer Lagers übernommen. Nach dem letzteren Vertrag hatte der Beklagte u. a. für jeden Fehlbestand des Lagers zu haften. An jedem Monatsersten hatte er den Bestand aufzunehmen und an die Klägerin zu berichten. Er übernahm das Lager am 7. Mai 1933 ohne Fehlbestand. Nachdem sich bereits Ende Juni und Ende Juli 1933 größere Fehlbestände ergeben hatten, über die der Beklagte aber an die Klägerin nicht berichtete, wurden am 24. August in dem Gemisch enthaltenden unterirdischen Tank 2200 l Wasser festgestellt. Der Beklagte meldete das der Klägerin. Am 26. August 1933 ergaben Nachprüfungen einen Fehlbestand von 2150 kg Benzin und 723 kg Gemisch und am 30. September 1933 einen solchen von 2675 kg Benzin und 2136 kg Gemisch. Die Klägerin macht den Beklagten für diese Fehlmengen verantwortlich. Am 25. Oktober 1933 erkannte der Beklagte nach vorausgegangenen Verhandlungen seine Erstattungspflicht in Höhe von 2014,00 RM an. Am 31. Oktober 1933 entließ ihn die Klägerin fristlos.

Zur Abdeckung des Fehlbestandes verlangt die Klägerin mit der Klage von dem Beklagten auf Grund einer Aufstellung, in der sie ihm verschiedene Gegenansprüche gutgeschrieben hat, die Zahlung eines Restbetrages von 988,87 RM und außerdem noch weitere 41 RM für Ware, die der Beklagte ohne Bezahlung abgegeben habe. Der Beklagte bestreitet den Klaganspruch und begehrt mit Widerklage wegen weiterer von der Klägerin nicht berücksichtigter Gegenforderungen, die er notfalls zur Aufrechnung stellt, Zahlung von 2450 RM sowie Ausstellung eines Zeugnisses.

Das Arbeitsgericht hat der Klage in Höhe von insgesamt 354,87 RM stattgegeben und auf die Widerklage die Klägerin zur Ausstellung eines Zeugnisses verurteilt, im übrigen aber die Klage und die Widerklage abgewiesen. Auf die Berufung des Beklagten hat das Landesarbeitsgericht die Klage in vollem Umfang abgewiesen und auf die Widerklage die Klägerin zur Zahlung von 423,18 RM verurteilt, wegen des weitergehenden Zahlungsanspruchs des Beklagten es aber bei der Abweisung der Widerklage bewenden lassen. Die Revision der Klägerin führte zur Aufhebung und Zurückverweisung.

Aus den Gründen:

Das angefochtene Urteil hält gegenüber den sachlich-rechtlichen Angriffen der Revision nicht stand.

Rechtliche Bedenken bestehen schon insoweit, als das Landesarbeitsgericht die Klausel des Lagerhaltervertrags, wonach der Beklagte für Fehlbestände unbedingt zu haften hatte, also auch wenn ihm ein Verschulden nicht zur Last fiel, als sittenwidrig angesehen hat. Zur Begründung hat das Landesarbeitsgericht angeführt, daß die Klausel dem Beklagten ein Risiko auferlege, das zu seinem Gehalt in keinem Verhältnis gestanden habe. In der Rechtsprechung ist anerkannt, daß einem derart erhöhten Risiko gegenüber ein Ausgleich durch die Bewilligung eines entsprechend erhöhten Gehaltes geschaffen werden muß, und daß andernfalls die Klausel, die einem Angestellten das Risiko ohne diesen Ausgleich aufbürdet, als sittenwidrig angesehen werden kann. Die Ansicht des Landesarbeitsgerichts wäre daher vielleicht nicht zu beanstanden, wenn der Lagerhaltervertrag vorliegend nur für sich allein in Frage gestanden hätte. Denn dann konnte das in dem Vertrag von dem Beklagten übernommene Risiko ohne weiteres mit dem ihm dort zugebilligten Gehalt verglichen werden. Hier lag die Sache aber insofern wesentlich anders, als der Beklagte nach den Urteilsfeststellungen nicht nur Lagerverwalter für die Klägerin war, sondern zugleich — und zwar von Anfang an — auch ihr Vertreter für Görlitz und Umgebung. Gewiß ist der Lagerhaltervertrag für sich besonders und erst längere Zeit nach dem Vertretervertrag geschlossen worden; er enthält auch keinerlei Bezugnahme auf das bestehende Vertreterverhältnis. Das Landesarbeitsgericht mußte aber gleichwohl die Sachlage in ihrer Gesamtheit prüfen und durfte die zwischen der

Klägerin und dem Beklagten bestehenden vertraglichen Beziehungen, soweit das Angestelltenverhältnis in Frage kam, nicht teilen und die einzelnen Teile nicht voneinander losgelöst beurteilen. Denn ersichtlich hat die Übertragung der Verwaltung des Görlitzer Lagers an den Beklagten ihren Grund gerade in der Tatsache, daß er damals schon die Vertretung der Klägerin für Görlitz und Umgebung innehatte.

Keinesfalls ist aber die Begründung, mit der das Landesarbeitsgericht den Lagerhaltervertrag im ganzen für nichtig erklärt hat, rechtlich ausreichend. Wohl hat der Beklagte, wenn man die einzelnen Vertragsbestimmungen ihrem Wortlaut nach ansieht, auch noch über die Haftung für Fehlbestände hinaus eine besondere Haftung für Fehler, Mängel und Kosten auf sich nehmen müssen. Allein ohne nähere Feststellungen läßt sich die wirkliche Höhe der sich für den Beklagten daraus ergebenden Belastung nicht erkennen, und das Landesarbeitsgericht hat auch jede Angabe darüber unterlassen, wie hoch es selbst in dieser Beziehung das Risiko des Beklagten unter Zugrundelegung des Zeitpunktes des Vertragsschlusses eingeschätzt hat.

Aber auch wenn das Landesarbeitsgericht den Lagerhaltervertrag ohne Rechtsirrtum für nichtig erklärt hätte, hätte es nicht an der Tatsache vorbeigehen dürfen, daß der Beklagte in Wirklichkeit das Lager mehrere Monate hindurch verwaltet hat, und daß sowohl die Klägerin wie der Beklagte diese Verwaltung unzweifelhaft als eine auf Grund vertraglicher Beziehungen geführte gewollt und demgemäß behandelt haben. Unter solchen Umständen wäre vom Landesarbeitsgericht zu prüfen gewesen, ob nicht auf der Grundlage dieser tatsächlichen Übung in Verbindung mit der stillschweigenden Übereinstimmung beider Teile ein Vertragsverhältnis mit dem regelmäßigen Inhalt eines Lagervertrags zustande gekommen ist, wodurch die vertragliche Haftung des Beklagten für Fehlbestände wenigstens für den Fall begründet wurde, daß ihm oder seinen Gehilfen ein Verschulden zur Last fiel. Dabei wäre grundsätzlich davon auszugehen gewesen, daß der, der für einen anderen vertraglich die Verwaltung eines solchen Lagers übernimmt, dann, wenn sich Fehlbestände zeigen, dafür einstehen muß, solange er sich hierwegen nicht entlastet. Eine ähnliche Verpflichtung konnte sich für den Beklagten übrigens auch unter dem von der Revision angeführten Gesichtspunkt der Geschäftsführung ohne Auftrag ergeben, die in Fällen, in denen der verpflichtende Vertrag nichtig ist, übrig bleibt, wenn die Voraussetzungen des § 677 BGB. vorliegen. Daß das letztere hier zutrifft, läßt sich nach den obwaltenden tatsächlichen Verhältnissen nicht bezweifeln. Auch unter diesem Gesichtspunkt der auftragslosen

Geschäftsführung hatte der Beklagte für ein Verschulden seines Gehilfen nach § 278 BGB. einzustehen.

Das Berufungsgericht hat schließlich ein mitwirkendes Verschulden der Klägerin in der Richtung auf den Schadenseintritt darin erblickt, daß sie den Beklagten mit der Lagerhaltung beauftragt und ihn in den Besitz des Lagers gesetzt habe, obwohl sie sich bei ihrer Kenntnis der Dinge hätte sagen müssen, daß dem Kläger eine ordnungsmäßige Verwaltung wegen seiner Reisetätigkeit als Vertreter kaum möglich sein könne, und daß sie so selbst eine erhöhte Gefahr für ihr Eigentum geschaffen habe. Unterstellt man, daß auf die angeführte Weise ein Verschulden der Klägerin ausreichend begründet erscheinen könnte, so wäre die Annahme, daß dieses schuldhafte Verhalten der Klägerin mitursächlich für den eingetretenen Schaden sei, entgegen der Meinung der Revision rechtlich nicht zu beanstanden. Denn die Entstehung des Schadens ist darauf zurückzuführen, daß der Beklagte das Lager nicht genügend überwacht hat. An sich könnte ein Verschulden der Klägerin rechtsirrtumsfrei darin gefunden werden, daß sie durch ihre Maßnahmen dem Beklagten die Überwachung des Lagers unmöglich machte oder doch in besonderem Maße erschwerte und dadurch ihr Eigentum selbst einer erhöhten Gefahr aussetzte. Denn das eigene Verschulden des Geschädigten im Sinne des § 254 BGB. besteht gerade darin, daß er die Aufmerksamkeit und Sorgfalt außer acht läßt, die er verständigerweise beobachten muß, um eigenen Schaden zu vermeiden. Allein bisher ist ein solches Verschulden der Klägerin nicht ausreichend nachgewiesen. In dem angefochtenen Urteil wird zwar ausgeführt, der Beklagte sei als Vertreter tagsüber meist abwesend gewesen und habe sich um das Lager wenig kümmern können. Allein damit ist noch nicht gesagt, daß der Kläger durch seine Vertretertätigkeit derart in Anspruch genommen war, daß ihm seine Verwaltertätigkeit oder wenigstens eine ausreichende Überwachung seines Gehilfen unmöglich oder in einem unerträglichen Maße erschwert gewesen wäre. Dazu hätte es eines näheren Eingehens auf die Pflichten des Beklagten aus seinem Vertreterverhältnis, aber auch auf die Anforderungen bedurft, die die Verwaltung des Lagers seinem Umfang und seiner Bedeutung nach und hinsichtlich der dabei zu erfüllenden Aufgaben an den Beklagten gestellt hat. Bis jetzt fehlt ein genügender Anhalt dafür, daß die Kontrolle der Lagerbestände und die Buchung der Ein- und Ausgänge von Waren oder die sonst noch zu erledigenden Arbeiten ein solches Maß von Arbeitsbelastung für den Beklagten bedeutet hätten, daß er diese Arbeiten nicht noch neben der Vertretertätigkeit zusammen mit seinem

Gehilfen hätte erledigen können, oder daß er neben seiner Vertretertätigkeit nicht wenigstens für eine wirksame Kontrolltätigkeit gegenüber dem Gehilfen hätte Zeit finden können. Auch in dieser Richtung bedarf der Sachverhalt noch weiterer Aufklärung.

RAG. 15, 199.

Wie beurteilt sich die Frage der Stillegung des Betriebs oder einer Betriebsabteilung, wenn beim Ausscheiden des bisherigen Firmeninhabers das Büro und der wesentliche Teil der Gefolgschaft von einer anderen Firma übernommen werden, während die bisherige Firma unter Ausschluß der Aktiven und Passiven auf einen neuen Inhaber übergeht, der unter dieser Firma in anderen Räumen und in verkleinertem Umfange dieselben Geschäfte weiterbetreibt.

AOG. § 14 Abs. 1 Satz 2.

Reichsarbeitsgericht. Urt. v. 1. Juni 1935.

I. Arbeitsgericht Liegnitz. — II. Landesarbeitsgericht Breslau.

Die Klägerin ist im Laufe des Jahres 1934 von dem damaligen Alleininhaber der beklagten Firma, dem Kaufmann Otto Sch., als Bürovorsteherin eingestellt worden. Otto Sch. betrieb damals in L. eine Generalagentur der Gl. Feuer-Versicherungs A.-G., der Schw. Unfallversicherungsgesellschaft in W. und noch anderer Versicherungsgesellschaften. Die Klägerin ist in dem Betriebe der Beklagten ordnungsgemäß als Vertrauensmann bestellt gewesen.

Am 1. November 1934 ist der Klägerin wegen angeblicher dienstlicher Unfähigkeit zum 31. Dezember 1934 gekündigt worden. Die Klägerin erhob daraufhin die vorliegende Klage. Nunmehr kündigte die Beklagte der Klägerin unter dem 13. November 1934 erneut zum 31. Dezember 1934 wegen angeblicher Betriebsstillegung, die an diesem Tage erfolgen sollte. Die Klägerin hält auch diese Kündigung für nicht gerechtfertigt. Sie begehrt mit der Klage die Feststellung, daß das Arbeitsverhältnis mit der Beklagten noch fortbestehe. Die Beklagte ist gegenteiliger Ansicht und beantragt, die Klage abzuweisen. Das Arbeitsgericht hat entsprechend dem Antrag der Beklagten erkannt. Das Landesarbeitsgericht hat auf die Berufung der Klägerin festgestellt, daß das Arbeitsverhältnis der Klägerin mit der Beklagten noch bis zum 31. März 1935 fortbestehe, mit dem weitergehenden Feststellungsantrag aber die Klägerin abgewiesen. Die Revision der Beklagten führte zur Aufhebung und Zurückverweisung.

Aus den Gründen:

Nach der ständigen Rechtsprechung des Reichsarbeitsgerichts, an der auch für den Bereich des Arbeitsordnungsgesetzes festzuhalten ist, entscheidet über die Frage, ob eine Betriebsstillegung vorliegt, in erster Linie der nach außen hervorgetretene Wille des Unternehmers. Dabei bedeutet der Wechsel des Unternehmers, also der Übergang des Geschäftsbetriebs auf einen neuen Unternehmer, noch nicht ohne weiteres die Betriebsstillegung, es kommt vielmehr darauf an, ob die zwischen dem Arbeitgeber und den Arbeitnehmern bisher vorhandene Arbeits- und Produktionsgemeinschaft, die Betriebsgemeinschaft, als mit dem neuen Unternehmer fortgesetzt angesehen werden kann. Ob das im einzelnen Falle zutrifft, ist im wesentlichen Tatfrage. Gewichtige Merkmale sind die Fortführung des bisherigen Geschäftsbetriebs ohne erkennbare Unterbrechung, die Beibehaltung und weitere Ausnutzung der bisher benutzten sächlichen Betriebsmittel und die Weiterverfolgung des bisher im Betriebe verfolgten technischen Zwecks, ohne daß insoweit eine wesentliche Änderung eintritt. Das Wesentlichste aber ist, daß wenigstens in der Hauptsache die Gefolgschaftsmitglieder mit übernommen werden. Denn auch wenn der neue Inhaber des Betriebs diesen mit den bisherigen sächlichen Betriebsmitteln ohne Unterbrechung und ohne wesentliche Änderung des bisherigen technischen Zweckes fortsetzt, kann von einer Fortsetzung der Betriebsgemeinschaft dennoch nicht die Rede sein, wenn die bisherige Gefolgschaft als einer der wesentlichen Träger der Gemeinschaft fehlt. Es genügt im übrigen insoweit auf die Entscheidung RAG.194/30 vom 1. Oktober 1930 (RAG. Bd. 7 S. 4 flg.) zu verweisen.

Nach den Urteilsfeststellungen ist vorliegend mit dem 31. Dezember 1934 der bisherige Inhaber der beklagten Firma, der Kaufmann Otto Sch., aus dem Betriebe ausgeschieden. Mit seinem Ausscheiden ist gleichzeitig der Betrieb in zwei Teile zerlegt worden: Das Büro und im wesentlichen auch den Personalbestand der Beklagten hat die Gl. Feuerversicherungsgesellschaft übernommen, während die Firma unter Ausschluß der Aktiven und Passiven auf den Sohn Sch. übergegangen ist, der unter der alten Firma in neuen Räumen und in verkleinertem Umfange Versicherungsvertretungen weiter betreibt. Das Landesarbeitsgericht läßt nun den Teil des Betriebs, der auf die Gl. Feuerversicherungsgesellschaft übergegangen ist, für die Beurteilung der Frage der Betriebsstillegung völlig außer Betracht, weil für die Gl. keine Verpflichtung bestanden habe, die Vertrauensleute der Beklagten zu übernehmen, übrigens auch nicht die Gl., sondern die Firma E. und

O. Sch. verklagt sei, die nicht verpflichtet werden könne, einer ihren Betrieb im wesentlichen übernehmenden anderen Firma die Übernahme ihrer Vertrauensmänner aufzuzwingen. Richtig ist, daß die Firma E. und O. Sch. verklagt ist. Das Landesarbeitsgericht übersieht aber offenbar, daß bei der gegebenen Rechtslage der wirkliche Beklagte nach wie vor der frühere Inhaber der Beklagten geblieben ist, gegen den die Klage rechtshängig geworden ist, und daß es sich auch sachlich, zumal der neue Inhaber die alten Verbindlichkeiten nicht übernommen hat, also auch nicht in die Verpflichtungen aus den bestehenden Arbeitsverträgen eingetreten ist, nur um die Frage handeln kann, ob das Arbeitsverhältnis zwischen dem früheren Inhaber, dem Vater Sch., und der Klägerin noch über den 31. Dezember 1934 hinaus bestanden hat oder ob es infolge wirksamer Kündigung mit dem 31. Dezember 1934 erloschen ist. Es kommt hier auch nicht darauf an, ob die Beklagte, d. h. ihr früherer Inhaber, in der Lage war, der Gl. Feuerversicherungsgesellschaft die Übernahme der Vertrauensmänner oder der Gefolgschaft überhaupt aufzuzwingen, und ob diese zu einer solchen Übernahme etwa vertraglich verpflichtet war, sondern — von den übrigen Voraussetzungen sachlicher und technischer Art abgesehen — lediglich darauf, ob die Gl. in die bestehenden Arbeitsverträge der bisherigen Gefolgschaftsmitglieder im wesentlichen eingetreten ist. Ist das zu bejahen und liegen auch die übrigen erwähnten Voraussetzungen vor, so müßte auch eine Fortführung des Betriebs der Beklagten durch die Gl. bejaht werden, selbst wenn sie die Übernahme einzelner Mitglieder der Gefolgschaft, etwa der Vertrauensmänner, verweigert hätte. Keinesfalls geht es aber an, den auf die Gl. übergegangenen Betriebsteil für die Frage der Betriebsstillegung überhaupt unberücksichtigt zu lassen. Ist eine Betriebsfortführung durch die Gl., etwa weil eine völlige Neuorganisation erfolgt ist, zu verneinen, so wird — vom Gesamtbetrieb der Beklagten vor dem 31. Dezember 1934 aus gesehen — die von der Revision aufgeworfene Frage zu prüfen sein, ob in der Abtrennung eines so wesentlichen Betriebsteils nicht die Stillegung einer Betriebsabteilung im Sinne des § 14 Abs. 1 Satz 2 des Arbeitsordnungsgesetzes zu erblicken ist, die gleichfalls eine Ausnahme von dem den Vertrauensmännern für den Regelfall schlechthin zustehenden Kündigungsschutz begründen würde.

Auf der anderen Seite kann die Fortführung des Geschäftsbetriebs durch den Sohn Sch. nicht allein deswegen bejaht, also eine Betriebsstillegung nicht allein deswegen verneint werden, weil er die beklagte Firma übernommen hat. Rechtlich ist der Übernehmer der Firma als der neue Inhaber des Betriebs anzusehen. Die Firma ist lediglich der Name, unter dem auch der neue Inhaber seine Geschäfte betreibt. Es müssen daher auch hier die sonst für die Frage der Betriebsstillegung im Falle des Inhaberwechsels in der Rechtsprechung aufgestellten Grundsätze maßgebend bleiben. Nun scheint das Landesarbeitsgericht allerdings — wie seiner Feststellung zu entnehmen ist, daß nach wie vor dieselben Geschäfte, nämlich Versicherungsvertretungen, betrieben würden, d. h. in dem Betriebe derselbe technische Zweck weiterverfolgt werde, — angenommen zu haben, daß wirtschaftlich der Geschäftsbetrieb der Beklagten ununterbrochen fortgesetzt worden ist. Demgegenüber kann auch nicht der Einwand der Revision durchgreifen, der neue Inhaber betreibe eine andere Art von Versicherungen. Es steht fest, daß die Beklagte vor dem 31. Dezember 1934 nicht nur „Verwaltungsgeschäfte von Versicherungsgesellschaften" besorgt hat, wie die Revision meint. Die Beklagte hat im Verlaufe des Verfahrens sich selbst wiederholt darauf berufen, daß sie auch „für andere Versicherungsgesellschaften Vertretungen gehabt habe". Zudem kommt es für die Frage des technischen Betriebszwecks auf den Gesamtbetrieb und die Gesamtheit der betriebenen Geschäfte an. Allein das Landesarbeitsgericht hat sich, wie die Revision mit Recht beanstandet, nicht damit befaßt, ob die Arbeitnehmerschaft wenigstens insoweit, als sie nicht von der Gl. Feuerversicherungsgesellschaft übernommen worden ist, oder doch der größte Teil des Restes bei der Beklagten auch nach dem 31. Dezember 1934 verblieben ist. Diese Frage ist zwischen den Parteien streitig gewesen, und ihre Bejahung durch das Berufungsgericht kann daher um so weniger unterstellt werden, als in dieser Hinsicht der vom Berufungsgericht außer acht gelassenen Tatsache Bedeutung zukommt, daß der neue Geschäftsinhaber nach der amtlichen Bekanntmachung des Registergerichts die unter dem früheren Inhaber begründeten Verbindlichkeiten nicht übernommen hat, also offenbar auch nicht in die bestehenden Arbeitsverträge eingetreten ist. Wäre aber die gestellte Frage zu verneinen, so müßte auch die Fortsetzung der Betriebsgemeinschaft hinsichtlich des auf den Sohn Sch. übergegangenen Teils des ursprünglichen Geschäftsbetriebs verneint werden.

RAG. 15, 221.

Ist ein Bauarbeiter im Sinne des § 2 Nr. II Abs. 6 und 7 des Bezirkstarifvertrages für Hoch-, Beton- und Tiefbauarbeiten in der Provinz Pommern an eine auswärtige Baustelle entsandt, wenn er zwar

am Sitze des Baugeschäftes, aber von vornherein nur für eine außerhalb gelegene Arbeitsstelle angenommen und eingestellt worden ist?

Reichsarbeitsgericht. Urt. v. 20. Juli 1935.

I. Arbeitsgericht Stettin. — II. Landesarbeitsgericht daselbst.

Der Beklagte, der in L. ein Baugeschäft betreibt, ließ an einer Baustelle in Kl. Bauarbeiten ausführen. Bei diesen Bauarbeiten war der Kläger, der von dem Beklagten in L. für die Baustelle in Kl. angenommen worden war, vom 1. Oktober 1934 bis zum 17. November 1934 als Maurer beschäftigt. Er hatte dort einen Stundenlohn von 64 Pf. nebst freier Unterkunft und Mittagessen erhalten. Er war der Meinung, daß er, da er in L. eingestellt worden sei, Anspruch auf den für L. geltenden, um 8 Pf. höheren Tarifstundenlohn habe. Neben einem weiteren Betrag von 3,08 RM, den er als Zuschlag für ausgeführte Neuputzarbeiten beanspruchte, klagte er auf Nachzahlung dieser Differenz von 8 Pf. für die Stunde, insgesamt auf Zahlung von 29,96 RM. Der Beklagte erkannte seine Verpflichtung zur Zahlung der 3,08 RM an, machte aber im übrigen geltend, daß nach den maßgebenden Bestimmungen des auf Grund des Reichstarifvertrages für das Baugewerbe abgeschlossenen Lohn- und Arbeitstarifes für Hoch-, Beton- und Tiefbauarbeiten in der Provinz Pommern der Kläger den für L. geltenden höheren Stundenlohn nur würde beanspruchen können, wenn er von dem Beklagten von L. nach der Baustelle in Kl. entsandt worden sei.

Das Arbeitsgericht erkannte nach Klagantrag. Die Berufung des Beklagten wurde zurückgewiesen. Seine Revision führte zur Abweisung der Klage, soweit der Anspruch nicht von ihm anerkannt war.

Gründe:

Die für den Lohnanspruch des Klägers maßgebenden Bestimmungen des auf Grund des Reichstarifvertrags für das Baugewerbe vom 3. März 1933 abgeschlossenen, für allgemeinverbindlich erklärten und auf Grund der Anordnung des Reichsarbeitsministers vom 28. März 1934 (RArbBl. I S. 85) als Tarifordnung in Geltung gebliebenen Bezirkstarifvertrages für Hoch-, Beton- und Tiefbauarbeiten in der Provinz Pommern sind folgende:

§ 2 II Abs. 6 und 7.

Maßgebend für die Lohnhöhe ist der Ort der Baustelle.

Werden aber Arbeiter von einem Baugeschäft, dessen Sitz in einem höheren Lohngebiet als die Baustelle liegt, entsandt, so erhalten sie den höheren Lohn.

Der Kläger beansprucht den für L. maßgebenden höheren Lohn, weil er der Meinung ist, er sei im Sinn der angeführten Tarifbestimmung vom Beklagten von L. nach der Baustelle in Kl. entsandt worden. Arbeitsgericht und Landesarbeitsgericht haben sich dieser Meinung angeschlossen. Letzteres hat hierzu ausgeführt, von einem Entsenden könne nicht erst dann gesprochen werden, wenn ein Arbeiter am Sitze eines Baugeschäfts beschäftigt gewesen sei und dann an eine andere Baustelle geschickt werde; ein Entsenden liege vielmehr schon dann vor, wenn er eingestellt und an einen anderen Ort geschickt werde. Das entspreche dem natürlichen Sprachgebrauch und könne auch von einem Arbeiter, der sich in einem Baugeschäft melde, um Arbeit zu finden, kaum anders aufgefaßt werden.

Die Revision, welche rechtsirrige Anwendung der in Frage kommenden Tarifbestimmung rügt, ist begründet. Nach Abs. 6 der Tarifbestimmung ist grundsätzlich der Ort der Baustelle — im vorliegenden Falle würde das Kl. sein — maßgebend. Der für L. geltende und vom Kläger in Anspruch genommene höhere Lohnsatz ist nur dann zu zahlen, wenn der Beklagte den Kläger von L. als dem Sitz des Baugeschäftes aus zur Baustelle entsandt hat. Gleich oder ähnlich lautende Bestimmungen, die insbesondere die dem Bauarbeiter unter Umständen zu zahlende sog. Auslösung betreffen, finden sich seit Jahren in den Bezirksbautarifen und sind vielfach Gegenstand der Rechtsprechung des Reichsarbeitsgerichts gewesen. Dieses hat, wie auch das Arbeitsgericht in seinem Urteil vom 4. März 1934 nicht verkannt hat, in zahlreichen Entscheidungen zum Ausdruck gebracht, daß von einem „Entsenden" oder einem „Verschicken" des Bauarbeiters zu einer Baustelle nur dann die Rede sein kann, wenn er auf Weisung des Unternehmers seine Arbeit an einer Baustelle zu verrichten hat, die außerhalb desjenigen Arbeitsplatzes liegt, für den er eingestellt worden ist und an dem er an sich seine Arbeit zu leisten hat. Der einer besonderen Regelung zugrunde liegende Gedanke ist der, daß ein Arbeiter dadurch, daß er vorübergehend an einer anderen Stelle, für die ein niedrigerer Tariflohnsatz gilt, beschäftigt wird, nicht benachteiligt werden soll. Es soll dem an eine andere Baustelle entsandten Arbeiter der höhere Lohnsatz seines gewöhnlichen Arbeitsplatzes erhalten bleiben, und ebenso soll durch die im Baugewerbe übliche sog. Auslösung dem nach einer auswärtigen Arbeitsstelle entsandten Bauarbeiter eine Ausgleich für die Mehrkosten gewährt werden, die ihm dadurch entstehen, daß er nicht an demjenigen Arbeitsplatze arbeiten kann, für den er angenommen worden ist. In ständiger Rechtsprechung hat das Reichsarbeitsgericht, diesem Grundgedanken und der allgemeinen Verkehrsauffassung folgend, tarifliche Vorschriften solchen Inhalts dahin ausgelegt, daß sie nur auf diejenigen Arbeiter Anwendung finden, die von ihrem regelmäßigen Beschäftigungsort an eine auswärtige Arbeitsstelle verschickt werden, nicht aber auf solche Arbeiter, die, wenn auch am Sitze des Baugeschäfts, so doch von vornherein nur für die Arbeiten an einer auswärtigen Arbeitsstelle angenommen oder eingestellt worden sind (vgl. Urt. v. 19. Januar 1929, RAG. 321/28 in ArbRspr. 1929 S. 160, RAG. Bd. 4 S. 210 und Bd. 7 S. 293, ArbRSlg. Bd. 6 S. 547, Bd. 8 S. 350, Bd. 9 S. 290, Bd. 11 S. 448, Bd. 18 S. 101, Bd. 23 S. 232, Urt. v. 6. Juli 1935 — RAG. 53/35 —). Es beruht auf einer mißverständlichen Auffassung, wenn das Arbeitsgericht geglaubt hat, dem Urteil des Reichsarbeitsgerichts vom 20. Mai 1933 RAG. 71/33 (ArbRSlg. Bd. 18 S. 183) eine von der bisherigen Rechtsprechung des Reichsarbeitsgerichts abweichende Stellungnahme entnehmen zu können; die Gründe dieses Urteils enthalten in ihrer Stellungnahme zu den Ausführungen des damals angefochtenen Urteils nichts, was zu dieser Auffassung Anlaß geben könnte. Die im Urteil des Landesarbeitsgerichts in Bezug genommene Entscheidung des Reichsarbeitsgerichts vom 7. Februar 1931 RAG. 363/30 (ArbRSlg. Bd. 11 S. 288) rechtfertigt die Annahme einer abweichenden Rechtsprechung um so weniger, als dort ausdrücklich darauf hingewiesen war, daß die damals auszulegende Tarifbestimmung einen von den bis dahin in der Rechtsprechung in Betracht gekommenen Tarifbestimmungen wesentlich abweichenden Inhalt hatte. Allerdings bedarf, wie gerade die eben angeführte Entscheidung zeigt, jede einzelne Tarifbestimmung ihrer besonderen Auslegung. Indessen ist nicht ersichtlich, daß mit der hier auszulegenden Tarifbestimmung eine von der allgemeinen Verkehrsauffassung, wie sie der stetigen Rechtsprechung zugrunde gelegt ist, abweichende Regelung beabsichtigt worden ist. Es kann nicht anerkannt werden, daß es, wie das Landesarbeitsgericht annimmt, dem natürlichen Sprachgebrauche entspricht, von einem „Entsenden" auch dann zu sprechen, wenn der Bauarbeiter von vornherein lediglich zur Arbeit an einer von dem Sitze des Baugeschäftes räumlich entfernt gelegenen Baustelle angenommen wird. Es fehlt in einem solchen Falle an dem Arbeitsplatze des Arbeiters am Sitze des Baugeschäfts, der für die Annahme eines „Entsendens" an eine andere Baustelle die notwendige Voraussetzung ist. Es geben vielmehr im vorliegenden Falle weder der Wortlaut der Tarifbestimmung noch irgendwelche sonstigen Umstände Anlaß, dieser eine andere Auslegung zu geben, als der allgemeinen Verkehrsauffassung und der ständigen

Rechtsprechung entspricht. Demnach steht nach der hier maßgebenden Tarifbestimmung dem an einer Baustelle in Kl. tätig gewesenen Kläger der am Sitze des Baugeschäfts geltende höhere Tariflohn nicht zu, weil er nicht, wie es die Tarifbestimmung erfordert, von L. zur Baustelle Kl. entsandt, sondern bei seiner im Baugeschäft des Beklagten erfolgten Annahme von vornherein für die Baustelle in Kl. eingestellt worden ist.

Hiernach war unter Aufhebung des angefochtenen Urteils auf die Berufung des Beklagten das Urteil des Arbeitsgerichts, soweit es den Beklagten zur Zahlung von mehr als 3,08 RM verurteilt, und in der Kostenentscheidung abzuändern und die Klage in Höhe von 26,88 RM abzuweisen.

RAG. 15, 281.

Gelten im Falle der stillschweigenden Fortsetzung eines Dienst- oder Arbeitsverhältnisses nach dem Ablaufe der Dienstzeit die für die Zeit vorher maßgeblichen Vereinbarungen, insbesondere über die Kündigung, ohne weiteres fort? Wie verhält es sich in dieser Hinsicht im Falle der stillschweigenden Fortsetzung eines Mietverhältnisses?

BGB. §§ 625, 568.

Reichsarbeitsgericht. Urt. v. 21. September 1935.

I. Arbeitsgericht Allenstein. — II. Landesarbeitsgericht Königsberg.

Der Kläger war im Herbst 1934 in der Oberförsterei P. als ständiger Waldarbeiter beschäftigt. Nach § 1 des zwischen ihm und dem Beklagten geschlossenen schriftlichen Vertrags sollte das Arbeitsverhältnis bis zum 15. November 1934 dauern. In § 4 des Vertrags war ferner bestimmt, daß es von beiden Seiten unter Einhaltung einer Frist von 14 Tagen gekündigt werden könne. Das Arbeitsverhältnis wurde über den 15. November 1934 hinaus stillschweigend fortgesetzt, ohne daß hierwegen eine neue Vereinbarung getroffen wurde. Am 29. November 1934 wurde dann nach Arbeitsschluß dem Kläger eröffnet, daß ihm gekündigt sei und er vom nächsten Tag an nicht mehr zur Arbeit kommen brauche.

Der Kläger ist der Ansicht, daß ihm nur unter Einhaltung der vereinbarten Frist von 14 Tagen hätte gekündigt werden dürfen, und verlangt mit der Klage den ihm für die Kündigungsfrist zustehenden Lohn. Der Beklagte bestreitet den Lohnanspruch.

Die Vorinstanzen haben den Beklagten verurteilt, an den Kläger den Lohn für einen Tag zu zahlen, im übrigen aber die Klage abgewiesen. Die Revision des Klägers blieb erfolglos.

Aus den Gründen:

Der Kläger macht in erster Linie geltend, der zwischen ihm und dem Beklagten abgeschlossene Arbeitsvertrag sei dahin auszulegen, daß die neben dem Endtermin vereinbarte Kündigungsfrist von 14 Tagen gerade für die Zeit der (stillschweigenden) Fortsetzung des Arbeitsverhältnisses Geltung haben sollte. Der Berufungsrichter folgt dem Kläger darin nicht. (Wird näher ausgeführt.)

Der Kläger ist aber ferner der Ansicht, daß die Weitergeltung der vertraglichen Kündigungsfrist über die vereinbarte Dauer des Arbeitsverhältnisses hinaus schon aus § 625 BGB. zu folgern sei. Das Berufungsgericht verneint das mit zutreffenden Gründen. Was die Revision dagegen anführt, vermag nicht zu überzeugen. Das Reichsarbeitsgericht schließt sich in der in Rede stehenden Frage der Rechtsprechung des Reichsgerichts in III 261/07 vom 14. Januar 1908 (abgedr. in JW. 1908 S. 138 (139) und in SeuffArch. Bd. 63 S. 409) an, das aus dem Wortlaut und der Entstehungsgeschichte der Vorschrift entnimmt, daß ein nach dem Ablauf der Dienstzeit stillschweigend fortgesetztes Dienstverhältnis durch die in § 625 BGB. vorgesehene Fiktion, es gelte als auf unbestimmte Zeit verlängert, von Gesetzes wegen in ein auf unbestimmte Zeit geschlossenes Dienstverhältnis im Sinne des § 620 Abs. 2 BGB. umgewandelt werde. Diese Umwandlung verändert den bisherigen Vertragsinhalt ohne weiteres insoweit, aber auch nur insoweit, als das auf unbestimmte Zeit geschlossene Dienstverhältnis im Gesetz eine Regelung gefunden hat und nicht für den Fall der Umwandlung besondere vertragliche Abreden zwischen den Parteien getroffen worden sind oder getroffen werden. Die Kündigung eines auf unbestimmte Zeit geschlossenen Dienstverhältnisses ist gemäß § 620 Abs. 2 in den §§ 621 bis 623 BGB. gesetzlich geregelt. Eine besondere vertragliche Abmachung für den Fall einer stillschweigenden Forstetzung des Dienstverhältnisses liegt nicht vor, wie bereits ausgeführt worden ist. Aus der dargelegten gesetzlichen Regelung ergibt sich daher ohne weiteres zwingend, daß die vertraglichen Kündigungsfristen im Falle einer solchen Fortsetzung nicht mehr gelten, während der sonstige Vertragsinhalt wie bisher unverändert weiter gilt. Für die Fortgeltung der vertraglichen Kündigungsfristen bedarf es also einer ausdrücklichen Vereinbarung, während die übrigen Vertragsbestimmungen ohne eine ausdrückliche Vereinbarung in Kraft bleiben. Die Revision meint, das könne dann nicht zutreffen, wenn vertragliche Kündigungsfristen neben einem bestimmten Endtermin ausgemacht seien. Für die Gesetzesauslegung ist dieser Gesichtspunkt indessen ohne Bedeutung. Denn nach wohl einhelliger Ansicht kommt ein Ablauf der Dienstzeit im Sinne des § 625 BGB. auch dann in Frage, wenn ein Dienstverhältnis, für das ein bestimmter Endtermin nicht vereinbart ist, infolge Kündigung nach Ablauf der vertraglich vorgesehenen Frist endet. Daß für diese letzteren Fälle der von der Revision vorgetragene Gesichtspunkt nicht verwertet werden kann, liegt auf der Hand. Auch die schon erwähnte angebliche Übung im Hypothekenvertragsrecht läß sich für die Gesetzesauslegung nicht heranziehen, weil dort eine dem § 625 entsprechende gesetzliche Vorschrift fehlt. Der Einwand läuft in Wirklichkeit also lediglich auf die Vertragsauslegung hinaus und bedarf daher hier keiner weiteren Erörterung mehr.

Irrig ist aber auch die Ansicht der Revision, daß der dem § 625 BGB. inhaltlich verwandte § 568 daselbst nach herrschender Meinung im Sinne des Vorbringens des Klägers auszulegen sei. Eine solche herrschende Meinung ist nicht festzustellen. Vielmehr kann auch die gesetzliche Regelung in der letzterwähnten Vorschrift mit dem weitaus überwiegenden Schrifttum (Enneccerus — Lehmann [12] § 131 Ziff. IV; Oertmann, Schuldverhältnisse § 568 Anm. 4; Planck [4] Anm. 3 daselbst; Staudinger [9] Anm. IV das. und Mittelstein, Miete [4] zu § 84 Nr. 5) nur dahin verstanden werden, daß mangels anderweitiger Abmachungen der Parteien im Falle der stillschweigenden Verlängerung des Mietsverhältnisses über die abgelaufene Mietzeit hinaus an die Stelle der vereinbarten Kündigungsfrist nach Maßgabe des § 564 Abs. 2 BGB. die in § 565 daselbst gesetzlich bestimmte Kündigungsfrist tritt. Damit entfallen die Schlußfolgerungen, die die Revision aus einer angeblich unterschiedlichen Behandlung der beiden Fälle gezogen wissen will.

Auf den vom Kläger in den Vorinstanzen weiter geltend gemachten Gesichtspunkt, daß nur die von ihm selbst vorgetragene Auslegung des § 625 BGB. der neueren Entwicklung auf dem Gebiete des Arbeitsvertragsrechts, die Gefolgschaftsmitglieder durch lange Kündigungsfristen zu schützen, gerecht werde und soziale Härten vermeide, kommt die Revision nicht mehr zurück. Insoweit ist den zutreffenden Ausführungen des Landesarbeitsgerichts lediglich beizutreten und ergänzend nur noch darauf hinzuweisen, daß nicht in jedem Falle die gesetzlichen Kündigungsfristen gegenüber den vertraglich vereinbarten die kürzeren sein müssen. Das wird besonders bei Handlungsgehilfen in Frage kommen. Ob in solchen Fällen die Vereinbarung einer die gesetzliche Frist überschreitenden Kündigungsfrist neben einem bestimmten Endtermin den Zweck haben wird, daß die vereinbarte Kündigungsfrist gerade bei einer Verlängerung des Vertrags wirksam werden solle, ist wiederum eine Frage der Vertragsauslegung und kann für die hier aufgeworfene Frage der Gesetzesauslegung nicht verwertet werden.

RAG. 15, 297.

Kann die juristische Person als Betriebsunternehmer für vorsätzliche Verursachung eines Betriebsunfalls durch ihren gesetzlichen Vertreter haften?

RVO. § 898.

Reichsarbeitsgericht. Urt. v. 5. Oktober 1935.

I. Arbeitsgericht Berlin. — II. Landesarbeitsgericht daselbst.

Der bei der Beklagten beschäftigt gewesene Kläger ist im Mai 1932 durch Krankheit arbeitsunfähig geworden. Er führt die Krankheit auf Vergiftung durch Nitromaterial im Betrieb der Beklagten zurück, weil in den Arbeitsräumen nicht für die gewerbepolizeilich vorgeschriebenen Abzugsvorrichtungen gesorgt gewesen sei. Er verlangte von der Beklagten Schadensersatz, da der Gesellschaftsvorstand W. und der Betriebsleiter M. die bestehenden Vorschriften vorsätzlich unbeachtet gelassen hätten. Das gegen den Gesellschaftsvorstand eingeleitete Strafverfahren ist nach dem Amnestiegesetz vom 7. August 1934 eingestellt worden.

Die Klage wurde in den beiden Vorinstanzen abgewiesen.

Die Revision des Klägers wurde zurückgewiesen aus folgenden

Gründen:

Das Berufungsgericht geht davon aus, daß die Haftung juristischer Personen als Betriebsunternehmer für vorsätzlich verursachte Unfälle durch § 898 RVO. ausgeschlossen werde, weil ihre strafgerichtliche Verurteilung nicht möglich gewesen sei. Auch das Schrifttum nimmt durchgehend unter Bezugnahme auf RGZ. Bd. 71 S. 3 diesen Standpunkt ein (so RVO. von Mitgliedern des RVA. § 900 Bem. 1, Schulte-Holthausen RVO. § 900 Bem. 3, Düttmann RVO. § 898 Bem. 1). Die Frage, ob die juristische Person nach § 898 aus strafgerichtlich festgestelltem Verschulden ihrer verfassungsmäßig bestellten Vertreter haftet, ist aber in RGZ. Bd. 71 S. 5 offengelassen. Sie muß verneint werden und deshalb die Entscheidung des Berufungsgerichts gebilligt werden.

Der leitende Gedanke des § 898 ist, wie das Berufungsgericht zutreffend ausführt, daß alle Ansprüche des Versicherten aus einem Betriebsunfall oder einer Berufskrankheit grundsätzlich durch die Versicherungsleistungen des Versicherungsträgers abgegolten werden und daß die Betriebsunternehmer daneben den Versicherten nicht haften sollen, weil sie die Lasten der Unfallversicherung allein zu tragen haben und dafür einen gewissen Ausgleich in der völligen Ablösung ihrer Haftpflicht gegenüber dem Versicherten durch ihre Beitragsleistungen finden müssen (Komm.Ber. z. RVO. III 185). Lediglich für den Fall der vorsätzlichen Verursachung des Schadens durch den Betriebsunternehmer entspricht es der Billigkeit, die grundsätzliche Befreiung von der Haftung gegenüber dem Versicherten zu durchbrechen und den Täter, wie das Berufungsgericht ausführt, nicht von den zivilrechtlichen Folgen seiner Tat durch die Sozialversicherung freizustellen. Die Ausnahme von der allgemeinen Regel der Haftungsbefreiung des Betriebsunternehmers darf nicht ausdehnend ausgelegt, der Haftung des Täters, der nur eine natürliche Person sein kann, daher nicht die Haftung der juristischen Person, als deren Organ er tätig wurde, gleichgesetzt werden. Es widerspräche aber auch dem Sinn der Ausnahmebestimmung, die den Täter wegen seiner strafbaren Schuld treffen will, aus der Bestimmung die Haftung der juristischen Person für eine Schuld ihrer Organe abzuleiten und dadurch die natürlichen Personen, deren Vermögen wirtschaftlich die Grundlage des Vermögens der juristischen Person darstellen, mittelbar für die fremde Schuld zu strafen.

Das Gesetz hat es auch unzweideutig zum Ausdruck gebracht, daß hinsichtlich der Entschädigung der Versicherten die Haftung der juristischen Person für eine Straftat ihrer Organe der Haftung des Täters nicht gleichzusetzen ist. Der 11. Abschnitt des 1. Teils des 3. Buchs der RVO. behandelt unter Nr. I die Haftung gegenüber Verletzten und Hinterbliebenen, in Nr. II die Haftung gegenüber Genossenschaften, Krankenkassen usw. Beide Unterabschnitte legen in dem ersten Paragraphen (§§ 898 und 903) grundsätzlich die Haftung des Unternehmers fest, soweit sie neben der Versicherungsleistung herläuft. Nr. I bringt in den folgenden Paragraphen keine Bestimmung für juristische Personen, Nr. II sieht ausdrücklich im § 904 die Haftung der juristischen Person für die durch ihre Vorstandsmitglieder schuldhaft herbeigeführten Unfälle vor. Das Gesetz hätte eine gleiche Bestimmung für die Haftung gegenüber den Verletzten eingefügt, wenn die juristischen Personen den Verletzten für vorsätzliche Unfallverursachung durch ihre gesetzmäßigen Vertreter verantwortlich werden sollten. Der in den beiden Unterabschnitten durchgeführte Unterschied in der Behandlung der juristischen Personen ist darin begründet, daß der Versicherte gegenüber der Gesamtheit der Betriebsunternehmer neben ihren Leistungen an die Versicherungsträger grundsätzlich keine weiteren Ansprüche haben soll, daß dagegen die Gesamtheit der Betriebsunternehmer in sich nicht durch Schäden belastet werden soll, die eines ihrer Glieder zivilrechtlich schuldhaft verursacht.

Die Frage, ob die Einstellung des Strafverfahrens gegen den Gesellschaftsvorstand aus dem Amnestiegesetz vom 7. August 1934 die Voraussetzung der strafrichterlichen Feststellung für die Geltendmachung der Ansprüche des Verletzten aus § 900 RVO. ausräumen kann, kann deshalb ebenso dahingestellt bleiben, wie das Berufungsgericht die Prüfung der vorsätzlichen Unfallverursachung durch W. offenlassen konnte.

Die Revision war aus der Unanwendbarkeit der § 898 auf die Haftung juristischer Personen für ihre gesetzlichen Vertreter zurückzuweisen.

RAG. 15, 314.+

Kann der Arbeiter bei seiner Entlassung ein Zeugnis verlangen, das sich — abgesehen von den Angaben über die Art und Dauer der Beschäftigung — nur über seine Führung oder nur über seine Leistungen verhält?

RGewO. § 113, BGB. § 630, HGB. § 73, Preuß. Allg. BergGes. § 84.

Reichsarbeitsgericht. Urt. v. 12. Oktober 1935.

I. Arbeitsgericht Oberhausen/Rhld. — II. Landesarbeitsgericht Duisburg.

Der Kläger war bei dem Beklagten von 1898 an mit Unterbrechung als Schlosserlehrling und Schlosser, seit 1919 auch als Meister tätig, bis er am 27. November 1931 entlassen wurde, weil er sich an strafbaren Handlungen zum Nachteil der Beklagten beteiligt hatte, wofür er dann wegen Diebstahls zu 3 Monaten Gefängnis verurteilt worden ist. Mit den Leistungen des Klägers war die Beklagte zufrieden. Im August 1933 verlangte der Kläger ein Zeugnis. Die Beklagte kam diesem Verlangen nach und erteilte ihm ein Zeugnis, das zunächst seine Tätigkeit als Meister schildert und am Schluß folgende Bemerkung über Führung und Leistungen des Klägers enthält:

„Herr B. hat seine Obliegenheiten zu unserer Zufriedenheit ausgeführt und sich als ein tüchtiger Meister erwiesen. Seine Führung war — abgesehen von Vorkommnissen, die zur Lösung des Dienstverhältnisses führten, — einwandfrei".

Der Kläger konnte mit dem Zeugnis keine Stellung erhalten und erbat im Februar 1935 von der Beklagten ein neues Zeugnis, das sich nur auf die Art und Dauer der Beschäftigung sowie auf seine Leistungen erstrecken, dagegen keinerlei Angaben über die Führung enthalten sollte. Die Beklagte lehnte dies ab und erteilte ihm nur eine Bescheinigung über seine Tätigkeit. Der Kläger verlangte daher die Verurteilung der Beklagten zur Ausstellung eines solchen Zeugnisses. Die beiden Vorinstanzen haben im Sinne des Klägers erkannt. Die Revision der Beklagten führte zur Abweisung der Klage aus folgenden

Gründen:

Zu entscheiden ist, ob § 113 der RGewO. dem Arbeiter das Recht einräumt, ein sog. erweitertes Teilzeugnis zu verlangen, das — abgesehen von den Angaben über die Art und Dauer der Beschäftigung — auf seine Führung oder auf seine Leistungen beschränkt ist. . . .

. . .

Für die Auslegung kommt es hiernach allein auf Sinn und Zweck der Bestimmung an. Beide gehen dahin, daß durch das Zeugnis dem Arbeiter eine Unterlage für sein weiteres Fortkommen in die Hand gegeben werden soll; das Zeugnis soll ihm bei der Bewerbung um eine andere Arbeitsstelle als Ausweis dienen. Gleichzeitig soll es aber auch denen, an die sich der Arbeiter aus diesem Grunde wendet, eine Unterlage für seine Beurteilung verschaffen. Das Zeugnis stellt daher eine Einrichtung zu Gunsten des Arbeiters dar, was bei der Gesetzesauslegung auch grundsätzlich zu berücksichtigen ist. Andererseits muß aber die Betrachtung unter diesem Gesichtspunkt da eine Schranke finden, wo sich das Interesse des künftigen Arbeitgebers an der Zuverlässigkeit der Grundlagen für die Beurteilung des Arbeitsuchenden ohne weiteres aufdrängt. Demgemäß hat auch das Reichsarbeitsgericht immer den Standpunkt vertreten, daß das Zeugnis ein wahrheitsgetreues Gesamtbild desjenigen geben muß, der beurteilt wird. Nun wird zwar ein Zeugnis noch nicht notwendig dadurch unwahr, daß es sich zwar über die Leistungen, nicht aber über die Führung verhält oder umgekehrt. Das kann nur gelten, solange das Schweigen des Zeugnisses in der einen oder anderen Richtung für die Beurteilung des Arbeitsuchenden ohne Bedeutung ist und das Gesamtbild dadurch nicht beeinträchtigt wird. In diesem Falle wird der Arbeiter regelmäßig auch kein Interesse daran haben, ein auf die Führung oder die Leistungen beschränktes Zeugnis zu verlangen. Für die anderen Fälle aber, in denen das Schweigen in der einen oder anderen Richtung, insbesondere das Verschweigen bestimmter für die Führung im Dienste bedeutsamer Vorkommnisse die Wahrheit des für die Beurteilung des Arbeitnehmers im ganzen wesentlichen Gesamtbildes beeinflußt, würde man dem Sinne und Zweck der Vorschrift nicht mehr gerecht werden, wenn man annehmen wollte, daß der Arbeitnehmer, der ein erweitertes Zeugnis verlangt, es in der Hand habe, den Arbeitgeber daran zu hindern, daß er ein wahrhaftiges Gesamtbild entwirft. Ist das der grundsätzliche Standpunkt des Gesetzes, so wird dem nur die Auslegung gerecht, daß ein Rechtsanspruch des Arbeiters auf die Ausstellung eines Teilzeugnisses entweder nur über die Führung oder nur über die Leistungen nicht schlechthin bestehen kann.

Dieser Rechtsstandpunkt wird, worauf die Revision mit Recht hinweist, auch allein den immer mehr in den Vordergrund tretenden Auffassungen über die Stellung des Arbeiters im Leben der Nation und als Gefolgsmannes im Betriebe gerecht. Sie gründen sich auf die Grundsätze der sozialen Ehre und der Leistungswertung nach Können und Charakter als untrennbar verbundenen Maßstäben. Die Führung im Dienste ist mit kennzeichnend für die Haltung gegenüber diesen Grundsätzen und eine solche Kenntnis ist unentbehrlich für die charakterliche Wertung und damit für die Leistungswertung im neuen Sinne überhaupt. Dann kann aber auch die Darstellung der dienstlichen Führung im erweiterten Arbeitszeugnis des Gefolgsmannes ebensowenig entbehrt werden, wie die Darstellung seines technischen Könnens oder Wissens.

Man kann auch nicht einwenden, daß es Sache des künftigen Arbeitgebers sei, in Fällen, in denen sich das erweiterte Zeugnis wohl über die Leistungen, nicht aber auch über die Führung verhält, bei dem früheren Arbeitgeber nachzufragen. Denn entweder sieht eine solche Lücke in dem Zeugnis jeder Arbeitgeber ohne weiteres, wie das in der Regel für den Fall anzunehmen ist, daß lediglich ein Zeugnis über die Art und Dauer der Beschäftigung erteilt wird. Dann kann aber ein Teilzeugnis, das sich nur über die Führung oder nur über die Leistungen verhält, dem entlassenen Arbeitnehmer (Gefolgsmann) zweifellos nichts nützen, soferne der das Zeugnis ausstellende Arbeitgeber verpflichtet ist, auf die Anfrage des künftigen Arbeitgebers rückhaltlos Auskunft zu erteilen. Dann würde das Schweigen über die Führung, also die Zulassung eines beschränkten Teilzeugnisses, das Fortkommen des Arbeitnehmers entgegen der Meinung des Landesarbeitsgerichts sicher nicht erleichtern können. Die zweite denkbare Möglichkeit ist die, daß ein Teilzeugnis in dem angegebenen Sinne nur den Zweck verfolgen soll, unwissende und unerfahrene oder unachtsame Arbeitgeber zu täuschen. Das kann aber nicht der Zweck des Gesetzes sein und es verbietet sich daher seine Auslegung in diesem Sinne von selbst.

Nicht zu übersehen ist ferner, daß die Offenbarungspflicht im Rechtsleben heute eine ganz andere Bedeutung gewonnen hat, als das früher der Fall war. So sehr ferne, wie das Landesarbeitsgericht das annimmt, liegt daher die Gefahr nicht, daß sich ein Arbeitgeber, der ein erweitertes Teilzeugnis ausstellt und dabei einen für die Beurteilung des Arbeitsuchenden durch den künftigen Arbeitgeber wesentlichen Umstand, mag er die Führung oder die Leistung betreffen, unerwähnt läßt, je nach Lage des einzelnen Falles schon allein deswegen schadensersatzpflichtig machen könnte.

Daß es Fälle gebe, in denen sich Leistungen und Führung im Dienste trennen ließen, ist eine theoretische Betrachtung. Praktisch ist eine solche Trennung nach dem bereits Ausgeführten regelmäßig nicht möglich. Damit ist keineswegs gesagt, daß ein Gefolgsmann, dessen Führung oder Leistungen während der Dienstzeit Beanstandungen unterlagen, in jedem Falle in seinem Fortkommen über Gebühr gehindert sein müßte, weil die Ausstellung eines erweiterten Teilzeugnisses in dem erörterten Sinne nach der eben gewonnenen Auslegung des Gesetzes unzulässig ist. Gerade wegen dieser Unzulässigkeit wird der Betriebsführer in allen Fällen, in denen ein erweitertes Zeugnis verlangt wird, und Leistungen oder Führung im Dienst beanstandet werden mußten, im Bewußtsein seiner Verantwortung mit ganz besonderer Sorgfalt prüfen müssen, ob die beanstandeten Einzelvorkommnisse für die Leistungsbewertung im ganzen von Bedeutung und für das von ihm zu entwerfende wahrheitsgetreue Gesamtbild wesentlich sind oder nicht. Davon wird es abhängen, ob solche Einzelvorkommnisse oder eine sich darauf stützende ungünstige Beurteilung in dem von dem Gefolgsmann verlangten erweiterten Zeugnis Erwähnung zu finden haben. Ist der Gefolgsmann der Ansicht, daß er zu ungünstig beurteilt oder daß unwesentlichen Vorkommnissen eine zu große Bedeutung beigemessen worden sei, bleibt ihm die Möglichkeit, im Klagewege die Ausstellung des seiner Ansicht nach richtigen Zeugnisses durchzusetzen. . . .

RAG. 16, 14.

Zur Frage der Abgrenzung des Volontärvertrags gegenüber dem Arbeitsvertrag.

Reichsarbeitsgericht. Urt. v. 13. November 1935.

I. Arbeitsgericht Königsberg. — II. Landesarbeitsgericht daselbst.

Der Kläger hat bei der Beklagten vom 1. Oktober 1930 bis 30. September 1934 als Autoschlosser- und Mechanikerlehrling gelernt. Nach Beendigung der Lehrzeit ist er bei der Beklagten weiter beschäftigt worden. In einer hierwegen zwischen dem Kläger und dem zur Vertretung der Beklagten zuständigen Werkmeister geschlossenen schriftlichen Vereinbarung heißt es u. a. dem Sinne nach, der Kläger erhalte in Anbetracht dessen, daß er nur zu dem Zwecke weiterbeschäftigt werde, damit er sich weiter vervollkommne, einen Stundenlohn von 0,40 RM brutto. Der Kläger bekam dann auch in der Folgezeit besonders schwierige und verantwortungsvolle Arbeiten zugewiesen. Da er sich anstellig und geschickt zeigte, erhöhte der Werkmeister den Stundenlohn am 9. November 1934 auf 0,45 RM und vom 31. Dezember 1934 ab auf 0,59½ RM brutto. Der letztere Satz entspricht dem nach der maßgebenden Tarifordnung einem Handwerker in der Altersklasse des Klägers zustehenden Tariflohn.

Der Kläger hat von der Beklagten die Nachzahlung des Unterschieds zwischen dem Tariflohn und dem ihm in der Zeit vom 1. Oktober bis 31. Dezember 1934 ausgezahlten geringeren Lohn verlangt. Die Beklagte hat geltend gemacht, eine untertarifliche Vereinbarung sei mit Rücksicht darauf zulässig gewesen, daß dem Kläger eine weitere Spezialausbildung zuteil werden sollte.

Die beiden Vorinstanzen haben nach dem Antrage des Klägers erkannt. Die Revision des Beklagten blieb erfolglos aus folgenden

Gründen:

Die Entscheidung des Rechtsstreits hängt davon ab, ob zwischen dem Kläger und der Beklagten in der Zeit zwischen 1. Oktober und 31. Dezember 1934 ein sog. Volontärverhältnis bestanden hat, wie die Beklagte dem tarifmäßigen Lohnanspruch des Klägers entgegenhält. Die Annahme des Berufungsgerichts, daß ein Volontärvertrag grundsätzlich gültig und wirksam sei und ein Volontärverhältnis auch bei gewerblichen Arbeitern vorkommen könne, entspricht der Rechtsprechung des Reichsarbeitsgerichts (RAG. Bd. 4 S. 310, Bd. 9 S. 106). Ihr entspricht es auch, wenn das Berufungsgericht bei der Prüfung der Frage, ob ein Volontärverhältnis vorliegt, einen strengen Maßstab angelegt hat.

Das wesentliche Merkmal eines Volontärvertrages besteht darin, daß dem Volontär in dem Betrieb die Gelegenheit geboten werden soll, unter Anleitung seine Fachausbildung durch Erweiterung und Vertiefung seiner Kenntnisse in einer bestimmten Richtung zu vervollkommnen. Der Volontärvertrag muß demnach von dem Ausbildungszweck beherrscht sein, ohne daß jedoch eine geregelte Fachausbildung beabsichtigt sein dürfte. Eine Vergütung ist dabei nicht grundsätzlich ausgeschlossen. Doch darf sie, wie das Reichsarbeitsgericht bereits ausgesprochen hat, nur eine Belohnung, nicht eine Entlohnung darstellen, d. h. es darf nicht eine Berufsausübung gegen Entgelt bezweckt sein. Ob, wenn eine Vergütung gewährt wird, eine Berufsausübung gegen Entgelt in Frage steht, oder ob das Streben nach Ausbildung und deren Vermittlung und Förderung den Vertrag so sehr beherrschen, daß sie als sein allein wesentlicher Zweck angesehen werden können, ist in der Hauptsache Tatfrage.

Im vorliegenden Falle nimmt der Berufungsrichter zwar an, daß von den Parteien, als sie die im Tatbestand erwähnte Vereinbarung eingingen, eine Weiterbildung des Klägers beabsichtigt wurde. Er meint aber, daß sie nicht der allein wesentliche Zweck der Vereinbarung gewesen sei, weil an sich jeder Junggeselle, auch wenn er in einem Arbeitsverhältnis stehe, der weiteren Vervollkommnung und dementsprechend einer weiteren Unterweisung sowie besonderer Aufsicht bedürfe. Dabei verkennt er nicht, daß dem Kläger demgegenüber eine besondere Ausbildung insofern zuteil geworden ist, als ihm auf seinen Wunsch hin alsbald schon schwierige Arbeiten zugewiesen wurden, die anderen Junggesellen erst nach Erlangung eines höheren Grades von Kenntnissen und von Erfahrungen zugewiesen zu werden pflegen. Er ist aber der Ansicht, daß dieser Besonderheit in der weiteren Ausbildung des Klägers, auch wenn sich der aufsichtführende Werkmeister deswegen um den Kläger mehr habe bekümmern müssen als vielleicht um andere Junggesellen, keine derartige Bedeutung zukomme, daß sie als für die Weiterbeschäftigung des Klägers ausschlaggebend angesehen werden könnte, und daß daher die Arbeitsleistung des Klägers gegen Entgelt im Vordergrunde gestanden habe. Diese Urteilsdarlegungen beruhen im wesentlichen auf tatsächlicher Beurteilung und sind rechtlich nicht zu beanstanden. . . .

RAG. 16, 22.

Ist ein aus einem unsittlichen Geschlechtsverhältnis erwachsenes und auf Lebenszeit des Dienstberechtigten abgeschlossenes Dienstverhältnis wegen dieses Zusammenhangs nichtig, auch wenn der Lohn für die Dienste zugesagt wird?

BGB. § 138.

Reichsarbeitsgericht. Urt. v. 23. November 1935.

I. Arbeitsgericht Hildesheim. — II. Landesarbeitsgericht Hannover.

Die Klägerin verrichtete seit Jahren für den Beklagten häusliche und geschäftliche Dienste. Sie bezog von ihm monatlich 50 RM. Nach Entlassung durch den Vormund des Beklagten verlangte sie Weiterzahlung ihres Lohnes bis zum Tode des Beklagten, da er mit ihr einen lebenslänglichen Dienstvertrag abgeschlossen habe. Der Beklagte behauptete dagegen, ihr keinen Lohn versprochen, sondern nur ein Unterhaltsversprechen bis zu seinem Tode wegen ihrer gesechlechtlichen Beziehungen zu ihm gegeben zu haben, das unsittlich und daher nicht rechtsverbindlich gewesen sei.

Der Beklagte wurde in zwei Rechtszügen verurteilt. Die Revision hatte keinen Erfolg.

Gründe:

Das Berufungsgericht hat festgestellt, daß der Beklagte der Klägerin im Jahre 1928, als ihr eine bessere Stellung angeboten gewesen sei, erklärt habe, es bleibe alles so wie es sei, sie bleibe so lange bei ihm wie er lebe. Aus diesem Zusammenhang der Äußerung mit der Aussicht der Klägerin auf „eine bessere Stellung" hat das Berufungsgericht geschlossen, daß spätestens durch diese Erklärung zwischen den Parteien ein lebenslänglicher Dienstvertrag abgeschlossen worden ist, und hat diese Folgerung durch eine spätere Äußerung des Beklagten zu einem Bekannten bestätigt gefunden, daß er einmal eine Dummheit gemacht und der Klägerin zugesagt habe, sie solle lebenslänglich bei ihm bleiben. Zur Begründung seiner Auslegung der Erklärung des Beklagten führt das Berufungsgericht weiter an, daß die Äußerung 7 Jahre nach Beginn der geschlechtlichen Beziehungen zwischen den Parteien getan worden sei, also zu einer Zeit, in der geschlechtliche Beziehungen zu erkalten pflegten, und daß die Klägerin später geschlechtliche Beziehungen mit einem anderen Mann gepflogen habe, demnach ihren Anspruch gegen den Beklagten unabhängig von ihren geschlechtlichen Beziehungen zu ihm begründet gewußt habe. Es handelt sich bei diesen Ausführungen um die tatsächliche Beweiswürdigung, die mangels erkennbarer Rechtsverstöße in der Revision nicht angegriffen werden kann.

Die Revision stellt auch nicht mehr das Zustandekommen eines Dienstvertrags in Abrede, sondern rügt die Unsittlichkeit dieses Dienstvertrages, weil er aus dem geschlechtlichen Verhältnis der Parteien erwachsen sei.

Der Revision könnte gefolgt werden, wenn der Dienstvertrag eine Abgeltung für das ursprüngliche geschlechtliche Verhältnis gewesen wäre, nicht aber, wenn der Dienstvertrag zwar in zeitlicher Folge mit den geschlechtlichen Beziehungen der Parteien abgeschlossen worden ist, aber die Entlohnung nicht mit ihnen in ursächlichem Zusammenhang steht Das Berufungsgericht hat in tatsächlicher Würdigung der Umstände ausdrücklich festgestellt, daß die Anstellung der Klägerin unabhängig von einer etwaigen früheren unsittlichen Vereinbarung zustande gekommen ist und letztere völlig in den Hintergrund gedrängt hat, daß der Beklagte sich zum Abschluß des lebenslänglichen Dienstvertrags also entschlossen hat, weil die Klägerin nicht „nur sein Verhältnis" war, sondern ihm Dienste geleistet hat. Die Revision wendet dagegen vergebens ein, daß die Annahme des Berufungsgerichts, die Anstellung der Klägerin sei ganz unabhängig von der geschlechtlichen Beziehung geschehen, jeder Unterlage entbehre. Daß das Dienstverhältnis nicht ohne das geschlechtliche Verhältnis zustande gekommen wäre, ist nicht entscheidend. Wesentlich ist, daß die Entlohnung für die Dienste auf Lebenszeit zugesagt wurde, und dafür bildete die von der Revision vermißte Unterlage eben die Feststellung des Berufungsgerichts, daß die Klägerin nicht nur das Verhältnis des Beklagten war. Dann ist aber der Dienstvertrag nicht deshalb unsittlich, weil er sich ohne das unsittliche geschlechtliche Verhältnis nicht herausgebildet hätte oder weil neben dem Dienstverhältnis unsittliche Beziehungen zwischen den Vertragsteilen bestanden.

RAG. 16, 35.+

Über die Tatbestandsmerkmale des Wuchers. Kann der Bewucherte seinen Schadensersatzanspruch nicht nur auf § 812, sondern auch auf § 826 BGB. stützen?

BGB. §§ 138 Abs. 2; 812; 826.

Reichsarbeitsgericht. Urt. v. 23. Oktober 1935.

I. Arbeitsgericht Dresden. — II. Landesarbeitsgericht daselbst.

Die Beklagte betreibt in Dr. und einer ganzen Reihe anderer Städte Verkaufsgeschäfte, für die sie Wäsche zum Verkauf herstellen läßt. So hatte für sie die Klägerin schon seit 1926 in eigener Werkstatt in Dr. Bettwäsche angefertigt. Anfang 1932 stellte die Klägerin sich auf Hemdenherstellung um, nachdem sie in dem Steindrucker K. einen stillen Teilhaber gefunden hatte, der das Geld zur Anschaffung der notwendigen Maschinen hergab. Nachdem dieser sich im Mai 1932 von der Klägerin wieder getrennt hatte, streckte ihr die Beklagte zur Beschaffung von 6 Nähmaschinen 300 RM vor und ermöglichte ihr dadurch die Fortsetzung des geänderten Betriebes.

Die Klägerin hat nun in der Zeit vom 10. Februar 1932 bis 25. Januar 1934 fast ausschließlich für die Beklagte Hemden gegen Stücklohn angefertigt („konfektioniert"). Sie erhielt nur den Stoff geliefert und mußte die Zutaten bezahlen. Sie beschäftigte etwa 5 oder 6 Näherinnen und 1 oder 2 Plätterinnen. Sämtliche übrigen Arbeiten, wie das Zuschneiden, Stempeln, Herstellen der Knopflöcher, Annähen der Knöpfe usw., einschließlich der Leitung und Beaufsichtigung des Betriebes, besorgte sie mit ihrem Ehemanne, einem früheren Kaufmann, zusammen selbst. Nach der von ihr zu den Akten gefertigten Gesamtaufstellung lieferte sie der Beklagten in genannter Zeit 13 746 Herrenhemden, meist sogenannte Wochenendhemden, in neun verschiedenen Ausführungen. Der ihr dafür gezahlte Stücklohn betrug für den weitaus größten Teil der Hemden ohne Binder 52,5, mit Binder 55 Rpf. Obwohl sie ihre Arbeiterinnen nach eigenem Zugeständnis ganz unzureichend entlohnte und nach ihrer Behauptung selbst ebenso wie ihr Mann übermäßig lange und sogar sonntags arbeitete, verschuldete sie immer mehr und mußte später sogar den Offenbarungseid leisten.

Sie hat wegen wucherischer Ausbeutung Klage erhoben und im zweiten Rechtszuge schließlich 8684,26 RM verlangt. Das Arbeitsgericht hat ihr 5741,40 RM und das Berufungsgericht weitere 146,38 RM zugesprochen, ihre Mehrforderung aber abgewiesen. Die Berufung der Beklagten ist in vollem Umfange erfolglos geblieben. Die vorläufige Vollstreckbarkeit des Urteils ist ausgeschlossen worden.

...

Gründe:

Auf Grund und an Hand einer im zweiten Rechtszuge noch erweiterten Beweisaufnahme bejaht das Berufungsgericht die von der Klägerin behauptete wucherische Ausbeutung seitens der Beklagten und sieht deshalb die mit der Hemdenherstellung der Klägerin zwischen den Parteien beabsichtigten rechtsgeschäftlichen Beziehungen nach § 138 Abs. 2 BGB. als nichtig und die außervertragliche Schadensersatzforderung der Klägerin auf eine angemessene Entlohnung dem Grunde nach als gerechtfertigt an. Es berechnet die nach seiner Auffassung angemessenen Stücklöhne für die neun verschiedenen Ausführungen der von der Klägerin angefertigten Hemden und spricht ihr nur den hinter der Klageforderung zurückbleibenden Unterschiedsbetrag zwischen diesen errechneten und den ihr von der Beklagten gezahlten Stücklöhnen zu. Die Beklagte wendet sich gegen die Bejahung des Wuchers; die Klägerin fühlt sich durch die Art der Berechnung der angemessenen Stücklöhne seitens des Berufungsgerichts beschwert und hält die ihr zugesprochene Summe für zu niedrig.

1. Die mit der Revision der Beklagten erhobene Rüge einer unzureichenden Feststellung der im § 138 Abs. 2 BGB. aufgestellten gesetzlichen Erfordernisse des Wuchers ist unbegründet.

Das zum gesetzlichen Begriff des Wuchers erforderliche auffällige Mißverhältnis zwischen den Vermögensvorteilen, die der Wucherer sich hat gewähren lassen, und dem Wert seiner Leistung erblickt das Berufungsgericht ohne Rechtsverstoß darin, daß, wie es feststellt, die von der Beklagten der Klägerin gezahlten Stücklöhne nur die knappe Hälfte der angemessenen Stücklöhne betragen haben. Zu Unrecht leugnet die Revision das Mißverhältnis deshalb, weil die Beklagte wegen der Marktlage beim Verkauf der ihr gelieferten Hemden selbst nur einen geringen Nutzen erzielt habe. Für das Mißverhältnis zwischen Leistung der Beklagten und Gegenleistung der Klägerin kommt es nicht darauf an, wie sich das wirtschaftliche Endergebnis für die Beklagte bei der späteren Verwertung der empfangenen Gegenleistung herausstellt. Lediglich der Verkehrswert der von der Klägerin geleisteten Dienste, der in ihrer verkehrsüblichen Bezahlung zum Ausdruck kommt, und die von der Beklagten dafür geleistete Vergütung waren einander gegenüberzustellen. Das hat das Berufungsgericht getan. Die von ihm festgestellten angemessenen Stücklöhne sind unbedenklich als die verkehrsüblichen anzusehen.

Auch das weitere objektive Tatbestandsmerkmal des Wuchers nach § 138 Abs. 2 BGB., eine von der Beklagten ausgenutzte Notlage der Klägerin, ergibt sich rechtlich einwandfrei aus dem Zusammenhang des Berufungsurteils. Seine zur Frage des Wuchers erst am Schluß gebrachten und recht kurz gehaltenen Ausführungen sind durch die vom Arbeitsgericht getroffenen Feststellungen zu ergänzen, welche das Berufungsgericht durch die erneute Beweisaufnahme nicht als erschüttert ansieht und sich damit selbst zu eigen macht. Danach hat sich die Klägerin schon vom Beginn der Aufnahme der Hemdenanfertigung an in einer dringenden Notlage befunden, die nicht wieder aufhörte und ihre wirtschaftliche Existenz gefährdete.

Weiter bleibt danach kein begründeter Zweifel, daß das Berufungsgericht die subjektive Seite des Wuchers ebenfalls als gegeben angesehen hat. Der Mitinhaber P. der Beklagten hat, wie das Arbeitsgericht auf Grund der Zeugenaussage des Ehemanns der Klägerin unter Billigung des Berufungsgerichts feststellt, von diesem Zeugen seinerzeit die Verschuldung der Klägerin erfahren und selbst den Übergang zur Hemdenlohnnäherei empfohlen und in der Folgezeit unterstützt. Die Beklagte hat also die Notlage der Klägerin frühzeitig erfahren. Wenn nun das Arbeitsgericht noch die vom Berufungsgericht gebilligte ausdrückliche Feststellung trifft, daß die Beklagte der Klägerin in Kenntnis von deren schwerer Notlage die völlig unzureichenden Löhne bewilligt hat, und deshalb den Schadensersatzanspruch der Klägerin für begründet hält, so kann diese Feststellung nicht gut anders als im Sinne einer der Beklagten bewußt gewesenen Ausbeutung verstanden werden, nämlich dahin, daß die Beklagte die völlige Unzulänglichkeit der von ihr bezahlten Löhne und die Fortdauer der Notlage der Klägerin auch gekannt hat.

Damit sind die gesetzlichen Tatbestandsmerkmale des Wuchers sämtlich mit hinreichender Bestimmtheit rechtlich einwandfrei festgestellt worden. Auch der von der Beklagten der Klägerin vorgehaltene Umstand, daß die Klägerin nach eigenem Zugeständnis ihre Arbeiterinnen selbst nur mit Hungerlöhnen bezahlt hat, widerspricht dem nicht und schließt die Ausbeutung von seiten der Beklagten nicht aus, wenn die Klägerin, wie es der Fall gewesen, bei den erhaltenen Stücklöhnen zu einer höheren Entlohnung ihrer Arbeitskräfte außerstande war. Es genügt ferner, daß die Ausbeutung die Notlage eines anderen als des Bewucherten selbst betrifft (RG. in JW. 1915 S. 574 Nr. 6). . . .

Irrig ist endlich die Auffassung der Revision der Beklagten, daß die Klägerin ohne ausdrückliche Feststellung eines vorsätzlichen Handelns der Beklagten selbst bei Vorliegen von Wucher den Anspruch auf höhere Entlohnung ihrer geleisteten Dienste nur auf ungerechtfertigte Bereicherung der Beklagten nach § 812 BGB. stützen, nicht dagegen als Schadensersatz nach § 826 BGB. geltend machen könnte. Wucher setzt ein vorsätzliches Handeln voraus und erfüllt deshalb stets die Merkmale einer sittenwidrigen vorsätzlichen Vermögensschädigung.

Die Revision der Beklagten muß mithin ohne Erfolg bleiben. Damit wird die vom Berufungsgericht ausgesprochene Verurteilung der Beklagten rechtskräftig, so daß sich die Bitte der Klägerin, über Aufhebung der Ausschließung der vorläufigen Vollstreckbarkeit des Berufungsurteils vorab eine Entscheidung zu treffen, erledigt.

. . .

RAG. 16, 41.+

Ist neben dem Recht zur Kündigung eines Dienstvertrags noch Raum für ein Rücktrittsrecht unter dem Gesichtspunkt der sog. clausula rebus sic stantibus?

BGB. §§ 242, 626.

Reichsarbeitsgericht. Urt. v. 26. Oktober 1935.

I. Arbeitsgericht Waren (Müritz). — II. Landesarbeitsgericht Güstrow.

. . .

Gründe:

1. Auf die sogenannte clausula rebus sic stantibus kann sich die Beklagte zur Rechtfertigung der Auflösung des Vertragsverhältnisses mit dem Kläger nicht berufen. Denn für Dienstverträge ist die Möglichkeit der vorzeitigen Aufhebung des Vertragsverhältnisses endgültig und erschöpfend durch die §§ 626 bis 628 BGB. geregelt und dem ist hier durch die Zulassung der Kündigung aus einem wichtigen Grunde in § 13 des Vertrages Rechnung getragen. Daneben kann ein Rücktrittsrecht unter den Gesichtspunkten der clausula rebus sic stantibus nicht zugelassen werden.

Allerdings könnte unter Umständen ein wichtiger Kündigungsgrund gegeben sein, wenn der Beklagten, wie sie behauptet, infolge erheblicher Verschlechterung ihrer wirtschaftlichen Lage ohne Gefahr für ihren Bestand die Fortzahlung des dem Kläger zustehenden Gehalts nicht möglich wäre. Eine solche Voraussetzung verneint aber das Landesarbeitsgericht ohne ersichtlichen Rechtsirrtum aus tatsächlichen Gründen, indem es feststellt, daß die wirtschaftliche Lage der Beklagten, wenn auch nicht günstig, so doch nicht derartig sei, daß die Fortzahlung des Gehalts an den Kläger ihren Bestand gefährden könnte, und daß die wirtschaftliche Lage der Beklagten sich erst verschlechtert habe, nachdem der Kläger seine Prüfungstätigkeit habe einstellen müssen. . . .

RAG. 16, 69.+

. . .

Läßt sich der Einrede der kurzen Verjährung eines Lohnanspruchs dadurch begegnen, daß der Anspruch auf Verletzung der Fürsorgepflicht des Arbeitgebers gestützt wird?

BGB. §§ 196, Nr. 8, 242.

Reichsarbeitsgericht. Urt. v. 7. Dezember 1935.

I. Arbeitsgericht Oppeln. — II. Landesarbeitsgericht Gleiwitz.

. . .

Nicht recht verständlich ist endlich der vom Berufungsgericht gleichfalls nicht behandelte dritte Klagegrund der Verletzung einer Fürsorgepflicht, mit dem der Kläger ebenfalls der Einrede der kurzen Verjährung aus § 196 Nr. 8 BGB. zu begegnen sucht. Für das öffentlichrechtliche Dienstverhältnis des Beamten, auf welches die Revision hinweist, hat die Rechtsprechung allerdings eine besondere Fürsorgepflicht des, dienstvertraglich nicht gebundenen, öffentlich-rechtlichen Dienstherrn anerkannt, deren Verletzung ihn dem Beamten gegenüber schadensersatzpflichtig macht. Im bürgerlichrechtlichen Arbeitsverhältnis ergeben sich aber die Rechtsbeziehungen der Parteien allein aus dem Arbeitsvertrage. Nach dessen Inhalt kann dem Arbeitgeber im Einzelfalle eine mehr oder weniger weitgehende Pflicht zur Fürsorge für den Arbeitnehmer obliegen. Die Verletzung einer solchen Fürsorgepflicht kommt aber nur in Frage, wenn der Arbeiter über die vertragliche Gegenleistung des Arbeitgebers hinaus Schadensersatz verlangt, dagegen nicht, wenn er, wie im vorliegenden Falle, lediglich die vertragliche Gegenleistung, seinen Lohn fordert.

. . .

RAG. 16, 125.

Ist beim Fehlen einer Vereinbarung von der allgemeinen Regel des § 193 BGB. abzuweichen, wenn der letzte Tag der Frist, innerhalb welcher eine Willenserklärung abzugeben ist, auf einen Sonntag oder einen am Erklärungsorte staatlich anerkannten allgemeinen Feiertag fällt und durch die Erklärung für ihr Wirksamwerden eine weitere Frist in Lauf gesetzt wird?

BGB. § 193.

Reichsarbeitsgericht. Urt. v. 18. Januar 1936.

I. Arbeitsgericht Chemnitz. — II. Landesarbeitsgericht daselbst.

Der Kläger war seit dem 26. April 1934 Betriebsleiter bei der Beklagten. Vereinbart war vierteljährige Kündigungsfrist, wobei die Kündigung spätestens am Schlusse des vorangehenden Quartals auszusprechen war. Durch Schreiben vom 29. Juni 1935 kündigte die Beklagte für den 30. September. Am Vormittag des 29. Juni übergab sie das Schreiben dem Gerichtsvollzieher des Amtsgerichtes Ch. zur Zustellung. Dieser bediente sich der Post, die das Schreiben am 1. Juli — einem Montag — in der Wohnung des Klägers in Ch. zustellte. Der Kläger hatte am 26. Juni zur Beerdigung seiner Schwiegermutter Urlaub genommen und als Anschrift B. angegeben. Er kehrte erst am 2. Juli nachts gegen 11 Uhr nach Hause zurück.

Der Kläger hat Feststellung beantragt, daß eine rechtswirksame Kündigung für den 30. September 1935 nicht vorliege.

Arbeitsgericht und Landesarbeitsgericht haben die Klage abgewiesen. Die Revision des Klägers blieb erfolglos aus folgenden

Gründen:

I. Das Berufungsgericht nimmt an, daß dem Kläger die Kündigungserklärung der Beklagten am 1. Juli 1935 zugegangen sei. Es führt aus, auch die der Beklagten mitgeteilte vorübergehende Reise des Klägers könne nichts daran ändern, daß das Kündigungsschreiben am 1. Juli mit der Ablieferung in seiner ständigen Wohnung in seine Verfügungsgewalt gelangt sei, weil der Kläger geäußert habe, er werde wahrscheinlich an diesem Tage zurückkehren, und die Beklagte deshalb damit habe rechnen dürfen, der Kläger werde mit Ablieferung des Briefes in seiner Wohnung von seinem Inhalt noch an diesem Tage Kenntnis nehmen können. Diese Ausführungen lassen einen Rechtsirrtum nicht erkennen. Daß eine volle Gewißheit, wie sie die Revision dafür verlangt, daß der Kläger am 1. Juli die Möglichkeit der Kenntnisnahme hatte, weder für den ständigen Wohnsitz des Klägers noch für den Ort seines vorübergehenden Reiseaufenthalts bestand, lag an der Unbestimmtheit der Angaben des Klägers selbst und kann daher von ihm der Beklagten nach Treu und Glauben nicht entgegengehalten werden.

II. Die Entscheidung, ob die Kündigung rechtzeitig erfolgt ist, stellt deshalb das Berufungsgericht mit Recht darauf ab, ob der 1. Juli der letzte Tag der für eine Kündigung mit Wirkung zum 30. September vertragsmäßig bestimmten Frist war. Diese Frist lief mit Rücksicht auf die vereinbarte Kündigungsfrist von einem Vierteljahr an sich mit dem 30. Juni ab. Das Berufungsgericht nimmt jedoch an, daß in zum mindesten entsprechender Anwendung des § 193 BGB., weil der 30. Juni 1935 auf einen Sonntag fiel, an seine Stelle der 1. Juli getreten sei. Die Revision greift diese Anwendung des § 193 BGB. als rechtsirrig an. Sie hebt hervor, daß Kündigungsfristen Schutzfristen seien, die als Mindestfristen unter keinen Umständen eine Kürzung vertrügen. Der Beschäftigte habe unter Umständen ein erhebliches Interesse gerade an dem einen Tag, der hier in Frage stehe. Übrigens handle es sich bei den Kündigungsfristen gar nicht um Fristen, innerhalb deren eine Willenserklärung abzugeben sei, wie das § 193 BGB. voraussetze.

Diese Ausführungen lassen zunächst eine klare Scheidung zwischen den beiden hier in Betracht kommenden Fristen vermissen: auf der einen Seite die Kündigungsfrist, d. h. die Frist, die zwischen dem Zeitpunkt des Zugangs der Kündigungserklärung und dem ihres Wirksamwerdens liegen muß; auf der anderen Seite der Zeitraum, d. h. die Frist, innerhalb deren danach eine Kündigung spätestens ausgesprochen sein muß, um unter Wahrung der Kündigungsfrist zu dem geplanten Zeitpunkt wirksam zu werden. Um die letzte Frist und die Frage ihres Ablaufs handelt es sich hier. Die Frage der Regelung des Fristablaufs, wenn der letzte Tag der Frist auf einen Sonntag fällt, kann gesetzlich, wenn der Gesetzgeber dem allgemeinen Gedanken der Sonn- und Feiertagsruhe im Interesse der werktätigen Bevölkerung Geltung verschaffen will, im Sinne einer Verlängerung oder Verkürzung der Frist um einen Tag und des Ablaufs am nächstfolgenden oder bereits am vorhergehenden Werktage geregelt werden. Der Gesetzgeber der BGB. hat den ersten Weg gewählt, wie § 193 BGB. mit klaren Worten ausspricht. Handelt es sich bei der Willenserklärung, die innerhalb der Frist abzugeben ist, um eine Kündigung mit Kündigungsfrist, d. h. eine Erklärung, die eine weitere Frist bis zu ihrem Wirksamwerden in Lauf setzt, wie hier, so ergibt sich aus der Verlängerung der einen die notwendige Verkürzung der anderen Frist um einen Tag, und es erhebt sich die von der Revision weiter aufgeworfene Frage, ob die Kündigungsfrist eine solche Kürzung nach dem Willen des Gesetzgebers verträgt und erfahren soll oder ob mit Rücksicht auf ihren Schutzcharakter dies als dem Willen des Gesetzgebers zuwiderlaufend abzulehnen und von der allgemeinen Regel des § 193 BGB. hier abzuweichen ist. Das Reichsarbeitsgericht hat im Anschluß an die Rechtsprechung des Reichsgerichts diesen letzten Gedanken, der mit mehr oder weniger Recht für alle Fristen geltend gemacht werden könnte, bisher in feststehender Rechtsprechung abgelehnt, wie die vom Berufungsgericht angeführten Entscheidungen ergeben (RAG. Bd. 4 S. 139 und die dort angeführte

Rechtsprechung, RAG. 473/29 vom 5. März 1930, abgedr. in ArbRSlg. Bd. 8 S. 445, für die Kündigung der Miete RG. in JW. 1907 S. 705 Nr. 6). An dieser Rechtsprechung ist auch weiter im Interesse der Klarheit und Sicherheit des allgemeinen Rechtsverkehrs, dessen Regelung sich die fraglichen Bestimmungen des BGB. ausdrücklich zur Aufgabe gemacht haben (§ 186 BGB.), festzuhalten. Lösungen unter Berücksichtigung des Einzelfalles wie etwa eines besonderen Interesses des einen oder anderen Vertragsteiles sind, wie auch die Revision annimmt, namentlich für Kündigungen, die ihrer Natur nach eine klare Rechtslage erfordern, abzulehnen.

Die Entscheidung konnte daher im vorliegenden Fall, wie der Berufungsrichter zutreffend erkannt hat, nur von der Frage abhängen, ob etwa vertraglich eine von der Regel des § 193 BGB. abweichende Vereinbarung dahin vorliegt, daß der letzte Tag der für die Kündigung bestimmten Frist unter allen Umständen noch in den Juni 1935 fallen muß und deshalb der 29. Juni als der letzte Tag anzusehen ist. Die einschlägige Vereinbarung der Parteien lautet nach den Feststellungen des Berufungsurteils dahin, daß eine vierteljährige Kündigungsfrist vereinbart ist, wobei die Kündigung spätestens am Schluß des vorangehenden Quartals auszusprechen war. Das Berufungsgericht mißt dem Wortlaut für die hier streitige Frage keine Bedeutung bei, sondern legt diese Bestimmung in Übereinstimmung mit dem Arbeitsgericht dahin aus, daß die Parteien mit dem Gebrauch des Wortes „spätestens" nichts anderes hätten zum Ausdruck bringen wollen, als daß nicht die gesetzliche Kündigung mit sechs Wochen Frist zum Quartalsschluß, sondern zwar eine Kündigung zum Quartalsschluß, aber mit vierteljähriger Frist gemeint sei. Diese Auslegung ist möglich und daher für das Revisionsgericht bindend, da gesetzliche Auslegungsregeln (§§ 133, 157 BGB.) nicht verletzt sind. Jedenfalls steht ihr der Wortlaut der Bestimmung nicht entgegen. Auch wenn der vom Berufungsgericht hervorgehobene Gedanke durch den Gebrauch der Worte „vierteljährige Kündigungsfrist" bereits zum Ausdruck gekommen war, war eine weitere Verdeutlichung in der fraglichen Form jedenfalls als in der Absicht der Parteien liegend denkbar.

RAG. 16, 149.

Wie kann der Lehrlingsvertrag vom Konkursverwalter im Konkurse des Lehrherrn gemäß § 22 KO. gekündigt werden?

KO. § 22.

Reichsarbeitsgericht. Urt. v. 29. Januar 1936.

I. Arbeitsgericht Wuppertal-Barmen. — II. Landesarbeitsgericht Wuppertal.

Die Klägerin war seit dem 1. Oktober 1933 bei der Firma H. als kaufmännisches Lehrmädchen tätig. Die Lehrzeit sollte 3 Jahre betragen. Am 3. August 1935 ging die Firma in Konkurs. Am 9. August 1935 wurde der Klägerin vom Beklagten in seiner Eigenschaft als Konkursverwalter zum 10. August 1935 gekündigt. Sie hält eine derartige fristlose Auflösung des Lehrvertrags für unzulässig, meint, daß ihr in entsprechender Anwendung des § 66 HGB. nur mit sechswöchiger Frist zum Schluß eines Kalendervierteljahres gekündigt werden dürfe und verlangt daher Fortzahlung ihrer Dienstbezüge bis zum 30. September 1935.

Das Arbeitsgericht hat die Klage bis auf einen anerkannten Teilbetrag abgewiesen, das Landesarbeitsgericht hat ihr stattgegeben. Die Revision hatte Erfolg aus folgenden

Gründen:

§ 22 KO. gestattet die Aufkündigung eines im Erwerbsgeschäft des Gemeinschuldners angetretenen Dienstverhältnisses jedem Teile mit der gesetzlichen oder der bedungenen Kündigungsfrist, und zwar mit der kürzeren dieser Fristen. Kündigt der Verwalter, so erwächst dem andern Teil ein Schadensersatzanspruch.

Daß diese Bestimmung auch Lehrverhältnisse trifft, wird nicht bezweifelt. Da für das Lehrverhältnis eine gesetzliche Kündigungsfrist nicht besteht, das Gesetz nur die fristlose Auflösung aus wichtigem Grunde kennt, hat die Rechtsprechung — RAG. Bd. 9 S. 32, Bd. 11 S. 61 — und die ganz überwiegende Meinung im Schrifttum angenommen, daß ein Lehrvertrag auf Grund des § 22 KO. fristlos gekündigt werden kann. Dieser Meinung hat sich nunmehr auch Staub-Bondi, Kommentar zum Handelsgesetzbuch, Auflage 1932 § 77 Anm. 5, angeschlossen.

Das Reichsarbeitsgericht hat in den oben genannten Entscheidungen in ausführlicher Weise zu der Frage Stellung genommen. Das Berufungsgericht tritt dem Ergebnis, in Anlehnung an einen Aufsatz von Kümmerlein, JW. 1935 S. 675, entgegen, weil es dem Sinn und Zweck des § 22 KO. nicht gerecht werde und mit der Billigkeit nicht in Einklang zu bringen sei. Das Berufungsgericht meint, die Kündigungsfrist solle dazu dienen, dem Gekündigten Zeit zu lassen, sich in Ruhe eine andere Stellung zu besorgen. Diese Auffassung ist jedoch zu eng. Bei den meist sehr kurzen Kündigungsfristen kann dieser Zweck für den Gesetzgeber nicht ausschlaggebend gewesen sein. Die

Fristen dienen aber auch in gleichem Maße dem Konkurse; der Verwalter soll nicht sofort ohne Hilfe allein dastehen. Die Wahl einer möglichst kurzen Frist im Gesetz beweist andererseits, wie sehr auch die Belange aller Beteiligten berücksichtigt werden sollen. Dazu kommt, daß dem Hauptziel, der Ausbildung des Lehrlings, im Konkurse häufig kaum noch in ordnungsmäßiger Weise gedient werden kann, so daß eine sofortige Auflösung auch im wohlverstandenen Interesse des Lehrlings liegen kann. Auch nach den heute herrschenden Auffassungen beansprucht der im Vordergrund stehende Ausbildungszweck des Lehrvertrags besondere Berücksichtigung, darf andererseits das Interesse eines einzelnen, auch eines Lehrlings, nicht einen Vorrang vor den Belangen der Gesamtheit der Betroffenen fordern.

Die Meinung des Berufungsgerichts, die Lösung bedeute eine unerträgliche Unbilligkeit für den Lehrling, trifft also in diesem Maße nicht zu und läßt die Rücksicht auf die Masse der Beteiligten einseitig vermissen. Daher wird die Meinung des Berufungsgerichts über die beste Lösung auch durchaus nicht überall geteilt. So wird z. B. von Jaeger KO. § 22 Anm. 7 hervorgehoben, die fristlose Kündigung diene dem Interesse beider Teile am besten. Auch der Gesetzgeber hat sich bei der neuen Vergleichsordnung nicht veranlaßt gesehen, den bisher als richtig befundenen Rechtszustand abzuändern, obwohl ihm bei Erlaß des Gesetzes die Zweifelsfrage nicht entgangen sein kann (vgl. Vogels, Vergleichsordnung § 51 Anm. II 2b). Es soll dabei nicht verkannt sein, daß im Vergleichsverfahren Härten sich mildern lassen. Nach alledem liegt kein Grund vor, von der bisherigen Rechtsprechung abzugehen.

RAG. 16, 170.

Kann ein Drittschuldner den Einwand, daß er den von ihm nach Vorschußzahlung dem Schuldner geschuldeten Restlohn an den Pfandgläubiger nur unter Beachtung der Pfandgrenze ohne Einrechnung der Vorschüsse zahlen könne, nur nach § 766 ZPO. oder auch einredeweise gegen die Klage des Gläubigers erheben? Ist der Einwand sachlich berechtigt?

ZPO. §§ 766, 850b.

Reichsarbeitsgericht. Urt. v. 29. Februar 1936.

I. Arbeitsgericht Köln. — II. Landesarbeitsgericht daselbst.

Der Klägerin stand gegen den Schauspieler B. eine Forderung von 159,29 RM zu, für die sie zwei vollstreckbare Titel erwirkt hatte. Am 3. Januar 1935 stellte sie der Beklagten, bei der B. durch Vertrag vom

18. Oktober 1934 für die Zeit vom 31. Dezember 1934 bis 6. März 1935 einschließlich gegen ein Gehalt von 1053,33 RM angestellt war. wegen dieser Forderung eine Pfändungsankündigung zu und bewirkte am 18. Januar 1935 die Zustellung des entsprechenden Pfändungs- und Überweisungsbeschlusses an die Beklagte. B. hatte von der Beklagten im Oktober und Dezember 1934 Vorschüsse von insgesamt 630 RM ausbezahlt und im Laufe des Januar 1935 weitere 100 RM durch Zahlung an einen Dritterwerber der Gehaltsforderung, dem B. die Forderung in dieser Höhe abgetreten hatte, erhalten. Die Beklagte zahlte an die Klägerin auf Grund der Pfändung und Überweisung nur 40 RM und weigert Zahlung des Restes, weil von der Restforderung von 323,33 RM, die B. für die 62 Tage vom 3. Januar bis einschließlich 6. März 1935 noch zu fordern habe, mindestens 314,44 RM unpfändbar seien.

Die Klägerin hält diesen Rechtsstandpunkt für irrig und ist der Meinung, daß B. sich die erhaltenen Vorschüsse auf den unpfändbaren Teil seiner Forderung anrechnen lassen müsse. Sie hat Verurteilung der Beklagten zur Zahlung des Restes von 119,29 RM nebst Zinsen verlangt. Die Beklagte hat um Klagabweisung gebeten.

Arbeits- und Landesarbeitsgericht haben der Klage stattgegeben. Die Revision hatte keinen Erfolg aus folgenden

Gründen:

Zwischen der Klägerin als Pfändungspfandgläubigerin einer angeblichen Gehaltsrestforderung des Vollstreckungsschuldners B. für die Zeit vom 4. Januar bis einschließlich 6. März 1935 von insgesamt 989,53 RM und der Beklagten als Drittschuldnerin besteht Streit über den Einfluß der geschehenen Vorschußzahlung auf diese Forderung und ihre Pfändbarkeit. Vorschußzahlungen wie hier bedeuten rechtlich mangels Anhaltspunkts für einen abweichenden Parteiwillen bei der Zahlung nicht ein selbständiges Darlehen mit der Möglichkeit späterer Aufrechnung gegen die Gehaltsforderung bei deren Fälligkeit, sondern eine Vorauszahlung auf die Vertragsschuld in Erwartung der künftigen Gegenleistung des Empfängers der Vorschüsse. Durch die im voraus gezahlten 630 RM war also am 3. Januar 1935 ein entsprechender Teil der Gehaltsforderung des B. getilgt. Es bestand nur noch eine Restforderung von 423,33 RM, möglicherweise, falls auch die im Laufe des Januar gezahlten weiteren 100 RM noch vor der Zustellung der Pfändungsankündigung geleistet waren, von 323,33 RM. Über die Fälligkeit ergibt das vom Berufungsgericht festgestellte Sachverhältnis nichts. Sie ist jedoch auch vom Standpunkt der Begründung des Berufungsurteils angesichts der Aufhebung der bisherigen Lohnpfändungsbestimmungen ohne Bedeutung für die Entscheidung. Diese Restforderung ist von der Klägerin mit Wirkung vom 3. Januar 1935 (§§ 829 Abs. 3, 845 ZPO.) gepfändet und ihr zur Einziehung überwiesen.

Der von ihr auf Grund der Pfändung und Überweisung erhobenen Klage setzt die Beklagte den Einwand entgegen, daß die Pfändung sich auf Lohnteile erstrecke, die sie dem Schuldner schon bezahlt habe. Das Berufungsgericht hat nicht geprüft, ob dieser Einwand im gegenwärtigen Rechtsstreit zulässig ist oder nur in einem Verfahren nach § 766 ZPO. erhoben werden könnte. Die Rechtsprechung (RGZ. Bd. 93 S. 74 [77/78], Bd. 146 S. 290 [295, 296], Sydow-Busch ZPO. § 850 Bem. 4 Abs. 3 mit Hinweis auf die Rechtsprechung gegen Stein-Jonas ZPO. § 829 Bem. VII, 2, RAG. 144/35 Urteil vom 21. September 1935) läßt den Einwand der Unpfändbarkeit im Rechtsstreit des Pfändungspfandgläubigers gegen den Drittschuldner jedenfalls insoweit zu, als er zugleich den materiellen Anspruch berührt. Das trifft hier zu. Denn die Beklagte bestreitet nicht sowohl die Unzulässigkeit der Pfändung aus § 850b ZPO., als vielmehr das Bestehen des gepfändeten Anspruchs, der durch die Vorauszahlung erloschen sei. Mit diesem den Anspruch selbst betreffenden Einwand muß sie im Rechtsstreit gehört werden, ohne das dazu Stellung zu nehmen wäre, ob der Einwand der Unzulässigkeit der Pfändung aus prozeßökonomischen Gründen dem von dem Gläubiger verklagten Drittschuldner überhaupt nicht verwehrt werden kann.

Der Einwand, daß die Vorauszahlung die pfändbare Schuld teilweise getilgt habe, kann jedoch gegenüber dem Pfändungspfandgläubiger nicht durchdringen. Der Zweck des Gesetzes einerseits, dem Schuldner einen bestimmten, zum Leben unentbehrlichen Teil seines Einkommens pfandfrei zu erhalten, andererseits das besonders in dem Gesetz vom 24. Oktober 1934 (RGBl. I S. 1070) zum Ausdruck gekommene Ziel des Gesetzgebers, den Gläubiger vor der Beeinträchtigung seines Zugriffsrechts über das Maß der notwendigen Einschränkung hinaus durch willkürliche Maßnahmen des Schuldners zu schützen, führen, wie das Berufungsgericht mit Recht annimmt, zu dem Ergebnis, daß für die Frage der Pfändbarkeit von dem gesamten Einkommen des Schuldners unter Einrechnung etwaiger Vorauszahlungen für die in Betracht kommende Zeit seit der Beschlagnahme auszugehen ist und von diesem als dem Zugriff des Gläubigers entzogen der pfandfreie Teil für den betreffenden Zeitraum abzuziehen ist. Die Stellung des Gläubigers kann also von der Vorauszahlung nicht berührt werden, soweit überhaupt noch eine Forderung des Schuldners an den Drittschuldner besteht. Das Recht des Pfandgläubigers kann nicht weitergehen als das des Schuldners, Vorschüsse muß sich der Schuldner aber nach dem Sinne des Gesetzes auf den pfandfreien Teil seines Lohnes verrechnen lassen und der Drittschuldner kann sich dem Pfandgläubiger gegenüber nicht auf ein anteilmäßiges Erlöschen seiner Schuld berufen. An diesem Grundsatz, daß für die Berechnung der Pfandgrenze von dem am Tage der Fälligkeit vertraglich geschuldeten Lohnbetrag ohne Rücksicht auf Vorauszahlungen oder Stundungen auszugehen sei, hat Rechtsprechung und Schrifttum schon unter der Geltung des Lohnbeschlagnahmegesetzes vom 21. Juni 1869 und der Verordnung über die Lohnpfändung vom 27. Februar 1928/14. Juni 1932 festgehalten (vgl. Anmerkungen von Jonas in ArbRspr. 1929 S. 16 und Stein-Jonas ZPO. § 850 Bem. V, 4). Das Gesetz vom 24. Oktober 1934, das nach der amtlichen Erläuterung (D. J. 1934 S. 1364) den wenn auch behutsamen Abbau des Vollstreckungsnotrechts zur Richtschnur genommen hat, bietet erst recht keinen Anlaß zu einer anderen Einstellung.

RAG. 16, 173.

Muß der Arbeitsuchende auf Befragen gerichtlich gegen ihn erkannte Strafen angeben, wenn sie durch Straffreiheitsgesetze erlassen worden sind?

Kann wirksam vereinbart werden, daß die Bank den Bankangestellten fristlos entlassen darf, falls er bei seiner Bewerbung um Anstellung im Fragebogen Bestrafungen verschwiegen hat?

Darf eine Bank den Angestellten auch ohne solche Vereinbarung fristlos entlassen, wenn sie erfährt, daß er wegen Betrugs und Urkundenfälschung bestraft war. Gilt dies auch dann, wenn die Strafen durch Straffreiheitsgesetze erlassen worden sind?

BGB. § 626. HGB. § 70. Gesetz über Straffreiheit vom 20. Dezember 1932 (RGBl. I S. 559) §§ 1—7, 10, Gesetz über beschränkte Auskunft aus dem Strafregister und Tilgung von Strafvermerken vom 9. April 1920 (RGBl. I S. 507) §§ 1, 2, 4, 6, 8.

Reichsarbeitsgericht. Urt. v. 7. März 1936.

I. Arbeitsgericht Hannover. — II. Landesarbeitsgericht daselbst.

Der Kläger ist im Jahre 1925 wegen Körperverletzung und Widerstandes, im Jahre 1931 wegen Betrugs und im Jahre 1932 wegen

Urkundenfälschung und Betrug bestraft worden. Sämtliche Strafen sind durch Straffreiheitsgesetze erlassen worden. Weiter wurde der Kläger wegen Betrugs in fünf Fällen durch Urteil des Amtsgerichts in Hamburg vom 17. November 1931 zu einer Gesamtgefängnisstrafe von 3 Monaten verurteilt. Seine Berufung wurde verworfen, doch erwirkte er die Wiedereinsetzung in den vorigen Stand. Bevor es zur Hauptverhandlung kam, wurde das Verfahren auf Grund der §§ 5, 7, 10 des Gesetzes über Straffreiheit vom 20. Dezember 1932 durch Beschluß der Strafkammer vom 14. Januar 1933 eingestellt, weil die Tat aus wirtschaftlicher Not begangen sei. Nachdem der Kläger sich um Anstellung als Bankbeamter bei der Beklagten beworben hatte, wurde ihm ein Fragebogen zur Ausfüllung und Ergänzung seines Bewerbungsgesuches zugestellt. Der Fragebogen, den er am 25. August 1933 ausgefüllt und unterschrieben hat, endet mit dem Vordruck: „Ich versichere hiermit, die vorstehenden Angaben wahrheitsgemäß und vollkommen gemacht zu haben, und erkenne das Recht der D. Bank, Filiale H. an, mich nach erfolgter Anstellung ohne Kündigung sofort zu entlassen, sollte sich herausstellen, daß ich wesentliches in vorstehenden Rubriken unrichtig angegeben oder verschwiegen habe." Der Kläger hat in dem Fragebogen die Frage „Disziplinare, polizeiliche oder gerichtliche Bestrafung" mit „keine" beantwortet und bei Angabe seiner früheren Stellungen in der entsprechenden Rubrik verschwiegen, daß er zuletzt bei der Bank für Arbeiter, Agnestellte und Beamte, AG., ungefähr drei Wochen beschäftigt gewesen und dort fristlos entlassen worden war. Er ist von der Beklagten am 11. September 1933 als Bankbeamter angestellt worden. Nachdem die Beklagte die Vorstrafen des Klägers, der wegen der Folgen des Genusses von Alkohol zwei Tage dem Dienst ferngeblieben war, erfahren hatte, hat sie ihn am 29. April fristlos entlassen. Sie stützt die Entlassung auch darauf, daß er die letzte Beschäftigungsstelle verschwiegen habe.

Der Kläger hält die Entlassung für unberechtigt. Er macht geltend, die Vorstrafen habe er nicht anzugeben brauchen, weil nach einer Mitteilung des Polizeipräsidenten vom 24. Juli 1935 über die Vorstrafen nur eine beschränkte Auskunft hätte erteilt werden dürfen. Die letzte Arbeitsstelle habe er verschwiegen, weil er dort nur 18 Tage beschäftigt gewesen sei. Wegen der Dienstversäumnis an den Tagen vor seiner Entlassung habe er nachträglich ein ärztliches Zeugnis beigebracht. Der wahre Grund für seine Entlassung sei gewesen, daß die Beklagte mit seiner Wahl in den Vertrauensrat nicht einverstanden gewesen sei. Weiter hält der Kläger das ihm von der Beklagten über seine Beschäftigung erteilte Zeugnis für ungenügend. Er hat auf Feststellung geklagt, daß seine fristlose Entlassung rechtsunwirksam sei, auf Zahlung seines Gehalts bis 1. Juli 1935 und auf Ausstellung eines ordnungsmäßigen Zeugnisses. Seine Klage ist in allen Rechtszügen abgewiesen worden, vom Reichsarbeitsgericht aus folgenden

Gründen:

Die Vorderrichter gehen davon aus, daß der beklagten Bank, die fremde Gelder zu verwalten habe, nicht zugemutet werden könne, unter ihren Angestellten einen wegen Eigentumsvergehen mehrfach vorbestraften Mann zu beschäftigen. Denn es bestehe solchenfalls die große Gefahr, daß neue Eigentumsvergehen im Betriebe erfolgten. Auch ihren Kunden gegenüber sei die Bank schuldig, einen so vorbestraften Angestellten nicht weiter zu beschäftigen. Die Kunden würden sich von der Bank zurückziehen, wenn sie die Beschäftigung eines so vorbestraften Angestellten erfahren würden. Deshalb suche sich die Bank gegen die Einstellung Vorbestrafter zu schützen, indem sie dem Bewerber um eine Stellung die Frage nach Vorstrafen im Fragebogen vorlege und sich für den Fall wahrheitswidriger oder unvollkommener Beantwortung das Recht der fristlosen Entlassung nach erfolgter Anstellung vorbehalte. Der Kläger habe sich ohne weiteres sagen müssen, daß die Fragestellung den Schutz der Beklagten gegen die Anstellung solcher Beamter bezwecke, die wegen Eigentumsvergehen vorbestraft seien. Er habe daher die gegen ihn von den Gerichten erkannten Vorstrafen angeben müssen, obgleich sie auf Grund der Amnestiegesetze erlassen worden seien. Auf das Gesetz über beschränkte Auskunft aus dem Strafregister könne sich der Kläger gleichfalls nicht berufen. Denn mit der Beschränkung der Auskunft über Straftaten werde bezweckt, sie in polizeilichen Führungszeugnissen nicht mehr erscheinen zu lassen, also nicht jedem Dritten, ganz gleichgültig, ob dieser danach frage oder nicht, Kenntnis von den Straftaten zu geben. Da aber der Kläger ausdrücklich nach Vorstrafen gefragt worden sei, habe er diese angeben müssen. Die Entlassung des Klägers sei hiernach aus einem doppelten Gesichtspunkt gerechtfertigt, einmal weil er die Frage nach den Vorstrafen in Kenntnis ihrer wesentlichen Bedeutung falsch beantwortet habe und für diesen Fall der Beklagten die Berechtigung zur sofortigen Entlassung des Klägers vertraglich eingeräumt worden sei, sodann aber auch, weil die Beklagte einen so vorbestraften Mann wie den Kläger überhaupt nicht in ihrem Betriebe dulden könne.

Weiter nehmen die Vorderrichter an, daß der Kläger nach Lage der Sache kein anderes Zeugnis beanspruchen könne, als ihm erteilt worden ist.

Die Revision tritt der Ansicht entgegen, daß der arbeitsuchende Bankbeamte in einem ihm vorgelegten Fragebogen Auskunft über die Strafen geben müsse, die der beschränkten Auskunft unterliegen. Sie meint, die gegenteilige Auffassung des Berufungsgerichts widerspreche dem Zweck und dem vernünftigen Sinn des Gesetzes vom 9. April 1920 (RGBl. S. 507) über beschränkte Auskunft aus dem Strafregister und die Tilgung von Strafvermerken. Der Zweck des Gesetzes sei, den Bestraften zu rehabilitieren und ihm die Möglichkeit zu geben, ein ordentlicher, anständiger Mensch zu werden, der wieder Arbeit und Brot finde. Deshalb könnten erlassene Strafen, über die nur beschränkte Auskunft erteilt werden dürfe, keinen wichtigen Grund zur fristlosen Entlassung des Angestellten abgeben. Der Angestellte sei aus dem gleichen Grunde aber auch nicht verpflichtet, solche lange zurückliegende Strafen auf Befragen anzugeben, denn dann würden ihm die Wohltaten des Gesetzes nicht zuteil werden. Hiernach könne das Verschweigen der Vorstrafen des Klägers nicht unter die mit der Beklagten getroffene Vereinbarung der Kündigungsberechtigung für den Fall unrichtiger Beantwortung wesentlicher Fragen fallen. Jedenfalls habe der Kläger nach Treu und Glauben die Vereinbarung dahin auslegen dürfen, daß die Unterdrückung jener Strafen zulässig sei. Wolle man mit dem Berufungsgericht das Gegenteil annehmen, so würde der Kläger niemals eine seiner Vorbildung entsprechende Stellung erhalten können.

Die Revision übersieht, daß es sich bei den Strafen, die gegen den Kläger erkannt worden sind, nicht um lange zurückliegende Strafen handelt, daß vielmehr die Strafen, auf die das Berufungsgericht die Entscheidung abstellt, erst im Jahre 1931 und 1932 gegen den Kläger ausgesprochen worden sind, am 13. Juni 1931 eine Strafe wegen Betrugs und am 21. April 1932 eine Gefängnisstrafe wegen Urkundenfälschung in Tateinheit mit Betrug. Als der Kläger seine Auskunft erteilt, war die fünfjährige Frist, nach deren Ablauf beschränkte Auskunft zu erteilen ist (§§ 1, 2, 4, 6 Abs. 1 Nr. 1 Abs. 2 des Straftilgungsgesetzes vom 9. April 1920), noch nicht abgelaufen. Die vom Kläger vorgelegte Auskunft des Polizeipräsidenten in H. vom 24. Juli 1935 gibt denn auch an, daß der Preußische Minister des Innern am 20. November 1933 die beschränkte Auskunft aus den polizeilichen Listen über jene Strafen und über eine weiter zurückliegende Strafe wegen Körperverletzung und Widerstandes angeordnet habe. Es handelt sich also hier um eine

Maßnahme nach § 8 des genannten Gesetzes, die aber noch nicht getroffen war, als der Kläger den Fragebogen ausfüllte und die einschlägigen Strafen dabei verschwieg.

Das Berufungsgericht hat aber die Berechtigung der Beklagten zur Entlassung des Klägers nicht nur aus der falschen Beantwortung der gestellten Fragen hergeleitet, sondern einen wichtigen Grund zur Entlassung des Klägers darin gefunden, daß dieser überhaupt Straftaten der erwähnten Art zu den angegebenen Zeiten begangen hat. Es geht davon aus, daß wegen der besonderen Art des Betriebes der Beklagten aus den angeführten Gründen der Kläger darin nicht habe belassen werden können. Es kann auch keinem Zweifel unterliegen, daß in einem Bankbetriebe wie in jeder Kassenverwaltung nur solche Angestellte beschäftigt werden können, die als zuverlässig gelten. Zuverlässig ist der Kläger nach der Annahme des Berufungsgerichts wegen seiner Straftaten nicht und deswegen unter Berücksichtigung der Verhältnisse der Beklagten für deren Betrieb unmöglich. Das ist eine tatrichterliche Würdigung, die auf der Abwägung der beiderseitigen Belange beruht und die das Revisionsgericht hinnehmen muß. Dieses kann nur nachprüfen, ob Umstände der vorliegenden Art einen wichtigen Grund zur fristlosen Entlassung eines Bankangestellten abgeben können. Diese Frage muß bejaht werden. Aus dem Gesetz vom 9. April 1920 läßt sich in dieser Beziehung nichts entnehmen. Es kommt hier um so weniger in Betracht, als bei der Entlassung des Klägers die Verurteilungen noch nicht fünf Jahre zurücklagen. Da konnte das Berufungsgericht annehmen, daß der Kläger eben wegen seiner Straftaten für den Bankbetrieb der Beklagten ungeeignet war und sofort entlassen werden mußte. Ob die Sache anders zu beurteilen gewesen wäre, falls der Kläger sich mehrere Jahre nach seiner letzten Verurteilung im Bankbetriebe als zuverlässig bewährt hätte, ist hier nicht zu untersuchen, denn offensichtlich geht das Berufungsgericht davon aus, daß die Beschäftigung bei der Beklagten und seine frühere Tätigkeit nicht genügt habe, um ihn als zuverlässig für einen Bankbetrieb erscheinen zu lassen. Wenn der Kläger aus diesem Grunde nicht im Betriebe der Beklagten hat belassen werden können, so hat er sich das selbst zuzuschreiben. Bei der Beurteilung der Frage, ob er entlassen werden mußte, sind nicht nur seine Belange zu berücksichtigen, sondern in erster Linie die Belange der Beklagten und der Volksgenossen, die dieser ihre Gelder anvertrauen. Gerade unter Abwägung dieser Belange ist das Berufungsgericht zu dem Ergebnis gekommen, daß die Entlassung des Klägers berechtigt gewesen sei.

Nun macht die Revision noch geltend, der Kläger sei gar nicht wegen seiner Strafen entlassen worden, sondern weil er angeblich mehrere Tage ohne Entschuldigung vom Dienst ferngeblieben sei; dieses Fernbleiben sei aber nachträglich durch ärztliche Zeugnisse entschuldigt worden. Die Beklagte hat diese Entschuldigung für ungenügend erachtet, aber auch geltend gemacht, daß sie am 27. April 1935 Kenntnis von den Vorstrafen des Klägers bekommen und auch deshalb seine Entlassung ausgesprochen habe. Der Kläger hat selbst zugegeben, daß in dem Entlassungsschreiben überhaupt kein Grund angegeben worden war. Es fehlt hiernach jeder Anhalt dafür, daß die Beklagte nur wegen des Fortbleibens vom Dienst dem Kläger gekündigt habe, vielmehr hat mit Recht das Berufungsgericht angenommen, daß die Entlassung gerade wegen der der Beklagten nachträglich bekannt gewordenen Vorstrafen und der sich daraus für den Betrieb der Beklagten ergebenden Unzuverlässigkeit des Klägers erfolgt sei.

Hiernach braucht an sich nicht dazu Stellung genommen zu werden, ob die Entlassung des Klägers auch auf Grund der vertraglichen Vereinbarung über das Entlassungsrecht der Beklagten wegen der falschen Beantwortung der Frage nach gerichtlichen Bestrafungen berechtigt ist. Wenn aber die Revision in dieser Beziehung rügt, daß der Kläger subjektiv die Frage nicht dahin verstanden habe, daß er die erlassenen Strafen angeben müsse, so steht diese Ausführung im Widerspruch zu der tatsächlichen Feststellung des Berufunsgerichts, wonach sich der Kläger als Bankbeamter der Bedeutung und der Tragweite der Frage bewußt gewesen sei. Danach ist die Entlassung auch aus der vertraglichen Abmachung berechtigt gewesen. Einer Stellungnahme zu der von der Revision aufgeworfenen allgemeinen Frage, ob der Arbeitsuchende auf Befragen erlassene Strafen angeben muß, bedarf es hier nicht. Dem Berufungsgericht ist jedenfalls darin beizupflichten, daß dann, wenn eine Bank den Bewerber um Anstellung nach solchen Strafen in der Form fragt, wie es hier geschehen ist, und an die falsche Beantwortung die Berechtigung zur Entlassung knüpft, der Bewerber offen Auskunft geben muß und sich nicht darauf berufen kann, er sei zur Auskunft nicht verpflichtet gewesen.

Hiernach erweisen sich die Angriffe der Revision gegen die fristlose Entlassung des Klägers als unbegründet.

Die Annahme, daß der Kläger kein anderes Zeugnis beanspruchen könne, als ihm erteilt worden ist, begegnet gleichfalls keinem rechtlichen Bedenken. Die Revision hat solche auch nicht erhoben.

RAG. 16, 209.

Im Rahmen des § 618 BGB. muß grundsätzlich der klagende Dienstverpflichtete nachweisen, daß der beklagte Dienstherr seine Fürsorgepflicht verletzt und dadurch Schaden verursacht habe. Der Dienstverpflichtete wird aber dieser Beweispflicht regelmäßig genügen, wenn er nachweist, daß vor dem den Schaden verursachenden Ereignis ein ordnungswidriger gefahrdrohender Zustand vorgelegen habe, der nach dem natürlichen Verlauf der Dinge geeignet war, den später eingetretenen Schaden hervorzurufen, und daß der Dienstherr mit Rücksicht auf die ihm obliegende Fürsorgepflicht im Zweifel dafür verantwortlich sei. Diese Voraussetzungen können aber regelmäßig nur dann vorliegen, wenn ein solcher gefahrdrohender ordnungswidriger Zustand sich ohne weiteres aus der Natur der Dienstleistung ergibt. Wird ein solcher Zustand durch einen besonderen nicht ohne weiteres in der Natur der Dienstleistung begründeten Umstand geschaffen, so bleibt dem klagenden Dienstverpflichteten für den ursächlichen Verlauf und das Verschulden des Dienstherrn die volle Beweispflicht.

BGB. § 618, ZPO. § 282.

Reichsarbeitsgericht. Urt. v. 29. Januar 1936.

I. Arbeitsgericht Essen. — II. Landesarbeitsgericht daselbst.

Der Kläger war vom 1. April 1930 bis zum 31. März 1933 bei der Beklagten Lehrling. Er ist während seiner Lehrzeit an Tuberkulose erkrankt und hernach wegen dieser Krankheit noch längere Zeit arbeitsunfähig gewesen. Er behauptet, er habe sich die Krankheit im Betriebe der Beklagten zugezogen, weil er dort in der Zeit von seinem Eintritt an bis zum 26. Juli 1930 in demselben Raume mit einem Angestellten Erich Zimmer beschäftigt worden sei, der an offener Tuberkulose gelitten habe und Anfang 1931 infolge dieses Leidens gestorben sei. Die Beklagte habe spätestens seit dem 1. Juli 1930 von dem Leiden des Zimmer gewußt und dadurch, daß sie ihn weiter mit diesem in demselben Raume habe zusammen arbeiten lassen, gegen ihre Fürsorgepflicht (§ 618 BGB.) verstoßen. Der Kläger macht daher die Beklagte schadensersatzpflichtig und begehrt mit seiner Klage ihre Verurteilung zur Zahlung von 1000 RM und die Feststellung, daß sie verpflichtet sei, ihm auch für allen weiteren Schaden Ersatz zu leisten. Die Beklagte bestreitet den Klaganspruch und beantragt die Abweisung der Klage.

Arbeitsgericht und Landesarbeitsgericht haben zugunsten der Beklagten erkannt. Die Revision des Klägers ist zurückgewiesen worden aus folgenden

Gründen:

Das Landesarbeitsgericht hat es dahingestellt gelassen, ob sich der Kläger seine Erkrankung an Tuberkulose im Betriebe der Beklagten infolge Ansteckung durch den Mitangestellten Zimmer zugezogen hat, und ist zur Verneinung der Klagansprüche gekommen, indem es den Nachweis für ein Verschulden der Beklagten als nicht erbracht ansah. Die Revision wendet sich hiergegen. Sie meint, das Landesarbeitsgericht habe eine Feststellung über die Ursache der Erkrankung des Klägers treffen müssen und hätte zu einer Feststellung im Sinne der Behauptungen des Klägers schon nach den Grundsätzen über den Beweis des ersten Anscheins gelangen können. Es hätte dann hinsichtlich eines Verschuldens der Beklagten dem Kläger die Pflicht der weiteren Beweisführung nicht aufbürden dürfen. Das Vorbringen der Revision muß indessen vergeblich bleiben.

Der Kläger ist dadurch nicht beschwert, daß das Berufungsgericht die Frage offen ließ, ob er sich seine Erkrankung im Betriebe der Beklagten zugezogen hat. Denn in Wirklichkeit hat es damit diese Tatsache zugunsten des Klägers unterstellt, und es hätte daher, wenn die von der Revision daraus für die weitere Beweispflicht des Klägers gezogenen Folgerungen richtig wären, insoweit in gleicher Weise verfahren müssen, wie wenn es die entsprechende Feststellung getroffen hätte. Diese Folgerungen der Revision sind jedoch irrig. Im Rahmen des § 618 BGB. hat — wovon ersichtlich auch die Revision ausgeht — grundsätzlich der klagende Dienstverpflichtete zu beweisen, daß der beklagte Dienstherr die ihm danach obliegende besondere Fürsorgepflicht verletzt und dadurch einen Schaden verursacht habe. Allerdings ist in der Rechtsprechung, insbesondere des Reichsarbeitsgerichts, in neuerer Zeit immer angenommen worden, daß hierbei die Anforderungen an die Beweispflicht des Klägers nicht überspannt werden dürfen, und daß dieser daher seiner Beweispflicht genüge, wenn er nachweise, daß vor dem den Schaden verursachenden Ereignis ein ordnungswidriger gefahrdrohender Zustand vorgelegen habe, der nach dem natürlichen Verlauf der Dinge geeignet war, den später eingetretenen Schaden hervorzurufen, und daß der Dienstherr mit Rücksicht auf die ihm obliegende Fürsorgepflicht im Zweifel dafür verantwortlich sei (RAG. Bd. 16 S. 1). Allein diese Voraussetzungen können regelmäßig nur dann angenommen werden, wenn ein solcher gefahrdrohender ordnungswidriger Zustand sich ohne weiteres aus der Natur der Dienstleistung ergibt, wenn also im vorliegenden Falle etwa die Tatsache des Zusammenarbeitens mehrerer Angestellten in einem Raum an sich oder die hygienische Beschaffenheit des Raums als ein solcher angesprochen werden müßten. Davon kann indessen nach dem eigenen Vorbringen des Klägers hier keine Rede sein: Der ordnungswidrige gefahrdrohende Zustand wurde nur durch den besonderen nicht ohne weiteres in der Natur der Dienstleistung begründeten Umstand geschaffen, daß ein mit dem Kläger in dem gleichen Raum zusammenarbeitender Mitangestellter an Tuberkulose litt. Mit Recht hat dieserhalb das Berufungsgericht dem Kläger den Beweis dafür aufgebürdet, daß die Beklagte von diesem besonderen Umstand Kenntnis hatte oder doch bei Anwendung der erforderlichen Sorgfalt hätte Kenntnis haben müssen. Diesen Beweis hat es nicht für geführt erachtet. Was die Revision dagegen vorbringt, liegt auf tatsächlichem Gebiet und bedarf daher in dieser Instanz keiner Erörterung.

Die Revision ist daher zurückzuweisen.

RAG. 16, 211.

Die Ergänzung eines Urteils dahin, daß die Revision zugelassen wird, ist nicht zulässig.

ArbGG. §§ 69, 72. ZPO. § 321.

Reichsarbeitsgericht. Urt. v. 29. Februar 1936.

I. Arbeitsgericht Bielefeld. — II. Landesarbeitsgericht daselbst.

Der Kläger war bei der Beklagten vom 1. Dezember 1919 bis zum 31. Dezember 1921 und sodann wiederum seit dem 18. Juli 1924 bis zum 13. August 1935 als Auskunfteibearbeiter beschäftigt. Am 13. August 1935 ist er fristlos entlassen worden. Er bestreitet, daß ein berechtigter Grund hierfür vorgelegen habe, und verlangt mit der Klage Zahlung seines Gehalts von monatlich 300,— RM für die Zeit vom 1. August 1935 bis zum 31. März 1936.

Das Arbeitsgericht hat die Entlassung für gerechtfertigt erachtet und daher die Beklagte nur zur Zahlung des Gehalts bis zum 13. August 1935, dem Entlassungstage, verurteilt, im übrigen aber die Klage abgewiesen. Das Landesarbeitsgericht hat der Klage in vollem Umfange stattgegeben.

Der Wert des Streitgegenstandes war vom Arbeitsgericht auf 2400,— RM festgesetzt worden. In dem Urteil des Landesarbeitsgerichts vom 13. November 1935 befindet sich kein Entscheid dahin, daß die Revision zugelassen werde. Auf Antrag der Beklagten, das Urteil zu ergänzen und die Revision zuzulassen, hat das Landesarbeitsgericht in anderer Besetzung in einem Urteil vom 11. Dezember 1935 die Revision zugelassen. Auf Antrag des Klägers hat das Berufungsgericht in einem weiteren Urteil vom 8. Januar 1936 dann auch noch die Revision gegen das Urteil vom 11. Dezember 1935 in wieder anderer Besetzung zugelassen, dieses letzte Urteil aber für nicht revisionsfähig erklärt.

Die Revision der Beklagten wurde als unzulässig verworfen aus folgenden

Gründen:

Die Revision mußte als unzulässig verworfen werden. Die Revisionssumme ist nicht erreicht, da der Wert des Streitgegenstandes auf 2400 RM festgesetzt ist. Die Revision ist auch nicht im Berufungsurteil selbst vom Berufungsgericht zugelassen worden. Es fehlt daher an den Voraussetzungen, unter welchen nach §§ 69, 72 ArbGG. die Revision gegen Urteile der Landesarbeitsgerichte stattfindet.

Eine Ergänzung des einmal erlassenen Berufungsurteils dahin, daß die Revision zugelassen werde, ist nicht angängig. Wohl kann eine Berichtigung gemäß § 319 ZPO. erfolgen, wie dies in dem Urteile RAG. Bd. 1 S. 263 (265) dargelegt ist; eine Berichtigung setzt aber voraus, daß es sich lediglich um Schreibfehler usw. handelt, das Gericht also die Zulässigkeit der Revision bei Erlaß des Urteils beschlossen hatte, dieser Beschluß aber versehentlich nicht zum Ausdruck gekommen ist. Hier ist das Gericht erst durch Parteiantrag veranlaßt worden, eine selbständige Entscheidung in anderer Besetzung nachträglich zu geben, die vorher bei Erlaß des Urteils noch nicht beschlossen worden war. Es handelt sich also um eine Ergänzung des Urteils, wie denn auch das Berufungsgericht selbst nicht die eine Berichtigung betreffende Bestimmung des § 319 ZPO., sondern die eine Ergänzung ermöglichende Bestimmung des § 321 ZPO. anführt. Die Voraussetzungen des § 321 ZPO. aber liegen nicht vor. Es handelt sich bei der Zulässigkeit der Revision nicht um einen Haupt- oder Nebenanspruch der Partei, der übergangen wäre, sondern um eine von Amts wegen zu treffende Bestimmung über die Ausdehnung des an sich beendeten Rechtszuges. Eine solche nachträgliche Ergänzung würde in die mit Erlaß des Urteils eingetretene Rechtskraft eingreifen, ohne daß im Verfahrensrecht eine gesetzliche Grundlage hierfür vorhanden wäre, während sonst nur unter ganz beschränkten Voraussetzungen die Möglichkeit einer Beseitigung der einmal eingetretenen Rechtskraft gegeben ist. § 69 ArbGG. betont denn auch ausdrücklich, daß die Zulassung „im Urteil" zu erfolgen habe. Es ist bereits im Urteil RAG. Bd. 1 S. 266 darauf hingewiesen, daß nach der Begründung zum Entwurf des ArbGG. bezweckt war, die Partei unmittelbar aus dem Urteil klar erkennen zu lassen, ob es mit einem Rechtsmittel anfechtbar ist oder nicht.

Das Reichsgericht hat bei der entsprechenden Vorschrift der Rechtspflegenotverordnung vom 14. Juli 1932 1. Teil Kap. II Art. 1 (RGBl. I S. 285) bis in die neueste Zeit stets in gleichem Sinne entschieden (vgl. RGZ. Bd. 141 S. 308; JW. 1935 S. 2814[8], 3464[9]).

RAG. 16, 226.+

Ist die Verpflichtung, einem früheren Angestellten nicht durch eine unrichtige Auskunft über seine Führung bei der Bewerbung um eine neue Stelle hinderlich zu sein, eine unter Vertragsrecht stehende Nachwirkung des Arbeitsvertrags?

Welche Erfordernisse sind an den Entlastungsbeweis nach § 831 BGB. zu stellen?

. . .

BGB. §§ 611 ff., 278, 831.

Reichsarbeitsgericht. Urt. v. 21. März 1936.

I. Arbeitsgericht Berlin. — II. Landesarbeitsgericht daselbst.

Die Klägerin war vom 1. Oktober 1928 bis 30. Juni 1931 in einer Filiale der Beklagten in Berlin angestellt. Im Oktober 1934 ersuchte die Firma M. in Berlin die Beklagte um eine Auskunft über die Klägerin, die sich bei ihr um die Stelle einer Verkäuferin bewarb. Diese Anfrage beantwortete der Leiter der Zweigniederlassung Berlin der Beklagten, B., mit Schreiben vom 29. Oktober 1934 dahin, daß die Klägerin nicht zuverlässig und ihre Führung nicht einwandfrei gewesen sei; sie habe sich Herrenkundschaft gegenüber sehr oft unkorrekt, zuweilen sogar unsittlich benommen, so daß sie habe entlassen werden müssen. Darauf sah die Firma M. von der Einstellung der Klägerin ab. Die Klägerin verlangte deshalb von der Beklagten Schadensersatz von 500 RM unter Vorbehalt weiterer Ansprüche. Das Arbeitsgericht erkannte nach Klagantrag. Die Beklagte legte dagegen Berufung ein und beantragte im Wege der Widerklage, festzustellen, daß der Klägerin weitere Ansprüche als die geltend gemachten nicht zustünden. Die Berufung wurde zurückgewiesen, weil die Beklagte aus dem Arbeitsvertrag wie auch außervertraglich die unrichtige Auskunft zu vertreten habe. Die Widerklage wurde nach den Urteilsgründen als unzulässig erachtet, weil die Klägerin ihrer Anbringung widersprochen habe und sie dem Gericht nicht sachdienlich erschienen sei. Die Revision der Beklagten führte zur Aufhebung und Zurückverweisung.

Gründe:

. . .

In RAG. Bd. 2 S. 64 ist die Frage, ob der Arbeitgeber in Nachwirkung des Dienstvertrags verpflichtet sei, dem früheren Angestellten nach Beendigung des Dienstverhältnisses die Hindernisse aus dem Wege zu räumen, die ihm bei der Bewerbung um eine neue Stelle entgegenstünden, für den Fall behandelt, daß der Geschäftsherr während der Vertragsdauer solche Hindernisse durch Vereinbarung mit einem anderen Geschäftsherrn ohne Wissen des Angestellten geschaffen hat. Hier handelte es sich also um eine Vertragsverletzung während der Vertragsdauer, die in die Zukunft wirkte. In RAG. Bd. 13 S. 344 ist erwogen, ob dem Arbeitgeber noch nach Beendigung des Dienstverhältnisses auf Grund des Dienstvertrags eine Auskunftserteilung zugunsten des Angestellten zuzumuten sei, um ihn bei der Bewerbung um eine neue Stelle nicht zu behindern. Dabei war die Entscheidung auf die besondere Gestaltung des Arbeitsvertrages abgestellt und ausgeführt, daß besondere Umstände im Einzelfall geeignet sein können, eine solche Verpflichtung des Geschäftsherrn in Nachwirkung des Dienstvertrags zu begründen. Hier ist also eine besondere, wenn auch nur aus den Umständen zu entnehmende Vereinbarung vorausgesetzt, die während der Vertragsdauer für die Zeit nach der Lösung des Arbeitsverhältnisses eingegangen ist.

Die vorliegende Klageforderung beruht aber, soweit sie sich auf Vertragsrecht stützt, auf der Annahme, daß jeder Dienstvertrag — aus dem Gedanken der Treupflicht — die Verpflichtung in sich trage, auch nach der Beendigung des Dienstverhältnisses dem Angestellten bei Bewerbungen um eine neue Stelle kein Hindernis zu bereiten. Es wird nicht eine besondere Vereinbarung während der Vertragsdauer unterstellt, die in die Zukunft wirkt, sondern aus dem Wesen des Dienstvertrags abgeleitet, daß er in gewissen Beziehungen die Vertragsparteien für immer aneinander bindet. Solche Nachwirkungen des Vertrags, die mit Abschluß des Dienstvertrags entstünden, ohne auf einer besonderen Vereinbarung zu beruhen, können nicht anerkannt werden. Die Klage verwechselt dabei die rechtlich in den Bestimmungen über Sittenwidrigkeit enthaltene Pflicht, einen anderen nicht zu schädigen, mit der vertraglichen Treupflicht, die mit dem Vertrag ihr Ende finden muß, soweit nicht besondere Umstände, so wie sie in den angeführten Entscheidungen des Reichsarbeitsgerichts vorgelegen haben, die Lösung der vertraglichen Pflichten teilweise trotz der Beendigung des Arbeitsverhältnisses aufhalten. Gewiß ist die nachträgliche Auskunftserteilung insofern eine tatsächliche Nachwirkung des Arbeitsvertrags, als der Geschäftsherr ohne das Arbeitsverhältnis nicht um die Auskunft angegangen würde und sie nicht geben könnte. Allein aus dieser tatsächlichen Beziehung folgt nicht eine Fortdauer der Vertragspflichten, sondern eben die allgemeine Pflicht, die abgelaufenen Vertragsbeziehungen nicht zu einer rechtlich sittenwidrigen Schädigung des früheren Vertragsgegners zu mißbrauchen, eine Pflicht, die sich auch bei anderen früheren Vertragsverhältnissen ergeben kann und nicht in dem Wesen des Dienstvertrags begründet ist.

Es kann sich bei dem Anspruch der Klägerin also nur um eine außervertragliche Verpflichtung handeln, deren Verletzung als unerlaubte Handlung verboten ist, und die die Beklagte nicht nach § 278, sondern nach § 831 BGB. zu vertreten hat. Die Haftung des Geschäftsherrn aus § 831 setzt nicht notwendig eine unerlaubte Handlung des zu einer Verrichtung Bestellten voraus, sondern nur eine widerrechtliche Schadenszufügung durch ihn. Hier kommt allerdings nach Lage der Sache als eine solche nur eine unerlaubte Handlung in Frage, da zwischen dem Filialleiter B. und der Klägerin keine vertraglichen Beziehungen bestanden und die Schadenszufügung bloß dann widerrechtlich war, wenn sie eine unerlaubte Handlung enthielt. Die Auskunft des Filialleiters, daß die Klägerin sich sehr oft unkorrekt, zuweilen sogar unsittlich benommen habe, verstieß nach den Feststellungen des angefochtenen Urteils gegen § 824, ja selbst gegen § 826 BGB. Denn zum Vorsatz genügt, daß der Täter sich bewußt war, daß seine Handlung den schädigenden Erfolg haben wird und daß er sie dennoch will (RG. WarnRspr. 1914 S. 122), und die Erteilung einer sachlich nicht begründeten und durch die Umstände nicht gebotenen Auskunft über einen Stellung suchenden früheren Angestellten widersprach dem Anstandsgefühl aller billig und gerecht Denkenden, verstieß also gegen die guten Sitten (JW. 1914 S. 83 Nr. 14).

Gegen die Haftung aus § 831 kann der Geschäftsführer den Entlastungsbeweis nach § 831 Abs. 1 Satz 2 führen. Dazu hat er auch darzutun, daß er sich fortdauernd über die Eignung des Angestellten vergewissert hat (RGZ. Bd. 78 S. 107, Bd. 87 S. 1 [4]). Allgemeine Anführungen, daß über die Zuverlässigkeit des Angestellten nie ungünstige Beobachtungen gemacht wurden, reichen nicht aus (RG. WarnRpr. 1911 Nr. 30). Der Beweis, daß die erforderliche Aufsicht geübt worden ist, muß in Beziehung zu dem schädigenden Vorkommnis erbracht werden. Zu der Leitung der Verrichtungen des Angestellten gehört seine Unterweisung über den Umfang und die Art der Erfüllung seiner Aufgaben (RGZ. Bd. 96 S. 81 [83]). Dieser Entlastungsbeweis kann in aller Regel nicht mit der Erwägung abgeschnitten werden, daß sich aus der schädigenden Handlung selbst die Unzulänglichkeit der Auswahl und Leitung ergebe. Denn sonst wäre in jedem Falle fehlerhaften Verhaltens eines Angestellten der Entlastungsbeweis überhaupt unmöglich. Aus dieser rechtsirrigen Einstellung hat es das Berufungsgericht unterlassen, weitere Feststellungen über Aufsicht und Leitung des Filialleiters durch die Beklagte zu treffen.

Die Einlassung der Beklagten, daß B. mit der Auskunft seine Befugnisse überschritten habe, spricht nicht dagegen, daß er in Ausführung der ihm übertragenen Verrichtungen gehandelt hat. Die Anfrage gelangte an ihn als den Filialleiter der Beklagten und er gab die Auskunft in seiner Eigenschaft als Filialleiter. Diese Einlassung der Beklagten könnte aber die Vermutung nahelegen, daß sie B. in der Einhaltung seines Aufgabenkreises nicht ausreichend überwacht und unterwiesen hat. Die Beklagte ist schon durch das Urteil des Arbeitsgerichts Berlin vom 18. August 1931, das zu den Akten überreicht wurde, zur Ausstellung einer anderen Arbeitsbescheinigung an die Klägerin verurteilt worden. Sie hatte deshalb besonderen Anlaß, dem Filialleiter Vorsicht bei der Erteilung von Auskünften im allgemeinen und besonders in bezug auf die Klägerin einzuschärfen und seine Eignung für die ihm übertragenen Verrichtungen nach dieser Richtung zu überprüfen. Ob die Beklagte dieser Pflicht nachgekommen ist, ist bisher nicht erhoben. Die Feststellungen sind daher nach den angedeuteten Richtungen zu ergänzen. Zu diesem Zweck ist das Urteil aufzuheben und die Sache zur Verhandlung und Entscheidung zurückzuverweisen.

Dabei wird auch zu prüfen sein, ob die bisherigen Feststellungen über ein Mitverschulden der Klägerin bei dem entstandenen Schaden genügen. Das Berufungsgericht hat die Angabe des Zeugen G., daß die Klägerin auch wegen ihrer mangelhaften Vorbildung nicht angestellt worden wäre, als unglaubhaft abgelehnt. Insoweit ist seine tatrichterliche Beweiswürdigung in der Revision nicht anzugreifen. Weiter hat das Berufungsgericht aus den erhobenen Beweisen die Überzeugung geschöpft, daß es der Klägerin nicht möglich gewesen sei, den Schaden dadurch abzuwenden oder zu mindern, daß sie sich um andere Stellen umgesehen hätte, besonders weil sie hätte befürchten müssen, daß die ungünstige Auskunft des B. wiederholt oder weiterverbreitet würde. Es wird daher zu erwägen sein, ob nicht trotzdem die von der Beklagten behauptete Lage des Arbeitsmarktes die Klägerin zu entsprechenden Bemühungen hätte veranlassen müssen und ob die Klägerin solche Bemühungen unternommen hat. Die Tatsache, daß die Klägerin von April bis Oktober 1934 bei der Firma S. und vorher bei anderen Firmen derselben Branche und vom 10. bis 24. Dezember 1934, also nach ihrer Abweisung durch die Firma M., bei der Firma H. tätig war, ist ganz übergangen. Wenn diese letztere Beschäftigung auch nur eine Aushilfsstellung für die Weihnachtszeit gewesen sein mag, durch die der ursächliche Zusammenhang für die Schadenentstehung nicht unterbrochen werden mußte, weil es sich dabei nur um eine vorübergehende Arbeit gegenüber der Dauerbeschäftigung bei der Firma M. gehandelt hat, so können doch die übrigen Anstellungen der Klägerin seit ihrer Entlassung von der Beklagten darauf hindeuten, daß sie bei gehöriger Bewerbung trotz der Auskunft des B. an die Firma M. wieder hätte Stellung finden können, besonders wenn sie nach Kenntnis von der Auskunft ihre Wiederholung alsbald unterbunden hätte. . . .

. . .

RAG. 16, 257.

Zur Frage der Beeinträchtigung eines Zeugnisses durch eine Einschaltung.

BGB. § 630. BGB. § 73.

Reichsarbeitsgericht. Urt. v. 25. Januar 1936.

I. Arbeitsgericht Dresden. — II. Landesarbeitsgericht daselbst.

Der Kläger, der bei der Beklagten angestellt gewesen ist, hat bei seinem Ausscheiden aus der Stellung von ihr ein Zeugnis erhalten, dessen letzter Satz lautete: „Wir können Herrn Keßler empfehlen; sein Austritt erfolgt auf eigenen Wunsch". Da die Beklagte ein kurz zuvor erteiltes Zwischenzeugnis dahin gefaßt hatte, daß sie den Kläger „gut" empfehlen könne, bat dieser, auch das Schlußzeugnis dementsprechend abzufassen. Die Beklagte kam seinem Wunsche in der Weise nach, daß sie in dem Zeugnis zwischen die Worte „Keßler" und „empfehlen" über die Zeile unter Anbringung eines die Einfügung andeutenden Striches mit Maschinenschrift das Wort „gut" einsetzte. Der Kläger zerriß das ihm so wieder zugesandte Zeugnis und ersuchte unter dessen Beifügung um Erteilung eines ordnungsmäßig geschriebenen neuen. Da die Beklagte diese ablehnte, klagt er jetzt auf dessen Ausstellung, da das bisherige Zeugnis durch die Einfügung einen ihm nachteiligen Eindruck erwecke und daher nicht als ordnungsmäßig anzusehen sei. Die Beklagte hat um Klagabweisung gebeten.

Beide Vorinstanzen haben der Klage stattgegeben. Auch die Revision der Beklagten ist zurückgewiesen worden.

Gründe:

Inhaltlich beanstandet der Kläger das ihm erteilte Zeugnis nicht. Die Vorinstanz durfte auch dahingestellt sein lassen, ob er überhaupt auf die nachträgliche Einfügung des Wortes „gut" einen Rechtsanspruch hatte; denn die Beklagte ist seinem darauf gerichteten Verlangen nachgekommen, und es handelt sich nur darum, ob das in rechtlich einwandfreier Form geschehen ist. Das nach § 630 BGB. § 73 HGB. auszustellende Zeugnis stellt eine Leistung des Dienstberechtigten dar, die nach dem Gesetz in schriftlicher Gestalt geschuldet wird. Dementsprechend ist sie nach § 242 BGB. so zu bewirken, wie Treu und Glauben mit Rücksicht auf die Verkehrssitte es erfordern. Beide Vorinstanzen stehen auf dem Standpunkt, daß die Einschaltung des „gut" in der von der Beklagten beliebten Weise dem Zeugnis ein nicht verkehrsübliches Aussehen gegeben habe, das bei seiner Verwendung durch den Kläger bei Bewerbung um andere Stellen Mißtrauen gegen die Ordnungsmäßigkeit der Einfügung zu erwecken geeignet sei, und daß die Beklagte somit zur Erfüllung ihrer Pflicht zur Zeugniserteilung die Urkunde neu in fortlaufendem Text auszustellen habe. Die Angriffe der Revision gegen diese Erwägungen sind nicht begründet. Ob Bewerbungen in der Regel auf Grund von Zeugnisabschriften erfolgen, ist nicht erheblich. Die Notwendigkeit, im Bedarfsfalle die Urschrift vorzulegen, kann auch die Beklagte nicht bestreiten. Wesentlich bleibt also die Frage nach der Ordnungsmäßigkeit der Beschaffenheit der Urschrift, wie das Berufungsgericht zutreffend begründet, jedenfalls. Es ist auch für die Entscheidung belanglos, daß die Einschaltung des Wortes „gut" den Sinn des ursprünglich alleinstehenden Wortes „empfehlen" nicht nennenswert zugunsten des Klägers verändert hat. Ein Werturteil kam in dem Worte „gut" immerhin zum Ausdruck, und der Kläger hatte jedenfalls Interesse daran, daß dieses Urteil sich äußerlich als einwandfreie Willensäußerung der Beklagten darstellte und nicht Anlaß zu Zweifeln und Bedenken gegen ihre Urheberschaft gab. Ausschlaggebend ist, daß beide Vorinstanzen die gegenwärtige Form des Zeugnisses nicht als verkehrsüblich bezeichnen. Darin liegt eine durch die Sachkunde der Arbeitsrichter sowohl der Angestelltenkammer wie des Landesarbeitsgerichts getragene tatsächliche Feststellung, die das Revisionsgericht bindet und ohne weiteres den Klaganspruch rechtfertigt. Daß sich ein durch drei Rechtszüge getriebener Rechtsstreit um eine verhältnismäßig so geringfügige Angelegenheit annehmbar hätte vermeiden lassen, wenn der Kläger nicht das ihm übersandte verbesserte Zeugnis kurzerhand zerrissen hätte, vermag nichts daran zu ändern, daß auf der anderen Seite die der Beklagten angesonnene Mühe einer nochmaligen Abschrift und Unterzeichnung des Zeugnisses eine so kleine ist, daß sie sich ihr nach Treu und Glauben billigerweise nicht entziehen kann (vgl. Staub-Bondi HGB. I § 73 Anm. 4 a, Warneyer, Komm. zu BGB. § 630 V).

RAG. 16, 272.

Hat der arbeitnehmerähnliche Handlungsagent Anspruch auf ein Zeugnis über Führung und Leistungen?

BGB. § 630. ArbGG. § 5 Abs. 1.

Reichsarbeitsgericht. Urt. v. 25. April 1936.

I. Arbeitsgericht Duisburg-Hamborn. — II. Landesarbeitsgericht Duisburg.

Der Kläger war von Ende Mai 1934 für die Beklagte gegen Provision vertraglich als Anzeigenwerber tätig. Etwa Mitte Oktober 1935 lehnte die Beklagte seine Weiterbeschäftigung plötzlich ab. Sie stellte ihm am 10. Oktober 1935 ein Zeugnis über Art und Dauer seiner Beschäftigung aus, weigerte sich aber, es auf seine Führung und Leistungen zu erstrecken.

Der Kläger behauptet, im Angestelltenverhältnis zur Beklagten gestanden zu haben, und hat mit der Klage neben anderem die Erteilung eines Zeugnisses über Führung und Leistungen verlangt. Die Beklagten ist dem entgegengetreten, weil der Kläger selbständiger Agent gewesen sei und als solcher keinen Anspruch auf das verlangte Zeugnis habe.

Das Arbeitsgericht hat den Anspruch auf das Zeugnis durch Teilurteil abgewiesen. Das Berufungsgericht hat die Berufung des Klägers zurückgewiesen.

Die zugelassene Revision des Klägers hatte Erfolg aus folgenden

Gründen:

Die Beklagte ist nach § 1 Nr. 8 und 9 HGB. Kaufmann. Als ihr Angestellter würde deshalb der Kläger, der als Anzeigenwerber ihr kaufmännische Dienste gegen Entgelt geleistet hat, nach § 59 HGB. Handlungsgehilfe gewesen sein und nach § 73 Anspruch auf Erteilung des mit der Klage verlangten Zeugnisses über Führung und Leistungen haben. Das Berufungsgericht hat ihm aber die Eigenschaft eines kaufmännischen Angestellten versagt und hält ihn für einen selbständigen

Kaufmann, nämlich für einen Handlungsagenten im Sinne des § 84 HGB., der ständig damit betraut ist, für das Handelsgewerbe eines anderen Geschäfte zu vermitteln oder im Namen des anderen abzuschließen.

Die Grenze zwischen dem unselbständigen Handlungsgehilfen und dem selbständigen Handlungsagenten ist flüssig und nicht immer leicht zu finden. Maßgebend ist nach der Rechtsprechung das Maß der persönlichen, nicht bloß wirtschaftlichen Abhängigkeit vom Unternehmer, das wiederum in der Art der Eingliederung in den Betrieb des Unternehmers zum Ausdruck kommt (JW. 1930 S. 3788; BenshS. Bd. 7 S. 451, Bd. 15 S. 505 und oft). Entscheidend bleibt die vom Tatrichter festzustellende tatsächliche Gestaltung des Beschäftigungsverhältnisses im Einzelfall.

Es kann nun zweifelhaft sein, ob die in dieser Richtung vom Berufungsgericht getroffenen tatsächlichen Feststellungen zu einer sicheren Beurteilung darüber ausreichen, ob der Kläger selbständiger Handlungsagent und nicht unselbständiger Handlungsgehilfe gewesen ist. Jedenfalls erscheint es nicht ohne weiteres bedenkenfrei, eine für ein einziges Unternehmen in einem bestimmten Bezirk nach genauen Anweisungen ausgeübte Anzeigenwerbung, für die der Werber die notwendigen Unterlagen vom Unternehmer ausgehändigt erhält, und über die er ihm regelmäßig Bericht zu erstatten hat, selbst bei einer nur provisionsweisen Vergütung als Tätigkeit eines persönlich unabhängigen Handlungsagenten, also eines wirklich selbständigen Kaufmannes, anzusehen. Doch braucht die Frage nicht abschließend erörtert zu werden, da das angefochtene Urteil auch bei ihrer Bejahung sich nicht halten läßt.

Das Berufungsgericht stellt bedenkenfrei die wirtschaftliche Unselbständigkeit des Klägers fest und rechnet ihn deshalb trotz seiner angenommenen persönlichen Selbständigkeit nach § 5 Abs. 1 ArbGG. in der Fassung vom 10. April 1934 auf jeden Fall zu Recht zu den arbeitnehmerähnlichen Personen. Obwohl der Kläger als persönlich selbständiger Handlungsagent wegen seiner wirtschaftlichen Abhängigkeit von der Beklagten in sozialer Hinsicht keine andere Stellung einnimmt als ein fest angestellter und auch persönlich abhängiger Handlungsgehilfe, hat sich das Berufungsgericht aber durch die Gesetzeslage und die bisherige Rechtsprechung verhindert gefunden, ihm den Anspruch, der dem Handlungsgehilfen auf Erteilung eines Zeugnisses über Führung und Leistungen zusteht, gleichfalls zuzusprechen, und sich dabei auf das Urteil des Reichsgerichts vom 7. Januar 1916, III 246/15 (RGZ.

Bd. 87 S. 440) berufen. Hiergegen wendet sich die Revision, welche die angeführte Entscheidung für überholt hält.

Eine entsprechende Anwendung des § 73 HGB. kann der Kläger als Handlungsagent allerdings nicht in Anspruch nehmen. § 73 gilt nur für den Handlungsgehilfen. Ihm stellt der nächste Abschnitt des HGB. in den §§ 84 ff. den Handlungsagenten ausdrücklich gegenüber, ohne für diesen eine gleiche Bestimmung über einen Anspruch auf Zeugniserteilung zu treffen. Doch bildet der Agenturvertrag eine Unterart des Dienstvertrages. Deshalb finden auf ihn, soweit die Sonderbestimmungen des HGB. es nicht hindern, ergänzend die Vorschriften der §§ 611 ff. HGB. über den Dienstvertrag Anwendung. Unter ihnen weist § 630 eine dem § 73 HGB. inhaltlich gleiche Vorschrift für dauernde Dienstverhältnisse auf. Die vom Berufungsgericht angezogene Entscheidung des Reichsgerichts betont nun aber, daß die Anwendung der Vorschriften des BGB. immer nur eine entsprechende sein könne und da ausgeschlossen bleiben müsse, wo ihr die Eigenart des Agenturverhältnisses entgegenstehe, und nimmt dies wegen der Selbständigkeit des Agenten gerade für die Vorschrift des § 630 BGB. an. Weiter führt das Reichsgericht aus, daß diese Vorschrift zwar nach ihrem Wortlaut sich auf alle dauernden Dienstverhältnisse beziehe, aber, wie aus der Rechtfertigung ihrer Einführung mit dem Hinweis auf § 113 RGewO., der von dem Recht des Arbeiters auf ein Zeugnis handele, und auf ähnliche Bestimmungen in den früheren Gesindeordnungen (Prot. Bd. 2 S. 307 ff.) hervorgehe, nur solche Dienstverhältnisse im Auge gehabt habe, die eine persönliche Abhängigkeit und Unterordnung des Dienstverpflichteten begründeten, während der Agent, unbeschadet seiner Pflicht, sachlichen Weisungen Folge zu leisten, dem Geschäftsherrn als selbständiger Kaufmann persönlich unabhängig gegenüberstehe. Aus dieser Erwägung heraus hat die erwähnte Entscheidung eine entsprechende Anwendung des § 630 auf das Agenturverhältnis sogar für solche Fälle abgelehnt, in denen infolge besonderer Vertragsbestimmungen die Stellung des Agenten sich der eines Handlungsgehilfen nähert.

Diese Auffassung war solange gerechtfertigt, als der Agent im deutschen Wirtschaftsleben allgemein noch die Eigenschaft eines wirklich selbständigen Kaufmanns besaß und der wirtschaftlich völlig abhängige Agent mehr oder weniger eine Ausnahme blieb, jedenfalls zahlenmäßig noch nicht besonders ins Gewicht fiel. Dies Verhältnis hat sich aber durch die seitherige soziale Umschichtung von Grund aus geändert. Auf zahlreichen Gebieten der Wirtschaft überwiegt heute der wirtschaftliche abhängige Agent, soweit er sich nicht schon zu einem persönlich abhängigen Angestellten verwandelt hat, durchaus oder beherrscht, wie gerade bei der Anzeigenwerbung im Verlagswesen, fast ausschließlich das Feld. Der allgemeinen sozialen Umschichtung im Bereich der noch persönlich selbständigen Personen des Wirtschaftslebens hat auch der Gesetzgeber inzwischen insofern Rechnung getragen, als er in § 5 ArbGG. die Gruppe der arbeitnehmerähnlichen, nämlich wirtschaftlich abhängigen, aber noch persönlich selbständigen Personen wenigstens in verfahrensrechtlicher Hinsicht von den übrigen in persönlicher Selbständigkeit Schaffenden abgesondert hat. Diese Sonderbehandlung bietet auch für das sachlichrechtliche Gebiet die in der angezogenen Entscheidung des Reichsgerichts für die Rechtsanwendung als notwendig erachtete klare feste Abgrenzung, welche die Entscheidung nur in dem Unterschied zwischen der persönlichen Selbständigkeit des Handlungsagenten und der persönlichen Abhängigkeit des Handlungsgehilfen finden zu können geglaubt hat.

Danach erscheint es geboten, heute dem arbeitnehmerähnlichen Agenten die gleiche Behandlung mit den Angehörigen der Gefolgschaft eines Unternehmers, die er durch besondere Gesetzesvorschrift verfahrensrechtlich gefunden hat, auch in sachlichrechtlicher Hinsicht zuteil werden zu lassen, soweit wirtschaftliche und soziale Gründe sie gebieterisch fordern und die geltenden gesetzlichen Bestimmungen eine diese Forderung entsprechende Auslegung gestatten. Das trifft insbesondere auf den Anspruch auf Erteilung eines Zeugnisses über Führung und Leistung zu, der nach dem Wortlaut des § 630 BGB. jedem aus einem dauernden Dienstverhältnisse Verpflichteten zusteht. Der vom Unternehmer wirtschaftlich abhängig gewesene arbeitnehmerähnliche Agent bedarf bei Beendigung des Agenturverhältnisses zur Erlangung einer neuen entsprechenden beruflichen Tätigkeit eines Zeugnisses über Führung und Leistungen regelmäßig in der gleichen Weise wie der entlassene Handlungsgehilfe. Andererseits ist der Unternehmer nicht weniger in der Lage, ihm ein solches Zeugnis auszustellen, als er es gegenüber einem Angestellten ist, der, wie etwa ein Reisender, ständig auswärts tätig ist und im allgemeinen nur durch seine Berichte mit ihm in Verbindung tritt.

Nach alledem muß die Revision zur Verurteilung der Beklagten führen, ihm das verlangte Zeugnis auszustellen.

RAG. 17, 9.

Zur Frage der Verwirkung von Lohnansprüchen auf dem Gebiete des Arbeitsrechts (AOG).

BGB. § 242.

Reichsarbeitsgericht. Urt. v. 9. Mai 1936.

I. Arbeitsgericht Elbing. — II. Landesarbeitsgericht daselbst.

Die Klägerin, die seit 1933 im Betriebe des Beklagten als Bardame tätig gewesen und am 28. März 1935 wegen Vorlegung einer falschen Berechnung an Gäste fristlos entlassen worden ist, forderte mit der Klage im ersten Rechtsgange 626 RM, jetzt noch 371,68 RM samt Zinsen auf die Zeit vom 1. Mai 1934 bis zu ihrer Entlassung als ihr nicht gewährten Teil des ihr nach dem Tarifvertrag für das Hotel- und Gaststättengewerbe zustehenden Garantielohnes von monatlich 118 RM. Die Parteien sind darüber einverstanden, daß die Bezüge der Klägerin während der fraglichen Zeit aus dem ihr gebührenden 10 %igen Bedienungsaufschlag, ihrer vertragsmäßigen Verpflegung und bei Anrechnung ihrer vom Beklagten getragenen Soziallastenanteile um die genannte Summe unter dem Tariflohn gelegen haben, sie aber daneben erhebliche Mehreinnahmen aus Sondertrinkgeldern gehabt hat. Der Beklagte hat um Klagabweisung gebeten und geltend gemacht, daß die Klägerin ihre Ansprüche verwirkt habe, weil sie trotz Kenntnis ihrer tariflichen Rechte und trotz wiederholter Fragen des Beklagten, ob sie mit ihren Bezügen auskomme, niemals mit irgendwelchen Ansprüchen während ihrer Beschäftigungsdauer hervorgetreten ist, sondern sich vielmehr zufrieden erklärt habe.

Die Klage ist in sämtlichen Rechtszügen abgewiesen worden. Die Begründung der Revisionsentscheidung lautet:

Das Berufungsgericht stellt fest, daß die von der Klägerin bezogenen Sondertrinkgelder auf den ihr gebührenden tarifmäßigen Lohn nicht anrechenbar sind, hält aber dem Klaganspruch gegenüber die Verwirkungseinrede des Beklagten für durchgreifend. Da, wie feststehe, mit der Klägerin bei ihrer Einstellung über die Höhe des tariflichen Garantielohnes gesprochen worden sei, sie auch die während ihrer zweijährigen Beschäftigungsdauer wiederholt seitens des Geschäftsführers des Beklagten an sie gestellte Frage, ob sie mit ihrem Verdienst auskäme oder zufrieden sei, stets bejaht habe und mit ihrer Nachforderung erst nach ihrer Entlassung in dem Zusammenhang hervorgetreten sei, daß sie zunächst ihre Wiedereinstellung verlangte und nur im Ablehnungsfalle die Nachforderung in Aussicht stellte, handele sie wider Treu und Glauben, wenn sie jetzt an den Beklagten, der nach ihrem Verhalten nicht mit solchen Nachforderungen habe zu rechnen brauchen und die Sondertrinkgelder der Klägerin als Teil ihres Tariflohnes betrachtet habe, mit der Klage herantrete.

Die Angriffe der Revision gegen diese Erwägungen erscheinen nicht begründet. Abzulehnen ist der Gedanke, daß für die Rechtsverwirkung auf dem Gebiete des Arbeitsrechts, namentlich seit dem Inkrafttreten des Arbeitsordnungsgesetzes, überhaupt kein Raum sei. Wenn die Rechtsprechung des Reichsarbeitsgerichts einen Verzicht des Arbeitnehmers auf verdienten Tariflohn während des Bestehens des Arbeitsverhältnisses (im Gegensatz zu einem erst nach seiner Beendigung erklärten) für unzulässig und mit dem Grundgedanken der Tarifverordnung nicht vereinbar erklärt hat (RAG. Bd. 15 S. 151 und das Urteil vom 18. März 1936 in Sachen Markhoff/Migge RAG. 296/35 in RAG. Bd. 16 S. 213), so steht das einer Berücksichtigung des Verwirkungsgedankens im Lohnwesen nicht entgegen. Denn dieser beruht nicht wie der Verzicht auf einem über den Lohn zustande gekommenen Rechtsgeschäft, sondern auf einer Anwendung des in § 242 BGB. enthaltenen gesetzlichen Grundsatzes, daß der Schuldner seine Leistung so zu bewirken hat, wie Treu und Glauben mit Rücksicht auf die Verkehrssitte es erfordern, also auf einer die tatsächlichen Umstände des Einzelfalles berücksichtigenden Beurteilung der Leistungspflicht aus den sittlichen Anforderungen von Treu und Glauben. Sie können dazu führen, einen Anspruch dann als verwirkt anzusehen, wenn ein Gläubiger ihn trotz der Kenntnis seines Bestehens solange nicht nur nicht geltend macht, sondern im Gegenteil ein Verhalten beobachtet, das im Schuldner die berechtigte Annahme der Nichterhebung oder des Nichtbestehens des Anspruchs erwecken muß, daß sich der Gläubiger durch die spätere Geltendmachung eines arglistigen Verhaltens und einer Verletzung von Treu und Glauben schuldig macht. Warum dieser, zunächst im wesentlichen auf dem Gebiete des Aufwertungsrechts entwickelte Rechtsgedanke dem inneren Wesen des Arbeitsrechts widersprechen soll, ist nicht einzusehen. Die Strafvorschrift in § 22 AOG. über vorsätzliche Zuwiderhandlungen gegen Anordnungen des Treuhänders würde jedenfalls nicht entgegenstehen, da es sich nicht um eine solche Zuwiderhandlung, sondern lediglich um die richterliche Beurteilung der Leistungspflicht nach § 242 BGB. handelt. So hat auch die Rechtsprechung samt der Rechtslehre sowohl für die Zeit vor wie nach dem Inkrafttreten des Arbeitsordnungsgesetzes die Möglichkeit einer Verwirkung von Ansprüchen des Arbeitsrechts, insbesondere auch von Lohnansprüchen, durchaus anerkannt (RAG. b. BenshS. Bd. 3 S. 58, Bd. 13 S. 492 flg. mit Anm., RAG.-Slg. Bd. 21 LAG. S. 39 Anm., Bd. 23 LAG. S. 22 Anm., Bd. 24 S. 98 Anm., Mansfeld AOG. § 32 Anm. 11 e). Die Frage kann also nur sein, ob das Berufungsgericht bei Anwendung des Verwirkungsgedankens rechtlich gefehlt hat. Das aber läßt sich nicht sagen.

An sich sind die Erwägungen der Vorinstanz, mit denen sie die Klagerhebung als gegen Treu und Glauben verstoßend hinstellt, weitgehend tatsächlicher Art und daher mit der Revision insoweit nicht angreifbar. Sie lassen aber auch keinen Rechtsverstoß erkennen. Wie das Berufungsgericht feststellt, hat die Klägerin bei Außerachtlassung der von ihr bezogenen, nicht als Tarifleistungen anzusehenden Sondertrinkgelder den tariflichen Garantielohn nicht erreicht, sie hat aber dessen Höhe von ihrer Einstellung ab gekannt. Sie hat weiter aus den immer wiederholten Fragen des Geschäftsführers des Beklagten nach der Auskömmlichkeit ihrer Bezüge ersehen, daß der Beklagte auf die Angemessenheit ihrer Entlohnung Wert legte. Da diese im wesentlichen in Trinkgeldern bestand, war es auch ohne weiteres verständlich, daß sich der Beklagte bei der darüber in erster Linie unterrichteten Klägerin selbst Einkunft einholte. Wenn er dabei auch von der irrigen Meinung ausging, die Sondertrinkgelder seien auf die Tarifleistungen anzurechnen, so konnte sich doch die Klägerin nicht im Zweifel darüber sein, daß er nach ihrer jedesmaligen, befriedigend lautenden Antwort seine Tarifverpflichtung als erfüllt betrachten durfte. Die Klägerin hat sich auch so verhalten, d. h. dem Beklagten verschwiegen, daß ihre eigentlichen tariflichen Bezüge hinter dem Garantielohn zurückblieben, nicht, weil sie bei Geltendmachung des Tarifs Entlassung zu befürchten gehabt hätte, sondern, weil ihr angesichts der Höhe ihrer Einnahmen aus Sondertrinkgeldern daran gelegen war, sich die bisherige, ihre eine gegenüber dem Tarif weitaus günstigere Stellung gewährleistende Art der Entlohnung zu erhalten. Unter diesen Umständen ist es nicht rechtsirrtümlich, wenn der Vorderrichter meint, die Klägerin hätte angesichts der an sie wegen der Zulänglichkeit ihrer Bezüge gerichteten Frage die Pflicht gehabt, den Beklagten darauf hinzuweisen, daß sie die tariflichen Leistungen nicht als erfüllt ansehe und auf ihrer Einhaltung bestehe. Wie schon die frühere Rechtsprechung (vgl. RAG. Bd. 10 S. 362) darauf hingewiesen hat, daß die dem Arbeitsverhältniss anhaftende Treupflicht klare, offene Rechtsbeziehungen zwischen Arbeitgeber und Arbeitnehmer erheische, so ist seit der Geltung des Arbeitsordnungsgesetzes — und von da ab rechnet die Klägerin ihre Forderung

— diese Treupflicht erst recht einer der wesentlichsten Grundgedanken jedes Arbeitsverhältnisses (§§ 1, 6, 35 AOG.). Wenn die Klägerin ihre ganze Dienstzeit verstreichen ließ, ohne gegenüber dem Beklagten mit ihren jetzigen Ansprüchen hervorzutreten, im Gegenteil sich so verhielt, daß dieser mit solchen Ansprüchen gerade nicht zu rechnen brauchte, und nur erst ihre selbst verschuldete Entlassung zum Anlaß nahm, diese Ansprüche in Aussicht zu stellen, wenn ihr die Wiedereinstellung, d. h. die Wiedereinstellung des früheren, jetzt von ihr gemißbilligten Zustands, verweigert würde, so sagt der Vorderrichter mit Recht, daß die Nachforderung bei dieser Sachlage gegen Treu und Glauben verstößt. Die Klägerin handelt arglistig, wenn sie jetzt den Beklagten aus der Verletzung von Verpflichtungen haftbar machen will, auf deren Einhaltung sie nach ihrem ganzen früheren Verhalten offensichtlich keinen Wert gelegt hat, und eine Forderung erhebt, deren Höhe nur auf dem Vertrauen beruht, das der Beklagte der Klägerin in bezug auf die Nichterhebung irgendwelcher Lohnansprüche und auf deren Nichtbestehen während ihrer gesamten Dienstzeit angesichts ihrer geäußerten Zufriedenheit berechtigterweise entgegengebracht hat. Der Umstand, daß die Klägerin die gegenwärtige Klage alsbald nach ihrer Entlassung erhoben hat, vermag an der aus ihrem früheren Verhalten zu entnehmenden Verwirkung ihrer Ansprüche nichts zu ändern.

RAG. 17, 114.

Ist eine Vereinbarung über Kurzarbeit mit entsprechender Tariflohnermäßigung ohne vorherige Kündigung des Anstellungsvertrages oder Einhaltung der Kündigungsfrist unter dem AOG. zulässig?

AOG. §§ 30, 32.

Reichsarbeitsgericht. Urt. v. 8. Juli 1936.

I. Arbeitsgericht München-Gladbach. — II. Landesarbeitsgericht Krefeld-Uerdingen.

Die Beklagte teilte Ende Juni 1935 den bei ihr angestellten Klägern mit, daß sie infolge des schlechten Geschäftsganges einem Teil ihrer Angestellten kündigen müsse, einigte sich aber mit ihnen dahin, daß sie vom 1. Juli 1935 bei 20%igem Gehaltsabzug verkürzt (36 Stunden) arbeiten sollten. Am 26. September 1935 kündigte sie den Klägern für Ende 1935 bzw. zum 31. März 1936. Die Kläger machen geltend, daß sie sich auf Kurzarbeit nur gegen Kündigungsverzicht der Beklagten eingelassen hätten, die Vereinbarung von Ende Juni 1935 sei danach hinfällig, sie sei überdies, weil gegen die Tarifordnung verstoßend, nichtig, insofern sie nur unter Einhaltung der gesetzlichen Kündigungsfrist habe getroffen werden können. Sie fordern für die Monate Juli bis September 1935 Nachzahlung des ihnen gekürzten Gehaltes. Die Beklagte hat um Klagabweisung gebeten.

Das Arbeitsgericht hat unter Klagabweisung wegen des Mehrerforderten den Klägern nur die geforderten 20 % des Gehaltes für September 1935 zugesprochen, das Landesarbeitsgericht hat die Klage im vollen Umfang abgewiesen. Die Revision der Kläger wurde zurückgewiesen.

Gründe:

In zweifacher Weise begründen die Kläger ihre auf Nachzahlung der gekürzten Gehaltsbeträge für das 3. Vierteljahr 1935 gerichtete Klage, einmal mit der der Beklagten wegen der Kündigung der Anstellungsverträge der Kläger vom September 1935 angeblich zur Last fallenden positiven Verletzung der auf einem Kündigungsverzicht der Beklagten beruhenden Gehaltskürzungs- und Kurzarbeitsvereinbarung vom Juni 1935 und ihrem daraus hergeleiteten Rücktritt von dieser Vereinbarung, ferner mit deren Tarifordnungswidrigkeit und daraus folgenden Rechtsunwirksamkeit überhaupt. Folgerichtig steht der zweite Gesichtspunkt im Vordergrund, da ein Rücktritt von einer an sich unwirksamen Vereinbarung nicht in Frage kommt. Das Berufungsgerichtet erachtet die Kurzarbeitsvereinbarung für nicht tarifordnungswidrig, weil der vereinbarten Gehaltskürzung eine entsprechende oder im Verhältnis sogar höhere Herabsetzung der Arbeitszeit gegenüberstehe, und auch nicht für bedingt durch die Einhaltung der tariflichen Kündigungsfrist, weil eine derartige auf freier Willensübereinstimmung beruhende Abmachung jederzeit möglich sei. Die von der Revision gegen diese Erwägungen erhobenen rechtlichen Bedenken erscheinen nicht begründet.

Das Berufungsgericht stützt seine Meinung, der Abschluß der Kurzarbeitsvereinbarung sei an sich zulässig und an die Einhaltung der Kündigungsfrist nicht gebunden gewesen, auf die jederzeitige Möglichkeit einer einverständlichen Aufhebung der Anstellungsverträge der Kläger und ihrer Ersetzung durch neue Abmachungen. Mit der Rechtsprechung des Reichsarbeitsgerichts (vgl. RAG. Bd. 15 S. 151) über die Unabdingbarkeit der in einer Tarifordnung des Treuhänders enthaltenen Lohnbedingungen steht diese Auffassung nicht, wie dies die Revision meint, in Widerspruch. Daß im Streitfall der für die Parteien geltende Manteltarifvertrag für die Angestellten und Meister der Textil- und Bekleidungsindustrie des Bezirkes M.-Gladbach-Rheydt die Wirkung einer Tarifordnung hat, ist allerdings nicht umstritten. Es trifft auch zu, daß die Gehälter der Kläger einen Bestandteil dieser Tarifordnung bildeten und in deren § 8 die Sätze des zugehörigen Gehaltsabkommens als Mindestgehälter bezeichnet sind, die nur bei nicht als vollwertig anzusehender Arbeitsleistung unterschritten werden dürfen. Damit ist aber nicht gesagt, daß die Vereinbarung einer Arbeitsstreckung mit einer entsprechenden Gehaltskürzung tariflich unzulässig sei. Sind die Kläger auch kaufmännische Angestellte, die auf Monatsgehälter gestellt sind, so ergibt doch § 1 des Manteltarifs ebenso wie die Regelung des Überstundenwesens in § 2, daß den Monatsgehältern die 48stündige Arbeitswoche zugrunde liegt. Daß diese Arbeitsdauer den Angestellten mit dem Tarifvertrag habe garantiert sein sollen, folgt aus seinem Inhalt nicht, und es ist auch aus ihm kein Verbot zu entnehmen, im Wege eines Abkommens zwischen Angestellten und Unternehmer bei Kürzung der Arbeitszeit das Gehalt verhältnismäßig herabzusetzen, da der Grundgedanke des Tarifs, daß Arbeitsleistung und Entlohnung aufeinander abgestimmt sein sollen, in ihm deutlich zum Ausdruck kommt. Von der unter dem früheren Arbeitsrecht ergangenen Rechtsprechung des Reichsarbeitsgerichts (vgl. RAG. Bd. 7 S. 240) über die Unbedenklichkeit eines solchen Abkommens abzugehen, besteht auch unter der Geltung des AOG. kein Anlaß. Tarifliche Mindestlöhne werden, wie schon das Landesarbeitsgericht ausführt, dadurch nicht verletzt, wenn, wie das im Streitfall feststeht, die Kurzarbeitsvereinbarung das tarifliche Verhältnis zwischen Gehalt und regelmäßiger Arbeitszeit nicht nur nicht zuungunsten des Angestellten verschiebt, sondern sogar günstiger gestaltet. Der Rechtsverbindlichkeit des Tarifgehaltes als einer Mindestvergütung ist damit Rechnung getragen, daß das Mindestverhältnis zwischen Arbeitszeit und Entlohnung gewahrt blieb.

Die Wirksamkeit der streitigen Vereinbarung können die Kläger auch nicht mit dem Hinweis auf die Notwendigkeit der Einhaltung der in § 7 des Manteltarifs im Anschluß an § 66 HGB. geregelten Kündigungsfrist bis zum Inkrafttreten einer Gehaltskürzung begegnen. Mindestbedingung im Sinne tariflicher Rechtsverbindlichkeit ist die Einhaltung der Kündigungsfrist nur hinsichtlich ihrer Dauer, der Tarifvertrag ergibt aber keinen Anhalt dafür, daß in Fällen, wo an sich eine Kündigung geboten wäre, die Vertragsparteien von ihr kraft beiderseitiger Übereinstimmung nicht sollten absehen können. Ebenso wie eine Lösung des Anstellungsvertrages ohne vorherige Kündigung von den Parteien vereinbart werden konnte, stand nichts im Wege, die Kurzarbeitsvereinbarung sofort in Kraft zu setzen, wenn die Parteien darüber einverstanden waren, wie das vorliegendenfalls zutrifft. Daß eine solche Abmachung überdies vom wirtschaftlichen, sozialen und Zweckmäßigkeitsstandpunkte mehr im Interesse aller Beteiligten, namentlich auch der Kläger selbst, lag, insofern sie diesen das Verbleiben in ihrer Stellung und die spätere Rückkehr zu den Normalgehältern ermöglichte, bedarf keiner besonderen Erwähnung. Sie haben denn auch die Abmachung nicht beanstandet, bis die Beklagte ihnen Ende September 1935 gekündigt hat.

Ist nach alledem die Kurzarbeits- und Gehaltskürzungsvereinbarung von Ende Juni 1935 rechtlich nicht zu beanstanden, so ist die Klagforderung der Kläger auch nicht mit der späteren Kündigung zu begründen. Ob darin eine Vertragsverletzung im Sinne des Juniabkommens lag, insbesondere, ob die Beklagte nach Treu und Glauben auf Grund der Entwicklung ihrer wirtschaftlichen Verhältnisse dazu für befugt zu erachten war, bedarf keiner Erörterung, da dies nur die Frage der Zulässigkeit der Kündigung berührt und an der Verbindlichkeit der Junivereinbarung für die Monate Juli bis September 1935, auf die sich die Klagforderung allein bezieht, nichts zu ändern vermag. Für diese Zeit blieb die Gehaltskürzung jedenfalls für den Kläger maßgebend.

RAG. 17, 139.

Steht dem Handlungsagenten im Konkurse der vertretenen Firma wegen seiner Provisionsforderungen das Vorrecht des § 61 Ziffer 1 KO. zu?

KO. § 61 Ziffer 1.

Reichsarbeitsgericht. Urt. v. 8. Juli 1936.

I. Arbeitsgericht Leipzig. — II. Landesarbeitsgericht daselbst.

Laut Schreiben vom 4. April 1932 hatte die am 21. September 1934 in Konkurs verfallene Firma G. in L. dem Kläger ihre Generalvertretung für Rheinland und Westfalen gegen Provision übertragen. Der Kläger hat zur Konkurstabelle seine unstreitige Provisionsrestforderung von 6365,58 RM mit dem Vorrecht des § 61 Ziff. 1 KO. angemeldet. Die beklagten Konkursverwalter haben das Vorrecht bestritten. Der Klage auf Anerkennung des Vorrechts haben sowohl Arbeits- wie Landesarbeitsgericht stattgegeben. Auf die Revision der Beklagten ist aus folgenden Gründen Klagabweisung erfolgt:

Die allein zur Entscheidung stehende Frage, ob die Forderung des Klägers nach § 61 Ziff. 1 KO. bevorrechtigt ist, beantwortet das angefochtene Urteil in bejahendem Sinne. Es sieht den Kläger als dem Betriebe der Gemeinschuldnerin eingegliederten Gefolgsmann an, der ihr zeit- und weisungsgebunden mit seiner Arbeitskraft zur Verfügung gestanden habe und daher der erwähnten Gesetzesbestimmung unterfalle. Mit Recht rügt die Revision diese Betrachtungsweise des Landesarbeitsgerichts als rechtlich verfehlt. Das aus dem Schreiben der Firma G. vom 4. April 1932 inhaltlich ersichtliche Vertragsverhältnis des Klägers zu ihr stellt sich als zweifelsfreier Agenturvertrag dar. Dem Kläger wurde darnach zur Generalvertretung der Firma der Bezirk Rheinland und Westfalen übertragen, es wurde ihm die Vertretung noch zweier anderer Firmen gestattet, bei Übernahme weiterer Vertretungen nur vorherige Mitteilung an die Firma G. verlangt. Seine Bezüge bestanden in Provision für alle aus seinem Bezirk eingehenden Aufträge, auch wenn er diese nicht vermittelt hatte, sein Wohnsitz war Düsseldorf, den er später nach Köln verlegte. Der Handlungsagent ist nach § 1 Abs. 1, Abs. 2 Ziff. 7 HGB. selbständiger Kaufmann. Daß auf seine Provisionsforderung das Vorrecht des § 61 KO. keine Anwendung findet, ist gemeine Meinung (Jäger KO. § 61 Anm. 14a, Mentzel KO. § 61 Anm. 3, RAG. Bd. 7 S. 166, RGZ. Bd. 62 S. 229). Mit Recht sagt allerdings der Vorderrichter, daß es für die Beurteilung nicht so sehr auf den schriftlichen Vertragsinhalt als auf die tatsächliche Handhabung der Vertragsbeziehungen ankomme, der Kläger ist aber im vollen Umfang dafür beweispflichtig, daß seine Rechtsstellung in Wirklichkeit eine solche des § 61 Ziff 1 KO. gewesen sei. Dabei kann sich jedoch die Beweisführung des Klägers nur darauf richten, daß er richtig verstanden Handlungsgehilfe der Firma G., also nicht selbständiger Handlungsagent, gewesen ist. Ergeben die Umstände, daß der Kläger der genannten Firma als selbständiger Kaufmann gegenübergestanden hat, so scheidet § 61 Ziff. 1 KO. ohne weiteres aus, und kommt darauf, daß der Agenturvertrag an sich den Dienstverträgen zuzurechnen ist, und in welcher Weise der Kläger seine Dienste zu leisten hatte, nichts an, weil es an dem in § 61 Ziff. 1 KO. vorausgesetzten Abhängigkeitsverhältnis, das rechtlicher und persönlicher, nicht nur wirtschaftlicher Art sein muß (RAG. i. JW. 1930 S. 2733) fehlt, und die Vorschrift als Ausnahme von dem Grundsatz der Gleichberechtigung der Konkursgläubiger ausdehnender Auslegung nicht zugänglich ist (RGZ. Bd. 62 S. 231, Bd. 135 S. 307).

Was nun der Vorderrichter über die Stellung des Klägers im einzelnen feststellt, nötigt in keiner Weise zu dem rechtlichen Schluß, daß er als unselbständiges Glied in den Betrieb der Firma G. und in deren

Gefolgschaft eingegliedert gewesen sei und lediglich die Eigenschaft eines Handlungsgehilfen gehabt habe, sondern ergibt, wie dies die Revision ausführt, ebenso schlagend das Gegenteil. Es ist unrichtig, wenn die Vorinstanz dem Umstand, daß der Kläger noch andere Firmen vertreten hat, daß er selbständig zur Einkommen-, zur Gewerbesteuer veranlagt ist, daß er Handelskammerbeiträge gezahlt, daß er einen entfernten Wohnsitz gehabt hat und in vielen Beziehungen freier gestellt gewesen ist als ein im Betriebe selbst tätiger Handlungsgehilfe, keine Bedeutung beimißt. Diese Tatsachen sind im Gegenteil im besonderen Maße geeignet, den rechtlichen Charakter des aus dem Briefe vom 4. April 1932 ersichtlichen Vertrages zu bestätigen und zu verstärken. Es kann ergänzend noch darauf verwiesen werden, daß der Kläger seine Briefe unter eigenem Briefkopf, also nicht unter dem der Firma G., hinausgehen ließ, daß, wie dies die Akten weiter ergeben, diese Firma für ihn keine sozialen Beiträge zahlte, daß er seine Geschäftsunkosten im vollen Umfang selbst trug (vgl. § 90 HGB.), daß er als Bezirksvertreter gemäß § 89 HGB. auch Provision für in seinem Bezirk ohne seine Mitwirkung geschlossene Geschäfte zu beanspruchen hatte, daß er für seine geschäftliche Tätigkeit selbst das volle Risiko allein auf sich hatte. Was demgegenüber das Landesarbeitsgericht für seine Beurteilung als wesentlich betrachtet, kann in keiner Weise ausschlaggebend sein. Daß die Art der Erzeugnisse der Gemeinschuldnerin (Graphik, Steindruck u. dgl.) einen besonders sorgfältigen Kundendienst erheischen mochte, der die Verlegung des Wohnsitzes des Klägers nach Köln wünschenswert machte, konnte an sich die rechtliche Selbständigkeit des Klägers ebensowenig beeinträchtigen wie der Umstand, daß er dabei an Weisungen der Firma G. gebunden war, denn die Beachtung solcher Weisungen fällt ohnehin in den Rahmen der jedem Handlungsagenten obliegenden Sorgfaltspflicht (§ 84 HGB. Staub-Bondi HGB. § 84 Anm. 6, Könige-Teichmann-Köhler HGB. § 84 Anm. 2, RGZ. Bd. 87 S. 442). Auch, daß er die Kunden regelmäßig zu besuchen, der Gemeinschuldnerin täglich Bericht zu erstatten, im Fall seiner Erkrankung ihr Nachricht zu geben hatte, lag durchaus im Bereiche dieser Sorgfaltspflicht, deren vertragsmäßige Ausgestaltung Frage des einzelnen Falles ist, ohne daß damit an der Rechtsnatur des Vertragsverhältnisses selbst etwas geändert wird. Wenn der Kläger ferner keine eigenen Geschäftsräume — offenbar meint die Vorinstanz außerhalb seiner Wohnung — und keine Hilfskräfte außer seiner Ehefrau hatte, so entspricht das der Gepflogenheit zahlloser Handlungsagenten, und liegt darin jedenfalls nicht irgendwelche für die Rechtsstellung des

Klägers erhebliche Besonderheit. Der Kläger war, um den Ausdruck des angefochtenen Urteils zu gebrauchen, gewiß als Vertreter der Gemeinschuldnerin nicht sein eigener Herr, wie es keiner ist, der in einem seine Berufstätigkeit in starkem Maße ausfüllenden Vertragsverhältnis steht. Für den Fall des § 61 Ziff. 1 KO. aber mußte eine Eingliederung des Klägers als eines unselbständigen Organes und untergeordneten Beschäftigten in den Betrieb der Firma G. dargetan werden, wie sie das erwähnte Gesetz erfordert, wenn es von einem „Sichverdingen zur Leistung von Diensten" spricht (RAG. i. JW. 1930 S. 2732, 1931 S. 3152). Davon kann nach den gegebenen Umständen keine Rede sein, nach denen ein typisches Agenturverhältnis vorliegt, vermöge dessen der Kläger der Gemeinschuldnerin als selbständiger Kaufmann gegenübergetreten ist und sich nicht zum Mitglied ihrer Gefolgschaft gemacht hat. Die Urteilsbegründung des Landesarbeitsgerichts soll anscheinend den Versuch darstellen, das Konkursvorrecht des § 61 Ziff. 1 KO. auch auf den Handlungsagenten auszudehnen. Das entspräche aber weder dem Wortlaut noch der Absicht des Gesetzes. Das der erwähnten Gesetzesbestimmung zugrunde liegende Schutzbedürfnis der wirtschaftlich schwachen, in abhängiger Stellung befindlichen Personen (RGZ. Bd. 120 S. 302) kommt für den Kläger nicht in Betracht.

Nach alledem haben die Vorinstanzen zu Unrecht das beanspruchte Konkursvorrecht zugebilligt.

RAG. 17, 178.

Entfallen für Überstunden- und Sonntagsarbeit die tariflichen Lohnzuschläge, wenn im Arbeitsvertrag ein übertariflicher Lohnsatz für die Arbeitsstunde vereinbart worden ist?

Ist in solchem Falle bei Berechnung der Zuschläge von den tariflichen Mindestlöhnen oder vom vereinbarten höheren Lohnsatz auszugehen?

BGB. §§ 133, 157, 242. AOG. §§ 29, 32 Abs. 2 Satz 1.

Reichsarbeitsgericht. Urt. v. 22. August 1936.

I. Arbeitsgericht Neumünster. — II. Landesarbeitsgericht Kiel.

Der Kläger ist vom 19. August bis 1. Oktober 1935 im Dienste der Beklagten bei Kasernenbauten beschäftigt worden. Er will in dieser Zeit 44 Stunden Überarbeit an Werktagen und 47½ Stunden Arbeit an Sonntagen geleistet haben und fordert nach dem maßgeblichen Bezirkstarifvertrag für die Überstunden an den Werktagen die Nachzahlung eines Lohnzuschlages von 20 % = 6,17 und für die Sonntagsarbeit einen Zuschlag von 50 % = 17,10, zusammen 23,71 RM.

Die Beklagte bittet um Abweisung der Klage. Sie macht geltend, der Kläger habe mit 0,71 RM Arbeitslohn übertarifliche Bezahlung erhalten. Dieser erhöhte Lohn sei gewährt worden, um etwaige Überstunden an Werktagen und Sonntagsarbeit abzugelten. Dies sei auch dem Kläger nach seiner Einstellung durch den Obermonteur Schulze eröffnet worden. Zur Verrichtung von Überstunden und Sonntagsarbeit sei niemand gezwungen worden. Wer diese Arbeiten geleistet habe, habe es in Kenntnis der getroffenen Vereinbarung getan. Der tarifliche Stundenlohn habe nur 0,56 RM betragen. Dem Kläger seien für seine Tätigkeit im ganzen 237,74 RM Lohn gezahlt worden, während er bei Zugrundelegung eines Stundenlohnes von 0,56 RM unter Hinzunahme der Zuschläge für Werktagsüberstunden und Sonntagsarbeit nur einen Nettolohn von 195,15 RM fordern könnte; er habe also 42,59 RM mehr erhalten, als der Tarif vorsehe; das mache, auf den Werktag umgerechnet, täglich fast 1 RM. Die Beklagte bestreitet auch, daß die Angaben des Klägers über die Zahl der Arbeitsstunden richtig sind.

Der Kläger hält dem entgegen, daß seine Tätigkeit zum Teil in der Legung von Gas- und Wasserrohren, im Schneiden der Gewinde, im Schneiden und Biegen der Rohre, im Verstemmen und Abdichten von Eisenrohren und dem Einbau von Ventilen bestanden habe. Für diese Tätigkeit würde er einen tariflichen Stundenlohn von 81 Rpf. nach der Gruppe Maschinisten II. Klasse haben beanspruchen können, er habe sich jedoch mit der Bezahlung von 0,71 RM einverstanden erklärt und fordere lediglich dazu den tariflichen Zuschlag; eine Vereinbarung, daß der Zuschlag fortfallen solle, sei nicht getroffen worden.

Das Arbeitsgericht hat der Klage in vollem Umfange stattgegeben. Das Landesarbeitsgericht hat dagegen nur für erwiesen angesehen, daß der Kläger an den Wochentagen 22 Überstunden gearbeitet und 41 Sonntagsstunden geleistet habe. Es hat demgemäß in Änderung des erstinstanzlichen Urteils die Beklagte zur Zahlung von 17,84 RM verurteilt, im übrigen aber die Klage abgewiesen.

Mit der zugelassenen Revision erstrebte die Beklagte ohne Erfolg die gänzliche Abweisung der Klage.

Gründe:

Der Kläger ist von dem Obermonteur S. als Tiefbauarbeiter für Ausschachtungsarbeiten angenommen worden und hatte als solcher einen tariflichen Stundenlohn von 0,56 RM zu beanspruchen. Dem

Kläger und anderen Arbeitern ist gesagt worden, daß den besonders fleißigen Arbeitern zum tariflichen Lohn eine Zulage bis zu 0,15 RM gewährt werde. Demgemäß hat auch der Kläger einen Stundenlohn von 0,71 RM erhalten. Die beiden Vorderrichter stellen dies fest und bezeichnen daher zutreffend die 0,15 RM als eine Leistungszulage zum tariflichen Mindestlohn.

Eine Vereinbarung, daß durch die Leistungszulage die tariflichen Zulagen für Überstunden- und Sonntagsarbeit abgegolten sein sollten, hätte nach Ansicht des Berufungsrichters wirksam unter der Voraussetzung getroffen werden können, daß dabei die tariflichen Mindestlöhne mit den tariflichen Zuschlägen für solche Arbeiten erreicht wurden. Auf Grund der Beweisaufnahme kommt jedoch der Berufungsrichter mit dem ersten Richter zu dem Ergebnis, daß eine solche Abgeltung nicht vereinbart worden sei. Die Behauptung der Beklagten, daß dies ausdrücklich geschehen sei, hält der Berufungsrichter für widerlegt. Aber auch eine stillschweigende Vereinbarung in diesem Sinne liegt nach seiner Auffassung nicht vor. Wenn auch gelegentlich von S. gesagt worden sei, Überstunden würden nicht bezahlt, so sei das eine völlig einseitige Erklärung der Beklagten, die um so weniger beachtbar sei, als ein Stundenlohn von 0,71 RM auch solchen Arbeitern gezahlt worden sei, die keine Überstunden und keine Sonntagsarbeit verrichtet hätten. Schließlich verneint das Berufungsgericht in Übereinstimmung mit dem Arbeitsgericht auch, daß der Kläger durch widerspruchslose Entgegennahme des vereinbarten Lohnsatzes und jedesmalige Quittungserteilung auf die Lohnzuschläge für Überstunden- und Sonntagsarbeit verzichtet habe.

Auch diese Darlegungen des Berufungsgerichts sind rechtlich nicht zu beanstanden. Es handelt sich insoweit zunächst um eine Auslegung der von den Parteien getroffenen Lohnvereinbarung, die keinen Verstoß gegen gesetzliche Auslegungsregeln (§§ 133, 157 BGB.) erkennen läßt und das Revisionsgericht bindet. Ist hiernach das Landesarbeitsgericht ohne Rechtsirrtum davon ausgegangen, daß durch die Zahlung des vereinbarten Lohnes die tariflichen Zuschläge für Überstunden und Sonntagsarbeit nicht abgegolten waren, so folgt daraus, daß der Kläger diese Zuschläge neben dem Arbeitstundenlohn beanspruchen kann. Fraglich kann nur sein, wie die Zuschläge zu berechnen sind, ob dabei von den tariflichen Mindestlöhnen oder von dem mit dem Kläger vereinbarten höheren Lohnsatz auszugehen ist. Daß er die tariflichen Mindestlöhne mit den Zuschlägen für diese Arbeiten verlangen kann, folgt ohne weiteres aus den Bestimmungen der Tarifordnung. Zutreffend geht aber der Berufungsrichter erkennbar davon aus, daß der Kläger nach Treu und Glauben im Verkehr der Berechnung der Zuschläge den vereinbarten höheren Lohnsatz zugrunde legen darf. Die tariflichen Zulagen für Überarbeit werden gewährt, weil bei längerer, die regelmäßige Arbeitszeit überschreitender Dauer der Arbeit die Arbeitskraft des Arbeitnehmers in erhöhtem Maße in Anspruch genommen wird. Das trifft bei tüchtigen, begabten und fleißigen Arbeitern, denen ein höherer Lohn als der tarifliche Mindestlohn gewährt wird, nicht minder zu. Der Arbeiter, dem eine Leistungszulage bewilligt worden ist, wird also mangels gegenteiliger Willensäußerung des Arbeitgebers davon ausgehen und ausgehen dürfen, daß der ihm bewilligte Lohnsatz auch bei freiwilliger Überarbeit in Frage kommen und von ihm aus der tarifliche Zuschlag berechnet werden soll. Gleiches gilt für die Zuschläge für Sonntagsarbeit, die dafür gewährt werden, daß der Arbeitnehmer auf die Erholung am Sonntag verzichtet und statt dessen seine Arbeitskraft dem Betriebe zur Verfügung stellt. Dabei mag darauf verwiesen werden, daß der tüchtige und fleißige Arbeiter in erhöhtem Maße der Erholung bedarf. Wenn der Mehrarbeitszuschlag nach § 6a Abs. 2 AZVo. i. d. F. vom 14. April 1927 (RGBl. I S. 102), jetzt § 14 Abs. 2 AZO. vom 26. Juli 1934 (RGBl. I S. 803) in Frage käme, könnte nach der ständigen Rechtsprechung des Reichsarbeitsgerichts (vgl. u. a. RAG. Bd. 3 S. 9 flg. und Urteil RAG. 161/31 vom 28. November 1931 in ArbRSamml. Bd. 14 S. 34 mit weiteren Nachweisen) kein Zweifel darüber sein, daß er nach dem für die ordentliche Arbeitszeit vereinbarten Lohn zu berechnen wäre. Diese Bestimmung kann zwar hier nicht angewandt werden, weil die Frage der Zuschläge in dem als Tarifordnung weitergeltenden Lohn- und Arbeitstarifvertrag für das Vertragsgebiet Norden vom 30. März 1933, der auf Grund des Reichstarifvertrags für Hoch-, Beton- und Tiefbauarbeiten geschlossen wurde, geregelt ist. Die Tarifordnung hat im § 3 Ziff. 1 und in ihren Anlagen für die verschiedenen Arbeitergruppen bestimmte Löhne festgesetzt. Unter Ziff. 2 das. folgen die Lohnsätze für die Jugendlichen, unter Ziff. 3 die für die Handwerker anderer Berufe und unter Ziff. 4 die Bestimmungen über die Löhne der in ihrer Leistungsfähigkeit wegen hohen Alters oder Invalidität beschränkten Arbeiter. Dann heißt es unter Ziff. 5: „Zu diesen Löhnen werden an besonderen Zuschlägen gezahlt:

a) für Überstunden . . . . 20 %
b) . . . .
c) für Sonntagsarbeit und Arbeit an gesetzlichen Feiertagen 50 %."

Bei dieser Regelung handelt es sich jedoch nur um Mindestsätze, auf die jeder Gefolgsmann unbedingt Anspruch hat. Günstigere vertragliche Vereinbarungen sind nach § 32 Abs. 2 Satz 1, § 29 AOG. zulässig, waren es auch früher nach § 1 TarifVo. Eine Einschränkung, wie sie insoweit nach § 1 Abs. 1 Satz 2 Tarifvertragsverordnung möglich gewesen wäre, enthält der hier fragliche Tarifvertrag nicht. Da nun die Beklagte niemals dem Kläger gegenüber zum Ausdruck gebracht hat, sie werde bei Leistung von Überstunden und Sonntagsarbeit die Mindestlohnsätze den Zuschlägen zugrunde legen, konnte der Kläger ihr Verhalten nur dahin auffassen, daß es auch insoweit bei dem vereinbarten höheren Lohn bleiben solle. Dieses Verhalten aber muß sie gegen sich gelten lassen (vgl. RAG. Bd. 15 S. 271). Die Ansicht, daß für eine gegenteilige Vereinbarung eine Vermutung spreche, kann nicht als richtig zugegeben werden, folgt insbesondere nicht aus §§ 29, 32 AOG.; § 32 Abs. 2 Satz 1 AOG. in Verbindung mit § 29 das. spricht vielmehr eher für die hier vertretene Ansicht. Hiernach hatte der Kläger mangels entgegenstehender Vereinbarung für die Überstunden und Sonntagsarbeit die tariflichen Zulagen zu dem vereinbarten Lohn zu beanspruchen.

Zutreffend haben die Vorderrichter auch angenommen, daß während des Bestehens des Arbeitsverhältnisses der Kläger nicht auf die ihm zustehenden tariflichen Ansprüche (Mindestlohn und Zuschlag) wirksam habe verzichten können (vgl. RAG. Bd. 15 S. 151). Nach Beendigung des Arbeitsverhältnisses wäre dies zwar möglich gewesen (RAG. Bd. 16 S. 213), doch hat die Beklagte keine Tatsachen vorgebracht, die einen solchen Verzicht begründen könnten. Ohne Rechtsirrtum nimmt auch das Berufungsgericht an, daß das Verhalten des Klägers auch im übrigen nicht den Schluß rechtfertige, daß er auf vertragliche Ansprüche für Überstunden- und Sonntagsarbeit habe verzichten wollen. Dafür, daß der Kläger auf seine Ansprüche nicht hat verzichten wollen, spricht auch die Tatsache, daß er die vorliegende Klage bereits am 7. Oktober 1935 erhoben hat.

Endlich kann auch nicht anerkannt werden, daß der Kläger durch sein Verhalten die Ansprüche verwirkt habe, er nämlich mit ihnen früher hätte hervortreten müsse. Er hat sich während des Dienstverhältnisses danach erkundigt, ob ihm die Zuschläge gezahlt würden, und damit zu erkennen gegeben, daß er mit der Möglichkeit rechnete, Anspruch darauf erheben zu können. Das Arbeitsverhältnis hat noch nicht 1½ Monate gedauert und die Klage ist danach alsbald erhoben worden. Wenn aber die Revision gar geltend zu machen sucht, der

Kläger habe die Erklärung der Beklagten über die Zahlung eines Stundenlohns von 0,71 RM mißverstanden, die Willensmeinung der Beklagte sei dahin gegangen, diesen Lohn nur unter Einrechnung der Zulagen für etwaige Überstunden und Sonntagsarbeit zuzusagen, es liege also versteckte Willensuneinigkeit (Dissens) vor und der Kläger könne danach nur in Höhe der tariflichen Mindestlöhne Bezahlung verlangen, so ist dieses Vorbringen neu und daher in der Revisionsinstanz schon aus diesem Grunde unbeachtlich. Die Revision verkennt dabei aber auch, daß jeder, der eine Willenserklärung abgibt, sich gefallen lassen muß, daß ihr Empfänger sie so versteht, wie sie nach Treu und Glauben im Verkehr zu verstehen ist, daß die dem Kläger zugegangene Erklärung nach der Feststellung des Berufungsgerichts jene Einschränkung nicht enthielt und daher nicht dahin verstanden werden konnte, daß die fraglichen Zuschläge durch die Erhöhung des Stundenlohns abgegolten sein sollten. Von einer versteckten Willensuneinigkeit kann daher keine Rede sein.

Die Revision war hiernach zurückzuweisen.

RAG. 17, 194.

Welche Bedeutung hat es für den tariflichen Anspruch eines Servierfräuleins auf Bezug eines Bedienungszuschlags von 10 v. H. ihres Umsatzes, wenn der Wirt keinen Bedienungszuschlag erheben läßt? Sind freiwillige Trinkgelder der Gäste auf den Tariflohnanspruch anzurechnen?

Tarifordnung für das Hotel-, Gast- und Schankstättengewerbe im Wirtschaftsgebiet Südwestdeutschland vom 11. Juni 1935 (RArbBl. 1935 Teil VI S. 436).

Reichsarbeitsgericht. Urt. v. 16. September 1936.

I. Arbeitsgericht Pforzheim. — II. Landesarbeitsgericht Karlsruhe.

Die Klägerin war vom 14. bis 29. Januar 1935 als alleinige Bedienungskraft (Servierfräulein) in dem Schankstättenbetrieb des Beklagten beschäftigt. Der Beklagte gewährte ihr freie Kost und Wohnung, trug auch den Arbeitnehmeranteil der Sozialversicherungsbeiträge, zahlte aber der Klägerin keinen Barlohn, verbot ihr auch die Erhebung eines festen Bedienungszuschlags auf die von ihr abgegebenen Getränke und Speisen, verwies sie vielmehr auf die von den Gästen freiwillig gegebenen Trinkgelder.

Maßgebend für das Arbeitsverhältnis der Klägerin war die Tarifordnung für das Hotel-, Gast- und Schankstättengewerbe im Wirtschaftsgebiet Südwestdeutschland vom 11. Juni 1935 (RArbBl. 1935 Teil VI Nr. 18 S. 436). Sie bestimmt allgemein in § 7 Nr. 3, daß das Bedienungspersonal als Entlohnung 10 v. H. vom Umsatz erhält, die von ihm gesondert auf den Verzehr erhoben werden dürfen. Die in § 7 Abs. 1 für maßgeblich erklärte Lohntarifordnung bestimmt unter B Nr. 2 für das Bedienungspersonal in Restaurants usw. nochmals besonders:

> Auf Speisen, Getränke und sonstige Genußmittel wird ein Bedienungsaufschlag von 10 v. H. erhoben, der restlos dem Bedienungspersonal zufällt.

Die in der Lohntarifordnung weiter festgesetzten Monatsgarantielöhne kommen für die Klägerin nicht in Betracht, weil sie nach § 7 Nr. 4 nur für Betriebe mit mindestens zwei Bedienungen gelten.

Die Klägerin meint, nach der Tarifordnung habe ihr der unabdingbare Anspruch zugestanden, auf die von ihr abgegebenen Speisen und Getränke und sonstigen Genußmittel 10 v. H. Bedienungsgeld zu erheben und als Entlohnung für sich zu vereinnahmen. Diese Einnahme sei ihr durch das Verbot des Beklagten entgangen, dieser müsse ihr deshalb den entsprechenden Betrag aus eigenen Mitteln als Entlohnung zahlen. Da sie durchschnittlich einen Tagesumsatz von 50 RM gehabt habe, würde sie in den 13 Tagen ihrer Beschäftigungszeit 65 RM verdient haben. Die vereinnahmten Trinkgelder brauche sie sich nicht anrechnen zu lassen, denn dabei handle es sich um Freigebigkeiten, die nach dem Willen der Gäste allein ihrer Person zugewendet worden seien.

Der Beklagte ist dem entgegengetreten und hat namentlich geltend gemacht, die Klägerin müsse die vereinnahmten Trinkgelder von, wie zuletzt unstreitig war, täglich durchschnittlich 4 RM als Entlohnung gelten lassen. Er hat weiter mit einem Anspruch auf Bezahlung der von ihm ohne Rechtspflicht gewährten freien Kost und Erstattung der verauslagten Arbeitnehmeranteile der Beiträge zur Sozialversicherung aufgerechnet.

Das Arbeitsgericht hat die auf Zahlung von 65 RM gerichtete Klage abgewiesen. Das Landesarbeitsgericht hat der Klägerin nur 8,82 RM zugesprochen. Ihre auf Zahlung von weiteren 52 RM gerichtete Revision ist zurückgewiesen worden aus folgenden

Gründen:

Das Landesarbeitsgericht hat die Meinung der Klägerin, sie brauche sich die vereinnahmten Trinkgelder auf den Tariflohn nicht anrechnen zu lassen, mit Recht mißbilligt. Es geht von der zutreffenden, auch von der Klägerin anerkannten Auslegung der Tarifordnung aus, daß der Tariflohnanspruch auf 10 v. H. des Umsatzes ohne Rücksicht darauf besteht, ob in dem Betrieb ein Zwangsbedienungsgeld erhoben wird oder nicht, d. h. ob den Gästen allgemein die entnommenen Speisen und Getränke unter Hinzurechnung eines Bedienungsaufschlags in Rechnung gestellt werden oder ob ihnen nur der reine Preis der Ware abverlangt und die Spende eines freiwilligen „Trinkgeldes" anheimgestellt wird. Das Landesarbeitsgericht hat weiter zutreffend, auch hier zugunsten und im Einklang mit dem Rechtsstandpunkt der Klägerin, angenommen, die in der Tarifordnung vorgesehene Befreiung der Kleinstbetriebe von der Gewährleistung eines bestimmten Mindestlohnes gelte nicht auch für die allgemein festgelegte Verpflichtung zur Gewährung von 10 v. H. des Umsatzes. Es hat schließlich der Klägerin zugegeben, daß in Betrieben ohne Trinkgeldablösung die von den Gästen freiwillig gezahlten Trinkgelder freiwillige Zuwendungen an die Bedienung darstellen, meint aber, es müsse in diesen Betrieben so angesehen werden, als habe der Wirt mit seiner Bedienung vereinbart, daß nicht er ihr den zustehenden Lohn (10 v. H. des Umsatzes) zahle, sondern seine Gäste, er bediene sich also dieser als Erfüllungsgehilfen zur Erfüllung seiner Lohnverpflichtung; durch die freiwilligen Spenden der Gäste werde somit der Lohnanspruch der Bedienung in Höhe der Spenden getilgt. Letzteres trifft zu, doch ist die rechtliche Begründung nicht dem § 278 BGB. zu entnehmen, den das Landesarbeitsgericht im Auge hat, sondern unmittelbar dem Vertrag der Parteien.

Der Schankstätteninhaber hat es an sich in der Hand, wie er seine Preise den Gästen gegenüberstellen will, ob er seine Ware mit oder ohne einen Bedienungsaufschlag abgeben will. Denn der von ihm etwa erhobene Bedienungsaufschlag ist rechtlich gesehen lediglich ein Teil des Kaufpreises (RAG. Bd. 2 S. 193, RAG. 61/29 vom 27. Juli 1929 JW. 1930 S. 432), der nur zu dem Zweck besonders in Rechnung gestellt wird, um die im Betrieb durchgeführte Ablösung des — moralischen — Trinkgeldzwangs zum Ausdruck zu bringen. Ebenso hat der Schankstätteninhaber es in der Hand, seinem Bedienungspersonal bei der Einstellung die Annahme von „Trinkgeldern" zu verbieten, d. h. die Annahme von Zuwendungen der Gäste über den vom Wirt — sei es mit, sei es ohne „Bedienungszuschlag" — festgestellten Preise hinaus. Gestattet er aber die Annahme von Trinkgeldern, so kann das allerdings die Bedeutung haben, daß die Bedienung diese Spenden als rein persönliche Geschenke der Gäste soll betrachten und ohne Anrechnung auf den festgesetzten Lohn soll behalten dürfen. Das wird namentlich dann anzunehmen sein, wenn in dem Betrieb ein fester Bedienungszuschlag eingeführt ist. Es kann darin aber auch die Vereinbarung liegen, daß die Lohnzahlung in Gestalt der Erlaubnis zur Trinkgeldannahme und im Umfang der eingenommenen Trinkgelder erfolgen solle, daß also die Trinkgelder auf den zu beanspruchenden Lohn anzurechnen seien. Daß im vorliegenden Fall die Abmachung der Parteien in diesem letzteren Sinn zu verstehen ist, liegt auf der Hand und ist erkennbar auch die Meinung des Landesarbeitsgerichts. Wenn die Klägerin weder zur Erhebung eines Bedienungszuschlags berechtigt sein, noch vom Beklagten irgendwelchen Barlohn erhalten, sondern „auf die Trinkgelder angewiesen sein" sollte, so kann das nichts anderes heißen, als daß sie sich die Einnahmen aus den Trinkgeldern auf die ihr zustehende Vergütung anrechnen lassen müsse.

Es kann sich im vorliegenden Falle nur fragen, ob die maßgebende Tarifordnung diese Art der Entlohnung, wenn und soweit sie einmal, sei es auch entgegen der Absicht der Tarifordnung, stattgefunden hat, gelten läßt oder ob sie etwa eine solche Entlohnung, weil in einer unzulässigen Form geschehen, als überhaupt nicht erfolgt angesehen wissen will.

Wenn die Tarifordnung vom 11. Juni 1935 in § 7 Nr. 3 Abs. 1 sagt: „Das Bedienungspersonal erhält als Entlohnung 10 v. H. vom Umsatz, . . . die vom Bedienungspersonal gesondert auf den Verzehr erhoben werden dürfen", so gibt sie den Gefolgschaftsmitgliedern einen unabdingbaren Anspruch einmal auf einen Mindestlohn in Höhe von 10 v. H. des Umsatzes, weiter aber auch auf eine bestimmte Art der Entlohnung, nämlich darauf, daß ihnen zur Vermeidung der mit dem Trinkgeldwesen für die Bedienung verbundenen Mißlichkeiten vom Wirt gestattet werde, einen festen Bedienungszuschlag von 10 v. H. von den Gästen zu erheben und die so einkommenden Beträge restlos zu behalten. Die Klägerin hätte also — trotz ihrer beim Antritt der Stelle getroffenen gegenteiligen Vereinbarung, daß kein Bedienungszuschlag erhoben werden solle — jederzeit, solange sie beim Beklagten beschäftigt war, verlangen können, daß dieser ihr die Erhebung eines Bedienungszuschlags von 10 v. H. gestatte. Sie hat das nicht getan, hat vielmehr bis zu ihrem Ausscheiden ihre Entlohnung in der beim Diensteintritt mit dem Beklagten vereinbarten Form entgegengenommen, wonach ihr die Annahme von Trinkgeldern gestattet, sie aber verpflichtet war, diese Trinkgelder als Entlohnung in derselben Weise gelten zu lassen, wie bei tarifmäßigem Verfahren die Einnahmen aus den Bedienungszuschlägen als Entlohnung hätten gelten müssen. Soweit sie Trinkgelder erhalten hat, ist ihr also tatsächlich Lohn zugeflossen, nur in anderer Form als der von der Tarifordnung vorgesehenen. Daß die Tarifordnung dem Wirt, der entgegen dem Wunsch der Tarifordnung keinen festen Bedienungszuschlag erheben läßt, etwa zur Bestrafung für die Nichtachtung der auf Abschaffung des Trinkgeldwesens und allgemeine Einführung fester Bedienungszuschläge gerichteten Absicht des Treuhänders die Befugnis hätte nehmen wollen, die Trinkgelder so wie vereinbart als Lohn zu rechnen, dafür ergibt sich nicht der mindeste Anhalt. Ist einmal mit der Bedienung vereinbart, daß Trinkgelder als Lohn gelten sollen, dann ist es auch völlig unerheblich, ob etwa der einzelne Gast mit seinem Trinkgeld der Bedienung ein rein persönliches Geschenk hat machen wollen, das dem Wirt nicht zugute kommen sollte. Denn kraft jener Vereinbarung ist das Gefolgschaftsmitglied dem Wirt gegenüber gehalten, jedwedes Trinkgeld als Lohn gelten zu lassen.

Danach war, da gegen das Rechenwerk des Landesarbeitsgerichts ein rechtliches Bedenken weder von der Revision geltend gemacht, noch sonst ersichtlich ist, die Revision als unbegründet zurückzuweisen.

RAG. 17, 205.

Steht § 898 RVO. einer Schadensersatzklage des Betriebsangestellten aus § 618 BGB. entgegen, wenn die Entschädigungspflicht des Betriebsinhabers nach der RVO. im Versicherungsverfahren verneint worden ist?

RVO. § 898. BGB. § 618.

Reichsarbeitsgericht. Urt. v. 7. Oktober 1936.

I. Arbeitsgericht Düsseldorf. — II. Landesarbeitsgericht daselbst.

Die Klägerin, die im Jahre 1933 im Gastwirtschaftsbetriebe der Beklagten als Küchenmädchen beschäftigt war, behauptet, infolge ihr am 24. April 1933 im Betriebe der Beklagten gereichter Kost, deren freie Gewährung einen Teil ihrer Dienstbezüge bildete, eine Fleischvergiftung erlitten zu haben und dadurch nahezu völlig erblindet zu sein. Mindestens habe die in Frage stehende Speise zu einer bakteriellen Infektion geführt, die den Verlust ihres Augenlichtes nach sich gezogen habe. Sie fordert Zahlung von 1580 RM samt Zinsen, ferner vom 1. April 1936 ab eine monatliche Unterhaltsrente von 100 RM und Feststellung der Erstattungspflicht der Beklagten hinsichtlich allen weiteren in Betracht kommenden Schadens. Im Unfallversicherungsverfahren ist der Entschädigungsanspruch der Klägerin abgelehnt worden.

Dem Antrag der Beklagten gemäß haben beide Vorinstanzen die Klage abgewiesen. Auf die Revision der Klägerin erfolgte Aufhebung des Berufungsurteils und Zurückverweisung an die Vorinstanz aus folgenden

Gründen:

Das Berufungsgericht stützt, ohne in seinem Urteil die Behauptungen der Klägerin über die ihr von der Beklagten zugefügte Gesundheitsbeschädigung sachlich zu prüfen, die Abweisung der in erster Linie auf § 618 BGB. gestützten Klage allein darauf, daß sich nach dem Vorbringen der Klägerin der behauptete Tatbestand als Betriebsunfall darstelle, danach aber zufolge § 898 RVO. die Beklagte auf Grund anderer Gesetze als der Reichsversicherungsordnung auf Schadensersatz nur in Anspruch genommen werden könne, wenn strafgerichtlich vorsätzliches Verschulden der Beklagten festgestellt worden sei, das aber die Klägerin gar nicht behaupte. Diese Erwägung vermag indessen das angefochtene Urteil nicht zu tragen.

Auf die von der Revision in den Vordergrund gestellte Frage, ob der behauptete Unfall sich als Betriebsunfall darstellen würde, braucht nicht eingegangen zu werden. Im Fall ihrer Verneinung steht der Verfolgung des Klaganspruchs zweifelsfrei kein Hindernis entgegen. Ist sie zu bejahen, so ist zu berücksichtigen, daß im Versicherungsverfahren der Klägerin ihr Anspruch rechtskräftig aberkannt worden ist, weil die Verursachung des Augenleidens der Klägerin durch eine Fleischvergiftung nicht dargetan sei, das Reichsversicherungsamt in seiner Endentscheidung die erwähnte Frage jedoch offengelassen hat. Nun gilt aber die Haftungsbeschränkung des § 898 RVO. ihrem Wortlaut nach (vgl. § 898 Satz 2) nur für die Fälle nach der Reichsversicherungsordnung entschädigungspflichtiger Betriebsunfälle (RAG. Bd. 15 S. 209, RGZ. Bd. 102 S. 131), so daß, wo ein solcher im Versicherungsverfahren nicht festgestellt ist, für einen bürgerlichrechtlichen Anspruch gegen den Unternehmer jedenfalls Raum ist. Zu Unrecht versagt daher die Vorinstanz der Klägerin die Verfolgung ihrer Schadensforderung. Es liegt ohne weiteres auf der Hand, daß ihr, wenn sie im Versicherungsverfahren keinen Erfolg hat, nicht die Möglichkeit vom Gesetzgeber hat abgeschnitten werden sollen, ihre Schadensersatzansprüche auf Grund des allgemeinen bürgerlichen Rechts im Zivilrechtswege zu verfolgen. Das Berufungsgericht hätte hiernach den Klaganspruch sachlich prüfen müssen.

RAG. 17, 219.

Kann der Akkordarbeiter mindestens den Tariflohn eines Stundenlohnarbeiters verlangen?

Rahmentarifvertrag über die Arbeitsverhältnisse der Arbeiter in der rheinisch-westfälischen Eisen- und Stahlindustrie vom 26. Mai 1930.

Reichsarbeitsgericht. Urt. v. 7. Oktober 1936.

I. Arbeitsgericht Essen. — II. Landesarbeitsgericht daselbst.

Der Kläger ist seit dem 1. August 1935 im Betriebe der Beklagten als Dreher mit Akkordarbeit beschäftigt. Für sein Arbeitsverhältnis ist der als Tarifordnung weiter geltende Rahmentarifvertrag über die Arbeitsverhältnisse der Arbeiter in der rheinisch-westfälischen Eisen- und Stahlindustrie vom 26. Mai 1930 maßgebend. Der von ihm in der Zeit vom 1. August bis 14. September 1935 verdiente Akkordlohn ist um 14,74 RM hinter dem Betrag zurückgeblieben, den er verdient haben würde, wenn er während derselben Arbeitszeit in Stundenlohn gearbeitet hätte. Er ist der Auffassung, daß er auf diesen letzteren Lohn als Tarifmindestlohn Anspruch habe, und hat auf Nachzahlung der 14,74 RM Klage erhoben.

Das Arbeitsgericht hat nach dem Klagantrag erkannt. Dagegen hat das Landesarbeitsgericht die Klage abgewiesen. Die Revision wurde zurückgewiesen aus folgenden

Gründen:

Der Tarifvertrag bestimmt unter Abschnitt II „Arbeitszeit und Bezahlung" in Nr. 3 Satz 1:

> Die Ecklöhne, d. h. der Tarifstundenlohn für den Facharbeiter (Schlosser) und für den Hilfsarbeiter, werden jeweils für das ganze Tarifgebiet einheitlich geregelt . . .

Es geht also davon aus, daß grundsätzlich Zeitlöhne tariflich festgesetzt werden. Er sieht aber auch Akkordarbeit vor und gibt dafür in Abschnitt IX eine eingehende Regelung. Davon kommen hier folgende Bestimmungen in Betracht:

> „1. Alle Arbeiten, deren Eigenart es gestattet, müssen auf Verlangen der Werksleitung in reinem oder gemischtem Akkord übernommen werden.
>
> 2. Die Akkorde . . . werden zwischen Werksleitung und Arbeitnehmer frei vereinbart . . .
>
> Die Akkorde sind so anzusetzen, daß der Durchschnittsarbeiter bei gesteigerter Leistung unter normalen Betriebsverhältnissen

15 v. H. über den Tariflohn der entsprechenden Gruppe hinaus verdienen muß. Ein bestimmter Mindestverdienst für den einzelnen Arbeitnehmer wird nicht gewährleistet. Über den Prozentsatz der Akkordsicherung wird jeweils beim Lohntarif verhandelt und entschieden.

Bei noch nicht durchgeregelten Akkorden ist mindestens der entsprechende Tariflohn zu zahlen. Ein Akkord gilt als durchgeregelt, wenn der vorstehend festgelegte Ansatzverdienst anderweit tatsächlich erreicht ist oder wenn nach vorliegenden Unterlagen die Möglichkeit hierfür nachweislich vorliegt."

Dieser Aufbau des Rahmentarifvertrags ergibt schon, daß für seinen Geltungsbereich die beiden Arten der Entlohnung je selbständig nebeneinander stehen. Die Zeitlöhne haben für die Akkordentlohnung nur insoweit Bedeutung, als sie die Akkordgrundlage bei Feststellung der Akkordsätze abgeben müssen. Im übrigen richtet sich der Lohnanspruch des Akkordarbeiters ausschließlich nach den Akkordsätzen und nicht nach den Zeitlöhnen. Namentlich wird dem einzelnen Akkordarbeiter ein bestimmter Mindestverdienst nicht gewährleistet, wie Nr. 2 Abs. 2 Satz 2 ausdrücklich sagt.

Der Kläger will diesen Satz allerdings dahin verstehen, daß nur ein bestimmter über dem tariflichen Stundenlohn liegender Mehrverdienst nicht gewährleistet werden solle. Eine solche Auslegung ist aber schon mit dem Wortlaut nicht oder doch nur sehr schwer vereinbar. Sie erscheint aber schlechthin ausgeschlossen im Hinblick auf die Bestimmung in Absatz 3, wonach der Tariflohn als Mindestlohn bei noch nicht durchgeregelten Akkordsätzen zu zahlen ist. Daraus folgt zwingend, daß bei durchgeregelten Akkorden auch der tarifliche Stundenlohn nicht als Mindestverdienst gewährleistet sein soll. Es ist also auch unter der „Akkordsicherung", von der in Absatz 2 die Rede ist, nur die Vorschrift in Abs. 2 Satz 1 über die Art der Ansetzung der Akkorde zu verstehen. Wird der hier festgelegte Grundsatz bei Ansetzung des einzelnen Akkord beachtet, so darf der Akkordarbeiter von durchschnittlicher Leistungsfähigkeit die berechtigte Erwartung hegen, daß er unter gewöhnlichen Betriebsverhältnissen durch gesteigerte Leistung nicht nur den tariflichen Stundenlohn, sondern 15 v. H. darüber hinaus und vielleicht mehr verdient. Eine weitergehende „Akkord-Sicherung" gibt der Tarifvertrag dagegen bei durchgeregelten Akkorden nicht.

Dieses Ergebnis wird durch einen Vergleich des hier maßgeblichen Tarifvertrags mit anderen bestätigt. So enthält der Reichstarifvertrag für Hoch-, Beton- und Tiefbauarbeiten die Klausel: „Bei Akkordarbeiten sind die tariflichen Zeitlöhne zu garantieren". (Vgl. ArbRSamml. Bd. 17 S. 92). Ebenso besagt der Tarifvertrag für das rheinisch-westfälische Steinkohlenrevier von 1927:

> „Die Bergleute . . erhalten Mindestschichtlöhne. Gedingarbeiter erhalten als Mindestlohn den tariflichen Schichtlohn des höchstbezahlten Reparaturhauers."

(Vgl. RAG. Bd. 3 S. 293 und ArbRSamml. Bd. 7 S. 516.) Diese beiden Tarifverträge haben es also für notwendig gehalten, ausdrücklich auszusprechen, daß auch der Akkordarbeiter Anspruch auf Mindestentgelt in Höhe des tariflichen Stundenlohns hat.

Im Gegensatz dazu heißt es z. B. in § 12 c des Rahmentarifvertrags für die Märkische Eisen- und Metallindustrie von 1927 (ArbRSamml. Bd. 17 S. 191, 194):

> „Nur der Akkordvertrag wird zwischen Arbeitgeber und Arbeitnehmer vereinbart, nicht der Akkordverdienst. Der bei Akkordarbeit erzielbare Verdienst hängt ab von der Leistung des einzelnen Arbeiters und kann über und unter der Akkordgrundlage (d. i. Tarifstundenlohn) liegen".

Hier ist — nur mit anderen Worten — dasselbe zum Ausdruck gebracht, was der gegenwärtig streitige Tarifvertrag mit dem Satz besagt, daß ein bestimmter Mindestverdienst nicht gewährleistet werde. Nur bei noch nicht durchgeregelten Akkorden wird der tarifliche Stundenlohn als Mindestentgelt zugesichert. Daß aber der Akkord im vorliegenden Falle nicht durchgeregelt gewesen wäre, hat der Kläger selbst nicht behauptet.

Wenn die Revision demgegenüber geltend macht, „daß der Tariflohn stets der Mindestlohn bleiben müsse", so kommt es nur darauf an, was unter „Tariflohn" zu verstehen ist. Nimmt man darunter auch den Akkordlohn, wie er sich nach den jeweiligen, den tariflich festgelegten Grundsätzen entsprechenden Akkordvereinbarungen ergibt, so ist der Satz der Revision zweifellos richtig, aber zur Stütze des hier eingeklagten Anspruchs nicht dienlich. Meint die Revision aber, worauf ihre weiteren Ausführungen hindeuten, den tariflichen Stundenlohn, so kann der Satz keine allgemeine Geltung beanspruchen, vielmehr ist dann entscheidend, ob der einzelne Tarifvertrag (Tarifordnung) den tariflichen Stundenlohn auch den Akkordarbeitern unter allen Umständen sichern will oder nicht. Davon, daß die Vereinbarung eines Akkordsatzes, bei dem im einzelnen Fall der tarifliche Stundenlohn nicht erreicht wird, nichtig sei, kann dann keine Rede sein, wenn ein unabdingbarer Mindestverdienst nur für den Stundenlohnarbeiter, nicht aber auch für den Akkordarbeiter besteht. Nach dem hier in Frage stehenden Rahmentarifvertrag ist aber, wie gezeigt, für den Akkordarbeiter, sobald der Akkord als durchgeregelt anerkannt werden muß, irgendein Mindestverdienst nicht gewährleistet. Dann aber enthält auch nicht, wie die Revision behauptet hat, die Übernahme von Arbeit zu einem durchgeregelten Akkordsatz einen (rechtsunwirksamen) bedingten Verzicht auf unabdingbaren Tariflohn, bedingt dadurch, daß sich ein unter dem Tariflohn eines Stundenlöhners liegender Akkordverdienst ergeben sollte.

Es läßt sich auch nicht — wie das Mansfeld ArbRSamml. Bd. 26 LAG. S. 168 tut (zustimmend Soziale Praxis 1936 Sp. 879) — allein schon aus dem Wesen des Akkordlohns folgern, daß dem Akkordlöhner unter allen Umständen — nur absichtliche Minderleistung ausgenommen — der Verdienst des Stundenlöhners gesichert sein müsse. Richtig ist zwar, daß das Ziel der Akkordvereinbarung darauf geht, dem Gefolgsmann die Möglichkeit zu eröffnen, durch besonderen Fleiß oder besondere Geschicklichkeit, also durch überdurchschnittliche Leistung, mehr zu verdienen als den Stundenlohn, der sich allein nach der Arbeitszeit ohne Rücksicht auf den Leistungserfolg bemißt. Richtig ist auch, daß der Sinn der Akkordvereinbarung verloren geht, wenn der Akkordlöhner im Einzelfall nicht einmal den Verdienst eines Stundenlöhners erreicht, der diesem unabdingbar zusteht, ohne daß er besondere Anstrengungen zu machen braucht. Daraus folgt aber zunächst nur, daß eine Tarifordnung, die neben Stundenlohnarbeit auch Akkordarbeit vorsieht, verständigerweise Vorkehrungen treffen muß, die die Erreichung jenes Ziels — Besserbezahlung der Besserleistung — nach Möglichkeit sichert und Fehlerergebnisse, also Minderbezahlung trotz größerer Anstrengung, nach Möglichkeit ausschließt. Und die Frage ist nur, wie sie das erreicht. Die Tarifordnung kann bestimmen, daß der Verdienst des Akkordlöhners mindestens dem des Stundenlöhners gleichkommen muß. Das ist, wie erwähnt, z. B. beim Reichbautarifvertrag und bei dem Tarifvertrag für das rheinisch-westfälische Steinkohlenrevier von 1927 der Fall. Sie kann sich aber auch damit begnügen, für die Aufstellung der Akkordsätze Richtlinien zu geben, die nach menschlischem Ermessen dem Akkordlöhner dieselbe Sicherung bieten. Sie nimmt es in diesem Falle in Kauf, daß einmal wider alles Erwarten das erstrebte Ziel nicht erreicht wird und der Verdienst des Akkordlöhners einmal sogar unter dem des Stundenlöhners bleibt. Ist der Akkordsatz „durchgeregelt", d. h. hat die Erfahrung gelehrt, daß der Durchschnitt der Akkordlöhner den Stundenlohnverdienst überschreitet und den Richtsatz erreicht, so wird ohnehin alle Wahrscheinlichkeit dafür sprechen, daß der Mißerfolg eines Einzelnen seinen Grund in dessen Person hat. Fehlt ihm zunächst nur die notwendige Übung, so wird er über kurz oder lang den Akkordrichtsatz erreichen. Ist er dauernd leistungsschwach, wird er aus der Akkordarbeit, wo nicht aus dem Betrieb überhaupt ausgeschieden werden. Dabei kann es offenbleiben, wie sich sein Lohnanspruch dann gestaltet, wenn er den Nachweis erbringt, daß sein Mißerfolg auf Gründen beruht, die nicht in seiner Person liegen. Wenn aber der Kläger, wie der Beklagte behauptet hat, erst auf die den Gegenstand des Streits bildende Arbeit umgeschult worden ist, also noch nicht die durchschnittliche Fertigkeit besaß, außerdem aber auch durch müßige Unterhaltungen Zeit vergeudete, so kann er sich nicht beschweren, wenn er nicht einmal den Stundenlohn verdient hat, während seine Mitarbeiter, — darunter sogar Lehrlinge, — die im übrigen unter denselben Bedingungen arbeiteten, wie er, die Akkordrichtsätze erreicht und überschritten haben.

Daß sich eine Tarifordnung damit begnügt, durch Festlegung von Richtlinien für die Bestimmung der Akkordsätze dem Akkordarbeiter einen angemessenen Lohn zu sichern, ohne ihm einen bestimmten Mindestverdienst, etwa in Höhe des Stundenlohns, geradezu zu gewährleisten, kann sich sowohl aus Gründen der Arbeitstechnik, als auch dadurch rechtfertigen, daß der Betriebsführer den Akkordarbeiter nicht in der gleichen Weise wie den Zeitlöhner unter Aufsicht zu stellen braucht, weil er sich darauf verlassen kann, daß jener schon von sich aus sich anstrengen wird, um auf einen auskömmlichen Verdienst zu kommen, während dieser Antrieb dem Zeitlöhner fehlt.

RAG. 17, 281.

Unter welchen Voraussetzungen ist dem Handlungsgehilfen bei Dienstbehinderung durch unverschuldetes Unglück der Anspruch auf Gehaltszahlung für 6 Wochen wiederholt gegeben?

HGB. § 63.

Reichsarbeitsgericht. Urt. v. 28. Oktober 1936.

I. Arbeitsgericht Frankfurt a. M. — II. Landesarbeitsgericht daselbst.

Die Klägerin ist Verkäuferin in dem Schuhwarengeschäft der Beklagten. Am 23. April 1935 war sie an Ischias erkrankt, bis zum 29. Mai 1935 arbeitsunfähig und daher von ihrer Arbeit fortgeblieben. Sie hat ihr Gehalt für diese Zeit bekommen. Für die Zeit vom

13. August bis zum 10. September 1935 ist ihr von der Reichsversicherungsanstalt ein Heilverfahren bewilligt worden, das durchgeführt worden ist, so daß sie ihrer Arbeitsstelle erneut fernbleiben mußte. Sie hatte am 30. Mai die Arbeit wieder aufgenommen, ebenso hat sie ihren Dienst nach Beendigung der Heilbehandlung wieder angetreten. Mit der Klage verlangt sie Weiterzahlung ihres Gehalts für die ganze Zeit der Heilbehandlung, das ihr auf die Zeit vom 18. August bis zum 10. September vorenthalten ist.

Das Arbeitsgericht hat die Klage abgewiesen, das Landesarbeitsgericht hat ihr stattgegeben. Der Revision ist stattgegeben worden aus folgenden

Gründen:

Wird der Handlungsgehilfe durch unverschuldetes Unglück an der Leistung der Dienste verhindert, so behält er seinen Anspruch auf Gehalt, jedoch nicht über die Dauer von sechs Wochen hinaus (§ 63 HGB.). Diese Bestimmung schließt einerseits nicht aus, daß bei wiederholten Unglücksfällen die Vergünstigung auch mehrfach beansprucht werden darf, begrenzt andererseits den Umfang der Verpflichtung des Dienstherrn für jeden Unglücksfall zeitlich auf 6 Wochen. Es ist in der Rechtsprechung anerkannt, daß eine wiederholte akute Erkrankung, auch an dem gleichen Leiden, nach Ausheilung des früheren Krankheitsfalles als selbständiger neuer Unglücksfall zu betrachten ist und daher auch den Gehaltsanspruch auf 6 Wochen der Krankheit erneut auslöst (vgl. RAG. ArbRSamml. Bd. 10 S. 355). Das entspricht der Billigkeit und dem, was das Gesetz als dem Dienstherrn zumutbar erachtet.

So liegt der Fall hier aber nicht. Das Berufungsgericht stellt fest, daß die Klägerin nicht geheilt war, als sie am 30. Mai ihren Dienst wieder aufnahm, daß sie nur gebessert und arbeitsfähig war, daß eine neue zweite Erkrankung nach Ausheilung einer ersten nicht vorgelegen, daß es sich vielmehr um eine fortgesetzte Erkrankung an Ischias gehandelt hat, in deren Verlauf die Heilbehandlung für erforderlich erachtet worden ist Das Berufungsgericht hält diesen Umstand nicht für entscheidend, weil es die den Gehaltsanspruch auslösende Ursache nicht in der Krankheit, sondern in der — unverschuldeten — Dienstbehinderung erblickt und deshalb die Anordnung und Durchführung des Heilverfahrens als ein neues unverschuldetes Unglück ansieht.

Dieser Auffassung kann nicht beigetreten werden. Es ist zwar richtig, daß die Notwendigkeit eines Heilverfahrens im Sinn des Angestelltenversicherungsgesetzes in gleicher Weise als eine durch unverschuldetes Unglück herbeigeführte Dienstbehinderung gegebenenfalls zu betrachten ist wie jede andere die Dienstverrichtung hindernde Notwendigkeit, die eine Krankheit im Gefolge haben kann, wie z. B. die, das Zimmer zu hüten usw. (vgl. RAG., ArbRSamml Bd. 10 S. 160); es kann dabei auch nicht darauf ankommen, ob die Heilbehandlung erst durch einen Antrag des Erkrankten veranlaßt worden ist. Denn dadurch wird die Frage, ob das die Heilbehandlung erforderlich machende Leiden ein unverschuldetes Unglück ist, nicht beeinflußt. Auf dieses Leiden aber kommt es an, auf den tieferen Grund, der die Heilbehandlung und ihre Anordnung erst erforderlich macht. In der Krankheit liegt das Unglück. Die Anordnung des Arztes ist kein Unglück, auch nicht die Heilbehandlung. Nur diese Auffassung entspricht der sprachlichen Bedeutung des Ausdrucks „Unglück" und dem Sinn des Gesetzes, das die Verpflichtung des Prinzipals in durchschnittlich wirtschaftlich erträglichen Grenzen halten will und daher nicht auf den Wiedereintritt von Arbeitsfähigkeit ohne gleichzeitige Ausheilung abstellen kann, so daß bei einem fortbestehenden Leiden infolge kurzer Zwischenräume von Arbeitsfähigkeit für den Kaufmann Zahlungsverpflichtungen an den Gehilfen entstehen, die zu einer auch bei weitgehenden sozialen Rücksichten nicht zu rechtfertigenden Last werden.

Aus dieser Betrachtung ergibt sich, daß im vorliegenden Streite ein neuer Unglücksfall, der den Gehaltsanspruch auf 6 Wochen abermals auslösen könnte, nicht anerkannt werden kann und daher die Klage abzuweisen ist. Die Klägerin hat auf die Zeit vom 23. April bis 29. Mai und vom 13.—18. August Gehalt bekommen, also für volle 6 Krankheitswochen.

RAG. 17, 296.

Erstattungspflicht des Arbeitgebers nach § 113 Abs. 2 AVAVG. Wie ist die Rechtslage, wenn der Arbeitgeber auf Klage des Arbeitnehmers verurteilt worden ist, diesem die vollen Bezüge ohne Rücksicht auf die von ihm inzwischen zu Unrecht empfangene und vom Arbeitgeber an die Reichsanstalt zu erstattende Arbeitslosenunterstützung zu zahlen?

Reichsarbeitsgericht. Urt. v. 11. November 1936.

I. Arbeitsgericht Halle a. S. — II. Landesarbeitsgericht daselbst.

Die klagende Reichsanstalt fordert von der Beklagten als der früheren „Arbeitgeberin" eines gewissen K. auf Grund des § 113 Abs. 2 AVAVG. Erstattung von Unterstützungsbeträgen, die dem K. zu

Unrecht gewährt worden sind. Das Arbeitsgericht hat ihr den verlangten, in seiner Höhe nicht bestrittenen, Betrag von 188,45 RM zugesprochen, das Landesarbeitsgericht hat die Berufung der Beklagten zurückgewiesen. Auch ihre Revision blieb ohne Erfolg.

Gründe:

Die Beklagte hatte dem bei ihr seit dem 15. September 1930 zu einem Monatsgehalt von 200 RM beschäftigten K. am 1. Oktober 1934 zum 31. Dezember 1934 gekündigt. Noch im Oktober 1934 erhob K. Klage gegen sie auf Widerruf der Kündigung und für den Fall der Nichtwiedereinstellung Zahlung einer Entschädigung, außerdem verlangte er Nachzahlung gewisser Gehaltsbeträge mit der Begründung, ihm habe tariflich ein Monatsgehalt von 223 RM zugestanden. Der Rechtsstreit wurde im zweiten Rechtsgang durch Urteil vom 4. Mai 1935 beendet, das, da keine Revision zulässig war, mit der Verkündung rechtskräftig wurde. Es wies die Gehaltsansprüche ab, verurteilte aber die Beklagte, die Kündigung zu widerrufen und im Fall der Ablehnung der Wiedereinstellung dem K. entsprechend seiner Beschäftigungszeit von etwas mehr als 4 Jahren vier Monatsgehälter, also 800 RM, zu zahlen, und zwar bestimmte Beträge an einzelne Gläubiger des K., den Rest von 399,11 RM „an K. selbst". Die Beklagte lehnte demnächst eine Wiedereinstellung ab. Am 31. Dezember 1934, während der Rechtsstreit beim Landesarbeitsgericht schwebte, war K. entlassen worden. Da er mit seiner Entlassung arbeitslos geworden war, beantragte er Anfang Januar 1935 beim Arbeitsamt unter Vorlage der ihm von der Beklagten erteilten Arbeitsbescheinigung Zahlung von Arbeitslosenunterstützung. Diese wurde ihm Ende Februar 1935 zugebilligt und erstmalig am 8. März 1935 mit 73,80 RM für die Zeit vom 14. Januar bis 23. Februar 1935, dann am 15. März 1935 mit 26,50 RM für die Zeit vom 25. Februar bis 13. März 1935 und weiter fortlaufend allwöchentlich ausgezahlt. Das Arbeitsamt teilte der Beklagten am 28. Februar 1935 auf dem damals üblichen Formblatt mit, daß dem K. auf seinen Antrag Arbeitslosenunterstützung mit Wirkung vom 14. Januar 1935 ab bewilligt worden sei und daß ihm für jede Unterstützungswoche, vorbehaltlich von Anrechnungen, 12,30 RM ausgezahlt werden würden. Das Formblatt besagte weiter folgendes: In Höhe der gezahlten Unterstützung gingen alle Ansprüche des K. gegen die Beklagte auf Arbeitsentgelt, Abfindung oder Entschädigung auf die jetzt klagende Reichsanstalt über, die Beklagte könne Leistungen irgendwelcher Art an K. mit befreiender Wirkung gegenüber der Reichsanstalt nur mit Einverständnis des Arbeitsamts bewirken. Sie möge sich, falls sie von K. verklagt werden sollte, mit dem Arbeitsamt ins Benehmen setzen, damit im Zeitpunkt einer etwaigen Urteilsfällung der Gesamtbetrag an gezahlter Arbeitslosenunterstützung dem Prozeßgericht mitgeteilt werden könne, und solle im Rechtsstreit einwenden, daß in Höhe dieses Betrages K. allenfalls Zahlung an die Reichsanstalt verlangen dürfe. Die Beklagte begnügte sich damit, mit Schriftsatz vom 11. März 1935 im Rechtsstreit vorzutragen, daß nach einer ihr zugegangenen Mitteilung des Arbeitsamts dem K. auf seinen Antrag Arbeitslosenunterstützung, beginnend am 14. Januar 1935, in Höhe von 12,30 RM wöchentlich bewilligt worden sei und daß in Höhe der laufenden Unterstützung alle Ansprüche des K. aus dem Arbeitsverhältnis und auf Entschädigung auf das Arbeitsamt übergingen; danach sei in Höhe dieser — ziffernmäßig nicht genannten — Beträge K. nicht mehr aktiv legitimiert, er werde insoweit seinen Klagantrag ändern müssen. K. erwiderte mit Schriftsatz vom 1. April 1935, er bestreite, schon vom Januar ab Arbeitslosenunterstützung bezogen zu haben; er teilte als Beweis eine ihm zugegangene Zuschrift des Arbeitsamts vom 28. März 1935 mit, in der ihm bestätigt wurde, daß er erstmalig am 8. März 1935 Arbeitslosenunterstützung in Höhe von 73,80 RM für die Zeit vom 14. Januar bis 23. Februar und sodann am 15. März in Höhe von 26,50 RM für die Zeit vom 25. Februar bis 13. März bezogen habe. Das Landesarbeitsgericht verurteilte trotzdem die Beklagte so wie eingangs gesagt. In den Entscheidungsgründen sprach es aus: Von den dem K. zugesprochenen 800 RM seien, nach Abzug eines Vorschusses von 135 RM und gewisser seinen Gläubigern zustehender Beträge, an ihn persönlich noch 399,11 RM zu zahlen. Eine Verurteilung zur Zahlung bestimmter Beträge an das Arbeitsamt oder zur Hinterlegung wegen Ungewißheit der Gläubiger des K. sei nicht auszusprechen. Ein gesetzlicher Übergang der Forderung des K. auf das Arbeitsamt sei nicht eingetreten, denn aus dem Wortlaut des § 113 Abs. 2 AVAVG. sei das nicht zu entnehmen. Allerdings habe das Arbeitsamt einen gewissen Erstattungsanspruch an die Beklagte, mit dem diese nach erfolgter Zahlung dem Kläger gegenüber aufrechnen könne. Die Beklagte werde sich deshalb vor Zahlung der Entschädigungssumme zweckmäßig mit dem Arbeitsamt in Verbindung setzen und das Erforderliche veranlassen.

Die Beklagte teilte am 7. Mai 1935 dem Arbeitsamt ihre Verurteilung mit und „stellte ihm geeignete Schritte anheim"; „sie selbst habe angesichts des Wortlauts des mit der Verkündung rechtskräftig gewordenen Urteils keine Möglichkeit, die Zahlung an K. zu vermeiden". Das Arbeitsamt fragte am 18. Mai zurück, welcher Betrag dem K. zugesprochen sei, und wies die Beklagte darauf hin, daß sie „gemäß § 113 AVAVG." an K. nicht früher zahlen dürfe, als bis der an das Arbeitsamt zurückzuzahlende Betrag der Arbeitslosenunterstützung bekannt sei. Die Beklagte übersandte am 24. Mai dem Arbeitsamt eine Abschrift des Urteils vom 4. Mai 1935, machte nochmals darauf aufmerksam, daß die Zahlung an K. nicht zu verhindern sei, da er sofort vollstrecken könne, und regte an, das Arbeitsamt möge seinen Erstattungsanspruch gegen K. verfolgen, was wohl einfach durch eine Pfändung des diesem vom Landesarbeitsgericht zuerkannten Anspruchs geschehen könne. Das Arbeitsamt schrieb daraufhin unter dem 8. Juni 1935, eingegangen dort am 12. Juni 1935, an das Landesarbeitsgericht:

Dadurch, daß die Beklagte an K. noch eine Entschädigung von 665 RM zu zahlen habe, ergebe sich, daß K. Anspruch auf Arbeitslosenunterstützung erst vom 26. April 1935 ab gehabt habe und ihm auf die Zeit vom 14. Januar bis 25. April 1935 die Unterstützung zu Unrecht gewährt worden sei. Diese mache 190,80 RM aus und werde gemäß § 113 AVAVG. zurückgefordert. Das Landesarbeitsgericht möge gegen die Beklagte eine Verfügung ergehen lassen, daß von der Urteilssumme von 665 RM ein Teilbetrag von 190,80 RM an das Arbeitsamt abgeführt werde.

Das Landesarbeitsgericht gab das Schreiben an das Arbeitsgericht weiter; dieses erwiderte dem Arbeitsamt, die Erstattungsforderung müsse gegenüber der Beklagten geltend gemacht werden.

Inzwischen, nämlich am 11. Juni 1935, hatte die Beklagte die Urteilssumme so, wie die Urteilsformel ausgesprochen hatte, ausgezahlt, nachdem K. durch seinen Anwalt eine letzte Frist zur freiwilligen Zahlung unter Drohung mit Vollstreckung gesetzt hatte.

Mit der vorliegenden — im März 1936 erhobenen — Klage fordert die Reichsanstalt unter Berufung auf § 113 Abs. 2 AVAVG. Erstattung des von K. zu Unrecht empfangenen Unterstützungsbetrages, den sie — abweichend von ihrer Angabe gegenüber dem Landesarbeitsgericht im Vorprozeß in der Eingabe vom 8. Juni 1935, aber ohne Widerspruch der Beklagten — nunmehr auf 188,45 RM berechnet, sowie Verzugszinsen seit dem 4. Juli 1935. Auf den Betrag von 188,45 RM kommt die Klägerin in der Weise, daß sie von der dem K. bis zum 18. Juni 1935 tatsächlich gezahlten Unterstützungssumme von 247,85 RM Hauptunterstützung und 14,40 RM Familienzuschlag — zusammen 262,25 RM — den Betrag abzieht, den K. bis zu demselben Tag zu erhalten gehabt hätte, wenn er erst am 1. Mai 1935 arbeitslos geworden wäre. Der 1. Mai 1935 war als erster Tag der Arbeitslosigkeit für die Berechnung des Erstattungsbetrags zugrunde zu legen, nachdem dem K. durch das Urteil vom 4. Mai 1935 eine Entschädigung in Höhe von vier Monatsgehältern zugesprochen, er also so gestellt worden war, als hätte er noch bis Ende April 1935 Gehalt bezogen. In Anbetracht der für ihn maßgeblichen Wartezeit von 7 Tagen hätte K. Anspruch auf Arbeitslosenunterstützung erst vom 8. Mai 1935 ab gehabt, also bis zum 18. Juni 1935 nur 73,80 RM erhalten dürfen (6 Wochen je 12,30 RM).

Die Klage ist schlüssig begründet. Nachdem die Beklagte durch das Urteil vom 4. Mai 1935 zum Widerruf der Kündigung und für den Fall seiner Nichtwiedereinstellung zu einer Entschädigung in Höhe von 4 Monatsgehältern rechtskräftig verurteilt worden war, die Wiedereinstellung aber abgelehnt hatte, stand fest, daß die Beklagte dem K. die Entschädigung schuldete und daß K. nach § 113 Abs. 1 Satz 3 AVAVG. für die Monate Januar bis April 1935 zu Unrecht Arbeitslosenunterstützung erhalten hatte. Für solche Fälle bestimmt § 113 Abs. 2:

> Werden einem Arbeitslosen Bezüge aus dem Arbeitsverhältnis (Arbeitsentgelt, Abfindung, Entschädigung) geschuldet und wird ihm entgegen Abs. 1 bereits Unterstützung gewährt, so hat der Arbeitgeber die Unterstützungsbeträge, die zu Unrecht gewährt sind, der Reichsanstalt zu erstatten; er hat sie an das Arbeitsamt abzuführen, das sie ausgezahlt hat. Er kann sie dafür dem Arbeitnehmer gegenüber aufrechnen.

Das hat, wie das Reichsarbeitsgericht schon im Urteil vom 15. Dezember 1928 (RAG. Bd. 3 S. 55 = ArbRSamml. Bd. 8 S. 55) und dann nochmals im Urteil vom 1. März 1933 (ArbRSamml. Bd. 18 S. 126) ausgesprochen hat, die Bedeutung, daß im Fall des § 113 Abs. 2 AVAVG. die Forderung des Arbeitnehmers in Höhe der ihm zu Unrecht gezahlten Unterstützungsbeträge auf die Reichsanstalt übergeht. Auch der Spruchsenat des Reichsversicherungsamts hat sich in seiner Entscheidung vom 20. Februar 1931 auf diesen Standpunkt gestellt (RArbBl. 1931 S. IV 380). An dieser Auffassung ist festzuhalten. Widerspruch dagegen hat sich, soweit zu sehen, nicht erhoben; auch die Revision hat nichts dagegen vorgebracht. Bei der im Schlußsatz des § 113 Abs. 2 erwähnten Aufrechnung handelt es sich, wie schon in RAG. Bd. 3 S. 57 gesagt ist, nicht um eine echte Aufrechnung im Sinne des § 387 BGB., bei der eine bestehende Forderung durch eine rechtsgeschäftliche Willenserklärung des Schuldners, der ihr eine ihm zustehende Gegenforderung entgegenhält, zum Untergang gebracht wird. Vielmehr mindert sich hier die Schuld des Arbeitgebers gegenüber dem Arbeitnehmer, ohne daß der Arbeitgeber eine besondere Erklärung abzugeben braucht, von selbst um den Betrag, den der Arbeitgeber an das Arbeitsamt abzuführen hat, weil in diesem Umfang die Forderung des Arbeitnehmers kraft gesetzlicher Vorschrift, also ohne weiteres, auf die Reichsanstalt (Arbeitsamt) übergegangen ist. Der Arbeitnehmer ist, soweit er zu Unrecht Arbeitslosenunterstützung empfangen hat, zur Geltendmachung der Forderung im eigenen Namen nicht mehr befugt, denn in diesem Umfang steht die Forderung eben nicht mehr ihm zu, sondern dem Arbeitsamt.

Diese Rechtslage hat das Landesarbeitsgericht im vorangegangenen Rechtsstreit gegen die Beklagte nicht erkannt, wenn es in seinem Urteil vom 4. Mai 1935 die Beklagte zur Zahlung der vollen Restsumme von 399,11 RM „an den Kläger" verurteilt und in den Entscheidungsgründen ausgesprochen hat, daß ein gesetzlicher Übergang der Entschädigungsforderung des K. auf das Arbeitsamt (die Reichsanstalt) nicht eingetreten sei. Es braucht hier nicht erörtert zu werden, ob es dem Landesarbeitsgericht, wenn es nicht in dieser Weise geirrt hätte, möglich gewesen wäre, nach den ihm von den beiden damaligen Streitteilen erbrachten Unterlagen ohne weiteres den Betrag der Unterstützungsbeträge zu errechnen, die dem K. — nach dem vom Landesarbeitsgericht in seinem Urteil demnächst eingenommenen Standpunkt — zu Unrecht gewährt waren, und diesen Betrag von der dem K. zugesprochenen Entschädigungssumme abzusetzen, oder wie es etwa hätte verfahren können oder müssen, um seinen Urteilsspruch in Einklang mit der richtig verstandenen Vorschrift des § 113 Abs. 2 AVAVG. zu bringen. Auch wenn man unterstellt, daß das Landesarbeitsgericht schon nach dem damaligen Parteivortrag dem K. nur einen um die unrechtmäßig empfangenen Unterstützungsbeträge geminderten Entschädigungsbetrag hätte zusprechen dürfen, daß also schon die Formel des Urteils vom 4. Mai 1935 fehlerhaft war, so kann doch im gegenwärtigen Rechtsstreit die Beklagte daraus nichts für sich herleiten. Denn das Urteil vom 4. Mai 1935 hat keine Rechtskraftwirkung im Verhältnis der jetzigen Streitteile untereinander. § 407 verb. mit § 412 BGB. ist nicht anwendbar — § 407 Abs. 1 deshalb nicht, weil die Beklagte bei der Zahlung an K. die Tatsachen kannte, aus denen sich der gesetzliche Übergang der Teilforderung K. auf die Klägerin ergab (RGRKomm. Anm. 1 Abs. 3 zu § 407), § 407 Abs. 2 deshalb nicht, weil die Forderung des K. schon im Oktober 1934 rechtshängig geworden war, ein Übergang auf die Klägerin aber frühestens am 8. März 1935 erfolgt ist. Die Beklagte kann auch nicht etwa, gestützt auf § 68 ZPO., deren Einwand abwehren, der frühere Rechtsstreit sei von der Beklagten mangelhaft geführt und jedenfalls unrichtig entschieden worden; denn sie hat es versäumt, im Vorprozeß der jetzigen Klägerin den Streit zu verkünden.

Den § 68 ZPO., wie die Revision will, auf den vorliegenden Fall entsprechend anzuwenden, ist zum mindesten unter den Umständen des vorliegenden Falls ausgeschlossen. Die Beklagte hat allem Anschein nach dem Arbeitsamt seinerzeit von der Klage des K. gegen sie überhaupt keine Kenntnis gegeben. Ihr Schriftsatz vom 11. März 1935 beruhte allein auf der Mitteilung, die ihr das Arbeitsamt von Amts wegen formblattmäßig gemacht hatte, nachdem es dem K. Arbeitslosenunterstützung bewilligt hatte. Jedenfalls hat die Beklagte in den vorangegangenen Rechtszügen des jetzigen Rechtsstreits nicht behauptet, sie habe das Arbeitsamt vor Erlaß des Urteils vom 4. Mai 1935 von dem gegen sie von K. anhängig gemachten Rechtsstreit unterrichtet. Dabei war ihr eine solche Benachrichtigung ausdrücklich in einer durch den Druck besonders hervorgehobenen Bemerkung auf dem Formblatt der Arbeitsbescheinigung, die sie seinerzeit dem K. ausgestellt hatte, zur Pflicht gemacht worden. Ebenso fehlt es an jedem Anhalt dafür, daß die Beklagte vor Erlaß des Urteils vom 4. Mai 1935 sich beim Arbeitsamt nach der Höhe der etwa zurückzuerstattenden Unterstützungsbeträge erkundigt hätte, um den Betrag dem Gericht zwecks Absetzung von der Entschädigung bekanntzugeben. Es kann angenommen werden, daß das Arbeitsamt ihr alsbald die Unterlagen zur Verfügung gestellt hätte, aus denen der Gesamtbetrag dieser Unterstützung hätte errechnet werden können. Irgendwelche Versäumnis des Arbeitsamts gegenüber der Beklagten, auf der etwa das, wie zu unterstellen, auch in seinem Urteilsspruch unrichtige Urteil vom 4. Mai 1935 beruhen und auf die sich deshalb die Beklagte im vorliegenden Rechtsstreit der Klage gegenüber berufen könnte, ist danach nicht ersichtlich, selbst wenn davon ausgegangen werden kann, daß das Arbeitsamt von dem anhängigen Rechtsstreit durch Mitteilungen erfahren hat, die K. wohl bei Stellung seines Antrags auf Arbeitslosenunterstützung gemacht haben wird. Von sich aus nach § 66 ZPO., Nebenintervention oder gar nach § 64 ZPO. Hauptintervention zu erheben, wie die Revision dem Arbeitsamt ansinnen will, hatte dieses keine Veranlassung, geschweige denn eine Verpflichtung. Wohl wäre es zweckmäßig gewesen, in das — übrigens mit seiner Bezugnahme auf § 87 BetrRG. schon damals offensichtlich veraltete — Formblatt, auf dem der Beklagten Ende Februar 1935 die Bewilligung der Arbeitslosenunterstützung an K. mitgeteilt worden ist, dem Satz vom Übergang der Arbeitnehmeransprüche auf die Reichsanstalt einen Hinweis auf die einschlägige Rechtsprechung des Reichsarbeitsgerichts und des Reichsversicherungsamts beizufügen. Denn darin muß dem Landesarbeitsgericht recht gegeben werden, daß aus dem Wortlaut des § 113 AVAVG. allein jener gesetzliche Übergang nicht zu entnehmen ist. Aber in der Unterlassung eines solchen Hinweises kann eine schuldhafte Pflichtverletzung des Arbeitsamts gegenüber der Beklagten nicht gefunden werden. Das Arbeitsamt konnte damit rechnen, daß dem Arbeitsgericht, dem gegenüber der gesetzliche Übergang von der Beklagten anweisungsgemäß geltend zu machen war, die Bedeutung des § 113 Abs. 2 AVAVG. bekannt war.

Nach alledem kann sich die Beklagte im vorliegenden Rechtsstreit gegenüber der Reichsanstalt nicht darauf berufen, daß sie im vorangegangenen Rechtsstreit ohne Rücksicht auf ihre Verpflichtung gegenüber der Reichsanstalt verurteilt worden ist, die volle Restsumme von 399,11 RM „an den Kläger" zu zahlen. Der Meinung der Revision, die in § 113 Abs. 2 festgelegte Erstattungspflicht müsse grundsätzlich da wegfallen, wo der Arbeitgeber durch ein die wahre Rechtslage verkennendes Urteil zur Zahlung der ungeminderten Bezüge (Arbeitsentgelt, Abfindung oder Entschädigung) an den Arbeitnehmer selbst rechtskräftig verurteilt worden sei, fehlt jede gesetzliche Grundlage. Der Gedanke ließe sich vielleicht für Fälle erwägen, in denen dem Arbeitgeber überhaupt die Möglichkeit verschlossen war, das unrichtige Urteil zu vermeiden oder wenigstens zu erreichen, daß die Reichsanstalt ihm gegenüber das Urteil als richtig hinnehmen muß. Aber zum mindesten diese zweite Möglichkeit war im vorliegenden Falle der Beklagten ohne weiteres in dem Rechtsbehelf der Streitverkündung nach § 72 ZPO. geboten. Irgendwelche beachtlichen Gründe, die sie hiervon seinerzeit hätten abhalten können, hat die Beklagte nicht dargetan. Es kann also ganz dahingestellt bleiben, ob sie nicht auch durch eine sachgemäßere Prozeßführung — Hinweis auf die Rechtsprechung des Reichsarbeitsgerichts und des Reichsversicherungsamts zu § 113 Abs. 2 AVAVG., Beschaffung der rechnungsmäßigen Unterlagen für die Feststellung des von K. zu Unrecht empfangenen Unterstützungsbetrags — hätte durchsetzen können, daß im Urteil vom 4. Mai 1935 ihre Erstattungspflicht gegenüber der Reichsanstalt berücksichtigt wurde.

Es kann sich sonach bloß noch fragen, ob die Beklagte etwa mit den Vorwürfen gehört werden konnte, die sie gegen das Arbeitsamt wegen seines Verhaltens nach Erlaß des Urteils vom 4. Mai 1935 erhoben hat. Diese gingen dahin, daß das Arbeitsamt trotz dringlichen Hinweises es unterlassen habe, auf Grund seines Anspruchs gegen K. auf Rückerstattung der ihm zu Unrecht gewährten Unterstützungsbeträge in Höhe dieser Beträge die dem K. durch das Urteil vom 4. Mai 1935 zuerkannte Entschädigungsforderung pfänden und sich zur Einziehung überweisen zu lassen, ehe die Beklagte durch die Vollstreckungsdrohung zur Bezahlung an K. gezwungen war. Aber auch diese Frage ist zu verneinen. Das Landesarbeitsgericht irrt zwar darin, daß es meint, das Arbeitsamt habe wegen der an K. zu Unrecht gezahlten Unterstützungsbeträge niemals einen Erstattungsanspruch gegen K. selbst gehabt und sei schon deshalb nicht in der Lage gewesen, seinen Entschädigungsanspruch bei der Beklagten zu pfänden. Es hat die Vorschrift des § 177 Abs. 1 AVAVG. übersehen, die wie folgt lautet:

> Die Arbeitslosenunterstützung ist von Amts wegen zu entziehen, sobald die Voraussetzungen zum Bezug nicht mehr vorliegen oder sich herausstellt, daß sie schon bisher nicht vorgelegen haben. Im letzteren Fall ist gleichzeitig festzustellen, ob und inwieweit der Unterstützungsempfänger Beträge, die er zu Unrecht erhalten hat, zu erstatten hat. . . .

Hier wird bestätigt, was auch sonst beim Fehlen einer entgegenstehenden Vorschrift selbstverständlich wäre, daß der Empfänger zu Unrecht gewährter Unterstützung in erster Linie selbst für Rückzahlung angehalten werden kann. Ein solches Rückforderungsrecht wird auch in der schon genannten Entscheidung des Reichsversicherungsamts vom 20. Februar 1931 (unter Nr. 3 am Ende) ausdrücklich anerkannt (vgl. auch § 185 AVAVG.). Diese Verpflichtung des Unterstützungsempfängers selbst zur Erstattung der zu Unrecht empfangenen Unterstützungsbeträge muß jedenfalls dann anerkannt werden, wenn ihm wie hier unter Nichtbeachtung des gesetzlichen Forderungsübergangs das ungeminderte Entgelt gegenüber dem Arbeitgeber zugesprochen worden ist. Das Arbeitsamt wäre also gesetzlich wohl in der Lage gewesen, alsbald gegen K. vorzugehen, sich einen Vollstreckungstitel zu beschaffen und die Entschädigungsforderung gegenüber der Beklagten zu pfänden. Nach der Entscheidung des Reichsversicherungsamts vom 16. Januar 1931 (RArbBl. 1931 S. IV 197) hätte K. gegenüber dem Erstattungsanspruch des Arbeitsamts nicht einmal einwenden können, daß er nicht mehr bereichert sei. Der dem Arbeitsamt von der Beklagten vorgeschlagene Weg hätte also wohl dazu führen können, daß der Beklagten die doppelte Zahlung der 188,45 RM erspart geblieben wäre.

Es scheint zwar fast, als ob das Arbeitsamt mit seiner schon erwähnten Eingabe vom 8. Juni 1935 an das Landesarbeitsgericht, in der um eine gerichtliche Verfügung gebeten wurde, daß die am 4. Mai 1935 verurteilte Beklagte einen — damals mit 190,80 RM angegebenen — Teilbetrag der Urteilssumme nicht an K., sondern an das Arbeitsamt abführen solle, der Anregung der Beklagten vom 24. Mai 1935, die zuerkannte Entschädigungsforderung zu pfänden, hätte folgen wollen, wobei das Arbeitsamt allerdings einen völlig ungeeigneten Weg eingeschlagen hätte. Aber daraus, daß das Arbeitsamt vielleicht den Wunsch oder auch die Verpflichtung gefühlt hat, der Beklagten zu Hilfe zu kommen, läßt sich noch nicht entnehmen, daß es eine solche Pflicht auch wirklich gehabt hätte. In der Tat kann eine solche Rechtspflicht aus folgenden Erwägungen nicht anerkannt werden.

Die Klägerin war aus keinem irgendwie gearteten rechtlichen Gesichtspunkt genötigt, der Beklagten gegenüber das Urteil vom 4. Mai 1935 als richtig anzuerkennen; namentlich traf das Arbeitsamt keinerlei Verschulden an dem der Beklagten ungünstigen Urteilsinhalt. Die Klägerin war also in ihrer Stellungnahme zu diesem Urteil völlig frei, und es konnte ihr in keiner Weise ein Vorwurf daraus gemacht werden, daß sie bei der Geltendmachung ihres in § 113 Abs. 2 AVAVG. festgelegten Anspruchs gegenüber der Beklagten auf das Urteil keine Rücksicht nahm. Treu und Glauben möchten vielleicht gefordert haben, daß das Arbeitsamt der Beklagten durch Pfändung der Forderung des K. beisprang, wenn dies das einzige Mittel gewesen wäre, die Beklagte vor einer ihr durch einen Irrtum des Gerichts aufgezwungenen Doppelzahlung zu bewahren. Eine solche Zwangslage war aber nicht gegeben, denn die Beklagte hatte die rechtliche Möglichkeit, sich selbst vor diesem Schaden zu schützen. Sie hätte nämlich den von K. zu Unrecht empfangenen Unterstützungsbetrag, dessen Höhe sie mit leichter Mühe beim Arbeitsamt hätte erfragen können, an dieses abführen und durch den Nachweis dieser Zahlung die Vollstreckung des Urteils vom 4. Mai 1935 zu diesem Teilbetrag abwehren können.

Das Landesarbeitsgericht meint hierzu, die Beklagte hätte eine etwa an K. aus dem Urteil vom 4. Mai 1935 betriebene Vollstreckung dadurch nach § 775 Nr. 4 ZPO. zur Einstellung bringen können, daß sie eine Bescheinigung des Arbeitsamts, d. i. eine öffentliche Urkunde, vorgelegt hätte, in der die dorthingeleistete Zahlung unter Hinweis auf den gesetzlichen Forderungsübergang bestätigt war; notfalls hätte sie im Weg der Vollstreckungsgegenklage nach § 767 ZPO. gegen K. vorgehen können. Ob der Weg des § 775 Nr. 4 gangbar gewesen wäre, mag zweifelhaft sein, kann aber dahingestellt bleiben. Jedenfalls war der Beklagten durch das rechtskräftige Urteil vom 4. Mai 1935 die Möglichkeit nicht verbaut, ihrer Erstattungspflicht aus § 113 Abs. 2 AVAVG. nachzukommen und den abgeführten Betrag dem K. gegenüber nach § 113 Abs. 2 AVAVG. „aufzurechnen". Durch das Urteil vom 4. Mai 1935 ist nicht etwa ausgesprochen worden, daß eine zur Aufrechnung gestellte Gegenforderung der Beklagten gegen K. nicht bestehe; § 322 Abs. 2 ZPO. kommt hier schon deshalb nicht zur Anwendung, weil im vorangegangenen Rechtsstreit gar keine Forderung der Beklagten an K. zur Aufrechnung gestellt, sondern nur die Klagbefugnis des K. für einen Teil des von ihm geltend gemachten Anspruchs geleugnet worden war. Das Urteil hat demgemäß lediglich verneint, daß ein gesetzlicher Übergang der Forderung des K. auf die jetzige Klägerin eingetreten sei. Es hat aber der Beklagten ausdrücklich die Abführung des Erstattungsbetrags und die darauf gestützte „Aufrechnung" im Sinne des § 113 Abs. 2 AVAVG. vorbehalten, wenn auch nur in den Entscheidungsgründen. Die Beklagte konnte also auch noch nach Erlaß des Urteils vom 4. Mai 1935 den jetzt streitigen Betrag an das Arbeitsamt abführen und nunmehr die „Aufrechnung" im Sinne des § 113 Abs. 2 AVAVG. erklären. Durch eine solche „Aufrechnung" sollte nach dem Willen des Urteils vom 4. Mai 1935 die zugesprochene Forderung in Höhe des „aufgerechneten" Betrags in gleicher Weise erlöschen, wie durch eine echte Aufrechnung nach § 389 BGB. Dieses nach dem Erlaß das Urteils eingetretene Erlöschen des Urteilsanspruchs konnte im Weg des § 767 ZPO. geltend gemacht werden.

Hatte aber danach die Beklagte eine rechtliche Möglichkeit, sich selbst gegen eine Doppelzahlung zu schützen, so kann sie das jetzige Vorgehen der Klägerin nicht deshalb als Verletzung der auf gute Sitte und Anstand zu nehmenden Rücksicht bezeichnen, weil das Arbeitsamt die ihm nahegelegte Pfändung nicht — oder nicht in wirksamer Weise — beantragt hat. Ein Verstoß gegen Treu und Glauben kann in dem jetzigen Vorgehen der Klägerin auch nicht um deswillen gefunden werden, weil die Bekagte aus Rechtsirrtum von dem Recht der nachträglichen „Aufrechnung" gegenüber K. und Erhebung der Vollstreckungsgegenklage keinen Gebrauch gemacht hat. Denn die Klägerin hat diesen Rechtsirrtum der Beklagten keinesfalls verschuldet. Davon, daß das Arbeitsamt durch sein Verhalten nach Erlaß des Urteils vom

4. Mai 1935 womöglich den Tatbestand des § 826 BGB. erfüllt hätte, wie die Beklagte vor dem Landesarbeitsgericht geltend gemacht hatte, kann offenbar erst recht keine Rede sein.

Nach alledem war wie geschehen zu entscheiden.

RAG. 18, 12.

Zur Frage der Entlassung wegen beharrlicher Arbeitsverweigerung.

RGewO. § 123 Nr. 3.

Urteil vom 7. November 1936.

I. Arbeitsgericht Berlin. — II. Landesarbeitsgericht daselbst.

Der Kläger, der als Werkmeister gegen festes Gehalt und Gewinnbeteiligung bei der Beklagten beschäftigt war, wurde am 12. Dezember 1935 fristlos entlassen, weil er sich weigerte, den ihm vom Vorstand der Beklagten am Morgen dieses Tages erteilten Auftrag, einen Draht in Stärke von 0,05 cm zu ziehen, mit dem ihm dazu zur Verfügung gestellten Satz Diamanten auszuführen. Seine auf Feststellung der Unwirksamkeit der Entlassung gerichtete Klage ist dem Antrag der Beklagten gemäß in beiden Vorinstanzen abgewiesen worden. Auf die Revision des Klägers erfolgte Aufhebung des Berufungsurteils und Zurückverweisung der Sache in die Vorinstanz.

Gründe:

Das angefochtene Urteil erblickt in dem Verhalten des Klägers vom 12. Dezember 1935 eine beharrliche Arbeitsverweigerung und erklärt danach seine fristlose Entlassung für berechtigt. Auch wenn er geglaubt habe, mit den ihm zur Verfügung gestellten Steinen die ihm übertragene Arbeit nicht ausführen zu können, und auch wenn man unterstelle, daß er nur die Steine verlangt habe, die er für die Ausführung für erforderlich hielt, habe er sich nicht weigern dürfen, die Arbeit mit dem ihm dazu übergebenen Steinmaterial in Angriff zu nehmen, wenn die Betriebsleitung darauf bestanden und ihn zudem noch auf die Folgen seiner Weigerung hingewiesen habe.

Die Angriffe der Revision müssen für begründet erachtet werden. Der Kläger leugnet nach wie vor zwar nicht, die ihm aufgetragene Arbeit trotz der ihm erklärten Aufforderungen und Hinweise abgelehnt zu haben. Die Revision verweist demgegenüber aber auf die technische Undurchführbarkeit der Arbeit, vermißt um deswillen beim Kläger das Bewußtsein der Pflichtwidrigkeit seines Verhaltens und beanstandet die Nichterhebung des angebotenen Sachverständigenbeweises. Zutreffend sagt zwar das angefochtene Urteil, daß die bloße Tatsache der Unausführbarkeit der zugemuteten Arbeit eine beharrliche Arbeitsverweigerung des Klägers nicht ohne weiteres entschuldigen würde. Indessen muß eine beharrliche Arbeitsverweigerung, wenn sie eine Entlassung begründen soll, von dem Bewußtsein der Pflichtwidrigkeit mindestens in dem Sinne getragen sein, daß der Gefolgsmann jedenfalls mit der Möglichkeit des Bestehens der Arbeitspflicht rechnen muß (ArbRSamml. Bd. 6 S. 335, 342, 377). In dieser Hinsicht läßt aber, wie die Revision mit Recht rügt, das angefochtene Urteil die gebotenen Feststellungen vermissen. Ob eine beharrliche Arbeitsverweigerung im Sinne von § 123 Nr. 3 GewO. vorlag, läßt sich ohne Klärung der tatsächlichen Vorgänge überhaupt nicht beurteilen. Das Berufungsgericht erwähnt zwar mehrfach, daß der Kläger „die Arbeit beharrlich verweigert" habe, spricht damit aber nur die rechtliche Beurteilung eines Tatbestandes aus, den es zunächst in seiner tatsächlichen Gestaltung zu ermitteln und klarzustellen hatte. Für die Frage, ob eine beharrliche Arbeitsverweigerung vorlag, konnten sowohl die äußere Form, in die der Kläger sein Verhalten kleidete, wie seine fachliche Überzeugung von der technischen Unausführbarkeit der ihm angesonnenen Arbeit, seine Verantwortung für sachgemäße Werkausführung und sein geschäftliches Eigeninteresse an einwandfreier Bedienung der Kundschaft von Bedeutung sein; aber auch seine im Verlaufe des Rechtsstreits ausgesprochene Vermutung, daß die Beklagten mit der Zumutung einer unerfüllbaren Arbeit nur auf Herbeiführung eines Entlassungsgrundes abgezielt hätten, war nicht außer acht zu lassen. . . .

RAG. 18, 23.+

. . . Kann die Revision nachträglich durch einen im unmittelbaren Anschluß an die Urteilsverkündung erlassenen Ergänzungs- oder Berichtigungsbeschluß des Landesarbeitsgerichts noch rechtswirksam zugelassen werden?

ArbGG. §§ 72, 69, 64. ZPO. § 319.

Urteil vom 9. Dezember 1936.

I. Arbeitsgericht Mainz. — II. Landesarbeitsgericht Darmstadt.

Die Revision der Beklagten wurde als unzulässig verworfen aus folgenden

Gründen:

. . .

Hiernach kann sich nur noch fragen, ob nicht ein zulässiger Berichtigungsbeschluß im Sinne von § 319 ZPO. vorliegt. Nach dieser Bestimmung können Schreibfehler, Rechnungsfehler und ähnliche offenbare Unrichtigkeiten, die im Urteil vorkommen, jederzeit — auch von Amts wegen — richtiggestellt werden. Eine solche Berichtigung ist auch gegenüber einem landesarbeitsgerichtlichen Urteil zulässig. Sie setzt aber, wie das Reichsarbeitsgericht ebenfalls in der erwähnten Entscheidung vom 29. Februar 1936 dargelegt hat, voraus, daß etwas nachträglich verlautbart werden soll, was vom Gericht zwar beschlossen war, aber in der mündlichen und schriftlichen Verlautbarung des Urteils versehentlich nicht oder unrichtig zum Ausdruck gekommen ist. § 319 ZPO. könnte daher für den nachträglich erlassenen Beschluß des Landesarbeitsgerichts eine rechtliche Grundage bilden, wenn das Landesarbeitsgericht etwa die Zulassung der Revision vor der Urteilsverkündung beschlossen gehabt hätte und der Satz über die Zulassung nur versehentlich im entscheidenden Teil des Urteils bei der Verkündung weggelassen worden wäre. Daß das hier zutreffen könnte, ist ausgeschlossen. Denn dann hätte das Landesarbeitsgericht in den Urteilsgründen sicherlich zum Ausdruck gebracht, daß der nachfolgende Beschluß lediglich zur Herstellung des von ihm von Anfang an beabsichtigten und beschlossenen Zustandes erlassen worden sei. Im Gegensatz dazu wird aber dort ausgeführt, daß bei der Schlußverhandlung die Zulassung der Revision nicht beantragt worden sei, der Vertreter der Beklagten vielmehr einen dahin gehenden Antrag mit der Begründung, „es bestehe ein grundsätzliches Interesse an der Revision", erst nach Verkündung der Urteilsformel — die die Zulassung der Revision nicht enthielt — und Mitteilung der Entscheidungsgründe gestellt und daß daraufhin das Landesarbeitsgericht über den Antrag beraten und den Zusatz zur Urteilsformel beschlossen habe. Diese Ausführungen können nur dahin verstanden werden, daß die Beklagte bis zum Schluß der Urteilsverkündung in keiner Weise zu erkennen gegeben hatte, sie messe dem Rechtsstreit grundsätzliche Bedeutung bei, und daß auch das Landesarbeitsgericht bis dahin eine solche Bedeutung des Rechtsstreits nicht angenommen hatte. Dann kann aber die nachträgliche Beratung des Gerichts nicht die Feststellung eines schon vorher gefaßten und nur versehentlich nicht alsbald mitverkündeten Beschlusses zum Gegenstand gehabt haben. . . .

Ist der nachträgliche Beschluß des Landesarbeitsgerichts aber nicht als Berichtigungsbeschluß anzusehen, so muß nach alledem die Revision der Beklagten als unzulässig verworfen werden.

RAG. 18, 33.+

Kann der örtlich begrenzte, aber fachlich weitere Tarifvertrag den fachlich engeren, aber örtlich weiteren Tarifvertrag außer Wirksamkeit setzen?

Kann eine ordentliche Kündigung durch das Nachschieben außerordentlicher Kündigungsgründe in eine außerordentliche Kündigung umgedeutet werden?

Werkmeistertarifvertrag von Gumbinnen vom 10. Januar 1929, Reichstarifvertrag für die Werkmeister der Hausschuhindustrie vom 8. Mai 1931. BGB. § 626.

Urteil vom 16. Dezember 1936.

I. Arbeitsgericht Insterburg. — II. Landesarbeitsgericht Königsberg.

Der damals in A. wohnhafte Kläger wurde von der Beklagten mit Schreiben vom 29. Juni 1935 gegen ein monatliches Gehalt von 280 RM in ihrer Gumbinner Hausschuh- und Pantoffelfabrik als Werkmeister vom 1. August 1935 an eingestellt. Am 16. Januar 1936 wurde ihm zum 29. Februar 1936 gekündigt. Der Kläger verlangt Gehaltszahlung bis zum 31. März 1936, da ihm nach dem Reichstarifvertrag für die Werkmeister der Hausschuhindustrie vom 8. Mai 1931 nur 6 Wochen vor Schluß des Kalendervierteljahrs habe gekündigt werden können, und weiter Ersatz der Reisekosten mit 50 RM unter Berufung auf das Schreiben der Beklagten vom 29. Juni 1935, in dem sie ihm vorschlug, zunächst auf ein halbes Jahr ohne Familie nach Gumbinnen zu kommen, und sich bereit erklärte, ihm nach Ablauf des halben Jahres die Kosten der Hinreise zu ersetzen, um ihm in dem Fall entgegenzukommen, wenn ihm die Stelle dann nicht mehr zusage. Die Beklagte machte hilfsweise fristlose Kündigung des Vertrags geltend, da der Kläger den Arbeitsfrieden in dem Betrieb gestört habe.

Die Beklagte wurde in den zwei ersten Rechtszügen nach dem Klagantrag verurteilt. Ihre Revision blieb ohne Erfolg.

Gründe:

1. Nach dem zwischen dem Arbeitgeberverband für Handel, Industrie und Gewerbe im Regierungsbezirk Gumbinnen und dem Deutschen Werkmeisterverband Düsseldorf abgeschlossenen Tarifvertrag vom 10. Januar 1929 § 1 b sind von diesem Vertrag diejenigen Betriebe ausgenommen, deren Gehalts- und Arbeitsbedingungen für die durch den Vertrag erfaßten Angestellten „durch bereits bestehende und allgemein verbindlich erklärte Reichstarife“ geregelt werden. Der Tarif-

vertrag ist durch Verfügung des Reichsarbeitsministers vom 10. Juni 1929 (RABl. 1929 Teil VI Nr. 18 S. 171) für allgemein verbindlich erklärt, „soweit nicht besondere Fachtarifverträge in Geltung sind", und gilt als Tarifordnung weiter. Nach § 13 dieses Tarifvertrags beträgt die Kündigung während der beiden ersten Beschäftigungsjahre 1 Monat.

Der Reichstarifvertrag für die Werkmeister der Hausschuhindustrie vom 8. Mai 1931 ist gleichfalls für allgemein verbindlich erklärt. Er sieht in § 6 vor, daß die Kündigung 6 Wochen vor Schluß des Kalendervierteljahrs erfolgen müsse.

Das Berufungsgericht hat dazu ausgeführt: Durch § 1 b des örtlich begrenzten (Gumbinner) Tarifvertrags habe nur klargestellt werden sollen, daß durch ihn bereits bestehende Bestimmungen nicht aufgehoben würden, er besage aber nicht, daß nicht durch einen späteren Tarifvertrag Ausnahmen vorgesehen werden könnten; der spätere, fachlich begrenzte Tarifvertrag müsse als das speziellere Gesetz vorgehen. Diese Auslegung des allgemeinen Tarifvertrags für die Werkmeister kann um so weniger Bedenken begegnen, als beide Tarifverträge von dem Deutschen Werkmeisterverband, Sitz Düsseldorf, abgeschlossen sind, der für eine örtliche Begrenzung des späteren Vertrags hätte sorgen können, wenn sie gewollt gewesen wäre, und als der Zusatz bei der AVE., daß der Vertrag nicht gelte, soweit „besondere Fachtarife in Geltung sind" das irreführende Wort „bereits" nicht wiederholt, also offensichtlich jeweils geltende Fachtarife von der Herrschaft des allgemeinen Ortstarifs ausnimmt. Dem Ergebnis ist auch noch aus einer anderen Erwägung beizupflichten. Durch die Anordnung des Reichsarbeitsministers vom 28. März 1934 sind die Tarifverträge zu Tarifordnungen im Sinne des § 32 AOG. geworden. Der Treuhänder der Arbeit kann nur Tarifordnungen für seinen Bezirk erlassen. Darüber hinausreichende Tarifordnungen werden nach § 33 vom Sondertreuhänder erlassen. Die Zuständigkeit des Sondertreuhänders geht der Zuständigkeit des Treuhänders vor, die von dem Sondertreuhänder erlassene Tarifordnung ist die stärkere Rechtsquelle, hinter der die Tarifordnung des Treuhänders zurückzutreten hat. Der örtlich begrenzte Tarifvertrag gilt nach der Anordnung des Reichsarbeitsministers als Tarifordnung des Treuhänders, der über den Bezirk hinausgreifende fachlich begrenzte Tarifvertrag ist der Tarifordnung eines Sondertreuhänders gleichzuachten, die nur von ihm oder dem Reichsarbeitsminister aufgehoben oder geändert werden konnte. Der als Fachtarifordnung in Geltung bleibende Reichstarifvertrag für die Werkmeister der Hausschuhindustrie hätte also auch dann den Vorrang vor der örtlichen

Tarifordnung, wenn diese an sich künftige Sondertarife hätte ausschließen wollen. Schon deshalb kann der Einwand der Revision nicht beachtet werden, daß die besonderen örtlichen Bedürfnisse Ostpreußens zu dem nicht fachlich, sondern nur örtlich gerichteten Tarifvertrag geführt hätten und daß deshalb der örtlich engere Tarif als das speziellere Gesetz anerkannt werden müsse. Aus gleichlautenden Bestimmungen der Werkmeistertarife für Königsberg und Tilsit läßt sich für die Entscheidung nichts gewinnen. Nur noch das Reichsarbeitsministerium oder ein von ihm zu bestellender Sondertreuhänder können darüber befinden, ob die Belange Ostpreußens die Herausnahme aus dem Reichsfachtarif erheischen.

2. Die ordentliche Kündigung kann nach feststehender Rechtsprechung in aller Regel nur unter besonderen Umständen in eine außerordentlich umgedeutet werden, da die Kündigung eine klare Rechtslage schaffen soll, die dem Vertragsgegner eine eindeutige Stellungnahme zu der Kündigung ermöglicht (RGZ. Bd. 122 S. 38). Es kann dahingestellt bleiben, ob die befristet ausgesprochene Kündigung überhaupt eine Kündigung aus wichtigem Grunde sein kann (RAG. ArbRSamml. Bd. 16 S. 480, Bd. 17 S. 257 und 259). Mit Grund weist jedenfalls das Berufungsgericht darauf hin, daß die Beklagte durch die befristete Kündigung nur ihren Willen zu erkennen gegeben hat, vertraglich zu kündigen. Es würde gegen Treu und Glauben verstoßen, nachträglich in die Kündigung eine Auslegung hineinzutragen, die dem erkennbar gemachten Willen zur Zeit der Kündigung nicht entsprach (RAG. Bd. 15 S. 213) und nach der eigenen Darstellung der Revision nicht entsprochen haben konnte, weil die später geltend gemachten außerordentlichen Kündigungsgründe damals der Beklagten noch gar nicht bekannt waren. Sie sind daher vom Berufungsgericht zutreffend als unbeachtlich zurückgewiesen worden, weil die Kündigung nicht auf sie gestützt war, ohne daß es darauf ankam, zu untersuchen, ob sie vor oder nach der Kündigung von der Beklagten hätten geltend gemacht werden können.

. . .

RAG. 18, 52.

Ist es im Sinne des § 900 RVO. ein in der Person des Verpflichteten liegender Grund, wenn ein strafgerichtliches Urteil deshalb nicht ergehen kann, weil der Verpflichtete unter ein Amnestiegesetz gefallen ist?

Reichsversicherungsordnung § 900.

Urteil vom 19. Dezember 1936.

I. Arbeitsgericht Berlin. — II. Landesarbeitsgericht daselbst.

Der Kläger war als Maurer, der Beklagte als Polier auf einer Baustelle tätig, auf der eine Halle mit Leichtdecken zu überwölben war. Der Kläger brach beim Umlegen eines Leitergangs durch die Decke durch und erlitt Verletzungen. Er nimmt den Beklagten auf Schadensersatz in Anspruch mit der Behauptung, daß der Beklagte den Unfall vorsätzlich herbeigeführt habe. — Der Kläger hatte gegen den Beklagten Strafanzeige erstattet; das Verfahren ist auf Grund des Gesetzes über die Gewährung von Straffreiheit vom 7. August 1934 — RGBl. I S. 769 — eingestellt worden.

Arbeitsgericht und Landesarbeitsgericht haben die Klage abgewiesen. Die Revision hatte keinen Erfolg.

Gründe:

Das Berufungsgericht hat die Klage abgewiesen, weil der Kläger einen Anspruch nur geltend machen könne, wenn strafgerichtlich festgestellt worden sei, daß der Beklagte den Unfall vorsätzlich herbeigeführt habe, oder aber, wenn wegen eines in dessen Person liegenden Grundes ein strafgerichtliches Urteil nicht habe ergehen können (§§ 898, 899, 900 RVO.); keine dieser beiden Voraussetzungen sei erfüllt. Seine Darlegungen enthalten keinen Rechtsirrtum.

Die Revision meint zu Unrecht, daß im Sinn der genannten Bestimmungen auch die Einwirkung des Gesetzes vom 7. August 1934 als ein in der Person des Beklagten liegender Grund anzusehen sei, weil dort die Gewährung der Straffreiheit auch von in der Person des Täters liegenden Gründen abhängig gemacht sei, wie z. B. seinen Vorstrafen. Dieser Auffassung kann nicht beigetreten werden. Die Vorschrift des § 900 RVO. ist aus älteren Gesetzen übernommen worden. Sie findet sich schon in §§ 95, 97 des Unfallversicherungsgesetzes vom 6. Juli 1884 (RGBl. S. 69). In der amtlichen Begründung zum Entwurf dieses Gesetzes (S. 81) ist hervorgehoben, das Gesetz verfolge das Ziel, alle Streitigkeiten zwischen Arbeitern und Arbeitgebern über Entschädigungsansprüche aus Unfällen zu beseitigen und bei allgemeiner Belastung des Unternehmers dem Arbeiter statt des oft unsicheren Anspruchs gegen diesen eine zwar begrenzte, aber sichere Entschädigung zu bieten. Nur dann, wenn durch strafgerichtliches Urteil die vorsätzliche Herbeiführung des Unfalls festgestellt sei, solle ein Anspruch gegen den Verantwortlichen gegeben bleiben. Das gleiche solle gelten, wenn in einem einzelnen Fall der Erlaß eines strafgerichtlichen Urteils gegen denjenigen, der den Unfall vorsätzlich herbeigeführt hat, durch den Tod oder die Flucht oder einen andern in der Person des Schuldners liegenden Grund ausgeschlossen sei; nur dann solle der Erlaß eines Urteils nicht die Voraussetzung des Anspruchs sein (Begründung S. 82). Es ist also die Ausnahme nur für einzelne Fälle der angegebenen Art vorgesehen, nicht aber auch dann, wenn bei Aufstellung allgemeiner Tatbestände für Straffreiheit die strafgerichtliche Feststellung durch Urteil unmöglich wird, mögen dabei auch Gründe in der Person des Täters mit als Maßstab dafür dienen, ob ihm Straffreiheit zuzubilligen ist. Wenn die Straffreiheit somit die Wirkung hat, daß ein Schadensersatzanspruch gegen den Unternehmer und die ihm nach § 899 Gleichgestellten nicht erhoben werden kann, so liegt eine solche Folge doch in der vom Gesetz festgelegten Linie, in Fällen minder schwerer Schuld alle Streitigkeiten zu beseitigen. Bei einer durch Gesetz gewährten Straffreiheit wird die Schwere der Tat immer maßgebend sein. Jedenfalls ist sie es bei der durch das Gesetz vom 7. August 1934 angeordneten.

RAG. 18, 139.

Kann ein Arbeitsverhältnis auch dann noch angenommen werden, wenn die bisher durch angestellte Tankwarte besorgte Bedienung von Tankstellen einer von diesen Tankwarten gebildeten „Arbeitsgemeinschaft" durch einen pachtähnlichen Vertrag übertragen wird? Merkmale eines Arbeitsverhältnisses in solchem Fall.

Urteil vom 27. Januar 1937.

I. Arbeitsgericht Chemnitz. — II. Landesarbeitsgericht daselbst.

Der Kläger stand bis zum 30. Juni 1931 als Tankwart in Diensten der Beklagten. Zum 1. Juli 1931 wurde dem Verhältnis eine andere Form gegeben. Die Beklagte kündigte ihren Tankwarten. Diese schlossen sich zu einer Arbeitsgemeinschaft zusammen, und die Beklagte trat zu dieser Gemeinschaft in Vertragsbeziehungen gemäß ihren Schreiben vom 22. Juni 1931 und 26. September 1931. Die Beklagte meint, seitdem nicht mehr in einem Dienstvertragsverhältnis zu den einzelnen Tankwarten zu stehen, sondern lediglich in einem — pachtähnlichen — Verhältnis zu der Gesellschaft, deren Mitglieder selbständige Gewerbetreibende seien. Der Kläger dagegen betrachtet sich weiter als Gefolgsmann im Betriebe der Beklagten und verlangt deshalb mit der Klage einen Tariflohnrestbetrag von 24,68 RM. Das Arbeitsgericht hat die Klage abgewiesen, das Landesarbeitsgericht hatte durch Teilurteil einen der Höhe nach nicht streitigen Betrag von 10,– RM dem Kläger zugesprochen und hat nach Aufhebung dieses Urteils durch das Reichsarbeitsgericht (Entsch. Bd. 17 S. 1) nunmehr abermals in gleichem Sinne erkannt. Die von der Beklagten erneut eingelegte Revision wurde zurückgewiesen aus folgenden

Gründen:

Das Reichsarbeitsgericht hatte in seinem Urteil Entsch. Bd. 17 S. 1 darauf hingewiesen, für die Entscheidung der Frage, ob der Kläger in einem Arbeitsverhältnis zur Beklagten gestanden habe oder selbständiger Unternehmer gewesen sei, komme es auf den Grad der persönlichen Abhängigkeit des Klägers an. Das Berufungsgericht hat eine solche persönliche Abhängigkeit bejaht; es zieht aus dem Inhalt des Vertrags und der Art, wie er gehandhabt worden ist, den Schluß, daß der Kläger vertraglich zu persönlichem Gehorsam gegenüber der Beklagten verpflichtet war.

Die rechtliche Grundlage, von der das Berufungsgericht ausgegangen ist, ist nicht zu beanstanden; sie entspricht der im ersten Urteil des Reichsarbeitsgerichts gegebenen Weisung. Die Feststellung der einzelnen Tatsachen, die der Schlußfolgerung zugrunde liegen, ist verfahrensrechtlich einwandfrei erfolgt. Es liegt kein Anlaß zu der Annahme vor, daß das Berufungsgericht dabei Einzelheiten, wie z. B. eine Antwort des Klägers gegenüber einer ihm erteilten Rüge wegen Unpünktlichkeit, übersehen hätte. Eine solche Rüge pflegt aus dem Bewußtsein der persönlichen Abhängigkeit des andern Teils erteilt zu werden, ein ungehöriger Widerspruch des Gerügten ist keine Seltenheit. Der behauptete Widerspruch des Klägers ist vom Berufungsgericht ersichtlich aus diesem Grund für nicht ausschlaggebend angesehen worden. Auf jede unwesentliche Einzelheit im Urteil einzugehen, war das Gericht nicht verpflichtet.

Wie weit aus einzelnen Tatumständen, z. B. der an die Tankwarte ergangenen Weisung, eine bestimmte Kleidung zu tragen, ein Faß von einem bestimmten Platz an der Tankstelle zu entfernen, die Fahrräder an bestimmten Stellen aufzubewahren, der Rüge unpünktlichen Erscheinens zur Arbeit, der Anweisung zur Führung eines Rapportbuches usw., auf ein persönliches Abhängigkeitsverhältnis zu schließen war und nicht nur auf eine Mahnung, als selbständiger Unternehmer in eigenem Interesse auf Ordnung im Betriebe zu halten, liegt ganz im Bereich tatsächlicher Würdigung, die das Revisionsgericht nicht nachzuprüfen hat. Das Revisionsgericht ist daher für den hier zur Beurteilung stehenden Fall an das Ergebnis dieser Würdigung des Berufungsgerichts gebunden, vorausgesetzt, daß eine solche Auslegung des Vertrags im Bereiche der Möglichkeit liegt. Das aber muß bejaht werden. Wenn eine bestimmte Leistung auszuführen von einem selbständigen Unternehmer zugesagt ist, so könnten zwar Leistungen ähnlicher Art vielleicht auch in solchem Verhältnis vereinbart sein, aber sie verstehen sich in der Regel nicht von selbst und müssen bedungen sein, nicht erst beliebig bei Abwickelung des Verhältnisses gefordert werden dürfen. Letzteres ist ein Zeichen, daß eine persönliche Gehorsamspflicht die Grundlage bildet. Eine solche wird sich vor allem durch die Art kenntlich machen, in der die Ausführung verlangt werden darf. Aus der Form, in der die Vertreter der Beklagten die Weisungen gegeben haben, und aus deren Inhalt konnte das Berufungsgericht in tatsächlicher Würdigung der Verhältnisse ohne Rechtsverstoß eine vertraglich bedungene persönliche Gehorsamspflicht entnehmen. Nur die große Linie ist dabei entscheidend, nicht jede Einzelheit. Die Grenze der Gehorsamspflicht wird in den Einzelheiten weiter oder enger gezogen sein können. Auch ein abhängiger Dienstverpflichteter kann seinerseits wieder andere in Dienst nehmen, ohne daß seine Dienststellung dadurch ihre Eigenart verliert. Gegenüber vorhandenen Merkmalen einer Pflicht zu Gehorsam ist daher nicht unbedingt entscheidend, daß die Tankwarte selbst wieder einige Leute in Dienst genommen haben, oder daß sie ihre Diensteinteilung selbst aufgestellt haben, ohne wie früher den Plan zur Genehmigung vorzulegen. Aus einem Dienstverhältnis mit einer Gemeinschaft kann sich sowohl vertraglich als auch aus nur tatsächlichen Gründen eine Beschränkung der Möglichkeit der Kündigung einzelner Beteiligter ergeben.

Die Lösung eines Gewerbescheins seitens des Arbeitnehmers, die Behandlung der Steuerfragen, manche andere Einzelheit mag darauf hinweisen, daß die Parteien den Versuch gemacht haben, den Vertrag aus dem Rahmen eines Arbeitsvertrags hinauszuheben. Entscheidend kann nur sein, ob dieser Versuch in dem vom Gesetz erforderten Rahmen durchgeführt worden ist, ob nicht ein Grad persönlicher Abhängigkeit verblieben ist, der ausschlaggebend dafür ist, daß die Tankwarte in der Stellung von Arbeitnehmern im Dienstvertrag verblieben sind. Die Auslegung des Vertragsverhältnisses mit dem vom Berufungsgericht erzielten Ergebnis liegt im Bereich der Möglichkeit, und daher ist die Entscheidung rechtlich nicht zu beanstanden.

RAG. 18, 145.

Ist gegen eine nach § 850d ZPO. als bestehend unterstellte Forderung Aufrechnung möglich?

ZPO. § 850d.

Urteil vom 20. Februar 1937.

I. Arbeitsgericht Königsberg (Pr.). — II. Landesarbeitsgericht daselbst.

Die Inhaberin der verklagten Firma ist die Ehefrau des früheren Fabrikbesitzers Sch., der aus seinem einstigen Geschäftsbetriebe der Klägerin noch 1024,77 RM an Beiträgen für die Jahre 1930/31 schuldet. Nachdem er in Konkurs verfallen war, ist er in einen von seiner Frau neu gegründeten Handelsbetrieb als Geschäftsführer eingetreten, wo er einen garantierten Reingewinn von monatlich 150 RM erhalten sollte und überdies abredegemäß monatlich 1000 RM für Spesen entnommen hat. In einem Vorprozeß der Parteien ist rechtskräftig festgestellt, daß im Verhältnis der Parteien eine angemessene Vergütung von 500 RM monatlich als von der Inhaberin der Beklagten an ihren Ehemann geschuldet zu gelten habe. Durch einen am 12. August 1935 der Beklagten zugestellten Beschluß ist für die Klägerin das Gehalt Sch.s wegen ihrer obenbezeichneten Forderung gepfändet und ihr zur Einziehung überwiesen worden. Sie klagt gegenwärtig einen Teilbetrag von 400 RM samt Zinsen ein. Die Beklagte hat um Klagabweisung gebeten. Sie macht geltend, daß Vorpfändungen vorlägen, der Schuldner zur Zeit der Pfändung bei ihr mit über 3000 RM im Vorschuß gestanden habe, und rechnet überdies mit von ihr angeblich übernommenen Forderungen aus der früheren Geschäftstätigkeit Sch.s gegen diesen in Höhe von rund 55 000 RM gegen die Klagforderung auf.

Beide Vorinstanzen haben der Klage stattgegeben. Die Revision der Beklagten hatte Erfolg aus folgenden

Gründen:

Das Berufungsgericht sieht die im Vorprozeß der Parteien auf 500 RM festgetellte monatliche Vergütung des Schuldners Sch. im Geschäft der Beklagten mit Rücksicht auf seine Familienverhältnisse in Höhe von 116 RM für pfändbar an und erachtet unter Berücksichtigung der Vorpfändung der Ortskrankenkasse K. einen Monatsbetrag von 60 RM als für den Zugriff der Klägerin frei. Danach sei auf die Zeit von der Pfändung der Klägerin bis zum erstinstanzlichen Urteil der mit der Klage geforderte Betrag erwachsen und sonach von ihr mit Recht in Anspruch genommen. Die Aufrechnung der Beklagten verstoße gegen Treu und Glauben, da die von der Beklagten dazu in erster Linie benutzten etwa 50 000 RM Sch.sche Konkursforderungen, die sie übernommen habe, fast ausschließlich Verwandtenforderungen seien, mit deren Aufrechnung sie andere alte Gläubiger des Schuldners Sch. schädigen wollte. Die angeblich vorschußweise an den Schuldner gezahlten 3000 RM seien auf seine Tätigkeit bis zur Pfändung zu verrechnen.

Die Revision greift das Berufungsurteil nur hinsichtlich der Entscheidung über die Aufrechnung der von der Beklagten übernommenen Konkursforderungen an. Insoweit ist das Rechtsmittel auch begründet. Auszugehen ist davon, daß die Pfändung der Bezüge des Schuldners Sch. bei der Beklagten auf § 850 d ZPO. beruht. Ohne Bedeutung für den Rechtsstreit ist, ob die Beklagte mit dem Vergütungsabkommen, das sie mit dem Schuldner getroffen hat, auf eine Beeinträchtigung seiner alten Gläubiger ausgegangen ist, denn die Klage stellt sich ja g e r a d e a u f d e n B o d e n dieses Abkommens. Es muß auch die bisher nicht geprüfte Behauptung der Klägerin ausscheiden, daß das Geschäft der Beklagten in Wirklichkeit das frühere, jetzt nur auf den Namen der Ehefrau fortgesetzte Geschäft des Schuldners Sch. selbst sei. Zu prüfen ist allein die Zulässigkeit der Aufrechnung von Forderungen alter Konkursgläubiger Sch.s, die der Beklagten abgetreten sind, gegen die Klagforderung. Sie beurteilt sich gesetzlich nach § 392 (vgl. auch § 406) BGB., mit dem die Vorinstanz sich in ihrer Entscheidung auseinanderzusetzen jedoch nicht Veranlassung genommen hat. Es besteht danach, wenn die Voraussetzungen jener Bestimmungen nicht zutreffen, an sich kein Anlaß, die Aufrechnung zu beanstanden. Zunächst fehlt auch sowohl in tatsächlicher wie rechtlicher Hinsicht die Grundlage dafür, daß die Revisionsbeantwortung die Übernahme der Verwandtenforderungen als in Gläubigerbenachteiligungsabsicht geschehen anfechten will, weil ja von einem Anfechtungsfall, der etwa der Konkursordnung oder dem Anfechtungsgesetze unterfiele, an sich keine Rede sein kann, wenn sich die Beklagte Forderungen von Gläubigern des Ehemannes ihrer Inhaberin abtreten ließ. Die Beklagte kann auch nicht als behindert angesehen werden, solche Forderungen, gleichviel ob von Verwandtenseite, — wie sie behauptet, unter mindestens teilweiser Leistung des Gegenwertes — zu erwerben. Die Klägerin verfolgt gegen sie nicht ein eigenes Recht, sondern eine gepfändete Forderung ihres Schuldners. Wird diese als bestehend nach § 850 d ZPO. fingiert, unterliegt sie auch unbedenklich der Aufrechnung, weil die Fiktion folgerichtigerweise dazu führen muß, daß die Forderung auch hinsichtlich der gegen sie geltend zu machenden Einreden als bestehend behandelt wird. Nicht ausgeschlossen ist freilich, daß der Aufrechnung unter besonderen Umständen die Einrede der Arglist entgegensteht, wenn ihre Geltendmachung sich im Sinne von § 826 BGB. als eine sittenwidrige Handlung darstellt. In dieser Hinsicht läßt aber das Berufungsurteil jede schlüssige Begründung vermissen. Denn, wenn die Beklagte wirklich die Gläubiger der von ihr erworbenen Forderungen ratenweise befriedigt, also an der Ernstlichkeit der Abtretung nicht zu zweifeln ist, ist nicht einzusehen, warum sie bei diesem Forderungserwerb etwa eine bestimmte Rangfolge einhalten oder eine Übernahme der Verwandtenforderungen mit Rücksicht auf andere vorhandene Gläubiger, die nicht an sie wegen der Übernahme ihrer Forderungen herangetreten sind, unterlassen und derartige Forderungen nicht Pfändungsgläubigern des Schuldners entgegenstellen soll.

Das angefochtene Urteil unterliegt hiernach der Aufhebung. Der Rechtsstreit ist, da die zur Aufrechnung gestellten Forderungen bestritten sind und geprüft werden müssen, zur Verhandlung und Entscheidung an die Vorinstanz zurückzuverweisen.

RAG. 18, 172.

Ist der im Anstellungsverhältnis befindliche Zeitungswerber (Abonnentensammler) Handlungsgehilfe?

HGB. § 59.

Urt. v. 13. März 1937.

I. Arbeitsgericht Köln. — II. Landesarbeitsgericht daselbst.

Der Kläger war vom 1. September 1937 ab als „Bezieherwerber" für die im Betriebe des Beklagten gedruckten und verlegten Zeitungen in dessen Dienst tätig und wurde vom genannten Zeitpunkt ab in ein „unmittelbares Angestelltenverhältnis" übernommen. Laut Schreiben des Beklagten vom 27. September 1935, mit dem das zunächst auf Probe abgeschlossene Abkommen auf unbestimmte Zeit verlängert wurde, sollte die Kündigung beiden Teilen mit 7tägiger Frist zum Schluß der nächsten Woche gestattet sein. Am Sonntag, dem 24. Mai 1936, kündigte der Beklagte zum Sonnabend, dem 30. Mai. Der Kläger betrachtet sich als kaufmännischen Angestellten und nimmt nach § 67 HGB. eine einmonatige Kündigungsfrist zum Monatsschluß in Anspruch. Der Beklagte bestreitet, daß der Kläger kaufmännischer Angestellter gewesen sei.

Beide Vorinstanzen sind dem Beklagten beigetreten. Das wurde vom Reichsarbeitsgericht mißbilligt aus folgenden

Gründen:

Die Entscheidung des Rechtsstreits hängt davon ab, ob der Kläger an Stelle der zwischen den Parteien vereinbarten Kündigungsfrist die nur zum Monatsschluß statthafte einmonatige des § 67 HGB. für sich in Anspruch nehmen kann. Der § 67 enthält zwingendes Recht, gilt aber nur für Handlungsgehilfen. Handlungsgehilfe ist nach § 59 HGB., wer in einem Handelsgewerbe zur Leistung kaufmännischer Dienste angestellt ist. Daß das Zeitungsunternehmen des Beklagten ein Handelsgewerbe bildet, ist unstreitig. Daß es vor allem, wie dazu notwendig ist, auch auf Erzielung von Gewinn gerichtet ist, kann nicht zweifelhaft sein und wird auch von der Revision nicht in Abrede gestellt. Ebensowenig herrscht Streit darüber, daß der Kläger zum Beklagten in einem Angestelltenverhältnis gestanden hat und für seine Tätigkeit entlohnt worden ist. Die Parteien streiten nur darüber, ob der Kläger als Bezieherwerber (Abonnentensammler) für die vom Beklagten verlegten und gedruckten Zeitungen kaufmännische Dienste geleistet hat. Das Berufungsgericht hat es, der Ansicht des Beklagten folgend, verneint, weil die Werbetätigkeit für den Betrieb einer Zeitung weder kaufmännische Vorbildung voraussetze, noch kaufmännische Erfahrung oder Kenntnisse erfordere, sondern, wie es die tägliche Erfahrung lehre, von jedem ausgeübt werden könne, der es verstehe, durch gewandtes Auftreten und durch geschickte Überredung zum Bezuge einer Zeitung aufzufordern.

Gegen diese Auffassung wendet sich die Revision mit Recht.

Auszugehen ist zunächst davon, daß der Kläger in dem kaufmännischen Teil des Betriebes des Beklagten tätig geworden ist. Er hat nicht bei der geistigen oder technischen Herstellung der vom Beklagten verlegten und gedruckten Zeitungen, sondern lediglich bei ihrem Absatz mitgewirkt. Dessen Organisation, Ausführung und Steigerung fällt aber in den kaufmännischen Betriebsbereich eines Zeitungsunternehmens. Hier hat der Kläger ferner keine Tätigkeit entfaltet, die im wesentlichen nur körperliche Kräfte oder Geschicklichkeiten erfordert, wie etwa die Tätigkeit des Packers oder der Zeitungsfrau, und deshalb aus dem Rahmen kaufmännischer Dienste im verkehrsüblichen Sinne herausfällt. Seine Werbetätigkeit war vielmehr geistiger Art und zeigte damit ein Merkmal kaufmännischer Tätigkeit. Sie bestand ferner in Handlungen, die wie das Kaufen und Verkaufen im Verkehr von jeher als gerade den Kaufmann kennzeichnend angesehen worden sind. Auch der Bezieherwerber betreibt nämlich eine verkaufsähnliche Tätigkeit, indem er Kunden aufsucht, mit ihnen Vertragsschlüsse über den Bezug einer Zeitung vermittelt oder tätigt und den Kundenkreis des Zeitungsunternehmens zu erweitern sucht. Er sorgt auf diese Weise für den Absatz des in der Zeitung verkörperten Kulturguts, ähnelt dem Reisenden im reinen Warenverkehr und leistet Dienste von ausgesprochen kaufmännischer Eigenart.

Nun gibt es freilich auch Verkaufstätigkeiten so einfacher Art, daß sie als überwiegend körperliche oder fast mechanische Tätigkeit anzusehen sind, beinahe jedes geistigen Einschlags entbehren und daher auch vom Verkehr nicht mehr als kaufmännische Dienste gewertet werden, z. B. im allgemeinen die Dienste der Zigarettenboys (ArbRSlg. Bd. 18 S. 437) oder der Kartenverkäuferin eines Lichtspieltheaters (RAG. Bd. 2 S. 131). Das trifft jedoch auf die Tätigkeit eines Bezieherwerbers nicht zu. Sie verliert, mag sie auch noch so einfach sein, niemals die Eigenschaft geistiger Arbeit. Dann kann es aber auch nicht darauf ankommen, ob die zur Kundenwerbung für ein Zeitungsunternehmen zweifellos erforderliche, nicht jedem Dritten eignende geistige Beweglichkeit und Gewandtheit im Einzelfalle durch eine besondere kaufmännische Ausbildung oder Übung erworben sind. Welche Anforderungen der Unternehmer an die Ausbildung des Zeitungswerbers stellen will, muß ihm selbst überlassen bleiben (ArbRSlg. Bd. 6 S. 590, JW. 1930 S. 440). Daß die Werbetätigkeit an sich eine gewisse kaufmännische Gewandtheit erfordert, die bei entsprechender Begabung im allgemeinen nur auf Grund einer geistigen, wenngleich vielleicht nicht auf kaufmännischem Gebiete liegenden Ausbildung erlangt wird, genügt, um sie zu einer kaufmännischen zu stempeln. Wenn der Beklagte in der Revisionsverhandlung darauf hingewiesen hat, daß der Zeitungswerber früher regelmäßig nicht Angestellter, sondern selbständiger Handlungsagent gewesen ist, auf den die für den Handlungsgehilfen geltenden gesetzlichen Kündigungsfristen keine Anwendung finden, so bestätigt er damit selbst die kaufmännische Eigenschaft der vom angestellten Zeitungswerber geleisteten Dienste. Denn der Handlungsagent ist Kaufmann. Verrichtet ein Angestellter die gleichen Dienste wie der Handlungsagent, so müssen sie ebenfalls kaufmännische und muß der Angestellte Handlungsgehilfe sein.

RAG. 18, 261.

Kann das Gericht die Haftung des Unternehmers auf die Voraussetzungen des § 898 RVO. beschränken, ohne die bürgerlichrechtliche Haftung des Unternehmers zu untersuchen, wenn es einen Betriebs-

unfall annimmt, obwohl das Vorliegen eines solchen Unfalls im Verfahren nach der Reichsversicherungsordnung verneint ist?

Inwieweit kann für den bei Ausführung eines Dienstauftrags erlittenen Schaden Ersatz als Dienstaufwandentschädigung verlangt werden?

Haftet der Unternehmer für jeden Schaden aus erhöhter Betriebsgefahr?

RVO. §§ 898, 901. BGB. §§ 618, 670.

Urteil vom 2. Juni 1937.

I. Arbeitsgericht Berlin. — II. Landesarbeitsgericht daselbst.

Die Klägerin, die Rollschuhartistin ist, war von der Beklagten als Statistin für den Film „Glückskinder" eingestellt. Am 1. Juli 1936 erlitt sie, wie sie behauptet, bei der Aufnahme einer Panikszene einen Sehnenriß, der sie an der Ausführung eines Gastspielvertrags durch Italien hinderte. Sie verlangte deshalb als Schadenersatz und behelfsweise als Ersatz von Aufwendungen aus dem Dienstvertrag zunächst einen Teilbetrag von 350 RM. Vor der Aufnahme der Szene hatte der Aufnahmeleiter darauf hingewiesen, daß ältere Leute oder solche, die sich der Szene nicht gewachsen fühlten, ohne Lohnkürzung zurücktreten könnten.

Die Klage wurde in zwei Rechtszügen abgewiesen. Die Revision der Klägerin blieb ohne Erfolg.

Gründe:

Die Klage wurde abgewiesen, weil es sich um einen Betriebsunfall handle, für den der Unternehmer nach § 898 RVO. nur dann hafte, wenn strafgerichtlich festgestellt sei, daß er den Unfall vorsätzlich herbeigeführt habe. Die Revision meint, daß § 898 RVO. nicht angewendet werden könne, weil der Gesetzgeber nur Unfälle im Auge gehabt habe, die aus der Struktur des Betriebs heraus möglich erschienen, aber mit Rücksicht auf den höheren Zweck des Betriebs in Kauf genommen werden müßten, während die Beklagte ihre Angestellten lediglich zur Erzielung sensationeller Wirkungen unverhältnismäßigen Gefahren ausgesetzt habe, so daß von einem unsittlichen Mißverhältnis zwischen Gefährdung und Erfolg gesprochen werden müsse.

Mit dieser Rüge kann die Revision nicht durchdringen. Der Begriff des Betriebsunfalls würde dadurch nicht ausgeschlossen, daß die Beklagte im Interesse einer naturwahren Darstellung der Szene absichtlich Schutzmaßnahmen unterlassen, ja selbst mit bedingtem Vorsatz den Unfall um dieses Zweckes willen herbeigeführt hätte. Es trifft nicht zu, daß der Begriff des Betriebsunfalls eine Verhältnismäßigkeit des schutzwürdigen Betriebszwecks und der Betriebsgefahr voraussetzt. Außerdem hat aber das Berufungsgericht die Unrichtigkeit der Behauptung der Klägerin festgestellt, daß die Sicherheit der Mitwirkenden hinter die Erfordernisse der Realistik der Szene völlig zurückgestellt worden sei, da andernfalls den Komparsen die Mitwirkung nicht ausdrücklich freigestellt worden wäre.

Dagegen ist das Urteil aus einem anderen Grunde rechtsirrig. Wie das Berufungsgericht festgestellt hat, hat das Versicherungsamt die Annahme eines Betriebsunfalls deshalb abgelehnt, weil die Beschädigung der Klägerin nicht ursächlich mit ihrer Betriebstätigkeit zusammenhänge. Nach § 901 RVO. ist das Gericht nur hinsichtlich der Frage, ob ein entschädigungspflichtiger Unfall vorliegt, an die in dem Verfahren nach der Reichsversicherungsordnung ergangene Entscheidung gebunden. Hat das Versicherungsverfahren dies verneint, so kommt es auf die Haftungsbeschränkung nach § 898 RVO. für den bürgerlichrechtlichen Anspruch gegen den Unternehmer überhaupt nicht mehr an. Die Frage ist nicht mehr, ob ein Betriebsunfall im Sinne der Reichsversicherungsordnung anzunehmen ist, sondern die, ob der Angestellte aus anderen gesetzlichen Vorschriften einen Schadenersatzanspruch gegen den Unternehmer hat, insbesondere also aus § 618 BGB. Bei der Prüfung dieser Frage ist das Gericht nicht an die tatsächlichen Feststellungen des Versicherungsverfahrens gebunden (RAG. Bd. 15 S. 208 und Bd. 17 S. 205).

Das Berufungsgericht hat von seinem rechtsirrigen Standpunkt aus nicht selbständig untersucht, ob die Beklagte die Vorkehrung der gebotenen Schutzmaßnahmen schuldhaft unterlassen hat und ob diese Unterlassung für den Unfall der Klägerin ursächlich war. Es hat zwar der Beklagten geglaubt, daß sie auch bei Panikaufnahmen jegliche Vorsorge zur Vermeidung von Unfällen treffe, und hat als Beweis dafür die Warnung der älteren Komparsen vor der Mitwirkung angesehen. Es hat aber ausdrücklich dahingestellt sein lassen, ob diese Erklärung zur Vermeidung von Unfällen ausreichend gewesen sei, da das Vorliegen eines Verschuldens der Beklagten das Bestehen eines Betriebsunfalles nicht ausschließe. Es hat deshalb auch das endgültige Ergebnis des Versicherungsverfahrens nicht abwarten zu müssen geglaubt. Diese Ausführungen sind rechtsirrig. Nur wenn das Versicherungsverfahren endgültig das Vorliegen eines entschädigungspflichtigen Unfalls bejaht, steht die Beschränkung der Haftung des Unternehmers nach § 898 RVO. fest.

Allein die Klägerin ist durch diesen Rechtsirrtum des Berufungsurteils nicht beschwert. Die Klage war auf Verschulden bei Vertragschluß gestützt, weil die Beklagte die Darsteller bei Anstellung zu Panikszenen auf die besonderen Gefahren solcher Aufnahmen hätte hinweisen müssen. Diese Klagebegründung ist aber dadurch ausgeräumt, daß das Berufungsgericht festgestellt hat, die Komparsen seien vor der Aufnahme der Szene gewarnt worden. Im übrigen hat aber die Klägerin, die sich trotz der Warnung an der Darstellung der Szene beteiligt und damit bewußt eine möglicherweise damit verbundene Gefahr auf sich genommen hat, nirgends vorgetragen, welche notwendigen Schutzmaßnahmen die Beklagte schuldhaft unterlassen hätte, und hat sich nirgends auf die Haftung des Unternehmers nach § 618 BGB. oder aus unerlaubter Handlung berufen. Sie hat vielmehr offenbar deshalb, weil sie selbst den Unfall als eine Folge der aus der Besonderheit der Darstellung erwachsenen Gefahren ansieht, den Anspruch neben der Haftung aus Verschulden bei Vertragschluß nur auf das Vorliegen eines Betriebsunfalls gestützt, für den der Unternehmer wegen der sittenwidrigen Übersteigerung der Betriebsgefahr schlechthin auch ohne Vernachlässigung möglicher Schutzmaßnahmen hafte, und behelfsweise darauf, daß sie den Schaden als Aufwandentschädigung nach § 670 BGB. verlangen könne.

Daß die Haftungsbeschränkung des Unternehmers nach § 898 RVO. durch die Unverhältnismäßigkeit des schutzwürdigen Betriebszwecks und der Betriebsgefahr nicht ausgeschlossen wird, überdies hier aber gar keine maßgebliche Rolle spielt, ist schon erörtert. Ein allgemeiner Rechtssatz, daß der Unternehmer auch ohne Verschulden für einen Schaden aufzukommen hat, den der Dienstverpflichtete infolge erhöhter Betriebsgefahr erleidet, besteht nicht. Aber auch die Klagebegründung aus § 670 BGB. kann keinen Erfolg haben. Nur mit der Ausführung des Auftrags notwendig oder doch regelmäßig eintretende und deshalb von beiden Vertragsteilen vorauszusehende Schäden sind in der Rechtsprechung als freiwillige Aufwendungen im Sinne des § 670 angesehen worden (RGZ. Bd. 98 S. 200 mit Nachweisen, LZ. 1921 S. 266 Nr. 2; RGZ. Bd. 122 S. 305, RG. JW. 1931 S. 3442 Nr. 10). Nicht aber können Schäden, die dadurch entstanden sind, daß der Beauftragte sich einer Gefahr freiwillig ausgesetzt hat, immer schon als ein von beiden Teilen gewolltes Vermögensopfer angesehen werden, das der Auftraggeber zu ersetzen hätte (RG. JW. 1909 S. 311 Nr. 7). Soweit nicht der Schaden billigerweise bei Abschluß des Dienstvertrags als voraussehbar in Rechnung zu stellen ist, können die Grundsätze über die Entstehung einer Schadenersatzpflicht nur aus Verschulden nicht durch die auf dem Gedanken der Zweckbedingtheit, also der bewußten Übernahme von Kosten beruhende Regelung der Aufwandentschädigung ausgeräumt werden.

Da demnach die Klage nach keiner Richtung begründet ist, konnte es dahingestellt bleiben, ob die auch im täglichen Leben ohne besondere Veranlassung mögliche Verletzung überhaupt durch die besondere Betriebsgefahr verursacht wurde. Die Revision war nach § 563 ZPO. zurückzuweisen.

RAG. 18, 281.+

Inwieweit ist das Revisionsgericht an die Neufestsetzung des Streitwertes durch das Berufungsgericht wegen Änderung des Streitgegenstandes gebunden? Anfechtung der Nichtzulassung der Revision.

ArbGG. § 69 Abs. 2. § 72.

Urteil vom 2. Juni 1937.

I. Arbeitsgericht Leipzig. — II. Landesarbeitsgericht daselbst.

Der Kläger war bei der verklagten Ortskrankenkasse angestellt und unterstand der Dienstordnung. Am 8. Juli 1936 wurde er fristlos entlassen und zugleich der Vertrag von der Kasse wegen arglistiger Täuschung angefochten, weil sich herausgestellt hatte, daß der Kläger vor seiner Einstellung wiederholt gerichtlich vorbestraft war. Fristgemäß nach § 358 Abs. 3 RVO. erhob er Klage auf Feststellung, daß seine Entlassung zu Unrecht erfolgt und die Beklagte verpflichtet sei, vom 10. Juli 1936 an seine Bezüge mit monatlich 208,36 RM brutto weiter zu bezahlen, und weiter auf Verurteilung der Beklagten zur Zahlung von 307,26 RM als Gehalt vom 10. Juli bis 31. August 1936.

Das Arbeitsgericht wies die Klage ab und setzte den Streitwert im Urteil auf 31 250 RM, in einem späteren Beschluß auf 12 825,06 RM fest. In der Berufung beantragte der Kläger, festzustellen, daß die Anfechtung des Anstellungsvertrags unbegründet sei, sowie die Beklagte zur Zahlung seines Gehalts vom 10. Juli 1936 bis 31. Januar 1937 mit 1353,41 RM und zur Erstattung der im Verfahren vor den Versicherungsbehörden ihm erwachsenen notwendigen Auslagen zu verurteilen. Das Landesarbeitsgericht verurteilte die Beklagte zur Zahlung des verlangten Gehalts mit 1353,41 RM, wies die Klage im übrigen ab und setzte den Streitwert für die 2. Instanz nach dem Antrag des Klägers auf 1353,41 RM fest. Zulassung der Revision lehnte es ab, weil der Rechtsstreit ohne grundsätzliche Bedeutung sei.

Die Revision der Beklagten wurde als unzulässig verworfen.

Gründe:

Zur Neufestsetzung des Wertes des Streitgegenstandes hat das Berufungsgericht ausgeführt, der Streitwert sei vom Arbeitsgericht unter Bezugnahme auf § 61 Abs. 2 AGG. auf 31 250 RM festgesetzt worden. Es habe dabei offenbar nach § 9 ZPO. gerechnet in der Annahme, der Kläger wolle mit seinem Antrag, festzustellen, daß seine Entlassung zu Unrecht erfolgt und die Beklagte verpflichtet sei, vom 10. Juli 1936 an seine Bezüge weiter zu zahlen, sich den Gehaltsbezug auf unbestimmte Zeit hinaus sichern. Das Berufungsgericht habe daher nach § 69 Abs. 2 ArbGG. den Streitwert aus dem geänderten Klageantrag festzusetzen gehabt.

Die Revision macht in erster Linie geltend, das Landesarbeitsgericht habe zu Unrecht von § 69 Abs. 2 ArbGG. Gebrauch gemacht, da eine Änderung des Wertes des Streitgegenstandes nach der Verkündung des Urteils gar nicht stattgefunden habe. Denn der Kläger habe in zweiter Instanz seinen Antrag nicht geändert, sondern ihn nur erläutert und erklärt, das Arbeitsgericht habe seinen Klagantrag falsch verstanden. Er habe nie verlangt, daß ihm das Gehalt in alle Ewigkeit weiter gezahlt werde. Er habe deshalb auch die Berichtigung der Streitwertfestsetzung des Arbeitsgerichts beantragt. Für die Frage der Zulässigkeit der Revision sei hiernach nicht der vom Landesarbeitsgericht, sondern der vom Arbeitsgericht festgesetzte Wert des Streitgegenstandes maßgebend.

Im Urteil des Reichsarbeitsgerichts vom 1. Dezember 1928 RAG. 159/28 (ArbRspr. 1929 S. 55) — in diesem Teil in Entsch. Bd. 3 S. 9 u. ArbRSamml. Bd. 4 S. 393 nicht abgedruckt — ist ausgesprochen, die Annahme des Landesarbeitsgerichts, daß nach der Verkündung des arbeitsgerichtlichen Urteils in bezug auf das streitige Rechtsverhältnis eine Veränderung eingetreten sei, die eine Änderung des Streitwers erfordere, entziehe sich der Nachprüfung des Revisionsgerichts (vgl. zustimmend Volkmar in ArbRspr. 1929 S. 57 und 284). Es ist demnach grundsätzlich davon auszugehen, daß ebenso, wie die Streitwertfestsetzung des Arbeitsgerichts deswegen, um „von vornherein jede Ungewißheit über die Berufungsfähigkeit eines arbeitsgerichtlichen Urteils auszuschließen" (RAG. Bd. 1 S. 263), in der höheren Instanz ohne Änderung des Streitgegenstandes nicht angreifbar ist, auch die Feststellung der Voraussetzungen des § 69 Abs. 2 ArbGG. durch das Berufungsgericht aus dem Grunde der sofortigen Gewißheit der Rechtsmittelfähigkeit des Berufungsurteils einem Revisionsangriff nicht zugänglich ist.

Aber auch abgesehen von dieser grundsätzlichen Unantastbarkeit der Entscheidung des Berufungsgerichts hinsichtlich der Änderung des Streitgegenstandes kann die Revisionsrüge aus § 69 Abs. 2 ArbGG. keinen Erfolg haben.

. . .

RAG. 18, 299.

Kommt als „angemessene" Vergütung unerlaubt geleisteter Mehrarbeit grundsätzlich nur der regelmäßige Tariflohn ohne Berücksichtigung tariflich vorgesehener Überstundenzuschläge in Betracht?

Zur Frage der Verwirkung von Lohnforderungen.

ArbZeitVO. §§ 3, 7, 8, 9, 11.

Urteil vom 9. Juni 1937.

I. Arbeitsgericht Königsberg (Pr.). — II. Landesarbeitsgericht daselbst.

Der Kläger ist vom 23. Juni bis zum 31. Juli 1936 bei der Beklagten auf einer Baustelle in M. beschäftigt gewesen und hat dort einen Stundenlohn von zuerst 0,67 RM, nachher 0,62 RM erhalten. Nach seiner Behauptung hat er während der Beschäftigungszeit insgesamt 81 Überstunden geleistet. Mit der Klage verlangt er für die Überstunden, die ihm nur mit dem Stundenlohn von 0,62 RM bezahlt worden sind, auf Grund des Bezirksbautarifvertrages für Ostpreußen vom 30. Mai 1933 den tariflichen Überstundenzuschlag mit 25 v. H. je Stunde zum Gesamtbetrage von 12,15 RM nebst 4 v. H. Verzugszinsen seit Zustellung der Klage.

Die Beklagte hat die Leistung der Überstunden nicht in Abrede gestellt. Sie hält die Klage jedoch für unbegründet, weil der Kläger die Überstunden nur auf eigenen Wunsch, um mehr zu verdienen, geleistet habe, ohne daß ihr selbst etwas daran gelegen habe. Sie hat weiter geltend gemacht, der Kläger sei mit 0,62 RM Stundenlohn schon übertariflich bezahlt worden. Sie ist ferner der Ansicht, ein Überstundenzuschlag könne um deswillen nicht gefordert werden, weil hier keine Mehrarbeit gemäß §§ 7, 8, 9 oder 11 der Arbeitszeitverordnung geleistet worden sei. Schließlich hat sie sich noch darauf berufen, die Forderung sei jedenfalls verwirkt, weil der Kläger nicht an den jeweiligen Lohntagen am Wochenende, sondern erst geraume Zeit nach der Beendigung des Arbeitsverhältnisses damit hervorgetreten sei.

Das Arbeitsgericht hat nach dem Klageantrag erkannt, das Landesarbeitsgericht hat die Berufung der Beklagten zurückgewiesen.

Die Revision wurde zurückgewiesen aus folgenden

Gründen:

Das Landesarbeitsgericht stellt fest, daß die Überstunden, für die der tarifliche Zuschlag gefordert wird, im beiderseitigen Einverständnis, also auf vertraglicher Grundlage geleistet worden sind. Es stellt dann aber weiter fest, daß der Vertrag, soweit er sich auf die Leistung von Überstunden bezogen hat, nach § 134 BGB. nichtig gewesen sei, weil die Mehrarbeit weder gemäß §§ 7, 9, 11 der Arbeitszeitverordnung geleistet, noch gemäß § 8 das. auf Grund einer Tarifordnung zulässig gewesen sei, mithin gegen § 3 der Arbeitszeitverordnung verstoßen habe. Rechtliche Bedenken hiergegen sind nicht zu erheben, werden auch von der Revision nicht geltend gemacht.

In Übereinstimmung mit der feststehenden Rechtsprechung des Reichsarbeitsgerichts führt das Landesarbeitsgericht dann weiter aus, daß die Nichtigkeit einer vertraglichen Überstundenabrede nicht etwa für den Arbeiter den Verlust des Anspruchs auf Arbeitslohn zur Folge habe, daß vielmehr aus den allgemeinen Gesichtspunkten des Dienstvertrages und der ungerechtfertigten Bereicherung eine „angemessene" Vergütung für die geleisteten Überstunden beansprucht werden könne. Auch insoweit wird das Berufungsurteil von der Revision nicht angegriffen. Ihre Angriffe richten sich erst dagegen, daß das Landesarbeitsgericht nicht nur den gewöhnlichen Stundenlohnsatz, den der Kläger hier unstreitig erhalten hat, sondern diesen Lohnsatz zuzüglich des tariflichen Überstundenzuschlags als angemessene Vergütung angenommen hat. Diese Feststellung des Berufungsgerichts liegt im wesentlichen auf tatrichterlichem Gebiet und ist insofern der Revision nicht zugänglich. Rechtliche Bedenken dagegen sind nicht zu erheben. Es kann der Revision nicht zugegeben werden, daß grundsätzlich nur der regelmäßige, zuschlagsfreie Tariflohn als angemessenes Entgelt für Überstunden in Betracht kommen könne. Wenn eine Tarifordnung einen Überstundenzuschlag festsetzt (hier 25 v. H.), so geschieht das gewiß nicht etwa nur aus allgemeinen wirtschafts- oder sozialpolitischen Erwägungen in bezug auf Arbeitseinsatz (Bekämpfung der Arbeitslosigkeit) und dgl., sondern in erster Linie, um dem in einer achtstündigen Arbeitszeit normal angestrengten Arbeiter für seinen darüber hinausgehenden Kräfteeinsatz ein entsprechend erhöhtes, über den regelmäßigen Satz hinausgehendes Arbeitsentgelt als angemessene Vergütung zukommen zu lassen. Der hier vom Landesarbeitsgericht an Hand des Bezirksbautarifs als angemessen zuerkannte Überstundenzuschlag kann auch schon im Hinblick auf § 14 Abs. 2 der Arbeitszeitverordnung nicht als unangemessen bezeichnet werden. Im übrigen hat das Reichsarbeitsgericht bereits in seiner Entscheidung vom 8. August 1936 (RAG. 79/36 (RAG. Bd. 17 S. 229), und zwar unter besonderem Hinweis auf § 2 Abs. 2 AOG. die Ansicht gebilligt, daß auch für verbotene Mehrarbeit regelmäßig der tarifliche Überstundenzuschlag als angemessene Vergütung zu bezahlen sei.

Es fragt sich sonach nur noch, ob der von dem Beklagten erhobene Einwand der Verwirkung durchgreift. Daß die Verwirkung von Lohnansprüchen auch unter der Geltung des AOG. möglich ist, hat das Reichsarbeitsgericht bereits wiederholt ausgesprochen (vgl. u. a. RAG. Bd. 17 S. 9, 29, 113). Es hat dabei mehrfach betont, daß bei Anwendung der Verwirkungsgrundsätze auf Lohnforderungen, insbesondere Tariflohnansprüche, nur mit größter Vorsicht vorgegangen werden dürfe. Das Landesarbeitsgericht hat nun eine Verwirkung abgelehnt mit der allerdings nur kurzen Begründung, eine Frist für Lohnnachforderungen sei weder vertraglich noch tariflich vorgesehen, so daß es nicht der Auffassung von Treu und Glauben widerspreche, wenn der Kläger ungefähr 2 Monate nach seiner Entlassung noch Ansprüche geltend mache. Die Revision hat, ohne verfahrensrechtliche Rügen zu erheben, darum gebeten, die Frage der Verwirkung nachzuprüfen. Diese Nachprüfung gibt aber zu einer Beanstandung des angefochtenen Urteils keinen Anlaß. Das Landesarbeitsgericht hat richtig erkannt, daß die Verwirkung im Lohnwesen auf der Anwendung der sich aus § 242 BGB. ergebenden Grundsätze von Treu und Glauben beruht. Wenn das Landesarbeitsgericht sagt, die Nachforderung des Lohnes etwa 2 Monate nach der Entlassung widerspreche nicht Treu und Glauben, so ist das rechtlich nicht zu beanstanden. Eine solche Erwägung ist im übrigen weitgehend tatsächlicher Art und insoweit mit der Revision nicht angreifbar. Wenn die Revision darauf hinweist, ein Verstoß gegen Treu und Glauben müsse hier um so mehr angenommen werden, als die Überstundenarbeit nicht vom Unternehmer gewünscht, sondern nur vom Kläger im eigenen Interesse zur Steigerung seines Einkommens geleistet worden sei, so ist das allein nicht zielführend. Voraussetzung einer Verwirkung ist vor allem, daß der Lohnschuldner durch das Verhalten des Lohnberechtigten in den Glauben versetzt wird, nichts mehr zu schulden, und weiter auch, daß ihm bei Berücksichtigung aller Umstände nach Treu und Glauben die nachträgliche Erfüllung nicht zugemutet werden könne (vgl. RAG. Bd. 17 S. 30/31). Ausdrückliche Feststellungen nach dieser Richtung liegen zwar nicht vor, es besteht aber kein Anhalt dafür, daß das Landesarbeitsgericht diese Voraussetzungen verkannt haben sollte.

RAG. 18, 310.

Zum Begriff der Akkordarbeit.

Tarifvertrag zwischen dem Industrieverband Velbert und Umgegend und dem Deutschen Metallarbeiterverband usw. vom 4. Mai 1931.

Urteil vom 26. Juni 1937.

I. Arbeitsgericht Velbert (Rhld.). — II. Landesarbeitsgericht Wuppertal.

Die Beklagte betreibt eine Maschinenfabrik, in der in der Hauptsache Pressen und Spezialmaschinen für Blechbearbeitung hergestellt werden. Für den Betrieb gilt der als Tarifordnung weitergeltende sogenannte Velberter Industrie-Tarifvertrag vom 4. Mai 1931 nebst dem Lohnabkommen vom 29. Dezember 1931. Der damals noch nicht 24 Jahre alte Kläger war in dem Betriebe bis März 1936 als Anstreicher beschäftigt. Er ist der Ansicht, er habe als Akkordarbeiter gemäß § 11 Abs. 2 des genannten Tarifvertrages mindestens 15 v. H. über den höchsten Stundenlohn seiner Gruppe, der unstreitig für Facharbeiter von 24 Jahren und darüber 66 Pf. betrug, verdienen müssen, während die Beklagte als Akkordbasis für seine Entlohnung nur den Zeitlohn seiner Altersstufe mit erst 52, zuletzt 55 Pf. zugrunde gelegt hat. Mit der Klage fordert er den sich danach ergebenden Lohnunterschied für die Zeit vom 1. September 1935 bis Ende März 1936 mit insgesamt 197,26 RM.

Die Beklagte hat Abweisung der Klage beantragt, weil die Arbeit des Klägers nicht Akkordarbeit im Sinne des Tarifvertrags gewesen sei.

Das Arbeitsgericht hat nach dem Klagantrag erkannt. Das Landesarbeitsgericht hat die Klage abgewiesen. Die zugelassene Revision blieb erfolglos.

Gründe:

Die entscheidende Frage ist, ob der Kläger im Akkord gearbeitet hat. War er nicht Akkordarbeiter, so sind seine Nachforderungen unbegründet, da er unstreitig mindestens den ihm nach dem maßgebenden Lohnabkommen zustehenden Zeitlohn seiner Lohngruppe und Altersstufe erhalten hat.

§ 11 des maßgebenden Tarifvertrages vom 4. Mai 1931 lautet, soweit er hier in Betracht kommt:

Abs. 1: „Die Arbeit wird im Zeitlohn oder Akkord hergestellt . . ."

Abs. 2: „Wird im Akkord gearbeitet, so sind die Akkordsätze so zu bemessen, daß ein mittlerer Arbeiter bei gesteigerter Leistung . . . mindestens 15 v. H. über den höchsten Zeitlohn seiner Gruppe erreicht."

Unstreitig hat die Beklagte bei der Lohnberechnung für den Kläger nicht den „höchsten Zeitlohn seiner Gruppe" (66 Pf.) zugrunde gelegt. Während sie sich im ersten Rechtszuge darauf berufen hatte, der Kläger habe zwar in „Akkord" gearbeitet, doch habe § 11 Abs. 2 des Tarifvertrags nur den sogenannten Stückakkord im Auge, der für ihren Betrieb nicht brauchbar sei, hat sie im zweiten Rechtszuge geltend gemacht, der Kläger habe überhaupt keine Akkordarbeit geleistet, sondern sei in Wirklichkeit nur Zeitlöhner gewesen.

Dieser letzteren Ansicht hat sich das Landesarbeitsgericht angeschlossen. . . .

Es fragt sich, ob die Beurteilung des Klägers als eines Zeitlöhners frei vom Rechtsirrtum ist. Der Vorderrichter ist ersichtlich von dem Sachverhalt ausgegangen, wie er von den Zeugen E. und D. bekundet worden, im wesentlichen aber auch unstreitig ist:

Der zur fraglichen Zeit noch nicht 24 Jahre alte Kläger ist durchweg zusammen mit Arbeitern der höchsten tariflichen Alterstufe (24 Jahre und darüber) in einer Gruppe mit dem Anstreichen von Maschinen beschäftigt worden. Die zu leistende Arbeit (Anstrich einzelner Maschinen oder einer „Serie" von Maschinen) wurde der Gruppe als solcher übertragen. Für die Entlohnung wurde so vorgegangen, daß vor Übertragung der Arbeit zunächst ermittelt wurde, in welcher Zeit die zu leistende Arbeit von der Gruppe ohne besondere Anstrengung geschafft werden konnte. Bei sogenannten Serienmaschinen stand diese Zeit erfahrungsgemäß fest, bei neuen Maschinen wurde sie durch Probearbeiter festgestellt, bei Spezialmaschinen auch auf Grund von Betriebserfahrungen geschätzt. Zu der für die Arbeit so ermittelten „notwendigen" Zeit wurde dann ein Zuschlag von 15 v. H. hinzugerechnet und das so erzielte Ergebnis der Gruppe als Arbeitszeit „vorgegeben". Nach Erledigung der aufgetragenen Arbeit erhielt jeder beteiligte Arbeiter die vorgegebene Zeit mit dem tariflichen Stundenlohn seiner Lohngruppe und Altersstufe, gleichviel ob die Arbeit in der vorgegebenen oder in kürzerer Zeit erledigt worden war. Hatte die Gruppe für die Arbeit mehr als die „vorgegebne" Zeit gebraucht — was aber kaum vorkam —, so wurde die tatsächlich verbrauchte Zeit mit dem Tariflohn nach Gruppe und Altersstufe zuzüglich 15 v. H. entlohnt.

Auf Grund dieses Sachverhalts ist das Landesarbeitsgericht zu dem Ergebnis gelangt, daß ein Lohnmischsystem vorliege, das sowohl Wesensmerkmale des Zeitlohnes, als auch Wesensmerkmale des Akkordlohnes in sich berge; überwiegend seien aber die ersteren, so daß das Lohnsystem davon sein Gepräge erhalte und die Tarifvorschriften über Akkordlohn keine Anwendung finden könnten. Die Zeitlohnmerkmale findet das Landesarbeitsgericht darin, daß die Beklagte grundsätzlich und regelmäßig den tariflichen Stundenlohn + 15 v. H. bezahle. Es führt dazu folgendes aus: Werde gerade die „vorgegebene" Zeit gebraucht, so werde zwar nur der tarifliche Stundenlohn vergütet, der 15prozentige Aufschlag liege dann aber darin, daß die vorgegebene Zeit einen Aufschlag von 15 v. H. in sich berge. Werde mehr Zeit gebraucht als vorgegeben, so werde für die gebrauchten Stunden ebenfalls der tarifliche Stundenlohn + 15 v. H. bezahlt. Werde weniger als die vorgegebene Zeit gebraucht, so lägen die 15 v. H. wieder in dem Zeitaufschlag. Demgegenüber findet das Landesarbeitsgericht die Akkordlohnmerkmale darin, daß die Arbeiter bei fleißiger Arbeit die „vorgegebene Zeit unterschreiten und dadurch etwas mehr als den Zeitlohn + 15 v. H. verdienen könnten, weil ihnen dann mehr Stunden bezahlt würden, als sie wirklich gearbeitet hätten. Da es sich dabei aber um größere Arbeitsstücke handele und von der erfahrungsgemäß wirklich nötigen Arbeitszeit ausgegangen werde, so halte sich dieser zu erzielende Vorteil in engen Grenzen. Deshalb liege das Lohnsystem näher bei dem Zeitlohn als bei dem Akkordlohn. Infolgedessen könnten die tariflichen Vorschriften über die Entlohnung der Akkordarbeit keine Anwendung finden.

Im Ergebnis ist diesen Ausführungen zuzustimmen. Allerdings ist es nach dem vom Landesarbeitsgericht festgestellten Sachverhalt nicht richtig, wenn es meint, daß der Lohn regelmäßig den tariflichen Stundenlohn + 15 v. H. ausmache, einerlei ob gerade die „vorgegebene" Zeit oder länger oder kürzer gearbeitet worden sei. Da die „vorgegebene" Zeit aus der für die betreffende Arbeit — erfahrungsgemäß oder geschätzt — ohne besondere Anstrengung notwendigen Zeit zuzüglich 15 v. H. bestand, so erhielt jeder Arbeiter dann nur den einfachen Stundenlohn o h n e den 15prozentigen Zuschlag, wenn die volle „vorgegebene" Zeit für die Arbeitsleistung gebraucht wurde. Der „Vorteil" bestand in diesem Fall nur darin, daß der volle Stundenlohn trotz regelwidrig langsamer Arbeitsweise bezahlt wurde. Darüber waren sich auch die Parteien in der Revisionsverhandlung einig. Auch bei geringerem Zeitverbrauch als „vorgegeben" wurde der 15prozentige Zuschlag erst dann voll erreicht, wenn gerade die ohne besondere Anstrengung „notwendige" Zeit für die Arbeit gebraucht wurde; dauerte die Arbeit länger, aber nicht die volle vorgegebene Zeit, so erzielten die beteiligten Arbeiter zwar einen Überverdienst über den tariflichen Stundenlohn, aber nicht in voller Höhe von 15 v. H. Die Fehlrechnung des Vorderrichters ist aber bedeutungslos. Entscheidend ist folgendes:

Bei der von der Beklagten angewendeten Entlohnungsart mit der Zeitvorgabe von 15 v. H. liegt die Sache so, daß jeder Arbeiter, regelrechte Arbeitsweise vorausgesetzt, von vornherein auf einen Verdienst in Höhe des tariflichen (oder vereinbarten) Stundenlohnes zuzüglich 15 v. H. gestellt wird. Diese Lohnhöhe erreicht er nicht erst „bei gesteigerter Leistung", wie das nach § 11 Abs. 2 des Tarifvertrags ausdrücklich als Voraussetzung des Akkordverdienstes vorgesehen ist, übrigens auch dem Begriff des Akkordlohns entspricht, sondern schon bei gewöhnlicher Arbeitsweise; denn die „notwendige" Zeit, die den Ausgangspunkt für die „vorgegebene" Zeit bildet, wird für eine normale Arbeitsleistung ermittelt. Der Hauptzweck der Zeitvorgabe seitens der Firma ist ersichtlich der einer Sicherung der Gestehungskostenberechnung für die Herstellung ihrer einzelnen Maschinen. Sofern die Firma die „notwendige" Zeit nicht offensichtlich zu gering veranschlagt, hat sie die Gewißheit, daß trotz Entlohnung nach Zeit die betreffende Arbeit sie an Lohn keinesfalls mehr als den tariflichen Lohnbetrag für die veranschlagte Zeit zuzüglich 15 v. H. kostet — auch dann nicht, wenn die Arbeiter im Einzelfall bis zu einem gewissen erfahrungsgemäß gelegentlich vorkommenden Grad langsamer als üblich arbeiten, nämlich bis zu 15 v. H. mehr als die notwendige Zeit brauchen, oder auch die Vorberechnung der „notwendigen" Zeit innerhalb dieser Grenze falsch, nämlich zu günstig, war. Wird im Einzelfall einmal länger als die vorgegebene Zeit gebraucht, so betrachtet die Firma das als Beweis dafür, daß ihre Vorberechnung erheblich falsch, d. h. die notwendige Zeit erheblich zu kurz veranschlagt war, und entlohnt deshalb die beteiligten Arbeiter für die wirklich gebrauchte Zeit mit dem tariflichen Stundenlohn zuzüglich 15 v. H., getreu ihrem Grundsatz, daß ihre Arbeiter schon bei gewöhnlicher Arbeitsweise, also ohne besondere Anstrengung, 15 v. H. über Tariflohn verdienen sollen.

Bei dieser Entlohnungsart besteht allerdings die Möglichkeit für die Arbeitsgruppe, durch Steigerung ihrer Leistung noch mehr als 15 v. H. über Tariflohn zu verdienen, wenn sie die ihnen aufgetragene

Arbeit in kürzerer als der „notwendigen" Zeit zu Ende bringt. Das wird aber offensichtlich nicht von der Beklagten bezweckt. Jedenfalls wird der in § 11 Abs. 2 des TV. für Akkordarbeit geforderte Zuschlag von 15 v. H. zum Tariflohn von ihr nicht als Belohnung für besondere Anstrengung versprochen, wirkt also nicht als Anreiz zu solcher, wie es im Wesen der Akkordarbeit liegt, sondern fällt dem Arbeiter schon bei gewöhnlicher Arbeitsweise zu. Die Möglichkeit, die „notwendige" Arbeitszeit zu unterschreiten, besteht zudem, wie das Landesarbeitsgericht festgestellt hat, mit Rücksicht auf die Arbeit — Anstreichen größerer Arbeitsstücke — überhaupt nur in engen Grenzen. Es ist danach rechtlich nicht zu beanstanden, wenn das Landesarbeitsgericht feststellt, daß hier die Wesensmerkmale des Zeitlohns derart überwiegen, daß das Lohnsystem von diesen seine Prägung erhält und deshalb insgesamt als ein Zeitlohnsystem anzusprechen ist (vgl. hierzu die Entscheidung des Reichsarbeitsgerichts vom 3. Mai 1930 RAG. 529/29, Bd. 5 S. 355 flg.).

Die von der Beklagten angewendete Art der Vergütung als „Akkord" anzusehen, liegt auch nicht im Sinne der ehemaligen Parteien des Velberter Industrie-Tarifvertrages. Das hat das Landesarbeitsgericht mit Recht schon aus der Tatsache entnommen, daß bereits im Jahre 1925 einmal von Arbeitnehmerseite versucht worden ist, das von der Beklagten damals schon angewendete Lohnsystem als Akkordsystem hinzustellen und daraus Folgerungen zu ziehen, wie es jetzt der Kläger tut, daß dieser Versuch aber mit Zustimmung der Vertreter der am Tarifvertrag beteiligten Gewerkschaften aufgegeben worden ist, mag auch die Streitfrage damals nur „zurückgestellt" worden sein. Daß die Gewerkschaften den Streit nicht wieder aufgenommen haben, spricht ohne Zweifel dafür, daß das Lohnsystem der Beklagten damals nicht als Akkord im Sinne des Velberter Industrie-Tarifvertrages aufgefaßt worden ist. Die Anwendung des vom Kläger für sich in Anspruch genommenen § 11 Abs. 2 des Tarifvertrages würde aber auch zu folgendem nicht erträglichen Ergebnis führen. Das maßgebende Lohnabkommen sieht eine unterschiedliche Entlohnung der jüngeren Arbeiter vor: der Lohn ist vom 17. bis zum 24. Lebensjahr jährlich gesteigert und erst mit 24 Jahren wird der Höchstlohn erreicht. Mit dieser Lohnregelung, die grundsätzlich innerhalb dieser Altersklassen die Arbeit des jüngeren Arbeiters geringer bewertet als die des älteren, wäre es nicht in Einklang zu bringen, wenn ein jüngerer Arbeiter, der womöglich eben erst die unterste tarifliche Altersstufe (17 Jahre) erreicht hat, aber mit älteren erfahrenen Anstreichern in einer Gruppe arbeitet und wesentlich durch deren in langjähriger Übung erworbene Fertigkeit zeitlich günstig abschneidet, nun außer der schon in dem Zeitgewinn liegenden Steigerung des ihm nach seiner Altersstufe zukommenden Tariflohnes auch noch nach einer höheren Altersstufe entlohnt, also schlechthin den alten Arbeitern gleichgestellt werden sollte. Das kann nicht gewollt sein.

Nach alledem kann die Auffassung des Vorderrichters von dem hier angewandten Lohnsystem als einem überwiegenden Zeitlohnsystem nur gebilligt werden. Eine Verletzung der tariflichen Bestimmungen und des § 32 AOG., wie sie von der Revision gerügt wird, liegt deshalb nicht vor.

RAG. 18, 316.

Darf ein Unternehmer, der mit seinen Wochenlöhnern Kurzarbeit vereinbart und sich dabei Bestimmung der jeweiligen Aussetztage von Fall zu Fall nach betriebswirtschaftlichen Gesichtspunkten vorbehalten hat, einen in die Woche fallenden Feiertag als Aussetztag bestimmen?

BGB. § 157.

Urteil vom 14. Juli 1937.

I. Arbeitsgericht Hof. — II. Landesarbeitsgericht Bamberg.

Die verklagte Brauerei hat wegen Arbeitsmangels mit ihrer Gefolgschaft vereinbart, daß nur 4 oder 5 Tage in der Woche gearbeitet wird. Ständiger Aussetztag war der Mittwoch, die Festsetzung des zweiten Aussetztags war der Beklagten nach betriebswirtschaftlichen Gesichtspunkten überlassen. Der Wochenlohn der Arbeiter wurde jeweils nach der Zahl der Arbeitstage bemessen. Der Kläger hatte bei sechstägiger Wochenarbeitszeit einen Wochenlohn von 42 RM. Im Jahre 1936 bestimmte die Beklagte 4 Wochenfeiertage als Aussetztage, an denen sonst ohne Lohnkürzung nicht gearbeitet wurde. Der Kläger hält eine Lohnkürzung für diese Tage nicht für zulässig und verlangt Nachzahlung von 28 RM nebst Zinsen.

Das Arbeitsgericht hat der Klage stattgegeben, das Berufungsgericht hat sie abgewiesen. Die Revision hatte keinen Erfolg.

Gründe:

Das Berufungsgericht hat ausgeführt, daß der Kläger nur einen „Wochenlohn" für 4 Tage zu beanspruchen habe und daß es deshalb um so mehr der Beklagten freigestellt gewesen sei, auch Wochenfeiertage als Aussetztage zu bestimmen, als nach § 29 AOG. Leistung und Gegenleistung sich entsprechen sollen. Die Revision hat eingewendet, daß die

Lohnkürzung für Feiertage keine durch Arbeitsmangel veranlaßte Maßnahme sei, und daß nur die in einer Woche mögliche Arbeitszeit um den zweiten Arbeitstag gekürzt werden könne.

Die Lohnzahlungspflicht für Wochenfeiertage ist unbestritten, steht aber hier gar nicht in Frage. Die Sachlage ist grundsätzlich nicht anders als im Urteil RAG. 387/32 vom 28. Januar 1933 (RAG. Bd. 13 S. 44). Nach der Vereinbarung haben die Gefolgschaftsmitglieder nur Anspruch auf Bezahlung einer 32stündigen Arbeitswoche; dieser Anspruch kann ihnen durch Wochenfeiertage nicht gekürzt werden. Sie können aber auch nicht deshalb einen höheren Lohn verlangen, weil Feiertage in die Woche fallen. Ebensowenig wie der feste Aussetztag zu bezahlen ist, wenn er gerade auf einen Feiertag trifft, sind Aussetztage zu bezahlen, die die Beklagte nach ihrem Ermessen auf Feiertage legt. Es kann nicht die Lohnkürzung auf den Aussetztag bezogen und gefolgert werden, daß die Lohnkürzung für einen als Aussetztag bestimmten Feiertag nicht durch Arbeitsmangel veranlaßt sei. Die Lohnkürzung hat vielmehr ihren Grund in der Vereinbarung der 32stündigen Arbeitswoche und diese Vereinbarung beruht auf dem im Verhältnis zu der Stärke der Belegschaft zu geringen Beschäftigungsgrad.

Eine Einschränkung der Beklagten hinsichtlich der Feiertage, so wie sie in dem Arbeitszeitabkommen vorgesehen war, das der Entscheidung in RAG. Bd. 13 S. 44 zugrunde lag, ist im vorliegenden Fall nicht vereinbart. Die Beklagte ist deshalb nicht gehindert, auch Feiertage als Aussetztage zu bestimmen, solange dadurch die 32stündige Arbeitswoche nicht unterschritten wird. Eine solche Maßnßahme widerspricht nicht dem Gesichtspunkt der betriebswirtschaftlichen Notwendigkeit. Daran wird auch nichts dadurch geändert, daß die Beklagte von sich aus 40stündige Arbeitswochen einlegen kann. Wesentlich ist allein, daß sie nur zu der Einhaltung und Bezahlung der 32stündigen Arbeitswoche verpflichtet ist und daß die Einschiebung der lohnfreien Tage aus betriebswirschaftlichen Gesichtspunkten zu rechtfertigen ist.

Die Revision war deshalb zurückzuweisen.

RAG. 18, 318.

Darf in einem Dienstzeugnis, das auf Verlangen des Beschäftigten auch auf Führung und Leistung im Dienst zu erstrecken ist, über den Kündigungsgrund etwas vermerkt werden, wenn dieser weder mit der dienstlichen Führung, noch mit den dienstlichen Leistungen im Zusammenhang steht?

BGB. § 630.

Urteil vom 14. Juli 1937.

I. Arbeitsgericht Berlin. — II. Landesarbeitsgericht daselbst.

Der Kläger war bei der Beklagten als Hilfskorrespondent angestellt. Vorher war er mehrfach wegen Unterschlagung zu Gefängnisstrafen verurteilt worden, was er bei seiner Einstellung verschwiegen hat. Als die Gesellsachften davon erfuhren, kündigten sie ihm und stellten ihm zunächst nur eine Arbeitsbescheinigung aus, dann aber auf seinen Wunsch ein Zeugnis, auch über Führung und Leistungen, mit dem Zusatz: „Die Kündigung erfolgte unsererseits aus Gründen, die in der Vergangenheit liegen".

Der Kläger verlangt Ausstellung eines Zeugnisses ohne den Schlußsatz.

Das Arbeitsgericht hat die Klage abgewiesen, das Berufungsgericht hat ihr stattgegeben. Die Revision der Beklagten hatte keinen Erfolg.

Gründe:

Nach § 630 BGB. ist das Zeugnis auf Verlangen „auf die Leistungen und die Führung im Dienste" zu erstrecken, nicht auf den Kündigungsgrund. Das Verschweigen der Vorstrafen war nicht etwa als eine gegenwärtige Unredlichkeit beanstandet. In der Führung und Leistung während der Dienstzeit haben sich die vordienstlichen Unredlichkeiten nicht bemerkbar gemacht. Sie durften deshalb in dem Zeugnis über Führung und Leistung im Dienste nicht erwähnt oder angedeutet werden.

Eine Haftung der Beklagten konnte aus der Unterlassung der Erwähnung bei dem gesetzlich genau umschriebenen Inhalt des Zeugnisses nicht entstehen. Dieses Bedenken der Revision verwechselt Zeugnis und Auskunft.

RAG. 18, 345.

Hat ein im Handelsregister nicht eingetragener gewerblicher Betrieb im Sinne des § 2 HGB. dann als Handelsgewerbe zu gelten, wenn er eine kaufmännische Einrichtung besitzt?

Unterfällt ein für einen solchen Betrieb eingestellter Bilanzbuchhalter dem § 133 a GewO.?

HGB. §§ 2, 5, 59; GewO. § 133a.

Urteil vom 4. September 1937.

I. Arbeitsgericht Dresden. — II. Landesarbeitsgericht daselbst.

Der Beklagte betreibt das Unternehmen „Zirkus S.". Im Handelsregister eingetragen ist er nicht. Er hat im Dezember 1935 den Kläger als Bilanzbuchhalter eingestellt, zunächst bis Ende Januar 1936, das Beschäftigungsverhältnis ist aber darüber hinaus fortgesetzt worden. Im Juni 1936 stellte der Arzt beim Kläger ein Lungenleiden fest. Der Kläger machte davon dem Beklagten am 12. September 1936 Mitteilung, zugleich berichtete er, daß er auf Anordnung der Reichsanstalt für Angestelltenversicherung am 18. September sich in eine Lungenheilanstalt begeben müsse. Er war dort bis Februar 1937.

Am 14. Oktober 1936 kündigte der Beklagte durch Rundschreiben den meisten seiner Gefolgschaftsmitglieder, so auch dem Kläger, zum 28. Oktober 1936 mit der Begründung, daß an diesem Tag die Sommerreisespielzeit zu Ende sei und aller Wahrscheinlichkeit nach das Unternehmen eingestellt werde. Der Kläger widersprach mit Brief vom 16. Okober der Kündigung. Der Beklagte erwiderte mit Brief vom 23. Oktober 1936 (eingegangen beim Kläger am 24. Oktober 1936), es sei ihm wegen der Erkrankung des Klägers und der damit verbundenen Ansteckungsgefahr für die Mitarbeiter nicht möglich, den Kläger in seinem, des Beklagten, Betrieb zu belassen; zugleich übersandte er ihm seine Arbeitspapiere.

Der Kläger hat Gehalt nur bis zum 15. September 1936 erhalten. Er fordert mit der Klage Gehalt auf weitere 6 Wochen und stützt sich dabei auf §§ 63, 72 HGB. Dem Einwand, daß der Beklagte weder ein Handelsgewerbe betreibe, noch im Handelsregister eingetagen sei, begegnet er mit dem Hinweis darauf, daß der Beklagte nach § 2 Satz 2 HGB. verpflichtet sei, seine Eintragung herbeizuführen, und daß er sich nach seinem Auftreten im Verkehr so behandeln lassen müsse, als wäre er Kaufmann, mindestens gutgläubigen Dritten, wie dem Kläger, gegenüber, der von dem Fehlen einer Handelsregistereintragung nichts gewußt habe.

Das Arbeitsgericht hat den Beklagten in Anwendung des § 2 HGB. als Kaufmann und demgemäß den Kläger als Handlungsgehilfen behandelt, hat jedoch die fristlose Kündigung vom 23./24. Oktober 1936 als wirksam erachtet und deshalb der auf Zahlung von 412,50 RM (Vertragsgehalt für 6 Wochen vom 15. September 1936 ab) mit Zinsen gerichteten Klage nur in Höhe von 357,44 RM mit Zinsen (Gehalt bis 24. Oktober 1936) stattgegeben. Nur der Beklagte hat Berufung eingelegt, die aber vom Landesarbeitsgericht zurückgewiesen worden ist. Das Reichsarbeitsgericht hat das Berufungsurteil aufgehoben und die Sache zurückverwiesen aus folgenden

Gründen:

Die Kündigung vom 14. Oktober zum 28. Oktober 1936 entspricht dem § 11 der Betriebsordnung des Beklagten, wonach für alle Gefolgschaftsmitglieder außer den in „gehobenen Stellen" befindlichen die Kündigungsfrist 14 Tage beträgt. Der Beklagte betrachtet seinen Betrieb als einen gewerblichen im Sinne der Gewerbeordnung, der — mangels einer Eintragung im Handelsregister — auch nicht etwa gemäß § 2 HGB. als Handelsgewerbe zu gelten habe. Den Kläger betrachtet er als gewöhnlichen Gewerbegehilfen, er versagt ihm auch die Stellung eines „Angestellten höherer Art", womit nur die Rechtsstellung der gehobenen Gewerbegehilfen im Sinne des § 133 a GewO. gemeint sein kann.

Wäre der Kläger, wie er behauptet, Handlungsgehilfe gewesen, so hätte er nach § 67 HGB. einen unabdingbaren Anspruch auf Einhaltung einer mindestens einmonatigen Kündigungsfrist gehabt, und die Kündigung hätte wirksam nur zum Monatsschluß erklärt werden können. Die am 14. Oktober 1936 ausgesprochene Kündigung hätte also das Beschäftigungsverhältnis mit dem 30. November beendet. Die Kündigung vom 23./24. Oktober 1936 hätte nach § 72 Abs. 2 HGB. zwar eine frühere Auflösung, nämlich schon zum 24. Oktober, bewirkt, aber den Anspruch auf sechswöchigen Krankenlohn nicht beeinträchtigt. Da der Kläger seine Heilbehandlung am 18. September angetreten hat, hätte er Anspruch auf Fortzahlung seines Gehalts für die Dauer von 6 Wochen, das ist bis zum 29. Oktober 1936, gehabt, auch wenn der Beklagte am 23./24. Oktober zur fristlosen Entlassung des Klägers wegen seines Lungenleidens berechtigt war. Handlungsgehilfe war der Kläger, wenn das Unternehmen des Beklagten entweder ein Handelsgewerbe war (§ 1) — dieser Fall scheidet von vornherein aus — oder „als Handelsgewerbe galt" (§ 2 HGB.). Die Voraussetzungen dieses § 2 sind insofern nicht gegeben, als der Beklagte nicht im Handelsregister eingetragen war, mochte er auch, wie das Landesarbeitsgericht annimmt, nach Art und Umfang seines Geschäftsbetriebs verpflichtet gewesen sein, seine Eintragung herbeizuführen. Diese letztere Tatsache genügte für sich allein nicht, um für den Beklagten die Rechtsstellung eines Kaufmannes zu begründen, sondern nur in Verbindung mit einer Eintragung im Handelsregister. Das Landesarbeitsgericht meint nun aber, „es habe sich in Rechtslehre und Rechtsprechung der Satz herausgebildet, daß derjenige, der sich als Kaufmann geriere, ohne es zu sein, sich den Personen gegenüber, denen der Mangel der Kaufmannseigenschaft nicht bekannt sei, so behandeln lassen müsse, als ob er wirklich ein Handelsgewerbe betriebe"; hierher würden insbesondere die nach § 2 HGB. eintragungspflichtigen, aber nicht eingetragenen Gewerbetreibenden gerechnet. Geht man zunächst von der Richtigkeit jenes allgemeinen Satzes aus, so kann von einem „Gerieren als Kaufmann" bei einem Gewerbetreibenden der in § 2 bezeichneten Art nur dann gesprochen werden, wenn er so auftritt, als wäre er im Handelsregister eingetragen. Denn weder schon die Tatsache, daß ein Geschäftsbetrieb nach Art und Umfang eine kaufmännische Einrichtung (also insbesondere kaufmännische Buchführung) erfordert, noch auch der Umstand, daß er tatsächlich in kaufmännischer Weise eingerichtet ist und geführt wird, kann genügen, um den Betrieb nach außen als Handelsgewerbe erscheinen zu lassen. Denn daraus kann zunächst nur geschlossen werden, daß der Betrieb, der an sich zweifellos nicht handelsgewerblich im Sinne des § 1 HGB. ist, betriebstechnisch richtig geführt wird. Weiteres Erfordernis für die handelsgewerbliche Rechtsnatur eines Betriebes dieser Art ist eben die Eintragung im Handelsregister. Sie muß vorgetäuscht werden, wenn davon die Rede sein soll, daß ein gewerblicher Betrieb, der seiner inneren Natur nach offensichtlich kein Handelsgewerbe darstellt, doch nach außen als handelsgewerblicher erscheinen soll. Als „Scheinkaufmann" kann jemand nur dann behandelt werden, wenn er Merkmale, die das Gesetz für den Begriff des Kaufmanns erfordert, die ihm aber tatsächlich fehlen, durch sein Auftreten als vorhanden vortäuscht. Dem Beklagten fehlte nach der Annahme des Landesarbeitsgerichts zum Kaufmann nur die Eintragung im Handelsregister. Nur eine Vortäuschung solcher Eintragung konnte ihn als Kaufmann erscheinen lassen. Die älteren Entscheidungen des Reichsgerichts, die im Schrifttum gemeiniglich als Beleg für jenen allgemeinen Rechtssatz angeführt werden (RGZ. Bd. 50 S. 424; Bd. 51 S. 37; Bd. 65 S. 413) betreffen bezeichnenderweise sämtlich Fälle, in denen der Betreffende im Handelsregister eingetragen war, ohne aber tatsächlich ein Handelsgewerbe zu betreiben; das „Auftreten als Kaufmann" wurde aus der Tatsache geschlossen, daß der Betreffende mit seinem Willen im Handelsregister eingetragen stand.

Nach der Richtung, daß der Beklagte irgendwie, insbesondere dem Kläger gegenüber, so aufgetreten wäre, als wäre er im Handelsregister eingetragen, hat der Kläger selbst keine schlüssigen Behauptungen aufgestellt, noch weniger das Landesarbeitsgericht irgendwelche Feststellungen getroffen. Der Kläger hat zwar behauptet, der Beklagte „firmiere" unter S.; er hat auch Briefe des Beklagten vorgelegt, die am Kopf den Namen S. tragen; auch das Vertragsformblatt, das der Beklagte für die

Anstellung seiner Gefolgschaftsmitglieder verwendet, bezeichnet den „Kontrahenten I“ als „Zirkus S.“, welche Bezeichnung auch am Kopf des Vertragsblattes steht. Aber das bedeutet nicht viel mehr, als wenn der Beklagte an seinen bürgerlichen Namen den Künstlernamen S. anhängt. Wenn er das von ihm betriebene Unternehmen „Zirkus S.“ nennt, bedient er sich noch nicht einer Firma, zumal wenn er nach seiner im Schriftsatz vom 23. April 1937 — offenbar ohne Widerspruch des Klägers — vorgetragenen Behauptung stets allein mit seinem Namen, niemals etwa als „Zirkus S.“ unterzeichnet. Zudem gibt es zahlreiche nicht eingetragene „Firmen“, so daß selbst die Führung einer Firma noch nicht notwendig auf eine Eintragung im Handelsregister schließen läßt.

Nach alledem kommt nach den derzeitigen Feststellungen eine Anwendung der §§ 59 flg. HGB. nicht in Frage. Danach könnte der Kläger, auch wenn er zur Leistung kaufmännischer Dienste angenommen worden war, nur als gewerblicher Gehilfe im Sinne der §§ 105 flg. GewO. angesehen werden (RGZ. Bd. 63 S. 202). Da er als „bilanzsicherer Buchhalter“ eingestellt worden ist, hat er Anspruch auf die Vorzugsstellung der gehobenen Gewerbegehilfen im Sinn des § 133 a GewO. Es kann dahingestellt bleiben, ob zu dieser Gruppe alle Gewerbegehilfen zu zählen sind, die Angestellte im Sinn des Angestelltenversicherungsgesetzes sind. Diese letztere Eigenschaft kommt dem Kläger unter allen Umständen zu. Jedenfalls muß er als „bilanzsicherer Buchhalter“ den in § 133 a genannten „mit höheren technischen Dienstleistungen betrauten“ Gehilfen gleichgestellt werden. Dann aber gebührte ihm trotz seiner Erkrankung und trotz der als wirksam zu unterstellenden Entlassung vom 23./24. Oktober 1936 nach § 133 c Abs. 2 das vertragsmäßige Gehalt für die Dauer von 6 Wochen, allerdings — im Gegensatz zu der Rechtsstellung eines Handlungsgehilfen nach §§ 72 Abs. 2, 63 Abs. 2 HGB. — nur nach Abzug der Beträge, die ihm für diese 6 Wochen aus gesetzlicher Krankenversicherung zugeflossen sind. Da über diesen Punkt bisher keinerlei Erörterungen angestellt worden sind, war — neben der Aufhebung des angefochtenen Urteils — die Zurückverweisung der Sache an das Landesarbeitsgericht geboten. Dieses wird bei seiner neuen Entscheidung die Vorschrift des § 189 RVO. zu beachten haben.

RAG. 19, 12.

Wie weit kann ein Handlungsreisender, dem feste Spesen für jeden Reisetag zustehen, Fortzahlung dieser Spesen verlangen, wenn ihm die fernere Reisetätigkeit untersagt wird?

HGB. §§ 55, 87, 59; BGB. §§ 157, 242, 611, 249.

Urteil vom 6. Oktober 1937.

I. Arbeitsgericht Düsseldorf. — II. Landesarbeitsgericht daselbst.

Der Kläger war seit dem 15. Juni 1935 bei der Beklagten als Reisender tätig. Vereinbart war ein festes Gehalt von zuletzt 200 RM monatlich und 12 RM Spesen für jeden Reisetag, über die er nicht abzurechnen brauchte; Auslagen für Transportmittel, Fernsprecher, Porto und dgl. durfte er gesondert in Rechnung stellen. Ende September 1936 hat ihm die Beklagte erklärt, sie wolle ihn, da sein Vater in einem verwandten Geschäftszweig tätig sei; nicht mehr reisen lassen, er könne aber noch einige Monate bei ihr im Kontor arbeiten und sich so aus ungekündigter Stellung eine andere Beschäftigung suchen. Wenn er damit nicht einverstanden sei, müsse sie ihm kündigen. Der Kläger hat sich damit einverstanden erklärt und wurde darauf im Innendienst beschäftigt. Ende Oktober 1936 kündigte er das Vertragsverhältnis für Ende 1936. Mit der Klage hat er für 94 ihm entgangene Reisetage 940 RM als den in seinen Tagesspesen enthaltenen Gehaltsteil von täglich 10 RM gefordert.

Beide Vorinstanzen haben die Klage dem Antrag der Beklagten entsprechend abgewiesen. Mit der Revision hat der Kläger seinen Klaganspruch nur noch in Höhe von 752 RM (8 RM je Tag) weiterverfolgt. Insoweit wurde das Berufungsurteil aufgehoben und die Sache an das Landesarbeitsgericht zurückverwiesen aus folgenden

Gründen:

Das Berufungsgericht verneint den Klaganspruch, weil die Reisespesen des Klägers nicht als Teil seines Gehaltes, sondern als Vergütung von Reiseaufwand anzusehen seien, überdies aber die Beklagte einen wichtigen Grund gehabt habe, den Kläger nicht mehr reisen zu lassen, da sein Vater für die Konkurrenz der Beklagten tätig sei und somit die Besorgnis bestehe, daß geschäftliche Nachrichten über die Beklagte durch den Kläger zur Kenntnis ihrer Konkurrenz gebracht würden.

Mit Recht erhebt die Revision gegen diese Erwägungen sowohl sachlich- wie verfahrensrechtliche Bedenken. Wenn der Kläger für die ihm entgangenen Reisetage einen Teil seiner Reisespesen fordert, so ist dafür die Frage, ob diese Spesen als Teil seines Gehaltes anzusehen sind, nicht von entscheidender Bedeutung. Wenn, wie der Vorderrichter annimmt, der Inhalt des Vertragsverhältnisses der Parteien durch das Einverständnis des Klägers, von Ende September 1936 für die Beklagte nur noch Innendienst zu tun, an sich nicht berührt worden ist, so hatte die Einstellung der Reisetätigkeit jedenfalls die wirtschaftliche Folge, daß der unverheiratete Kläger fortan genötigt war, den Teil seines Lebensunterhaltes, den er abgesehen von der Wohnungsunterkunft auf der Reise aus seinen Tagesspesen decken konnte, mit seinem Festgehalt zu bestreiten. Die Vorenthaltung des Gesamtbetrages der Reisespesen bedeutete somit für den Kläger eine Benachteiligung, für die er Schadloshaltung von der Beklagten fordern kann, sofern nicht die in der Versagung der Spesen an sich enthaltene Vertragswidrigkeit der Beklagten durch einen für die Untersagung der Reisetätigkeit vorliegenden wesentlichen Grund gerechtfertigt ist (RAG. in ArbRSammI. Bd. 23 S. 6). Gleiches würde für den Teil der Reisespesen gelten, den der Kläger bei angemessener Lebensführung auf der Reise vom Tagessatz normalerweise etwa hätte erübrigen können. Dem steht die vom Berufungsgericht angezogene Entscheidung des Reichsarbeitsgerichts Entsch. Bd. 16 S. 120 keineswegs entgegen, da sie nur die Frage betrifft, ob feste Tagesspesen auf ein Tarifgehalt anzurechnen sind.

Hiernach würde an sich dem Klaganspruch in dem Sinn weiter nachzugehen sein, daß der Mehraufwand festzustellen wäre, den der Kläger auf der Reise gegenüber seinem Lebensbedarf an seinem Wohnsitz gehabt haben würde. Es bleibt jedoch zunächst noch zu prüfen, ob die Behauptung der Beklagten zutrifft, sie habe für die Abberufung des Klägers vom Reisedienst beachtliche Gründe gehabt. (Wird ausgeführt.)

Unter diesen Umständen ist die Annahme des Vorderrichters, die Beklagte sei zur Untersagung der Reisetätigkeit berechtigt gewesen, vorerst haltlos, so daß auch die Hilfserwägung des angefochtenen Urteils in sich zusammenfällt.

Nach alledem ist das Berufungsgericht im Umfang des Revisonsklagbegehrens, also wegen 752 RM, aufzuheben und insoweit der Rechtsstreit zur Verhandlung und Entscheidung an die Vorinstanz zurückzuverweisen. In der neuen Verhandlung wird allerdings nochmals zu prüfen sein, ob der Kläger etwa doch, wie die Beklagte behauptet, nicht nur auf die Reisetätigkeit, sondern auch auf seine Reisespesen verzichtet hat, wenn er durch die Vereinbarung, in Zukunft Innendienst zu tun, die ursprünglich beabsichtigte Kündigung der Beklagten abwendete, ob insbesondere ein solcher Verzicht etwa daraus zu entnehmen ist, daß der Kläger die erste Gehaltszahlung nach dem Abkommen von Ende September 1936, wie behauptet ist, ohne Vorbehalt seines Spesenanspruchs angenommen hat.

RAG. 19, 24.

Kann der Gefolgsmann, dem zu Unrecht fristlos gekündigt und demnächst auf seine Klage Lohn für die Zeit bis zum Ablauf der Kündigungsfrist zugesprochen worden, Urlaubsvergütung verlangen oder kann er dieserhalb darauf verwiesen werden, er sei bis zum Ablauf der Kündigungsfrist von der Arbeit freigestellt gewesen und habe auch Lohn für diese Zeit erhalten?

BGB. § 242.

Urteil vom 20. Oktober 1937.

I. Arbeitsgericht Berlin. — II. Landesarbeitsgericht daselbst.

Der Kläger wurde am 20. August 1936 von der Beklagten fristlos entlassen. Er erwirkte darauf ein Urteil auf Fortzahlung seines Lohnes für die Dauer der betrieblichen Kündigungsfrist von 4 Wochen und erhielt darauf die Urteilsumme ausgezahlt. Er fordert nunmehr eine Urlaubsvergütung in Höhe von 49 RM für 6 Urlaubstage, die ihm unstreitig bei seiner fristlosen Entlassung noch zustanden.

Die Beklagte meint, der Urlaubsanspruch sei damit abgegolten, daß der Kläger die Kündigungsfrist von 4 Wochen bezahlt erhalten habe, ohne Arbeit zu leisten.

Beide Vorinstanzen haben den Klaganspruch für begründet erachtet. Die Revision wurde zurückgewiesen aus folgenden

Gründen:

Das Berufungsgericht geht davon aus, daß ein Gefolgschaftsangehöriger, der einmal einen Urlaubsanspruch erworben, den Urlaub aber noch nicht erhalten hat, im Falle eines Ausscheidens aus der Gefolgschaft regelmäßig den Anspruch auf Zahlung der Urlaubsvergütung behält, und zwar ohne Rücksicht auf den Grund seines Ausscheidens. Diese Auffassung entspricht der ständigen Rechtsprechung des Reichsarbeitsgerichts (vgl. u. a. Urteil vom 2. März 1929 RAG. 437/28 Entsch. Bd. 3 S. 277 = ArbRSamml. Bd. 5 S. 336, und Urteil vom 11. März 1936 RAG. 9/36 ArbRSamml. Bd. 26 S. 321). Das Berufungsgericht prüft dann die Frage, ob und unter welchen Voraussetzungen ein Unternehmer, der einem fristlos entlassenen Gefolgschaftsmitglied freiwillig oder auf Grund gerichtlichen Urteils Lohn oder Gehalt für die Dauer der für das Arbeitsverhältnis maßgebenden Kündigungsfrist zahlt, sich gegenüber einem Urlaubsvergütungsanspruch des Entlassenen darauf berufen könne, daß mit der Bezahlung der Kündigungsfrist auch die Vergütung für den (kürzeren) Urlaub abgegolten sei, weil der Entlassene während der Kündigungsfrist keine Arbeit mehr geleistet habe. Es hat dazu ausgeführt: Im allgemeinen sei ein Unternehmer kraft seiner Direktionsbefugnis zweifellos berechtigt, den ausstehenden Urlaub eines Gefolgschaftsangehörigen nach fristgemäßer Kündigung des Dienstverhältnisses in den Lauf bzw. an das Ende der Kündigungsfrist zu legen. In einem solchen Falle wisse der Gefolgsmann, von wann an er dem Betriebe nicht mehr zur Verfügung zu stehen brauche, und er könne sich deshalb dem Urlaubszweck entsprechend erholen. Das gleiche müsse billigerweise gelten, wenn der Unternehmer den Gefolgsmann fristlos entlasse, aber den erworbenen Urlaubsanspruch sogleich anerkenne und die Urlaubsvergütung alsbald auszahle. Solchenfalls habe der Gefolgsmann, wenn sich die fristlose Entlassung später als unberechtigt herausstelle, Anspruch auf Bezahlung der Kündigungsfrist nur abzüglich der empfangenen Urlaubsvergütung. Anders liege aber die Sache, wenn eine fristlose Entlassung mit nachfolgendem Streit über ihre Berechtigung vorliege, ohne daß der Urlaubsanspruch dabei zunächst Erwähnung finde. Denn dann wisse der Entlassene vor der Hand nicht, woran er diesbezüglich sei. Er werde, wie im vorliegenden Fall, seinen Rechtsstreit führen und sich um eine andere Stellung bemühen. Wenn er auch mit einer Rückberufung in seinen bisherigen Betrieb erfahrungsgemäß kaum rechnen könne, so bestehe doch jedenfalls eine Ungewißheit für ihn, die ihn daran hindere, eine bestimmte Zeit als Urlaubszeit zu betrachten und sich in dieser zu erholen. Wenn er erst lange, nachdem die Kündigungsfrist verstrichen sei, ihre Bezahlung durchgesetzt habe, dann könne diese nachträgliche Zahlung für eine verflossene Zeit nicht mehr zugleich teilweise noch als Urlaubsvergütung angesehen, es müsse vielmehr dann billigerweise ein Anspruch auf zusätzliche Urlaubsabgeltung anerkannt werden.

Die Revision rügt Verletzung der §§ 157, 242, 615 BGB. und des § 286 ZPO. Sie meint, das vom Vorderrichter gefundene Ergebnis werde den Grundsätzen von Treu und Glauben nicht gerecht und sei deshalb nicht tragbar. Sie führt dazu aus, mit der Aufrechterhaltung eines ordentlichen Betriebes sei es nicht vereinbar, eine fristlose Kündigung immer nur dann auszusprechen, wenn die Berechtigung dazu ganz zweifelsfrei feststehe. zumal der Anlaß zu einer solchen Maßnahme nicht selten erst im Rechtsstreit und in der Beweisaufnahme geklärt werden könne. Der Kündigende könne die Richtigkeit seines Standpunktes nicht von vornherein dadurch in Zweifel ziehen, daß er dem Gekündigten erkläre, für den Fall, daß die fristlos ausgesprochene Kündigung erst als eine fristgemäße gelte, solle der bis dahin laufende Zeitraum als Urlaubszeit gelten. Es müsse vielmehr Sache des Gekündigten sein, aus der in der fristlosen Kündigung liegenden Erklärung, daß er von jeder Dienstleistung mit sofortiger Wirkung und endgültig befreit werde, die Folgerungen auch unter Berücksichtigung der Belange der Gegenseite zu ziehen.

Mit diesen Betrachtungen kann die Revision keinen Erfolg haben. Wird ein Gefolgsmann, dem noch ein Urlaubsanspruch zusteht, fristlos entlassen, so behält er, wie erwähnt, jedenfalls in der Regel seinen Anspruch auf die Urlaubsvergütung. Besteht Streit über die Berechtigung der fristlosen Entlassung, so kann ihm, wenn die fristlose Kündigung als fristgemäße Kündigung gilt und die Urlaubszeit nicht über die Dauer der Kündigungsfrist hinausgeht, der Urlaubsanspruch an sich auch noch mit seinem ursprünglichen Inhalt, nämlich einer Freistellung von der Arbeit unter Weiterzahlung des Lohnes gewährt werden. Zu beachten ist nur — was bei der Betrachtung und Behandlung des Urlaubsanspruchs in neuerer Zeit noch mehr als bisher in den Vordergrund treten muß —, daß der Zweck des Urlaubs im wesentlichen in der Erholung des Urlaubers liegt. (Vgl. das angef. Urteil des RAG. vom 11. März 1936.) Ihm soll Freizeit zur Erholung gewährt werden. Durch bloße Nichtbeschäftigung wird dieser Zweck aber regelmäßig nicht erreicht. In aller Regel kann ein Gefolgschaftsangehöriger den Urlaubszweck nur erreichen, wenn ihm sein Lohn oder Gehalt weitergewährt wird. In den meisten Fällen wird deshalb das Urlaubsentgelt schon vor Antritt des Urlaubs ausgezahlt. Mit Recht legt deshalb der Vorderrichter entscheidendes Gewicht darauf, ob dem fristlos Entlassenen gegenüber sogleich der Urlaubsanspruch anerkannt und ihm das Urlaubsgeld bezahlt worden ist. Der Führer eines Betriebes muß wissen, ob einem entlassenen Gefolgschaftsangehörigen noch Urlaubsansprüche zustehen. Wenn er ihm die Urlaubsvergütung bei der fristlosen Kündigung auszahlt, so zieht er damit keineswegs die Berechtigung der fristlosen Kündigung in Zweifel. Vielmehr gibt er dem Gefolgsmann nur, was diesem regelmäßig auch bei berechtigter fristloser Entlassung zusteht, und bietet ihm auch für den Fall, daß die fristlose Entlassung sich als berechtigt herausstellen sollte, die Möglichkeit, die Urlaubsvergütung unter Ausnutzung der tatsächlichen Nichtbeschäftigung zu Erholungszwecken zu verwenden. Ohne Urlaubsentgelt dagegen nützt einem fristlos entlassenen Arbeiter, dem zunächst sogar die Erwerbslosenunterstützung gesperrt ist, die Zeit der Nichtbeschäftigung für Erholungszwecke in der Regel gar nichts. Es ist deshalb nicht angängig, ihm die Zeit der Nichtbeschäftigung als Urlaubszeit anzurechnen, wenn er erst lange nach Ablauf der Kündigungsfrist den Lohn für diese Zeit nachgezahlt erhält, nachdem sich die fristlose Kündigung als unbegründet herausgestellt hat. Das hat der Vorderrichter richtig erkannt. Eine Verletzung der §§ 157, 242 BGB. liegt deshalb nicht vor.

Ebensowenig kann von einer Verletzung des § 615 BGB. die Rede sein. Es ist richtig, daß auch ein Gefolgsmann, dem fristlos gekündigt ist, dem Führer des Betriebes gegenüber im Rahmen des § 615 S. 2 verpflichtet ist, die bestehende Kündigungszeit nutzbringend zu verwenden. Wenn die Revision daraus aber folgern will, der Kläger sei deshalb auch verpflichtet gewesen, in diese ihm später ja bezahlte Zeit seinen Urlaub zu legen, so übersieht sie auch hier wieder, daß dem Kläger kein Urlaubsentgelt zur Verfügung gestellt war, um die Zeit seiner Nichtbeschäftigung als Urlaubszeit auszunutzen. Es kann nicht ohne weiteres angenommen werden, daß ein Arbeiter von sich aus über die nötigen Mittel verfügt, um ohne alsbaldige Lohnzahlung eine Zeit der Nichtbeschäftigung für sich als eine Erholungszeit zu gestalten.

Wenn die Revision schließlich noch mit der Verfahrensrüge aus § 286 ZPO. darauf hinweist, die Beklagte habe unter Beweis gestellt, daß der Kläger sich trotz bestehender Möglichkeit nicht um anderweite Arbeit während der Kündigungszeit bemüht habe, so ist nicht ersichtlich, was damit für den hier streitigen Urlaubsanspruch erreicht werden soll. Das hätte von Bedeutung gewesen sein können für den rechtskräftig erledigten Anspruch auf Lohnzahlung für die Kündigungsfrist. Für die hier maßgebende Frage, ob der Kläger die Zeit der Nichtbeschäftigung als Urlaubszeit hätte nutzen können, ist das Vorbringen ohne Belang.

RAG. 19, 28.+

Kann das gekündigte Anstellungsverhältnis des Lagerhalters einer in Liquidation befindlichen Verbrauchergenossenschaft „bis zur Auflösung des Lagers" befristet verlängert werden, wenn nicht einmal annähernd vorauszuberechnen ist, wann dieser Zeitpunkt eintreten wird, und die Auflösung sich demnächst länger als ein Jahr hinausgezogen hat?

BGB. § 620. HGB. § 69.

Urteil vom 27. Oktober 1937.

I. Arbeitsgericht Löbau. — II. Landesarbeitsgericht Dresden.

. . .

Gründe:

Das Landesarbeitsgericht hat ohne Rechtsverstoß aus den zwischen dem Kläger und dem Liquidator der Beklagten gewechselten Erklärungen entnommen, beide seien dahin einig gewesen, daß das Arbeitsverhältnis, das infolge der Kündigung vom 28. September 1935 mit Ablauf des März 1936 zu Ende gegangen wäre, verlängert werden solle, und zwar bis zur Auflösung des Lagers, und daß es mit diesem Zeitpunkt von selbst und ohne nochmalige Kündigung erlöschen solle. Danach haben die Parteien ein befristetes Dienstverhältnis schaffen wollen, Endpunkt sollte die Auflösung des Zentrallagers sein. Die für den Kläger in Frage kommenden §§ 59 flg. HGB. geben für Anstellungsverhältnisse, die auf bestimmte Zeit abgeschlossen werden, keine besonderen Vorschriften; anwendbar ist daher § 620 Abs. 1 BGB., wonach das Dienstverhältnis mit dem Ablauf der Zeit endet, für die es eingegangen ist. Der Endpunkt eines solchen befristeten Arbeitsverhältnisses kann von den Parteien von vornherein kalendermäßig festgelegt, aber auch auf irgendein kalendermäßig noch nicht feststehendes künftiges Ereignis abgestellt sein; dieses muß nur von der Art sein, daß sich demnächst gegenständlich (objektiv) muß feststellen lassen, ob und wann es eingetreten ist. Das Landesarbeitsgericht hat zunächst schon zu diesem Punkt Bedenken, ob der Zeitpunkt der „Auflösung des Lagers“ mit hinreichender Bestimmtheit habe ermittelt werden können. Dieses Bedenken ist nicht gerechtfertigt. Das Lager war in dem Augenblick aufgelöst, in dem es entweder restlos ausverkauft war oder nach den Umständen ein Absatz etwaiger Reste in angemessener Zeit nicht mehr erwartet werden konnte. Es ist nicht einzusehen, warum dieser Zeitpunkt nicht mit ausreichender Sicherheit hätte bestimmt werden können. Daß der Zeitpunkt der Auflösung des Lagers auch mit von dem Verhalten der Beklagten abhing, z. B. davon, wann sie das Nachschieben von Waren einstellte, verschlägt nichts. (Vgl. ArbRSamml. Bd. 13 S. 10; RAGEntsch. Bd. 12 S. 152; ArbRSamml. Bd. 17 S. 88.)

Das Landesarbeitsgericht meint jedoch weiter — und dieser Gesichtspunkt ist für sein Urteil entscheidend —, daß Ende März 1936, als das Abkommen über die Weiterbeschäftigung des Klägers getroffen wurde, es noch völlig ungewiß und für beide Teile, mindestens aber für den Kläger, noch völlig unvorhersehbar gewesen sei, wann das Lager aufgelöst sein würde. Tatsächlich habe es fast ³/₄ Jahr gedauert, bis sich dieser Zeitpunkt ungefähr habe bestimmen lassen, und mehr als ein volles Jahr, bis er tatsächlich eingetreten sei. Der Kläger habe also 3/4 Jahr in voller Ungewißheit über die Beendigung seines Dienstverhältnisses geschwebt und habe auch dann noch den Endtermin nur schätzungsweise bestimmen können. Eine solche Vereinbarung stehe in Widerspruch mit den zwingenden gesetzlichen Bestimmungen über die Kündigungsfristen, insbesondere mit § 69 HGB. Zwar fordere es das Verkehrsbedürfnis, daß als Endtermin eines Arbeitsverhältnisses auch ein nicht kalendermäßig vorherbestimmbares Ereignis müsse vereinbart werden können. So sei die Einstellung auf die „Saison" oder bis zur Fertigstellung eines Baues unbedenklich zulässig. Aber bei der besonderen Lage des vorliegenden Falles — der langen Dauer der Fortsetzung des Verhältnisses und der völligen Ungewißheit seines Endpunktes — könne die Vereinbarung nicht als rechtswirksam anerkannt werden.

Letzteres ist nicht richtig. Es ist rechtlich nicht ausgeschlossen, als Endpunkt eines Dienstverhältnisses ein Ereignis zu vereinbaren, von dem zur Zeit noch in keiner Weise vorherzusehen oder vorauszuberechnen ist, wann es eintritt. So ergibt sich aus § 624 BGB. daß ein Dienstverhältnis auf die Lebenszeit einer Person eingegangen werden kann. Für das Anstellungsverhältnis eines Handlungsgehilfen gilt nichts anderes. § 69 HGB. schlägt hier nicht ein. Hier wird nur für den Fall der Einstellung zu vorübergehender Aushilfe eine größere Freiheit in der Vereinbarung von Kündigungsfristen gewährt, als sie sonst nach § 67 HGB. besteht. Während nach dieser letzteren Vorschrift eine Kündigungsfrist von weniger als einem Monat nicht vereinbart werden darf und eine von § 66 HGB. abweichende Kündigungsfrist nur so vereinbart werden kann, daß sie für beide Teile gleich lang ist, setzt § 69 die erstere Vorschrift für Fälle außer Kraft, in denen ein Handlungsgehilfe nur zu vorübergehender Aushilfe eingestellt wird; erst wenn er länger als drei Monate beschäftigt wird, sollen die Einschränkungen der Vertragsfreiheit, wie sie in § 67 enthalten sind, wieder gelten. Selbst wenn man also die Rechtslage so ansehen müßte, wie wenn der Kläger nach Ablauf seines ursprünglichen Anstellungsverhältnisses mit dem 1. April 1936 neu „zu vorübergehender Aushilfe" eingestellt worden wäre, käme § 69 HGB. nicht in Frage, weil irgendwelche Vereinbarungen über eine Kündigungsfrist nicht getroffen worden sind, sondern die Einstellung befristet war bis zur Auflösung des Lagers.

Dafür, daß die Parteien etwa irgendwelche zwingenden Kündigungsbestimmungen mit ihrer Vereinbarung hätten umgehen wollen, etwa durch fortlaufende Neuschaffung von aneinandergereihten kurzfristigen Arbeitsverhältnissen, wie z. B. in dem in RAGEntsch. Bd. 1 S. 361 entschiedenen Fall, ist kein Anhalt ersichtlich, insbesondere auch vom Kläger nichts vorgebracht. Eine solche Annahme wird durch die Feststellung des Landesarbeitsgerichts ausgeschlossen, die Parteien seien im März 1936 dahin einig geworden, daß das Arbeitsverhältnis des Klägers bis zur Auflösung des Lagers fortdauere und dann enden solle. Die Fürsorgepflicht des Betriebsführers wird unter Umständen fordern, daß das Gefolgschaftsmitglied auf das bevorstehende Ende seines Arbeitsverhältnisses hingewiesen wird, sobald sich dieser Zeitpunkt einigermaßen übersehen läßt, oder daß ihm bei völlig überraschendem Ende eine gewisse Schonfrist gewährt wird. Dem ist die Beklagte unstreitig nachgekommen durch ihr Schreiben vom 14. Januar 1937 und Zuweisung von Arbeiten, zu denen der Kläger an sich nicht benötigt worden wäre.

Daß Ende März 1936, als die Vereinbarung getroffen wurde, die Auflösung des Lagers noch in weitem Felde lag, das Lager auch tatsächlich erst nach mehr als einem Jahr aufgelöst worden ist, kann übrigens nicht, wie es das Landesarbeitsgericht tut, als besonders lästig für den Kläger angesehen werden. Dieser Umstand gab ihm vielmehr eine gewisse Wahrscheinlichkeit, noch längere Zeit in Beschäftigung bleiben zu können, wogegen seine Lage sicherlich weniger günstig gewesen wäre, wenn er schon in ganz kurzer Zeit mit der Auflösung des Lagers und damit seiner Entlassung hätte rechnen müssen. Das vom Arbeitsgericht angezogene Urteil des Reichsarbeitsgerichts Entsch. Bd. 12 S. 288 schlägt nicht ein, wie offenbar auch das Landesarbeitsgericht schon erkannt hat.

RAG. 19, 49.

Bewirkt die Versäumung der Zweiwochenfrist aus § 44 Abs. 2 der Ersten Verordnung über den vorläufigen Aufbau des deutschen Handwerks vom 15. Juni 1934 zur klageweisen Weiterverfolgung eines vor den Innungsausschuß gebrachten Lehrlingsstreites nicht nur den endgültigen Verlust des Klagerechts und die Unmöglichkeit, den Innungsausschuß erneut mit der gleichen Sache anzugehen, sondern hat diese Versäumung auch sachlichrechtliche Wirkungen dahin, daß der vor den Innungsausschuß gebrachte Anspruch verloren geht?

§ 44 der Ersten Verordnung über den vorläufigen Aufbau des deutschen Handwerks vom 15. Juni 1934 (RGBl. I S. 493).

Urteil vom 22. September 1937.

I. Arbeitsgericht Zwickau. — II. Landesarbeitsgericht Chemnitz.

Der Kläger war beim Beklagten auf Grund schriftlichen Lehrvertrages vom 1. April 1935 als Elektrolehrling angestellt worden. Der Beklagte hatte das Lehrverhältnis am 19. September 1936 fristlos gelöst.

Der Kläger hatte wegen der fristlosen Entlassung den Ausschuß für Lehrlingsstreitigkeiten der Elektro-Innung Zwickau angerufen, der am 1. Oktober 1936 die Lösung des Lehrverhältnisses für unberechtigt erklärte. Der Kläger hatte den Spruch des Ausschusses angenommen, der Beklagte sich auf ihn nicht erklärt.

In der Zwischenzeit hatte der Kläger, wie er vorträgt, nur vorübergehend, bis zu seiner Wiedereinstellung durch den Beklagten, eine anderweite Lehrstelle angenommen.

Nachdem beide Parteien sich in der Folgezeit nicht über die Fortführung des Lehrverhältnisses geäußert hatten, weder der Kläger sich beim Beklagten zur Fortsetzung der Lehre gemeldet, noch auch der Beklagte den Kläger zum Wiedereintritt aufgefordert hatte, sprach der Beklagte durch Schreiben vom 21. Oktober 1936 erneut die fristlose Entlassung des Klägers aus dem Lehrverhältnis aus, und zwar nunmehr wegen unbefugten Verlassens der Arbeit mit der Begründung, daß, nachdem der Innungsausschuß am 1. Oktober entschieden, der Kläger sich volle drei Wochen überhaupt nicht um die Arbeitsstelle gekümmert habe. Der Kläger rief daraufhin am 17. Dezember 1936 abermals den Lehrlingsstreitigkeitenausschuß an, der in seiner Sitzung vom 22. Dezember 1936 den Antrag des Klägers, festzustellen, daß das Lehrverhältnis zu Unrecht gelöst sei, zurückwies. Der Ausschuß begründete die Entscheidung damit, daß aus der Tatsache, daß der Kläger bereits eine neue Lehrstelle angenommen habe, das Lehrverhältnis beim Kläger als gelöst angesehen werden müsse.

Der Kläger rief nunmehr das Arbeitsgericht an und trug vor, der Beklagte habe zwar zunächst durch die Nichtannahme des Schiedsspruchs vom 1. Oktober 1936 zum Ausdruck gebracht, daß er das Lehrverhältnis nicht mehr als fortbestehend anerkenne. Die dann ausgesprochene zweite fristlose Entlassung enthalte aber ein Anerkenntnis, daß das Lehrverhältnis doch fortbestehe. Die erneute fristlose Entlassung sei unbegründet. Er habe die Lehrstelle nicht unbefugt verlassen.

Der Kläger begehrt die Feststellung, daß der Beklagte das Lehrverhältnis am 21. Oktober 1936 zu Unrecht fristlos gelöst habe.

Der Beklagte hat um Klagabweisung gebeten und vorgetragen:

Er sei zwar bereit gewesen, den Kläger nach dem ersten Schiedsspruch wieder einzustellen und er sei auch rechtsirrtümlich davon ausgegangen, daß das Lehrverhältnis, da er den ersten Schiedsspruch vom 1. Oktober 1936 nicht abgelehnt habe, weiter bestanden habe. Das Lehrverhältnis sei aber endgültig beendet gewesen, da er den Schiedsspruch nicht angenommen und der Kläger keine Klage beim Arbeitsgericht eingereicht habe. Er sei rechtsirrtümlich weiter der Ansicht gewesen, der Kläger hätte zum mindesten nach Ablauf der Frist zur Anfechtung des Schiedsspruchs vom 1. Oktober 1936, also am 15. Oktober 1936, sich bei ihm zur Arbeit melden müssen. Nachdem diese Meldung nicht erfolgt sei, habe er den Kläger erneut fristlos entlassen. Diese Entlassung sei allerdings, da das Lehrverhältnis nicht mehr bestanden habe, unnötig gewesen. Ein Schade könne ihm aber hieraus nicht erwachsen.

Das Lehrverhältnis habe aber abgesehen davon auch durch konkludente Handlungen des Klägers das Ende gefunden. Dieser habe endgültig eine neue Lehrstelle angenommen gehabt. Er habe auch gegen die erneute fristlose Entlassung nicht protestiert und seine Dienste nicht angeboten. Er habe einen Restlohn bis zum 1. Oktober angenommen und die Werkzeuge abgegeben. Die erneute Anrufung des Lehrlingsstreitigkeitenausschusses sei verspätet.

Beide Vorinstanzen haben zu Gunsten des Klägers entschieden. Auf die vom Beklagten eingelegte Revision ist das Urteil des Landesarbeitsgerichts aufgehoben und die Klage abgewiesen worden aus folgenden

Gründen:

Das Berufungsgericht hat zur Begründung seiner Entscheidung ausgeführt, der erste Schiedsspruch des Ausschusses für Lehrlingsstreitigkeiten habe zwar mangels ausdrücklicher Annahme durch den Beklagten keine Wirksamkeit erlangt. Dieser habe aber durch das spätere Kündigungsschreiben vom 21. Oktober das Fortbestehen des Lehrverhältnisses ausdrücklich anerkannt und damit auf die Rechte aus der ersten Kündigung verzichtet; der Kläger habe diesen Verzicht angenommen. Das Lehrverhältnis habe daher fortbestanden. Die erneute fristlose Entlassung sei unbegründet gewesen. Der Kläger habe sehr wohl der Ansicht sein können, daß der Beklagte, der den Spruch nicht anerkannt habe, seinerseits das Arbeitsgericht anrufen würde. Der Kläger habe deshalb, zumal bei der Undurchsichtigkeit der Rechtslage, die Entscheidung des Beklagten und das etwaige Zurückrufen in das Lehrverhältnis abwarten können. Eine beharrliche Arbeitsverweigerung liege daher nicht vor. Das Lehrverhältnis mit dem zweiten Lehrherrn sei, wie durch die Beweisaufnahme erwiesen sei, nur als vorübergehend getätigt worden. Darin liege kein Verzicht auf das Lehrverhältnis. Auch die übrigen Momente seien nicht ausreichend, um anzunehmen, der Kläger habe sich bei der zweiten fristlosen Entlassung bescheiden wollen.

Die Revision rügt demgegenüber, das Berufungsgericht habe rechtsirrtümlich angenommen, daß das Lehrverhältnis am 21. Oktober 1936 noch bestanden habe. Nachdem der Kläger das Arbeitsgericht nicht fristgemäß zur Bestätigung des Schiedsspruchs angerufen habe, sei die vom Beklagten im September ausgesprochene Kündigung wirksam geworden und das Lehrverhältnis gelöst gewesen. Zur Begründung eines neuen Lehrverhältnisses würde es neuer Vereinbarungen der Parteien bedurft haben. In der erneuten fristlosen Entlassung sei keinesfalls eine Bestätigung des Weiterbestehens des Lehrverhältnisses zu erblicken. Das spätere Verhalten beider Parteien habe gezeigt, daß sie beide nicht den Willen gehabt hätten, das Lehrverhältnis fortzusetzen. Zu Unrecht habe endlich auch das Berufungsgericht die Berechtigung der zweiten fristlosen Entlassung wegen unbefugten Verlassens der Lehrstelle verneint.

Die Revision ist gerechtfertigt. Für die Beurteilung des Rechtsstreits kommt § 44 der Ersten Verordnung über den vorläufigen Aufbau des deutschen Handwerks vom 15. Juli 1934 (RGBl. I S. 493) in Betracht. Die Bestimmung ist aus dem von dem Landesarbeitsgericht in Bezug genommenen § 91 b der Gewerbeordnung wörtlich übernommen. Für ihre Anwendung und Auslegung kann deshalb auch die zu der letzteren Bestimmung ergangene bisherige Rechtsprechung herangezogen werden.

Mit der vom Berufungsgericht angezogenen Entscheidung des Reichsarbeitsgerichts RAG. 161/29 vom 23. November 1929 (RAG. Bd. 4 S. 273) ist davon auszugehen, daß der Spruch des Lehrlingsstreitigkeitenausschusses keine die Parteien bindende Kraft besitzt, es sei denn, daß er von beiden Seiten innerhalb der Wochenfrist des § 44 Abs. 2 der vorerwähnten Verordnung ausdrücklich angenommen wird. Diese Voraussetzung ist im Streitfall nicht gegeben. Es genügte nicht, daß der Spruch des Innungsausschusses vom 1. Oktober 1936 von der einen Partei angenommen wurde, während die andere Partei sich währen dieser Wochenfrist untätig verhielt. Entbehrte hiernach der Spruch vom 1. Oktober 1936 jeder Rechtswirksamkeit für die Parteien, konnte insbesondere der Kläger Rechte aus ihm nicht herleiten, so behielt er doch seine Bedeutung als Prozeßvoraussetzung für die innerhalb der in der gleichen gesetzlichen Bestimmung festgesetzten zweiwöchigen Frist vor dem Arbeitsgericht anzustrengende Klage.

Wollte der Kläger nunmehr, nachdem das Verfahren vor dem Innungsausschuß zu einem die Streitigkeit rechtswirksam abschließenden Ergebnis nicht geführt hatte, eine gerichtliche Entscheidung über die von ihm behauptete Unwirksamkeit der am 1. Oktober 1932 ausgesprochenen fristlosen Entlassung und das Fortbestehen des Lehrlingsverhältnisses herbeiführen, so mußte er nach jener Vorschrift binnen zwei Wochen nach ergangenem Spruch Klage beim Arbeitsgericht erheben. Das ist unstreitig nicht geschehen. In der Entscheidung des Reichsarbeitsgerichts RAG. 233/31 vom 9. Januar 1932 (RAG. Bd. 10 S. 77) ist im Anschluß an die Entstehungsgeschichte des § 91 b der Gewerbeordnung eingehend dargelegt worden, daß die Versäumung der Frist den Ausschluß mit der klageweisen gerichtlichen Geltendmachung der vor dem Ausschuß erhobenen Ansprüche zur notwendigen Folge hat. Die zu § 91 b der Gewerbeordnung ergangene Entscheidung trifft, wie bereits hervorgehoben, auch auf den § 44 Abs. 2 der Ersten Verordnung über den vorläufigen Aufbau des deutschen Handwerks zu; ein Anlaß zu einer abweichenden Auffassung liegt nicht vor. Die Versäumung der zweiwöchigen Frist hatte daher auch für den Kläger zur Folge, daß ihm die Möglichkeit, den vor dem Ausschuß geltend gemachten Anspruch auf Feststellung der Unwirksamkeit der am 1. Oktober 1936 ausgesprochenen fristlosen Entlassung im Wege der Klage gerichtlich geltend zu machen, genommen war. In der erwähnten Entscheidung ist auf die Frage, ob mit dem Verlust des Klagerechts der materiellrechtliche Anspruch ebenfalls untergehe oder als natürliche Verbindlichkeit (sog. Natural-Obligation) bestehen bleibe, nicht eingegangen worden. Für den vorliegenden Fall muß aus dem Verlust der Möglichkeit, im Wege der Klage die Unwirksamkeit der fristlosen Entlassung feststellen zu lassen und die Fortsetzung des Lehrverhältnisses zu erzwingen, jedenfalls die Folgerung gezogen werden, daß mit der fristlosen Entlassung am 1. Oktober 1936 das Lehrverhältnis nicht nur tatsächlich, sondern auch rechtlich sein Ende gefunden hat. Die Annahme des Fortbestehens einer Verpflichtung des Beklagten zur Fortsetzung des Lehrverhältnisses als einer sog. natürlichen Verbindlichkeit würde mit dem durch die Befristung der Klagerhebung verfolgten Zweck einer beschleunigten Abwicklung der Angelegenheit nicht vereinbar sein. Das Interesse des Lehrlings wie auch das des Lehrherrn erheischen eine möglichst schnelle und endgültige Klarstellung über das Weiterbestehen des Lehrverhältnisses.

Wendet man diese Grundsätze auf den vorliegenden Streifall an, so ist im Ergebnis der Standpunkt des Berufungsgerichts zutreffend, daß durch die Nichtweiterverfolgung des vor dem Ausschuß für Lehrlingsstreitigkeiten geltend gemachten Anspruchs durch fristgemäße Erhebung der Klage vor dem Arbeitsgericht das Lehrverhältnis mit dem 1. Oktober 1936 als endgültig gelöst zu gelten hat.

Wenn aber das Berufungsgericht aus der späteren Kündigung vom 21. Oktober 1936 folgert, der Beklagte habe durch sie ein Fortbestehen des Lehrverhältnisses anerkennen wollen, so erscheint diese Folgerung rechtsirrig. Der Beklagte hatte nach dem ersten Schiedsspruch keine Erklärung abgegeben. Er hat zwar im Rechtsstreit erklärt, er habe die Absicht gehabt, sich dem Schiedsspruch zu fügen, vorausgesetzt, daß der Kläger sich freiwillig und zur rechten Zeit an seiner Arbeitsstelle wieder einfinden würde. Diese Absicht ist aber nach außen, insbesondere dem Kläger gegenüber, nicht zum Ausdruck gekommen. Wenn der Beklagte im Schreiben vom 21. Oktober 1936 das Lehrverhältnis erneut nunmehr wegen beharrlicher Arbeitsverweigerung gekündigt hat, so kann daraus nicht, wie das Berufungsgericht es will, ein Verzicht des Beklagten auf die bereits erfolgte Auflösung des Lehrverhältnisses und ein Wille auf seine Erneuerung gefolgert werden. Das Schreiben stellt nichts weiter als einen neuen Versuch des Beklagten dar, vom Kläger endgültig freizukommen, und bringt damit den Willen des Beklagten, das Lehrverhältnis nicht fortzusetzen, eindeutig zum Ausdruck.

Zu einer Neubegründung oder Fortsetzung des Lehrverhältnisses würde im übrigen aber auch der übereinstimmende Wille der Parteien gehört haben. Das Berufungsgericht meint zwar, der Kläger habe den Verzicht des Beklagten auf die Rechte aus der früheren Entlassung stillschweigend angenommen. Es ist aber nicht zu erkennen, worin diese stillschweigende Annahme des nach der Auffassung des Berufungsgerichts im Schreiben des Beklagten vom 21. Oktober 1936 zu erblickenden Verzichtes durch den Kläger liegen sollte. Tatsachen, aus denen eine rechtzeitige Annahme dieses Verzichts durch den Kläger zu folgern wäre (§ 146 BGB.), sind vom Berufungsgericht nicht festgestellt. Etwaige Erklärungen des Klägers in späterer Zeit könnten eine rechtswirksame Annahme des Verzichtes des Beklagten aber deswegen nicht bedeuten, weil dieser Verzichtswille dann beim Beklagten zweifellos nicht mehr bestand.

Der Kläger verlangt im Rechtsstreit die Feststellung, daß der Beklagte das Lehrverhältnis am 21. Oktober 1936 zu Unrecht fristlos gelöst habe. Eine rechtswirksame Lösung des Lehrverhältnisses hat durch den Beklagten allerdings am 21. Oktober 1936 nicht stattfinden können, weil ein Lehrverhältnis nicht mehr bestand. Mit einer so begründeten Entscheidung würde man dem Klagebegehren in seiner sachlichen Bedeutung nicht gerecht werden. Der Kläger will durch die Klage eine Feststellung dahin erzielen, daß, da der Beklagte am 21. Oktober 1936 nicht berechtigt gewesen sei, das Lehrverhältnis aus wichtigem Grunde fristlos zu lösen, das Lehrverhältnis über den 21. Oktober 1936 hinaus fortdauere. Dieser Anspruch ist aber, da er ein Bestehen des Lehrverhältnisses zunächst bis zum 21. Oktober 1936 voraussetzt, nach vorstehenden Ausführungen unbegründet.

Das angefochtene Urteil war hiernach aufzuheben. Der Rechtsstreit ist, da eine weitere Sachaufklärung nicht mehr erforderlich ist, zur Endentscheidung im Sinne des Antrages des Beklagten reif. Eine Erörterung darüber, ob der Beklagte am 21. Oktober 1936 wegen beharrlicher Arbeitsverweigerung hätte kündigen können, bedarf es ebensowenig mehr, wie darüber, ob spätere Handlungen der Parteien als Aufrechterhaltung oder als Verzicht auf das Lehrverhältnis gedeutet werden können. Das Revisionsgericht hatte somit gemäß § 565 Abs. 3 Ziff. 1 ZPO. in der Sache selbst zu entscheiden. Die Klage war abzuweisen.

RAG. 19, 55.

Wie wirken die Vorschriften des Kündigungsschutzgesetzes in Fällen, in denen der Anstellungsvertrag eine kürzere als die aus diesem Gesetz sich ergebende Kündigungsfrist vorsieht, die Kündigung aber nur jeweils zum Schluß eines Kalenderjahres zuläßt. — Verwirkung.

Gesetz über die Fristen für die Kündigung von Angestellten vom 9. Juli 1926 (RGBl. I S. 399) § 2.

Urteil vom 24. November 1937.

I. Arbeitsgericht Wittenberge. — II. Landesarbeitsgericht Berlin.

Der Kläger ist am 1. Juli 1927 von dem damaligen Eigentümer des Molkerei- und Dauermilchbetriebes K. als Molkereiverwalter angestellt worden. Nach dem Vertrage bezog er ein Monatsgehalt von 350 RM und hatte Anspruch auf freie Wohnung mit Licht und Heizung, sowie gewisse Naturalien. Das Vertragsverhältnis war zunächst bis zum 31. Dezember 1928 befristet, sollte sich aber jeweils um ein Jahr verlängern, falls es nicht von der einen oder anderen Seite drei Monate vor Ablauf des Jahres durch eingeschriebenen Brief gekündigt würde.

Die Beklagte hat später den Betrieb im Wege der Zwangsversteigerung erworben und das Dienstverhältnis mit dem Kläger unter den bisherigen Bedingungen fortgesetzt. Am 1. Oktober 1936 ist der Betrieb durch Kauf in andere Hände übergegangen. Die Beklagte hat durch eingeschriebenen Brief vom 14. September 1936 — zugegangen am 15. September 1936 — dem Kläger zum 31. März 1937 gekündigt und ihm seit diesem Tag keinerlei Bezüge mehr gewährt.

Unstreitig lagen bei dem Kläger die Voraussetzungen des § 2 des Kündigungsschutzgesetzes für Angestellte dahin vor, daß ihm nur mit einer Frist von vier Monaten für den Schluß eines Kalendervierteljahres gekündigt werden konnte. Er vertritt den Standpunkt, daß die mit dem Schreiben vom 14./15. September 1936 ausgesprochene Kündigung mit Rücksicht hierauf nicht mehr zum 31. Dezember 1936, wegen der vertraglichen Kündigungsabrede (Kündigung jeweils nur zum Schluß eines Kalenderjahres) aber auch nicht zum 31. März 1937 habe wirken können, daß vielmehr das Anstellungsverhältnis erst mit dem 31. Dezember 1937 zu Ende gehe. Er beansprucht deshalb Zahlung seines Gehalts sowie ein angemessenes Entgelt für Wohnung und Naturalien über den 31. März 1937 hinaus. Er berechnet den Wert seiner Bezüge auf monatlich insgesamt 486,50 RM und hat diesen Betrag für den Monat April 1937 mit der Klage gefordert. Im zweiten Rechtszuge hat er seine Forderung auf 450 RM ermäßigt.

Beide Vorinstanzen haben die Klage abgewiesen. Die Revision wurde zurückgewiesen aus folgenden

Gründen:

Das Berufungsgericht geht davon aus, daß es mit der zwingenden Natur des Kündigungsschutzgesetzes verträglich sei, wenn Kündigungsbedingungen vereinbart würden, die für den Angestellten günstiger sind als die in diesem Gesetz bestimmten. Es erklärt deshalb für entscheidend die Frage, ob die hier vereinbarten Kündigungsbedingungen (Kündigung mit dreimonatiger Frist zum Schluß des Kalenderjahres) für den Kläger günstiger seien als diejenigen, die nach dem Kündigungsschutzgesetz gelten müssen (Kündigung mit Viermonatsfrist zum Schluß eines Kalendervierteljahres). Diese Frage, die nach den Gesamtumständen des Falles zu beurteilen sei, entscheidet es dann dahin, daß die Vertragsbedingungen „weit günstiger" seien als die nach dem Kündigungsschutzgesetz. Schon deshalb, so meint es, sei der Klaganspruch unbegründet. Es komme hinzu, daß am 31. März 1937 beide Kündigungsfristen abgelaufen seien, die vertragliche bereits am 31. Dezember 1936, die gesetzliche mit dem 31. März 1937. Der Angestellte könne nicht beanspruchen, daß die einheitliche Kündigungsvereinbarung derart „gespalten" werde, daß einerseits die viermonatige gesetzliche Frist, andererseits aber auch die Abrede der „Kündigung nur zum Jahresschluß" eingehalten werde.

Im Ergebnis ist dem Berufungsgericht zuzustimmen, wenn auch die Begründung zu Bedenken Anlaß gibt. Richtig ist der Ausgangspunkt, daß das Kündigungsschutzgesetz nur Mindestschutzbestimmungen enthält und daß es entscheidend darauf ankommt, ob im Einzelfall die vereinbarten Kündigungsbedingungen für den Angestellten günstiger sind als die gesetzlichen. Trifft das zu, d. h. sind die vereinbarten Bedingungen günstiger, so sind sie maßgebend. Eine Kündigung unter den weniger günstigen Bedingungen des Kündigungsschutzgesetzes ist dann nicht zulässig. Erweisen sich dagegen die gesetzlichen Bedingungen als günstiger, so kann nicht nach den vertraglichen Bedingungen gekündigt werden. Dabei dürfen, wie das Berufungsgericht mit Recht betont, die einheitlichen Kündigungsbedingungen (Kündigungsfrist und Kündigungstermin) nicht „gespalten", d. h. nicht auseinandergerissen werden. Die Frage nach der größeren Günstigkeit ist nun aber nicht allgemein zu stellen, sondern entscheidend muß sein, welche der beiden Kündigungsbedingungen in jedem einzelnen Zeitpunkt für den Angestellten günstiger sind. (Vgl. hierzu das Urteil des Reichsarbeitsgerichts vom 21. August 1937 RAG. 73/37 RAG. Bd. 18 S. 342, in dem es sich darum handelte, ob die Urlaubsbedingungen einer Betriebsordnung oder der für denselben Betrieb geltenden Tarifordnung günstiger waren.) Die Prüfung für den Einzelfall muß von dem Zeitpunkt ausgehen, an welchem die Kündigung ausgesprochen ist.

Im vorliegenden Fall ist die Kündigung ausgesprochen am 15. September 1936; sie sollte wirken zum 31. März 1937. Damit waren die für den Kläger in Betracht kommenden Mindestbedingungen des Kündigungsschutzgesetzes innegehalten. In Vergleich zu setzen ist nun mit dieser Kündigung eine Kündigung, wie sie an demselben Zeitpunkt (15. September 1936) nach den vereinbarten Kündigungsbedingungen frühestens möglich gewesen wäre. Der Vertrag ließ am 15. September 1936 eine Kündigung schon zum 31. Dezember 1936 zu. Unter regelmäßigen Verhältnissen sind also in solchem Fall die Bedingungen des Kündigungsschutzgesetzes die günstigeren, so daß diese allein maßgebend sind. Dann hat aber die zum 31. März 1937 ausgesprochene Kündigung das Dienstverhältnis mit dem Ablauf dieses Tages zur

Lösung gebracht und es sind weitere Entgeltansprüche des Klägers dann nicht mehr gegeben.

Denkbar wäre allerdings, daß eine Kündigung zum Jahresschluß unter allen Umständen, also auch bei kürzerer Kündigungsfrist, als sie das Kündigungsschutzgesetz vorsieht, für den Kläger das Günstigere gewesen wäre, nämlich dann, wenn etwa ein Stellungswechsel für Molkereiverwalter nur zum Jahresschluß üblich wäre und der Kläger deshalb zum 1. April 1937 nur schwer mit einer neuen Stelle hätte rechnen können, während die Möglichkeit einer anderweitigen Anstellung zum 1. Januar 1937 eher gegeben gewesen wäre. Etwas derartiges hat der Kläger jedoch nicht behauptet. Aber auch wenn es zutreffen sollte, wäre ihm damit nicht geholfen. Denn nach Treu und Glauben wäre er dann verpflichtet gewesen, sich auf die vereinbarten Kündigungsbedingungen zu berufen, als die Beklagte ihm die nach ihrer Ansicht und, wie dargelegt, für den Regelfall auch tatsächlich für ihn günstigeren Kündigungsbedingungen des Kündigungsschutzgesetzes zugute kommen lassen wollte und deshalb die Kündigung erst zum 31. März 1937 aussprach anstatt, wie sie damals nach dem Vertrage noch gekonnt hätte, schon zum 31. Dezember 1936. Für diesen Fall müßte deshalb in der widerspruchslosen Entgegennahme der zum 31. März 1937 ausgesprochenen Kündigung ein Einverständnis des Klägers mit der Auflösung des Dienstverhältnisses zu diesem Termin erblickt werden. Unstreitig hat sich der Kläger gegen die zum 31. März 1937 ausgesprochene Kündigung erst gewehrt, lange nachdem die Beklagte die vertragliche Möglichkeit, noch zum Jahresschluß 1936 zu kündigen, verloren hatte. Eine Pflicht des Klägers, alsbald der zum 31. März 1937 ausgesprochenen Kündigung zu widersprechen, wenn er unter allen Umständen die vertraglich ausbedungene Kündigung zum Jahresschluß als das Günstigere für sich ansah und deshalb darauf bestehen wollte, wäre hier um so mehr gegeben gewesen, als er offenbar wußte, daß die Beklagte den Betrieb bereits zum 1. Oktober 1936 veräußert hatte und deshalb darauf bedacht sein mußte, die von ihr geschlossenen oder von ihr übernommenen Dienstverträge baldmöglichst zur Lösung zu bringen. Die mit der Klage verfolgten Ansprüche können deshalb in keinem Fall als berechtigt anerkannt werden.

RAG. 19, 86.+

Zum Begriff des angelernten Arbeiters.

Tarifordnung für die Eisengießereien im Wirtschaftsgebiet Pommern vom 5. August 1936 (RArbBl. 1936 VI S. 811).

Urteil vom 1. Dezember 1937.

I. Arbeitsgericht Greifswald. — II. Landesarbeitsgericht Stettin.

Der Beklagte betreibt eine Eisengießerei und Hufeisenstanzerei. Die sechs Kläger waren im Laufe des Jahres 1936 in der letzteren beschäftigt, der Kläger V. seit dem 20. Juli 1936, die übrigen seit Anfang des Jahres. Sie haben während dieser ganzen Zeit 51 Pfg. Stundenlohn erhalten bis auf den Kläger D., der nach einigen Wochen 55 Pfg. erhalten hat. Sie beanspruchen sämtlich einen Stundenlohn von 57 Pfg. für ihre ganze Beschäftigungszeit und berufen sich für ihre Forderung auf eine Tarifordnung, nach der „angelernte Arbeiter" diesen Mindestlohnsatz zu erhalten hätten. Sie behaupten, angelernte Arbeiter im Sinne dieser Tarifordnung gewesen zu sein. . . .

Gründe:

. . .

Diese Ausführungen rechtfertigen in keiner der verbundenen Sachen die getroffene Entscheidung. Sie legen entscheidendes Gewicht darauf, ob die Kläger, ein jeder an seinem Arbeitsplatz, die ihnen obliegende Tätigkeit in dem laufenden Arbeitsvorgang infolge einer gewissen Eingewöhnung schnell und richtig auszuführen imstande sind, so daß keine Stockung oder Verzögerung der Arbeit eintritt. Mit einer solchen Eingewöhnung in einen laufenden Arbeitsvorgang, an dem eine Reihe von Arbeitern beteiligt ist, ist aber noch kein Unterscheidungsmerkmal zwischen einem „ungelernten" und einem „angelernten" Arbeiter im Sinne der hier anzuwendenden Lohnordnung gegeben. Die Lohnordnung selbst gibt keinen Anhalt dafür, was sie unter einem „angelernten" Arbeiter (Gruppe 2) im Gegensatz zu den „ungelernten" und „gelernten" Arbeitern (Gruppe 3 und 1) verstanden wissen will. Aus der von den Klägern angezogenen Vorschrift des § 5 Nr. 7 der Tarifordnung, wonach Kernmacher, Platten- und Maschinenformer (also bestimmte Facharbeiter) für die Zeit ihres Anlernens bis zur Dauer von höchstens zwei Monaten mindestens den Lohn der ungelernten Arbeiter erhalten sollen, läßt sich für die zu treffende Entscheidung auch nichts entnehmen. Eine gewisse Eingewöhnung ist wohl für jeden Arbeiter und bei jeder Arbeit, mag sie noch so einfach sein, notwendig, um die Arbeit in einer für den praktischen Zweck möglichst brauchbaren Weise auszugestalten. So muß sich auch ein einfacher Erdarbeiter, der nur mit dem Spaten arbeitet, erst eingewöhnen, um sein Werkzeug in der zweckmäßigsten Körperhaltung und auch sonst in richtiger Weise zu handhaben und so bestmöglichste Arbeit zu leisten. Niemand wird auf den

Gedanken kommen, einen solchen Arbeiter nach der Eingewöhnung einen angelernten Arbeiter zu nennen, auch dann nicht, wenn er durch die Eingewöhnung erst in den Stand gesetzt wird, mit anderen Arbeitern Schritt zu halten und bei einem auch da denkbaren laufenden Arbeitsvorgang (man denke z. B. an das Weiterschaufeln von Erdreich bei Ausschachtungsarbeiten von Sohle zu Sohle) die Gesamtarbeitsleistung nicht zu beeinträchtigen oder aufzuhalten.

Es kann deshalb nicht lediglich darauf ankommen, ob die Eingewöhnung, die — wie gesagt — bei jeder noch so einfachen Tätigkeit notwendig ist, um in der für den Betrieb erforderlichen Zweckmäßigkeit ausgeführt werden zu können, mehr oder weniger rasch zu erreichen ist, auch nicht darauf, ob die an sich einfache Tätigkeit durch das Zusammenwirken mit anderen Arbeitern und die dadurch nötig werdende Rücksicht etwas schwieriger gestaltet wird und deshalb eine etwas längere Eingewöhnung erfordert, bis sie reibungslos geleistet wird. Die Erwägungen, mit denen das Landesarbeitsgericht eine verschiedenartige rechtliche Behandlung des Klägers D. und der anderen Kläger begründet hat, sind darum zu beanstanden. Entscheidend für den Begriff des angelernten Arbeiters muß jedenfalls irgendeine Sonderausbildung sein, die den betreffenden Arbeiter aus der Reihe der „ungelernten Arbeiter" heraushebt. Es müssen sich besondere Kenntnisse feststellen lassen, die eine Höherbewertung seiner Arbeit rechtfertigen. Dieses Erfordernis könnte zum Beispiel erfüllt sein, wenn ein an einer Maschine an sich nur mit einfachen Handgriffen beschäftigter Arbeiter durch den längeren Umgang mit seiner Maschine dazu befähigt wird, gelegentlich vorkommende Schäden an der Maschine selbst auszubessern oder zu beseitigen. Dazu wird es nicht immer eines „gelernten" Arbeiters bedürfen. Gewisse Arbeitsplätze verlangen regelmäßig einen gelernten Arbeiter, d. h. einen Arbeiter, der eine geordnete Lehre durchgemacht hat, also in seinem Fach allseitig ausgebildet ist und den verschiedensten, im Laufe der Zeit an ihn herantretenden Anforderungen gewachsen ist. Für einzelne Arbeitsplätze, für die zwar eine gewisse Fachkenntnis notwendig, aber doch eine vollkommene lehrmäßige Ausbildung entbehrlich ist, genügen Arbeitskräfte, die zwar nicht „gelernt", aber doch immerhin „angelernt" sind. Dieses Angelerntsein ist mehr als die bloße Eingewöhnung an einen keine besonderen Fachkenntnisse erfordernden neuen Arbeitsplatz. Wo die Grenze liegt, läßt sich allgemein nicht sagen. Es entscheidet hier die in den einzelnen Berufen verschiedene Verkehrsauffassung, die vom Gericht in aller Regel nur mit Hilfe eines Sachverständigen ermittelt werden kann. Eine gewisse

Bedeutung wird natürlich die Frage haben, ob die Tätigkeit an dem betreffenden einzelnen Arbeitsplatz von jedem gesunden Menschen in kurzer Zeit erlernt werden kann, und es werden nach dieser Richtung Zweifel gerechtfertigt sein, ob die Tätigkeit der sechs Kläger als die von angelernten Arbeitern angesehen werden kann. Immerhin ist zu beachten, daß es sich um eine Bearbeitung glühender Eisenstücke handelt und daß damit erhebliche Gefahren für die körperliche Unversehrtheit der betreffenden Arbeiter verbunden sind, die nur bei gespanntester Aufmerksamkeit und vollkommener Beherrschung der Handgriffe vermieden werden können.

Nach alledem bedarf es für den Fall, daß die Anwendbarkeit der die Klagegrundlage bildenden Tarifordnung festgestellt wird, noch weiterer Feststellungen darüber, ob sich die Kläger tatsächlich derartige Sonderkenntnisse angeeignet haben, daß sie für ihren Arbeitsplatz als „angelernte" Arbeiter im Sinne der Lohnordnung angesprochen werden können.

RAG. 19, 97.

Zum tariflichen Begriff des Handwerks.

3. Vo. über den vorläufigen Aufbau des deutschen Handwerks vom 18. Januar 1935 (RGBl. I S. 15) in der Fassung der Vo. vom 22. Januar 1936 (RGBl. I S. 42) § 1. Tarifordnung für das Flaschner- und Installationshandwerk in Württemberg vom 27. Juni 1936 (RArbBl. VI S. 795).

Urteil vom 8. Dezember 1937.

I. Arbeitsgericht Stuttgart. — II. Landesarbeitsgericht daselbst.

Die Beklagte betreibt ein Installationsgeschäft, in dem sie auch Zentralheizungen herstellt. Ihr Inhaber Karl B. war bis 1. Februar 1937 in die Handwerksrolle eingetragen. Am 1. Januar 1937 soll er das Geschäft seinen drei Söhnen übergeben haben, die Ingenieure sind.

Der Kläger hat von Anfang 1933 bis April 1935 bei der Beklagten gearbeitet. Nach Ableistung seiner Militärdienstpflicht trat er wieder bei der Beklagten ein. Vom 18. bis 30. Januar 1937 arbeitete er im Auftrag der Beklagten an einer Heizungsanlage in Würzburg. Er erhielt in dieser Zeit einen Stundenlohn von 78 Pf. und eine tägliche Auslösung von 2,10 RM. Am Samstag, dem 30. Januar, fuhr er nach Stuttgart, um eine Erhöhung der Auslösung zu erlangen. Am Montag, dem 1. Februar, verhandelte er darüber mit der Beklagten und wurde darauf fristlos entlassen.

Er verlangte nach dem Tarif für das Flaschner- und Installationshandwerk für 13 Tage Nachzahlung eines Stundenlohns mit 11,52 RM und einer Auslösung von 24,70 RM, außerdem Ersatz der Fahrtkosten von Würzburg nach Stuttgart mit 8,45 RM.

Die Beklagte wurde in zwei Intsanzen nach dem Klagantrag mit Ausnahme der Fahrtkosten verurteilt.

Ihre Revision führte zur Aufhebung und Zurückverweisung aus folgenden

Gründen:

Die Tarifordnung für das Flaschner- und Installationshandwerk in Württemberg vom 27. Juni 1936 ist für die handwerklichen Betriebe der einschlägigen Gewerbe erlassen, ohne den Begriff des handwerklichen Betriebes zu umreißen. Nach der Dritten Verordnung über den vorläufigen Aufbau des deutschen Handwerks vom 18. Januar 1935 in der Fassung der Verordnung vom 22. Januar 1936 ist nur den in die Handwerksrolle eingetragenen Personen der selbständige Betrieb eines Handwerks gestattet. Die Handwerksrolle ist also nicht das Verzeichnis der Handwerksbetriebe, sondern der zum Handwerksbetrieb zugelassenen Personen, während die Tarifordnung allein auf den handwerksmäßigen Betrieb abgestellt ist. Es ist der Betrieb eines Handwerks denkbar, ohne daß der Betriebsführer in die Handwerksrolle eingetragen ist, wenn der Betrieb dann auch strafbar ist und polizeilich verhindert werden kann, und ein Handwerksmeister kann in die Rolle eingetragen sein, ohne das Handwerk auszuüben, wenn auch dann alsbald seine Löschung in der Handwerksrolle nach § 13 Vo. von Amts wegen erfolgen wird. Der Begriff des Handwerksbetriebes ist demnach nicht mit der Eintragung des Betriebsführers in die Handwerksrolle gleichbedeutend, und der Geltungsbereich der Tarifordnung ist nicht mit ihr unlösbar verbunden. Gemeinhin wird die Eintragung des Betriebsführers in die Handwerksrolle ein wesentliches Merkmal sein, daß der Betrieb ein handwerklicher ist. Das Verzeichnis ist aber nur für die mit der Durchführung der Handwerksgesetze befaßten Behörden bindend, nicht dagegen für andere Behörden, wie den Strafrichter oder Registerrichter, und nicht für die tarifliche Einordnung des Betriebes. Daß die Handwerksmäßigkeit im tariflichen Sinn nicht schlechthin nach dem gewerberechtlichen Begriff geprüft werden kann, ist schon in RAG. Bd. 15 S. 29 betont, wenn damals auch für einen Tarifvertrag und einen nach § 104 o RGewO. zu beurteilenden Fall. Die daraus nach der Meinung des Berufungsrichters erwachsende Rechtsunsicherheit ist mit Rücksicht auf die verschiedenen Zwecke der Gesetzgebung über das Handwerk und der über die Leistungsvergütung unvermeidlich, wird aber im allgemeinen nur in Ausnahmefällen in Erscheinung treten, weil die Eintragung der Handwerksmeister in die Handwerksrolle das deutsche Handwerk möglichst erschöpfend, also alle Handwerksbetriebe, aber auch nur diese, erfassen soll.

Der Begriff des Handwerks in tariflichem Sinne richtet sich nicht allein nach dem Umfang des Betriebes, dem Gebrauch von Maschinen und der Größe und Ausstattung der Betriebsstätte oder der Arbeit nur auf Bestellung. Alle diese Merkmale können innerhalb des Betriebes wechseln, ohne daß die Tarifgebundenheit jeweils betroffen wird. Insbesondere kann selbstverständlich nicht etwa einem durch die Jahreszeit bedingten Wechsel in der Größe der Belegschaft ausschlaggebende Bedeutung zukommen. Nur aus allen Merkmalen zusammen wird sich ermitteln lassen, ob ein handwerksmäßiger Betrieb vorliegt. Er arbeitet in der Hauptsache mit gelernten Fachkräften — Gesellen —, verwendet nicht die weitgehende Arbeitsteilung der Industrie und ist nicht so sehr auf Massenerzeugung als auf bestellte Qualitätsarbeit abgestellt. Aus diesem Wesen des Betriebes ergibt sich folgerichtig die verschiedene tarifliche Behandlung des Arbeitsgehilfen im Handwerk und in der Industrie. Der Handwerksbetrieb wird im allgemeinen kleineren Umfangs sein und vor allem — insofern deckt sich der Begriff mit dem der Gesetzgebung über das Handwerk — von einem fachmännisch ausgebildeten, durch Beaufsichtigung, Anleitung und Mitarbeit mit tätigen Meister geleitet sein (RAG. Bd. 3 S. 244), wenn auch diese Merkmale wiederum nicht allein entscheidend sind (LAG. Hamburg Urt. vom 6. Dezember 1934 in ArbRSlg. Bd. 25 S. 32).

Der Inhaber der Beklagten ist nach ihrer Behauptung am 1. Januar 1937 von der Geschäftsleitung zurückgetreten. Er blieb zwar noch bis 1. Februar 1937 in der Handwerksrolle eingetragen; die am 1. Januar eingetretenen Nachfolger waren aber nicht eingetragen. Eine eindeutige Feststellung hat das Berufungsgericht über den Wechsel in der Geschäftsleitung nicht getroffen. Sie wäre aber gerade von seinem Standpunkt über die Bedeutung der Handwerksrolle erforderlich gewesen, da danach der Betrieb am 1. Januar durch den Eintritt der nicht in die Rolle eingetragenen Betriebsführer das ausschlaggebende Merkmal der Handwerksmäßigkeit auch im tariflichen Sinne verloren hätte. Keinesfalls konnte die tarifliche Einstufung der Gefolgschaft von der zufälligen Fortführung des früheren Betriebsinhabers in der Handwerksrolle trotz tatsächlichen Wechsels in der Betriebsführung abhängen.

Aber auch die unterbliebene Eintragung der neuen Betriebsführer war nicht entscheidend. Es war vielmehr zu prüfen, ob sich damals eine solche Umstellung des Betriebs vollzogen hatte, daß er nicht mehr als handwerksmäßig im Sinne der Tarifordnung angesehen werden konnte und daß die Arbeitsbedingungen der Belegschaft nicht mehr handwerksmäßig waren. Ein wertvoller Anhalt konnte aus der Untersuchung gewonnen werden, ob und aus welchen Gründen die neuen Geschäftsinhaber nicht mehr in die Handwerksrolle eingetragen wurden. Daneben war aber die ganze Beschaffenheit des Betriebes im Januar aufzuklären und zu ermitteln, ob der Aufbau des Unternehmens etwa damals grundlegend geändert worden war.

Die Gleichsetzung des tariflichen Begriffs des Handwerks mit der Eintragung des Betriebsführers in die Handwerksrolle ist demnach rechtsirrig. Tatsächliche Feststellungen über den Aufbau des Betriebes, aus denen seine tarifliche Einordnung beurteilt werden könnte, sind bisher nicht getroffen.

Führen die weiteren Erhebungen wieder dazu, daß der Betrieb der Beklagten noch im Januar 1937 als Handwerk anzusehen war, so bleibt zu prüfen, ob der Kläger nach der Lohnordnung der Tarifordnung als Geselle mit bestandener Gesellenprüfung oder als angelernter Arbeiter aus anderem Beruf nach Nr. II 1 b der Lohnordnung zu entlohnen war. Hier kann den Erwägungen des Berufungsgerichts beigepflichtet werden.

Wenn der Kläger als gelernter Flaschner bezeichnet ist, so soll damit ersichtlich ausgedrückt werden, daß er die Gesellenprüfung als Flaschner abgelegt hat. Wenigstens sind in dieser Richtung von keiner Seite Beanstandungen erhoben. Seine Verwendung als Heizungsmonteur drückt ihn nicht in die Lohnstufe der angelernten Arbeiter aus anderem Beruf herab. Daß unter anderem Beruf im Sinne der Tarifordnung nur Berufe außerhalb des Geltungsbereichs der Tarifordnung zu verstehen sind, ist daraus zu schließen, daß die Beschäftigung der Gesellen in den verschiedenen Zweigen eines größeren Handwerksbetriebes nach Bedarf wechseln wird. Der geprüfte Geselle muß sich solchen Bedarfsschwankungen des Betriebes anpassen, kann aber deshalb um so weniger auch Lohnschwankungen unterworfen werden, als immerhin in den in der Tarifordnung zusammengefaßten Berufsarten eine so enge Verwandtschaft besteht, daß eine abgeschlossene Ausbildung in der einen Berufsart sehr rasch auch selbständige Leistungen in der verwandten Berufsart ermöglichen wird.

Wegen des Rechtsirrtums in der Auslegung des tariflichen Handwerksbegriffs war das Urteil aufzuheben und die Sache zur Verhandlung und Entscheidung zurückzuverweisen.

RAG. 19, 158.

1. Zur Bedeutung der Tarifklausel: „Bezahlt wird nur die Zeit, während der wirklich gearbeitet worden ist".

2. Wen trifft die Gefahr für Arbeitszeitversäumnis infolge verspäteten Eintreffens an der Arbeitsstätte, wenn ein Unternehmer seinen Gefolgschaftsangehörigen zur Beförderung von ihrem Wohnort zur auswärtigen Arbeitsstätte einen Kraftomnibus zur Verfügung stellt und dieser infolge von Glatteis und Schneeverwehungen verspätet eintrifft?

Tarifordnung für die Metallindustrie im Wirtschaftsgebiet Brandenburg vom 19. März 1936 (RArbBl. VI S. 265).

Urteil vom 26. Januar 1938.

I. Arbeitsgericht Brandenburg (Havel). — II. Landesarbeitsgericht Berlin.

Die in Br. wohnhafte Klägerin ist in dem in B. gelegenen Fabrikbetrieb der Beklagten als Arbeiterin beschäftigt. Um ihre Arbeitsstätte zu erreichen, benutzte sie, ebenso wie eine Reihe auch in Br. wohnender Mitarbeiterinnen, einen nur zu diesem Zweck gestellten, um 5.45 Uhr von dort abfahrenden Autobus des Fuhrunternehmers H. Der Fuhrunternehmer erhielt seine Bezahlung durch die Beklagte, die anscheinend einen Teil der Kosten mit den Arbeiterinnen verrechnete. In der Zeit vom 18. bis 21. Januar 1937 traf der Autobus wegen Vereisung der Fahrstraße und wegen starken Schneetreibens verspätet in B. ein, am 22. Januar erreichte er sein Ziel überhaupt nicht. Die Klägerin forderte mit der Klage Ersatz des ihr dadurch entstandenen Lohnausfalls. Sie berief sich dabei auf § 615 BGB. Ein Angebot der Beklagten, die versäumte Arbeit nachzuholen, hatte sie abgelehnt.

Die Beklagte bestritt ihre Zahlungspflicht, weil die Fahrten zur Betriebsstätte nicht auf ihre Gefahr gingen. Sie berief sich auf die unstreitig für das Arbeitsverhältnis der Klägerin maßgebende Tarifordnung für die Metallindustrie im Wirtschaftsgebiet Brandenburg vom 19. März 1936, wonach nur die Zeit zu bezahlen sei, „während der wirklich gearbeitet ist". Sie bezog sich ferner auf § 5 Nr. 3 ihrer Betriebsordnung, wonach versäumte Arbeitszeit nur in bestimmten, hier nicht in Betracht kommenden Ausnahmefällen bezahlt zu werden braucht, und wies schließlich noch auf § 323 BGB. hin.

Beide Vorinstanzen gaben dem Klagantrag statt. Die Revision führte zur Zurückverweisung aus folgenden

Gründen:

Das Landesarbeitsgericht hat Beweis darüber erhoben, ob die in Rede stehenden Fahrten von Br. zur Betriebsstätte in B. auf Grund eines zwischen den den Autobus benutzenden Gefolgschaftsangehörigen und dem Fuhrunternehmer H. abgeschlossenen Vertrages ausgeführt worden sind oder ob der Autobus von den Gefolgschaftsmitgliedern auf Grund eines zwischen der Beklagten und dem Fuhrunternehmer bestehenden Vertragsverhältnisses benutzt worden ist. Auf Grund des Beweisergebnisses hat der Vorderrichter festgestellt, daß im Gegensatz zu früher in der hier fraglichen Zeit nicht die Gefolgschaftsmitglieder, sondern nur die Beklagte in vertraglichen Beziehungen zu dem Fuhrunternehmer gestanden hat. Er hat diese Feststellung insbesondere auf Grund der Aussage des Zeugen H. getroffen, der bekundet hat, daß er von dem Werk für jede Fahrt einen Pauschalpreis erhalten habe, von dem ihm im Falle öfteren Zuspätkommens ein Abzug gemacht worden sei. Ob und in welchem Umfange die Gefolgschaftsmitglieder an den Fahrtkosten beteiligt waren, d. h. ob und in welchem Umfange ihnen für diese Kosten Lohnabzüge gemacht worden sind, darüber hat das Landesarbeitsgericht eine Feststellung nicht getroffen. Es fehlt überhaupt an näheren Feststellungen darüber, was zwischen der Beklagten und den beteiligten Gefolgschaftsangehörigen über die Fahrten vereinbart worden ist. Das Landesarbeitsgericht hat in dieser Hinsicht nur festgestellt, die Beklagte habe den Gefolgschaftsmitgliedern den Wagen „zur Verfügung" gestellt, „damit sie von ihrem Wohnsitz an ihre Arbeitsstätte hingebracht würden".

Die Feststellung der vertraglichen Abmachung mit dem Fuhrunternehmer liegt im wesentlichen auf tatrichterlichem Gebiet. Die von der Revision hierzu erhobenen Einwendungen gegen die Beweiswürdigung des Tatrichters können in der Revisionsinstanz keine Beachtung finden.

Es fragt sich, ob auf Grund des festgestellten Sachverhalts der Klaganspruch als begründet anerkannt werden kann. Das Landesarbeitsgericht hat, ohne irgendwie auf die von den Parteien angezogenen Bestimmungen des Gesetzes (§§ 323, 615 BGB.), der Tarifordnung und der Betriebsordnung einzugehen, nur kurz ausgeführt, daß bei der gegebenen „Gestaltung der Beförderung" eine Verzögerung der Fahrten durch Naturereignisse nicht zu Lasten der Beförderten, sondern zu Lasten desjenigen gegangen sei, der die Beförderung „zu gewährleisten" gehabt habe. Das sei die Beklagte gewesen, die deshalb zur Zahlung des Lohnes für die versäumte Arbeitszeit verpflichtet sei.

Mit Recht vermißt die Revision in dem angefochtenen Urteil die Aufweisung einer klaren Rechtsgrundlage für den zuerkannten Anspruch. Wenn der Vorderrichter davon spricht, die Beklagte habe die Beförderung der Gefolgschaftsangehörigen „zu gewährleisten" gehabt, so hat damit offenbar nicht gesagt sein sollen, die Beklagte habe es durch Vertrag mit den betreffenden Gefolgschaftsmitgliedern ausdrücklich übernommen, für etwaige Verspätungen in der Beförderung einzustehen und den Lohn für eine dadurch bedingte Arbeitsversäumnis zu garantieren. Eine derartige Vereinbarung ist auch von der Klägerin selbst nicht behauptet worden. Die Ausführungen des Vorderrichters lassen sich wohl nur so auffassen: durch die Vereinbarung der Beklagten mit dem Fuhrunternehmer H. über die Gestellung eines Wagens für einen Teil der Gefolgschaft und durch das Zurverfügungstellen des Wagens an die Gefolgschaftsmitglieder zur Beförderung an ihren Arbeitsplatz sind die Fahrten zu einem Betriebsvorgang geworden; für die Fahrten kommen deshalb die allgemeinen Grundätze über die Tragung der Betriebsgefahr zur Anwendung; nach diesen Grundsätzen hat die Betriebsleitung im Verhältnis zur Gefolgschaft die Gefahr etwaiger Verspätungen der Fahrten zu tragen und einen dadurch bedingten Lohnausfall zu „gewährleisten".

Einer solchen Begründung des Urteils kann jedoch nicht zugestimmt werden. Die Fahrten der Gefolgschaftsmitglieder zur Arbeitsstätte als einen Betriebsvorgang aufzufassen, geht nicht an. Die Haftung der Beklagten für eine Arbeitszeitversäumnis wegen Fahrtverspätung läßt sich deshalb nicht aus den allgemeinen Grundsätzen über die Tragung der Betriebsgefahr herleiten. Grundsätzlich tragen die Gefolgschaftsangehörigen selbst die Verantwortung dafür, daß sie rechtzeitig am Arbeitsplatz erscheinen. Durch das Zurverfügungstellen der Fahrgelegenheit allein übernahm die Beklagte noch nicht ohne weiteres die Haftung für einen Lohnausfall bei Arbeitsversäumnis infolge von verzögerter Beförderung, die auf Naturereignissen beruhte. Höhere Gewalt ging grundsätzlich zu Lasten der Gefolgschaftsangehörigen (§ 323 BGB.). Möglich wäre allerdings, daß die Beklagte, wenn nicht durch ausdrückliche, so doch durch stillschweigende Vereinbarung die Gewähr für rechtzeitiges Eintreffen übernommen hätte. Darauf deutet die Bekundung des Fuhrunternehmers H. hin, daß ihm bei öfterem Zuspätkommen Abzüge vom Fahrpreis gemacht würden. Ob und wie solche Abzüge den Gefolgschaftsangehörigen gutgebracht wurden, darüber ist nichts festgestellt. Von Bedeutung könnte auch sein, wie bei wahrscheinlich sonst schon vorgekommenen Verspätungen die Lohnzahlung gehandhabt worden ist, ob danach die Gefolgschaftsangehörigen nach Treu und Glauben mit Bezahlung der vollen Arbeitszeit bei Fahrtverspätungen rechnen konnten. Dabei würde selbstverständlich auch die Fürsorge- und Treupflicht im Arbeitsverhältnis wesentlich mitzusprechen haben. Von Bedeutung könnte ferner sein, ob die Zubringefahrten von der Beklagten etwa hauptsächlich im eigenen Interesse eingerichtet worden sind, um genügend Arbeitskräfte für ihren Betrieb in B. zu bekommen. Alles das ist noch nicht geklärt. Der bisher festgestellte Sachverhalt rechtfertigt die Annahme einer vertraglichen Gewährleistung rechtzeitigen Eintreffens noch nicht.

Es fragte sich weiter, ob, wie die Beklagte und die Revision meinen, der Anspruch der Klägerin etwa durch die Bestimmungen der Betriebsordnung und der Tarifordnung ausgeschlossen ist. . . .

Die Beklagte beruft sich insbesondere auf die Bestimmung IV 1 der TO.: „Bezahlt wird . . . nur die Zeit, während der wirklich gearbeitet worden ist." Das Reichsarbeitsgericht hat sich wiederholt mit der Auslegung einer derartigen Klausel zu befassen gehabt (vgl. u. a. RAG. Bd. 2 S. 305, Bd. 3 S. 86, Bd. 4 S. 202). Es hat in der Klausel nach ihrer damaligen Fassung und ihrem damaligen Zusammenhang eine tarifliche Vereinbarung über den Ausschluß des — nachgiebiges Recht enthaltenden — § 616 BGB. erblickt. Welche Bedeutung die Klausel im vorliegenden Fall hat, läßt sich auch nur aus ihrem Zusammenhang mit den sonstigen Tarifbestimmungen herleiten. Mit dem Zusatz „abgesehen von den Bestimmungen des Abschnitts III Ziffern 3 und 4" werden zunächst verschiedene Ausnahmefälle festgelegt, in denen abweichend von dem Grundsatz, daß nur „wirkliche" Arbeit bezahlt werden soll, auch im Falle von Arbeitsversäumnis in gewissen Grenzen Bezahlung zu erfolgen hat. Es sind das einmal Fälle von betrieblichen Störungen, die der Unternehmer an sich nicht zu vertreten hat (III Nr. 3). Man könnte daran denken, die hier fragliche Arbeitsversäumnis auch unter diese Vorschrift zu bringen. Doch erscheint das nicht angängig. Denn wie die angeführten Beispiele (Maschinenstörungen, Strom- und Kohlenmangel) zeigen, ist bei Erlaß der Vorschrift nur an Störungen innerhalb des Betriebes selbst gedacht. Bei den weiteren Ausnahmefällen (III Nr. 4) handelt es sich um Arbeitszeitversäumnis, die verursacht worden ist durch Umstände, die in der Person des einzelnen Gefolgschaftsmitgliedes oder seiner Angehörigen liegen. In diesen ganz bestimmten Ausnahmefällen, die durch den Nachtrag zur Tarifordnung vom 27. Juli 1937 (RArbBl. VI S. 759) noch erweitert sind, soll also auch nicht wirklich geleistete Arbeit bezahlt werden. Unter die dort aufgezählten Ausnahmen fällt die hier in Rede stehende Arbeitsversäumnis aber auch nicht. Damit erschöpft sich die tarifliche Regelung aber noch nicht. Denn in Abschnitt IV Nr. 1 Satz 2 ist weiter bestimmt, daß der Grundsatz (Bezahlung nur für wirkliche Arbeit) ferner nicht gelten soll für alle Fälle, in denen die Nichtleistung der Arbeit auf einem Verschulden des Unternehmers beruht. Es ist dieses eine Sonderbestimmung, die in den früher entschiedenen Fällen nicht gegeben war, die aber in Verbindung mit den erörterten Vorschriften des Abschnitts III Nr. 3 und 4 zu der Annahme zwingt, daß die Tarifordnung grundsätzlich alle Fälle von Arbeitszeitversäumnis erschöpfend hat regeln wollen. Damit scheidet auch der § 615 BGB., der ja nur nachgiebiges Recht enthält, als Klagegrundlage aus. Selbstverständlich würde aber durch die tarifliche Regelung eine günstigere Stellung der Klägerin durch Einzelabmachung nicht ausgeschlossen sein. Für die Annahme einer solchen Abmachung fehlt es aber, wie ausgeführt, an den nötigen tatsächlichen Feststellungen.

Es fragt sich nun noch, ob die Klägerin ihren Anspruch auf die Ausnahmevorschrift Abschn. IV Nr. 1 Satz 2 stützen kann. Das Arbeitsgericht hat es der Beklagten zum Verschulden anrechnen wollen, daß sie, nachdem am 18. Januar 1937 infolge der schlechten Witterung die Fahrt nur mit Verspätung hatte ausgeführt werden können, nun nicht für die folgenden Tage auf eine entsprechende Vorverlegung der Abfahrtszeit hingewirkt hat. Das Landesarbeitsgericht ist auf diese Erwägungen, die das Arbeitsgericht auch nur hilfsweise angestellt hat, nicht zurückgekommen. Die Klägerin hat aber in ihren Schriftsätzen erwähnt, die Beklagte hätte die Möglichkeit gehabt, durch Vorverlegung der Abfahrtszeiten in Br. der Arbeitsversäumnis entgegenzuwirken. Damit hat, wie anzunehmen, ein Verschulden der Beklagten behauptet werden sollen. Wenn trotz voraussehbarer Behinderung der Fahrten durch Witterungseinflüsse nicht für eine mögliche Abhilfe gesorgt wurde, so wäre ein Verschulden nicht von der Hand zu weisen. Dabei hätte die Beklagte auch ein Verschulden des Fuhrunternehmers als ihres Erfüllungsgehilfen zu vertreten, und es dürfte auch für die Verschuldensfrage wieder der Gesichtspunkt der Fürsorgepflicht nicht außer acht bleiben. Zu einer Entscheidung der Frage reichen aber auch hier die bisherigen Feststellungen der Vorinstanzen nicht aus.

Nach alledem ist das angefochtene Urteil mit der bisherigen Begründung nicht haltbar. Zur endgültigen Entscheidung bedarf es noch weiterer Klärung des Sachverhalts.

RAG. 19, 178.

1. Kann der fortgesetzte Abschluß sich aneinanderreihender kurz befristeter Dienst- (Arbeits-) Verträge im Zusammenhang mit der sich aus § 2 Abs. 2 AOGöV. (§ 2 Abs. 2 AOG.) ergebenden Fürsorgepflicht eine unzulässige Umgehung der Kündigungsschutzbestimmung des § 56 AOG. bedeuten?

2. Welche Folge ergibt sich aus einer solchen Umgehung? Gilt damit das Dienstverhältnis als auf unbestimmte Zeit geschlossen mit der Wirkung, daß der Dienstverpflichtete Anspruch auf Innehaltung der gesetzlichen Kündigungsfrist hat?

3. Besteht ein Anspruch auf Verzugszinsen, wenn eine öffentliche Körperschaft ihrem Angestellten Dienstbezüge nach der Fälligkeit auszahlt?

AOGöV. §§ 2 Abs. 2, 22. AOG. § 56. BGB. § 134. Vo. über die 12. Ergänzung des Besoldungsgesetzes v. 12. 12. 1923 (RGBl. I S. 1181) Art. 7 Abs. 1.

Urteil vom 5. Januar 1938.

I. Arbeitsgericht Düsseldorf. — II. Landesarbeitsgericht daselbst.

Der Kläger war in der Zeit vom 5. Mai 1934 bis 31. Juli 1936 ununterbrochen im Dienst der Beklagten tätig, und zwar als Diplomhandelslehrer, Fachgruppenleiter und Kursusleiter der kaufmännischen Kurse für Arbeitslose beim Arbeitsamt D. Die Übernahme einer Nebenbeschäftigung war ihm untersagt. Der Tätigkeit lagen fortlaufend aufeinanderfolgende, jeweils auf einen Monat laufende Lehraufträge zugrunde, die durch Ausfüllung von Vordrucken folgenden Inhalts erteilt wurden: „Herr . . . erhält einen Lehrauftrag . . . für die Zeit vom . . . bis . . . (hier ist jeweils ein Monat eingerückt worden). An diesem Tage (— d. i. der letzte Tag des eingerückten Monats —) erlischt der Lehrauftrag ohne besondere Kündigung. Durch diesen Lehrauftrag wird ein Angestelltenverhältnis zum Arbeitsamt nicht begründet . . . Übernahme anderer, also auch tariflicher Arbeiten der Arbeitsamtsangestellten . . . ist nicht gestattet. Die Vergütung wird auf . . . RM pro Stunde festgesetzt. Herr . . . verpflichtet sich . . . Stunden Unterricht zu erteilen . . .“. Die Zahl der hiernach zu leistenden Unterrichtsstunden war zunächst auf 139, von März 1936 ab auf 138 festgesetzt.

Der Kläger wurde auch zu Verwaltungsarbeiten im Zusammenhang mit den Kursen herangezogen; je 1½ Stunden Verwaltungsarbeit wurden einer Unterrichtsstunde gleichgestellt. Am 30. Juli 1936 wurde ihm erklärt, daß sein Lehrauftrag für den August nicht erneuert werde.

Der Kläger hat geltend gemacht, es handele sich bei den wiederholten Erneuerungen des Lehrauftrags tatsächlich um ein fortlaufendes, einheitliches Anstellungsverhältnis. Die Vereinbarung aufeinanderfolgender befristeter Arbeitsverträge, sog. Kettenverträge, sei unsittlich und unwirksam. Er habe also zur Beklagten in einem laufenden Arbeitsverhältnis gestanden, das ohne Kündigung kein Ende habe erreichen können. Die am 30. Juli 1936 ihm gegebene Mitteilung, daß sein Lehrauftrag nicht erneuert würde, verstoße gegen die guten Sitten und sei nichtig. Sollte in dieser Mitteilung aber eine an sich wirksame Kündigung gesehen werden, so habe sie, da er gegen feste Bezüge mit höheren Diensten bei der Beklagten beschäftigt und ihm eine anderweite Erwerbstätigkeit verboten gewesen sei, er also auf die Innehaltung der Kündigungsfrist des § 622 BGB. Anspruch gehabt habe, das Arbeitsverhältnis frühestens zum 20. September 1936 beenden können.

Mit der Klage hat der Kläger das August- und Septembergehalt nebst Zinsen verlangt.

Die Beklagte hat eingewendet, die Vereinbarung aneinandergereihter befristeter Verträge sei durch die ihr zugewiesenen besonderen Aufgaben bedingt gewesen und könne daher nicht nichtig sein. Dem Kläger sei bei seiner Einstellung bekannt gewesen, daß es sich nicht um eine Dauerstellung handle, da Planstellen für die Kursusleiter nicht vorgesehen gewesen seien. Die Kurse hätten nur so lange abgehalten werden können, als genügend Teilnehmer vorhanden seien und auch die erforderlichen Geldmittel zur Verfügung ständen. Abgesehen davon würde sie auch bei einem laufenden Dienstvertrag nach den gesetzlichen Bestimmungen berechtigt gewesen sein, zu vereinbaren, daß das Dienstverhältnis jederzeit ohne Innehaltung einer Kündigungsfrist gekündigt werden könne. Der Kläger sei auch nicht gegen feste Bezüge angestellt gewesen; in der Mindestgarantie einer bestimmten Stundenzahl sei die Gewährung fester Bezüge nicht zu erblicken, er könne daher die Innehaltung der Kündigungsfrist des § 622 BGB. nicht verlangen. Im übrigen sei sie berechtigt gewesen, den Kläger wegen Vorliegens eines wichtigen Grundes fristlos zu entlassen. Die Beklagte hat ferner den geltend gemachten Zinsanspruch bestritten, da Beamte und Angestellte öffentlicher Stellen im Falle verspäteter Zahlung ihrer Bezüge keinen Anspruch auf die Gewährung von Zinsen hätten.

Beide Vorinstanzen haben zugunsten des Klägers erkannt, ihm auch Zinsen zugesprochen. Die Revision der Beklagten wurde mit der Maßgabe zurückgewiesen, daß der Zinsanspruch abgewiesen wurde.

Gründe:

Das Berufungsgericht hat ausgeführt, der Abschluß mehrerer aufeinanderfolgender befristeter Verträge sei zwar an sich formal zulässig. Die dienstvertraglichen Kündigungsbestimmungen des Bürgerlichen Gesetzbuches seien auch nicht zwingender Natur. Das Gesetz sehe aber doch in der von ihm vorgesehenen Kündigungsfrist den Regelfall, und die Innehaltung dieser gesetzlichen Kündigungsfrist folge aus der im Gesetz zur Ordnung der nationalen Arbeit festgelegten Fürsorgepflicht des Arbeitgebers. Ein Grund, der vorliegend den Abschluß befristeter Verträge hätte rechtfertigen können, habe weder beim Kläger noch bei der Beklagten vorgelegen. Insbesondere könne die Beklagte den Abschluß derart befristeter Verträge nicht damit begründen, daß ihr nicht bekannt gewesen sei, wie lange und in welchem Umfange die Kurse durchgehalten und ob die Geldmittel für diese zur Verfügung gestellt werden würden. Das Arbeitsverhältnis der Parteien müsse somit als ein laufendes von unbestimmter Dauer angesehen werden. Der Kläger habe als Angestellter höherer Art und mit festen Bezügen, dessen Erwerbstätigkeit durch das Dienstverhältnis vollständig in Anspruch genommen gewesen sei, Anspruch auf Innehaltung der Kündigungsfrist des § 622 BGB. Ein Grund zur fristlosen Entlassung habe nicht vorgelegen (— die Gründe des Landesarbeitsgerichtes hierzu werden im einzelnen dargelegt —). Der Kläger habe somit Anspruch auf die Fortzahlung seines Gehaltes für die Monate August und September 1936. Zinsen könne der Kläger trotz des Artikels 7 der Verordnung über die 12. Ergänzung des Besoldungsgesetzes vom 12. Dezember 1923 (RGBl. I S. 1181) verlangen, allerdings nur in Höhe von 4 %.

Die Revision rügt demgegenüber zunächst einmal die Zuerkennung des Zinsanspruches. Als rechtlich verfehlt rügt sie ferner die Auffassung des Berufungsgerichts, daß kein Anlaß für den Abschluß befristeter Kettenverträge vorgelegen habe. Die Beklagte sei, so führt sie aus, Verwalterin öffentlicher Mittel. Sie könne keine laufenden Verträge auf unbestimmte Dauer abschließen, wenn die Weiterbenötigung für Lehrkräfte nicht feststehe. Die Kurse des Klägers seien nach seinem Ausscheiden mit anderen zusammengelegt und für den Kläger sei keine Ersatzkraft eingestellt worden. Das Berufungsgericht habe weiter nicht beachtet, daß es unter Umständen auch im Belange des Klägers hätte liegen können, ohne Innehaltung der längeren Kündigungsfrist ausscheiden und anderweit eine besser bezahlte Stellung antreten zu können.

Der Revision blieb in ihrem Angriff zur Hauptsache ein Erfolg versagt.

Daß unter den Parteien ein Dienst- (Arbeits-) Vertrag bestanden hat und daß der Bestimmung in den sogenannten Lehraufträgen, es werde ein Angestelltenverhältnis nicht begründet, keine Bedeutung zukommen kann, kann nicht zweifelhaft sein. Der Kläger war auf die Dauer zur Leistung im einzelnen im voraus nicht genau bestimmter Tätigkeit gegen Entgelt verpflichtet. Damit sind die Merkmale des Dienst- (Arbeits-) Vertrages erfüllt.

Das Reichsarbeitsgericht hat zu der Frage der Gültigkeit unmittelbar aufeinanderfolgender kurzfristiger Arbeitsverträge, sogenannter Kettenverträge, in einer größeren Zahl von Entscheidungen unter dem rechtlichen Gesichtspunkt der formalen Umgehung gesetzlicher oder tariflicher Kündigungsschutzbestimmungen Stellung genommen. Im einzelnen war die Frage der Umgehung der Mindestkündigungsfristen des Kündigungsschutzgesetzes in den Entscheidungen RAG. Bd. 1 S. 361, Bd. 7 S. 93, Bd. 17 S. 363, sowie im Urteil vom 10. September 1931 RAG. 136/31 (ArbRSamml. Bd. 13 S. 42), die der Umgehung der Zustimmung der Hauptfürsorgestelle zur Kündigung Schwerbeschädigter nach dem Schwerbeschädigtengesetz im Urteil vom 2. Juli 1932 RAG. 186/32 (ArbRSamml. Bd. 16 S. 66), die der Umgehung des früheren Kündigungsschutzes aus dem Betriebsrätegesetz im Urteil vom 9. April 1930 RAG. 470/1929 (ArbRSamml. Bd. 9 S. 350), schließlich die der Umgehung tarifrechtlicher Mindestkündigungsfristen in RAG. Bd. 2 S. 92 zu erörtern. In allen diesen Fällen war die Entscheidung auf die Frage der Umgehung dieser Vorschriften abgestellt.

In Übereinstimmung mit dieser Rechtsprechung ist das Landesarbeitsgericht davon ausgegangen, daß es zwar an sich dem Unternehmer, wenn nicht zwingende Vorschriften entgegenstehen, freistehe, ob er mit den Gefolgschaftsmitgliedern auf Zeit laufende Verträge abschließen wolle oder Verträge auf bestimmte Zeit, daß es ebenso an sich zulässig sei, befristete Verträge immer erneut abzuschließen, so daß sie eine Kette bildeten, daß dies aber unstatthaft sei, wenn es zur Umgehung von zwingenden Kündigungsschutzbestimmungen geschehe. Daß vorliegend etwa eine Umgehung von gesetzlichen Mindestkündigungsfristen der §§ 69, 67 HGB., der §§ 133 ac, 133 aa GewO. oder des Kündigungsschutzgesetzes in Frage kommen könnte, hat das Landesarbeitsgericht mit zutreffenden rechtlichen Erwägungen verneint. Ohne Rechtsirrtum hat es vielmehr angenommen, daß der Kläger in einem Dienstverhältnis der im § 622 BGB. bezeichneten Art gestanden hat.

Daß der Kläger als Diplomhandelslehrer, Fachgruppenleiter und Kursusleiter der kaufmännischen Kurse für Arbeitslose Dienste höherer Art geleistet hat, kann Zweifeln nicht unterliegen. § 622 BGB. bezeichnet Lehrer ausdrücklich als Dienstverpflichtete höherer Art. Dem Kläger war weiter die Übernahme anderer Arbeiten im Vertrage ausdrücklich untersagt, seine Erwerbstätigkeit somit durch das Dienstverhältnis vollständig in Anspruch genommen. Der Kläger war auch gegen feste Bezüge angestellt. Seine Bezahlung erfolgte zwar nach der Zahl der geleisteten Arbeitsstunden; dabei war der Kläger aber zur Leistung einer bestimmten Stundenmindestzahl in jedem Monat vertraglich verpflichtet, und damit ist die Voraussetzung fester Bezüge im Sinne des § 622 BGB. erfüllt. Daß die Einzelarbeitsstunde Rechnungsgrundlage war, kann der Annahme fester Bezüge nicht entgegenstehen. Schwankend waren nur die etwa über die Stundenpflichtzahl hinausgehenden, sich aus einer erhöhten Tätigkeit des Klägers ergebenden Bezüge. Der Ausgangspunkt des Berufungsgerichts, daß der Kläger auf die Innehaltung der Kündigungsfrist des § 622 BGB. Anspruch gehabt habe, wenn das Dienstverhältnis als auf unbestimmte Zeit geschlossen anzusehen sei, ist somit nicht zu beanstanden.

Das Berufungsgericht hat auch keineswegs verkannt, daß § 622 BGB. nachgiebiges Recht enthält. Gleichwohl kann seine Auffassung, daß unter den besonderen Umständen des vorliegenden Einzelfalles der Abschluß der überaus großen Zahl der sich unmittelbar aneinander anschließenden, immer auf einen Monat befristeten Einzelverträge unzulässig und deshalb das Dienstverhältnis zwischen den Parteien so anzusehen sei, als wenn es auf unbestimmte Zeit abgeschlossen worden wäre, rechtlich nicht beanstandet werden. Der Kläger hat über zwei Jahre im Dienst der Beklagten gestanden. Zwar ist ihm bei Beginn des Dienstverhältnisses gesagt worden, daß seine Tätigkeit nicht von Dauer sein werde. Naturgemäß hatte er aber, nachdem er zwei Jahre hindurch in ständiger Erneuerung des Dienstverhältnisses bei der Beklagten tätig gewesen war, in dieser Tätigkeit nun auch die Grundlage seiner Lebensführung gefunden. Die Beklagte auf der anderen Seite ist eine Körperschaft des öffentlichen Rechts, deren Arbeitsgebiet sich über das ganze Reich erstreckt und die mit verhältnismäßig sehr großen Haushaltsmitteln arbeitet. Es kann der Revision zugegeben werden, daß die Beklagte die Notwendigkeit der Kurse des Klägers nicht für die Dauer eines Vierteljahres voraussehen konnte, daß sie mit der Möglichkeit rechnen mußte, wegen unerwarteten Rückganges der Zahl der umzuschulenden Arbeitslosen gelegentlich Kurse innerhalb eines Vierteljahies schließen zu müssen. Ebenso wie aber ein privater Arbeitgeber das Risiko eines Rückganges des Arbeitsanfalles in seinem Betriebe tragen und, von Ausnahmefällen abgesehen, die Kündigungsfristen innehalten muß, ebenso muß davon ausgegangen werden, daß auch die Beklagte als Körperschaft des öffentlichen Rechts, zumal bei Berücksichtigung des Umfanges ihrer Aufgaben, grundsätzlich die Verpflichtung zur Tragung des gleichen Risikos trifft. Jedenfalls kann die Rücksichtnahme auf die Beklagte als Verwalterin öffentlicher Interessen und zweckgebundener Gelder — ein Umstand, auf den die Revision besonders hinweist — nicht dazu führen, die Rücksichtnahme auf die lebenswichtigen Interessen des Klägers ganz außer acht zu lassen. Das würde es aber bedeuten, wenn die Beklagte selbst nach mehr als zweijähriger ununterbrochener Tätigkeit des Klägers immer noch in der Lage sein sollte, lediglich mit der Begründung, es könne einmal ein unerwarteter Rückgang der Zahl der umzuschulenden Arbeitslosen die Lehrkraft des Klägers entbehrlich machen, fortlaufend Monatsverträge abzuschließen und damit den Kläger ständig in der Unsicherheit über seine nächste Zukunft zu belassen. Ein solches Verfahren ist nicht nur nicht mit der aus § 2 Abs. 2 AOGöV. für die öffentlichen Verwaltungen und Betriebe in gleicher Weise wie für sonstige Betriebe aus § 2 AOG. sich ergebenden Fürsorgepflicht vereinbar, sondern bedeutet auch eine Umgehung der nach § 22 AOGöV. entsprechend anzuwendenden Kündigungsschutzvorschrift des § 56 AOG., die nach der Absicht des Gesetzes grundsätzlich jedem Angestellten und Arbeiter nach einjähriger Beschäftigung zustatten kommen soll und dabei davon ausgeht, daß ein Dienst- oder Arbeitsverhältnis nach einjähriger Beschäftigung regelmäßig so gestaltet ist, daß es einer Kündigung bedarf. In bezug auf die Tarifangestellten hatte schon der Tarifvertrag für die Angestellten der Beklagten vom 29. Dezember 1927 in der Fassung vom 31. Juli 1931 einem ähnlichen Gedanken Rechnung getragen, indem im § 37 Abs. 5 bestimmt war, daß, wenn die Dienstleistung der sogenannten Zeitangestellten (Abs. 1) ununterbrochen länger als ein Jahr gedauert hatte, vom Beginn des zweiten Jahres an die Bestimmungen des Tarifvertrages in vollem Umfange maßgebend sein sollten. Wenn das Landesarbeitsgericht aus der Tatsache des Abschlusses der langen Reihe kurz befristeter Verträge auf den Willen der Beklagten geschlossen hat, es nicht zu einem Vertrag auf unbestimmte Dauer kommen zu lassen, um damit alle denkbaren Kündigungsbeschränkungen zu vermeiden und jederzeit sicher zu sein, daß das Arbeitsverhältnis auch mit dem Ablauf des befristeten Vertrags zu Ende sei, so kann dem aus Rechtsgründen nicht entgegengetreten werden, dies um so weniger, als es unbestritten wiederholt vorgekommen ist, daß die Lehraufträge bei fortdauernder Beschäftigung erst nachträglich schriftlich erneuert worden sind. Dann bedeutete aber, wie ausgeführt, der Abschluß solcher kurzbefristeten Verträge über zwei Jahre hinaus einen Verstoß gegen die jedem Betriebsinhaber obliegende allgemeine sittliche Pflicht der Fürsorge für die Betriebsangehörigen und im Zusammenhang damit eine Umgehung des § 56 AOG., wenn nicht ganz besondere Gründe die Aufrechterhaltung dieses Zustandes auf so lange Zeit rechtfertigten. Daß solche Gründe nicht vorgelegen haben, hat das Landesarbeitsgericht in tatrichterlicher Würdigung der Umstände des Falles, insbesondere auch unter Berücksichtigung der von der Beklagten geltend gemachten Gesichtspunkte, ohne ersichtlichen Rechtsirrtum angenommen. Eine Verletzung des § 286 ZPO. ist nicht festzustellen. Frühere Entscheidungen des Reichsarbeitsgerichts, insbesondere das Urteil vom 9. April 1930 RAG. 470/29 (ArbRSamml. Bd. 9 S. 350) und das gleichfalls in einem Rechtsstreit der Beklagten ergangene Urteil vom 6. Mai 1931 RAG. 564/30 (ArbR.-Samml. Bd. 12 S. 95) betrafen wesentlich anders liegende Fälle. Daß es im Einzelfall auch im Belang eines Angestellten liegen kann, unbefristet aus dem Arbeitsverhältnis scheiden zu können, worauf die Revision noch besonders hinweist, soll nicht verkannt werden. Diese Fälle werden aber stets eine Ausnahme bilden, und es ist nichts dafür dargetan, daß im vorliegenden Falle ein solcher Ausnahmefall vorgelegen hätte.

Ist hiernach davon auszugehen, daß der von der Beklagten getätigte fortgesetzte Abschluß kurz befristeter Verträge im Falle des Klägers im Zusammenhang mit der sich aus § 2 Abs. 2 AOGöV. ergebenden Fürsorgepflicht eine unzulässige Umgehung der Kündigungsschutzbestimmung des § 56 AOG. bedeutete, so ergibt sich daraus als mit der Auffassung des Landesarbeitsgerichts im Ergebnis übereinstimmende Folgerung, daß ebenso wie bei der Umgehung einer sonstigen zwingenden Kündigungsschutzbestimmung die Befristung nach § 134 BGB. als unwirksam und das Dienstverhältnis als auf unbestimmte Zeit geschlossen anzusehen ist. Das wiederum hat zur Folge, daß der Kläger Anspruch auf Innehaltung der gesetzlichen Kündigungsfrist des § 622 BGB. hatte und sein Anspruch auf Fortzahlung der Bezüge für die Monate August und September 1936 begründet ist.

Auf die Frage der Berechtigung der fristlosen Entlassung kommt die Revision nicht zurück. Zu rechtlichen Beanstandungen geben die Ausführungen des Berufungsgerichts, die die Berechtigung der fristlosen Entlassung verneint haben und im wesentlichen auf tatrichterlichem Gebiet sich bewegen, keinen Anlaß.

In der Hauptsache konnte die Revision der Beklagten somit zu keinem Erfolg führen.

Mit Recht rügt die Revision aber die Zubilligung von Verzugszinsen an den Kläger.

Art. 7 Abs. 1 der Verordnung über die 12. Ergänzung des Besoldungsgesetzes vom 12. Dezember 1923 (RGBl. I S. 1181) bestimmt: „Werden von dem Reiche . . . und den sonstigen öffentlichen Körperschaften Dienstbezüge . . . ihrer Beamten, Angestellten . . . nach dem Tage der Fälligkeit ausgezahlt, so besteht gegen das Reich . . . und die sonstige öffentliche Körperschaft kein Rechtsanspruch auf Verzinsung . . .". Die ursprüngliche rechtliche Gültigkeit dieser Vorschrift ist in der Rechtsprechung des Reichsgerichts anerkannt. Daß sie auch unter den geänderten Verhältnissen der Gegenwart Geltung behalten hat, ist im Urteil des Reichsgerichts vom 13. März 1936 III 222/35 (RGZ. Bd. 150 S. 365 [368]), dem das Reichsarbeitsgericht beitritt, angenommen worden. Nach dem klaren und einer anderen Auslegung nicht fähigen Wortlaut dieser Bestimmung ist aber der geltend gemachte Zinsanspruch, der aus verspäteter Auszahlung der Dienstbezüge hergeleitet wird, unbegründet.

RAG. 19, 212.

1. Was ist unter „Berufsjahr" zu verstehen, wenn die Tariflöhne nach der Zahl der Berufsjahre gestaffelt sind? Wie steht es mit der Anrechnung derjenigen Zeiten, in denen der Gefolgsmann nicht beruflich tätig gewesen ist?

2. Besteht ungeachtet der den Grundsatz der Leistungsentlohnung berücksichtigenden Regelung in der Tarifordnung für einen Gefolgsmann, der nachweist, daß seine Leistungen denjenigen einer höheren Leistungsstufe entsprechen, ein Rechtsanspruch auf Entlohnung nach dieser höheren Leistungsstufe?

AOG. §§ 29, 2 Abs. 2. Tarifordnung für das Bäckerhandwerk im Wirtschaftsgebiet Westfalen vom 25. September 1935 (RArbBl. VI S. 1001).

Urteil vom 2. Februar 1938.

I. Arbeitsgericht Moers. — II. Landesarbeitsgericht Krefeld-Uerdingen.

Der Kläger, der beim Beklagten das Bäckerhandwerk erlernt hatte, war von diesem nach Beendigung der Lehrzeit am 14. März 1929 entlassen worden. Er war dann bis zu seiner Einstellung bei dem Bäckermeister J. am 17. Februar 1930 rund elf Monate erwerbslos. Am 8. Mai 1930, also nach wenig mehr als elf Wochen Beschäftigung verlor er diese Stelle und war von da an wieder acht Monate arbeitslos. Vom 10. Januar 1931 bis 15. Februar 1931 war er bei dem Bäckermeister N. und vom 1. März 1931 bis zum 22. Oktober 1936 bei dem Beklagten beschäftigt. Der Beklagte hat ihm zuletzt einen Wochenbruttolohn von 28,77 RM gezahlt, etwas mehr, als nach der maßgeblichen Tarifordnung für das Bäckerhandwerk im Wirtschaftsgebiet Westfalen vom 25. Dezember 1935 (RArbBl. VI S. 1001) unter den obwaltenden Umständen einem im 6. Berufsjahr stehenden Bäckergesellen zusteht. Der Kläger beansprucht seit dem 14. März 1936 einen Bruttolohn von 32 RM, der tarifmäßig einem im 7. Berufsjahr stehenden Gesellen zukommt. Er berechnet den ihm hiernach zu wenig gezahlten Lohn auf insgesamt 101,75 RM und hat demgemäß die Verurteilung des Beklagten zur Nachzahlung dieses Betrages begehrt. Der Beklagte hat die Abweisung der Klage beantragt.

Das Arbeitsgericht hat der Klage stattgegeben, das Landesarbeitsgericht sie abgewiesen. Die Revision des Klägers blieb erfolglos.

Gründe:

Unstreitig bemißt sich der Lohnanspruch des Klägers nach der in M. geltenden Tarifordnung für das Bäckerhandwerk im Wirtschaftsgebiet Westfalen vom 25. Dezember 1935. Diese Tarifordnung will den im § 29 AOG. aufgestellten Grundsatz der Entlohnung nach der Leistung zu ihrem Teil dadurch verwirklichen, daß sie die Lohnsätze der Bäckergesellen unter anderem nach der Zahl der „Berufsjahre" steigert. Aus diesem Sinn und Zweck der Staffelung der Lohnsätze hat das Berufungsgericht ohne Rechtsirrtum gefolgert, daß unter „Berufsjahren" im Sinne der Tarifordnung nur „Berufstätigkeitsjahre" gemeint sein können. Das steht außer Zweifel. Je länger ein Bäckergeselle berufstätig ist, desto besser soll er entlohnt werden, wobei ganz offensichtlich von dem Erfahrungssatz ausgegangen wird, daß längere berufliche Tätigkeit zu höherer Fertigkeit und demgemäß höherer Leistung führt. Dieser an der Erfahrung geläuterte Bewertungsmaßstab für die Findung eines der Leistung entsprechenden Arbeitsentgelts wird, wenn er auch nur an äußere Merkmale anknüpft, im Regelfalle der Wirklichkeit entsprechen oder ihr doch nahe kommen. Er darf nicht kleinlich angewendet werden, weil es sich eben nur um einen an äußere Merkmale gebundenen allgemeinen Maßstab handelt. Mit Recht hat daher das Berufungsgericht angenommen, daß kürzere Tätigkeitsunterbrechungen bei der Berechnung der Zahl der Berufsjahre außer Betracht zu bleiben haben. Im Hinblick auf das Ziel der Lohnregelung wird es im Sinne der Tarifordnung weiter gelegen sein, daß auch der Begriff der „kürzeren Unterbrechung" selbst nicht zu eng angewendet werden darf, insbesondere wenn im Einzelfall feststeht, daß durch die Unterbrechung eine Leistungsminderung nicht eingetreten ist. Diese Art der Sachbehandlung ist jedoch nur in den zeitlichen Grenzen zulässig, in denen die Länge der Unterbrechung nicht an sich schon für die Minderung der Leistungen spricht. Bei Unterbrechungen von insgesamt etwa $1^1/_2$ Jahren ist das aber ohne weiteres der Fall. Es kann daher rechtlich nicht beanstandet werden, wenn das Berufungsgericht im vorliegenden Fall die Unterbrechungen in den Jahren 1929 und 1930 wegen ihrer langen Dauer zusammen nicht mehr als kürzere Unterbrechung angesehen und sie demgemäß auf die Zahl der Berufsjahre des Klägers nicht angerechnet hat.

Der Kläger und die Revision wollen aber auch im Falle einer längeren Unterbrechung die Frage der Anrechnung danach entschieden wissen, ob sie die Leistungsfähigkeit des Klägers tatsächlich vermindert habe, und verneinendenfalls diese Zeit derjenigen gleichgestellt sehen, die er im Berufe wirklich tätig gewesen ist. Die Auslegungsfrage wird damit zu einer grundsätzlichen arbeitsrechtlichen Frage, nämlich der, ob ein Gefolgsmann unabhängig von dem in der Tarifordnung angenommenen Bewertungsmaßstab einen Rechtsanspruch auf Leistungsentlohnung erheben kann.

Dem Kläger ist zuzugeben, daß der in der Tarifordnung zugrunde gelegte Maßstab bei der Anwendung im Einzelfall zu einer Entlohnung führen kann, die der wirklichen Leistung nicht entspricht, sei es, daß ein Gefolgsmann mit weniger Berufsjahren Leistungen aufweist, die jenen eines Gefolgsmannes mit mehr Berufsjahren entsprechen oder sogar darüber hinausgehen, sei es umgekehrt, daß die Leistungen eines Gefolgsmannes, der bereits sieben Berufsjahre erreicht hat, der solchenfalls an sich zu erwartenden Leistungsstufe nicht entsprechen. Der letztere Fall kann aus der vorliegenden Betrachtung ausscheiden, da die in der Tarifordnung festgesetzten Lohnsätze eine Mindestentlohnung gewähren, unter die nicht — wenigstens nicht ohne Anordnung des Treuhänders der Arbeit (§ 2 der 14. DurchfVo. z. AOG. vom 15. Oktober 1935, RGBl. I S. 1240) — herunter gegangen werden kann. Auf der anderen Seite geht das Ziel der neuen Sozialordnung, wie Mansfeld in der Besprechung des angefochtenen Urteils in ArbRSlg. Bd. 30 S. 260 — im Anschluß an seine Ausführungen Bd. 28 S. 211 daselbst — darlegt, dahin, den Leistungsgrundsatz individuell zu verwirklichen. Es ist auch richtig, daß dieses Ziel durch die Regelung in der vorliegenden Tarifordnung nicht unbedingt gewährleistet ist, da sie ja, um mit Mansfeld a. a. O. zu sprechen, „den Leistungsgedanken nur für die Normierung kollektiver Mindestbedingungen heranzieht und hierfür lediglich eine im allgemeinen durch längere Berufstätigkeit herbeigeführte Leistungssteigerung unterstellt". Wollte man in diesem Sinne den Leistungsgrundsatz individuell verwirklichen, so müßte man prüfen, welche Leistungshöhe der Kläger — trotz der längeren Unterbrechung seiner Berufstätigkeit — in Wirklichkeit erreicht hat. Allein es fehlt — und das verkennt auch Mansfeld a. a. O. nicht — selbst für den Fall, daß beim Kläger eine Leistungshöhe nachgewiesen würde, wie sie sonst regelmäßig ein Gefolgschaftsmitglied im siebenten Berufstätigkeitsjahre aufweisen kann, eine Rechtsgrundlage, um dann dem Kläger die von ihm beanspruchte Entlohnung eines im siebenten Berufsjahr stehenden Gefolgsmannes zuzusprechen. Arbeitsvertraglich ist ihm eine solche Entlohnung nicht zugesichert. Daß sich aus § 29 AOG. unmittelbar kein privatrechtlicher Anspruch des Klägers auf eine höhere Vergütung ergibt, als in der Tarifordnung vorgesehen ist, steht außer Zweifel. Aus der Tarifordnung selbst kann — auch wenn man für die Auslegung der ihr zugrunde liegenden Leistungsgedanken und die Vorschrift in § 29 AOG. weitgehendst heranzieht — ein solcher Rechtsanspruch nicht hergeleitet werden. Auch § 2 Abs. 2 AOG. in Verbindung mit § 29 das. bildet keine Rechtsgrundlage für den Anspruch. Zwar umfaßt die in § 2 Abs. 2 bestimmte Fürsorgepflicht den Grundsatz der Leistungsentlohnung, und es läßt sich auch nicht leugnen, daß diese Pflicht für die Gestaltung des Einzelarbeitsvertags und die daraus entspringenden Ansprüche und Verpflichtungen von Einfluß sein kann. Das kann aber nicht allgemein dazu führen, jedem Gefolgsmann ohne weiteres einen zum Inhalt seines Arbeitsvertrags gewordenen Rechtsanspruch auf einen — mehr oder minder willkürlich — nach der individuellen Leistung bemessenen höheren Lohn zuzubilligen, als ihm nach der den Leistungsgrundsatz sowieso — wenn auch vielleicht unvollkommen — berücksichtigenden Tarifordnung zukommt. Besondere Umstände, die im vorliegenden Falle ein anderes anzunehmen rechtfertigen könnten, sind nicht erkennbar.

RAG. 19, 250.

Über die Berechnung der dreitägigen Kündigungsfrist im Baugewerbe. Sind Sonn- und Feiertage oder Tage, an denen üblicherweise die Arbeit ruht, mitzuzählen oder ist eine Frist von drei Arbeitstagen gemeint?

Tarifordnung für das Baugewerbe im Deutschen Reich vom 26. November 1936 (RArbBl. VI S. 1229) § 9 Nr. 1 a.

Urteil vom 23. Februar 1938.

I. Arbeitsgericht Breslau. — II. Landesarbeitsgericht daselbst.

Im Baugewerbe Schlesiens ist es üblich, am Dienstag nach Pfingsten, dem sog. dritten Pfingsttage, nicht zu arbeiten. Der Kläger war bei dem verklagten Baumeister seit dem 4. April 1937 als Maurer tätig. Am Sonnabend vor Pfingsten 1937, dem 15. Mai 1937, wurde ihm das Dienstverhältnis durch Zustellung der Arbeitspapiere gekündigt. § 9 Nr. 1 a der auf das Arbeitsverhältnis anwendbaren Tarifordnung für das Baugewerbe im Deutschen Reich vom 26. November 1936 bestimmt: „Das Arbeitsverhältnis kann beiderseitig nur mit einer Frist von drei Tagen gelöst werden. Es bedarf einer Kündigung unter Einhaltung der Frist auch dann, wenn das Gefolgschaftsmitglied für eine Zeit, die kalendermäßig nicht bestimmbar ist, eingestellt ist." Der Kläger vertrat die Ansicht, unter diesen drei Tagen seien Arbeitstage zu verstehen, die ausgesprochene Kündigung habe also das Dienstverhältnis erst mit Ablauf des 21. Mai 1937 beendet. Er beanspruchte daher vom Beklagten den Lohn für den 19. bis 21. Mai 1937.

Das Arbeitsgericht gab der Klage statt. Die Berufung des Beklagten und seine Revision wurden zurückgewiesen, die Revision aus folgenden

Gründen:

Es handelt sich um die Auslegung der oben mitgeteilten Bestimmung des § 9 Nr. 1 a der vom Treuhänder der Arbeit für das Wirtschaftsgebiet Brandenburg als Sondertreuhänder für das Baugewerbe im Deutschen Reich auf Grund des § 32 Abs. 2, § 33 Abs. 1 AOG. und auf Grund der Ermächtigung des Reichs- und Preußischen Arbeitsministers vom 13. Oktober 1936 erlassenen Tarifordnung. Das Landesarbeitsgericht in Br. will in der vorliegenden Sache unter den drei Tagen der genannten Bestimmung drei Arbeitstage verstanden wissen, während das Landesarbeitsgericht in Frankfurt a. M. in seinem Urteil vom 6. Juli 1937 6 Sa 58/37 diese Auffassung abgelehnt hat. In dem vom Landesarbeitsgericht Frankfurt a. M. entschiedenen Falle war dem Kläger am

Sonnabend, dem 13. März 1937, gekündigt worden. Das Arbeitsverhältnis würde also nach §§ 186, 187 Abs. 1, § 188 Abs. 1 BGB. am Dienstag, dem 16. März 1937, geendigt haben. Der damalige Kläger vertrat — ebenso wie der im vorliegenden Prozeß Klagende — den Standpunkt, daß Sonn- und Feiertage bei Berechnung der Frist nicht zu zählen seien, sondern nur Arbeitstage in Frage kämen, daß er also noch für Mittwoch, den 17. März 1937, Lohn beanspruchen könne. Das Landesarbeitsgericht in Frankfurt a. M. hat für diese Auffassung in der Tarifordnung keinen Anhalt gefunden. Das Landesarbeitsgericht in Br. dagegen vertritt in der vorliegenden Sache die Ansicht, daß in der Tarifordnung der Begriff „Tage" erkennbar in verschiedenem Sinne gebraucht werde, bald im Sinne von Arbeitstagen, bald im Sinne von Kalendertagen. Es zieht zunächst aus § 4 TO. folgende Bestimmungen heran:

„§ 4 Arbeitsversäumnis und Arbeitsausfall.

Der Lohn wird nur für die Zeit gezahlt, in der Arbeit geleistet wird. Von diesem Grundsatz bestehen folgende Ausnahmen:

1. Dem Gefolgschaftsmitglied wird der Lohn in folgenden Fällen für 1 Tag weitergezahlt, wenn der jeweilige Grund der Arbeitsversäumnis nachgewiesen wird:

a) bei Arbeitsversäumnis infolge Erkrankung, sofern das Gefolgschaftsmitglied mindestens 6 Tage im Betrieb tätig gewesen ist und die Krankheit länger als 3 Tage dauert, jedoch nicht bei erneuter Arbeitsversäumnis infolge der gleichen Erkrankung im selben Kalenderjahr;

b) . . .

c) . . .

2. Den invalidenversicherungspflichtigen Polieren und Schachtmeistern, Hilfspolieren und Hilfsschachtmeistern ist in allen Fällen die Arbeitsversäumnis infolge Erkrankung bis zur Dauer von 2 Wochen zu zahlen:

für die Tage, an denen sie Krankengeld erhalten, der Unterschiedsbetrag zwischen Lohn und Krankengeld als Zuschuß zum Krankengeld,

für die Tage, an denen sie kein Krankengeld erhalten, der volle Lohn."

Der Berufungsrichter meint, hier seien im Falle der Nr. 1 zweifellos Arbeitstage gemeint, dagegen im Falle der Nr. 2 Kalendertage. Es sei also der Begriff „Tage" nicht von vornherein „in klarem, nur im Sinne des Beklagten zu verstehenden Sinne angewendet". Es müsse daher von Fall zu Fall geprüft werden, welcher Sinn damit verbunden sei. Das

Landesarbeitsgericht verweist sodann für die von ihm vertretene Auslegung noch auf folgende Bestimmungen des § 9 Nr. 1:

„b) Innerhalb von 12 Arbeitstagen nach Neueinstellung kann die Kündigung unter Einhaltung einer Frist von 4 Stunden zum täglichen Arbeitsschluß erfolgen.

d) Ist das Arbeitsverhältnis auf Grund einer Kündigung beendet, so kann es bis zur Dauer von 9 Tagen mit der Möglichkeit der Kündigung zum täglichen Arbeitsschluß unter Einhaltung einer Frist von 4 Stunden verlängert werden."

Weiter verweist das Landesarbeitsgericht darauf, daß nach dem Reichstarifvertrag für das Baugewerbe vom 3. März 1933, der als Tarifordnung weiter gegolten hatte, tägliche Kündigung zulässig gewesen war, und meint, Sinn und Zweck der Änderung sei einmal, daß der Arbeitnehmer für eine gewisse Übergangszeit, in der er sich um eine neue Arbeitsstelle bemühen könne, gesichert sein solle, und ferner, daß er bei einer Kündigung nicht sofort brotlos werden, sondern noch einige Tage Verdienst haben solle, um sich umzustellen und einrichten zu können. Umgekehrt habe auch der Arbeitgeber vor einer plötzlichen Kündigung des Arbeitnehmers von heute auf morgen geschützt sein sollen, um auch seinerseits rechtzeitig die nötigen Vorkehrungen zur Beschaffung neuer Arbeitskräfte treffen zu können. Dieser Sinn und Zweck der Vorschrift des § 9 Nr. 1 a könne aber nur erreicht werden, wenn unter der Frist von 3 Tagen „Arbeitstage" verstanden würden. Das Landesarbeitsgericht findet eine Stütze für seine Auffassung auch in der dem Arbeitsgericht vom Reichstreuhänder der Arbeit für das Wirtschaftsgebiet Brandenburg am 21. Juni 1937 erteilten Auskunft. Sie lautet: „Nach meiner Auffassung sind unter Tagen im Sinne der Reichstarifordnung für das Baugewerbe Arbeitstage zu verstehen. Dies wurde nach meiner Auffassung bei den Beratungen für die Tarifordnung ohne weiteres unterstellt. Daß in Ziffer 1 b die Worte ‚Arbeitsttage', in Ziffer 1 a ‚Tage' gesetzt worden sind, ist jedenfalls nicht in der Absicht erfolgt, dadurch eine Unterscheidung auszudrücken."

Die Revision rügt Verletzung der gesetzlichen Auslegungsregeln, jedoch zu Unrecht. Wenn auch bei den unter der Herrschaft des Gesetzes zur Ordnung der nationalen Arbeit erlassenen Tarifordnungen davon auszugehen ist, daß der Wortlaut der einzelnen Bestimmungen mit größerer Sorgfalt festgelegt worden ist, als dies bei den Tarifverträgen zutraf, so bleibt doch auch für sie der Grundsatz anwendbar, daß bei der Auslegung nicht am buchstäblichen Sinne des Ausdrucks zu haften, sondern aus dem Zusammenhang der einzelnen Vorschriften zu ermitteln ist, ob einer Bestimmung nach Sinn und Zweck der getroffenen Regelung eine über den Wortsinn hinausgehende Bedeutung zukommt. Wie das Reichsarbeitsgericht noch in RAG. Bd. 18 S. 72 ausgesprochen hat, ist dabei auch die Rechtsentwicklung, die einer Tarifordnung vorausgegangen ist, als Auslegungsmittel für ihren Inhalt heranzuziehen. Davon ist hier der Berufungsrichter mit Recht ausgegangen. Nach § 2 Nr. 3 des Reichstarifvertrages vom 3. März 1933 durfte im Baugewerbe das Arbeitsverhältnis „beiderseitig ohne Kündigungsfrist gelöst werden, jedoch nur zum Arbeitsschluß"; die beabsichtigte Entlassung mußte dem Arbeiter vor dem allgemeinen Arbeitsschluß mitgeteilt werden. An diese Regelung knüpft offenbar die Bestimmung des § 9 Nr. 1 b der Tarifordnung vom 26. November 1936 an, die bei Neueinstellung innerhalb der ersten zwölf Arbeitstage die Kündigung des Arbeitsverhältnisses noch zum täglichen Arbeitsschluß unter Einhaltung einer Frist von vier Stunden zuläßt. Ist das Arbeitsverhältnis auf Grund einer Kündigung beendet, so kann es nach § 9 Nr. 1 d bis zur Dauer von neun Tagen mit der Möglichkeit verlängert werden, es zum täglichen Arbeitsschluß unter Einhaltung einer vierstündigen Frist zu kündigen. Kommt in diesen Bestimmungen noch der frühere Gedanke zum Ausdruck, daß das Arbeitsverhältnis an jedem Arbeitstag zum Arbeitsschluß gekündigt werden kann, so bringen sie doch gleichzeitig deutlich zum Ausdruck, daß nach Ablauf der angeführten Anzahl von Arbeitstagen die tägliche Lösbarkeit des Arbeitsverhältnisses aufhört, also von da ab die dreitägige Kündigungsfrist des § 9 Nr. 1 a einzuhalten ist. Nun ist freilich in § 9 Nr. 1 d nicht ausdrücklich von neun Arbeitstagen die Rede, sondern von neun Tagen. Daß damit aber nur Arbeitstage und nicht etwa auch Sonn- und Feiertage oder sonstige Tage, an denen die Arbeit ausfällt, gemeint sein können, folgt nicht nur aus dem engen Zusammenhang, in dem diese Bestimmung mit der unter Nr. 1 b aufgeführten steht, sondern auch aus ihr selbst. Denn man kann nicht gut davon reden, daß das durch Kündigung beendete Arbeitsverhältnis neun Tage fortgesetzt sei, wenn von den auf die Beendigung folgenden neun Kalendertagen ein oder zwei Tage Sonntage waren. Die gegenteilige Auffassung müßte dazu führen, daß dann, wenn der neunte Tag ein Sonntag war, der Arbeitgeber am darauf folgenden Montag nicht mehr für den Schluß dieses Arbeitstages kündigen könnte, obwohl ihm die Tarifordnung gestattet, innerhalb neun Tagen noch vier Stunden vor Arbeitsschluß mit Wirkung für diesen Tag zu kündigen, daß er also dann schon am Sonnabend zum Arbeitsschluß an diesem Tage kündigen müßte. Dies aber wäre mit dem Wortlaut der

Bestimmung der Nr. 1 d nicht zu vereinbaren. Der Sinn der Bestimmung kann also nur sein, daß bei Fortsetzung des Arbeitsverhältnisses innerhalb der ersten neun Arbeitstage täglich mit vierstündiger Frist zum Arbeitsschluß gekündigt werden kann. Wenn unter den neun Tagen der Bestimmung des § 9 Nr. 1 d Kalendertage unter Einschluß der Sonn- und Feiertage hätten verstanden werden sollen, so hätte dies klar ausgesprochen werden müssen. Man kann also nicht daraus, daß hier nur von neun Tagen und nicht, wie in der Bestimmung der Nr. 1 b, von Arbeitstagen die Rede ist, folgern, es seinen hier im Gegensatz zu der Bestimmung 1 b nicht Arbeitstage, sondern Kalendertage gemeint.

Der soziale Sinn und Zweck der Bestimmung ist, daß bei Neueinstellung oder bei Fortsetzung eines beendeten Arbeitsverhältnisses dem Gefolgsmann, wenn er die angeführte Zahl von Tagen gearbeitet hat, das Arbeitsverhältnis nicht mehr wenige Stunden vor Arbeitsschluß für den täglichen Arbeitstag soll gekündigt werden dürfen, sondern nur noch mit dreitägiger Frist. Er soll während dieser drei Tage Zeit haben, sich umzustellen und nach einer anderen Arbeitsstelle umzusehen, und zwar an den drei letzten Arbeitstagen vor Beendigung des gekündigten Arbeitsverhältnisses. Denn während der dreitägigen Kündigungsfrist sind ihm nach § 9 Nr. 3 auf Verlangen während der Arbeitszeit zur Arbeitssuche bis zu zwei unbezahlte Stunden freizugeben. Die Tarifordnung geht also davon aus, daß sich der Arbeitnehmer in der Regel nur an Tagen, an denen gearbeitet wird, um eine andere Arbeitsstelle bewerben kann, nicht aber an Sonn- und Feiertagen, an denen nicht gearbeitet wird und also auch der Arbeitgeber meist nicht anzutreffen ist. Dazu kommt folgendes: Nach § 9 Nr. 4 sind dem Gefolgsmann bei Beendigung des Arbeitsverhältnisses die Entlassungspapiere und der Lohn sofort auszuhändigen. Ist das aus besonderen Gründen nicht möglich, so sind dem Entlassenen beim Ausscheiden aus dem Betriebe das Arbeitsbuch sowie eine Bescheinigung mit Aufzählung der Papiere auszuhändigen, die im Besitz des Betriebes verblieben sind. In Fällen, in denen die ordnungsmäßige Aushändigung der Papiere oder der Bescheinigung vom Unternehmer schuldhaft unterbleibt, ist der Lohn bis zum Tage der ordnungsmäßigen Aushändigung weiterzuzahlen. Auch diese Bestimmungen zeigen, daß für die Abwicklung der Rechtsbeziehungen zwischen Arbeitnehmer und Arbeitgeber nur Arbeitstage Bedeutung haben, daß sich die Tarifordnung hinsichtlich des Beginns, der Fortsetzung und der Beendigung des Arbeitsverhältnisses nur an Arbeitstage hält. Daß aber der Gefolgsmann in jedem Falle drei Arbeitstage vor Beendigung des Arbeitsverhältnisses die

Möglichkeit haben soll, durch Beurlaubung eine andere Arbeitsstelle auszusuchen, kommt auch darin zum Ausdruck, daß die dreitägige Kündigungsfrist nach § 9 a Nr. 1 auch dann innezuhalten ist, wenn das Gefolgschaftsmitglied für eine Zeit eingestellt ist, die kalendermäßig nicht bestimmbar ist, also z. B. für die Erledigung einer bestimmten Arbeit. Aus dem mehrfach hervorgehobenen Zweck der dreitägigen Kündigungsfrist folgt daher, daß unter den drei Tagen des § 9 Nr. 1 a Arbeitstage zu verstehen sind, nicht etwa Sonn- und Feiertage oder sonstige Tage, an denen, wie im Baugewerbe Schlesiens am sogenannten dritten Pfingsttage, üblicherweise der Betrieb ruht. Es bedarf hiernach keiner Stellungnahme zu der Frage, ob auch § 4 Nr. 2 TO. für diese Ansicht eine Stütze bietet. Ebensowenig bedarf es einer Stellungnahme zu der Hilfserwägung des Landesarbeitsgerichts, daß eine am Pfingstsonnabend für den Ablauf der Feiertage und des arbeitsfreien Pfingstdienstag ausgesprochene Kündigung gegen die durch das Arbeitsverhältnis begründete Treupflicht (§ 2 AOG.) verstoßen würde und auch aus diesem Grunde die vom Beklagten ausgesprochene Kündigung erst zum 21. Mai 1937 hätte wirken können; vielmehr war der Auffassung des Berufungsgerichts, daß für die Kündigungsfrist nur Arbeitstage zu zählen sind, beizupflichten und aus diesem Grunde die Revision als unbegründet zurückzuweisen.

RAG. 19, 281.

1. Zur Rechtsnatur des Arbeitsverhältnisses als Quelle vermögensrechtlicher Ansprüche.

2. Kann das Arbeitsverhältnis in einem Betriebe, in welchem die Gewährung von Ruhegehalt an Gefolgschaftsmitglieder unter bestimmten Voraussetzungen feststehender Brauch ist, für das einzelne Gefolgschaftsmitglied auch ohne besondere Vereinbarung den Anspruch begründen, diesem Brauch entsprechend behandelt zu werden?

3. Welchen Einfluß hat solchen Falls die fristlose Entlassung?

AOG. §§ 1, 2.

Urteil vom 19. Januar 1938.

I. Arbeitsgericht Dortmund. — II. Landesarbeitsgericht daselbst.

Der Kläger hat über 25 Jahre hindurch bis in sein 57. Lebensjahr hinein im Dienste der „Maschinenfabrik D." in D., eines Tochterunternehmens der Beklagten, gestanden. Er war zuletzt Prokurist und erhielt als solcher außer einer Gewinnbeteiligung feste monatliche Bezüge von 1000 RM. Gegen Mitte Juli 1936 wurde zwischen den Parteien festgelegt, daß der Kläger mit dem 31. Dezember 1936 aus dem Dienste bei der Beklagten ausscheiden und bereits vom 1. Oktober ab beurlaubt werden sollte. Dabei war entsprechend der bei der Beklagten herschenden Übung die Zahlung eines Ruhegehalts in Aussicht genommen. Ursache für das damals geplante Ausscheiden des Klägers war ein für ihn ungünstig verlaufenes Steuerstrafverfahren, das seine weitere Beschäftigung für die Beklagte untragbar erscheinen ließ. Mit Schreiben vom 19. August 1936 sprach dann aber die Beklagte die fristlose Entlassung des Klägers aus, nachdem sie bereits am 14. August 1936 auf die weitere Dienstleistung des Klägers verzichtet hatte. Die Beklagte begründete in ihrem Schreiben die Entlassung wie folgt: Sie habe inzwischen die Überzeugung gewonnen, daß eine Reihe von anonymen Briefen, die in den letzten Jahren über leitende Herren ihrer Verwaltung herabsetzende Unwahrheiten verbreitet hätten, auf den Kläger zurückzuführen sei; wissenschaftliche Untersuchungen hätten ergeben, daß die Schreiberin dieser Briefe eine dem Kläger nahestehende Persönlichkeit sei; damit stehe für die Beklagte fest, daß der Kläger der mittelbare Verfasser dieser Schreiben sei; unter diesen Umständen könne ihr nicht zugemutet werden, die für den Kläger vorgesehene Beurlaubungs- und gegebenenfalls Pensionsregelung durchzuführen. Mit der dem Kläger nahestehenden Schreiberin der Briefe war die Wirtin des Klägers, Fräulein K., gemeint, die der Kläger ehelichen wollte. Die Heirat hat an demselben Tage stattgefunden, an dem das Entlassungschreiben geschrieben ist.

Der Kläger begehrte mit der Klage die Feststellung der Unwirksamkeit seiner fristlosen Entlassung. Er bestritt, daß seine jetzige Ehefrau die Briefe verfaßt habe, und machte geltend, er habe weder mittelbar noch unmittelbar etwas mit den Briefen zu tun.

Das Arbeitsgericht sah die Täterschaft der Ehefrau des Klägers und eine Mitbeteiligung des Klägers hieran insoweit für erwiesen an, als er seiner Ehefrau die Information für die Schreiben gegeben habe. Es wies daher die Klage ab. Im zweiten Rechtszuge beantragte der Kläger hilfsweise, die Beklagte zur Zahlung einer monatlichen Pension von 450 RM vom 1. Januar 1937 ab zu verurteilen. Das Landesarbeitsgericht stellte — unter Abweisung der Klage im übrigen — fest, daß die Beklagte verpflichtet sei, dem Kläger vom 1. September 1936 ab ein Ruhegeld von monatlich 340 RM zu zahlen.

Die Revision der Beklagten wurde zurückgewiesen aus folgenden

Gründen:

Im dritten Rechtszug handelt es sich um die vom Berufungsgericht festgestellte Verpflichtung der Beklagten, dem Kläger vom 1. September 1936 ab ein Ruhegeld zu zahlen. Insoweit sind zwei Fragen entscheidend, einmal, ob dem Kläger ein Recht auf Ruhegeld überhaupt zustand, und zum anderen, ob er dessen durch die ihm von der Beklagten ausgesprochene Entlassung verlustig gegangen ist.

1. Das Berufungsgericht führt zu der erstgenannten Frage folgendes aus: Der Anspruch des Klägers auf Ruhegeld sei nicht schon deshalb unbegründet, weil dessen Gewährung weder in seinem Dienstvertrag vorgesehen, noch später endgültig vereinbart worden sei. Denn das Ruhegeld sei nach der heutigen Auffassung vom Wesen des Arbeitsverhältnisses als eines auf Ehre, Treue und Fürsorge beruhenden personenrechtlichen Gemeinschaftsverhältnisses nicht mehr als ein nachträglich gewährtes Entgelt für früher geleistete Dienste anzusehen, auf das nur Anspruch bestehe, wenn es besonders zugesagt oder vereinbart sei. Vielmehr stelle die Gewährung von Ruhegeld einen Ausfluß der allgemeinen Treu- und Fürsorgepflicht des Unternehmers dar. Sie beruhe auf der ethischen Forderung jeder Gemeinschaft — insbesondere der durch das Arbeitsverhältnis begründeten personenrechtlichen Gemeinschaft —, wonach kranke und dienstunfähige Gemeinschaftsmitglieder nicht einfach ihrem Schicksal überlassen werden dürften, sondern für sie gesorgt werden müsse. Gleichwohl sei für den Anspruch auf Ruhegeld immer noch ein besonderer Rechtsgrund erforderlich. Dieser brauche aber nicht in einer besonderen Vereinbarung zu liegen. Er könne auch in sonstigen Umständen gefunden werden, z. B. in einer vom Unternehmer aufgestellten Ruhegeldordnung oder in einschlägigen Richtlinien, endlich auch in einem bestehenden Brauch. Unstreitig sei es bei der Beklagten gebräuchlich, allen nicht der Angestelltenversicherung unterliegenden Angestellten ein bestimmtes Ruhegeld zu gewähren, wenn sie — wie der Kläger — fünfundzwanzig Jahre hindurch im Unternehmen tätig gewesen seien und in einem Lebensalter ausschieden, in dem eine andere Tätigkeit nicht mehr üblich und nicht zu erwarten sei. Unter diesen Umständen bedeute es einen Verstoß gegen die Treu- und Fürsorgepflicht, wenn der Unternehmer einem einzelnen Angestellten, der die üblichen Voraussetzungen erfülle, das Ruhegeld willkürlich und ohne wichtigen Grund versage. Angesichts des bestehenden Brauchs habe der Kläger demnach einen Anspruch auf das übliche Ruhegeld, vorausgesetzt, daß nicht besondere Umstände dessen

Verweigerung rechtfertigten und der Kläger sich namentlich nicht einer Verletzung der Treupflicht seinerseits schuldig gemacht habe.

Diese Erwägungen lassen keinen Zweifel daran, daß das Berufungsgericht nicht von einer Vereinbarung der Parteien über die Versorgung des Klägers ausgeht, sondern eine vertragsmäßige Grundlage für dessen Anspruch schlechthin ablehnen will. Das Berufungsgericht trifft die ausdrückliche Feststellung, daß es an einer einschlägigen Vereinbarung zwischen den Parteien fehle. Daher kann es auch nicht angenommen haben, daß eine solche Vereinbarung wenigstens stillschweigend zustande gekommen sei. Die tragende Rechtsgrundlage für die Entscheidung wird vom Berufungsgericht vielmehr aus der in § 2 Abs. 2 AOG. gesetzlich festgelegten Treu- und Fürsorgepflicht des Betriebsführers entnommen. Das geschieht allerdings mit der Einschränkung, daß für den Anspruch auf Ruhegeld immer noch ein besonderer Rechtsgrund — hier in Gestalt des bestehenden Brauchs — hinzukommen müsse. Das Berufungsgericht gibt indessen keine Begründung dafür, wieso der doch zunächst nur als Tatsache gegebene Brauch zu einem „Rechtsgrunde" werden kann. Es begnügt sich damit, den Brauch insoweit dem Erlaß einer Ruhegeldordnung oder von Ruhegeldrichtlinien an die Seite zu stellen. Eine Ruhegeldordnung aber pflegt, wenn sie nicht etwa schon als Betriebsordnung aus sich heraus Rechte erzeugt, ihrer selbstverständlichen Bestimmung gemäß Bestandteil des Arbeitsvertrags zu werden, wie auch hinsichtlich feststehender Übungen in der Rechtsprechung allgemein anerkannt ist, daß daraus kraft stillschweigender Vereinbarung Rechtsansprüche erwachsen können. Warum nun im gegenwärtigen Falle die Annahme einer solchen stillschweigenden Vereinbarung unvertretbar gewesen wäre, ist freilich nicht recht einzusehen. Trotzdem kann das Revisionsgericht nicht etwa von sich aus im Wege der Auslegung im Gegensatz zum Tatrichter eine solche Feststellung treffen, wie es die Revisionsbeantwortung anscheinend befürwortet. Denn der Tatrichter verneint eben das Bestehen einer einschlägigen Vereinbarung und stellt grundsätzlich nicht auf schuldrechtliche, sondern personenrechtliche Gesichtspunkte ab, wobei ersichtlich angenommen ist, daß die allgemeine Unternehmerpflicht allein schon durch den hinzutretenden Brauch einen konkreten Rechtsinhalt empfangen hat.

Die Revision vertritt demgegenüber den Standpunkt, daß der Pensionsanspruch ohne eine vertragliche Rechtsgrundlage nicht denkbar sei. Das ist insoweit richtig, als nach der feststehenden Rechtsprechung des Reichsarbeitsgerichts der das Arbeitsverhältnis beherrschende personenrechtliche Grundsatz der Treu- und Fürsorgepflicht nicht unmittelbar die Quelle bestimmter vermögensrechtlicher Ansprüche sein kann (RAG. Bd. 15 S. 46 und Bd. 16 S. 151). Demgegenüber kann die grundsätzliche Abkehr des Berufungsgerichts von einer schuldrechtlichen Betrachtungsweise der Rechtslage freilich nicht gebilligt werden. Im Ergebnisse erweist sich das angefochtene Urteil aber gleichwohl als zutreffend.

Es ist selbstverständlich, daß die Grundgedanken des neuen Arbeitsrechts, insbesondere derjenige der Betriebsgemeinschaft und der damit verknüpften Treu- und Fürsorgepflicht, nicht nur Wesen und Ziel des gesamten Arbeitslebens der Nation, sondern insoweit auch jedes einzelne Arbeitsverhältnis beherrschen. Insbesondere erschöpft sich die Betriebsgemeinschaft nicht in den Beziehungen der unpersönlichen Gesamtheit der Gefolgschaft zum Betriebsführer, sie wirkt sich gerade auch in dem Verhältnisse des einzelnen Gefolgschaftsmitglieds zu ihm und den anderen Gefolgschaftsmitgliedern aus. So steht das Einzelarbeitsverhältnis nicht außerhalb der den Betrieb umschließenden Gemeinschaft, sondern ist ein Stück dieser Gemeinschaft und empfängt aus ihr Leben und Befruchtung. Diese Beeinflussung der Rechtsnatur des Arbeitsverhältnisses nach der grundsätzlichen Seite hin vermag aber es noch nicht ohne weiteres mit einem gegenständlich erfaßbaren Inhalt zu erfüllen. Das Arbeitsverhältnis muß indessen auch nach dieser Richtung hin in sich rechtlich geordnet sein. Die Grundlage dieser Ordnung, soweit sie nicht auf besonderen Rechtsnormen — wie Tarif- oder Betriebsordnungen — beruht, kann nur der Arbeitsvertrag bilden. Auf ihn wird daher bei der Erhebung vermögensrechtlicher, nicht auf Tarif- oder Betriebsordnungen beruhender Ansprüche des Gefolgschaftsmitglieds zurückgegriffen werden müssen, zumal die privatrechtlichen Folgen der Verletzung der allgemeinen Betriebsführerpflichten durch das Arbeitsordnungsgesetz nicht geregelt sind. Das Arbeitsverhältnis stellt nach alledem laut feststehender Rechtsprechung des Reichsarbeitsgerichts ein Rechtsverhältnis von schuldrechtlichem Entstehungsgrund dar, welches aber nicht ausschließlich unter diesem Gesichtspunkt gewertet werden kann, sondern — weil es zugleich Träger und Verkörperung der Betriebsgemeinschaft ist — überwiegend von dieser Gemeinschaftsseite her zu bestimmen ist und insoweit unverkennbar personenrechtliche Züge aufweist. Die schuldrechtliche und die personenrechtliche Seite des Arbeitsverhältnisses bestehen jedoch nicht unabhängig voneinander. Sie durchdringen sich gegenseitig und verleihen dem Rechtsverhältnis als Ganzem ein besonderes Gepräge. Die aus der Gemeinschaftsbindung je nach der Lage des Einzelfalls hervorgehenden Beziehungen und Folgerungen können demnach nicht ohne Rückwirkung auf die schuldrechtliche Gestaltung und damit auf den Inhalt des Arbeitsvertrags bleiben. Allerdings kann diese Rückwirkung nicht in dem Sinne anerkannt werden, daß schlechthin jede aus der Treu- und Fürsorgepflicht des Betriebsführers denkbar abzuleitende, der Verwirklichung der Betriebsgemeinschaft förderliche Einzelpflicht ohne weiteres für das jeweilige Gefolgschaftsmitglied einen entsprechenden vertraglichen Anspruch erzeugen könnte. Das hat die Rechtsprechung des Reichsarbeitsgerichts bisher gerade abgelehnt und daran ist auch weiterhin festzuhalten. Anders ist es aber, wenn aus dem Gemeinschaftsleben im einzelnen Betrieb, aus der darin wurzelnden gegenseitigen Treu- und Fürsorgepflicht des Betriebsführers bereits konkrete Ordnungen erwachsen sind, mögen sie sich auch nur in einer feststehenden tatsächlichen Handhabung äußern, ohne die Gestalt bestimmter Einrichtungen oder geschriebener Satzungen angenommen zu haben. Wenn hiernach unter gewissen Voraussetzungen der Gefolgschaft oder Teilen von ihr regelmäßig bestimmte Leistungen gewährt werden, so ergibt sich daraus für die einzelnen Gefolgschaftsmitglieder das zum Inhalt des Arbeitsverhältnisses gewordene Recht, unter denselben Voraussetzungen in der derselben Weise behandelt zu werden, wie die übrigen auch. Diese Berechtigung bedarf keiner Herleitung aus besonderen, ausdrücklich oder stillschweigend getroffenen Vereinbarungen. Sie wird infolge jener Rückwirkung zum rechtsnotwendigen Inhalt des Arbeitsvertrags und erzeugt so einen klagbaren Anspruch auf die dem Gebote der Gleichbehandlung entsprechende Leistung.

Der vom Berufungsgericht zum „Rechtsgrund" für den Anspruch des Klägers erklärte Brauch ist in Wirklichkeit nichts anderes als eine solche auf Grund tatsächlicher Handhabung aus der Betriebsgemeinschaft bei der Beklagten für die in Frage kommenden Angestellten erwachsene Ordnung, die kraft gesetzlicher Regelung des Arbeitsverhältnisses nach neuem Arbeitsrecht einen privatrechtlichen Leistungsanspruch bedingt. Die Beklagte kann sich nicht weigern, ihn zu erfüllen, außer wenn Treu und Glauben oder aus derselben Gemeinschaftsordnung und daher auch aus dem Arbeitsvertrage sich ergebende Gebote und Pflichten dies rechtfertigen.

2. Völlig zutreffend nimmt das Berufungsgericht daher auf der anderen Seite an, daß der Kläger sein Anrecht auf Gewährung der Pension dann verlieren muß, wenn er die ihm seinerseits obliegende Treupflicht verletzt haben sollte. Einer solchen Verletzung hat sich der Kläger nach den getroffenen Feststellungen aber nicht schuldig gemacht.

Das Berufungsgericht hält zwar für erwiesen, daß die anonymen Briefe von der damaligen Wirtin, der jetzigen Ehefrau des Klägers, geschrieben worden sind. Es vermag jedoch nicht festzustellen, daß der Kläger hiervon Kenntnis hatte. Er könne — so wird ausgeführt — nur unbewußt den Stoff zu den Briefen geliefert haben, indem er mit seiner damaligen Wirtin beim Mittags- und Abendtisch über die in Betracht kommenden Betriebsvorgänge gesprochen habe. Vielleicht habe er auch gelegentlich, wenn er sich dienstlich geärgert habe, über einzelne Mitglieder der kaufmännischen Abteilung mehr oder weniger abfällige Äußerungen gemacht, die dann in den Briefen der Wirtin übertrieben und aufgebauscht seien. Eine schuldhafte Beteiligung des Klägers an den Briefen liege daher nicht vor. Ebensowenig könne in den arglos geführten Gesprächen des Klägers mit seiner Wirtin ein grober Vertrauensbruch gefunden werden; denn es habe sich nicht um Dienstgeheimnisse gehandelt, sondern zum Teil um Tatsachen, die schon bald allgemein bekannt geworden seien, zum Teil um völlig belanglose Kleinigkeiten. Könne also die fristlose Entlassung nicht auf ein Verschulden des Klägers gestützt werden, so ergebe dennoch die Tatsache seiner Eheschließung mit der Wirtin, daß der Beklagten eine weitere Beschäftigung des Klägers nicht habe zugemutet werden können. Gegenüber einer regelmäßigen Kündigung des Dienstvertrags erscheine mit Rücksicht auf die obwaltenden Umstände eine fristlose Lösung des Vertrags daher als zulässig, allerdings mit der Einschränkung, daß die Beklagte dem Kläger ein Ruhegehalt zu gewähren habe. Denn das Dienstverhältnis habe ohnehin zum Jahresschluß mit der Pensionierung des Klägers und einer dieser vorausgehenden, am 1. Oktober einsetzenden Beurlaubung gelöst werden sollen. So sei mit der sofortigen Beendigung des Dienstverhältnisses den Interessen beider Parteien gedient gewesen und die Entlassung müsse deshalb als gerechtfertigt anerkannt werden, sofern die Beklagte dem Kläger ein Ruhegeld zahle.

Auch diese Ausführungen werden von der Revision ohne Erfolg angegriffen. Der Revision ist allerdings zuzugeben, daß die wirksame sofortige Entlassung des Angestellten aus einem in seiner Person liegenden wichtigen Grunde in der Regel den Verlust seines Anspruchs auf Ruhegeld nach sich zieht, das aber nur, wenn sich im Einzelfalle nicht ein anderes ergibt (RAG. Bd. 17 S. 346). In dieser Beziehung hat das Berufungsgericht zwar einen die sofortige Beendigung des Arbeitsverhältnisses rechtfertigenden wichtigen Grund bejaht. Es hat aber angenommen, daß dieser wichtige Grund keine Treupflichtverletzung des Klägers in sich schließe, die den — nach dem unter

1) Ausgeführten — dem Kläger zustehenden Ruhegeldanspruch zunichte machen könnte. Darauf kann es aber bei der besonderen rechtlichen Gestaltung des Ruhegeldanspruchs des Klägers allein ankommen. Hiernach läßt das Berufungsgericht ohne Rechtsirrtum die sofortige Kündigung auch nur mit einer Einschränkung zu, die einen Zustand herstellt, wie er bestehen würde, wenn das zum 31. Dezember 1936 nach einer vorherigen Beurlaubung des Klägers vereinbarte Ausscheiden des Klägers mit Pensionsberechtigung auf den 19. August 1936 vorverlegt wäre. Ob unter den gegebenen besonderen Umständen der Beklagten nicht vielleicht sogar zugemutet werden konnte, dem Kläger bis zum Ende des Jahres 1936 das ihm zustehende Gehalt zu zahlen, kann dahinstehen. Denn die Beklagte ist dadurch, daß das Berufungsgericht diese Frage nicht besonders geprüft hat, keinesfalls beschwert. Sie ist auch nicht beschwert dadurch, daß das Berufungsgericht übersehen hat, daß der Kläger für die Zeit vom 1. Januar 1937 ab einen Anspruch auf Zahlung — nicht auf Feststellung — erhoben hat.

Im übrigen kann es auch nicht als verfehlt angesehen werden, wenn das Berufungsgericht durch die Feststellung der Pensionsberechtigung des Klägers für die Zeit vor dem 1. Januar 1937 zum Ausdruck brachte, daß die Abweisung seines Hauptantrags insoweit keine vollständige war, als seine Entlassung nur mit der Einschränkung der Pensionsgewährung gebilligt worden ist.

RAG. 19, 289.

Kann der Arbeitnehmer beanspruchen, daß ihm der Unternehmer seine Ehrlichkeit im Dienst bezeuge? Schadensersatzpflicht des Unternehmers bei unberechtigter Weigerung.

BGB. § 630.

Urteil vom 9. Februar 1938.

I. Arbeitsgericht Breslau. — II. Landesarbeitsgericht daselbst.

Der Kläger war auf dem Gute des Beklagten landwirtschaftlicher Inspektor. Zu seinen vertraglichen Dienstbezügen gehörte sog. „freier Schüttboden", d. h. der Anspruch auf Brotgetreide und Geflügelfutter vom Getreideschüttboden für den Bedarf seines eigenen Haushalts. Am 1. Januar 1927 kündigte er seine Stellung zum 30. Juni 1927. Am 23. Januar 1927 wurde er wegen Verdachts der Untreue fristlos entlassen; er sollte über den eigenen Bedarf hinaus Getreide entnommen haben. Der Kläger, welcher die Berechtigung dieses Vorwurfes bestritten hat, will nach seiner eigenen Kündigung Gelegenheit zur Übernahme einer anderen Inspektorstelle gehabt und deshalb schon in der Zeit zwischen dem 19. Januar 1927 und dem Tage seiner Entlassung den Beklagten um ein Zwischenzeugnis und am Tage nach seiner Entlassung für den Fall, daß sie nicht rückgängig gemacht werde, um ein Abgangszeugnis gebeten haben. Der Beklagte bestreitet dies und macht geltend, er sei erst Ende März 1927 um ein Zeugnis angegangen worden. Am 28. März 1927 hat er dem Kläger folgendes Zeugnis ausgestellt: „Der Inhaber dieses, Herr Inspektor M. L., war bei mir vom 1. Juli 1921 bis 1. Januar 1927 als Inspektor auf meinem 1300 Morgen großen Gute tätig. Herr L. hat allem ihm übertragenen Arbeiten mit Fleiß und Gewissenhaftigkeit ausgeführt. Er machte eine gute Bestellung und wußte auch mit den Leuten gut umzugehen. Sein Austritt erfolgte auf eigenen Wunsch, weil er sich verbessern wollte."

Der Kläger hat seit seiner Entlassung keine Stellung als landwirtschaftlicher Beamter innegehabt. Vom 31. August 1927 bis 1. August 1930 hat er pachtweise eine Gastwirtschaft betrieben. Schon Anfang September 1927 hatte er mit der Klage 4 AC 121/27 beim Arbeitsgericht seine vertraglichen Barbezüge für die Zeit vom 1. Januar bis 30. Juni 1927 und seine Sachbezüge für die Zeit vom 23. Januar bis 30. Juni 1927 nachgefordert. Der Beklagte hatte eingewandt, abgesehen von der dem Kläger vorgeworfenen Untreue sei die Entlassung schon deshalb gerechtfertigt, weil der Kläger seine ausdrückliche Anordnung, sich den Schüttboden von der im September 1926 eingestellten Gutssekretärin Li. zuwiegen zu lassen, durch weitere selbständige Entnahmen des Getreides fortgesetzt übertreten habe. Das Berufungsgericht war in jenem Prozeß dieser Einlassung gefolgt. Es hatte dahingestellt sein lassen, ob der Vorwurf der Untreue berechtigt sei, hatte aber die Aussage der als Zeugin vernommenen Gutssekretärin dahin verstanden, daß sie dem Kläger im Auftrage des Beklagten die Weisung übermittelt habe, sich von ihr den Schüttboden zuwiegen zu lassen, und festgestellt, daß der Kläger diese Weisung fortgesetzt durch eigene selbständige Entnahmen des Getreides übertreten habe. Darin hatte es einen wichtigen Grund für die fristlose Entlassung des Klägers erblickt und daher dem Kläger nur die Barvergütung für die Zeit bis zum 23. Januar 1927 zugesprochen, im übrigen aber seine Klage abgewiesen.

Der Kläger machte in der Folge geltend, die Li. sei in jenem Prozesse vom Beklagten zu einer falschen Aussage gewonnen worden. Er erstattete deswegen auch mehrere Strafanzeigen, die jedoch ohne Erfolg blieben. Im Jahre 1933 erhob er gegen den Beklagten zwei neue

Klagen 4 AC 489/33 und 789/33. Er stützte sie auf die Beschuldigung, der Beklagte habe die Zeugin Li. im Vorprozesse zu einer falschen Aussage veranlaßt, ihm sei jene Weisung nicht übermittelt oder erteilt worden, seine Entlassung sei also zu Unrecht erfolgt. Mit der Klage 489/33 forderte er für den ihm in der Zeit vom 1. Mai 1930 bis dahin 1933 erwachsenen Schaden einen Teilbetrag von 100 RM nebst Zinsen, mit der anderen Klage wegen des ihm in der Zeit vom 1. September 1930 bis dahin 1933 erwachsenen Schadens einen Teilbetrag von 301 RM nebst Zinsen. Beide auf §§ 826, 824 BGB. gestützten Klagen wurden rechtskräftig abgewiesen.

Hierauf hat der Kläger im Jahre 1934 die gegenwärtige Klage angestrengt. Er hat geltend gemacht, der Beklagte habe seine Stellenlosigkeit sowohl dadurch verschuldet, daß er den Vorprozeß 4 AC 121/27 durch Verleitung der Zeugin Li. zu einer falschen Aussage gewonnen und infolgedessen die Berechtigung der fristlosen Entlassung bestätigt erhalten habe, als auch dadurch, daß er die Erteilung des Zwischenzeugnisses verzögert habe, und als Teilbetrag des ihm zustehenden Schadensanspruches das ihm für Juli 1932 entgangene Inspektorengehalt mit 350 RM verlangt. Der Beklagte hat im Wege der Widerklage Feststellung beantragt, daß dem Kläger keine Schadensersatzansprüche wegen des Verlustes des Vorprozesses 4 AC 121/27 und wegen Nichterlangung einer neuen Anstellung zustehen. Das in diesem Verfahren ergangene Urteil des Landesarbeitsgerichts, das die Abweisung der Klage und die Feststellung nach dem Widerklageantrag durch das Arbeitsgericht bestätigt hatte, ist durch das Urteil des Reichsarbeitsgerichts vom 25. März 1936 RAG. 288/35 (ArbRSammlg. Bd. 27 S. 216) unter gleichzeitiger Zurückverweisung der Sache an das Berufungsgericht aufgehoben worden. Bei der erneuten Verhandlung vor diesem hat der Kläger in Erweiterung der ursprünglichen Klage schließlich beantragt, unter Änderung der Vorderurteile

1. den Beklagten zur Zahlung von 350 RM zu verurteilen,
2. festzustellen, daß der Beklagte ihm jeden Schaden ersetzen müsse, der ihm seit dem 24. Januar 1927 entstanden sei

a) aus der Nichterteilung des vorläufigen Zeugnisses,
b) aus der fristlosen Entlassung,
c) aus der Erteilung des fehlerhaften Zeugnisses vom 28. März 1927, das auch keine Bescheinigung seiner Ehrlichkeit enthalte,
d) aus dem Verlust der Vorprozesse.

Wegen der Klagerweiterung hat der Beklagte seine Widerklage auf Feststellung, daß dem Kläger keine Schadensersatzansprüche wegen des Verlustes des Vorprozesses 4 AC 121/27 und wegen Nichterlangung einer neuen Anstellung zustehen, für erledigt erklärt und um Zurückweisung der Berufung und Abweisung der erweiterten Klage gebeten.

Das Berufungsgericht hat nunmehr auf Grund eingehender Beweisaufnahme festgestellt, daß der Beklagte persönlich dem Kläger den dienstlichen Befehl gegeben habe, sich den Schüttboden durch die Gutssekretärin Li. zuwiegen zu lassen, daß der Kläger diesem Befehle nicht nachgekommen und seine Entlassung wegen des darin liegenden hartnäckigen Ungehorsams berechtigt gewesen sei. Es hat nicht für erwiesen erachtet, daß die Zeugin Li. im Vorprozeß 4 AC 121/27 unter Beeinflussung durch den Beklagten die Unwahrheit gesagt habe, vielmehr angenommen, ihre Aussage sei damals von dem erkennenden Gericht mißverstanden worden. Es hat weiter angenommen, daß der Kläger zwar nicht vor dem 1. Februar 1932 eine Stellung erlangt haben würde, jedoch den Beklagten für verpflichtet erklärt, dem Kläger jeden Vermögensschaden zu ersetzen, der ihm persönlich seit dem 1. Februar 1932 dadurch entstanden sei, daß das Zeugnis vom 28. März 1927 ein unrichtiges Abgangsdatum angebe und dem Kläger nicht seine Ehrlichkeit bescheinige. Insoweit hat es einen Schaden von 350 RM bereits für dargetan erachtet und diesen Betrag dem Kläger unter Nr. 1 der Urteilsformel zugesprochen; darüber hinaus hat es insoweit auch die Verpflichtung des Beklagten zum Ersatz weiteren Schadens ausgesprochen (Nr. 2 der Urteilsformel). Im übrigen hat es die Klage abgewiesen.

Beide Parteien haben, soweit ihren Anträgen nicht entsprochen worden ist, ohne Erfolg Revision eingelegt. Die Revision des Klägers wurde durch Versäumnisurteil zurückgewiesen. Die von der Revision des Beklagten gegen die ursächliche Entstehung eines Schadens und die Zulässigkeit der Feststellungsklage erhobenen Angriffe, sowie weitere verfahrensrechtliche Angriffe aus §§ 139, 286, 287 ZPO. sind für nicht durchgreifend erklärt worden. Im übrigen beruht die Zurückweisung dieser Revision auf folgenden

Gründen:

Verfehlt ist es, wenn die Revision des Beklagten unter Bezugnahme auf einige Zeugenaussagen auszuführen sucht, der Beklagte sei noch heute davon überzeugt, daß der Kläger Getreide veruntreut habe, es könne ihm daher nicht zugemutet werden, dem Kläger seine Redlichkeit zu bescheinigen. Der Inhalt des Dienstzeugnisses über die Führung eines Angestellten im Dienste muß zwar der Wahrheit entsprechen und der Beklagte hätte recht mit seiner Weigerung, dem Kläger die Ehrlichkeit im Dienste zu bezeugen, wenn wirklich ein durch Tatsachen genügend begründeter Verdacht für ein unredliches Verhalten des Klägers vorläge. Denn würde er in solchem Falle dem Kläger im Dienstzeugnis seine Ehrlichkeit bescheinigen, so könnten ihm daraus Schadensersatzansprüche Dritter, die im Vertrauen auf die bezeugte Ehrlichkeit den Kläger angestellt hätten, erwachsen, falls sie durch Unehrlichkeit des Klägers Schaden erlitten (vgl. RAG. Bd. 12 S. 275 [278]; RGUrteil vom 20. Mai 1915 — VI 58/15 — bei WarnRspr. 1916 Nr. 76; Seuff-Arch. Bd. 72 S. 189; JW. 1905 S. 369 Nr. 8, auch RGUrteil vom 16. September 1937 — VI 23/27 — in ArbRSamml. Bd. 31 S. 74). Aber nicht jeder vage Verdacht rechtfertigt die Vorenthaltung der Bescheinigung der Ehrlichkeit, und Schadensersatzansprüche Dritter sind nur dann zu erwarten, wenn die Bescheinigung der Ehrlichkeit wider besseres Wissen erfolgt oder doch, obwohl erhebliche, durch Tatsachen begründete Verdachtsgründe gegen die Ehrlichkeit zutage getreten sind. Das Dienstzeugnis, das auf Leistungen und Führung erstreckt wird, schließt zwar notwendig ein subjektives Urteil des Arbeitgebers in sich (RAG. Bd. 13 S. 159), aber gerade dieses Urteil wird vom Arbeitnehmer verlangt, um sich darauf bei der Bewerbung um andere Stellen berufen zu können. Die Erstreckung auf die Führung soll also dem weiteren Fortkommen des Arbeitnehmers dienen. Das Reichsarbeitsgericht hat denn auch von jeher daran festgehalten, daß die Vermerke über Führung und Leistungen des Arbeitnehmers auf einer objektiven Beurteilung beruhen müssen, da nur so der Zweck des Zeugnisses, der Bewerbung um eine Neuanstellung zu dienen, erfüllt werden kann. Nicht also die subjektive Auffassung des Arbeitgebers allein ist maßgebend, sondern die Vermerke über Führung und Leistungen müssen einer sachlichen Beurteilung, wie sie ein verständiger und gerecht denkender Mann über den Arbeitnehmer aussprechen würde, entsprechen (RAG. Bd. 2 S. 336, Bd. 12 S. 275 flg.). Die subjektive Auffassung, wenn sie eine ungünstige sein sollte, ist daher mit der größten Sorgfalt dahin zu überprüfen, ob sie auch nach objektiven Gesichtspunkten, immer unter Berücksichtigung des Zweckes des Zeugnisses und der ihm zu entnehmenden Meinung eines Dritten, vertretbar sei (RAG. Bd. 12 S. 281). Das gilt natürlich auch dann, wenn die Fortlassung eines Vermerks über die Ehrlichkeit bei den in Frage kommenden Berufen, wie das hier zutrifft, in dem Sinne des Fehlens dieser Eigenschaft gedeutet wird. Gewiß reicht unter Umständen schon der Verdacht eines pflichtwidrigen Verhaltens eines Angestellten zu seiner fristlosen Entlassung aus (RAG. Bd. 12 S. 325, Bd. 14 S. 176, RGUrteil vom 20. November 1936 — II 110/36

— in JW. 1937 S. 1146 Nr. 5). Wie aber besonders in der letzterwähnten Entscheidung hervorgehoben worden ist, reicht nicht jede Verdächtigung eines leitenden Angestellten aus, um eine Entlassung zu rechtfertigen, vielmehr müssen die Verdachtsgründe so stark sein, daß ein vernünftiger Arbeitgeber unter Berücksichtigung der ihm bekannten Persönlichkeit des Arbeitnehmers aus ihnen Mißtrauen gegen die Zuverlässigkeit des Arbeitnehmers schöpfen kann. Treu und Glauben, die das Arbeitsverhältnis besonders beherrschen, erfordern, daß der Arbeitgeber seinerseits die Verdachtsgründe prüft und nach Möglichkeit zur Unterstützung des Arbeitnehmers bei Aufklärung des Sachverhalts beiträgt. Das galt bereits für das bisherige Recht nach der Rechtsprechung des Reichsarbeitsgerichts und gilt heute, nachdem das Gesetz zur Ordnung der nationalen Arbeit im § 2 den Treugedanken und die Fürsorgepflicht des Unternehmers besonders hervorgehoben hat, erst recht. Für das Dienstzeugnis können keine minderen Anforderungen gestellt werden. Der Beklagte mußte daher, ehe er dem Kläger die Bescheinigung seiner Ehrlichkeit im Zeugnis verweigerte, sorgfältig prüfen, ob ein genügender Verdacht vorlag, der ihn berechtigte, den Kläger der Untreue zu zeihen. Es handelte sich bei diesem um einen landwirtschaftlichen Inspektor, der seit 1. Juli 1921 bei dem Beklagten auf dem Rittergut angestellt war. Die Gutssekretärin Li. hatte ihren Dienst erst im September 1926 angetreten. Die Weisung, sich den Schüttboden durch die Sekretärin zuwiegen zu lassen, hatte die Li. dem Kläger entgegen der früheren Annahme des Beklagten selbst nicht weitergegeben. Die Li. begann ihren Dienst erst um 8 Uhr. Zum Schüttboden waren zwei Schlüssel vorhanden, die in der Kanzlei hingen. Einen davon hatte der Kläger. Wenn früh Getreide für die Saat herausgegeben werden mußte, schloß also der Kläger selbst den Speicher auf und entnahm das erforderliche Getreide. Der Berufungsrichter hat in eingehender Beweisaufnahme festgestellt, daß genügend objektive Anhaltspunkte dafür, daß der Kläger über die ihm zustehenden Mengen hinaus Futter und Getreide für sich aus dem Schüttboden entnommen habe, nicht vorliegen. Der Beklagte selbst hat die Li., als er von dem Berufungsrichter am 12. April 1937 gehört wurde, als von Natur sehr mißtrauisch bezeichnet. Auf ihre Angaben aber, mit der der Kläger in keinem guten Einvernehmen stand, hat der Beklagte sich in seinem Urteil über den Kläger gestützt. Wie das Reichsarbeitsgericht bereits im Vorurteil vom 25. März 1936 ausgesprochen hat, hätte der Beklagte im Laufe der Ermittelungen in den bisherigen Prozessen sein Urteil über den angeblichen Mißbrauch seines Vertrauens durch den Kläger hinsichtlich der Annahme der Veruntreuung nachprüfen sollen und, wie der Berufungsrichter einwandfrei feststellt, bei objektiver Betrachtung zu der Überzeugung gelangen müssen, daß sich der Vorwurf der Untreue gegen den Kläger nicht aufrechterhalten läßt. Daß der Kläger die Befugnis zum Betreten des Schüttbodens hatte und sich zum Teil sein Deputat selbst geholt hat, ist unstreitig. Die Bezugnahme der Revision auf die Aussagen des früheren Rentmeisters W. und der Zeugin Li., die dies bezeugt haben, liegt also neben der Sache. Wann der Schweizer O. Getreide vom Schüttboden entwendet hat, ist zwar nicht ausdrücklich im Urteil erwähnt worden. Der Berufungsrichter brauchte das auch nicht festzustellen. Er hat auf diese Tatsache nur hingewiesen, um darzutun, daß auch sonst Entwendungen vorgekommen sind, und im übrigen keinen Anhalt dafür erblickt, daß der Kläger für sich mehr vom Schüttboden genommen hat, als ihm zustand. Mußte aber der Beklagte bei ruhiger Abwägung der Verhältnisse erkennen, daß er den Vorwurf der Untreue gegen den Kläger ernstlich nicht aufrechterhalten konnte, so durfte er dem Kläger die Bescheinigung der Ehrlichkeit nicht vorenthalten und ist mit Recht für den aus dieser Vorenthaltung dem Kläger erwachsenden Schaden verantwortlich gemacht worden.

RAG. 19, 316.

Unter welchen Voraussetzungen kann gegen unpfändbaren Lohn aufgerechnet werden?

ZPO. § 850b. BGB. § 394.

Urteil vom 6. April 1938.

I. Arbeitsgericht Bernburg. — II. Landesarbeitsgericht Dessau.

Die beiden Kläger waren am 24. Mai 1937 bei der verklagten Firma als Ziegeleiarbeiter eingetreten. Nachdem sie an diesem und dem folgenden Tage gearbeitet hatten, stellten sie die Arbeit ein, weil sie, wie sie behaupteten, sich davon überzeugt hätten, daß sie den ihnen angeblich garantierten Akkordlohn von 40—55 RM wöchentlich nie erreichen würden. Die Beklagte verweigerte die Zahlung des während der beiden Arbeitstage verdienten Lohnes von je 15 RM. Sie rechnete mit höheren Schadensersatzforderungen auf. Sie machte geltend, die Kläger hätten keinen wichtigen Grund zur sofortigen Kündigung gehabt. Die regelmäßige Kündigungsfrist betrage nach der einschlägigen Tarifordnung und ihrer damit übereinstimmenden Arbeitsordnung vierzehn und selbst bei probeweiser Einstellung immer noch drei Tage. Durch das vorsätzliche und unberechtigte Verlassen der Arbeit hätten ihr die Kläger einen Schaden von mehreren Hundert Reichsmark zugefügt. Angesichts des groben Treubruchs könne ohne Rücksicht auf die pfändungsfreie Grenze gegen den Lohnanspruch aufgerechnet werden.

Der auf Zahlung von je 15 RM gerichteten Klage wurde vom Arbeitsgericht stattgegeben. Auf die Berufung der Beklagten wies das Landesarbeitsgericht die Klage ab. Die Revision der Kläger blieb erfolglos aus folgenden

Gründen:

Da der Klaganspruch an sich unstreitig ist, handelt es sich nur um die Frage, ob die Gegenforderung der Beklagten begründet ist und die damit vorgenommene Aufrechnung auch gegenüber der Bestimmung in § 394 BGB. durchgreift.

I. Wie das Berufungsgericht für erwiesen erachtet, sind die Kläger bei ihrer Einstellung durch den Inhaber der Beklagten darauf aufmerksam gemacht worden, daß für sie eine Einstellung auf Probe — welche nach § 2 Abs. 2 der von der Beklagten erlassenen Arbeitsordnung die Regel bilden soll — nicht in Betracht komme, da sie als Facharbeiter nicht mehr auf ihre Eignung erprobt zu werden brauchten; hiermit hätten sich die Kläger stillschweigend einverstanden erklärt. Das Berufungsgericht geht daher ohne Rechtsirrtum davon aus, daß die beiderseitige ordentliche Kündigungsfrist vierzehn Tage betrug, die insoweit mit § 10 der einschlägigen von dem Reichstreuhänder für das Wirtschaftsgebiet Mitteldeutschland erlassenen Tarifordnung für die Betriebe der Ziegel- und Kalksandsteinindustrie vom 24. Februar 1937 (RArbBl. VI S. 232) in Einklang steht.

Das Berufungsgericht nimmt weiter an, daß für die Kläger ein wichtiger Grund zur fristlosen Kündigung des Arbeitsverhältnisses nicht bestand. In dem Schreiben nämlich, welches die Beklagte am 13. Mai 1937 an die Kläger gerichtet hatte und worin der Verdienst ihrer Ausfahrer pro Woche mit 40—55 RM angegeben war, sei eine Garantie nicht enthalten gewesen. Außerdem hätten die Kläger am zweiten Tage ihrer Beschäftigung auch noch gar nicht übersehen können, daß sie einen derartigen Wochenlohn nicht erreichen würden. Im übrigen habe der gleichzeitig mit den Klägern zugereiste und eingestellte dritte Arbeiter an den beiden ersten Tagen bereits über 16 RM verdient gehabt, sei also wöchentlich über 48 RM gekommen.

Durch das grundlose Verlassen der Arbeitsstelle hätten die Kläger — so führt das Berufungsgericht weiter aus — der Beklagten einen hohen Schaden verursacht. Nach ihrem Weggang hätten an dem Spezialklinkerofen, an dem sie arbeiteten, zwei Kräfte gefehlt. Hierfür sei

Ersatz erst nach vierzehn Tagen und auch dann wegen des Mangels an Facharbeitern nur in der Person ungelernter Leute zu beschaffen gewesen. In der Zwischenzeit habe sich die Beklagte damit behelfen müssen, einige ihrer Leute anzulernen. Daher hätten zunächst für ein oder zwei Tage überhaupt keine Steine in den Klinkerofen eingesetzt werden können. Dieser habe aber weiter in Brand gehalten werden müssen. Allein der Kohlenverbrauch habe für diese Zeit mit einer täglichen Produktion von 6000 Steinen insgesamt etwa 100 RM betragen. Außerdem sei infolge der Minderproduktion ein Unternehmergewinn von etwa 60 RM ausgefallen.

Nach alledem ist das Berufungsgericht ohne Rechtsirrtum zu dem Ergebnis gelangt, daß die Kläger wegen ihrer Vertragswidrigkeit der Beklagten den oben dargelegten Schaden zu ersetzen haben. Insoweit erhebt auch die Revision gegen das Berufungsurteil keine Einwendungen.

II. Die Revision wendet sich aber dagegen, daß das Berufungsgericht, obwohl es die Nichtpfändbarkeit des eingeklagten Lohnes ausdrücklich feststellt, den Klägern den Schutz des § 394 BGB. versagt und insoweit der von der Beklagten erhobenen Arglisteinrede stattgibt. Das Berufungsurteil führt hierzu in rechtlicher Hinsicht nur kurz aus, daß eine Berufung auf das Aufrechnungsverbot in § 394 BGB. dann nicht zuzulassen sei, wenn sie gegen das allgemeine Rechtsgefühl verstoße. Erwachse aber dem Betriebsführer infolge des unberechtigten Verlassens der Arbeitsstelle durch ein Gefolgschaftsmitglied ein Schaden, so stehe dem Einwand des Gefolgschaftsmitglieds, der Betriebsführer könne mit seiner Ersatzforderung gegen die unpfändbare Lohnforderung nicht aufrechnen, der Einwand der Arglist entgegen.

Der Revision ist zuzugeben, daß dieser Ausspruch des Berufungsgerichts in seiner Allgemeinheit allerdings nicht zutrifft. Die Frage, ob und unter welchen Voraussetzungen dem Aufrechnungsverbot des § 394 BGB. durch die Einrede der Arglist begegnet werden kann, hat sich in der Rechtsprechung zunächst für die Dienstbezüge öffentlicher Beamten erhoben. Wenn auch in dem ersten hierzu ergangenen Urteil des Reichsgerichts RGZ. Bd. 85 S. 108 [120] erwogen ist, daß der Tatbestand der Arglisteinrede gegen § 394 BGB. nicht ein für allemal abschließend zu kennzeichnen sei, so hat sich doch die spätere reichsgerichtliche Rechtsprechung dahin gefestigt, daß nicht schon die vorsätzliche Verletzung der Beamtendienstpflicht in Verbindung mit der Tatsache eines daraus entstandenen Schadens genügt. Vielmehr ist durchweg gefordert worden, daß die Dienstpflichtverletzung den Tatbestand einer unerlaubten Handlung erfüllen, insbesondere auf eine vorsätzliche und gegen die guten Sitten verstoßende Schadenszufügung hinauslaufen muß, wenn die Einrede begründet sein soll (RGZ. Bd. 135 S. 1 [8]; RGUrteile v. 28. Februar 1936 III 135/35 in JW. 1936 S. 2213 Nr. 1 und v. 23. November 1937 III 90/37). Die Rechtsprechung des Reichsarbeitsgerichts hat sich in der gleichen Richtung bewegt. Schon in der Entscheidung des Reichsarbeitsgerichts vom 16. März 1929 RAG. 478/28 (ArbR. Samml. Bd. 5 S. 518) ist ausgesprochen, daß das Aufrechnungsverbot des § 394 BGB. keinesfalls gegenüber jedem aus vorsätzlicher Vertragsverletzung hergeleiteten Schadensersatzanspruch zurücktrete. Mit aller Schärfe ist dann in der späteren Entscheidung RAG. Bd. 10 S. 180 [184] betont, daß ein rein vertragsmäßig begründeter Gegenanspruch die Arglisteinrede nicht zu rechtfertigen vermöge; zum mindesten müßten Tatbestandsmerkmale eines sittenwidrigen Verhaltens des Gefolgschaftsmitglieds hinzutreten, so daß dieses Verhalten selbst als sittenwidrig und als eine unerlaubte, den Betriebsführer schädigende Handlung erscheine. Somit konnte nicht schon eine den Klägern zur Last fallende, sei es auch vorsätzliche Vertragsverletzung die Grundlage für die Zulässigkeit der Aufrechnung bilden. Die Revision irrt aber, wenn sie glaubt, daß das Berufungsgericht keine darüber hinausgehenden Feststellungen getroffen habe. Allerdings ist in den kurzen Ausführungen, mit denen das Berufungsgericht zu der Arglisteinrede zusammenfassend Stellung nimmt, nur von einem „unberechtigten" Verlassen der Arbeitsstelle durch die Kläger die Rede. Daß das aber nicht erschöpfend sein sollte, liegt nach dem Zusammenhang der Urteilsgründe auf der Hand. Das Berufungsgericht hatte nämlich bereits in seinen vorangegangenen Ausführungen festgestellt, daß die Kläger der Beklagten den Schaden „bewußt", d. h. vorsätzlich zugefügt haben. Damit steht zunächst außer Zweifel, daß sich die Kläger — als Facharbeiter — über die schwerwiegenden Folgen ihrer Handlung für den Fortgang des Betriebs klar gewesen sind. Gleichzeitig ist in dem Be- Berufungsurteil aber auch die Feststellung enthalten, daß sich die Kläger über die Rechtswidrigkeit ihres Verhaltens nicht im Ungewissen befanden. Insoweit führt das Berufungsurteil näher aus, daß die Kläger, für die ein Grund zur fristlosen Kündigung des Arbeitsverhältnisses ganz offensichtlich nicht vorlag, im besten Falle — nämlich, wenn sie sich nur als probeweise eingestellt betrachtet haben sollten — keine kürzere Kündigungsfrist als drei Tage als maßgebend ansehen konnten. Denn sie waren nach den getroffenen Feststellungen durch den Betriebsführer ausdrücklich darüber verständigt, daß diese Frist in der damals geltenden Arbeitsordnung vorgesehen war.

Die Kläger haben also nicht gutgläubig gehandelt, sondern waren sich der Grundlosigkeit des Vertragsbruchs bewußt. Der hiernach festgestellte Sachverhalt enthält somit alle Merkmale, die das Verhalten der Kläger als sittenwidrig erscheinen lassen. Ein Gefolgschaftsmitglied, welches die Arbeit lediglich aus Mißvergnügen in voller Kenntnis der Rechtswidrigkeit seines Verhaltens und unbekümmert um die klar vorauszusehenden Schäden, die für den Betrieb und möglicherweise auch für die Gefolgschaftskameraden daraus erwachsen werden, niederlegt, handelt nicht nur vertragsuntreu, sondern verstößt zugleich gegen das Anstandsgefühl aller billig und gerecht Denkenden, welches den Maßstab für die sittliche Bewertung seines Handelns bildet. Gerade in der gegenwärtigen Zeit, welche — wie das Berufungsgericht mit Recht hervorhebt — im Zeichen des Vierjahresplans steht, müssen die insoweit zu stellenden Anforderungen um so höher sein. Jedes Gefolgschaftsmitglied hat jetzt die besondere Pflicht, alles zu vermeiden, was der vollen Ausnutzung aller Produktionsmittel entgegenstehen könnte. Die getroffenen Feststellungen erfüllen hiernach alle tatsächlichen Voraussetzungen, welche nach der ständigen Rechtsprechung des Reichsarbeitsgerichts der gegenüber dem Aufrechnungsverbot in § 394 BGB. erhobenen Arglisteinrede des Beklagten zum Erfolge verhelfen müssen.

RAG. 19, 340.+

1. Läßt sich daraus, daß der Besteller eines Werkes den Gefolgsmann des Unternehmers als dessen Erfüllungsgehilfen in seinem Betriebe arbeiten läßt, ein stillschweigender Vertrag zugunsten des Gefolgsmannes dahin entnehmen, daß der Besteller in gewissem Umfang die Fürsorgepflicht des Unternehmers aus § 618 BGB. übernimmt?

2. Wann verjähren Schadensersatzansprüche aus § 618 BGB.?

BGB. §§ 195, 196 (Nr. 8), 618.

Urteil vom 27. April 1938.

I. Arbeitsgericht Duisburg-Hamborn. — II. Landesarbeitsgericht Duisburg.

. . .

Aus den Gründen:

. . .

Die Parteien streiten darüber, ob die Verjährungseinrede auch gegenüber etwaigen Schadensersatzansprüchen aus § 618 BGB., durchgreift. Das Berufungsgericht hat diese Frage verneint. Es ist dazu auf die von der Beklagten angezogene Entscheidung des Reichsarbeitsgerichts vom 27. November 1935 RAG. 208/35 (ArbRSamml. Bd. 26 S. 13) eingegangen. Dort war die Ansicht der Vorinstanzen, daß gegenüber den auf § 618 BGB. gegründeten Schadensersatzansprüchen die zweijährige Verjährung aus § 196 Nr. 8 BGB. Platz greife, nicht beanstandet worden. Allerdings handelte es sich dort, anders als hier, um Schadensersatzansprüche, die innerhalb eines Dienstvertragsverhältnisses von dem Dienstverpflichteten gegenüber dem Dienstberechtigten erhoben wurden. Gleichwohl können auch in einem solchen Falle die Schadensersatzansprüche nicht als Dienstbezüge im Sinne des § 196 Nr. 8 BGB. behandelt werden. Sollte der genannten Entscheidung eine andere Auffassung zugrunde gelegen haben, so wird daran nicht festgehalten. Zur Anwendung kommen kann hier nur die regelmäßige Verjährungsfrist von 30 Jahren nach § 195 BGB.

. . .

RAG. 20, 1.

Ist der Beschluß des Vorsitzenden eines Landesarbeitsgerichts, durch den die Wiedereinsetzung in den vorigen Stand gegen die Versäumung der Berufungsfrist versagt wird, gemäß § 70 ArbGG. schlechthin unanfechtbar?

ArbGG. § 70. ZPO. § 238.

Beschluß vom 27. April 1938.

I. Arbeitsgericht Würzburg. — II. Landesarbeitsgericht daselbst.

Die Frage wurde verneint aus folgenden

Gründen:

Der mit seiner Klage durch Urteil des Arbeitsgerichts in W. vom 24. Januar 1938 abgewiesene Kläger hat gegen das genannte, den Streitwert auf 1750 RM festsetzende Urteil verspätet Berufung eingelegt. Alsdann hat er unter Wiederholung des Rechtsmittels gegen die Versäumung der Berufungsfrist die Wiedereinsetzung in den vorigen Stand beantragt. Der Vorsitzende des Landesarbeitsgerichts hat zunächst durch den jetzt angefochtenen Beschluß den Wiedereinsetzungsantrag als unbegründet zurückgewiesen. Dann hat er durch einen weiteren Beschluß vom 16. März 1938 die Berufung als unzulässig verworfen mit dem Hinweis, daß die sofortige Beschwerde nach § 519 b Abs. 2 ZPO. hier nicht zulässig sei, weil die „Beschwerdesumme" von 6000 RM nicht erreicht und mangels grundsätzlicher Bedeutung der Sache die Beschwerde nicht für zulässig erklärt worden sei. Dieser letztere Beschluß ist unangefochten geblieben. Die Beschwerde richtet sich allein gegen den die Wiedereinsetzung ablehnenden Beschluß vom 2. März 1938.

Nach dem auch im arbeitsgerichtlichen Verfahren geltenden § 238 Abs. 2 ZPO. finden auf die Anfechtung der Entscheidung über einen Wiedereinsetzungsantrag die Vorschriften Anwendung, welche in dieser Beziehung für die nachgeholte Prozeßhandlung gelten. Das besagt für den vorliegenden Fall, daß der Beschluß vom 2. März 1938 in derselben Weise soll angefochten werden können wie der Beschluß vom 16. März 1938, durch den über die nachgeholte Prozeßhandlung, die Berufung, entschieden worden ist. Die Ansicht, daß die Anfechtung eines Beschlusses, durch den vom Vorsitzenden eines Landesarbeitsgerichts über einen Wiedereinsetzungantrag entschieden worden ist, schlechthin auf Grund des § 70 ArbGG. ausgeschlossen sei, ist abzulehnen. Wenn § 70 ArbGG. von der grundsätzlichen Unanfechtbarkeit der Beschlüsse des Landesarbeitsgerichts oder seines Vorsitzenden den Fall der Verwerfung der Berufung nach § 519 b Abs. 2 ZPO. ausnimmt, so muß diese Ausnahme gemäß § 238 Abs. 2 ZPO. auch für die Entscheidung über einen Wiedereinsetzungsantrag gelten, der sich auf eine verspätete und deshalb unzulässige Berufung bezieht. Nach § 519 b Abs. 2 ZPO. ist nun eine (sofortige) Beschwerde gegen einen die Berufung als unzulässig verwerfenden Beschluß nur zulässig, sofern gegen ein Urteil gleichen Inhalts die Revision zulässig wäre. Wie aber in der Rechtsprechung zu dem — der Vorschrift des § 70 ArbGG. ähnlichen — Absatz 3 des § 567 ZPO. anerkannt ist, daß diese letztere Vorschrift die in § 519 b Abs. 2 ZPO. geforderte Voraussetzung der Anfechtbarkeit für Beschlüsse der Oberlandesgerichte nicht beseitigt (vgl. RGZ. Bd. 108 S. 383), so muß das Entsprechende auch für § 70 ArbGG. gelten. Daß für die Anwendung des § 547 Nr. 1 ZPO. im arbeitsgerichtlichen Verfahren kein Raum ist, ist in der Rechtsprechung wiederholt anerkannt (RAG. Bd. 1 S. 1 und 114). Mit Recht hat deshalb der Vorderrichter die an sich nach §§ 72, 77 ArbGG. denkbare Möglichkeit einer sofortigen Beschwerde gegen seinen die Berufung als unzulässig verwerfenden Beschluß vom 16. März 1938 verneint, weil hier die Revisionsvoraussetzungen aus § 72 Abs. 1 ArbGG. nicht gegeben sind. Gemäß § 238 Abs. 2 ZPO. muß dasselbe dann auch wieder für den damit im Zusammenhang stehenden Beschluß über den Wiedereinsetzungsantrag gelten, d. h. auch gegen ihn ist eine Beschwerdemöglichkeit nicht gegeben. Ob sich der Vorsitzende des Landesarbeitsgerichts bei Erlaß dieses Beschlusses seiner Befugnis bewußt gewesen ist, die sofortige Beschwerde dagegen zuzulassen, ist aus der Begründung des Beschlusses nicht zu ersehen. Doch kommt es für die jetzt zu treffende Entscheidung darauf nicht an, nachdem einmal die Beschwerde nicht zugelassen ist.

RAG. 20, 3.+

1. . . .

2. Kann Erkrankung nach Urlaubsantritt zur Urlaubsnachholung berechtigen?

3. . . .

AOG. § 2.

Urteil vom 21. Mai 1938.

I. Arbeitsgericht Berlin. — II. Landesarbeitsgericht daselbst.

Der Kläger war seit 11. August 1928 Angestellter der Beklagten. Am 14. Mai 1937 kündigte er zum 30. Juni. Für das Urlaubsjahr vom 1. April 1937 bis zum 31. März 1938 war sein Urlaub auf die Zeit vom 18. bis 24. Mai und vom 7. bis 27. Juni 1937 festgesetzt worden. Er erkrankte kurze Zeit nach Antritt seines Urlaubs am 20. Mai und war bis zum 30. Juni 1937 arbeitsunfähig. Er verlangte für 26 Tage Urlaubsabgeltung mit 284,18 RM.

Das Arbeitsgericht verurteilte die Beklagte nach dem Klagantrag, das Berufungsgericht änderte das Urteil ab und wies die Klage ab. Die Revision des Klägers führte zur Aufhebung und Zurückverweisung aus folgenden

Gründen:

. . .

. . . Die Gefahr, den Urlaub wegen Erkrankung nach Urlaubsantritt nicht zweckmäßig verwenden zu können, ist in RAG. Bd. 6 S. 331 unter allen Umständen dem Arbeitnehmer überbürdet. Das Reichsarbeitsgericht hat diesen Schluß dort aus § 323 BGB. ableiten zu müssen geglaubt, hat aber die Frage offengelassen, ob der Arbeitnehmer den Urlaubsanspruch auch dann einbüßt, wenn er — wie hier hinsichtlich der zweiten Urlaubshälfte — vor dem Urlaubsantritt erkrankt. An dieser Auffassung kann nicht festgehalten werden. Es ist zunächst nicht einzusehen, aus welchem inneren Grund die beiden Fälle sollten verschieden behandelt werden. Es kann auch nicht der Erwägung beigepflichtet werden, die Annahme, der Arbeitgeber könne unter Umständen verpflichtet sein, in eine Nachholung des wegen Krankheit uneinbringlichen Urlaubs zu willigen, müßte unübersehbare Schwierigkeiten in Nachforschungen, Einteilungen und Vertretungsregelungen zur Folge haben.

Leitsatz für das Verhältnis zwischen Betriebsführer und Gefolgschaft ist der in § 2 AOG. verankerte Rechtsgedanke der gegenseitigen Treupflicht. Auch wenn der Tarif keine ausdrückliche Regelung enthält wie in dem im Urteil des Reichsarbeitsgerichts vom 1. Juni 1929 RAG. 630/28 (ArbRSamml. Bd. 6 S. 139) entschiedenen Falle, so muß nach diesem Grundsatz doch unter Abwägung der beiderseitigen Belange im Einzelfall untersucht werden, ob eine Verschiebung des Urlaubs des erkrankten Gefolgschaftsmitglieds ohne unerträgliche Bestriebsstörung angängig und ob so der Erholungszweck des Urlaubs noch zu verwirklichen ist. Dabei werden im allgemeinen hauptsächlich auf der einen Seite Art und Dauer der Erkrankung, auf der anderen Seite Arbeitseinteilung und Vertretungsregelung und die Übung im Betriebe zu bedenken sein.

. . .

MIX
Papier | Fördert gute Waldnutzung
FSC® C083411

Kolibri 360 GmbH
Ferdinand-Jühlke-Straße 7
99095 Erfurt, Deutschland
produktsicherheit@kolibri360.de